市场营销核心课程规划教材

Marketing Textbooks Series

公共关系原理、实务与案例

■ 主　编　刘建芬
副主编　戴　波　杨　俊　邵喜武　陈锦伦

厦门大学出版社 XIAMEN UNIVERSITY PRESS
国家一级出版社
全国百佳图书出版单位

图书在版编目(CIP)数据

公共关系原理、实务与案例/刘建芬主编.—厦门：厦门大学出版社，2018.12

ISBN 978-7-5615-7085-2

Ⅰ.①公… Ⅱ.①刘… Ⅲ.①公共关系学－高等学校－教材 Ⅳ.①C912.31

中国版本图书馆 CIP 数据核字(2018)第 263257 号

出 版 人 郑文礼
责任编辑 江珏玙

出版发行 厦门大学出版社
社　　址 厦门市软件园二期望海路 39 号
邮政编码 361008
总 编 办 0592-2182177　0592-2181406(传真)
营销中心 0592-2184458　0592-2181365
网　　址 http://www.xmupress.com
邮　　箱 xmup@xmupress.com
印　　刷 三明市华光印务有限公司

开本 787 mm×1 092 mm　1/16
印张 16.25
字数 386 千字
印数 1～3 000 册
版次 2018 年 12 月第 1 版
印次 2018 年 12 月第 1 次印刷
定价 40.00 元

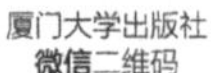
厦门大学出版社
微信二维码

厦门大学出版社
微博二维码

前 言

公共关系是社会组织树立良好形象的重要手段。

按照公共关系理论的逻辑关系和公共关系实践的业务流程，本教材涵盖了公共关系的基本概念及其历史沿革、公共关系三大基本构成要素、公共关系工作程序、公共关系调查与策划、公共关系专题活动、公共关系危机管理、公共关系礼仪等内容。

本教材从公共关系学课程的特点和普通高校大学生的实际情况出发，既以理论为指导，又以实例为依据，比较全面系统地阐述了公共关系的基本理论、方法、手段、艺术与技巧。本教材以案例导入作为理论的切入点，把最新的案例引入教材，融知识性与实用性于一体，同时配备了联系实际的思考与练习题、实际操作训练和案例讨论题，并附有拓展分析，具有内容丰富、实用性强、时效性强的特点，既可作为各高等院校专业课、选修课的教材，又可供企事业单位经营管理人员学习参考。

具体地说，本教材具有如下主要特点：

第一，内容丰富。本教材在编写中注意将基本理论、案例分析、实践训练等环节有机统一。全书附有大量的案例，包括各章前的案例导读、章后的案例讨论；每章都有练习题、实训题及拓展分析题。各实训题都有任务目的及要求、任务描述、模拟训练、效果评价等内容，真正实现了“教、学、做”一体化，具有较强的可操作性，有利于强化、巩固理论知识的学习与实践能力的提高，激发学生的学习兴趣。

第二，重视素质。公共关系既是一门专业基础课，又是一门素质教育课。本教材在内容安排上，注意把专业学习与素质训练融为一体，通过这门课程的实践训练，培养学生的合作意识和团队精神。

第三，时效性强。本教材所列案例皆为近三年各行各业发生的影响较大、关注度较高的事件，时效性强，且案例与各章内容的契合度高。

第四，方便教学。本教材的编写思路是在多年公关教学的基础上总结出来的，不管是理论体系还是内容结构，都体现了公关教学的需要，能使教学活动较为方便，亦能收到较好的教学效果。

参加本教材编写的单位有:湖南商学院、湖南商务职业技术学院、南京特殊教育师范学院、吉林农业大学、南京财经大学、湖南师范大学。

全书由刘建芬构建体系框架并制定详细的写作提纲,负责全书的统稿及修改。本书各章撰稿人分别是:刘建芬(第1章,第10章,第2、3、4章部分),戴波(第8章),杨俊(第9章、第6章部分),邵喜武(第5章、第2章部分),陈锦伦(第7章,第2、3、4章部分),胡建新(第6章部分)。

本教材在编写过程中,大量吸收和借鉴了国内外公共关系的相关研究成果,包括公共关系相关教材、论文、案例及网络新闻等,主要参考文献已列于书末,在此一并表示最衷心的感谢!

本教材由于时间仓促以及水平有限,还存在很多不足之处,恳请各位读者批评指正。

编者

2018年9月

目 录

第 1 章

公共关系概述

本章知识点：现代公共关系产生与发展的条件及过程；公共关系发展各历史阶段的公关特征及主要代表人物；中国公共关系的引进与发展；公共关系的本质含义及与之相关经营活动的关系；公共关系的构成要素；公共关系学科的研究对象、主要研究内容、公共关系的职能与原则。

案例导读

普京总统的鲜花公关

据环球网报道，当地时间 2018 年 5 月 18 日，俄罗斯索契，德国总理默克尔到访俄罗斯。按计划，默克尔与普京将在索契举行会晤，并在北京时间 18 日晚 8 点左右举行记者会。据报道，在当前美欧关系因为伊核协议和贸易问题裂痕凸显的背景下，默克尔此次访俄备受关注。

俄罗斯总统普京和德国总理默克尔 18 日在俄罗斯索契举行了会晤，默克尔也成为今年以来首位访问俄罗斯的西方大国领导人。

会面前，普京带着鲜花欢迎默克尔，这种少有的友好画面，说明了普京对默克尔到来的重视。

“即便是在最艰难的时候，我们也从未与对方断绝联系。生活继续发展，新的机遇会出现。”普京告诉默克尔，欧洲应当帮助叙利亚重振经济。

对此默克尔表示，德国请求俄罗斯对大马士革施加影响，促使叙利亚不要给难民返乡制造困难。

德国对于美国的所作所为，除了迟迟没有给出钢铁和铝产品进口关税永久豁免权外，退出伊朗核协议、退出巴黎气候协定、宣布承认耶路撒冷地位并将美国大使馆搬迁至耶路撒冷，特朗普上台后的种种行为早已让德国极为愤怒。一名德国高级官员称，重建与俄罗斯的关系是现在德国政府的“核心政策目标”。

2014 年乌克兰危机之后，俄罗斯被西方外交孤立。对普京而言，这次与默克尔会面或许将成为俄罗斯与西方重修外交关系的契机。

对默克尔来说,置于全球化时代下欧洲价值观的价值与捍卫德国在伊朗、俄罗斯的经济利益同样重要,这样一来就就必然形成德俄的双赢局面。

此外,默克尔访问俄罗斯,具有代表性的影响已经不可逆转。

虽然,自2014年乌克兰危机以来,默克尔与普京的关系"冰冻"至今,但2017年12月的一次民意调查显示,相比于美国,德国人现在更可能把俄罗斯视为"可靠的伙伴"。

近年来,在美国的施压下,欧盟也一步步升级对俄制裁措施,对俄罗斯的连番经济打击,令俄经济处境困难。此时德国却唱起了反调,称试图通过经济手段迫使俄罗斯妥协同时强化欧洲地区安全形势是错误的想法。德国总理默克尔更是公开表示,德国愿与俄罗斯共同应对国际安全挑战,双方往来应继续深化,德方会维护与俄方的伙伴关系原则。作为欧盟核心大国,德国的抱怨似乎暴露了西方"反俄同盟"离心离德的一面。这也表明了,德国为了维护自身利益做出了重要的决定。

德国工商总会官员曾表示,由于受制裁影响,卢布汇率下跌给德国经济构成威胁,不少德国企业为此蒙受损失,德国旅游业也受到影响。民意测验结果显示,与俄有业务往来的德国企业中,三分之一因业务量减少而被迫裁员,约36%的企业表示不得不放弃一些商业项目。而据欧盟委员会预计,因对俄制裁,欧盟今明两年将分别减少400亿欧元和500亿欧元的收入。两拳相击,痛的可不只是一个拳头。

在对抗、制裁俄罗斯的同时,欧盟也在咬着牙在给乌克兰经济"输血",显露出力不从心的迹象。近年来在欧债危机冲击下,欧盟国家经济持续低迷、增长缓慢。

经济不景气的欧盟已向乌克兰提供了13.6亿欧元财政援助。欧盟委员会主席称,欧盟援助乌克兰已接近能力极限;而IMF评估报告却认为,乌克兰需要高达150亿美元的援助。

此时,德国人认为,德国作为俄罗斯的近邻所受到的经济反制的打击和安全上的威胁,是美国所没有的。美国远离俄罗斯,美国总是把火药桶放在别人家门口点着,自己家离得远远的,自己不会受损,让别人与对手一同挨炸。

综上所述,德国要与俄罗斯改善关系,俄罗斯对德国表示友好,正是双方的共同利益将他们连接在了一起,而美国的霸道行径,使得他的一些"盟友"逐步看清了其真面目而渐行渐远。并且,这也影响着与美国"同盟"的欧洲国家,他们对美国的信任感有不同程度的降低。全世界都看到了"霸权主义"势力在逐渐衰退。

由此可见,默克尔访俄时普京会亲自热情献花,就表明了两国为了自身利益和共同利益,愿意发展友好的关系,一切都在不言中!

(资料来源:搜狐 https://www.sohu.com/a/232234875_7509042018-05-20 11:48)

启发总结:公关无处不在,各行各业都有公关的身影。

第一节　公共关系的产生与发展

公共关系作为一种客观存在的社会关系,自古有之,但作为主体的一种有意识的活动,则有一个萌芽、产生和发展的漫长历程。

一、公共关系的起源

作为一种职业和一门学科的现代公共关系，是在19世纪末20世纪初才产生和发展起来的，但公共关系作为一种客观存在的社会关系和一种思想与活动方式却早已有之。

在古印度、古希腊、古罗马、古埃及以及古代中国，就有各种公共关系活动的早期形态。这些活动和思想无疑为现代公共关系提供了思想基础。早在2 300年前，古希腊著名学者亚里士多德在其《修辞学》一书中就强调传播者的可信性，认为要使用动感情的呼吁去影响听众。西方一些公关学者认为，这是人类历史上最早的公关著作。

在古代，特别是奴隶社会和封建社会，这一时期近似于公共关系的社会行为和思想，不仅在人们的政治生活和经济生活中得到了相当程度的发展，而且在人们的日常交往中也得到较为集中的体现。

首先，在政治生活中，当时的一些比较开明的帝王、统治者或政治活动家，已经懂得如何运用诱导、劝说、宣传等手段来影响民众的态度和社会舆论，尽可能地在民众当中为自己树立良好的形象，以便巩固自己的统治，或达到某种特定的政治目的。在古希腊，据说整个社会都必须推崇沟通技术，一些深谙沟通技术的演说家往往就因此而被推选为首领；据记载，古罗马的独裁统治者恺撒大帝就是一位沟通技术的精通者，面对即将来临的战争，他通过散发各种传单来开展大规模的宣传活动，以获得民众的支持。他为了标榜和宣传自己，甚至还专门写了一本记载其功绩的纪实性著作《高卢战记》。这本书曾被西方一些著名的公关专家称为“第一流的公共关系著作”。

其次，在经济生活中，尤其是在商业活动中，人们也都自觉或不自觉地运用各种传播手段和沟通技巧来宣传自己，树立自己的良好形象，以便招徕顾客或者实现自己的经济目标。中国古代酒店门前的招牌以及“和气生财”的古代经商准则等都是朦胧的公共关系意识的体现。

此外，在人们的日常交往中，自觉的公共关系意识和思想也得到了一定程度的体现。孔子在《论语》中说：“有朋自远方来，不亦乐乎！”这是强调交往的重要性。孟子说：“天时不如地利，地利不如人和。”这些都说明人和人之间关系和谐的重要性，与现代公共关系追求协调一致的目标相一致。

当然，从严格意义上讲，无论古代中国或外国，都只有类似于现代公共关系的某些思想或活动，这些活动还带有一定的自发性和盲目性。这些活动和思想由于缺乏主体意识，因而称不上真正意义上的公共关系，只是处于一种朦胧状态，我们通常称之为“准公共关系”。

二、现代公共关系产生与发展的条件

现代公共关系产生于20世纪初期的美国。它是当时美国及资本主义社会的基本矛盾以及经济、政治、科学技术和文化等社会历史条件发展到一定阶段的必然产物。

(一)公共关系产生与发展的社会经济条件

在以美国为代表的西方国家，商品经济的出现是公共关系产生与发展的社会经济条件。当经济按市场规律发展时，市场必然向买方倾斜，卖方必须投买方所好，十分注重用人情关系来维系买卖关系，这就直接促进了公共关系的兴起。具体来说：

1.商品交换渠道畅通

商品经济的高度发展,使商品的供给大大丰富起来,消费者购买商品的渠道越来越多,可以“货比三家”,这就使得商家之间的竞争不断加剧,商家为赢得消费者就必须加强与他们之间的沟通。公共关系的沟通职能也因此得以体现。

2.卖方市场向买方市场转变

随着商品经济的发展,特别是当资本主义由自由竞争过渡到垄断时期,在商品流通和交换中出现了由卖方市场向买方市场的重大转变。买方市场的主要特征之一就是企业生产与经营以消费者需求为中心。

在买方市场的条件下,企业和商品生产者必须根据市场的消费需求来组织生产,适应市场消费需求的变化。这种市场转变体现了公共关系利益一致的基本原则。

3.消费需求由满足基本需要向满足选择性需要转变

消费者的消费水平也在不断提高,消费者的需要也开始从以满足基本需要为主转向以满足选择性的需要为主。因此,一方面商品生产者即企业和社会组织只有通过各种有效手段在公众中树立自己良好的形象,以赢得广大公众的信任和支持,从而在日益激烈的竞争中立于不败之地;另一方面,商品的生产者和消费者的相互沟通和了解也变得更加迫切和必要,双方都需要通过良好的公共关系来适应这种深刻的变化。

4.商品经济促进社会分工深化,横向联系加强

社会组织的高度分化以及在此基础上形成的相互协调、融通和整合的发展趋势是公共关系赖以产生和发展的社会基石。社会发展的趋势表现为:一方面社会日益走向多元化与多极化;另一方面,各种社会矛盾和对立又日趋融通和缓和。这就使得任何一个社会组织只有加强与其他社会组织和公众的相互沟通、协调与合作,才能得以生存和发展。所以说,公共关系的产生和进一步发展有赖于商品经济的高度发展,商品经济的进一步发展也同样需要不断发展着的现代公共关系为其提供保障。

(二)公共关系产生与发展的社会政治条件

社会政治生活的民主化是公共关系赖以产生和发展的社会政治条件。

从封建社会进入资本主义社会是人类社会民主化进程中的一个重要里程碑。资产阶级民主政治固然有其虚伪性和欺骗性的一面,但它相对于封建专制的漫漫长夜来说却是一次深刻的历史进步。资产阶级民主政治的建立,破除了君主权力神圣不可侵犯的信条,把政府的合法性奠定在公民认可的基础之上,从而迫使统治者不得不注重自己的施政方针被公众信任和支持的程度,改善与公众的关系。为此,政府和社会组织就必须及时了解舆情民意,根据民意来制定或调整自己的内外政策,并通过各种传播媒介向公众宣传解释政策,争取公众的理解和支持。

(三)公共关系产生与发展的物质技术条件

传播手段和通信技术的进步是现代公共关系产生与发展的物质技术条件。

在农业社会中,生产规模小,人们几乎处在一种封闭半封闭的与世隔绝的自然状态之中。由于落后的自然经济本质上不要求进行广泛的人与人之间的相互沟通与联系,加之当时还要受到落后的交通工具和信息传播手段的限制,因而人们没有也不可能发生广泛而深刻的社会联系和交往。而在工业社会中,商品经济日益发达,科学技术日新月异,从

而促进了交通运输、信息技术、传播手段的飞速发展。从火车、汽车、飞机、人造卫星的出现到电报、电话、广播、电视以及互联网的相继推广和应用，人们相互之间更加广泛而深刻的社会交往和经济交往不仅是迫切的和必要的，而且也具有现实的可能性。于是，人们终于发现运用现代化的传播手段通过对内协调、对外宣传，扩大本组织或企业的社会影响，提高组织的知名度和美誉度，完善组织在公众心目中的形象，为企业和社会组织的自下而上的发展创造良好的舆论环境和社会环境，对一个社会组织获得巨大的发展极为有益。

（四）公共关系产生与发展的文化条件

公共关系作为一门综合性的边缘社会学科，其形成与发展与 20 世纪以来的管理学、人际关系学、大众传播学、市场学、心理学、社会学等学科的发展成果是密切相关的。这些学科的发展成为公共关系学发展的文化条件。

公共关系学的发展是近现代管理科学发展的需要。早期的管理以“泰罗”为典型，强调硬管理，而不重视“软管理”——对人的管理，而仅把人看成机器的附属物，当作纯“经济人”——只要用经济手段刺激，就可以保持劳动的积极性，全然不顾人的心理和情感。

20 世纪 20 年代，美国人梅奥领导了“霍桑试验”，开创了管理史上的新时代。他提出工业中的“新人”不再是“经济人”，而是富有感情和理智的“社会人”，给予“新人”的激励与控制，不能单纯靠物质条件或环境条件的改变，而必须靠社会条件和人际关系的改进，劳动者不再是机器的附属物，而是具有主体意识的、需要受到尊重的“社会人”。因此，就要求管理者要重视对人的管理，重视人际交流与沟通，按照人性的规律进行科学的管理，为组织内部营造一种轻松和谐、积极进取的气氛。公共关系的兴起，正是这样一种“软管理”职能的延伸。

人际关系学中提示的人际交往规律、技巧和方法完全可以为公共关系所运用。很难想象组织与公众之间缺乏必要的人际交往，会使组织保持良好的公关状态。

传播学的发展，对公共关系的发展有着明显的方法论意义，传播学是公共关系学重要的理论支柱。公关活动的目的是为组织塑造良好的形象，要实现这一目的，必然要借助传播手段，建立组织与公众之间的双向沟通，即把外部公众的信息输入组织内部，同时又把组织内部的信息输出给外界，进而影响公众的感受和态度。

公共关系学还综合了其他学科的发展成果。如心理学为公关提供了了解、研究公众心理特征，预测公众心理趋向的理论和方法；社会学所揭示的社会结构，社会发展的动力和特殊规律，社会的一套行之有效的研究程序和方法，组织、社区、社会角色等概念对组织的公关活动都具有重要的理论和方法论意义。

总之，公共关系学综合了许多学科的成果，顺应民众的社会文化心理，发展成为一门包容量巨大、应用性极强的边缘学科。

三、现代公共关系产生与发展的主要阶段

（一）巴纳姆时期——现代公共关系的开端

美国风行起来的各种组织的报刊宣传活动被认为是公共关系的真正源头。19 世纪 30 年代，在美国报刊史上由《纽约太阳报》领头掀起了一场以大众读者为对象，大量印发通俗化报刊的“便士报运动”，这场“便士报运动”给那些急于宣传自己、为自己制造神话的

公司、组织以可乘之机。当时，不少公司和财团雇佣专门人员炮制煽动性新闻，为自己做夸大和虚假的宣传。而报刊为了迎合下层读者的心理，也乐于接受发表。这种配合，便出现了当时的报刊宣传代理活动。当时最具有代表性的人物就是菲尼尔斯·T.巴纳姆。

菲尼尔斯·T.巴纳姆(Phines T.Barnum)是这一时期最有代表性的报刊代理人，因制造舆论宣传、推动马戏演出而闻名于世。巴纳姆的信条是“凡宣传都是好事”。他是一家马戏团的老板，利用报纸为自己的马戏团制造过不少神话。诸如：马戏团里有一位名叫海斯的黑人女奴，161 岁，曾在 100 年前养育过美国第一位总统乔治·华盛顿；马戏团里有一位矮小的汤姆将军，他当年曾率领一批侏儒，赶着马车去觐见过维多利亚女王。巴纳姆编造了许多诸如此类的离奇故事。于是，人们抱着好奇心纷纷到马戏团一探究竟，结果马戏团的票房收入猛增。当这种骗局被揭穿之后，报刊宣传活动就受到了人们的批评。因此，在公共关系发展史上，这一时期又被称为“公众被愚弄的时期”、“公共关系的黑暗时期”。后来，人们以此为鉴，明确了在公共关系活动中必须奉行诚实、公正和维护公众利益的原则和精神。

但不管怎样，这一时期的公共关系活动已带有一定的组织性和较为明确的目的性。

(二)艾维·李时期——公共关系职业化开始

19 世纪下半叶，美国的商品经济得到高度发展，资本主义从自由竞争走向了垄断。百来个经济巨头控制了美国的经济命脉，他们为了巩固这种垄断地位，对内根本无视员工的利益，对外以损害公众利益作为赚钱的重要手段，奉行所谓“只有我能发财，让公众利益见鬼去吧”的经营哲学，引起了社会公众舆论的强烈不满和抨击。一些新闻记者利用大众传播媒介提供的舞台，把焦点对准企业的缺陷，严厉谴责大财团们不顾公众利益的卑劣行径。以至于最后出现了 2 000 多篇揭露实业界、传播界丑闻的文章，形成了近代美国史上著名的“揭丑运动”，又称“扒粪运动”。

艾维·李(Ivy Lee)曾经是《纽约时报》和《纽约世界报》的记者，1903 年，艾维·李辞去了《纽约世界报》记者的职务，在美国开办了一家宣传顾问事务所，开始投身于公共关系方面的工作。1904 年，他与资深记者乔治·帕克一起，创立了美国第三家宣传顾问事务所，为一些企业家和政治家进行形象方面的宣传。艾维·李认为，解决企业的形象危机最好的办法是把事情的真相告诉新闻界，采取信息公开的政策，这样不仅可以消除误会，还可以促进企业完善自己。艾维·李坚持自己的信念开展公众工作，使他的公司成为公共关系公司的前身，公共关系从此进入了职业化时期。

1906 年，美国无烟煤矿业发生了工人大罢工，劳资双方尖锐对立。艾维·李临危受命，负责为煤矿主处理这起严重的事故。他提出了两个先决条件：一是必须有权参加行业最高决策者的相关会议；二是在必要时有权向社会公开全部事实。在这两个条件的基础上，艾维·李公布了一个《原则宣言》，提出了处理企业与公众关系的“公开管理原则”。这一原则的提出，彻底改变了过去企业宣传愚弄公众、欺骗新闻界的传统，为日后公共关系的进一步发展奠定了良好的基础。他一改过去企业界蔑视公众、回避记者的工作方法，积极地向报界提供各种有关的资料，以便公众能够获得和他们利益有关的情报，通过沟通来改变企业在公众心目中的形象。专家认为，《原则宣言》的提出，标志着公共关系进入了一个新的阶段，是现代公共关系真正的开端。

艾维·李的公关实践，为日后公共关系的发展奠定了基础，他从事公关工作的原则是"公众必须迅速被告知"和"向公众说真话"，使公共关系走上了一条正确的道路。艾维·李也因此被称为"公共关系之父"。不过在艾维·李时代，公共关系尚处于开端时期，它仅仅是一种艺术，尚未成为一门科学。艾维·李本人以及他的同事们，大多是从新闻记者改行过来的，他们都是运用新闻记者的经验或直觉去开展工作。

(三)伯内斯时期——公共关系学科化形成

美国学者爱德华·伯内斯曾受聘于美国福特汽车公司担任该公司的公共关系经理。第一次世界大战结束后，他和夫人在纽约开办了爱德华·伯内斯公共关系咨询公司，为许多大公司、政府机构及美国总统提供咨询，直到1965年他退出公共关系第一线。

与艾维·李相比，伯内斯更注重公共关系理论的研究，他逐渐转向了教学和研究工作。1923年，他出版了论述公共关系理论的著作《舆论明鉴》，在该书中，第一次提出了"公共关系咨询"的概念，该书也成为公共关系学的第一部经典性著作。同年，他在纽约大学首次讲授公共关系课程。之后，又于1925年写了教科书《公共关系学》，1928年写了《舆论》，从而使公共关系的基本理论和方法成为一个较为完整的体系。他是公共关系走向正规化、科学化的关键人物。

伯内斯公共关系思想的一个重要组成部分就是他提出的"投公众所好"的主张。他认为：首先应该了解公众喜欢什么，对组织有什么样的期待和要求，在确定公众价值观和态度的基础上，进行有组织的宣传工作，以迎合公众的需要。他明确肯定了公共关系的重要职责之一是要向组织提供政策咨询，而不仅仅是向社会做宣传；他提出公共关系的整个活动过程应当包括从计划到反馈最后到重新评估等八个基本程序，总之，伯内斯在理论上作出的贡献，对公关学科的形成及发展具有划时代的意义。

在伯内斯时期，除了公共关系活动已成为一种专门职业，公共关系理论也正式从新闻领域分离出来，成为一门独立而又系统的管理科学，因此，它既是一种管理艺术，也是一门科学。

(四)现代时期——公共关系理论的进一步完善

20世纪50年代以来，公共关系的实践和理论研究都进入了一个全新的现代发展时期。1955年，国际公共关系协会(简称IPRA)在英国伦敦正式成立，第一批会员包括欧、美、亚、非各大洲的许多国家和地区。这标志着公共关系已作为一门世界性的行业而独立存在。

这一时期，以卡特利普、森特和杰夫金斯为代表的一大批公共关系专家和大师，在理论和实践上把公共关系推向了一个新的历史发展阶段。

在前人研究的基础上，美国的卡特利普和森特提出了一种公关新模式，即"双向对称"模式。在他们看来，公共关系的最终目的，是要在组织与公众之间建立一种良好和谐的关系。因此，这就要求，一方面必须把组织的想法和信息传播给公众，另一方面又必须把公众的想法与信息反馈给组织，唯其如此，一个组织才能求得双向沟通和对称平衡的最佳生存和发展的环境。卡特利普和森特的"双向对称"模式的公关思想集中反映在他们于1952年出版的《有效的公共关系》这部著作中。《有效的公共关系》一书还提出了公共关系"四步工作法"，成为公共关系工作中最重要的工作流程，即公共关系活动的一般程序和过程，包括公关调查、公关策划、公关实施和公关评估。至此，现代公共关系学的理论框架基本构成，进入了它的成熟阶段。此后公共关系的技巧虽然不断发展，但体系基本稳定下来。特别难能可贵的是，卡特里普和他的学生们根据全世界公共关系的发展，不断对自己的著作进行修订，成为公共关系领域最具权威性的教科书，被后人誉为“公关圣经”。

弗兰克·杰夫金斯是英国著名的公共关系专家，主要负责科技公共关系，是一名出色的教育家，是英国公共关系协会顾问，早年主修经济学，他写了大量的著作，并曾在伦托基尔公司从事公共关系工作。1968 年，他开办了公共关系学校，开设公共关系、广告和市场等方面的课程，他不仅实践经验丰富，而且学识渊博，在许多方面都颇有建树，出版了《公共关系学》等十多部著作。这些著作丰富和发展了公共关系理论，促进了当代公关事业的发展。

与此同时，公共关系的实务活动在全世界不同国家和地区也得到了突飞猛进的发展。公关教育的事业也有了相应的发展。

总之，公共关系在其历史发展过程中，由巴纳姆、艾维·李、伯内斯到卡特利普、森特和杰夫金斯，是一个日趋成熟和不断完善的过程。严格说来，20 世纪 50 年代以后，公共关系的面貌才发生了巨大的变化，才真正走上科学和职业道德规范化的发展道路。

四、现代公共关系的不断发展

（一）公共关系活动的适用领域越来越广

公共关系活动的领域已逐渐由工商界（企业界）扩展到政府、教育、军队、教会等领域，尤其是在政治领域得到了政府领导人的高度重视。如美国总统富兰克林·罗斯福在大规模席卷全球的经济危机之后推行新政，“如何拉近与民众的距离，让民众更能接受、理解他的主张”是他上台之后考虑得较多的一个问题。那时候还没有电视这一媒介，而报纸对民众的文化水平有一定的要求。于是他明智地选取了电台作为信息传播的媒介，利用电台连续 12 周、每周一次播出“炉边谈话”节目。民众通过电台听到总统亲切的谈话，感受到了总统的真诚，同时从这种娓娓动听的话语当中自觉地接受了总统关于“新政”的一系列措施。后来电子媒介越来越先进，美国各届总统的竞选当中，这些媒介又被充分地运用开来。

（二）公共关系的专业机构、社团不断增多，从业人员也急剧增加

数目众多的公关公司应运而生，公关从业人员越来越多。据 1938 年美国《商业周刊》发表的一篇公关报告估计，当时全美有 5 000 多名公关人员，250 家公关公司，全美国最大的公司中有 20%设有公关部；而到了 1960 年，公关从业人员猛增至 10 万人，公关公司多达 1 350 家，75%的大公司设有公关部；到 20 世纪 80 年代，公关从业人员已超过 15 万人，公关公司有 2 000 家以上。

（三）公共关系学的教育不断走进大学课堂

以美国为例，在 20 世纪 40 年代只有 30 所高校开设该课程，到 20 世纪 60 年代，有 280 多所院校提供各种不同的公共关系课程教学，到 20 世纪 90 年代初，这个数目增至 400 多所，有 60 多所大学设置了公关专业并授予学士学位，其中有 37 所可同时授予学士和硕士学位，有 13 所大学可同时授予学士、硕士、博士学位。

公关的地域发展也日益广泛，如欧洲的德国、意大利，美洲的墨西哥，大洋洲的澳大利亚，以及亚洲的日本，公关也逐渐发展起来。

五、公共关系在我国的引进与发展

我国引进公共关系是改革开放和市场经济发展的必然产物，公共关系作为一种全新的思想理论和社会职业，在我国也存在一个模仿、吸收和消化的过程，主要表现在：

(一)公共关系实务

1981 年开始，沿海开放特区的一些中外合资企业(主要是酒店、宾馆)模仿其国外企业的模式设立公关部，公共关系服务开始被引入，开始了启蒙的公共关系操作。此后，在 1984 年广州白云山开了国有企业设立公关部的先河，并以成功的实践促进了公关行业在我国的未来发展。

相应的，为这些外资企业服务多年的国际公关服务机构也同期进入中国市场。1984 年，成立于 1927 年的全球最早的公关公司伟达公关(Hill & Knowlton)率先在北京设立了办事处；1986 年，全球最大的公关公司博雅(Burson-Marsteller)与中国新闻发展公司合资成立了中国第一家公共关系公司——中国环球公关公司。这些专业机构的进入和成立标志着中国公关行业的出现。

(二)公共关系教育与培训

1985 年 1 月，深圳市总工会举办了国内第一个公共关系培训班。1987 年，国家教委把公关课纳入教学计划，全国开设公关课的院校有 408 所。这种系统的专业教育和理论学习，是培养高、中级企业公共关系人才的重要途径。公共关系的理论研究大多也来源于高校的教育体系。进入 20 世纪 90 年代以后，由各公共关系协会举办的各种公关论坛、讲座以及公关职业培训也陆续开办起来。1994 年 9 月，经教育部批准，中山大学设立了第一个全日制公共关系本科专业。到 2010 年，中国大陆已有 16 所大学开设公共关系本科专业。

(三)公共关系理论研究

20 世纪八九十年代初期，我国的公共关系教材基本上处于引进吸收阶段。之后，公共关系教材和专著的出版才进入深化、提高和拓展阶段，在数量和质量上取得了长足的进步。我国的公关理论工作者在认真做好系统引进、介绍国外公共关系理论、经验和案例的基础上，开始注意研究、总结国内公共关系实践过程中出现的新问题、新经验，针对改革开放、建立社会主义市场经济和精神文明建设的客观需要，发掘民族文化传统中可利用的成分，努力探索中国公共关系的发展道路、特色和优势，并取得了一些研究成果。

(四)公共关系职业

1999 年，“公关员”被正式列入《国家职业分类大典》，成为一项专门的职业。

第二节　公共关系的含义

作为一门相对独立的学科，公共关系和其他学科一样，其构成的基础也是一些基本概念。因此，要学习公共关系，就要先了解这些概念的定义、内涵及特征。

一、公共关系定义

“公共关系”一词源自英文 Public Relations，中文表述可称为“公共关系”，也可称为“公众关系”，以“公共关系”为大多数人所接受。

自从公共关系诞生以来，人们就试图给其下一个准确的定义。但由于每个人的认识角度不同，对公共关系内涵的理解也各异，于是就形成了许许多多的公共关系定义。20世纪70年代中期，美国著名的公共关系学者莱克斯·哈洛(Rex Harlow)博士就搜集到47个公共关系的定义；甚至有一个说法：有多少公共关系学者，便有多少种公共关系的定义。

(一)国外具有代表性的五种公共关系定义

国外的公共关系定义众多，归纳起来大致有如下几种类型：

1.管理职能说

“管理职能说”这类定义把公共关系看作和计划、财务一样的管理职能，其中美国人莱克斯·哈洛博士的定义便是典型代表。他认为：公共关系是一种特殊的管理职能，它帮助一个组织建立并保持与公众之间的交流、理解、认可与合作；它参与处理各种问题与事件；它帮助管理部门了解民意，并对其作出反应；它确定并强调企业为公众利益服务的责任；它作为社会趋势的监视者，帮助企业保持与社会同步；它使用有效的传播技能和研究方法作为基本工具。

2.传播说

这一类定义强调公共关系是组织一种特定的传播管理行为和职能，认为公共关系离不开传播沟通，公共关系是一个组织与其相关公众之间的传播管理。在国外，持这种观点的学者不在少数。在美国的大学中，公共关系专业往往设在新闻传播学院内。

英国公关专家弗兰克·杰夫金斯(Frank Jefkins)也认为：公共关系是由为达到相互理解有关特定目标而进行的各种有计划的沟通联络所组成的，这种沟通联络处于组织与公众之间，既是内向的，也是外向的。

国外一些大型的百科全书或综合词典也从传播或沟通的角度来定义公共关系。

3.特定关系说

持这种观点的人认为，“关系”体现公共关系的本质属性，公共关系是一种特定的社会关系，正确认识公众关系、处理公众关系是开展公共关系的出发点和归宿。

美国普林斯顿大学的资深公共关系教授希尔兹(H.L.Chils)认为：公共关系就是我们所从事的各种活动所发生的各种关系的通称，这些活动与关系是公众性的，并且都有社会意义。

4.特征综合说

有的公关学者认为，前面几类定义都只反映了公共关系某一方面的含义或特征，未免失之偏颇，因此他们试图通过一个定义把公共关系的所有内涵或特征都包括进去。

美国《公共关系季刊》曾详细罗列了公共关系的14个特征。1982年11月，美国公共关系学会(PRSA)在其一流成员组成的专家小组的努力下，正式采用了一个“关于公共关系的官方陈述”。这一定义除了概念方面的内容外，还将各种活动、结果和对公共关系实践的知识要求包括在内。

5.经营艺术说

持这种观点的人认为，公共关系还只是一门不精确的学科，许多公共关系问题不存在唯一正确的答案，公共关系在实际运作中要讲究创造性，讲求形象思维，需要从整体上来把握公共关系及其工作。因此，公共关系是一种艺术。

1978 年 8 月，在墨西哥城召开的世界公共关系协会大会上，代表们经过商讨，提出了这样一个公共关系的定义：公共关系是一门艺术和社会科学，公共关系的实施是分析趋势、预测后果、向机构领导人提供意见、履行一连串有计划的行动，以服务于本机构和公众利益。

(二)国内具有代表性的五种公共关系定义

1.形象论

以余明阳为代表的“形象论”认为，公共关系是社会组织为了塑造组织形象，通过传播、沟通手段来影响公众的科学与艺术。

2.传播论

以廖为建为代表的“传播论”认为，公共关系就是一个组织为了达到与它的公众之间相互了解的确定目标，而有计划地采用一切向内和向外的传播管理。

3.协调论

以李道平为代表的“协调论”认为，公共关系主要是协调组织与公众之间的社会关系。

4.关系论

以王召文为代表的“关系论”认为，公共关系是我们所从事的各种活动、所发生的各种关系的通称，这些活动与关系都是公众性的，并且都有其社会意义。

5.和谐论

以丁乐飞等为代表的“和谐论”认为，公共关系是一门和谐、双赢的科学艺术。它通过传播手段实现社会组织与公众关系的和谐、发展、合作与双方的共同受益。

以上这些定义从不同角度揭示了公共关系的本质属性，相互之间并不矛盾，只是侧重点不同。这些定义都有助于我们把握公共关系的本质属性，全面地、深刻地认识公共关系。

(三)本书关于公共关系的定义

本书关于公共关系的定义倾向于“形象论”，即公共关系是社会组织运用传播、沟通手段协调各类公众关系，以塑造良好组织形象的综合管理艺术。这个定义告诉我们，公共关系的直接目标是塑造良好的组织形象，但要达成这一目标，必须综合各种手段与方法。实际上，“形象论”是把“传播论”、“协调论”、“关系论”进行了有机的整合，形成了“合力”。

二、解读公共关系中的“关系”

人类社会关系包含了人与人之间、人与组织、组织与组织之间的关系，所有关系可归纳为法律关系、道德关系两大类，所有法律关系均受法律范畴约束，而道德关系则需要当事人实现道德自律。因此，公共关系中所研究的“关系”对象主要体现的是社会组织与各类公众之间的道德关系，具有非数量性特征。当组织与公众之间缺乏某种程度上的道德互信时，需要组织以社会责任、社会诚信为基本原则，通过公关策划、组织、实施和控制等一系列活动，实现社会组织与组织或者组织与公众之间的道德互信。从某种角度来说，这也是公共关系的本质所在。

三、公共关系与主要经营活动的关系

（一）公共关系与市场营销的关系

1.公共关系与市场营销的联系

公共关系与市场营销有着紧密的关系。在企业中，公共关系工作几乎与市场营销融合在一起。换言之，企业的公共关系工作几乎完全为市场营销活动服务。正如英国公关专家弗兰克·杰夫金斯所说："销售中的每一个因素都需要公关人员来加强、完善。"因此，公共关系可以涉及市场营销的各个角落。

公共关系与市场营销的联系具体表现在：共同的产生条件——商品生产的高度发展；共同的指导思想——用户第一，社会效益第一；相似的传播媒介——大众传播媒介；市场营销把公共关系作为组成部分。

2.公共关系与市场营销的区别

(1)范围不同。市场营销仅限于企业生产流通领域，最多不过是经济领域内，但公共关系所涉及的是社会任何一类社会组织，包括企业、政府、学校、医院等各种组织，远远超过了经济领域。公共关系比市场营销有更广泛的社会性，学科应用范围也更为广阔。

(2)目的不同。市场营销的直接目的是销售产品，从而进一步扩大盈利，产生企业效益；公共关系的目的是树立组织形象，产生良好的公众信誉，从而使组织获得长足的发展。

(3)活动内容不同。市场营销主要围绕4P(产品、价格、渠道、促销)开展活动。公共关系的活动内容主要包括搜集信息、咨询建议、协调关系、专题活动(如记者招待会、社会赞助、典礼仪式等)、危机处理、公关策划等。

（二）公共关系与广告的关系

我们通常所说的广告，一般是指商品广告，公共关系与广告既有广泛的联系又有本质的区别。

1.公共关系与广告的联系

(1)都以形象为核心，广告重视产品形象，公关重视组织形象。

(2)都以传播为手段，必须研究传播规律。传播作为一种信息交流与沟通的手段，有其自身的规律，广告与公共关系如果不了解和研究传播规律，就无法使传播活动顺利进行，更谈不上有好的效果。

(3)都以公众为传播对象。与新闻学不同，公关与广告都不属于政府的喉舌、官方的工具，公关与广告都是受聘于特定的雇主，向特定的公众传递特定的信息，因此必须对自己的传播对象进行分析和研究，加强传播的针对性，提高传播效果。

2.公共关系与广告的区别

(1)直接目的不同。广告宣传的直接目的是通过向消费者或客户介绍企业产品的品质、价格及服务的特色，提高产品销量，创造经济效益。公共关系是通过传播活动将企业的历史、现状和未来以及企业的经营目标和方针告知消费者或其他公众，提升企业形象，使公众对企业产生信任感和依赖感，从而提升企业市场竞争力。

(2)传播原则和方式不同。广告传播的原则是通过提高信息的刺激强度与重复率，变换信息的对比度和新鲜度，刺激消费者或客户的感觉器官，使其通过感性认识及倾向性的深化，达到产生购买的欲望和行为。因此，广告宣传常常采用虚构和夸张的手段与方法。公共关系活动遵循的则是“以事实为根据”的传播原则，强调真实性与可信度。

(3)传播手段不尽相同。广告宣传所使用的手段主要是传播媒介和各种广告标志；公共关系活动所使用的手段不仅仅是传播媒介，它还可以通过举办公关专题活动(记者招待会、座谈会、展览会、赞助活动等)、出版企业刊物等方式向企业各类公众传播信息。

(4)直接效果的体现不同。广告的效果更直接地体现在企业的经济效益上。企业往往通过对经济效益的直接分析，就可以在短期内测量出企业广告宣传的效果；企业公共关系活动的目的尽管最终也是要提高企业的经济效益，但它更直接地体现在企业的社会效益上，即企业形象的不断提升。而这种效果不是在短期内就能实现的，需要一个较长的过程。

(5)对媒介的使用不同。广告“硬性”使用媒介，公关“软性”使用媒介。广告使用媒介必须付费，公关使用媒介则是通过策划适应媒介需求的公关活动吸引媒介的关注和报道。两者在媒介上的投入成本有较大差距，广告的投入远远大于公关的投入。

第三节　公共关系的构成要素

公共关系是由社会组织、社会公众及传播沟通三个要素构成的，这三个要素构成了公共关系的基本范畴，公共关系的理论研究、实际操作都是围绕这三者的关系层层展开的。社会组织是公共关系的主体，社会公众是公共关系的客体即公关对象，传播沟通则是连接社会组织与公众的桥梁即媒体。公共关系三要素之间的关系是相互依存、缺一不可的，缺少了任何一个要素，公共关系活动将不复存在。如图 1-1 所示。

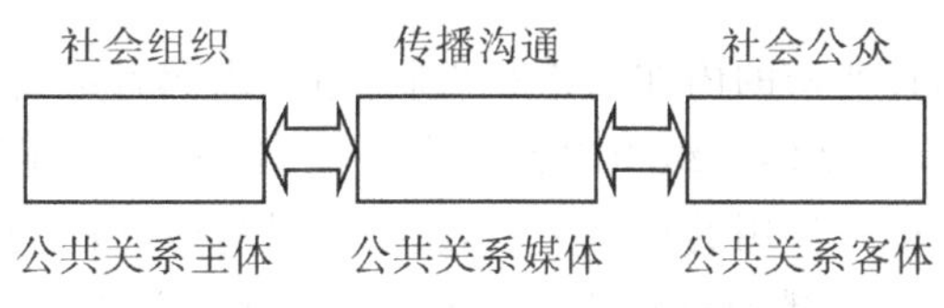

图 1-1　公共关系基本构成要素

一、社会组织

公共关系主体就是指那些相对独立地存在于社会之中的各种社会组织。公共关系主体处于公共关系的核心地位，是公共关系的构建者和承担者。

社会是由无数不同类型、规模的组织构成的，尽管不同类型的社会组织具有不同的目标、性质和管理方式，也有各自的环境和公众，但它们都必然要与自己的公众发生关系，客观上都需要进行公共关系工作。通常情况下，社会组织重视和运用公共关系的自觉程度与其竞争力的强弱成正比。因此，公共关系工作对社会组织的生存与发展起着重要的作用。

(一)社会组织的概念

社会组织是指人们根据社会的分工和需要,为了有效达到特定的目标,按照一定的宗旨、制度和系统而形成的共同活动的社会群体。

社会组织是人类社会的组织方式,是社会构成的基本单位和细胞,是社会关系有组织、有秩序的体现。在人类社会生活中,彼此孤立的个人通过一定的社会活动进行交往,由此建立特定形式的社会联系与组合,这种通过社会活动形成的联系与组合,形式上便表现为社会组织。

社会组织与一般的家庭、邻里等自然形成的社会群体有较大差别,它是一个不断运动的有机体,随社会环境的变化而不断调整自身结构和功能使之与社会相适应。社会组织的发展与变化是现代公共关系产生的基础。随着社会的发展,社会组织也随着不断地调整改变。社会组织必须与外部环境相适应,必须得到外部公众的支持。因此,社会组织必须与外部环境实现互动,相互依赖、相互作用。那么,公共关系也就在社会组织与公众之间产生了。

(二)社会组织的特征

公共关系是指社会组织与其相适应的公众对象之间的关系,在这一关系的协调中.社会组织起主导作用。因此,要协调这一关系就必须认清社会组织的特征。社会组织的特征是指社会组织与其他非社会组织区别开来的各种特性的总和,尽管社会组织的存在形式千差万别,但其共同的特征表现为以下几点。

1.目的性

任何组织都有自己既定的奋斗目标,它决定着组织的性质、职能和类型。社会组织存在的目的往往就是试图通过自身的努力达到所期望的目标,组织的一切工作和机构都是为实现这个目标服务的。社会组织存在的目的对组织的生存与发展具有导向作用,对组织成员具有统一认识、规范行为的作用。

2.整体性

社会组织一般都具有严密的内在结构和机制,组织内部各部门、各成员之间既有明确的分工,又有机地构成一个整体。组织内各分支系统、各个流程环节、各个成员之间存在着相互依存、相互牵制、相互作用的整体关系,组织成员有着共同的追求目标和利益保障。在社会组织的形象塑造和传播的过程中,应充分认识到组织的整体性,注重组织的全方位、整体性的形象管理,充分调动组织的各部门及各方面成员的积极性。只有整个组织目标形象确立,步伐协调一致,全员积极参与,才能真正搞好组织的公共关系工作。

3.物质性

任何社会组织都必须具有一定的生产场所或办公场所,都必须具备一定的生产设备和技术条件,这就是社会组织存在的物质性。社会组织必须具备一定的物质基础,这是组织存在的基本保证。如果没有这些物质基础,社会组织的生存和发展将成为"海市蜃楼"、"空中楼阁"。

4.变动性

任何社会组织都是一定社会环境的产物,环境是社会组织生存的社会基础.社会发展及其相应的社会环境的变化对社会组织生存与发展必然产生一定的影响。组织的环境是不断变化的,是一个动态系统,所以,组织应不断地矫正自身行为,进行自我协调、自我改造和自我更新来适应环境的变化需要。只有这样,组织才能更好地在社会上生存。

5.多样性

社会组织是个统称概念,是对社会上存在的各式各类群体、集合体的统称,社会组织的存在形式千差万别,种类繁多。例如.在日常生活中我们常见的学校是文化组织,企业、工厂是经济组织,政府机关是政治组织。

(三)社会组织的分类

众多的组织可以按照不同的标准,划分为不同的类型。对社会组织进行合理的分类,有助于对组织作更为具体、深入的分析。我国的社会学界通常根据组织的性质与社会角色格它们分为以下五类。

1.经济组织

经济组织即在社会主义市场经济条件下直接从事生产、交换等各种经济活动的组织,如生产领域的工厂、农场,流通领域的各种商业组织等。经济组织是人类社会中最基本的社会组织,它担负着向人们提供衣、食、住、行和文化娱乐等物质生活资料的任务,它要实现其所有者和经营者的经济利益。

2.政治组织

政治组织是指在社会中从事政治活动的组织,包括从事社会政治活动的政党、政权组织和维护国家安全、社会秩序的武装力量、司法机关等。政治组织是人类社会阶级出现后的产物,它是一定阶级、阶层、集团的代表。在现代社会中,一定的政治组织为向其代表的社会群体及整个社会表明自己的政治见解、主张及方针政策等,争取广泛的社会认同、社会赞誉及社会支持,必须搞好与广大社会民众的关系,处理好本阶级、阶层或集团与社会民众利益的关系,因而它必然成为现代社会中一个重要的公共关系主体。

政治组织的公共关系任务是,力争在人民心目中树立一个良好的领导者、管理者、保卫者和服务者的形象,以便得到广大人民的拥护、理解和支持,完成其政治职能。

3.文化组织

文化组织是指在社会中从事文化活动、文化事业的组织,如各类学校、文化团体、科研院所、医疗机构等。文化组织以满足人们的文化需求为目标,以从事文化活动为其基本任务。文化组织是社会文明的重要标志,它与社会有着广泛的联系。

文化组织的公共关系任务在于塑造优秀的精神文明建设者和文化教育卫生事业服务者的形象,争取社会尽可能多的人民群众支持、关心和参与。

4.群众组织

群众组织主要包括两大类,一类是社会性团体,如工会、共青团、妇女联合会等;另外一类是各类专业性群众组织,如中国美术家协会、中国作家协会、中国科技协会等。群众组织的任务是广泛团结社会各阶层、各领域的人民群众,代表他们的利益,了解他们的意愿,反映他们的需求,组织他们开展多种社会活动。

群众组织的公共关系任务是求得社会和人民群众的支持,树立自己是社会利益和群众利益的忠实捍卫者的形象,日益扩大群众组织活动的规模和范围,促进和谐社会的构建。

5.宗教组织

宗教组织是以某种宗教信仰为宗旨而形成的组织，如中国佛教协会等爱国宗教团体及其地方组织。为了宣传自己的宗教思想和宗教信仰，争取广泛的社会信仰和支持，宗教组织也必须要开展公共关系活动，处理宗教组织与信教民众、宗教组织与政府、宗教组织与新闻媒体等各种关系。

宗教组织的公共关系任务是，在信教群众和宗教界人士心目中树立一个宽和的组织者的形象，与不同的信仰和平共处，争取得到信教群众和宗教界人士的拥护和爱戴。

二、社会公众

社会公众是公共关系的对象，是指对一个社会组织的目标和发展具有实际的或潜在的利害关系或影响的个人、群体和组织。任何社会组织都有其特定公众，公众可以是独立的法人机构，也可以是公众群体或个人，而公共关系便是社会组织主动地与公众建立和维护良好关系的过程，但这并不意味着作为客体和对象的公众是完全被动的、逆来顺受的，公众随时都可以表达自己的意志和要求，主动地对公关主体的政策和行为做出各类反应，从而对公关主体形成舆论压力和外部动力。任何组织都会遇到公众“用脚投票”的问题。当公众因为对某组织不满意而使用这一“权利”时，会对组织的经营与品牌形象造成极大影响。

社会组织在计划和实施公关工作时，必须脚踏实地地将产品与组织形象不断提升，尽量避免出现恶性报道，同时根据公众对象的特点及变化趋势去制定和调整公关政策与行动，使得公众了解、支持组织的品牌与产品的传播及发展需求。本书将在第 3 章、第 8 章专门针对社会公众进行详尽介绍。

三、传播沟通

在社会组织明确了公共关系目标，确定了目标公众，并有了公共关系活动的设想之后，便要考虑如何运用传播媒介把目标和设想传播出去，让公众知晓组织的实力与发展进程。传播是连接社会组织和公众的桥梁，是实现组织公共关系目标的唯一手段。公共关系必须借助各种现代的传播技术、信息载体和沟通方法来实现组织和公众之间的有效传播。本书第 4 章将专门针对公共关系传播进行详尽介绍。

第四节　公共关系研究对象及特点

一、公共关系的研究对象

作为一门学科，公共关系学有自己的研究对象，从总体上看，主要表现为社会组织与其公众互动关系的活动规律。

公共关系学的研究内容主要包括以下方面：

(1)公共关系基础理论。包括公共关系的起源和发展的历史，公共关系的概念、主要职能及原则,公共关系基本要素(社会组织、社会公众、传播沟通)及其相互关系。

(2)公共关系素质技能。包括公共关系从业人员的素质与能力、公共关系专题活动(新闻发布会、展览会、赞助活动、庆典活动等)。

(3)公共关系实践应用。包括公共关系工作程序(公共关系调查、策划、实施、控制、评估)、公共关系危机管理等。

二、公共关系的主要特点

公共关系有三个明显的特点。第一,从性质看,公共关系具有客观性和公众性,即公共关系作为现代管理艺术和公众行为是客观存在的,它已被广泛地运用于组织活动中,发挥了极其重要的作用。第二,从功能看,公共关系具有交流性与传播性,即公共关系具有交流感情与传播信息的功能。第三,从目的看,公共关系具有协调性与服务性,即公共关系的主要目的是协调组织与公众间的关系使其达到平衡,从而为实现组织目标服务。

第五节 公共关系的职能与原则

一、公共关系的职能

公共关系作为一种管理职能,在组织的经营管理中具有明确的职责范围,发挥着特定的功能和作用。而这些功能和作用的发挥,不仅为组织的生存和发展创造了良好的外部环境和内部条件,而且渗透到社会生活的每一方面,对社会产生了积极影响。同时还能使公共关系从业人员不断更新观念,提高公关素质。公共关系职能主要表现在以下方面:

(一)采集信息,监测环境

要实现这种预警功能,就要求组织的公关部门做好以下几方面工作:

1.采集信息

信息是预测和决策的基础,任何组织在决策前必须掌握大量的信息。公共关系采集的信息主要是有关组织信誉和形象方面的信息,包括以下几类:

(1)产品形象信息。产品形象主要通过产品的质量、性能、品种、款式、价格、包装、服务(特别是售后服务)等来反映,因此公共关系人员应认真搜集这方面信息。

(2)组织形象信息。与产品形象相比,组织形象对组织而言可能更重要。因为产品形象是公众对产品这一因素的评价,而组织形象则是公众对组织的整体印象,它更能反映组织的公关状态,对企业公共关系工作的效果的反映也更全面。组织形象信息包括公众对组织机构、管理能力、人员素质、服务水平等方面的看法和态度。

(3)其他社会信息。对于一个成功组织或一次成功的公关活动而言,除了要掌握产品形象信息和组织形象信息以外,还必须对国内外的政治、经济、文化科技等方面的状况和变化,对社会时尚潮流的更替,对人们普遍关注的舆论热点随时进行跟踪。只有这样,才能做到通观全局,立于不败之地。

2.监测环境

采集信息并不是公共关系的最终目的，信息只有在经过加工、整理和分析后，才能在监测环境、做决策时真正发挥其作用。

(1)监测政府决策趋势。通过信息的采集与研究，社会组织可以随时掌握政府决策动态和方向，及早预测与组织有关的各种现行政策可能发生的变化，以及这种变化可能带来的机遇和挑战，以使组织提前准备应对之策。

(2)监测社会环境变化趋势。各种社会环境都可能对组织的公关工作产生或强或弱的影响。如社会需求和市场环境的变化，会从整体上影响组织的经营；公众需求、公众心理的变化将很快对产品开发提出挑战；社区内的重大问题可能引起公关纠纷，也可能使组织的形象在不经意中变得更好；日益兴起的环境主义和绿色主义则将给组织的未来发展带来持久的长远影响。因此，社会组织必须密切注视社会环境的发展动态，以使组织能根据环境变化主动出击，获得更大的发展空间。

(3)监测竞争对手的发展动态。知己知彼，百战不殆。洞察竞争对手的公关状态，借鉴竞争对手的成功经验和失败教训，分析竞争对手的优劣所在，预测竞争对手的未来走向，都是社会组织公共关系的重要工作。

(二)引导舆论，塑造形象

社会组织可以通过公关活动引导公众理解并接受组织，对组织产生认同感。

(1)在组织初创期，由于公众对组织缺乏认识和了解，组织应主动地宣传自己、介绍自己，促进公众的认识和了解。

(2)在组织顺利发展期，公众对组织及产品有了基本的印象及良好的评价，组织仍应继续努力、强化这种良好的舆论态势，使组织形象深入公众心中。

(3)在组织逆境期，根据组织形象受损的不同情形采取相应措施。如果是因组织自身失误危害了公众利益，就应该本着实事求是、有错即改的态度，坦率认错，尽快采取补救措施，将损失减到最小，并把组织处理事故的过程以及整改措施及时告知公众，求得公众谅解，以期重获支持和信赖。如果是因为公众误解，应及时向公众澄清事情真相，消除误会，引导舆论尽可能向有利于组织的方向发展；对于他人陷害，则应尽快揭露其阴谋，并将本组织采取的预防措施向公众宣布，以防事态扩大，然后再逐步恢复公众对组织的信心。

(三)咨询建议，决策参谋

1.咨询建议

公共关系的咨询建议一般包括以下三类：

(1)公众的一般情况咨询。这类咨询主要提供社会组织公共关系状态的一般情况说明。如内部员工的归属感，本组织在社会上的认知度、美誉度，消费公众对组织产品的反应，新闻媒介对本组织的社会舆论，同行对本组织的评估等等。这类咨询是任何组织公关部门的经常性工作。

(2)公众的专门性情况咨询建议。这是指社会组织拟举办某个专题活动，公共关系专业人员提供与该活动直接有关的情况说明和意见，以使专题活动更有效地开展。如社会组织拟举办新闻发布会，公关人员应提供新闻媒介的近期宣传动向、新闻记者对本组织的了解程度等，以及安排邀请名单、会场的布置等等。

(3)公众心理变化和趋势咨询。由于社会环境的变化，公众的心理状态也随之发生变化，这种变化对社会组织的运行影响极大。公众心理变化以及变化趋势的咨询，是公关人员在长期观察和积累的基础上形成的。这类咨询常常能富有成效地为社会组织中长期战略规划的制定和变更提供可靠的根据。

2.决策参谋

公共关系决策参谋一般有四个环节：

(1)帮助组织获取信息——获取外源信息、内源信息，使决策科学化、民主化；

(2)帮助组织确定决策目标——使决策兼顾组织利益与社会利益；

(3)帮助组织拟定决策方案——设计方案、选择方案，注重灵活应变及公关原则；

(4)帮助组织实施决策方案——传达、理解、观察、分析方案，及时反馈方案执行情况，酌情调整方案。

(四)沟通内外，协调关系

1.内部关系的协调

首先，以目标为核心，在协调管理层与员工关系时充当中间人：管理层的目标是否为员工所认同，员工的行为是否与管理层的目标保持一致；通过与员工细致的持之以恒的有效沟通，在组织与员工之间搭起相互理解和沟通的桥梁。其次，在部门与部门关系协调中充当管理的接口：在不同的部门之间出现“权力真空”的情况下，依靠良好的公共关系补位，这是“全员公关”的一个重要组成部分；在“权力重叠”的情况下，则要依靠良好的公共关系去理顺关系、化解矛盾。

2.外部关系的协调

外部公众类型不一，成分来源复杂，这就使得组织不可避免地要与外部公众发生程度不同的利益关联和冲突，一旦发生了冲突和纠纷，则应积极与各方面取得联系，进行协调磋商，消除疑虑，缓解矛盾，不断维持和巩固彼此间的合作关系，促进良好的外部环境的形成。

无论是内部关系的协调还是外部关系的协调，这种公共关系协调都可以通过利益协调、目标协调、态度协调和行为协调来实现。利益协调是基础，目标协调是利益协调的指标化、具体化，态度协调是为行为协调的先导，行为协调是最终目的。

二、公共关系的基本原则

公共关系的原则有很多，这里主要介绍四个方面的基本原则。

(一)真实性原则

真实性原则是指组织在开展公共关系活动时，必须以事实为依据，向公众如实传递有关组织的信息，同时向组织决策者如实传递有关公众的信息。

公共关系是建立信誉、塑造形象的艺术，其塑造良好形象所用的材料就是事实。所以说，真实是公共关系的基本原则，也是对公共关系人员的根本的道德要求，是公共关系的生命。隐瞒、歪曲、推诿是公共关系的大敌。

(二)平等互惠原则

社会组织在开展公共关系活动中，要注意信守平等互惠原则。平等互惠原则是指公关活动要兼顾组织与公众的双方利益，在平等的地位上使双方互利互惠。

公共关系活动必须遵守平等互惠的原则，不能单纯追求组织单方面的利益。只有在公众也同样受惠的前提下，才可能得到公众的支持与合作。事实上，任何一种良好的社会关系要得到维护和发展，都必须对双方有利。公共关系强调主体和客体的平等权利和义务，尊重双方的共同利益和各自独立的利益，谋求本组织利益与相关公众利益的平衡协调并促成组织运作与环境达成自动平衡。公共关系必须信守组织与自己的公众对象共同发展、平等相处、互利互惠、共存共荣的坚定信念。

(三)整体一致原则

整体一致原则是指社会组织在开展公共关系活动时，要站在“社会”的高度，对可能由活动产生的对社会经济效益、社会生态效益及社会精神文明建设等几方面的影响综合起来统一考虑，使诸方面均符合公众的长期利益和根本利益。这种力求使诸因素效益一致的思想和做法，我们称其为整体一致原则。

一个组织所从事的活动，对社会生产的影响是多方面的。以一个企业为例，企业在为社会提供产品和服务的同时，对社会的政治、文化、教育、道德和生态等方面也会产生积极或消极的影响。所以企业对生产经营活动要进行全面的权衡，不仅要从企业本身，而且要从社会角度来评价其经济效益。如有的商业企业为了获取高额利润，竟然经销假冒伪劣商品，严重损害了消费者利益，虽然企业经济效益可观，但其社会效益是十分低下的；有的生产企业只顾生产，而对废气、废水、废渣的排放不认真处理，以致影响附近居民的生活，甚至影响厂区附近农作物的生长、污水污染了河流，造成了极大的社会危害。这些做法只考虑本企业的经济效益而对社会效益和生态效益造成了严重的不良后果，违反了公共关系的整体一致性原则，使社会蒙受损失，最终企业也必将吞下自己酿成的苦果

在社会文明不断发展的当今社会，越来越多的社会组织认识到坚持社会整体效益的重要性，主动贯彻整体一致思想，严格按整体一致原则办事，在社会上产生了积极影响。

(四)全员公关原则

全员公关原则是指一个组织公关工作的开展，不仅要依靠专职公关机构和公关人员的不懈努力，而且有赖于组织各部门和全体员工的配合，要求组织的全体成员都注意树立公共关系观念，都要关注并参与公共关系工作，都要为公共关系工作作出贡献。

只有全员公关，才能建立和维持组织良好的公关状态。组织形象是通过组织所有人员的集体行为表现出来的，是组织内个人形象的总和。每一个成员与外界发生联系时，其个人形象直接体现了组织的整体形象和风貌。因此组织的每位员工在对外交往时都必须注意自己的形象，从而维护甚至扩展组织的形象。

【案例讨论】

案例一　达沃斯:“李”式公关展现“中国自信”

每年年初，在瑞士小镇达沃斯举行的世界经济论坛年会被誉为全球经济的“风向标”。当来自世界各地的2500多名政商学界精英今年齐聚达沃斯时，最引人注目的莫过于中国国务院总理李克强。

新年伊始，李克强从达沃斯开始了自己繁忙而紧张的外交日程。这也是中国外交今

年的开场大戏之一。继去年成功推销中国装备和富余产能后，这位“超级推销员”又担当起中国的“超级公关”，站在达沃斯的讲台上介绍中国经济形势和深化改革进展。达沃斯见证了“李”式公关魅力，以及他所展现的“中国自信”。

新年首访意味深长

李克强对达沃斯并不陌生。2010 年，时任副总理的他就出席过世界经济论坛年会。

作为全球经济界最顶级的非官方“盛会”，世界经济论坛年会是思想和观点的“集散地”，也是引导外界正确认知中国、开展高层公关的绝佳场所。近年来，中国在国际上展开多方位魅力攻势，李克强出席达沃斯论坛完美契合这一战略。

在世界经济复苏前景不明的大背景下，外界对中国这个全球第二大经济体的表现寄予厚望，同时也对中国经济减速换挡调结构的“新常态”存在偏颇认识。

就在今年的达沃斯论坛开幕前夕，国际货币基金组织在最新发布的《世界经济展望》报告中，将 2015 年和 2016 年全球经济增长预期分别下调 0.3 个百分点至 3.5%和 3.7%，下调幅度为三年来最大。这让与会者们感到丝丝寒意。巧合的是，在李克强启程当天，中国国家统计局公布的数据显示，2014 年中国经济增长 7.4%。虽创下 20 多年来的最低增速，但仍处于合理区间。

当美国著名经济学家施蒂格利茨提出，2015 年，中国将取代美国成为按购买力平价计算的全球第一大经济体时，另一些人则在担心增速放缓的中国“经济快车”可能脱轨。

“李克强在年会上阐释中国经济政策，展示中国改革决心，会使世界更好了解中国经济形势，提振世界经济的信心。”中国现代国际关系研究院经济所所长陈凤英说。

诙谐幽默彰显自信

当地时间 1 月 21 日下午 6 时许，世界经济论坛年会的全会厅里人头攒动，不少人早早地占了座位，等待聆听李克强在开幕式上的特别致辞。

“我在这里要向大家传递的信息是，中国不会发生区域性、系统性金融风险，中国经济不会出现‘硬着陆’。”李克强斩钉截铁的话给在场所有人吃了“定心丸”。

这份自信源自对中国经济“新常态”的准确把握。中国经济进入“新常态”，李克强用“双中高”三个字来形容，即经济由高速增长转为中高速增长，发展必须由中低端水平迈向中高端水平，为此要坚定不移推动结构性改革。

这份自信源自中国决策者们的政策定力。没有强刺激，只有强改革。李克强说，我们将继续保持战略定力，实施积极的财政政策和稳健的货币政策，不会搞“大水漫灌”，而是更加注重预调微调，更好实行定向调控，确保经济运行在合理区间，同时着力提升经济发展的质量和效益。

这份自信更源自对发展动力的精准定位。为实现“双中高”，李克强在论坛致辞中首次提出“双引擎”概念：一是打造新引擎，推动大众创业、万众创新；二是改造传统引擎，重点是扩大公共产品和公共服务供给。

清华大学经济管理学院教授李稻葵认为，第一个引擎意在调动更大范围的市场力量，关键词为“创新”；第二个引擎强调政府作用，如基础设施和公共服务的提供，关键词是“服务”。

专家指出，“双引擎”是颇有新意的比喻，它不仅蕴含着中国经济发展的动力，还将成为世界对中国的“信心之源”。

在达沃斯这个滑雪胜地，李克强更是用“滑雪三要素”妙喻中国经济与改革。他说，滑雪有三要素：速度、平衡和勇气。这对中国经济而言，就是要主动适应新常态，保持中高速度的增长，平衡好稳增长和调结构的关系，以壮士断腕的勇气推进改革。

“双中高”？“双引擎”？“大水漫灌”？“滑雪三要素”……李克强诙谐幽默、生动形象的语言风格让现场的听众轻松捕捉到了中国经济发展的思路，感受到浓浓的“中国自信”。

听完致辞后，国际货币基金组织总裁拉加德说：“我已亲自向李克强总理表示敬意，演讲太精彩了。”

澳大利亚前总理陆克文则说：“我特别喜欢他谈到中国改革的一些故事，讲得非常有内容，也有味道……滑雪方面的比喻，讲得非常好，其他的老外都听得懂，也认识到他的重点是什么。”

世界期待中国方案

当中国步入“新常态”时，世界也在发生深刻变化。正因如此，世界经济论坛把今年的年会主题确定为“全球新局势：我们如何应对”。

从李克强的致辞中，外界不仅希望读懂中国经济，还期待在如何应对全球新局势上看到中国方案和中国智慧。

李克强从达沃斯自身的转型经历说起，为应对全球新局势开出了“中国药方”——世界需要新“盘尼西林”。

“达沃斯曾经是治疗肺病的疗养地，因为盘尼西林的发明而转型，”李克强说，“时至今日，达沃斯已经成为‘头脑风暴’的智力中心，世界也需要新的‘盘尼西林’来应对新挑战。”

如此独特的观察得益于李克强致辞前登高望远的感悟。“偷得浮生半日闲”，一直忙于政务的李克强当天上午难得抽空登上了达沃斯附近海拔1800米的沙茨阿尔卑山顶。站在那里极目远眺，达沃斯小镇尽收眼底，如此开阔的视野是打开思路的绝佳环境。

“每临大事有静气”，李克强面对即将来临的“头脑风暴”，表现出的是淡定和从容。

具体而言，李克强提出的中国版“盘尼西林”新药包括三方面内容：面对复杂的国际局势，要坚定维护和平稳定；面对多元的世界文明，要共同促进和谐相处；面对多变的经济形势，要大力推动开放创新。

“李克强在达沃斯发表致辞，反映了中国力图塑造全球议题的积极外交政策，”美国智库“战略与国际问题研究中心”中国问题专家斯科特？肯尼迪如此评价。

这种参与全球议题设置的积极姿态不只是停留在官方层面。与李克强同抵达沃斯的是一支阵容强大的中国代表团，既包括了外交部长王毅、国家发展改革委主任徐绍史、商务部长高虎城、央行行长周小川等政府官员，也包括了以马云、任正非等为代表的中国企业家，以及李扬、林毅夫等高校、研究机构的经济学家。

本届论坛围绕中国的话题也占了相当大的比重，包括“中国前景展望”、“中国对外投资展望”、“中国经济发展评析”等专题讨论。

无论在中国话题，还是在全球性议题上，达沃斯的会场发出了越来越多的“中国声音”，世界也期待看到更多的“中国方案”。

（资料来源：尚军.http://cpc.people.com.cn/n/2015/0213/c220955-26562935，人民网，2015年02月

13日.原文网址 https://www.xzbu.com/1/view-6678056.htm)

讨论题:“李氏”公关的自信从何而来?

案例二　国家公关:从全国两会到博鳌论坛

在热点三天就过期的时代,中国的“两会时间”及其衍生的诸项议题,却有着贯穿全年“国家公关”的生命力,影响着国民生活的方方面面。所以,中国的品牌策划人如果不深入且持续地研究“两会”,很难从“大视野”的视角俯瞰中国语境中的传播机遇。

同时,这也是我第四年为《国际公关》杂志写“两会”选题。在之前的篇章里,我有谈到过企业、机构如何“借势两会”,也曾列举过具体议题如何通过传播落地。而这次,则是通过“以人为本”、“厚积薄发”、“顺势而起”三个不同的角度进行剖析,分别探讨“两会时间”中政务宣传平台的迭代价值、政务发言人的素养及其应对视角、政务外延平台的建立与接轨指向,以期进一步发掘“两会时间”这个词背后的国家公关价值。

以人为本:国务院客户端,让政务“可持续互动”

每年两会,我最关注的是“微政务”。从早年的政务网站,到政务微博、政务微信,再到“国务院客户端”、“外交一点通”等新一代政务微平台的出现,政务“互动”不再是个概念化的用词。而这方面,国务院客户端三年来的迭代发展,显然最具有研究价值。

时间拨回到2015年10月,以一群平均年龄27岁的青年为主力,“国务院客户端”开始筹备。据悉,美国、英国甚至南非的政务APP,以及卫报、纽约时报等国际一流媒体的新闻APP,都曾是这支青年团队借鉴甚至走访的对象。

2016年2月26日,国务院客户端正式上线,不仅立足于“国务院办公厅中国政府网发布政务信息和提供在线服务的新媒体平台”,更提出“你身边的中央人民政府”这一slogan,将“用户能用客户端办实事,不止做到好看,还能有更强的功能性价值,让公众真正用起来”作为远期目标。

在2016年的1.0版中,即“开宗明义”地在首页设有“要闻、总理、政策、部门、地方、服务”模块,并在首页下部的模块中设有更富延展性的“政务大厅”,可谓整合了媒体、机构乃至广大群众最为关心的政策更新、民生信息等“干货”。与之对应的,是上线10个月累积超过2000万的下载量,以及超过700万的激活用户量。

为了维护和提升“激活用户量”,国务院客户端还曾在当年两会期间推出《测一测,政府工作知多少》的答题送流量活动。从政务价值看,这一活动也让广大受众得以以“游戏化”的方式,更为积极主动地去理解政府工作报告,达到“权为民所用,情为民所系,利为民所谋”。而在2016年10月,“简政放权,我来@国务院”活动,更是覆盖全国31个省区市、472个地市州、2838个区县,辐射4206个政务服务大厅、11902个办事服务点,国务院客户端不仅对部分留言网友进行了电话回访,更将留言制作成明信片从中南海邮局寄出——在亲民互动方面,做出了“抓地留痕”的成绩。

“政能亮”特约时评人黄羊滩曾撰文表示:“你听得见总理的声音,总理也可以从亿万个体的布朗运动中,察知社情民意、民生冷暖。进而在施政中或减或加,最大限度地满足这个社会的公共期待。”而同一时期,中山大学调研团队的政务类客户端(APP)年度调研显示,“中国69个城市一共拥有政务类APP316个,但是六成的政务APP在3个月内从未更新”，这也代表了外界对中国政务性平台可持续性运营乃至互动的疑虑。

2017 年 1 月 20 日国务院客户端 2.0 版上线，主张“国务院客户端在你身边”，并采用极简风格的宣传海报、强调“关心大事，更关心你”、“中英资讯，看你想看”、“丰富创意，有料有趣”等鲜明的内容看点，让人再次眼前一亮——在苹果商店的相关评论区中，“一点也不官僚的官方软件”、“首评献给国家”、“洋气”等正面评价接踵而至。而在延续“互动性/实用性”方面，该版本首页还增加了“简政放权，我来@国务院”留言活动入口，以及“掌上政务服务大厅”、“国务院文件搜索”等模块。

2018 年，随着国务院客户端 3.0 版本的到来，中国政府网官方微信发布了一组微海报，并将诉求点逐一对应“物价、社保、食品安全、就医、职业资格”等热门议题。其海报文案也是可圈可点，例如“不能让不合理的价格，凉了我对生活的热爱”、“有了自己的保障，晚年才会更安心”、“一家人舌尖上的安全，再怎么重视都不为过”、“心里门儿清，才能放心去外地看病”、“我和梦想之间，不再有不必要的职业资格证阻挡”。

此外，2018 年两会期间有关“国务院客户端”的另一刷屏事件，就是黄渤议政“H5＋视频”。内容是黄渤参与李克强总理座谈会的视频集锦及部分采访片段。这支“H5＋视频”脉络清晰，达到了两大功效。首先，通过黄渤这一“国民级明星”的话题号召力，增加了中外舆论对政府工作的关注度。进而，通过展现李克强总理平易近人的施政风范、黄渤妙趣横生的议政特色，为客户端增强了趣味、看点与热度——有力扣题“民之所望，施政所向”。

从 2015 年开始筹备，历经三年迭代，国务院客户端的锐意变化，也从这个侧面体现出“两会时间”中政务公关的“互动”实力在不断强化。就像品牌公关人常说的，落地层面的活动并不是议题传播的起止点，而仅仅是提供传播素材的重要杠杆、传播议题的关键出发点。

厚积薄发：人大发言人的履历与说话之道

随着中国各级政府“发言人制度”的逐步完善，发言人不再是个新词。但一年一度的两会时间，由于议题的综合性乃至复杂性，要求“发言人”对大政方针、两会规程、社会热点乃至公关风险，都要有最为专业且有“分寸感”的把握，甚至保持一定的“锋芒”。

自 1983 年“两会”首设新闻发言人制度至今，全国人大共产生 8 位新闻发言人，分别是曾涛、姚广、周觉、曾建徽、姜恩柱、李肇星、傅莹、张业遂。这 8 位全国人大新闻发言人中，7 位有外交背景。例如“首位全国人大发言人曾涛，从 1983 年到 1988 年担任全国人大发言人，历任中国驻阿尔及利亚、南斯拉夫、法国等国大使，为维护和发展同驻在国的友好合作关系做出显著成绩。他长期主管中共宣传工作，曾担任过新华社社长一职，并且有丰富的外交官履历，曾经担任驻法国大使”。又例如“全国人大设立发言人以来的第一位女发言人傅莹。她曾任中国驻菲律宾、澳大利亚、英国等国大使，是中国第一位少数民族女大使、驻大国女大使，以善于沟通著称，曾任外交部副部长”。

由此可见，“国际视野”、外交能力、驻外经验，成为遴选“人大发言人”的重要标准。作为全国人大会议第 8 位新闻发言人的张业遂，先后毕业于北京外国语学院和英国伦敦政治经济学院，曾担任常驻联合国代表团一秘、参赞，常驻联合国代表、特命全权大使，中国驻美国特命全权大使，2012 年起担任外交部党委书记、副部长（负责常务工作及主管涉港澳台外交事务)。他是中共第十八届候补中央委员、党的十九大代表、第十三届全国人民代表大会代表。据媒体介绍,“作为一名出色的外交官,张业遂亲身经历了改革开放以来近三十年的外交实践。他还曾率其团队以高度的政治责任感和灵活务实的作风,完成了江泽民同志访美、克林顿总统访华等重大外事活动,以及邓小平同志逝世后吊唁活动的部分涉外工作以及香港、澳门回归交接仪式等重大事件的礼宾活动”——这一串履历意味着,他已在外交领域深耕数十载。

进一步来看,为了做好发布会,张业遂及其团队在议题的侧重点上,有着明确的聚焦。他曾表示:“比如,宪法修改的关注度非常高,不仅国内关注度高,国际上关注度也高;还有国家监察体制改革,这是事关全局的重大体制改革;房地产税,人大的立法工作;还有关于外资基础性法规,今年是改革开放四十周年,过去指定了三部外资法,现在形势有很大变化,需要做一些更新和调整。”

从会上的问答方向、“两会发言人”相关话题稿来看,他和他的团队的会前“备课”是准确的。例如“今年将制定修改 20 多部法律”成为不少媒体使用的标题,可谓是以“讲数字”的策略,为本届政府对法制化的重视程度做了背书。另外,对于曾以热度指数 3.6668 高居“2015 全国网民关注十大两会话题排行榜”(泽传媒联合人民网、广东卫视《广东新闻联播》栏目)榜首的“一带一路”,张业遂再次正本清源地表示:“说‘一带一路’是中国的地缘战略工具,我认为这是对‘一带一路’倡议的误解。‘一带一路’建设是一个开放、包容的平台,不排斥或针对任何国家,对所有有兴趣的国家开放。”

谈到首场新闻发布会的种种表现,张业遂在回应“红星新闻”等媒体采访时表示,对于人大发言人这一新角色“还得慢慢适应……紧张肯定会有一点,但是还好”。同时,他表示一直在外交领域工作,所以对外交问题还是相对熟悉一些,而对国内的问题,尤其是法律方面的问题还要不断加强学习。这一系列诚恳的回答,也赢得了相关媒体的好感,无论是对其个人还是对其岗位,在公关传播上都有加分。

触类旁通,机构或企业“发言人机制”越来越成为品牌公关界的共识,甚至衍生出种种规章,然而,相比“人大发言人机制”的稳定性而言,却略显不足。究其原因,我们更该思考的是相比“人的风采”、“人的素养”,“发言人”本身的机制作用更应得到重视——由此推导出的个人价值、个人使命乃至“便宜从事”,才能更好地服务于“机制角色”。

顺势而起:博鳌,“接力棒”中有大布局

一直以来,全国两会、中国发展高层论坛、博鳌,构成了辐射全年的“中国政经季”,同时也是每年进行国家政策颁布与宣导的关键周期。尤其是“博鳌亚洲论坛”的设立,成为海内外政经界、学术界要人与中国领导人、政府要员对话的重要平台,甚至可以说是“两会时间”这一概念的外延组成部分,像一些媒体曾形容的“两会开篇,博鳌接棒”。

回想 2003 年年初,博鳌亚洲论坛成立不满两年,在议题影响力、嘉宾咖位等方面远远不及瑞士的达沃斯论坛。在此关头,曾“推开世贸大门的中国官员”(前入世首席谈判代表)、刚刚卸任外经贸部副部长职务的龙永图,正式接任“博鳌亚洲论坛秘书长”。

知名访谈节目《舍得智慧讲堂》主持人胡玲曾对龙永图感慨道:“我每年去博鳌报道博鳌论坛时,我们所有人都会感慨,在那样一个小渔村,某一定程度上我们就是活生生地打造了这样一个奇迹——觉得用奇迹来说其实一点都不夸张。博鳌刚开始的时候是很困难的，怎样邀请到这些政要去聚焦博鳌，怎么样让博鳌论坛发出更大的声音，我相信中间是有很多很多的，甚至我觉得不亚于入世谈判这样的难度。”

龙永图回应道：“一方面我刚刚入世谈判那么多年，所以不管是企业界也好，还是政界也好，都有很多关系嘛。因为博鳌请的演讲嘉宾也好，请外国人、外国公司或中国企业赞助也好，都是靠关系的。所谓关系就是人家信任你。那么多年人家信任了我，而且他们觉得我这个人还是可信的，所以不管是我请哪一个外国政要也好，还是请哪一个企业，包括外国企业来赞助，他们都欣然同意，所以这使我很感动。所以，人在这个世界上，都是有因果关系的，就是你如果原来付出了，到你需要的时候，他们会来帮助你。”

经过早年的筚路蓝缕，2018 年的博鳌，在议程设置上与“两会时间”进一步接轨，其国家公关的价值更为提升——首先，是行政级别的对位，据悉国家主席习近平将应邀出席 2018 博鳌论坛年会开幕式并将发表重要主旨演讲(文章作于 4 月 8 日)；再者，是议程设置的深化，年会主题“开放创新的亚洲，繁荣发展的世界”及四大论坛版块“全球化与一带一路”、“开放的亚洲”、“创新”、“改革再出发”(约 60 多场正式讨论)，进一步贯彻了“坚持改革开放，坚持全球化”的经贸策略；进而，“2018 博鳌亚洲论坛 · 梧桐夜话”等政商研汇聚的民间论坛，让对外的博鳌与对内的“两会”形成优势互补，进一步强化了“两会时间”的沟通功效。

从这一外延平台的作用来看，对于品牌策划人有着很大借鉴意义。任何传播议题的设置，无疑要发端于一个物理原点(就像“两会时间”发端于两会会期本身)。但议题的使命，以及信息舆论场的复杂性，决定了在单一原点进行“叠床架屋”的困境，因此，发现并合理构建类似“博鳌论坛”这样的外延平台，就成了类似李德 · 哈特“间接战略”最好的运用。

综上所述，无论是从传播工具的“沟通力”迭代、沟通关键人的“视野”保障、外延平台的“接轨”补位，在国家公关领域最具代表性的“两会时间”，无疑都在朝着更具体系性的方向进行升级与扩展。单纯以“传播策略”、“个人风格”、“地缘战略”等微观视角进行解读，只会增加“窄化”甚至“曲解”的风险概率。

同样，“沟通力”迭代、“视野”保障、“接轨”补位，也进一步印证，无论是“两会时间”本身，还是其背后的国家公关，都在指向“诠释力”。就像埃里克 · 霍布斯鲍姆在 1968 年剑桥大学对他的学生所说的：“有时候，关键的不是去改变世界，而是去解释世界。”

回过头来看，公关传播人、品牌策划人的职业进阶路径也是如此。并不在于盲动的“热点捕捉”，选题意识乃至“选题力”是传播策划的基础核心。进而，则是与“选题力”相呼应的公司/事业部/团队体系建设。最终，在体系依托下，由“选题力”发力于“诠释力”。

(资料来源：宋观.http://www.chinapr.com.cn/p/1465.html，中国公关网，2018-06-22 15:46，来源：《国际公关》)

讨论题：如何理解“两会时间”与“博鳌论坛”背后的国家公关价值？

【本章小结】

现代公共关系最早产生于美国，有其产生与发展的社会条件，其间大约经历了四个阶段(巴纳姆时期、艾维 · 李时期、伯内斯时期、现代时期)，每个阶段都有突出的代表人物及公关特点。到 20 世纪七八十年代，美国的公共关系无论是理论还是应用方面都得到了全面发展，并向其他很多国家辐射。中国开始引进公共关系是在改革开放之后的1981年，当时，沿海开放特区的一些中外合资企业设立公关部，借鉴国外的公关操作模式。到20世纪90年代，中国大陆掀起了公关热潮，甚至表现出盲目性和不理智性，进入21世纪，人们才渐渐回归理性，对公共关系有了较为客观的认识和评价。

公共关系是社会组织为了塑造良好形象而开展的一系列综合活动，其基本构成要素为社会组织、社会公众、传播与沟通，且三要素之间的关系是互相依存、缺一不可；作为一门学科，公共关系有其特定的研究对象、内容和特点；作为一种活动，公共关系有自己的职能和原则，且与相关经营活动（市场营销、广告）既有密切的联系又有本质的区别。

【习题】

一、辨析题

公共关系就是拉关系、走后门；公共关系活动是年轻漂亮女孩子的专利。

二、问答题

1.公共关系为何最早在美国产生？
2.公共关系产生的基本条件有哪些？
3.公共关系产生与发展的各阶段有何特征？
4.公共关系与营销、广告有何区别？
5.公共关系的基本构成要素有哪些？它们之间是什么样的关系？
6.贯彻公共关系的全员PR原则要注意哪些问题？

三、实训题

××企业公关状态监测

[实训目的]

通过本次实训，使学生对公共关系的主要职能有更深入的了解，明确社会组织履行环境监测等公关职能对组织发展的重要作用，掌握公关职能的基本内容及其操作方式，提高学生参与公关活动的实际能力。

[实训要求]

3～5人为一组，按规范设计某企业公共关系状态监测表，安排学生对某企业进行公共关系状态监测，分析企业公共关系工作存在的问题和解决的措施，并提交一份监测报告。

[效果评价]

教师教学点评、打分，评价表如表1-1所示。

表 1-1 “××企业公关状态监测”计划实施评价表

<table>
<tr><td>专业</td><td></td><td>班级</td><td></td><td>学号</td><td></td><td>姓名</td><td colspan="2"></td></tr>
<tr><td>考评内容</td><td colspan="8">××企业公关状态监测计划实施</td></tr>
<tr><td rowspan="4">考评标准</td><td colspan="6">项目内容</td><td>分值</td><td>评分</td></tr>
<tr><td>准备环节</td><td colspan="5">项目设计是否科学
任务分配是否合理
监测对象是否真实</td><td>15
5
5</td><td></td></tr>
<tr><td>实施环节</td><td colspan="5">计划实施是否客观
公众状态监测是否全面
监测报告是否真实、规范，文字是否准确</td><td>10
10
30</td><td></td></tr>
<tr><td>能力测试</td><td colspan="5">沟通协调技巧
团队合作精神
应变能力</td><td>5
10
10</td><td></td></tr>
<tr><td colspan="7">总计</td><td>100</td><td></td></tr>
</table>

【拓展分析】

阅读《公关第一 广告第二》，了解公共关系与广告的区别。

第2章

公共关系组织机构与从业人员

本章知识点：公共关系组织机构：公共关系部、公共关系公司、公共关系社团的含义及职能；公共关系从业人员应具备的基本素质与能力：职业道德、公关意识、心理素质、知识素养、专业能力。

案例导读

时刻保持公关意识

纽约冈佐国家银行的总资产及存款额在20世纪80年代已达800亿美元，名列世界第一。它的许多存款客户都是外国的公司，尤以日本公司居多。可以说，日本客户构成了冈佐银行的基础。

20世纪80年代中期，由于日美贸易摩擦日益激烈，美国政府开始向日本政府施加压力，要求重新调整美元对日元的比价，以减少美日贸易逆差给美国经济带来的消极影响。在美国政府的强大压力下，日本政府勉强同意调整美元对日元的比价。

冈佐银行作为一家美国银行，当然对此表示欢迎，认为这将有利于刺激美国经济的复苏。但考虑到自己的客户主要是日本人，银行公关部门决定对此事采取谨慎的态度，不发表任何评论。

然而，冈佐的一位主管——经济学家赫林斯武由于不谨慎，向美联社的一位记者发表了一番谈话，认为“日元汇率的调整是美国计划能够实现的重要因素。这是美国的胜利”。这番谈话在15分钟内，就被美联社的新闻电报传到了全世界4000多家报纸和证券交易所中。

6分钟后，冈佐银行公关部主任约翰·诺尔接到银行总裁的电话。总裁告诉他，他的办公室内的道琼斯电报机刚传出一条有关冈佐银行的报道，报道说冈佐银行对日元升值表示欢迎。

总裁认为，这条报道将引起严重的后果，倘若日本人听到了这条报道，将认为冈佐银行对日元升值幸灾乐祸，这会刺伤日本客户的自尊心。因为在日本人看来，日元升值是不得已被迫做出的。

总裁说:“在日本商业领域内,日元升值是不受欢迎的事。现在看来,好像冈佐银行业提出让人不愉快的事情。我们真正有了麻烦。”

总裁指示公关部长:“约翰,现在是8时,请你8时45分来我的办公室,带来我们对这场混乱情形的反应计划。照我的看法,我们必须从媒介反应和顾客反应这两个方面来作公共关系的考虑。如果不能有效地处理这个问题,在业务上我们将有重大损失。

15分钟后,约翰·诺尔带着自己拟好的公关计划,来到总裁办公室。同一天,冈佐银行在各种媒介上发表声明,否认美联社的报道。一触即发的冈佐银行与其日本客户之间的纠纷,终于未能变为现实。

冈佐银行之所以能够有效地避免一场公关危机的发生,其关键就在于该银行总裁具有一种强烈的防范意识。在市场竞争如此激烈的今天,危机无时不在觊觎着企业。因此,公关人员应该时刻保持公关意识,密切留意企业内外发生的事情,分析内外部环境与企业发展的相关性,从而快速地应对,以确保企业的长久发展。

(资料来源:https://baike.baidu.com/item/%E5%85%AC%E5%85%B3%E7%AD%96%E5%88%92%E4%BA%BA%E5%91%98/12747914,百度百科)

启发总结:公关意识使公关变得更主动、更成功。

第一节 公共关系组织机构

公共关系组织机构是指由专职公关人员组成的、专门从事公共关系工作的专业部门或机构,它主要包括三种:一是组织内部的公共关系部门(一般称公关部),二是公共关系公司,三是公共关系社团。

一、公共关系部

公共关系部是组织内部设立的、专门从事公共关系活动的职能部门。它的出现是现代管理不断发展的必然结果,其职责、地位、规模则是由组织自身状况和公众特点以及组织与公众之间联系状况决定的;它是组织的“参谋部”、“联络部”、“情报部”、“外交部”和“宣传部”,对组织发展起着非常重要的作用。

(一)公共关系部的主要职能

1.信息收集和处理

通过与组织内各部门、各方面保持接触和联系,对组织外公众进行调研、收集信息并汇总,作出分析和处理,掌握组织内外公众的要求和倾向,为最高领导层的决策提供参考。

2.新闻传播

公共关系部根据组织的决策,担负对内外公众宣传、阐释、传递信息的职责:(1)编制刊物、画册等宣传品;(2)直接与社会媒体沟通,并提供相关新闻资料;(3)负责其他对内外公众公共关系原理与实务施加影响的广告设计和信息传播。

3.协调沟通

公共关系部要与组织内外公众(即与组织发生联系的社会组织和个人)保持沟通和协

调，并为组织创造上下、内外、左右各方面关系和谐的人际环境和社会心理环境。

4.处理突发事件和举办专门活动

对突发事件可能给组织的形象与发展带来的影响，公共关系部要及时协助组织最高当局，迅速客观地调查处理。包括与媒体积极接触，传播真相，对公众组织沟通或安抚、释疑，与法律部门打交道等。为使组织形象的发展达到预期目标，公关部门要适时地策划举办各种专门活动，如展览、参观访问、新闻发布会、记者招待会、交流会、联谊会等，有效塑造组织的良好形象，营造有利于组织生存发展的环境。

(二)公共关系部的组建原则

公共关系部是组织内部的一个专门从事公共关系工作的部门，它的组建必须遵循一定的组织原则。

1.精简原则

这是组建一个机构的基本原则，在组建组织内部的公共关系部时首先要考虑的也是这一原则。这意味着公关部下属的二级机构要精简，不要臃肿，公关部的人员岗位和编制要精简，不要因人设岗而导致人浮于事。

组织的公关部的规模可大可小，大者几千人甚至上万人，小者 3～5 人甚至只有 1 人。在确定公共关系部的规模时，一般要考虑组织本身规模、组织内部各职能部门的职能分配、组织对公共关系部的要求、组织的公众特点等情况。

一般说来，公关部的规模与组织规模呈现一种正相关态势。美国公关学者经过调查发现：年产值超过 10 亿美元的大型企业，公共关系部平均人数为 44 人，一般的大中型企业平均为 10 人，其他文教、医疗、基金会等组织为 6～7 人。

在美国，有些企业是以经营额为标准来确定公共关系机构的工作人数的。英国公共关系专家杰夫金斯在他著的《公共关系学》一书中提出了一个参考标准，如表 2-1 所示。

表 2-1　不同规模组织公关部人数表

年销售额/亿美元	公共关系人数/人
＞10	65
5～10	20
2.5～5	13
1～2.5	12
0.5～1	6
＜0.5	4

2.效能原则

公共关系部是专门开展公共关系工作的组织机构，它的每一项工作都可能影响组织的声誉和形象。因此在设立公关部时，一定考虑让公共关系部充分发挥其效能，行使其职能。这就要求一方面要界定公关部的职责和权利，要让公关部门拥有其职责范围内相应的人、财、物的决策权，以保证其工作的主动性和积极性；另一方面要合理设置公关部内部的二级机构，使整个公关部能有效地整合起来，形成整体效应，发挥最大威力。

3.灵活机动原则

公共关系部的工作既包括日常性的信息收集和整理分析、公众来访接待、常规公关宣传等工作,也包括一些临时性大型专题活动的组织和临时性突发事件的处理。这就要求组织在设立公关部时,充分考虑这两种不同性质工作的特点,使组织的公共关系部能适应客观环境变化和组织工作的调整,保持高度的灵活性和应变能力。

(三)公共关系部的类型

按照隶属关系可将公共关系部分为以下类型:

1.最高领导直属型(见图 2-1)

最高领导直属型又称总经理直接负责型,这是一种比较理想的机构类型,对公共关系工作的开展最有利。这种机构类型的特点是,公关部直属于决策层,公关部部长具有直接参与决策的权利,甚至由组织主要领导兼任公关部部长,以此保证公关部在管理和决策中的突出地位及权威性。如美国第一花旗银行正是采用这种类型,由副总经理兼任公共事务部主任。

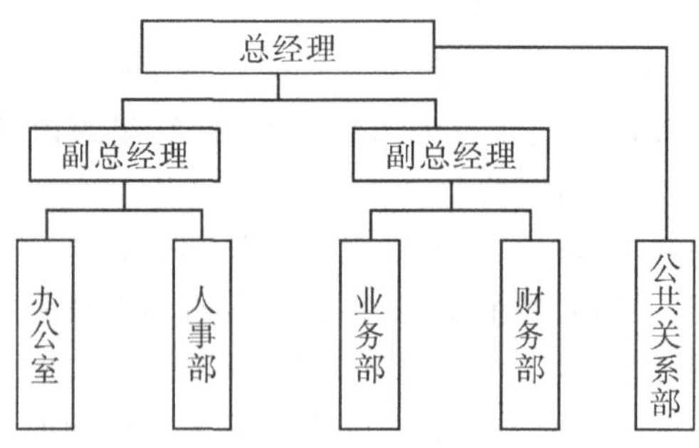

图 2-1　最高领导直属型公关部

2.部门并列型(见图 2-2)

这种机构类型的特点是组织的公关部属于第二层管理部门,与组织的其他职能部门处于同一个权力层次,有特定分工和职能,对组织的最高领导人负责。但其工作范围受到一定的限制,要成功地开展工作,必须积极地与其他部门密切配合。与其余几种类型相比,这种类型更为常见。如广州的中国大酒店公关部即属于这种类型。

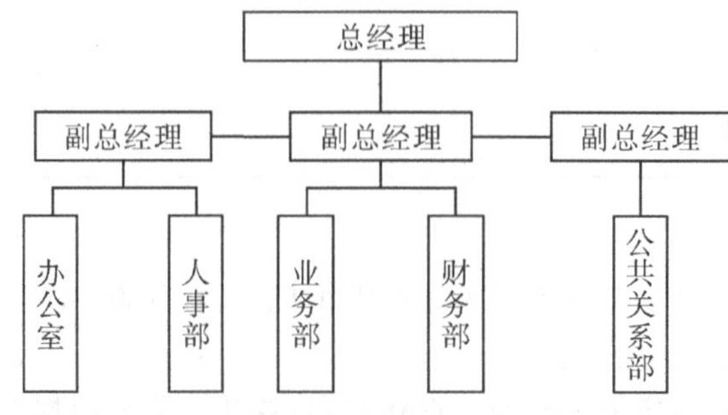

图 2-2　部门并列型公关部

3.部门所属型(见图 2-3)

在这种类型中,公关部在组织中处于第三个管理层次,隶属于第二个管理层次的某一个职能部门(如行政部门、销售部门、广告部等),其地位不是很突出。这种类型一般常见于公共关系工作刚刚起步的中小型企业。

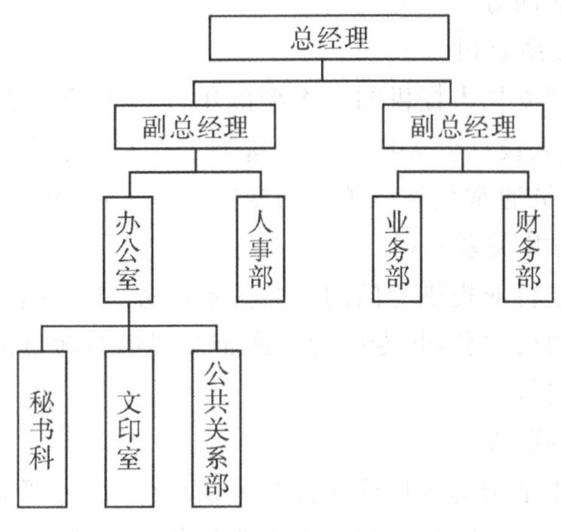

图 2-3　部门所属型公关部

二、公共关系公司

公共关系公司又称公共关系顾问公司或公共关系咨询公司,它是专门从事公共关系方面的有关咨询,或受政府、企事业单位委托为其开展公共关系工作提供设计方案、决策参考或直接为其策划、运作有关公共关系活动的社会服务机构。

公共关系公司是随着公共关系作为一种职业的出现而产生和发展起来的,最早的公共关系公司是"公共关系之父"艾维·李创立的公关顾问事务所,而世界上最早的以公关公司名义出现的公司则是 1920 年美国人 N.艾尔创立的。目前,美国有 2 300 多家公共关系咨询公司。总部设在纽约的博雅公共关系公司是全球最大的公共关系公司,设在 35 个国家和地区的 76 家办事处雇佣了 2 100 多人;全球第二大公关公司——尚德威克公司的 1 800 个雇员,则分布在其遍布世界各地的 100 多个办事处中;其他比较有影响的大公关公司还有伟达公司(希尔-诺顿公司)、埃德尔曼全球公共关系公司、奥格威环球公共关系公司。在英国,此类公共关系公司有 600 多家。1986 年,在北京成立了中国首家公共关系公司——中国环球公共关系公司,随后全国各地都纷纷涌现出许多公共关系公司。无论是在国外还是国内,公共关系公司都已成为发展迅速、成长潜力良好的一类服务性公司。

(一)公共关系公司的类型

公共关系公司的类型依据不同的方式可作不同的划分,从国际上看,公共关系公司大体分为三种类型。

1.综合服务型公共关系公司

这类公关公司以分类公共关系专家(如消费者关系专家、员工关系专家、社区关系专家、媒介关系专家等)和公共关系技术专家(如民意测验专家、演说专家、出版物专家、宣传资料专家等)为主体组成。这类公司经济实力较为雄厚,拥有先进的信息收集系统和信息储存与分析系统,业务范围广泛,能为客户提供多方面的综合性服务。例如,美国博雅国际公共关系公司,其服务的项目涉及到收集信息、顾问咨询、与政界及新闻代理人建立联系、广告设计、制作电视新闻等。

2.专项服务型公共关系公司

这类公关公司为不同委托人提供同一类型的单项公关业务服务,如专门为客户进行市场调查,或专门为委托人设计公关广告等。这类公司的经营规模和业务范围都比综合服务型公关公司小,其人员通常是某一领域的专家,公司以特色而独树一帜。

3.特定行业服务型公共关系公司

这类公关公司为特定行业提供专门的公共关系服务,如专门为工商企业服务,维护企业合法地位和良好形象的公关公司;专门为工商企业提供金融方面的服务,维护企业正当权利的金融公共关系公司等。

(二)公共关系公司的职能

公关公司的基本职能是帮助客户确立公共关系目标,通过研究,对客户进行准确的形象定位;制定并实施公共关系计划,以帮助客户改善公众形象,在公众中建立良好的信誉。在具体职能上,公关公司可为客户提供以下服务:

1.咨询诊断

咨询诊断即总体的公共关系顾问咨询,如帮助客户分析各种公关问题,为客户进行组织或产品形象研究,制定公共关系规划,为客户设计公众形象,为经营决策作参谋,提供专业化的公关顾问服务等。

2.收集信息

为客户搜集、汇编有关的信息、情报资料,如新闻剪报、市场信息、民意资料,以及各种政治、经济、金融、文化、科技等方面的资料。

3.联络沟通

制定并实施组织对内、对外沟通交流的战略性计划,协助客户与有关的公众或组织联络沟通,建立和维持良好的关系,如与政府的关系、与社区的关系、与名流的关系等。

4.策划活动

为客户策划实施各种专题公关活动,如剪彩仪式、周年庆典、联谊活动、展览会,以及与社区、文化、体育、慈善、福利等有关的大型公众活动。

5.新闻代理

为客户策划新闻传播,包括为客户撰写和制作新闻稿件组织新闻发布会等。

6.广告代理

为客户设计、制作公共关系广告,并作出广告预算、广告成本分析、广告效果检测分析等。

7.推介产品

不同于一般的产品销售广告,而侧重于推广产品的创意、形象、声誉等,为客户的产品制造有利的市场气氛。

8.礼宾服务

为客户安排、组织重要的外交活动，如贵宾和要人的访问参观、大型宴会、签字仪式等。

9.印刷及音像制作

为客户设计、编制、印刷各种文字宣传资料和纪念品，为客户制作录像带、录音带、幻灯片等视听材料，如介绍性书籍，公共关系杂志，宣传画册或活页，宣传招贴、产品或服务介绍以及代表企业标识的微商标、招牌、纪念品等。

10.培圳服务

代客户培训公关人员和传播人员，提高培训人员的公共关系理论知识和实际操作技能，如新闻报道通讯员、组织刊物的记者等。

（三）公共关系公司的职业优势

1.客观性

组织内部的公关部与组织有直接的利益关系，会有意无意地站在组织的立场去观察分析问题。其结论带有主观色彩，可能会有失公允。同时，组织内部错综复杂的人际关系也可能影响公关部对具体问题的看法。公关公司对其委托客户来说是一个旁观者，能够用专业的眼光从外部公众的角度去观察和分析问题，不受组织内部主观因素的干扰。因而，他们的观察和分析更客观，更能敏锐地发现组织的问题所在，也敢于直接提出而不必瞻前顾后。

2.权威性

公关公司通常是由受过专业训练的公共关系人才和专家组成的，实践经验丰富，具有明显的专业优势，其整体专业水平是一般的组织内部公关部所无法比拟的。因而其建议、策划具有较强的权威性和说服力，更容易引起委托者决策层的高度重视而被采纳。

3.服务性

公关公司长期从事公共关系业务，已经建立起了多种信息来源渠道，并与社会各类公众建立了密切联系，形成了分布较广的社会关系网络。公关公司作为服务性行业，可以充分利用现代化的技术手段、广泛的信息来源渠道、优良的人才素质等优势条件，为客户提供多功能的良好服务，充分满足客户的不同需求。

4.机动性

公关公司往往是独立经营的职业化机构，其实力相对组织内部的公关部而言一般都比较雄厚，可以根据委托者的具体情况和要求，灵活组织人力、物力和财力开展公共关系活动。特别是在委托者遇到突发事件或紧急情况时，公关公司可以临时抽调有关专业人员，组成专门的工作班子，集中力量解决问题，具有很强的机动性。

5.经济性

聘请专业公关公司的运作成本一般比组织的公关部处理公关事务要高，但如果综合起来考虑，选择公关公司还是更经济。一方面，组织维持一个公关部门的运转，同样需要支付日常费用、人员工资、办公经费等，遇到大型专题活动开支也会增加；另一方面，公关公司提供的方案往往更权威、更合理、效果更佳，其创造的收益、企业从中获得的效益也更大。因此，对那些小型组织而言，选择公关公司要比在内部常设公关部更经济。

当然，公共关系公司与组织内部的公关部相比，也有一些弱点。例如，由于公关公司是组织外的机构，对组织具体情况的了解不如公关部深刻和全面，对组织运行及管理活动的介入性差，所提方案的可行性往往会受到影响。又如，由于公关公司为委托人提供服务的时间一般不会太长，也容易存在短期效应，很难为委托人系统地制定和执行长期的公共关系计划。

三、公共关系社团

公共关系社团泛指社会上自发组织起来的、非营利性的从事公共关系理论研究和实务活动的群众组织或群众团体。主要包括公共关系协会、学会、研究会、俱乐部等组织。

（一）公共关系社团的工作内容

1.联络会员

公共关系社团的组成人员是分散于各地的，其组织上的松散性是相当明显的。因此，联络会员、发展会员就成为公共关系社团的一项具体工作。

2.制定行业规范

制定、宣传公共关系企业或从业人员行业规范以及职业道德准则、行为准则，并检查执行情况，是社团的主要工作。由公共关系社团制定的这些准则往往更具权威性和约束性。世界各国的公共关系社团十分重视会员的道德行为，现代公共关系发展较为完善的美、英等国家的公共关系协会都制定了明确的公共关系人员职业道德准则。中国公共关系协会、中国国际公共关系协会等国内社团在制定规范方面也作出了重要贡献。中国国际公共关系协会自 1991 年成立以来，制定了《会员行为准则》和《专业公关公司服务规范》等一系列行业规范。该协会于 2003 年 3 月正式开始《公关咨询业服务规范》的起草工作。2003 年 11 月 25 日，公关公司工作委员会 2003 年度第四次工作会议正式审议通过了《公关咨询业服务规范》(指导意见)，2004 年中国国际公共关系大会期间正式对外发表，2004 年 7 月 1 日起正式生效。

3.研究公共关系理论

研究探讨公共关系理论方面的一些问题，往往是公共关系社团所关注的一个重要方面，通过探讨研究推动公共关系学科的不断发展。2003 年中国国际公共关系协会学术工作委员会发布“十大公关研究课题”，促进了国内公关界研究公共关系理论问题的进一步深入。

4.培训人才

培训公共关系人才，促进社会成员形成自觉的公共关系意识，具备一定的公共关系知识，是公共关系社团的一项经常性工作。公共关系社团在理论和实践上都具有较高的水平，在公共关系专业培训方面也极具权威性，我国各级社团在这一方面做了许多的工作。

5.投身社会实践

为了使公共关系对经济社会的协调发展发挥重要的作用，为了在更广泛的领域推广公共关系概念，进入 21 世纪以来，中国国际公共关系协会组织公关界的专家和学者，先后参与了北京申奥、中国入世、上海申博等一系列重大活动。

(二)公共关系社团的类型

20 世纪 80 年代以来,随着我国改革开放和市场经济的不断发展,出现了各类公共关系社团。大致可分为以下几类:

1.综合性社团

综合性社团主要指不同地域的公共关系协会。1986 年 11 月,上海公共关系协会成立,成为我国第一家公共关系协会,随后各省(自治区)市陆续成立了公共关系协会。这种类型的社团多为自筹活动经费,有的是民办官助,其职能是"服务、指导、监督、协调"。

2.学术性社团

学术性社团主要包括公共关系学会、研究会、研究所等学术团体。该类社团通过举办学术研讨会和交流会,总结、研究公共关系的理论问题,把握公共关系发展的趋势和方向,及时为公共关系从业人员提供理论信息,有效地为公共关系实践进行理论指导。

3.行业型社团

行业型社团主要是指基于社会上各类行业背景而建立的公共关系组织。建立适应行业特点的公共关系组织,是国际上的一种趋势,如 1935 年美国成立的美国公立学校公共关系协会,1952 年成立的美国铁路公共关系协会等。目前,我国一些部门、行业也成立了类似的组织,如北京铁路分局公共关系协会、安徽省商业公共关系协会、浙江省新闻界公共关系协会等。

4.联谊型社团

这是一种组织比较松散的社团,其特征是没有固定的活动方式,没有严格的会员条例,甚至组织名称也不尽相同,如公共关系俱乐部、公关沙龙、公关联谊会等。其主要作用是沟通信息、联络感情,建立良好的个人关系。1986 年 1 月成立的广东地区公共关系俱乐部是我国第一个联谊型公共关系社团。

5.媒介型社团

媒介型社团即通过报纸、杂志等传播媒介进行联络,并以此为依托组建公共关系社团。这种社团直接利用媒介,探讨公共管理理论,普及公共关系知识,交流公共关系经验,传播公共关系信息。

第二节　公共关系从业人员

一、公共关系从业人员的职业道德

公共关系成为一门社会职业,还是 20 世纪以来的事情,其职业道德规范正在逐步形成。

1946 年,美国公共关系协会成立后,经过五次讨论修改,通过了一项职业道德规范,名为"执行公共关系的专业水准法规"。在此基础上,又于 1954 年拟定了世界上第一部公共关系职业道德法规——《美国公共关系协会职业标准准则》。1961 年,在雅典召开的国际公共关系协会全体大会上,通过了《国际公共关系道德准则》,又称《雅典 78 则》。1978

年，在里斯本通过了欧洲公共关系行为准则，又称《里斯本准则》。1997 年 6 月，在赫尔辛基召开的世界公共关系大会上又正式签署了关于提高公共关系质量的《赫尔辛基宪章》。

1989 年 9 月，在西安召开的第二次全国省市公共关系组织联席会上，我国有关代表酝酿起草了向全国公共关系界推荐的《中国公共关系职业道德准则(草案)》。这一草案经广泛征求意见和反复推敲修改，于 1991 年在武汉召开的第四次全国省市公共关系组织联席会上通过。

参照《雅典准则》和《中国公共关系职业道德准则》，并联系近年来我国公共关系发展的实际情况，可将公共关系职业道德规范概括为以下几个方面：

(一)热爱事业，充满信心

要想成为一名优秀的职业公共关系从业人员，首先，要具有崇高的事业心，热爱公共关系事业，充满信心；其次，要不断积累专业知识，提高公共关系能力，丰富实务经验；再次，要有强烈的为繁荣公共关系事业奉献的责任感和使命感；最后，必须注意时时处处维护公共关系职业的纯洁性。

(二)廉洁奉公，不谋私利

公共关系从业人员是以树立组织良好形象、增加组织信誉为主要工作目标的。因此，在完成这一目标时，所采取的手段必须光明正大、顾全大局，从业人员要廉洁奉公，始终把国家利益、公众利益、组织利益放在首位。

公共关系从业人员大都有着比较广泛的社会交往和网络关系，经常参与各种社会活动，容易受到各种不正之风的消极影响和钱色诱惑，这就要求其时刻保持清醒的头脑，注意摆正国家、社会、集体和个人利益的关系，不谋私利。

(三)公道正派，实事求是

由于公共关系工作的特殊性，往往需要公共关系从业人员在操作上随机应变，灵活处置一些问题，但这不等于不讲原则。在重大原则性问题上，绝不应该随意妥协和让步。

在公共关系活动中，公共关系人员一定要实事求是，把发生事情的原委、危机的真相如实告诉公众，不夸大，不溢美，言行一致，严禁用假话来隐瞒真实的情况。

(四)谦虚诚恳，讲求信用

陈毅元帅曾说过："九牛一毫莫自夸，骄傲自满必翻车。历览古今多少事，成由谦逊败由奢。"《论语》中说："人而无信，不知其可也。"因此，公共关系从业人员必须始终恪守谦虚诚恳、讲求信用的职业道德。

(五)礼貌团结，知错必改

个体很难独立完成一项公共关系工作，需要团队合作才能更好地完成工作。因此，公共关系从业人员应具有良好的团队协作意识，在处理纷繁复杂的公共关系时，有错必改，态度诚恳，努力树立良好的个人形象和组织形象。

(六)顾全大局，严守机密

公共关系从业人员在处理具体关系时，要做到国家利益高于组织和个人利益，局部利益服从全局利益，公众利益兼顾组织利益，集体利益兼顾个人利益；在公共关系活动中，公共关系人员要严格保守国家、组织和客户的秘密。由于开展业务的需要，在工作过程中公共关系机构会了解到客户的许多内部情况，这时必须具有保守这些业务秘密的职业道德。

二、公共关系从业人员的职业准则

（一）《国际公共关系道德准则》

《国际公共关系道德准则》是由国际公共关系协会名誉会员、法国的卢亚恩·马特拉特起草，于1965年5月12日在雅典召开的国际公关协会全体大会上通过的。1968年4月17日，德黑兰全体大会对该文件进行了修改，共有以下13个条款。

所有成员必须竭诚做到：

第一条　为建设应有的道德、文化条件，保证人类可以享受《联合国人权宣言》所规定的诸种不可剥夺的权利作贡献。

第二条　建立各种传播网络与渠道以促进基本信息自由流通，使社会每一位成员都有被告知感，从而产生归属感、责任感、与社会合一感。

第三条　牢记由于职业与公众的密切关系，个人的行为（即使是私人方面的）也会对事业的声誉产生影响。

第四条　在自己的职业活动中尊重《联合国人权宣言》的道德原则与规定。

第五条　尊重并维护人类的尊严，确认各人均有自己作判断的权力。

第六条　促使真正进行思想交流所必需的道德、心理、智能条件的形成，确认参与的各方都有申诉情况与表达意见的权力。

所有成员都应保证：

第七条　在任何时候、任何场合，自己的行为都应赢得有关方面的信赖。

第八条　在任何场合，自己都应在行动中表现出对他所服务的机构和公众双方的正当权益的尊重。

第九条　忠于职守，避免使用可能引起误解的含糊语言，对目前及以往的客户或雇主始终忠诚如一。

所有成员都应力戒：

第十条　因某种需要而违背真理。

第十一条　传播没有确凿依据的信息。

第十二条　参与任何冒险行动或承揽不道德、不忠实、有损于人类尊严与诚实的业务。

第十三条　使用任何操纵性方法与技术来引发对方无法以其意志控制因而也无法对之负责的潜意识动机。

（二）《中国公共关系职业道德准则》

《中国公共关系职业道德准则》于1991年5月23日在第四次全国省市公关组织联席会议上通过。

该准则共有以下内容：

总则

中国公共关系事业的发展是中国改革开放的必然趋势，它以新型的管理科学协调社会各方面的关系，密切党和广大人民群众的联系，调动各种积极因素，维护安定团结，促进社会主义建设。因此公共关系工作者肩负着时代的使命。公共关系工作者必须具有高尚的职业道德作为完善自身形象的行为准则。

条款

第一条　公共关系工作者应当坚持社会主义方向，自觉地遵守我国的宪法、法律和社会道德规范。

第二条　公共关系工作者开展公关活动首先要注重社会效益，努力维护公关职业的整体形象。

第三条　公共关系工作者在公共关系活动中，应当力求真实、准确、公正和对公众负责。

第四条　公共关系工作者应当努力提高自己的政治水平、文化修养和公关的专业技能。

第五条　公共关系工作者应当将公关理论联系中国的实际，以严肃认真、诚实的态度来从事公共关系学教育。

第六条　公共关系工作者应当注意传播信息的真实性和准确性，防止和避免使人误解的信息。

第七条　公共关系工作者不能有意损害其他公关工作者的信誉和公关实务。对不道德、不守法的公关组织及个人予以制止并通过有关组织采取相应的措施。

第八条　公共关系工作者不得借用公关名义从事任何有损公关信誉的活动。

第九条　公共关系工作者应当对公关事业具有高度的责任感。不得利用贿赂或其他不正当手段影响传播媒介人员真实、客观的报道。

第十条　公共关系工作者在国内外公共关系实务中应该严守国家和各自组织的有关机密。

附则

本准则将根据实际情况予以调整和修改。其解释、修改、终止权属全国省市公关组织联席会议。

三、公共关系从业人员的基本素质

所谓公共关系从业人员的基本素质，是指从事公共关系工作的人员的气质、性格、兴趣、风度、学识和公关意识等方面的综合品质。它是公共关系人员个性特征的总和，是一种对高度综合性能力的概括。

(一)公共关系从业人员的基本要求

1.和善的性格，稳定的情绪

性格是一种表现人的态度和行为方面的较稳定的心理特征。和蔼可亲、与人为善的性格有利于创造和谐的人际关系氛围，为公共关系工作的开展打下了坚实的基础。在与人交流中，要富有感染力和亲和力；沟通不畅或出现不快时，要有顽强的意志力和忍耐心，并善于与人周旋，尽量让对方愉快地接受你，即使对方有过错于你，也不要恼怒，更不要拿别人的错误来惩罚自己。总之，情绪乐观、性格外向的人比情绪急躁、性格内向的人更适合做公共关系工作。在美国，成功的公共关系人员中，外向型与内向型性格之比为 9∶1。有人曾说过“性格就是命运”、“情绪就是结局”，这是不无道理的。

2.高尚的品德

公共关系，是一个很敏感的职位，由于其职位的特殊性，使得公共关系人员对企业的情况比常人要了解多一些，有些还涉及企业的机密。因此，良好的职业操守、高尚的品德对于公共关系人员来说十分重要，这也是考核一个公共关系人员是否合格乃至优秀的标准。公共关系人员的高尚品德主要体现在实事求是、言而有信、公正无私、一视同仁、顾全大局、光明磊落等方面。优秀的公共关系人员，知道如何把握分寸，对企业保持忠诚，即使离开企业也应该遵循一个经理人的职业操守。

3.良好的心理素质

它包括自信的心理、热情的心理、开放乐观的心理、渴望成功的心理等。

法国哲学家卢梭说过："自信心对于事业简直是奇迹，有了它你的才智可以取之不尽，用之不竭。一个没有自信心的人，无论他有多大才能，也不会有成功的机会。"公共关系是一项创造性的劳动，充满自信的公共关系人员可以凭借自己的聪明才智和毅力最终将灵感变为现实的方案，取得公共关系活动的成功。

自信是对公共关系从业人员心理素质的基本要求。一个人有了自信，才能激发出极大的勇气和毅力，创造奇迹；而缺乏自信心的人，容易错失许多好机会。从事公共关系工作的人员在与人交往的过程中，必须热情洋溢、真诚而又有礼貌，热情的态度可以使对方感受到你的诚意、友好和礼貌，为顺利开展交往打下良好的基础。

公共关系工作是一项开放型的工作，从事这种工作的人需要有一种热情开放、兼收并蓄的心理，这样才能在工作中不断接受新事物、新知识、新观念，大胆创新，锐意进取。同时，公共关系工作又是一种复杂多变的工作，只有公共关系人员拥有渴望成功、不怕困难挫折的心理，从容面对，才能最终创造出奇迹。

4.坚忍的意志

意志是人们自觉确定目的，并以此支配和调节自身行动，克服各种困难，实现目的的心理活动。公共关系活动是一项复杂的智力活动，是组织与组织之间、人与人之间思想、心理的较量，组织公关目标的实现总是需要排除障碍、克服困难，所以公共关系人员必须自觉地用坚韧克服脆弱，用自制力克服冲动性，用果断性克服优柔寡断、草率和马虎。只有具备坚忍的意志，才能以充沛的精力去排除万难，探索前进，实现公关目标。

(二)公共关系从业人员的公关意识

公共关系意识是公共关系从业人员应具备的基本素质的核心，是个人或组织对公共关系的本质属性、特征、作用及活动规律方法等形成的理性认识和概括性见解，是公共关系实践在人们思维中的反映。它属于一种现代经营管理思想、观念和原则，一旦形成就会成为影响人们公共关系行为的一种力量。

1.塑造形象意识

它是公共关系意识中的核心意识，是公共关系意识的综合体现。在现代社会中，良好的形象是组织的无形资产，因此，公共关系人员必须具有极强的形象塑造意识，平时注意搜集和了解组织在公众中的知名度和美誉度，善于分析总结影响组织形象的各种要素，并通过有效的公共关系活动，向广大公众介绍组织的方针、政策和活动等，加强与公众间的沟通，以形成对组织有利的社会舆论。

麦当劳的经营哲学与愿景是致力达到麦当劳“百分之百顾客满意”的目标。麦当劳的经营哲学在质量方面是为保证高档的食用标准，麦当劳与优秀的供应商建立联系，选用上乘的原料，配合严格的制度控制和检验，单是牛肉饼就经过40次的质量检查，所有麦当劳食品在送到客户手中之前，都必须经过一系列周密的品质保证系统；在服务方面，快速、友善、可靠的服务是麦当劳的标志，每一个员工都以达到“百分之百顾客满意”为基本的原则；在清洁方面，从厨房到餐厅门口的人行道处处都体现了麦当劳对清洁卫生的注重，顾客在麦当劳能享受到干净、舒适、愉悦的用餐环境；在价值方面，物有所值是麦当劳对顾客的承诺，在麦当劳既可享用到健康食品，亦可享有合理的价格保证，使顾客深深感到麦当劳是一个好去处。麦当劳的愿景是成为具有世界最佳用餐经验的快速服务餐厅。对麦当劳而言，“最佳”意味着其品牌在全球得到信赖和尊崇；对顾客而言，“最佳”意味着在世界的任何地方，每一次光临麦当劳都能享受出众的品质、服务、清洁和物有所值，并且能够获得好心情；对社区而言，“最佳”意味着社区因为有麦当劳的存在而感到骄傲；对持牌人而言，“最佳”意味着有成功的把握，可以获得财富，并与麦当劳成为高度合作的伙伴；对员工而言，“最佳”意味着机会、奖励、全球性的发展及有意义的工作；对供应商而言，“最佳”意味着让他们有信心投资，相信他们能与麦当劳一起得到利润的增长，并和麦当劳成为业务的伙伴；对股东而言，“最佳”意味着发展和获利，并能在这个行业中得到最好的回报；对联合伙伴而言，“最佳”意味着与全球最优秀的组织合作。麦当劳的诸多做法旨在塑造自己的形象。

2.服务公众意识

公众是组织发展的基础，公共关系工作的任务是处理好组织与社会公众的关系，为组织创造一个良好的社会关系环境。因此，合格的公共关系人员，应该把服务公众意识作为从事公共关系活动的指导原则，在所开展的日常工作、专项活动中，把公众利益放在首位，并根据不同的公众和不同的利益要求，选用相应的传播方式和沟通渠道。

日本有一家中等规模的电子公司，总部设在东京，而分部和生产区却设在距离东京515公里的大阪。为此，按照惯例，公司每天都安排公关人员负责购买专线车票，为与该公司有业务往来的客人提供交通上的方便。德国人汉森是每天享受这种方便的外商之一。有一天，在多次坐过从东京到大阪的专线列车以后，汉森忽然发现：自己每一次去大阪，公关人员给他安排的座位都是靠右边窗户的，而返回东京的时候，则都是靠左边窗户的。起初，他并没有在意，还以为这是偶然的巧合，后来经公关人员证实不是巧合之后，他心里似乎有点想不明白了。这时候，公关人员微笑着告诉他：“这是公司特意为您安排的，因为在这边的座位上，您作为客人来回都能够看到咱们这儿最美丽的风景——富士山。当然，每天让您多看一遍富士山，是为了让您能够深深地记住这个地方，记住咱们的电子公司。”

每天多看一遍富士山，成了汉森在日本生活、工作期间最为感动，也是他印象最深刻的一件事。这种感动也使得这家日本公司得到了丰厚的回报——后来，汉森把他原计划在日本的投资追加了整整一倍。

3.真诚互惠意识

“与自己的公众共同发展”是组织开展公共关系工作的原则之一，也是组织是否真诚对待公众的试金石。因此，公共关系人员只有真诚面对公众、考虑公众的利益，才能达到组织与公众互利互惠的结果。一位名叫基泰丝的美国记者，在日本东京的奥达克余百货公司买了一台索尼牌唱机，准备作为见面礼送给在东京的婆家。回到住所，基泰丝开机试用时，却发现该机没有装内件，因而根本无法使用。她不由得火冒三丈，准备第二天一早就去“奥达克余”交涉，并迅速写好了一篇新闻稿，题目是《笑脸背后的真面目》。第二天一早，基泰丝在动身之前，忽然收到“奥达克余”打来的道歉电话。50分钟以后，一辆汽车赶到她的住处，从车上跳下“奥达克余”的副经理和提着大皮箱的职员。两人一进客厅便俯首鞠躬，表示特来请罪。除了送来一台新的合格的唱机外，又加送蛋糕一盒、毛巾一套和著名唱片一张。接着，副经理又打开记事簿，宣读了一份备忘录，上面记载着公司通宵达旦地纠正这一失误的全部经过。

原来，当售货员发现错将一个空心样机卖给了顾客，就立即报告公司警卫迅速寻找，但为时已迟。此事非同小可，经理接到报告后，马上召集有关人员商议。当时只有两条线索可循，即顾客的名字和她留下的一张“美国快递公司”的名片。据此，奥达克余公司连夜开始了一连串无异于大海捞针的行动：打了32次紧急电话，向东京各大宾馆查询，没有结果。再打电话问纽约“美国快递公司”总部，深夜接到回电，得知顾客在美国的父母的电话号码。接着又打电话去美国，得知顾客在东京婆家的电话号码。终于弄清了这位顾客在东京期间的住址和电话，这期间的紧急电话，合计35次！

这一切使基泰丝深受感动。她立即重写了新闻稿，题目叫作《35次紧急电话》。此案例充分反映了公共关系人员真诚对待公众所获得的互利互惠的结果。

4.沟通协调意识

沟通协调意识实际上是一种信息意识，通过沟通可获得必要的信息，在现代社会，有价值的信息就是财富。通过沟通，可以达到信息交流的目的。

5.创新意识

创新是一个民族进步的灵魂，是国家兴旺发达的不竭动力。任何一个组织只有创新才能发展，所以，一定要有创新意识，创新能力才能发挥出来。牛顿因为苹果落地，发现了万有引力；瓦特因为水蒸气鼓起了壶盖，发明了蒸汽机。正是因为有了创新意识，才有了创新结果。

有一家效益相当好的大公司，为扩大经营规模，决定高薪招聘营销主管。广告一打出来，报名者云集。面对众多应聘者，招聘工作的负责人说：“相马不如赛马，为了能选拔出高素质的人才，我们出一道实践性的试题——想办法把木梳尽量多地卖给和尚。”绝大多数应聘者感到困惑不解，甚至愤怒：“出家人要木梳何用？这不明摆着拿人开涮吗？”于是纷纷拂袖而去，最后只剩下三个应聘者：甲、乙和丙。负责人交代：“以10日为限，届时向我汇报销售成果。”

10日到。负责人问甲：“卖出多少把？”答：“1把。”“怎么卖的？”甲讲述了历尽的辛苦，游说和尚应当买把梳子，无甚效果，还惨遭和尚的责骂，好在下山途中遇到一个小和尚一边晒太阳，一边使劲挠着头皮。甲灵机一动，递上木梳，小和尚用后满心欢喜，于是买下一把。

负责人问乙：“卖出多少把？”答：“10把。”“怎么卖的？”乙说他去了一座名山古寺，由于山高风大，进香者的头发都被吹乱了，他找到寺院的住持说：“蓬头垢面是对佛的不敬。

应在每座庙的香案前放把木梳,供善男信女梳理鬓发。”住持采纳了他的建议。那山有十座庙,于是买下了10把木梳。

负责人问丙:“卖出多少把?”答:“1 000把。”负责人惊问:“怎么卖的?”丙说他到一个颇具盛名、香火极旺的深山宝刹,朝圣者、施主络绎不绝。丙对住持说:“凡来进香参观者,多有一颗虔诚之心,宝刹应有所回赠,以做纪念,保佑其平安吉祥,鼓励其多做善事。我有一批木梳,您的书法超群,可刻上‘积善梳’三个字,便可做赠品。”住持大喜,立即买下1 000把木梳。得到“积善梳”的施主与香客也很是高兴,一传十、十传百,朝圣者更多,香火更旺。

把木梳卖给和尚,听起来真有些匪夷所思,但不同程度的创新意识,不同的推销术,却有不同的创新结果。

6.立足长远意识

公共关系是追求组织的长远利益,组织形象的塑造并非一日之功,一切活动都要从长远考虑,长期合作,尽量减少过于商业化或者商品促销的短期行为。

(三)公共关系从业人员的知识素质

1.公共关系的基本理论和实务知识

公共关系的基本理论主要包括公共关系的基本概念、职能、历史,公共关系的三要素等。公共关系的实务知识主要包括公共关系活动中的开放参观、展览展销、记者招待会、赞助、庆典等,公共关系调研、策划、实施与评估等。

2.与公共关系密切相关的学科知识

作为一门独立的科学,公共关系与很多学科知识关系密切、相互渗透,如管理学、经济学、社会学、心理学、市场学、广告学、新闻学、传播学组织行为学、国际关系、对外贸易、人文学科、自然科学、外语等。公共关系人员学习相关学科知识,有助于在复杂多变的社会关系中处理好公共关系的各项事务。

3.有关组织的知识和开展特定公共关系工作所需的专业知识

(1)公共关系理论知识。如公共关系的基本概念、历史沿革、结构与功能、过程、基本要素及相互关系,公共关系的规划、社会责任和职业道德,公共关系的传播理论、媒介理论和社会舆论的研究等。用公共关系理论知识指导实践活动,有助于克服盲目性,增强自觉性,在工作中少走弯路。

(2)公共关系技术应用知识。如公共关系实务中的公共关系调查、策划、项目实施、方案评估、专门活动,公共关系的技巧及方法等。公共关系技术知识的掌握和熟练运用,是完成公共关系任务的重要保证。

(3)公共关系操作性学科知识。如广告学、写作学、演讲学、社会调查学、计算机应用与社交礼仪知识等。操作性学科知识有助于提高公共关系人员的实际工作能力。

4.公共关系人员的知识结构应是具有时间概念的开型结构

公共关系人员的知识结构方面,纵向知识要有深度,横向知识要有广度,纵向知识和横向知识之间要有紧密联系,并且所掌握的知识要及时更新、与时俱进,具有时间概念。

(四)公共关系从业人员的身体素质

身体素质包括体力素质和脑力素质。公共关系工作中繁忙的外事活动和内部沟通协调，要求公关人员要有健康的体魄、充沛的精力和敏捷的思维，才能胜任公关工作。公关人员要保持健康的身体，需要有良好的心态和生活习惯，坚持锻炼身体，善于用脑，勤于思考。

三、公共关系从业人员的专业能力

知识是能力的基础与条件，但是绝不能因此而互相替代。能力是知识与实践经验相结合的产物，也是现代公关人员出色完成公共关系任务的必备条件。作为一名现代意义上的公关人员，应当具有的能力是一系列彼此关联的技能结构所决定的。综合国内外各大知名公司、企业等组织对公关人员能力素质的要求，我们认为，公共关系人员应具备的能力有以下 8 种。

(一)表达能力

能说会写是公共关系工作对公共关系人员的最基本要求，即书面文字表达和口头语言表达。公共关系人员要编写宣传材料、撰写新闻稿件、编写组织刊物、为领导撰写演讲稿、起草活动方案、撰写年度报告或工作总结等。在众多的场合需要公共关系人员阐述自己的观点、介绍组织的概况或论证某一个项目等，这些工作都要求公共关系人员具有扎实的文字功底和口头表达能力。此外，公共关系人员还要具有形体语言表达能力，形体语言表达又称人体语言或动作表达，即通过动作、体态、表情向公众传达信息，是一种无声的语言。形体语言通常影响到整体表达效果，运用得体的话能够加强和丰富所要表达的内容，收到书面语言难以起到的效果。公共关系人员要善于根据不同的场合和目的，恰当地运用形体语言，加强公共关系传播的沟通效果。

(二)组织能力

公共关系人员的工作就是开展各种公共关系活动，如各种纪念活动、庆典活动、记者招待会、联谊会、商品展览会和日常的接待、整理资料、传播信息等工作。在策划一项公共关系活动时要深思熟虑、精心准备，制订周密的计划、措施，设想可能发生的各种情况，在每一个环节中，公共关系人员都需要参与其中，因此，组织能力是公共关系人员从事公共关系活动的重要保证。

(三)社交能力

公共关系人员大量的工作内容是直接面对各方面、各类型的社会公众，迅速建立双向的有效沟通，赢得好感、认同与合作。公共关系的建立和维护要依靠人际间的交往来完成，这就要求公共关系人员必须具备较强的社交能力。社交能力既是一个人多方面综合能力的表现，又是通晓各种社交场合礼仪规范的体现。

(四)创新能力

公共关系工作在某种程度上讲就是以变促变，成功的公共关系活动是不会完全一样的。只有不断推出富有想象力、别具一格的新颖活动方案，才能使组织或一鸣惊人、或化险为夷、或出奇制胜。有一句古话叫“一个和尚挑水吃，两个和尚抬水吃，三个和尚没水吃”，三个和尚没水吃，说明人多反而不如人少。如今，这个观点过时了。现在的观点是“一个和尚没水吃，三个和尚水多得吃不完”，原因是人多力量大，人多有创新。

有三座庙，这三座庙离河都比较远。怎么解决吃水问题呢？第一座庙，三个和尚商量，咱们搞个接力吧，每人挑一段。第一个人从河边挑到半路，停下来休息。第二个人继续挑，然后传给第三个人，挑进缸边灌进缸，空桶回来再接着挑。这样一搞接力，就能从早到晚不停地挑，大家都不太累，水缸很快就满了。这种协作的办法可以叫"机制创新"。

第二座庙，老和尚把三个徒弟叫来说："我们立下了新的庙规，引进了竞争机制。你们三个人都去挑水，谁水挑得多，晚上吃饭加一道菜；谁水挑得少，吃白饭，没菜。"三个和尚拼命去挑，一会儿水就满了。这个办法可以叫"管理创新"。

第三座庙，三个小和尚商量，天天挑水太累，咱们想办法。山上有竹子，把竹子砍下来接在一起，竹子中心是空的，然后买一个辘轳。第一个和尚把水桶摇上去，第二个和尚专管倒水，第三个和尚在地上休息。三个人轮流换班，一会儿水就灌满了。这叫"技术创新"。

同样是三个和尚，没有创新时没水喝，有了创新，就有喝不完的水。

(五)应变能力

公共关系人员在工作中一定要机警灵敏，可以应付随时可能发生的事件。对于有损于组织形象的偶发事件的处理，是组织能否走出危机、继续生存下去的关键。因此，公共关系人员的应变能力十分重要。应变能力还体现在公共关系人员在组织发展的不同时期，能及时有效地调整策略和措施。如在组织顺利发展时，公关人员能认清形势，进一步提高组织的影响力和扩张力；在组织遇到障碍时，公关人员要保持清醒头脑，并设法及时排除障碍，使组织继续前行；在日常的公关活动中，每遇到临时性或突发性问题，公关人员必须临危不惧，保持冷静，及时采取应对措施，从而保证公关活动目标顺利实现。

(六)健全的思维和谋划能力

公共关系活动的有效性，依赖于公共关系策划的可行性，而这一点，就需要公共关系人员必须具备健全的思维和谋划能力。

(七)敏锐的观察能力

公共关系工作复杂多变，时机稍纵即逝。因此，公共关系人员必须具有敏锐的观察能力，才能把握好处理公共关系的时机。敏锐的观察能力的培养需要公关人员在日常工作中对工作、对生活、对人、对事的观察和思考，并进行总结。在今后的工作中，如果遇到类似问题，就能及时从不同角度观察思考问题。

(八)果断的分析和判断能力

在从事公共关系工作时，经常会遇到一些棘手问题，这就需要公共关系人员具有较强的分析判断能力，使看似复杂的问题在通过理性思维的梳理后，使之简单化、规律化，从而自如地应对。

四、公共关系从业人员能力培养

(一)选拔公共关系人员的原则

1.任人唯贤

组织在选拔公共关系人员时，要按需设岗，按照岗位的要求，根据任人唯贤的原则，通过严格的考核选拔最合适的人选，向其提出高标准的要求，从而使他尽力做好工作，发展自身。

2.重视能力

《韩非子》中说："如子之言，我且贤之用，能之使，劳之论。"此话意思是讲用人要凭德才。组织在选择公共关系人才时，眼界应该放宽一些。在面向社会招聘公共关系人才时，要把那些有志从事公关工作、德才兼备的人招收进来。同时，在组织内部现有的工作人员中，确有出类拔萃、能胜任公关工作的人，人事部门应该给他们提供施展才干的条件和机会，使其充分发挥自己的才能。组织应该通过多种途径，选择能人，优化组合，组成自己的公共关系部门。

3.用人之长

领导者用人不要怕他有缺点，要把眼光放在人之所长上，只要他在某一方面有专长或特殊才能，并能为己所用，就应任用。当然用全才最理想，但人世间到哪去找全才，有专长的人能用上就很幸运了。一个高明的领导者不一定是最有智慧的人，但必须是善于吸收和利用他人智慧的人。用人艺术是领导者实施领导职责时必须掌握的领导艺术。用人艺术中首先要求正确理解"人才"的内涵，应认识到"人无完人"、"金无足赤"的客观性，做到用人不求全责备，应用其所长，避其所短。用人之先在于识人，只有知人，才能善任。

(二)公共关系人员的培养途径

1.院校教育

学生通过在校系统地学习公共关系及相关学科的理论，通过实际工作技能的培训以及参加各种各样的公共关系实践活动，能较快地适应和较好地从事公共关系的理论研究和实务工作。

院校教育的优势在于课程设置有较强的系统性、科学性，公共关系专业毕业的学生，能够全面掌握公共关系学有关知识，毕业后能够直接从事公共关系理论研究及实务工作；其劣势在于公共关系实践活动安排较少，学生掌握的公共关系实践知识少。

2.社会教育

(1)系统培训

系统培训由高校、企业或行业组织(如公共关系协会)等举办，时间长短不一，有半个月、一个月、半年等。培训对象是公共关系部门的骨干或具备了公共关系基本素质的从业人员；培训目标是适应并熟练掌握较为复杂的公共关系活动；培训方法以系统学习公共关系学的专业知识和相关知识为主；培训课程可以参考本科教学中专业基础教育课程和相关知识教育课程，从中选择适合培训目标和要求的课程。

(2)短期培训

短期培训由综合性高等学校或其他教育单位承办，培训时间多为半年。培训对象为具有一定实践经验但理论基础薄弱的公共关系人员；培训目标是加强理论知识学习，完善业务能力；培训方法采用密集型教育法，主要学习公共关系学的专业知识，主要进行专题讲座或报告。

(3)聘请专家、学者指导

聘请公共关系专家来单位指导和咨询，帮助解决公共关系工作中的疑难问题，对公共关系人员进行业务实际辅导和点拨。

任何公关人员都不可能具有天生的能力素质，都需要后天的培养和锻炼。任何公关人员都必须自觉地提高自身素质，而提高素质的根本途径就是通过院校教育和社会教育，自身不断学习、更新知识和勇于实践。在知识经济时代，知识就是财富、知识就是力量，科技飞速发展，知识推陈出新，作为公关人员必须不断充实自己、更新知识。知识浩如烟海，学习哪些知识必须明确。人生必读的书有三类，一是指导性理论类书籍，二是谋生性技能类书籍，三是生活性修养类书籍，要明确哪些书先学、哪些书后学、哪些书暂不用学、哪些书深学、哪些书浅学。要根据自己所从事的具体工作来确定内容和阅读顺序。

3.勇于实践，积累经验

知识是能力的基础，但知识本身不是能力，从知识到能力有一个转化过程。实践是其转化的中间关键环节，把从书本及间接学来的知识，在实践中应用、总结，这时发挥的能力是对原有知识的深化和再创造。领导者在这种转化过程中，不断找到事物发展的规律，从而使领导能力不断得到提高，如图 2-4 所示。

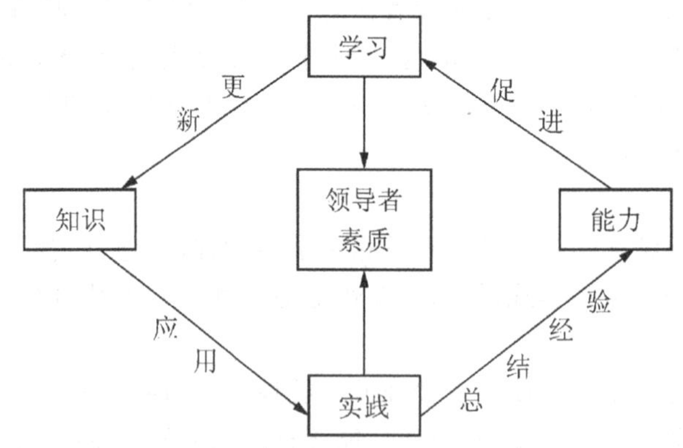

图 2-4　领导者素质提高模式

总之，对于公关人员来说，学习和实践是永无止境的。只有通过不断学习、不断实践，才能使认识得到螺旋式上升，使公关能力不断得到升华，人性得到完美发展，从而有效地提高自身素质。

(三)公共关系人员的考评

公共关系从业人员的考核是指专门的公共关系组织机构(各类公司)对其成员的考核以及社会组织对本单位公共关系人员的思想品德、职业道德、工作作风、工作态度、业务水平、工作能力、工作绩效等进行的全面评价。

1.考核内容

对公共关系人员的考核内容有德、能、勤、绩四个方面。

德，指的是公共关系人员的思想素质、政策水平、服务态度等。是否遵守国家政策、法律法规；是否具有积极的人生观、世界观等；是否具有高尚的思想品质、情操来处理人际关系，在行为中恪守社会公德；是否遵守公共关系行业特定的职业道德规范和准则。

能，即公共关系人员完成各种公共关系专业性活动的能力，包括知识水平、业务水平、表达能力、交际能力、组织能力、应变能力等。

勤，主要考核出勤率、责任感、积极性、纪律性等。

绩，是指考核其工作的数量及质量，即岗位责任制规定的工作完成情况。

德、能、勤、绩四个方面密切相关，在考核过程中，要以工作实绩为主，考核项目和侧重点根据考核目的和对象不同而有所选择或偏向。

2.考核的方法

对公共关系人员考核的方法有多种，关键取决于考核的目的。在考核中要坚持科学性原则，要做到客观、公正、全面。常见的方法有：

(1)分级法。即将公共关系人员按工作成绩进行最优至最劣的排序，可设立五个等级：优、良、中、差、劣。对排在最"优"的可以给予奖励，对最劣的进行处罚。

(2)量表评定法。即以一种标准化的等级量表为工具，采用组织评、群众评、自己评等多种途径，对公共关系人员进行全面评定的方法。其优点是评定项目设计严格，定义明确，计量方法统一合理，评定结果既可以反映一个人的实际水平，又可以进行相互之间的比较。这种方法是根据各考核要素把所有的被考核者分别按两两一组的方式进行比较，并判断每组的优者和劣者，然后综合其结果得出最终序列和成绩。这种方法操作较为烦琐，而且不能真正完整地反映公共关系人员的全貌。

(3)评语法。其特征是采取多种方法征求有关人员对被考核人员的意见，并组织进行分析、讨论，最后作出公平、正确的评价。在评语中全部使用定性描述，不进行定量描述。在评语法中关键是要事先深入了解公共关系人员的全面业务工作状况，以避免评议结果的片面性和主观性。

(4)工作标准法。工作标准法是根据从事各个职务的公共关系人员的各项具体要求(包括工作的质量、数量、时间期限、工作方法等)制定工作标准，并以此标准去衡量公共关系人员的优劣。这种方法有明确而具体的客观标准，比较公平合理，特别适合考核工作成绩。这一方法适用于调整职务津贴和奖金分配，但不宜直接套用以决定公共关系人员的晋升和调配。

(5)考试法。通过笔试和口试形式，考查公共关系人员的专业理论、技术知识水平。

(6)清单法。即事先拟就一份考核清单，以明确的评语与被考核者的工作实际相对照，让考核者选择。考核者只要打钩或打叉，即可填好清单，方便易行。分析统计后得出最终结果，以定优劣。

除上述方法外，公共关系人员的考核方法还有很多，如行为锚定评分法、因素评级法等。各种方法都各有优劣，而且考评的侧重点也不尽相同。因之，要有的放矢，有选择地运用考评方法。

【案例讨论】

案例一　应聘工作先过"饭局"关

"大家都别走，等会我们一起吃个饭，增进一下了解。"几天前，小林和其他四名求职者参加某公司招聘面试，正当四人面试完准备离开时，人事部经理发出了饭局邀请。

饭局开始，菜不错，公司领导也很热情。五位同学望着偌大的包间有些不知所措。小林挑了靠门的位置坐下："这里是上菜位，今天我给大家服务啊！"上菜了，5位同学胃口似乎都很小，大都闷头吃菜，也不愿意喝酒，唯恐自己吃多了喝多了，留下不好的印象，工作没有了希望。

小林却有些“外向”，他先跟在座的每位打了个招呼，接着向大家介绍了自己。看见大家吃得很沉闷，他还提议给大家说了个笑话。

在小林看来，这个饭局并不是那么简单，他听说有些单位招聘公关人员，会让他们参加饭局，趁机考察他们的交际能力。他想今天这场饭局大概也是一场“考验”。饭后，招聘单位负责人告诉大家，刚才设的饭局也是招聘面试的一部分。听说这个，惊讶写在了每个人的脸上。人事经理表示，小林被录取了。据一位姓金的负责人透露：“第一轮面试5位同学水平不相上下，难以取舍。刚好临近吃饭时间了，于是就有了通过饭局进一步考查的想法，找到我们需要的人。小林在饭桌上的表现虽然稚嫩，但他正努力地调动气氛，希望打破沉闷。我们需要的正是这种意识。”应聘者小蒋说：“没想到吃个饭，还有这么大的礼数。”

现代社会需要复合型人才，包括与人沟通交际的能力。企业在招聘面试中加入交际能力的考察，或许能更加全面地了解自己未来员工到底能适应怎样的工作。

（资料来源：https://www.sohu.com/a/206078619_100071030，搜狐网，2017-11-23）

讨论题：为什么“吃个饭还有这么大的礼数”？

案例二　酒店经理的巧妙应变

南方某4星级酒店3楼气派豪华的宴会厅正在举办规模盛大的宴会，由于此次活动参与人数多、规格高，餐饮部不得不临时抽调了几名实习生前来帮忙。

席间，一切按计划进行，客人的欢声笑语不断。忽然，离主桌最远的一张桌前有位女客发出尖叫声，宴会领班小丁和公关部朱经理闻声同时赶去，发现那位女客的一身套装湿淋淋的，一个实习生手里托着倾翻的汤碗，脸色苍白，呆立一旁，手足无措。朱经理立即明白了一切。她一面安排另外几名服务员收拾被女客带落到地上的筷子、酒杯等杂物，一面与小丁用身体挡住女客，将其护送出宴会厅。一路上女客自然不断地埋怨。

朱经理关照小丁先安排客人到房间里淋浴，压压惊，她自己到客房部暂借一套干净的酒店制服请女客暂穿。小丁又转弯抹角问清了女客内衣的尺寸，接着一个电话打到公关部，请秘书小姐以最快的速度到附近的大商场购买高档内衣。朱经理另派人将女客换下的脏衣送到洗衣房快洗。在这些工作分头进行的同时，小丁已陪送梳妆完毕的女客到一楼餐厅单独用餐，并代表酒店向她表示真切的歉意。女客很快便恢复了平静。

而在3楼的宴会厅，由于处理及时，客人又恢复了开怀畅饮，重现热烈的气氛。此时大酒店方总经理正好前来敬酒，朱经理把事情经过向他报告后，他旋即同朱经理一起来到一楼餐厅，向女客郑重致歉，后来又特地向女客的上司表示歉意。女客反而感到不好意思了，她指指身上的酒店制服，不无幽默地说：“我也成了酒店的一员，自己人嘛，还用这么客气？”

半小时后，洗衣房把女客的衣服洗净烫平，公关部秘书早已买了内衣。女客高高兴兴换上自己的套装，还不时向朱经理和小丁道谢。临出门时，朱经理还为她叫了一辆出租车……

这一案例的处理显然是极其成功的，体现了酒店应对突发事件的非凡能力。在公关活动的开展中，不可预测的事情随时都可能发生，这就要求公关人员在工作中一定要机警、灵敏，有随时应对一切突发事件的应变能力，包括超前应变能力和临场应变能力，并能够根据不同的场合，调整具体的公关策略和措施。此案例中的经理在事件发生后，通过各种方式缓和了客人的愤懑，良好地协调了各方面的关系，体现了其非凡的应变能力。

（资料来源：https://baike.baidu.com/item/%E5%85%AC%E5%85%B3%E7%AD%96%E5%88%92%E4%BA%BA%E5%91%98/12747914，百度百科）

讨论题：

1.公关从业人员需要具备什么素质与能力？

2.案例中朱经理的成功表现在哪些方面？

案例三　控制你的情绪

第16届美国总统亚伯拉罕·林肯出生于一个鞋匠家庭，而当时美国社会非常看重门第。

林肯竞选总统前夕，在参议院演讲时遭到一个参议员的羞辱，这位参议员说："林肯先生，在你开始演讲之前，我希望你记住，你是一个鞋匠的儿子。"

那位参议员的目的就是要打击林肯的自尊心，好让他退出竞选。

此刻，人们都沉默了，静静地看着林肯，听他会说些什么话来反击那位参议员。

林肯听了极为愤怒，但他很快平静下来。"我非常感谢你使我想起我的父亲，"林肯说，"他已经去世了，但我一定会记住你的忠告，我知道我做总统无法像我父亲做鞋匠那样做得那么好。"

众人不约而同地为林肯鼓起了掌。

林肯转过头，对那个傲慢的参议员说："据我所知，我的父亲以前也为你的家人做过鞋子，如果你的鞋子不合脚，我可以帮你修正它。虽然我不是伟大的鞋匠，但我从小就跟父亲学到了做鞋子的技术。"

接着，林肯又对所有的议员说："对参议院的任何人都一样，如果你们穿的那双鞋是我父亲做的，而它们需要修理或改善，我一定尽可能帮忙。但是，有一件事是肯定的，我无法像他那么伟大，他的手艺是无人能及的。"

说到这里，林肯流下了眼泪。而此时，所有的嘲笑都化为真诚的掌声。后来，林肯终于如愿以偿，当上了美国总统。

公共关系是一门塑造形象、建立声誉的学科和艺术，它要求公关人员无论何时何地都要保持良好的形象。因此，公关人员应该懂得掌握自己的情绪，从容地应对问题。案例中的林肯虽然没有任何贵族社会的硬件，但是他却可以依仗自己出类拔萃的才华，特别是在关键时刻，他显示出超强的自制力，从容自若地扭转了尴尬的局面，赢得了所有人的尊重。可见，情绪的把握对公关人员的重要性。

（资料来源：https://baike.baidu.com/item/%E5%85%AC%E5%85%B3%E7%AD%96%E5%88%92%E4%BA%BA%E5%91%98/12747914，百度百科）

讨论题：为什么说公关人员必须控制好自己的情绪？

【本章小结】

本章主要介绍了公共关系的专业组织机构——公共关系部、公共关系公司和公共关系专业社团。

公共关系部是一个组织中专门从事公关工作的职能部门，其类型主要有最高领导直属型、部门并列型、部门所属型。

公共关系公司具有客观性、权威性、服务性、机动性和盈利性等职业优势，其类型大体分为三种：综合服务型公共关系公司、专项服务型公共关系公司、特定行业服务型公共关系公司。其基本职能是帮助客户确立公共关系目标，对客户进行准确的形象定位，制订并实施公共关系计划，以帮助客户改善公众形象等，在公众中建立良好的信誉。

公共关系专业社团组织是一种特殊的公共关系组织机构，其具体职责主要是发展和联络会员、制定职业道德及行业准则、宣传普及公共关系知识、组织专业培训和编辑印制出版物。

从事公关工作的公关人员应该具备以公共关系意识为核心，以自信、热情、开放、执着的心理素质为基础，配之以公共关系专业知识结构和能力结构的整体职业素质，遵守公关职业准则。

【习题】

一、辨析题

公共关系人员只要具有较高智商就能做好公共关系工作。

二、简答题

1.设置公共关系部应遵据哪些原则？
2.公共关系公司有哪些职业优势？
3.作为一名现代公关人员，应具备哪些公关意识？
4.公关员的知识结构和能力结构分别包括哪些内容？

三、实训题

公共关系人员演讲技能训练

［情景设计］

你在组织中获得了一个提升机会，已被提名这一职位，但是还有一些其他的候选人。鉴于已有多名候选人的情况，我们决定采取竞争的方式来产生一名最好的候选人。一份来自人事经理的备忘录放在你的桌上。评选小组由3～4名高层管理人员组成，要求每一个候选人发表一次演讲以支持自己的资格。每个人只有10分钟的发言时间，时间定在明日。你发现备忘录的日期是昨天，正巧电话铃也响起来了，是人事经理打来的。他通知你，评审将于15分钟后开始。

［角色扮演］

1.在你的组内排定一个演讲顺序。

2.第一个候选人(第一个演讲者)的评审小组由组内的其他成员构成,但不包括第二个准备演讲者。第二个演讲者离开房间,直到轮到他发言时为止。

3.第一个候选人可以作为评价第二个候选人的评委,而第三个候选人离开房间,如此轮流演讲和评价,直到所有人全部完成演讲。

4.作为评委,你要完成对每个演讲者的评价,评价内容在评价表中。

5.演讲和评价全部结束以后,在组内讨论评价结果,从中吸取有益的东西。

[实训要求]

1.只给每人15分钟的准备时间。

2.每人只有10分钟的发言时间。

[效果评价]

教师评价及同学互评,评价表如表2-2所示。

表2-2 "公共关系人员演讲技能训练"自我展示评价表

评价内容	候选人顺序				
讲演有否开头、展开和结束?	1	1	1	1	1
是否符合时间要求?	1	1	1	1	1
候选人的表现是否自然、放松?	1	1	1	1	1
候选人使用提示卡片是否不明显?	1	1	1	1	1
候选人扮演案例中的角色是否有效	1	1	1	1	1
对如何进行讲演的评语					
1.					
2.					
3.					
4.					
5.					

【拓展分析】

阅读"中国公共关系业2015、2016、2017年度调查报告",了解中国公共关系行业发展进程。

第 3 章

公共关系公众

本章知识点：公众的概念、特征与分类；组织选择目标公众的原则；组织的目标公众范围；公众心理与公关行为的关系。

案例导读

携程在手，看清楚再走

2017 年 10 月初，女演员韩雪怒怼携程捆绑销售，曾经多次发现并手动取消隐藏在订票信息下的"预选保险框"，但是"仍被套路"，且投诉未果。在这条微博最后，韩雪要求携程诚实面对问题，向公众致歉，并奉劝"携程在手，看清楚再走。"

这条微博毫无疑问成了当日的微博头条，多位网友也出来顶贴，晒出自己的真实案例，观众关注度出奇的高。

事件持续发酵，吃瓜群众都在等携程的官方声明。最后携程公司回应：对于韩雪的投诉官方会按正常流程处理，但是并不会就此事发表任何进一步说明。

10 月 6 日，也曾有一篇文章刷爆朋友圈，《一年 100 亿？揭秘"携程'坑人'陷阱"》，该文怒斥携程种种问题。携程于第二天发布了公关声明，指出文章不属实，"100 亿"纯属造谣诽谤，没有任何事实依据。

在风雨中接连被曝光的携程，面对着消费者的质疑，携程的危机公关处理方法可以说只有一个：事件正在查实，耐心等待官方通知。

（资料来源：http://www.meihua.info/a/70522，Maggie2017 年 11 月 08 日）

启发总结：面对消费者公众投诉，企业组织应表现出解决问题的诚意，不能像携程一样只是冷漠的官方说明。

公共关系的客体是社会公众。公共关系中的公众不同于政治学或社会学中所讲的公众，与日常生活中所讲的"人民"、"大众"、"群众"也不一样。公共关系的公众特指公共关系工作对象的总和，即那些与公共关系主体有直接或潜在关系，相互影响、有互动关系的个人、群体或组织的总和。公众是公共关系中最重要和使用频率最高的概念之一。只有搞清了什么是公众、公众在哪里、公众有哪些特征，了解公众，才能搞好公共关系。否则，就可能是无的放矢，甚至与最初的目标南辕北辙。

第一节　公众的含义及特征

一、公众的含义

公众是指在公关活动中与社会组织存在某种利益关系的个体、群体或组织。公众对社会组织有着重要的影响，因而也是社会组织传播交流信息对象的总称。公共关系学所研究的“公众”和人们日常所熟悉的“群众”、“大众”等概念不同，它是指因面临共同的利益问题而与社会组织发生利益关系的社会群体。因而，它是一种具体的、特指的概念。因此，正确地认识公关客体，必须准确地理解和把握公众的含义。

(一)共同的利益关系是公众形成的基础

公众的形成是因为这类群体遇到了共同的问题，这一共同的问题与它们有着共同的利益关系，而共同的利益关系使它们有了共同的目标，因此联结在一起，成了社会组织公关工作的对象，即客体。共同的利益关系是维系这类群体的纽带，是形成这类公众的基础。公众是受时间、空间、利益关系限制的，共同利益关系既是形成公众的基础，又是理解公众含义的关键。

(二)与组织的相关性是公众产生的条件

公众是因面临共同的利益关系而形成的群体，这种关系的产生和解除又与一定的社会组织有着密切的直接关系。因为，维系公众的共同利益关系是因社会组织而产生的，没有社会组织的存在，也就无所谓与之相关的公众的存在，也就没有形成公众这一群体的共同问题的存在。所以，社会组织对公众这一群体所面临的共同问题的决策与行为，对公众所面临的相同利益关系的解决有着直接的关系。同样，因为公众对社会组织的决策与行为的反应是理解或不理解、合作或不合作，即公众的态度与行为对社会组织的目标实现、社会组织的生存发展也有着重大的影响。因此，社会组织主体必须十分重视公众的利益、公众的要求。随着主体对公众问题的解决、公众需求的满足，组织与公众的互相依存的关系也不复存在，这时，形成公众这一群体的共同利益关系也随之消失，公众也就解体了。所以，社会组织与公众既是矛盾对立的双方，又是互为条件、共同处于一个统一体之中的。

(三)人群的集合是公众的存在形式

公众是一个集合性概念，它是人群的结合体。维系公众这一群体的利益关系，不是张三、李四某个人的特殊利益关系，而是代表和反映着相当一部分人的共同利益关系。只有具备了那种相对普遍的利益关系，才能产生公众这种人群的结合形式。

(四)客观存在是公众的本质特征

公众是客观存在的，它作为社会组织传播交流信息的客体对象，与社会组织存在着客观的、不依其主观意志转移的关系。这里，存在公众的客观性与组织的主观性相对应的问题，如果社会组织能够正确认识公众，主动协调公众关系，公众的客观性与组织的主观性就能达到统一。相反，由于受到社会组织及其公关人员认识能力、认识水平的限制，无法正确认识与对待公众，或不能准确鉴定目标公众，必然使组织利益受到损失，甚至会铸成大错。

二、公众的特征

（一）整体性

公众不是单一的群体，而是与社会组织种种活动相关的整体环境。这里，既有与社会经济、政治、文化相关的环境因素，又有与社会公众舆论、公众关系形成的公众环境因素，社会组织面对这两种环境因素的影响，应作整体思考，要用全面、系统的观点来分析和对待整体的环境影响。

（二）共同性

公众是因共同利益、共同问题、共同需求结合而成的群体。因而，这一群体必然产生相同或相似的态度与行为。

（三）相关性

公众不是抽象的，总是与具体的、特定的组织相联系的，相对一定的公关行为的社会组织而存在的。这种相关性是形成良好公众关系的关键。社会组织鉴定公众、分析公众的依据就是明确这种相关性，以此确定组织的工作目标，选择工作对策和行动方案。

（四）可变性

公众的态度不是单一的，而是复杂多样的，并且处于不断变化发展的过程之中。任何组织的公众，可能因面临的共同问题、利益关系的变化而变化，也可能因需要、情绪、态度的心理变化，使公众具有多种社会角色，形成多种公众关系。比如，同一公众群体，在商店出现是顾客角色，在公共汽车上就是乘客，到了医院就变成病人，在学校就是学生。这种公众角色的多样化和可变性也是公众的重要特点。

第二节　公众的分类

作为公共关系对象的公众是一个复杂的统一体，它是由不同类型、不同层次、不同社会角色，有个性、有感情、有思想的活生生的人所组成的社会群体。公众由于在社会生活中所处的地位和所起的作用不同，由于各自的年龄、个性和经历的不同，可以按不同的标准划分成许多类别。如按性别来划分，有男女的区别；按年龄来划分，有老年、中年、青年、少年、儿童的区别；按职业来划分，有工人、农民、学生、军人的区别；按政治信仰来划分，有党员、非党员的区别；按担负职责的不同来划分，有领导、群众的区别。此外，还可以按社会团体、教育程度、宗教信仰等标准划分出许多不同类型的公众。这些不同类别的公众因所处的环境不同、利益需求不同，与社会组织的关系也就不同。公众类型一般可从横向分类和纵向分类来进行划分。

一、横向分类

横向分类是指按公众所遇到的问题并由此引发的同一种利害关系作为划分标准。按这一标准划分的公众，不受其他因素（例如社会地位、男女性别和年龄）的限制，所以，这一分类方法也被称为按问题导向分类的方法。例如，把公众作为组织的一种对象来划分，它可以分成内部公众和外部公众；又如将公众按其对于组织的重要程度来划分，可以分成首要公众、次要公众、边远公众；如将公众按其对组织的态度来划分，可以分为顺意公众、逆意公众和独立公众。当然，也可以按组织对公众的态度来划分，分为受欢迎公众、不受欢迎公众和被追求公众；按公众的稳定程度和组织程度来划分，又可以分为临时性公众、稳定性公众和流散型公众、组织型公众、权利型公众。同时，在公关工作中，各种不同类别的公众又经常出现相互交叉、角色重叠的现象。因此，在公众分类中，一种分类只宜用一种标准，这里，我们就常见的内部公众和外部公众的划分分别给予阐述。

（一）内部公众

内部公众即组织内部的结合体，内部公众是直接隶属于某个组织体的，是该组织成员的一部分，如商店的营业员、企业的职工、学校的师生员工、工厂的职工等。内部公众是社会组织的重要公众，是实现组织目标和利益的重要依靠力量，是树立组织良好形象的决定因素，也是处在对外公关前沿的哨兵。因此，处理好内部公众关系是公共关系主体所要完成的一项重要工作。

（二）外部公众

外部公众是社会组织外部的结合体，是独立于社会组织之外的组织或群体。外部公众主要有消费公众、社区公众、新闻媒介公众、政府公众、国际公众等。处理好外部公众的关系问题，实质上是理顺左邻右舍和上级与下级之间的公众关系，创造有利于组织发展的良好的外部条件。

1.消费公众

消费公众不仅是指物质产品的消费者，还应该包括精神产品的消费者，它是一个广义的概念，对不同的组织来讲，消费对象是不同的。消费者也可统称为顾客。消费者是组织外部公众的主要对象。消费者关系指的是一个企业与其产品或服务的对象之间的关系。

2.社区公众

社区指的是一定地域的社会共同体，它既含有地理界限的自然因素，又有与组织有关联的各种公众关系因素。社区是组织生存的自然环境，也是组织发展的最直接的社会环境。社区公众是指该区域内与组织具有左邻右舍关系的各种社会组织和群体。任何组织都是处在一定的社区中，并同社区的公众发生种种关系。社区关系就是指组织与周围同处于这个区域的其他组织、群体的左邻右舍的关系，如组织所在的工商企业、各种社会团体、居民及家庭、街道组织、政府部门、学校的图书馆、卫生保健机构、文化娱乐场所，等等。所以，社区关系实质上就是组织与所在地区各类公众的关系，也是组织外部环境的重要组成部分，对组织的生存、发展依然有着一定的影响。

对于一些企业来说，社区公众实质上是消费公众的一部分，这部分公众是组织最邻近、最稳定的消费公众。组织的产品首先要有一个较为稳定的市场，组织要发展必须重视社区这个窗口，重视社区公众的反映。

社区是社会大环境的一个缩影，搞好社区关系、在社区中树立组织自身的良好形象，有利于提高组织在整个社区中的地位和声誉，从而获得组织发展的更为有利的环境。因此，作为组织要热心为社区的公益事业尽义务，帮助社区繁荣富强，在公众中树立起热爱公众事业、维护公众利益的组织形象，这样，就能使社区公众对该组织产生良好的印象，进而对该组织的产品和服务也产生信赖感。组织要得到发展，必须要建立这样一种融洽的社区公众关系，必须有这样一种良好的外部条件。

3.新闻媒介公众

新闻媒介主要是指报刊、广播、电视等大众传播工具。新闻媒介公众主要是指服务于报社、通讯社、电视台、电台等部门的记者、编辑、节目主持人、专栏作家等传播专业人员。

新闻媒介公众是外部公众中最特殊的公众，有的把它称为“被追求的公众”，有的把服务于新闻媒介的记者称为“无冕皇帝”，欧美学者把新闻媒介看成是继立法、司法和行政三大权力之后的“第四权力”。任何组织只要重视与公众之间的信息交流，就一定要十分关注和善于协调与新闻媒介的关系。

新闻媒介公众之所以成为“被追求的公众”，成为“特殊的公众”，成为公共关系重要的外部公众，还因为它是具有双重人格的公众。

一方面新闻媒介公众是公关的对象，是客体；另一方面它又是介于组织与其他外部公众之间的信息传播者，主体和客体之间的中介和桥梁。新闻媒介公众所能起的这种中介、桥梁作用，体现在两方面，它既可以把组织的信息向外部公众传播，成为组织的代言人，又可以成为公众的代言人，把收集到的外部公众的意见反映、传递给组织。作为社会组织应该充分发挥新闻媒介公众的这种作用，提高自己的知名度、美誉度。为此，每个组织首先必须十分认真地对待这类公众，及时地让他们了解事情真相，主动地、准确地提供最新的信息资料，有利于新闻媒介公众对本组织的情况有及时和现实的了解，以利于正确地进行报道；其次，要掌握新闻媒介报道的动向，使组织提供的信息与新闻媒介报道的重点和主题相一致，提高投稿的录用率；再次要掌握新闻媒介公众的分工情况，各种新闻媒介的特点、风格，以便有针对性地选择传播媒介。总之，充分有效地利用新闻媒介，争取新闻媒介公众的理解和支持，发挥他们的作用，并以此进一步争取社会其他公众的了解和支持，这是组织公关工作的重要内容。同时，作为社会组织还应充分重视新闻媒介公众所具有的公众代言人的作用，正确对待新闻媒介所反映的公众意见和批评报道，对于与事实有出入的报道要澄清事实、讲清原委，切忌冷嘲热讽或置之不理；对于与事实相符的批评，要虚心接受、积极改进，变不利的舆论环境为有利的舆论环境，变坏事为好事，通过策划新的传播，赢得新的声誉。总之，新闻媒介公众是社会组织与公众之间信息交流的中介和桥梁，这种重要作用和地位应得到公关部门的高度重视和充分利用。

新闻媒介公众作为公关的对象，要求每一个社会组织在与这一特殊公众打交道时，注意树立自己的良好形象，应该以自己的实际行动引起他们的浓厚兴趣和热情。为此，首先必须要有过硬的产品和服务，要形成一整套自己的科学管理体制，应该有令人赞叹的厂风、店风，也就是说要使新闻媒介传播报道，就要有传播报道的价值，就要创造出几个与众不同的一流的工作成就，只有这样，才能给新闻媒介公众留下深刻的印象，引起传播媒介的重视和兴趣，才能真正树立自己的良好形象。

4.政府公众

政府是国家行政机关，是国家机构的组成部分，也是国家权力的具体执行机关和对社会组织进行管理的权力机构。公关之所以把政府作为外部公众，是因为每个社会组织都要与各级政府部门发生关系。从纵向看，它要与自己本系统的各级政府主管部门发生关系；从横向看，它要与自己系统之外的其他政府部门发生关系，因此，政府也是社会组织的工作对象，也是公关中不可或缺的公众。

5.国际公众

国际公众是社会组织为发展在国外的业务，扩大在国外的影响而需要面临并与之发生某种关系的非本国的组织或群体。组织开展国际公关的主要任务之一，在于通过公关活动提高组织在国际公众中的知名度和信誉度，以增强组织在国际公众中的影响力和信任感。因此，不断提高本组织工作的质量和提供最完善的服务就成为有效地开展国际公关活动的前提和基础。社会组织没有最佳的工作质量（对一个涉外企业来说，没有高质量的产品）和最完善的服务，要想在国际公众中取得知名度和增强信任感就失去了物质前提和基础。

要有效地开展国际公关活动，还需要区别不同的国际公众对象。组织在国际交往中面临的国际公众是一个整体概念，其中还可以依不同的关系区分为不同的对象公众，例如，同行公众、贸易伙伴公众、消费者公众、新闻媒介公众、政府公众，等等。这些区分之所以必要，在于只有明确了解国际公众与组织的具体关系，才可能因人而异，因势利导，选择不同的形式，增强公关工作的针对性，提高工作效率。

二、纵向分类

纵向分类是按照公众变化发展的一般过程来划分的，把公众分为四类：非公众、潜在公众、知晓公众、行动公众。

（一）非公众

非公众是指那些与组织之间没有相互联系的组织或个人。也就是说，在一定条件下，他们既不受组织行为的影响又不对组织的生存和发展产生任何后果，他们存在于组织周围，但不是公关部门的工作对象。一般来说，任何一个组织都存在着这样一些“非公众”，如，不会骑自行车的老人是自行车厂组织的“非公众”，还在上幼儿园的小朋友是大学组织的“非公众”，等等。对公共关系部门来讲，弄清楚“非公众”的情况，可以节约开支、减少公关的盲目性和精力、财力、时间的浪费。

（二）潜在公众

潜在公众是指那些面临由组织行为引起的某一利益关系，但由于这一利益关系还未完全暴露，他们本身还没有意识到这一利益关系存在的社会群体。潜在公众因本身尚未意识到利益关系的存在，所以他们暂时不会采取任何行动，作为组织的公关人员在了解潜在公众时就要采取对自己有利的措施，以便赢得主动。

（三）知晓公众

知晓公众是由潜在公众发展而来的，所谓知晓公众是指那些已经意识到由组织行为所引起的利益关系的群体。知晓公众特别想了解问题的缘由，这时他们对组织任何有关方面的情况都特别敏感。一个组织的公关部门必须在潜在公众形成时能及时开展公共关系活动，采取有力措施，扩大组织影响，使更多的潜在公众成为知晓公众。

(四)行动公众

行动公众是由知晓公众进一步发展而来的。行动公众是不仅得到了有关组织的信息而且已开始行动的公众。这类公众如果是受组织欢迎的也是组织所期望的,那么他们越多越好;相反,如果是因组织本身不佳的质量、服务等问题而造成的行动公众,那么组织应设法解决这些问题,如果组织没有采取措施,行动公众的存在对组织将是很大的威胁。

因此,对公众进行纵向分类,有助于我们把公关工作重点放在与组织有关系、对组织有利的公众身上。同时,有助于组织采取多种手段争取更多的自己所期望的目标公众,有效地开展公关工作。

纵向考察公众的意义是把公众理解为一个连续的发展过程,而成功的公关实务就是区别谁是非公众、谁是潜在公众,从而通过传播工作,把必要的非公众变成潜在公众,使潜在公众成为知晓公众,进而使知晓公众变为支持组织的行动公众。

还可以根据公众对组织的态度将公众分为:

(1)顺意公众,指对组织的政策、行为和产品持支持态度的公众。

(2)逆意公众,指对组织的政策、行为和产品持否定态度的公众。

(3)边缘公众,指对组织持中间态度,观点和意向不明确的公众。

对顺意公众,要加强联系,有效地维持这种关系;对逆意公众,要做好转化工作,改变其态度;对边缘公众,应加强沟通,争取其支持,防止其成为逆意公众。

根据公众的稳定程度可将公众分为:

(1)稳定性公众,指具有稳定结构和稳定关系的公众。这是组织的基本公众,如老主顾、社区人士等。

(2)周期性公众,指按一定规律和周期出现的公众,如游客等。

(3)临时性公众,指因某一临时因素、偶发事件或专题活动而形成的公众,如展销会上来的顾客、突发事件中受到影响的公众群体等。处理好与这类公众的关系,可以建立周期性、稳定性联系,使之成为顺意公众;处理不好,就可能使其成为逆意公众,成为公关工作中的不利因素。

第三节　公众心理与行为

公众心理,是指在公共关系情境中,公众受组织行为的影响和大众影响方式的作用所形成的心理现象和心理变化规律。

公众心理主要表现为以下类型:

一、公众角色心理(个体心理)

公众角色心理是指公众在社会生活中,由于扮演不同的社会角色而在行为上表现出稳定的、经常的心理特点。

任何公众在社会中都扮演着一定的角色,角色又有自然角色和社会角色之分,自然角色和社会角色的区分是相对的。公众角色心理包括性别角色心理、年龄角色心理、职业角色心理、文化心理特征等。公众的这些角色心理因性别、年龄、职业、文化的不同常常表现出不同的心理特点。

二、公众群体心理

公众群体心理是指公众处在某一实际的社会群体中而在外部行为上表现出来的经常的和稳定的心理特点。

公众群体由于分类与功能不同,其心理特征也就既有共性又有特殊性。根据公关活动的特点,群体的心理特征可分为群体的一般心理特征和角色群体的心理特征两个方面。

三、公众知觉心理

知觉是人脑对当前直接作用于感觉器官的客观事物的整体反映。知觉之所以在当前能够一下子反映出事物的整体,是因为在此前已经历了对该事物各种特性的感觉,并在脑中储存着相应的感觉信息组合。因而,我们可以说,人的知觉是在感觉的基础上产生的需要、动机、兴趣、经验、知识等。

知觉对公众行为的影响,主要表现在以下几个方面:

(1)首因效应,即在人的心理中,第一印象具有先入为主的作用,而且这种作用具有持续影响人的认识活动的效应。

(2)晕轮效应,之所以把它称为“晕轮效应”,是说它像月晕一样,会在真实的现象面前产生一个更大的假象:人们隔着云雾看月时,在月亮外面有时还能看到一个光环,这个光环是虚幻的,只是月亮反射的光通过云层中的冰晶时折射出的光现象,事实上并不存在这样一个物质的、真实的光环。晕轮效应同首因效应一样带有强烈的主观色彩,往往容易产生“一叶障目,不见森林”的片面性。

(3)刻板效应,指人们头脑中存在的关于某一事物对象的固定印象,也是一种概括而笼统的看法。

这三类公众知觉对社会组织来说,很难绝对地说是好事还是坏事,是有利或是有害,关键在于社会组织如何去把握这三类公众知觉,即是去促成还是改变,从而保证组织与公众之间的正常交往和沟通。

四、公众需要心理

需要反映了有机体对其生存和发展条件所表现出的缺乏。这种缺乏既可能是生理的,也可能是心理的。在正常情况下,有机体生理状态和心理状态是趋于均衡的,这种均衡是个体维护其生存的条件。从某种意义上说,需要可以看作是减少或消除这种紧张状态的反映。人的需要具有广泛性、关联性、反复性、竞争性、发展性和差异性等特点。

五、公众态度心理

一般来说,态度由认知、情感、意图三个因素构成。态度并非行为,而行为以态度作为内在动力。态度可以被看作是心理向行为过渡的临界点,态度是行为的准备状态,行为是态度的表现状态。态度的变化直接影响着行为的变化,行为的变化导致态度各个因素相互关系的变化。其间伴随着情感的激励作用，即按照情感的方向激励着主体采取一定的行为作用于态度对象。态度的这三个因素相互联系、相互制约，形成了一个相对稳定的统一体。态度作为一种心理现象对公众行为有以下影响：

(1)通过公众知觉的选择性和判断性影响公众的行为。一般来说，人的行为是由一定的外部或内部刺激引起的，但人并不是消极地接受这种刺激，这种刺激只有经过人类心理上的加工作用后才能为人所接受。人的态度就在人的心理活动中起着"加工作用"。

(2)预定着公众的行为方式。态度是一种内在的行为倾向，当这种行为倾向见之于实际活动时，就是完成的行为。因而，在通常情况下，个人的态度和行为是一致的。态度直接影响和决定个人的行为，具有预测行为的能力。

(3)决定人的行为效果的差异。不同的人对同一人或事的态度不同，即存在着态度差异，态度差异又影响着人的行为。一般说来，积极的工作态度会产生高效率，消极的工作态度会导致低效率。

【案例讨论】

案例一　耐克的中国公关之路

以耐克在中国的处境而言，美国流行文化及个性化的理念，运动休闲观念的推广以及"明星＋运动"的公关营销模式在过去的十年中造就了耐克在中国市场从无到有、由小到大的"蜜月期"。

25 年前中国的吸引力主要来自 1 乘 10 亿的数据想象空间和廉价劳动力的成本效益，而今随着中国经济的飞速成长和消费潜力的释放，对贴有西方文化标签产品的认同和现实的购买力，使中国成为任何一个世界体育用品品牌不得不高度重视的市场。在中国新兴的中产阶层眼中，国际品牌背后天然的西方文化标签是他们的先天优势，经济互动中的文化交流与观念重塑为国际品牌的中国公关之路提供了巨大的发挥空间。然而，公关营销的发展本身自必遵循它固有的规则和模式，文化重塑不是没有边界的文化移植，而成功营销也并不是不可复制的独家秘方。

以耐克在中国的处境而言，美国流行文化及个性化的理念，运动休闲观念的推广以及"明星＋运动"的公关营销模式在过去的十年中造就了耐克在中国市场从无到有、由小到大的"蜜月期"。如今这样的模式也正遭遇来自三个方面的挑战：一是诸如阿迪达斯、锐步、彪马及 NB 等竞争对手的模仿造成的营销模式同质化；二是文化推广中遭遇中国传统文化心理和民族认同的反弹；其三则是耐克的高端价位及市场成长速度之间的差异限制其进一步深入广大的二三线市场。

而今的耐克遇到了在中国公关及文化语境中的发展瓶颈及市场竞争并不是简单的"明星＋运动"模式就可以解决的，而是一个品牌文化融入和公关营销本土化的双重考验。

耐克的中国公关之路：文化重塑造就市场空间

从 20 世纪 80 年代至今，耐克在中国是靠"明星营销"和"文化重塑"两条腿走路的，耐克在中国原封不动地搬来了在世界其他市场上百试不爽的"明星＋运动"营销模式，中国人为 NBA 和乔丹着迷的时候也就认识了耐克和耐克的品牌文化；耐克在中国的另一招就是“文化重塑”——改变中国人对于体育和休闲的认识，将耐克的品牌与时尚与西方文化等概念结合在一起，只有体育运动的普及才能带来更大的产品销量，在开拓体育用品市场的同时为耐克争取市场空间。

耐克在中国市场销售的不只是鞋子和运动产品，更是一种文化观念与消费体验。1980 年中国绝大多数人还不知道世界上还有一个叫做耐克的品牌，也都会认为以半个电视机的价格买一双鞋子是极其荒谬的事情。所有的成年人都在埋头为自己的温饱苦干，体育和休闲根本就不在议事日程上，而所有的年轻人都在为考试成绩忧虑，对于来自地球另一端遥远的球鞋不会有什么认识，更谈不上喜好。

90 年代中期以后中国人开始熟悉西方流行文化观念和体育运动，对于西方文化观念的认知使一切有西方文化的东西成为时尚和文明的象征。越来越多的中国人开始渴求个性化的彰显和自由的生活方式，耐克以体育明星和运动文化为主轴的品牌营销和公关推广正是迎合了这样的需求。耐克费尽心力在中国浓墨重彩地宣扬美国流行文化，与备受追捧的个性化和自由的西方文化要素结合在一起，介入中国体育产业的发展，传递耐克主导的流行文化元素及消费理念，迎合中国新生代对于个性和自由的渴求，全力推销美国文化，借品牌内涵在中国语境中的不断延伸和强化巩固其强势品牌形象和品牌文化认同感，这一切使其产品在中国的销售持续高速增长，耐克在中国的销售额已经突破了 3 亿美元，平均两天就有三家耐克专卖店出现在中国的各个城市中。从这个意义上讲，耐克的模式是基本成功的，然而，也不是没有隐忧的。

随着消费人群和市场规模的扩大，耐克的美国流行文化营销路线必将触及中国文化观念的基本框架，此前的“恐惧斗室”就让耐克“恐惧”了一把。其针对中产阶层的高品味、高价位定位也将成为其销售成长的瓶颈之一。与此同时，“明星＋运动”的模式也并不是不能被竞争对手复制的绝对优势，阿迪达斯在 1998 年开始在中国展开街头篮球推广项目，进而开展“亚洲篮球明日之星”的青少年篮球推广活动，最近则以 2006 年的世界杯为契机发起新的营销攻势。无独有偶，锐步也在中国利用“运动明星”战略进行品牌推广，这进一步造成了体育品牌营销模式的同质化和模式化。

仿效营销的双刃剑与文化重塑的界限：模式背后的游戏规则

“效仿那些取得成功的做法，不论你现在跑在什么位置。”这是体育营销人的座右铭，也是成功体育营销的基石。然而，对于营销和公关而言，效仿是一把双刃剑：成功者的脚步对于后来者而言是榜样也是起点，仿效成功的做法与创新并进是成功的保证；另一方面，仿效可能意味着营销竞争中没有永远的强者，也没有永远的优势，只有仿效的艺术、创新的能力及敏锐的观察力相结合才是立于不败之地的“不二法门”。

耐克与阿迪达斯从 20 世纪 70 年代至今在世界范围内的营销竞争正体现了仿效和营销模式化的双刃剑效应。20 世纪 70 年代的耐克对于阿迪达斯而言只是一个小角色。耐克的成功缘自它模仿阿迪达斯品牌经营和跨领域产品链的营销模式，与此同时，耐克也同样关注于新技术的开发和运用。并且在此基础上更进一步，以代工和特许订货的方式压缩生产成本，以品牌营销和公关推广为核心开拓市场；以技术概念和不断的新品作为引导市场的重要营销工具，每年设计的产品款式令人目不暇接，然而耐克却从来不自己生产一双运动鞋、一件运动服装，形成了“概念＋工厂”的生产模式和“明星＋运动”的营销模式。

凭借着出色的市场观察力和应变能力，耐克在20世纪的80年代全面的超越了阿迪达斯，成为世界上最大的体育用品供应商。

然而，仿效和创新成为模式之后就成为被仿效的对象，这也是时间在营销中的催化剂作用的体现。阿迪达斯经过80年代到90年代的调整，也开始在品牌营销和管理方面模仿耐克的成功经验，在东欧、中国及其他劳动力成本低廉的国家设立代工工厂，集中精力于技术与概念结合的营销战。虽然耐克在体育用品领域的霸主地位仍较为稳固，然而从阿迪达斯最近几年在主要市场上的表现来看，他们正在用这种模式走出低谷。此外，诸如彪马、锐步、NB等运动品牌同样正在走与耐克及阿迪达斯相似的道路。（来源：赢商网）

（资料来源：http://www.sohu.com/a/71667054_265866，三亚沃海传媒，2016-04-26 15:56）

讨论题：耐克是如何针对中国公众特点重塑形象的？

案例二　美联航暴力对待乘客，冷漠公关

事发地

芝加哥O'Hare国际机场，联合航空United Airlines 3411次航班。

事件原因

2017年4月9日下午5:40，从芝加哥O'Hare国际机场飞往肯塔基州Lousville的联合航空United Airlines 3411次航班出现了超额订票的情况，机上一对亚裔夫妇被随机选中离开飞机，丈夫坚持拒绝后被赶来的机场保安暴力拖拽下了飞机。

事件过程

联合航空发现航班超额订票，为让4名机组人员能于翌日抵达路易斯威尔为隔日的航班做准备，便在机上寻求4名自愿下机的乘客，承诺赔偿400美元及一夜酒店住宿，但加至800美元都无人放弃登机，地勤随后以最高1000美元征集"志愿者"，但无人同意，航空公司决定用电脑随机抽出4人。

一对被抽到的男女平静接受，但一名自称是医生、与妻子同被抽中的亚裔男子拒绝下机，表示翌日要到路易斯威尔医院见病人。双方争执不下，3名机场执法人员决定强行拖走该男子。从当时的片段及照片可见，该名亚裔男子被至少两名警员拖离座位时，曾一度发出惨叫，头部更疑似撞到隔邻座位，被拖走时衣衫不整且眼镜亦滑落，额头及口部有血，更有乘客指他被打晕。

被拖走的男子在约10分钟后挣脱，并返回到机上，喃喃自语说："我要回家，我要回家"、"杀死我吧"。

这位亚裔男子的腰部和头部多次撞击在座位的把手上，造成口腔出血。被拽住手臂时，他还爆发出了哀嚎，但等到被拽倒在地的时候已经一动不动仿佛昏了过去。被掀到肚子上的衣服、歪掉的眼镜，都在说明他遭受了多大的屈辱。

有乘客指他当时满面鲜血，并似乎变得迷迷糊糊，但最终仍然被人带走。

事件处置

美国联合航空发言人表示，公司有遵循正确的程序，指该航班必须起飞，故通知芝加哥警方协助。联合航空行政总裁穆尼奥斯（Oscar）在一封写给员工的内部邮件中表示，对

此事件他也深感困扰，尤其是为什么这名旅客拒不执行芝加哥机场安保人员的要求，机组是在屡次要求这名旅客下飞机其拒不听从后才知会机场安全人员，一线人员的处理方法符合既有操作守则，他坚定地支持机组的处理方法，并要求一线人员确保飞行正常。对事件深表歉意，表示正与当局合作了解详情，并已与该名男子对话接触，希望可以解决问题。其中一名涉嫌粗暴拖走乘客的警察，已被下令休假接受调查。

CEO 道歉

2017 年 4 月 13 日，美联航 CEO 表示，未来将不再安排警察带离客舱乘客，同时将退还 UA3411 航班所有乘客机票。美联航 CEO 奥斯卡・穆诺兹在接受美国广播公司采访时表示，以后不会让安全人员将乘客带离机舱。"让一名已经预定、付过钱甚至已经坐到座位上的乘客离开，我们不能这么做。"

穆诺兹表示，看完 UA3411 航班事件视频，这名 69 岁的乘客被拖拽出机舱的场景，让他感觉"羞愧"。这是穆诺兹第一次公开谈论此事，几天来，事件激起了舆论强烈反弹，给美联航造成数以亿万计的损失。

"美联航绝对不会再次发生类似事件。"穆诺兹表示，整个事件是一起"系统性错误"。

事件追责

美国官方意见

美联航发言人乔纳森・格林 11 日说，事发航班满舱运载 70 名乘客，但实际并不是像美联航之前说的那样超售了机票，抽取 4 名乘客下机只为安排 4 名公司机务人员，以便他们次日能够及时到岗。格林还说，选择这 4 名乘客是基于公司运输合同的一套综合准则，其中包括"飞行常客"地位、机票类型、办理登机手续时间等多项元素。但立即有人士质疑，这套综合准则如此复杂，这一航班当时如何能够在短时间内执行这套准则以抽取乘客。

面对舆论风暴，美联航首席执行官奥斯卡・穆尼奥斯 11 日发表声明再次道歉，说美联航对这一事件"负全部责任"，将进行详细调查，并在 4 月 30 日前公布调查结果。

调查报告

事件发生后，有人在白宫请愿网站上发起签名。该请愿签名要求美国联邦政府对 4 月 10 日发生的美联航事件展开调查，截至北京时间 4 月 11 日 17 点 35 分，该请愿就收集到 18380 个签名。根据白宫官方网站说明，任何请愿签名如果在 30 天内能收集到 10 万个支持者在线签名，就能得到白宫的正式回应。

面对舆论风暴，美联航首席执行官奥斯卡・穆尼奥斯 11 日发表声明再次道歉，说美联航对这一事件"负全部责任"，将进行详细调查，并在 4 月 30 日前公布调查结果。

中国外交部意见

我们关注到这起发生在美国国内的不幸事件，也注意到此事已经引发美国国内外的高度关切。据初步了解，受伤害的是越南裔美国公民。昨天美国白宫发言人已表示，美国有关方面正在对此事进行评估。我们希望这一事件能够得到妥善解决。

事件影响

航班延迟

涉事航班因该事件而延迟约 3 小时起飞。

后续影响

暴力事件引发了全球舆论关注，中美社交媒体上大量信息称欲抵制美联航。截至周一收盘，美联航报 71.52 美元，涨幅 0.90%。但随着事件不断发酵，当地时间周二盘前，股价开始波动，一度下跌近 6%，创下去年 8 月初以来的最大跌幅，其后回升。11 日早上开盘后，美联航股票价格一度下跌高达 4.3%，半小时内市值蒸发 9.6 亿美元。

（资料来源：https://baike.baidu.com/item/4%C2%B79%E7%BE%8E%E8%81%94%E8%88%AA%E9%A9%B1%E9%80%90%E4%B9%98%E5%AE%A2%E4%BA%8B%E4%BB%B6/20613602，百度百科，2017 年 4 月 9 日；http://www.meihua.info/a/70522，Maggie 2017 年 11 月 08 日）

讨论题：

1.“顾客是上帝”，企业应如何对待自己的顾客公众？

2.该案例反映了美联航面对顾客公众存在哪些问题？

【本章小结】

公众是一个以社会组织主体为核心，在某种利益上相关的群体组合，是公共关系工作的直接对象。本章首先阐述了公众的概念，指出公众具有整体性、共同性、相关性、可变性等特征，然后根据不同的标准对公众进行了不同的分类。最后简述了公众心理的含义及特点，公众角色心理、公众群体心理。阐述了知觉、需要、态度、流行、流言等心理的行为表现，以及组织对公众心理的认知。

【习题】

一、辨析题

公众在公关活动中处于被动地位，其作用是可以忽略的。

二、问答题

1.公众的含义、特征及分类是什么？

2.组织选择公众应遵循哪些原则？

三、实训题

模拟一次学校与学生家长的沟通会(主题自拟)

[实训目的]

通过本次实训，使学生了解学校组织与学生家长公众的沟通方法与技巧。

[实训要求]

3～5 人为一组，分别模拟学校有关部门人员与学生家长的角色，体会沟通技巧的运用。

[效果评价]

教师教学点评、打分，评价表如表 3-1 所示。

表 3-1 模拟学校与学生家长沟通计划实施评价表

<table>
<tr><td>专业</td><td></td><td>班级</td><td></td><td>学号</td><td></td><td>姓名</td><td></td></tr>
<tr><td>考评内容</td><td colspan="7">模拟学校与学生家长沟通计划实施</td></tr>
<tr><td rowspan="10">考评标准</td><td colspan="3">项目内容</td><td colspan="2">分值</td><td colspan="2">评分</td></tr>
<tr><td rowspan="3">准备环节</td><td colspan="2">项目设计是否科学</td><td colspan="2">15</td><td colspan="2" rowspan="3"></td></tr>
<tr><td colspan="2">任务分配是否合理</td><td colspan="2">5</td></tr>
<tr><td colspan="2">监测对象是否真实</td><td colspan="2">5</td></tr>
<tr><td rowspan="3">实施环节</td><td colspan="2">计划实施是否客观</td><td colspan="2">10</td><td colspan="2" rowspan="3"></td></tr>
<tr><td colspan="2">公众状态监测是否全面</td><td colspan="2">10</td></tr>
<tr><td colspan="2">监测报告是否真实、规范,文字是否准确</td><td colspan="2">30</td></tr>
<tr><td rowspan="3">能力测试</td><td colspan="2">沟通协调技巧</td><td colspan="2">5</td><td colspan="2" rowspan="3"></td></tr>
<tr><td colspan="2">团队合作精神</td><td colspan="2">10</td></tr>
<tr><td colspan="2">应变能力</td><td colspan="2">10</td></tr>
<tr><td colspan="4">总计</td><td colspan="2">100</td><td colspan="2"></td></tr>
</table>

【拓展分析】

观看电影《水门事件》,分析政府应如何处理与媒体及其他公众的关系?

第 4 章

公共关系传播与沟通

本章知识点：公共关系传播的概念；公共关系传播的基本要素、隐含要素；公共关系传播模式；传播类型及传播媒介；公共关系沟通原则。

案例导读

限量红米：抢不到，急死你

小米向来以擅长营销著称，红米手机的发布渠道和之前的小米1S和小米2S不同，没有选择小米官方微博、微信平台，而是在官方认证QQ空间上发布。在红米发布预热的两天时间里，小米公司通过腾讯广点通系统精准定位人群，QQ认证空间聚拢人气，社交平台开展竞猜活动，预热页面上线当天，认证空间粉丝增长破百万。紧接的预约阶段，红米手机整合小米全网资源及QQ空间平台资源进行精准投放，半小时预约人数过百万，第一天达350万。《小时代》，属于年轻人的新时代不去褒贬这部电影的好坏，在宣传方面，人人网的"青春纪念册"，结合主创人员的微博，还有招聘网站等多个层面，对准招商银行抛出漂流瓶，使用微信"漂流瓶"的用户，每捡十次，就有可能捡到一个招商银行的漂流瓶，回复之后招商银行便会通过"小积分，微慈善"平台为自闭症儿童提供帮助。这些活动既做了慈善，又提升企业品牌形象，一举两得。针对15～25岁的青少年，真正做到了新媒体的精准营销。微信在其中占有较重的比例，而微信的强大功能也使得微信营销上可以有很多的新鲜玩法，给商家留下极大的发挥空间！

（资料来源：http://blog.sina.com.cn/s/blog_14bc21b150102xfgg.htm，新浪网，2017-07-04 18:51:45）

启发总结：在信息爆炸时代，自媒体的作用不容忽视。

传播是连接社会与公众的中介，是沟通公共关系主体与客体的桥梁，没有传播，就不可能建立良好的公共关系。传播也是公共关系的基本要素。正如美国公关专家赛特尔所说："专业化公共关系之核心，在于通晓如何传播。"因此，掌握传播这个关键工具是公共关系工作所必需的。

第一节　传播及其构成要素

一、传播的含义

“传播”一词源于英文“communication”，一般意义上的理解是指人们在交往过程中将信息进行传递、接受、共享和沟通的过程。公关活动中的传播是指社会组织通过符号、图像和媒介，将自身的信息和观点有组织、有计划地与公众进行传递相交流的过程，使公众在思想、观念、态度、行动等方面发生相应变化，树立组织在公众心目中的形象，以此提高社会组织的知名度、美誉度与和谐度。理解公关传播的含义，要把握以下几个要点：

(1)公关传播的主体是社会组织，而不是个人，也不是职业性的信息传播机构。

(2)公关传播的受众是目标公众。目标公众是一个构成复杂、范围广泛的群体，通常分为两个部分：一是组织内部公众，二是与组织构成某种特定联系的外部公众。

(3)公关传播是沟通组织与公众的桥梁。社会组织在与公众联系时，主要是通过传播媒介进行的。社会组织通过传播媒介把政策和意图传递给公众，公众的意向、愿望也同样需要通过传播媒介反馈到社会组织。只有传播才能担负起这种双向交流传息的职能。

(4)公关传播的内容是信息或观点。公关传播就是把社会组织的观点和其所制定的政策、方针，同公众进行交流。它的一个很大的特点就是共享性，将少数人享有的信息与观点通过媒介手段向公众进行传播，使公众得以共享。因此，传播媒介要生动、全面、客观、准确地向公众传递各种观点与信息，以便更好地认识公众、说服公众、影响公众、赢得公众，同时为社会组织决策和行动提供依据。

(5)公关传播的手段是各种媒介的组合。社会组织需要运用传播媒介向公众进行信息或观点的传递。传播媒介可以根据传播所要沟通的公众对象的不同和组织的特点而有所区别。通常情况下，对所选择媒介的基本要求是影响范围广泛、传播速度快。组织在传播时，可以选择一种媒介或是几种媒介的组合。

二、传播的特点

公关传播具有以下显著特点：

(1)社会性。传播是人们建立相互联系、维持社会生活的一种社会行为。任何传播行为都不能脱离社会，同样，社会也离不开传播行为。人们每天都要通过语言进行交流，通过表情传递感情，通过交换意见表达自己的内心世界，通过各种信息了解社会、支配生活。社会组织在其运行过程中要同组织内部员工加强感情交流，要同组织外部的公众加强信息交流，了解公众的有关情况，同时也使公众更多地了解组织。

(2)双向性。传播的双向性，是指组织与公众之间的信息沟通与交流是一种双向、互动的行为。在传播过程中，组织的观点、决策、目标是否正确，是否符合公众的实际，要依靠公众反馈的信息来检验和修正。如果只注重组织的信息传播，而不注意公众的信息反馈，则组织的计划、方案和决策无法得到检测，沟通与协调也无法实现，组织与公众协调一致的目的更无法达到。

(3)情感性。随着生活节奏的加快和生活水平的提高，人们越来越强调情感交流，强调精神生活的愉悦。情感在双向信息交流与沟通中起到润滑剂的作用。在传播过程中，情感的特点表现为相互尊重、信任、平等式交流，也表现为互动、认可、合作式沟通。这种情感式的交流与沟通能起到调节作用，有助于组织与公众双向互动关系的发展。

(4)互利性。公关传播是一种信息传递和交流的活动，这种活动不能是单向的，不能只出于社会组织自身的需要。一个成功的传播活动必须着力于寻找组织与公众双向之间利益相关的热点，抓住双方利益之所在来开展传播活动，这样的公关活动效果才比较理想。

(5)共享性。传播中的信息共享，是指公关人员要合理地开发和利用信息资源，使同一信息能为更多的特定公众所享用。信息的共享性不仅指时间上共享，而且也指空间上共享。就时间上共享而言，组织在进行信息传递时，也在进行自身的信息存储和享用；就空间上共享而言，信息作为一种资源，能跨地域同时为更多的公众所使用。

三、传播的要素

公关传播的要素包括两大类，一类是基本要素，主要指信源、信息、信道、媒介、信宿以及编码、译码、反馈等，这一类是任何传播中都必不可少的要素；另一类则是隐含在公关传播过程中的若干要素，一般指时空环境、心理因素、文化背景、信誉意识等，这一类要素的综合程度如何直接影响着公众传播的效果。只有将这两类要素加以综合运用，才能使公关传播顺利进行。

(一)传播的基本要素

(1)信源。信源在传播学上又称为传播者、发信者。在公关传播中，信源既可以是指某个社会组织，又可以是指代表社会组织的某一个人。

(2)信息。信息是指传播的内容及其表现形式的综合。在公关传播中，传播的信息有多种多样的表现形式，如文字、声音、图像、照片、模型等。

(3)信道。信道是指信息传递的渠道或途径。在公关传播中，如果要举行新闻发布会，其信道就是以声波通信、综合传递等为主。

(4)媒介。媒介是用以记录、保存并可再现、传递信息的载体。在公关传播中，常用的媒介有广播、电视、网络、报刊、杂志等。

(5)信宿。信宿在传播学中亦称为受传者、传播对象或受众。对于不同媒介的受众来讲，即分别是读者、听众、观众等。在公关传播中，受众既可以是特定的公众，也可能是不特定的公众。

(6)编码。编码就是传播者根据传播对象、信道和媒介的特点，按一定的规则将传播内容编制成信息系统的过程。以便传播内容易于被传播对象理解和接收。在公关传播中，编码工作是十分关键的，它直接影响着传播效果。

(7)译码。译码则是受传者(听众、观众、读者等)收到信息后，将信息译为自己能理解或接受的内容的过程。在公关传播中，译码过程主要是相对于公众而言的。然而公众所持的定场、观点、态度各有不同，这些有可能直接影响公关传播的效果。因此，公关人员在进行传播时，首先要考虑到公众(信宿)和译码的影响。

(8)反馈。反馈是传播过程中的信息回流，是信息传播者对受传者接受传播者原先发出信息所作出的反应的了解过程。在公关传播中，传播者可以根据反馈检验前一段传播的效果，并据此修整计划、改进工作。

(二)传播的隐含要素

(1)时空环境，是指传播的时间、空间环境。在公关传播中，对传播的时间和空间环境把握如何，也直接影响着传播效果。比如，以儿童节为背景的公关传播活动放在七月进行，把来访客人安排到不恰当的位置上就座等，都会对公关传播带来不好的效果。任何传播都是在具体的时间、空间中进行的，不同的时空环境会使受众感受到传播信息的程度差异，并造成接受信息的区别。

(2)心理因素，是指参与传播过程中人们的情感心理状态。从传播者到传播对象都有自己的情感心理状态。一般的讲，两者的心理因素如果相近，而且都轻松愉快，其传播效果就好得多。因此，在公关传播中，传播者应该研究公众的心理因素，并据此策划传播的方式、方法，以求达到和公众之间的心理沟通，从而取得最佳的传播效果。

(3)文化背景，是指在传播过程中经济环境、政治观点、民族心理、风俗习惯、思维方式、价值观念、审美标准等文化因素的影响。不同地区、不同国家、不同民族、不同信仰的人们的文化背景往往是不相同的，因此在公关传播中，传播者务必要了解受传者所处的文化背景，以避免不利的传播效果。

(4)信誉意识，是传播内容及其传播者的信誉程度。一般的讲，传播者的信誉度越高，受传者对所传内容就越相信，其传播效果就越好。因此，公关传播时要非常注意提高传播的信誉意识。其主要方法有：保证传播内容的真实可靠性，借助“权威”、“名人”提高传播者的信誉程度，等等。

第二节 传播模式

模式是事件的内在机制以及事件之间关系的直观的、简化的形式。传播模式分析，就是把传播过程分解为若干组成部分，以显示其在传播过程中所起的作用。

自20世纪20年代以来，西方传播学家从各个不同的角度对传播过程进行了探讨，提出了许多传播理论和对传播过程进行高度概括的传播模式，在此介绍几种比较典型的传播模式理论。

一、香农—韦弗模式

1949年，美国著名的信息理论专家、数学家香农与其合作者沃伦韦弗提出了“传播的数学理论”。其模式如图4-1所示。

这个模式区别于其他模式的特点在于：它提出了“噪音”的概念，客观地反映出在传播过程中，某些信号由于会受到不同程度的曲解和误解，从而可能引起信息的失真。但该模

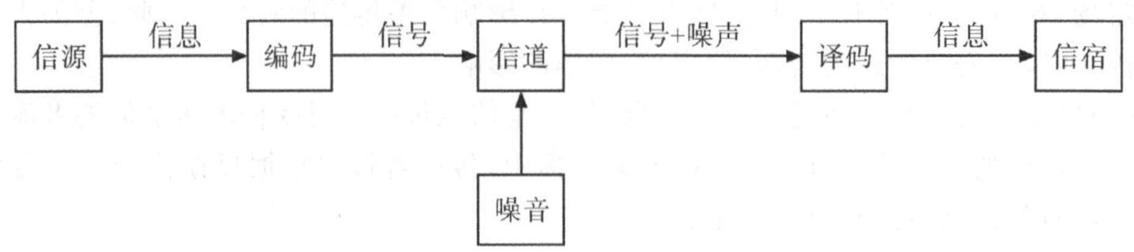

图 4-1　香农-韦佛传播模式

式属于单向直线传播模式，它存在两个明显的缺陷：第一，缺乏信息反馈；第二，忽视了影响社会信息传播过程中的两个重要因素，即客观的社会环境如政治、经济、文化等制约因素和主观的传受双方的动能因素。

二、施拉姆提出的“反馈传播”模式

美国大众传播学权威施拉姆提出的“反馈传播”模式，主要讨论了传播过程中主要行动者的行为，把行动的双方描述成对等的，都行使着各自几乎相同的功能。其模式如图4-2 所示。

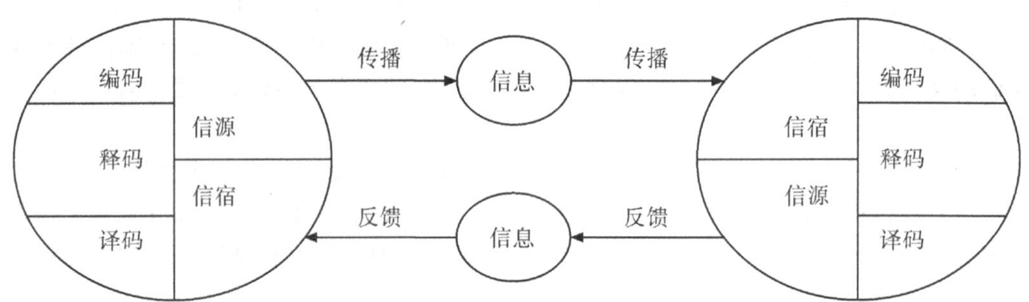

图 4-2　施拉姆“反馈传播”模式

这个模式是一种双向的循环式运动过程，它与传统线性传播模式的根本区别在于：第一，它引进了反馈机制，将反馈过程与传受双方的互动过程联系起来，认为传播是一种互动的循环往复的过程。第二，在这一循环系统中，反馈对传播系统及其过程构成一种自我调节和控制，提出传受双方要顺利沟通，必须根据反馈信息来调节自身行为，使整个传播系统始终处于良性循环的可控状态。

三、公共关系传播模式

它是根据施拉姆“反馈传播”模式的理论设计的，并包含了拉斯韦尔的五因素模式(5W)。其模式如图 4-3 所示。

公共关系传播模式表明：信息来源是组织，传播的内容是为了实现组织公共关系目标的信息；传播渠道是人际传播媒介、大众传播媒介等；传播对象是组织所面临的公众；根据反馈的信息，不断调整、修改下一步传播计划，从而树立起良好的组织形象。

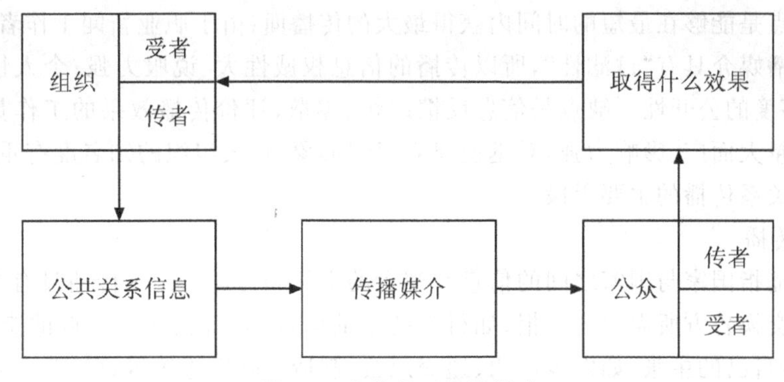

图 4-3　公共关系传播模式

第三节　传播类型及传播媒介

一、传播类型

传播学中有一句名言——你不得不传播，这说明传播是人类特有的一种基本的社会行为。公共关系传播是一种综合性的传播行为，它基本上属于组织传播层次，但又具备各种传播类型的特点。从这个角度上讲，研究一般传播的不同类型，将有助于公共关系传播活动的开展。

（一）人内传播

人内传播又称自身传播，指传播双方为一体的信息交流沟通方式，如个人自我反省、回忆思考、自言自语、自我发泄、自我安慰、自我陶醉、思想斗争、内心冲突等。凡是心智健全的人，都存在着自传现象。人通过自传，可使人在受到外界的各种冲击时，达到自我的心理调节，导致成功和谐的对外传播沟通。人内传播是人类一切传播行为的基础。

（二）人际传播

人际传播指人与人之间直接的信息交流沟通方式。这种传播，双方参与度高，传播符号多样、手段丰富，信息反馈灵便，感情色彩强烈，但是，这种传播范围小、速度慢。例如，男女之间感情的交流就属于人际传播。

（三）组织传播

组织传播指组织机构同组织机构之间、同公众之间、同社会环境之间的信息交流，这种传播的主体是社会组织。当组织利用其封闭沟通时，是组织的内部传播，具有层次性、有序性等特点；当组织利用其开放沟通时，是组织的外部传播，具有公众性、大众性等特点，但必须借助传播媒介来进行。无论是内部传播还是外部传播，组织传播都具有明确的目的性，即为实现社会组织的目标；具有严格的可控性，即服从组织总目标而有良好的控制性能；具有综合性的特点，即由于传播对象既有个体、群体，又有更广阔的公众，故其传播手段集人际传播、小组传播、公共传播和大众传播之大成。这是典型的公共关系传播。

（四）大众传播

大众传播指职业的传播者通过大众传播媒介将信息大量复制传递给分散的大众的传

播方式。优点是能够在最短的时间内获得最大的传播面；由于职业新闻工作者作为“把关人”，大众传播媒介具有“过滤性”，所以传播的信息权威性大、说服力强；个人情感因素介入较少，有高度的公开性。缺点是信息反馈缓慢、零散，评价传播效果的工作量较大。鉴于大众传播量大面广、影响力强，对迅速建立组织形象、扩大组织的知名度有重要的作用，因此是公共关系传播的主要手段。

5.国际传播

国际传播指国家与国家之间的信息和观念的交往和传递。国际传播具有多方面的作用：(1)为了交换各方所需要的情报，如科学技术的引进和输出、学术观点的交流和探讨；(2)为了宣传自己的主张，如发表声明、递交照会、制造国际舆论等等；(3)为了建立和加强国与国之间的关系，如进行国事访问、参加国际活动、开展文化和艺术交流等等。正因为国际传播作用巨大，“两国交战，不斩来使”几乎成为自古至今一条不成文的规定，所以即使在兵戎相见之时，国家与国家之间信息的交流也是必须保障的。在国际传播中，一定要充分考虑语言、文字、风俗习惯、伦理观念、宗法道德、政治经济等跨文化因素的影响。搞好国际传播对一个国家塑造良好的国际形象、建立良好的国际环境十分重要，是开展国际公共关系的重要手段。

综上所述，以上几种传播类型，可以说是由低级向高级、由简单向复杂方向发展的。这种发展出现了四种变化：

第一，受众面越来越大；

第二，传受双方在距离和感情上越来越远；

第三，信息的个性化越来越淡；

第四，组织系统和传播技术越来越复杂。

但这并不是说，几种传播类型有优劣之分。正如我们分析的，几种传播类型各有特色、互有长短。它们不是相互取代的关系，而是在信息传播的数量、质量、速度、范围、效果上相互补充、相互渗透。在公共关系工作中，我们应该根据实际情况，选择不同的传播类型，也可以吸取各种传播类型的优点综合使用。有时只需人际传播，如交谈就行了；有时只需大众传播，如在电视上发条消息；有时则需要综合运用各种传播类型，才能取得最佳的公共关系传播效果，如正大集团赞助播出《正大综艺》节目，这就至少把公关传播同大众传播结合起来了。

二、传播媒介

社会组织要进行信息传播，总要凭借一定的传播工具，这种传播工具就是公共关系传播媒介。因此，在公共关系传播中，除了要求公关人员掌握公共关系传播的基本原理、规律、技巧以外，还必须熟悉各种传播媒介的性质、特点和用途，以便恰当地选择传播媒介，达到最好的传播效果。

基本传播媒介的社会功能主要有传播思想、实施教育、交流信息、沟通情感、事实报道、社会监督、娱乐休闲、文化传承、艺术欣赏等功能。根据大众传播的主要功能和公关活动所涉及的主要传播种类，我们可以明确，在公共关系活动中所使用的传播媒介主要有语言媒介、印刷媒介、电子媒介和其他媒介。

(一)语言媒介

语言媒介主要指个人在人际传播中使用的各种信息传递方式。它包括有声语言和无声语言两大类。

1.有声语言

有声语言,即口头语言,又称口语。口语传播专指传播者(说话人)通过口腔发声并运用特定的语词和语法结构及各种辅助手段向受传者(听话人)进行的一种信息交流。

有声语言传播在公共关系活动中的运用是有技巧可言的。公关语言技巧是传播者在了解和认识传播规律的基础上,对语言的特点加以艺术性运用的一种方法,它是公共关系实务的基本传播手段,在日常接待、新闻发布、演讲、沟通性会议、公务谈判和演说等场合应用非常广泛。它主要包括说话的技巧、听话的技巧、提问的技巧和演讲的技巧。

第一,在说话方面首先要讲究全身心投人,对讲述的内容要用词准确,有感情,声情并茂地表现出诚恳、认真的态度;其次语言要通俗、生动、口语化,不要用生硬的书面语,更不要用套语和晦涩的词语;再次是用语要准确简洁,用最少的、最精确的语言表述最多、最生动的意思;最后要讲究语言流畅及和谐的语言表达风格,并且在音量、音速和音顿上有精确的讲究,在使用副语言时也要准确、传神。

第二,在听话方面也要十分注意聆听的艺术。聆听艺术是语言传播的重要技巧。首先要讲究全神贯注地听,做到尊重说话人以及他讲述的内容。其次要用积极的反馈激发说话人的谈话热情,并运用表情和动作鼓励对方,以增加表达效果。最后是要多听对方的谈话内容,思索对方的每一句话包含的信息量,做到尽快与对方沟通。

第三,在提问方面首先要尽量使用双方习惯和喜欢的问话方式;其次要做到文明提问,尽量避免直接提问带来的不礼貌;再次还要注意避免一次提多重问题,给对方的回答造成压力;最后是要注意提问时机必须适当,所有的问题必须围绕中心问题展开,不能问不着边际的问题,更不能离题万里。

第四,演讲方面也要讲究技巧。首先演讲时开头要引人入胜,用精致的语言、诚挚的情感引导听众的兴趣和注意力;其次是表达要形象生动、传神;再次要选择典型、有新意的事例,并适时将演讲推向高潮;最后在演讲的结尾处要深刻、含蓄,耐人寻味。

2.无声语言

无声语言,也有人将无声语言传播称作非语言传播。它主要是借助非有声语言来传递信息、表达感情、参与交际活动的一种不出声的伴随言语,分为默语和体语,它的使用也是有技巧而言的。

第一,在默语使用方面。默语是言语中短暂的间隙,往往能会出言外之意、话外之音。对默语的使用有多方面讲究。首先要利用各种环境因素造成丰富的寓意,产生“此时无声胜有声”的效果。其次是讲求适度实效,在使用默语时要借助有声语言,互相映衬。最后要注意无声的感情,例如突然之间戛然而止的强烈效果。

第二,体语使用的技巧。体语是以人的动作、表情和服饰来传递信息的一种无声语言。在传播中体语表述的内容是丰富复杂的。首语,即点头与摇头包含的意思,前者为肯定,后者为否定,有时它们的应用比语言更生动。手语,即用手所表达的丰富内涵,如手指构成的语言、手势和哑语等,再如握手传递的信息。足语,就是用脚的运动表达的内容,例如跺脚、来回踱步等等。目光语，眼神和视角、视线传递的内容也是很丰富、微妙的。微笑语，是通过不出声的笑所传递的信息，主要由面部肌肉的运动来完成各种复杂信息的传递。姿势语，是人体的动态或静态所表达的信息内容，如鞠躬、立正等等。服饰语，是指通过服装和饰品所传递的信息，也是一种个人素养、爱好和文化品位的显现。

（二）印刷媒介

印刷媒介就是印刷类传播媒介，它是借助大量复制，快速显现的印刷技术而进行的图形和文字传播手段，它可以用于小团体范围和人际传播，但主要属于依赖大规模印刷技术的大众传播手段。它是以文字、图片形式将信息印刷在纸张上所进行的传播。例如报纸、杂志、传单、招贴、书籍等。在公共关系实务活动中，以上几种形式的印刷媒介的使用频率是很高的。

1.报纸

报纸是以刊登新闻为主的定期出版物。其特点很明显：报纸是整张发排印刷的；通过版面空间的排列，将各种信息高度结合在一起；报纸的新闻资料一般是公布性和告知性的，时间性较强，另外报纸的发行是周期性的。作为具有以上特性的报纸，对公关组织宣传自身形象，是一种非常有力又十分有效的手段。

报纸的优势是便于选择，便于保存，信息量大，经济实惠。报纸的这些优点使我们迄今为止仍然将其视为公关宣传工作的主要传播媒介。

报纸也有其自身的局限，它属于文字和图形的印刷物，对于一些直观的图形来说，也许会使人一目了然，但报纸绝大部分的内容是文字符号和规范的图形符号，所以报纸受文化水平的限制，没有识字能力的文盲无法接受报纸媒介的传播。另外，报纸属于静止媒介，没有动感和变化，所以它的生动性和及时性不如广播和电视。在公共关系宣传中，如果是力求生动、逼真、传神的内容，就要考虑选择实物或电子媒介。

2.杂志

杂志是以成册装订的形式刊出的定期出版物，杂志的内容含量大，分类排列的内容详尽、全面。杂志的特点也是很明显的，一般说来杂志内容分类清晰、专门性强，对某一方面的信息传播集中、深入，适合专门性研究和信息的获得。另外杂志对于特殊的内容也可以深入分析、专门传播，目标性和指向性也较突出。而且杂志的资料性、解释性和学术性比一般的媒介更强，更有史料价值。在公关工作中，如果侧重于深入宣传和进行公关理论研究工作，就要注意选择期刊和杂志。

杂志的优势十分明显。由于它成册装订、定期出版的传播方式，特别是专业化的信息传播方式使杂志种类繁多、形式多样，同时杂志对于专门的内容可以多方面、多角度传播，内容丰富，针对性强。另外，由于杂志的装订形式，也使它印刷精良、吸引力大。

杂志的局限性主要有两点，一是发行周期长，新闻性弱，时效性差；二是对读者的文化水平要求高，相对价格也较高，这是因为其成本比报纸高。在公关工作中如果是专业性强且要求一定的文化和艺术内容的信息传播，就要选择杂志，如果强调新闻性、快捷性，就应当选择报纸和电子媒介。

3.传单、图片和招贴

公关工作还要用到一些其他印刷媒介，在印刷媒介中还有诸如传单、招贴和图片等印刷品，它们具有不定期、不专业、偶然性强和针对性强的特点。

传单：属于单张性的宣传印刷品，内容单一，针对目标集中的内容进行传播，如企业简介、产品说明、产品目录、经营特色、促销宣传品和邮递广告等。

图片：它是通过平面构图传递形象信息的印刷品，具有准确、客观、逼真的特点。适合于直观、快速、醒目地传递公关信息。

招贴：即印刷后的图文单页资料、利用公共场所进行公开悬挂和张贴的传播形式。它是其他主要媒介的辅助手段，有醒目、明确的特点。

(三)电子媒介

电子传播媒介是需要运用专门的电子接收和发送设备来传播信息的传播媒介。它以电波的形式传播声音、文字、图像，运用专门的电器设备来发送和接收信息。电子媒介主要有广播、电视、电影、录音、录像、幻灯、多媒体电脑和网络。在这些媒介中，既有人际传播使用的录音、录像，也有小群体传播使用的影像和幻灯等，更有大众传播使用的广播、电影、电视。网络是一种特殊的媒体，既适合于人际又适合于群体，更适合于大众。

1.广播

广播是指通过无线电波或导线传送声音符号的传播媒介，是最先普及的大众电子传播媒介，它以声音为传送形式，作用于人的听觉器官。

广播的优势在于：传播迅速、覆盖面广；通过口语、音响传播，较生动，有现场感；机动性强、鼓动性大；成本低廉，普及率高。在公共关系及传播活动中，如果要追求短期内的轰动效应，优先选择的媒介应当是广播。

广播的局限性也很突出。首先是它“只闻其声，不见其人”；其次是稍纵即逝，不便保存；再次是无法选择，检索性差；最后是它顺序播出，无法捕捉重点。

2.电视

电视是用电子技术传递声音和活动图像的传播媒介。电视第一次将人的视听结合在一起，在较以往任何传媒都真实的程度上传递信息，它既作用于人的听觉，又作用于人的视觉，是一种较全面的传播方式，比其他媒介更生动、传神、直观、迅速。公关实务活动的首选媒介总是电视。无论在哪一方面，它都是影响最大、效果最好、传播最快的信息传输方式。电视是大众传播的核心媒介。

电视的优势是除网络外的其他媒介所无法比拟的。首先，它真实感强，结合了图、文、声、色四种因素。其次电视的娱乐性强、可以同步传送，使人有身临其境的参与感。再次电视信息传播快速且真切，并有直观的艺术性。另外电视传媒前途广阔，尚待开发的领域很多，如数字化、立体化等等。

电视的不足之处是它传播的内容稍纵即逝，无法保存；顺序传输，无法选择；更大的局限在于它制作的设备复杂，制作成本昂贵；特别是它不能依靠个人或少数人完成，往往是众多人形成的专门性组织共同协作的结果，这就造成在公共关系工作中选择电视传播媒介时，不得不考虑其价格的问题。如果没有一定的资金，就无法选择电视传播媒介。

3.多媒体电脑和网络

多媒体电脑是指通过增加配置而集印刷媒介和电子媒介功能于一身的电脑。具体说来作用如下：它能够播放 CD、VCD 和 DVD 等，通过电视节目接收卡还能直接接收广播、电视节目，还能通过联网传播报纸、期刊、图书资料等内容，从而具有了印刷的功能。不仅如此，它还能直接传播网上广告、文字信息、图片。另外，它还具有人际传播功能，如在网上聊天谈生意、交流思想。总之，多媒体电脑具有计算机、文字处理机和报纸、广播、电视、电话、录音、录像、传真等多种媒介功能。

网络，又称电子网络，是国际电子计算机互联网络的简称，又叫因特网。这种新媒介是继报刊、广播、电视之后的“第四媒体”。它把一台台孤立的计算机联成网络，可以用于连续的电子信息传递，包括电子邮件、文件传递以及个人或计算机群之间的双向传播。它可以实现全球信息高速传递和共享。包括多媒体电脑在内的计算机只是提高了人类处理、存储信息的能力，而计算机的网络化却大大提高了人类交流信息的能力，它使人与人的联系实现了真正意义上的交流，而不仅仅是传播。

国际互联网不仅具有报纸、广播、电视等传播媒体的一般特性，而且具有数字化、多媒体、适时性和交互式传递的独特优势。流动在互联网上的信息具有丰富、多样、及时、全球、自由、交互的特点。总之国际互联网是我们传播媒介的最终方向，对于公共关系及传播来说，逐步地纳入互联网传输是一种必然。

4.电影、录音、录像、幻灯

在公共关系的传播活动中，也经常使用诸如电影、录音、录像、幻灯等传播媒介。

电影是使用摄影机摄制影像，并利用化学冲印手段将影像固定在胶片上，再利用电子放像设备传送的传播手段。由于电影制作手法比较复杂，因此这种传播媒介多用于文化、艺术作品的传播，在公关工作中较少选用。如果要求制作艺术内涵深刻的公关节目，或者要求进行高清晰度、意境很强的信息内容传递时，才考虑使用电影手段。例如许多制作精致、高档的广告节目是用胶片方式制作的。电影的优势在于取材广泛、无所不包，内容形象、生动、具体，表现手法多样，可虚可实，老少皆宜，雅俗共赏；但其不足在于成本高、程序多、周期长，不便普及。

录音和录像是利用电子录制设备对声音和声像的保留。对声音进行录制后，可反复播放；录像也是一种重复播放的传播媒介，只不过它既复制声音也复制图像，在公关实务中常用于实录和重复性内容的传输。例如录像带用处广泛、使用灵活、声情并茂，可以用来现场采集信息，也可以用来接待参观时做资料介绍、宣传讲解，还可以用于闭路电视系统、内部培训业务或给客户提供展示和过程等。再如录音带，有携带方便、操作简单、反复使用、经济普及的特点，它广泛地用于会议重要内容的重复播放，也用于庆典活动和展览活动，以及在销售宣传中制造背景音乐、渲染气氛、播放口号。

幻灯片是将摄影底片制作成底片，用投射仪播放的一种传播媒介，它一直是会议演讲、专题报告、展览说明的辅助手段。在公关活动中，一般不作为主要的传播工具。

(四)其他传播媒介

在公共关系工作中，除了使用语言媒介、印刷媒介、电子媒介外，还要用到一些其他的媒介形式，事实上这些媒介和以上三种媒介都有密切的联系，甚至可以属于这三种媒介的组成部分，具体有以下几种：

(1)小众化媒介。即在有限范围内的传输媒介，是专门用来针对小团体的。如有线电视、专业化频道，用于会员交流内部的信息资料等等。

(2)个人传播工具。如公用电话、个人座机电话、移动电话;另外还有图文传真系统,即凭借电话线路,可将书信、文字资料、图像资料保真传输的传播系统。再如电信,这是一种经济的电子传播方式,目前内容和形式很多,有社会电话、礼品电报、鲜花电报、生日电报等。在个人传播工具中还有私人信函、卡片,这些都是针对特定对象的。以上几种个人传播工具既有印刷的,也有电子的。

(3)公关宣传品。主要有公共关系刊物,即组织编辑、发行的小报、杂志、通讯和内外传阅资料,它们定期发行、免费分发;还有书籍、小册子,配合特定主题内容编制的文案、影集、画册或宣传手册。另外还有海报、POP 宣传品,主要是用来配合一些活动主题制作的宣传海报、横幅、彩旗、不干胶宣传品等。

(4)图像标志。主要有照片和图画以及标志系列。图像标志通过平面构图传递形象、信息。照片比图画更准确、客观、逼真;图画比照片更灵活,更富创造性、想象力和表现力。这些方式适用于公关橱窗展示和展览陈列活动。另外还有标志系列,它是以特殊的文字、图形、色彩的设计、构成组织的形象标志,以区别于其他组织和产品,包括商标、徽标、品牌名称,以及在包装、门面、办公用品、运输工具、环境装修、人员装束等,这些都可以传播公关组织的各种信息。

(5)人体活动媒介。人体作为媒介主要指两个方面,一是人体语言,即人的表情、动作、姿态以及服饰等非语言传播,这些内容我们在前面已有所介绍,这里不再重复。二是人的活动。人的行为以及各种活动本身也是一种高效率的、感染力很强的传播手段。如以身作则的行动、诚恳的态度、认真的作风都会传达丰富的信息。在各种公关活动中,人体活动传达的内容既是生动的,也是必不可少的。

(6)实物媒体。实物本身也是信息载体,在公共关系活动中也被大量使用。它具有与一般符号媒介所不同的特点。例如产品及其劳务本身就是一种最实在、最可信赖的信息载体,它通过质量、款式传达出最原始的信息。因此产品本身在公关活动中应当是主角,事实上它常常参与展览活动、赠送和赞助活动。另外公关礼品作为带有本组织标志的实物宣传品,也是组织的传播工具;还有象征物和模型,作为传递组织各种观念、管理方式、产品信息的媒介也经常出现在大型的活动中和实物展览会上。

(7)特别活动媒体。在许多创意独特、形式特殊的公关活动中,形象生动的活动过程也作为媒介传递公关信息。如风筝节中的“风筝”、“锣鼓节”中的“锣鼓”等等,作为特殊的媒介形式维系着公关活动的全过程。

第四节 公共关系沟通

一、公共关系沟通的原则

(1)双向沟通原则——传递双方相互传递和反馈信息的互动原则。

(2)有效沟通原则——信息传受双方通过沟通行为均取得效果的原则。

(3)平衡沟通原则——信息发布者利用“相似性”人际吸引为中介,与沟通对象建立共识，达到彼此协调的原则。平衡沟通原则必须符合最小努力原理。

(4)整分合沟通原则——在整体沟通系统中，将沟通过程的各相关部分进行有效综合的原则。

二、公共关系沟通网络

信息的沟通都是借助于一定的渠道进行的，由各沟通渠道所组成的结构形式成为沟通的网络。改善沟通应重视选择合适的沟通渠道以及完善组织的沟通网络。

信息沟通的有效性与它的结构形式有一定的关系，不同类型的沟通渠道或网络，有不同的特点和适用条件。下面介绍几种常用的沟通结构形式。

1.链式沟通网络

链式可表示一个分层次的组织结构，信息逐级传递，既可向上，也可向下。它可以用来表示主管与下级部属间有中间管理者的组织信息，如图 2-5(a)所示。

2.轮式沟通网络

轮式可表示主管人员居中分别与四个下级发生联系沟通的网络结构，如图 2-5(b)所示

3.圆式沟通网络

圆式可表示五人之间依次沟通联系的结构。这种结构可用于三个层次的组织结构，如图 2-5(c)所示。

4.全渠道沟通网络

全渠道表示组织内每个人都可以和其他四个人沟通，沟通网络中没有中心人物，所有的成员都处于平等的地位，如图 2-5(d)所示。

5.“Y”式沟通网络

“Y”式表示四个层次逐级沟通，而且第二层次有两个上级的沟通网络结构，如图 2-5(e)所示。“Y”式可倒过来表示领导通过秘书与下级发生关系的沟通网络结构。在此结构中，秘书往往是关键的、掌握真正权力的人，如图 2-5(f)所示。

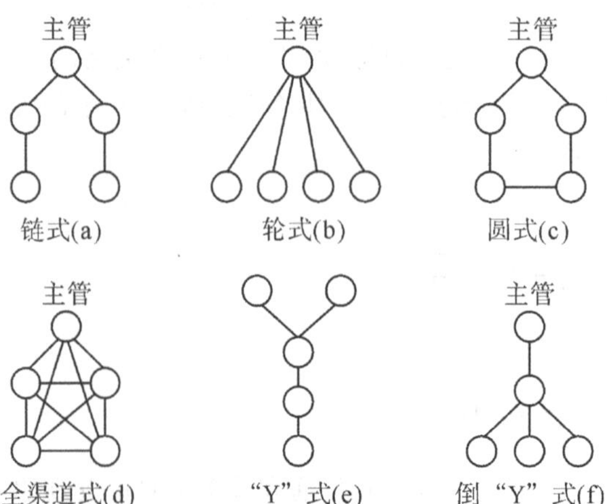

图 4-4 组织沟通的网络

通过上述简要的分析可以看出，各种沟通网络各有所长，没有绝对的好坏之分，只有适用的条件不同，因此，应根据需要合理选择。一般的，如果要求速度快、容易控制，轮式结构比较合适；如果组织庞大、层级管理，则链式结构较为合适；如果主管人员工作过于繁忙，需要助手支持其情报工作，则倒"Y"式结构较为合适。

【案例讨论】

案例一　"新媒体史上的第一拍"

——papi 酱首次拍卖 2200 万将全捐给母校中戏

新京报快讯，2016 年 4 月 21 日下午，papi 酱广告拍卖会在北京诺金酒店举行，丽人丽妆最终以 2200 万成为本次标王，这次拍卖会也被罗辑思维称为"新媒体史上的第一拍"。

papi 酱 CEO 杨铭透露，本次广告拍卖所得 2200 万将全部捐赠给 papi 酱的母校中央戏剧学院。

此次拍卖会采用了线上线下同时竞拍的方式，竞标的是"papi 酱视频贴片广告"，位置位于 papi 酱节目之后的彩蛋部分。广告的发布时间是在今年 5 月 21 日之后的任意一周的星期一，具体时间可以广告主确定，发布次数为 1 次。

除此之外，作为这次拍卖的附加，这条广告还将在 papi 酱的微信公众号、微博以及罗辑思维的公众号上有所体现。

参与本次拍卖有汇源、微鲸、爱空间、融 360 等多家企业。广告拍卖会的起拍价格为 21.7 万，每次加价限制为 10 万。

今年 3 月，有"2016 第一网红"之称的 papi 酱获得真格基金、罗辑思维、光源资本和星图资本共计 1200 万融资。

4 月 18 日，papi 酱系列视频因为涉嫌爆粗口而被整改，杨铭曾公开回应称会做一个正能量的 papi 酱。没想到，"正能量"这么快就来了。

但 papi 酱目前仍属于在校生，这笔捐赠应该不属于校友捐赠。在校生向母校募捐 2200 万，在中国仍属罕见。

（资料来源：http://ent.ifeng.com/a/20160421/42609775_0.shtml，新京报，凤凰网，2016 年 04 月 21 日）

讨论题：

1.papi 酱第一拍为何会如此成功？

2.如何理解现实背景下的"网红经济"？

案例二　京东起诉自媒体侵权索赔 1000 万

北京晨报讯（记者 黄晓宇）　北京京东世纪贸易有限公司以侵犯公司名誉权为由将欧界（北京）科技有限公司诉至大兴法院，要求立即删除其营销账号上发布的侵权文章，公开道歉并赔偿经济损失 1000 万元。近日，该院公开开庭审理了此案。

原告京东公司起诉称，欧界公司为从事互联网自媒体的营销公司，在自媒体平台运营

“欧界传媒”及“电商秘籍”等账号进行商务营销。2015 年至今，欧界公司在其运营的账号中持续发布针对京东公司的侵权文章，包括在“欧界传媒”上发表的《不要轻易和京东人见面！》等文章。

京东公司认为，在上述文章中，欧界公司故意歪曲事实，通过诋毁和谩骂的方式，对其进行诽谤和侮辱，还将并非京东公司而是另一电商网站上的巧克力售假诉讼案件，刻意移花接木到京东公司身上，采取歪曲事实的方式贬损京东公司的名誉。欧界公司持续在其经营的自媒体平台发布针对京东公司的多篇侵权文章，主观恶意明显。涉案文章经大量媒体和个人引用、转载后，在互联网广泛传播，造成了恶劣的影响。

京东公司当庭陈述诉讼请求，要求判令欧界公司立即删除其运营的“欧界科技”今日头条号上发布的侵权文章，就其侵权行为向京东公司进行书面道歉，并在其运营的“欧界传媒”“电商秘籍”等 9 个今日头条、微信公众号上连续三十日发布对京东公司的致歉声明，并且在门户网站网页及全国发行并具有较高影响力的报纸杂志上醒目位置刊登致歉声明，消除影响、恢复名誉。同时，京东公司要求欧界公司赔偿其经济损失 1000 万元，并承担本案诉讼费用。

被告欧界公司答辩称，除京东公司所述的一篇文章需要向公司核实以外，其余涉案文章欧界公司已在接到起诉状后进行删除。对于京东公司要求在门户网站及报纸杂志发表致歉声明的诉讼请求，因欧界公司未在上述媒体发表涉案文章，故此项诉讼请求不具有事实及法律依据。同时，欧界公司称其发布涉案文章不具有主观恶意、均有事实依据，发布的涉案文章未侵犯京东公司名誉权，对经济损失不予认可，请求法院驳回京东公司所有诉讼请求。法庭未当庭宣判该案。

（资料来源：http://finance.sina.com.cn/chanjing/gsnews/2017-03-29/doc-ifycsukm4043396.shtml，新浪综合，2017 年 03 月 29 日 00:55，来源：北京晨报）

讨论题：在“注意力经济”时代背景下，自媒体存在哪些突出问题？

【本章小结】

在公共关系中，传播是社会组织利用各种媒介，将信息、思想或观点有目的、有计划地与公众进行双向传递、交流的过程。公共关系传播是一个有计划的、完整的行动过程，不是盲目的、随意的，而是按照公共关系的总目标进行的。同时，传播是社会组织与内外部公众的双向交流活动。

公共关系传播是组织运用传播手段向公众传递信息的过程，它经历了由传播者到受传者的全过程，因此包含公共关系传播者，即信息的发出者、公共关系传播内容、公共关系传播渠道、目标公众以及公共关系传播效果五个基本要素。同时，在公共关系传播过程中，还会受到若干隐含要素的影响（包括时空环境、心理暗示、文化背景、信誉意识等），而这种影响往往很难被发现，从而使传播效果受到更大影响。

在公共关系沟通过程中，贯彻和把握沟通的原则，不仅是提高公共关系效果的有效途径，也是评估公共关系效果的有效标准。贯彻双向沟通原则，一方面能提高信息互动的质和量，另一方面能有效消除沟通障碍，保证沟通活动的顺利进行。贯彻平衡理论原则，利用“相似性”的人际吸引为中介，通过沟通，与接受者产生认同，达到协调的原则。贯彻整分合原则，能将沟通过程的各相关部分进行有效的综合。贯彻整合原则的目的，是通过对沟通过程中各个要素、沟通方式和媒体进行最佳的排列组合，以收到强大的整体沟通效果。

公共关系还特别重视对公共关系传播类型与传播媒介的研究。不同的传播类型与传播媒介有其各自的特点，选择恰当的传播类型和传播媒介才能取得较好的公共关系传播效果。

【习题】

一、辨析题

传播等于沟通。

二、问答题

1.公共关系传播的含义、基本要素及其类型？
2.组织传播的形式及其特点？
3.大众传播媒介的优势与不足？
4.影响传播效果的制约因素有哪些？

三、实训题

模拟人际传播障碍及其克服

[实训目的]

通过本次实训，使学生了解传播障碍在人际关系中的巨大影响，掌握一些克服传播障碍的方法与技巧。

[实训要求]

3～5人为一组，模拟不同的人际关系角色，体会传播障碍及其克服方法的运用。

[效果评价]

教师教学点评、打分，评价表如表4-1所示。

表4-1 “模拟人际传播障碍及其克服”实施评价表

专业		班级		学号		姓名	
考评内容	模拟人际传播障碍及其克服计划实施						

续表

	项目内容		分值	评分
考评标准	准备环节	项目设计是否科学	15	
		任务分配是否合理	5	
		准备是否充分	5	
	实施环节	计划实施是否熟练	10	
		传播障碍是否有明确表现	10	
		传播障碍是否真正克服	30	
	能力测试	沟通协调技巧	5	
		团队合作精神	10	
		应变能力	10	
总计			100	

【拓展分析】

观看各大企业形象宣传片，分析传播对于企业形象塑造的重要作用。

第5章

公共关系调查与策划

本章知识点：公共关系调查的概念和原则；公共关系调查的内容和方法；公共关系调查的程序；策划与公共关系策划的含义；公共关系策划的类型；公共关系策划的原则和程序以及策划书的构成要素和撰写格式；调查问卷设计、调查报告及策划书的撰写。

案例导读

NBA 传奇球星亲临打卡 燃爆康师傅冰红茶总冠军主题店

北京时间2018年6月7日，位于上海赤峰路63号由康师傅冰红茶与全家联手打造的NBA总冠军主题店迎来了开业以来最大牌的“明星顾客”，被球迷们称为“海军上将”的NBA传奇巨星大卫·罗宾逊，NBA美女主播美娜是他此行搭档。两届NBA总冠军得主大卫·罗宾逊的到来，着实让这家被球迷们奉为“打卡圣地”的网红店熠熠生辉。

自5月1日开业以来，这里每天都会迎来不少慕名而来的球迷们，与店内展示的奥尼尔等身蜡像，姚明、库里等巨星的签名球衣，以及乔丹的亲笔签名篮球等珍品争相合影。此前就连NBA总冠军奖杯也曾于5月17日在店里展出过。

传奇球星突袭　中文互动球迷

活动当天，大卫·罗宾逊刚一露面便引来了球迷们的阵阵欢呼，在现场恭候多时的主持人美娜也热情地为他献上了康师傅冰红茶与NBA联合推出的总冠军限量礼盒，还授予了这位两届NBA总冠军得主“明星顾客”称号。远道而来的大卫·罗宾逊受到如此礼遇自然十分开心，对总冠军店内的一系列精心布置赞不绝口。

以两届NBA总冠军得主的身份亲自来总冠军店“打卡”，大卫·罗宾逊在接下来一系列互动中的表现令人刮目相看，简直像是回到了自己的主场。主持人和球迷们的各种“套路”都难不倒他。无论是辨识人民币面额购买特定产品，还是用现学的中文与球迷们互动都不在话下。几位现场球迷还有幸与这位传奇巨星切磋了球技。虽然退役多年，他给球迷们亲身示范时的一招一式，风采丝毫不减当年。

中国的传统饮食文化一直以来都受NBA球星们青睐，此次在端午节前夕来到上海的大卫·罗宾逊也不例外，在现场品尝了民族传统节庆食物粽子，以及汤包、生煎等上海特色小吃。

借势总决赛热度　传递燃痛快体验

随后的采访环节把现场的气氛推向了高潮，NBA 总决赛激战正酣，昔日的总冠军得主来到总冠军店，自然免不了被问及对今年总冠军归属的看法。大卫·罗宾逊告诉大家："今天的比赛他也看了一点，勇士队的整体实力实在是太强了，但骑士队勒布朗·詹姆斯的表现绝对是现象及的。"此外他还分享了许多自己当年以球员身份参加总决赛的经历，现场的媒体和球迷们听得津津有味。

康师傅冰红茶的品牌高级经理白茹也在采访中表示：NBA 在中国的粉丝以年轻人为主，这些年轻人正好也是消费康师傅冰红茶的主力军。此次联手 NBA 和全家 Family Mart 推出这家总冠军主题店，也是对消费者们的一种回馈，让大家有机会近距离接触到许多 NBA 的珍品，甚至总冠军奖杯和传奇球星，是希望能把最燃痛快的篮球文化带给中国球迷们。

在饮料的销售旺季借助 NBA 总决赛这样的超级 IP，通过一系列深受消费者们喜爱内容与活动，将产品与销售场合进行强关联，对销售转化也有显著的促进作用。类似的模式在今后也将继续推广下去。此外，康师傅冰红茶在夏季的 NBA5V5，以及 10 月的 NBA 中国赛期间也将进行一系列有趣的活动，把最燃的篮球文化带给粉丝们。

值得一提的是，今年季后赛期间，康师傅冰红茶以品牌代言人乔尔·恩比德的形象推出的球星瓶颇受球迷们追捧。

活动最后，大卫·罗宾逊对于此次活动给出了不俗的评价，无论是总冠军主题店的布置还是今天的互动环节都很令他满意。"我对中国球迷在 NBA 上表达出的热情和支持充满感激，十分感谢康师傅能给予我这样的机会去回馈中国球迷们。篮球是需要许多人一起玩的运动，希望大家都能参与其中，let's play!"

（资料来源：http://www.chinapr.com.cn/p/1428.html，中国公关网，2018-06-08 10:15）

启发总结：公关策划的灵魂就是创意，一个好的创意能吸引更多公众的关注。

公共关系既是一门科学，又是一门艺术。公共关系活动就是在科学的公关理论指导下，有计划、连续不断地工作，它要通过科学的程序来开展。卡特利普和森特提出的"公关四步工作法"就是将公共关系工作划分为调查、策划、实施与评估四个密切联系又不断循环的环节。"四步工作法"被公关界广大理论和实践工作者所接受。公共关系调查是公共关系工作的基础，公共关系调查贯穿于整个公共关系活动之中，公共关系人员必须掌握公共关系调查的概念、原则、内容、方法和程序等。

第一节　公共关系调查

公共关系调查是在社会调查和市场调查的基础上发展起来的，最早可追溯到公元前 3000 年埃及国王因筹建金字塔而进行的人口和财产调查，英国于 1801 年开始了世界上最早的人口普查。19 世纪 30 年代美国出现了一批应用科学方法的专门调查机构，最著名的是盖洛普于 1835 年创办的美国民意测验机构，成功预测了 1836 年美国总统的竞选，成为风云一时的跨国公司。美国重视市场调查，有专业市场调查公司 30 多万家，市场调查经费高达 1000 亿美元，每投入 1 美元调查费，就能产生经济效益 32 美元。所以，毛泽东说："没有调查就没有发言权。"1988 年，我国第一家正式市场调查公司——广州市场研究公司成立，目前全国有 300 多家调查公司。

一、公共关系调查的概念

公共关系调查，简称公关调查。它是在公共关系工作的规范化和科学化的过程中出现的一种社会调查类型。公关调查是指社会组织的公关部门和公关人员运用科学的调查手段，有目的、有意识、有步骤地考察了解分析，研究社会组织客观存在的公共关系现象，以把握社会组织的公共关系及其影响因素的实际状况的一种科学认识活动。

二、公共关系调查的作用和原则

(一)公共关系调查的作用

1.搜集整理信息，积累资料，保证公关活动成功

公共关系调查的主要任务，就是广泛、及时地搜集信息、整理信息并积累同组织有关的信息，形成组织的信息源和资料库，满足组织经营管理人员随时查询的需要，充分发挥信息在组织决策中的基础作用。为了保证公共关系目标的实现，公共关系人员必须对组织自身的主、客观条件进行必要、详尽的调查，既要对参与此项活动的人力和组织所能承受的财力进行调查分析，也要对开展公共关系活动时面临的社会政治形势、经济形势、市场和公众的社会心理进行调查分析，还要对开展公共关系活动的场地、设备以及各种规章和规定等进行调查分析。

2.发现问题、寻找差距，明确公关工作的目标和方向

了解公众意见，把握公众舆论，便于发现问题、寻找差距，明确公关工作的目标和方向。一个组织要想生存发展，一方面依赖于组织自身的实际行动，另一方面还依赖于相关的社会组织和个人对组织的行为和政策的理解与合作。通过公共关系调查，组织可以了解内外公众对社会组织的意见、要求、希望和评价，了解其在公众心目中的实际形象，从中分析和确定组织的公共关系状态及存在的问题，寻找存在问题的症结，确定今后一段时间内所要达到的工作目标，能准确及时地处理公众的意见，进行正确舆论导向，使社会组织发展不受影响，并加强同公众的联系。同时，公共关系调查可以协调组织内部各部门的关系，有利于开展统一的公共关系工作。

3.知晓自身状况，为公关策划提供科学依据和参照标准

调查是策划的依据。公关调查的一项基本职能就是获取充分、准确的信息，完整地掌握本组织各方面的基本资料，包括组织自身的经营方针、管理政策、生产状况、财务状况、技术开发状况、市场营销状况、人文组织状况，以及社会公众对组织的认识、态度、要求与愿望等等。公关调查对客观情况的准确把握，不仅使公关策划有客观性、针对性、可行性，而且在公关调查中搜集来的信息，可以成为策划创意的源泉。在审定方案的过程中，要对

策划方案进行价值评价，公关调查所搜集的信息又成为审定方案的客观参照标准。

(二)公共关系调查的原则

为了保证公共关系调查的科学性，在调查活动中必须遵循一定的原则。

1.客观性原则

公共关系调查务必以实事求是的精神，掌握第一手客观实际的资料，包括准确的统计数据、具体的事例和概括的事实等。一方面，不要夸大或缩小事实；另一方面，准确判断事物的内在联系，努力找出其发展的规律性。

2.全面性原则

公共关系调查的主要对象是公众，而公众有多种类型，如年龄、职业、教育程度、信仰、经历等不同，所以，在调查的时候要考虑到各种类型的公众及公众的各个方面。

3.时效性原则

公共关系调查所获得的数据及公众的评价都是在一定的时限内有价值和意义，所以，公共关系调查要坚持时效性原则。

4.代表性原则

公共关系调查在坚持全面性原则的基础上，由于调查的工作量大以及人力、物力、财力等原因，必须选择有代表性的对象进行调查。

5.经济效益原则

任何一项公共关系调查工作都要考虑到调查支付的成本和调查结果所带来的经济效益之间的关系，只有调查所带来的收益大于成本，公共关系调查工作才有意义。当然，有些时候还要考虑公共关系调查所带来的社会效益。

三、公共关系调查的内容

(一)组织自身情况调查

公共关系人员作为组织的代表，要正确评估公众的意见，确立组织的自我期望形象，必须对组织自身的实际情况和基本条件有全面的了解。这是确定组织形象以及公共关系活动的依据。

1.组织的基本情况调查

组织基本情况的资料是一切公共关系活动的基本材料，是公共关系人员必须掌握的。组织基本情况具体包括：(1)组织总体情况，如组织的性质、任务、类型与规模，组织的管理体制、机构设置、主管部门等；(2)组织经营情况，如组织的发展目标、经营方针、经营战略，组织对社会提供的产品和服务及其特色等；(3)组织荣誉情况，如组织对社会所作的贡献、组织的光荣历史、组织发生的重大事件及影响、组织获得的各种奖励与殊荣等情况；(4)组织文化情况，如组织信念、组织精神、组织的道德规范、组织的文化传统、组织的名称和各种识别标志的文化含义等。

2.组织的实力情况调查

组织实力情况一般指的是组织自身的物质基础和技术力量等方面的情况。具体包括：(1)组织的物质基础情况，如组织拥有的空间、组织拥有的先进设备和设施的情况、组织拥有的现代办公手段的情况、组织的各种附属设施的情况等。(2)组织的技术实力情况，如组织拥有的技术人员的数量和知识构成情况、组织拥有的科研器材和实验手段情况、组织技术的依靠程度等。(3)组织的财务实力情况，如组织的固定资产总额、流动资金总额、资产负债率、人均利润率等。(4)组织成员的待遇情况，如组织成员的工资水平、津贴标准、住房面积、劳动保护情况等。

(二)相关公众状况调查

公众是公共关系工作的客体，也是社会组织开展公共关系工作的对象，是社会组织公共关系工作的微观环境。对相关公众状况的调查包括：

1.公众构成情况调查

公众构成情况调查包括内部公众构成情况和外部公众构成情况两部分。社会组织内部关系状况关系到社会组织内部是否具有凝聚力、向心力的状况。通过公共关系调查，要了解内部员工的年龄结构、性别构成、文化程度、专业特长、兴趣爱好，包括员工对组织的要求、看法及各种建议，对组织是否有荣誉感、归属感，员工对领导层提出的总目标的信任程度、支持程度和认同程度；对社会组织发展有重大贡献的员工状况；社会组织领导层、决策层的总体状况；领导者对组织形象的期望水平和具体要求。通过内部公众调查，便于理顺上下关系，达到内求团结的目的。

在现代社会中，社会组织的生存和发展越来越依赖于其外部的公众环境，因此，公共关系调查也要重视对外部公众的调查。通过调查，要了解外部公众的数量构成、空间构成、特征构成、需求构成、观念构成；调查组织公共关系活动中内外传播活动的效果；调查了解媒介的特征、覆盖面、受众构成等情况。

2.公众需求情况调查

社会组织要有效地开展公共关系工作，必须做好对公众需求情况的调查工作，以掌握公众需求信息，想方设法地满足公众的合理需求。公众需求情况调查主要涉及两个方面：第一，公众的物质需求情况，如公众对改善物质生活环境的需求，公众对获得优质物质产品的需求，公众对获得各种有形服务的需求。第二，公众的精神需求情况，如公众对组织接纳的需求，公众对合法权益的需求，公众对获得满意服务的需求，公众对获得重要信息的需求，公众对获得组织重视的需求等。

3.公众舆论调查

组织的公众舆论调查是就公众对组织的某一决策或共同关心的某一问题对公众态度进行统计、测算，用数据显示公众整体意见的调查。内部公众近期意见、建议、要求及其态度变化，内部公众流动情况及流动原因；外部公众数量及类型的变化、兴趣和关注焦点的变化，对社会组织的要求、期望、评价、态度和满意程度的变化；各个时期公众中较为一致的意见和态度，这些都是公众舆论调查的内容。

(三)传播媒介情况调查

不同的媒介有不同的特点，因此适用的传播媒介也不同。报纸、广播、图书杂志、电视、电影等适用于大众传播，信函、电话、电报、传真等适用于人际传播，内部报刊、闭路电视适用于组织传播，灯箱、广告牌、布告适用于公共传播，互联网既适用于大众传播、组织传播，也适用于人际传播。媒介选用得当，在传播过程中可收到事半功倍的效果。

1.不同媒介的传播目标和对象

不同的传播内容应选择不同的传播媒介。一般说来，比较形象浅显的内容应选用电子媒介，而难以理解的信息内容适合用印刷媒介。同样是印刷媒介，要传播系统的理论、深奥的知识，应选择图书；内容不太多但专业性很强的，应选择杂志；内容相对通俗易懂，易引起普通公众关注的，应选择报纸。同为电子媒介，靠美好悦耳的声音就能打动公众，要选择广播；有丰富多彩的画面，有变化多端的动作，则可选择电视和电影；如果要求场面宏大、气势磅礴，则更适宜选择电影。如果传播内容有一定保密性，则宜选择电话、信函；如果内容要求迅速广泛传播，则广播、电视、报纸、互联网是理想选择。

受传者是传播的目标和对象，传播效果取决于受传者接受信息的多少和对信息的理解程度，因此应对受传者进行全面细致的考察。根据受传者的文化层次进行选择：对文化水平高、喜欢思考的知识分子，宜采用图书、杂志、报纸；对文化程度不高的农民和生产一线的工人，宜采用电影、电视、杂志、连环画。根据工作性质进行选择：对经常加班加点的出租车司机和从事简单劳动的农民，宜采用广播；对从事复杂劳动且时间比较紧张的公司白领，宜用报纸。根据年龄特征进行选择：对于中老年人，宜采用广播、报纸作媒介；对于青年人，宜采用电视、互联网作媒介；对于儿童宜采用电视。

2.大众传播媒介情况调查

大众传播媒介是公共关系信息传播的支柱性媒介，对大众传播媒介情况进行调查的基本内容范围是：第一，大众传播媒介的分布情况，如地域分布情况、行业分布情况、类型分布情况、数量分布情况等。第二，大众传播媒介的功能作用情况，如涉及大众传播媒介功能作用的传播范围、传播内容、传播特色、传播效果、传播者的威信等方面的情况。第三，大众传播媒介所需信息的情况，如一定时期内大众传播媒介的报道中心、新栏目的开辟、编辑和记者需要的内容等方面的现实状况。

(四)组织环境情况调查

公共关系中所说的社会环境是指与组织有关系的各类公众和各种社会条件的总和。进行社会环境情况调查，是为了使社会组织适应外部环境的变化，以求社会组织的生存与发展。

1.社会环境状况调查

基本社会环境一般是指社会组织所处的一个国家或地区的政治、经济、文化等因素构成的宏观社会环境系统。基本社会环境状况调查一般包括：政治环境状况、人口环境状况、经济环境状况、文化环境状况等方面的调查。

2.市场环境状况调查

具体市场环境状况调查是指与社会组织公关活动相关联的市场因素组成的中观社会环境系统。具体市场环境状况调查应包括对市场容量、居民的消费结构和消费能力状况、消费者的构成及消费需求状况、市场竞争力等方面的调查。

3.行业环境状况调查

行业环境状况是指由社会组织所在特定行业的各种组织构成的微观社会环境系统。行业环境状况调查一般包括所属行业的基本情况，所属行业的现实竞争者、潜在竞争者及合作者和协作者的状况，所属行业相关的组织状况等方面的调查。

(五)公共关系状况调查

公共关系状况调查就是社会组织被社会公众认知的程度、美誉的程度,以及被公众理解、信任、支持的和谐程度。

1.认知度调查

认知度是指一个社会组织被社会公众所认识、知晓的程度,认知度是衡量公众关系状态的一个重要指标,它表明一个社会组织在社会公众中的影响大小,说明一个社会组织被社会公众关注的范围和程度。认知度由两大维度构成。一是认知度的广度——知晓度,即一个社会组织为社会公众知晓的广度,它侧重反映一个社会组织的名声在多大范围内为多少社会公众所知晓,其调查内容包括:第一,相关公众的总体数量;第二,相关公众的区域分布情况;第三,一定区域的相关公众中知晓公众的数量。其计算公式为:社会组织在某一区域内的知晓度=(某一区域内知晓公众数量/某一区域内公众总数)×100%。二是认知度的深度——熟悉度,它反映公众对组织信息认识的深度,如对某一企业的名称、地理位置、行业归属、发展历史、企业业绩、企业领导、企业文化等的综合认识的程度。

2.美誉度调查

美誉度是衡量公众关系状态的一个具有决定性意义的关键指标。美誉度即指对社会组织具有一定认知程度的公众中,对社会组织持好感、信任、欢迎、赞赏态度人数的百分比。其计算公式为:社会组织在一定区域内的美誉度=(一定区域内对社会组织持赞赏态度的公众人数/社会组织在一定区域内的知晓公众人数)×100%。

3.和谐度调查

和谐度也称协调度,即一个社会组织在发展运行过程中,获得目标公众态度认可、情感亲和、言语宣传、行为合作的程度,是组织从目标公众出发、开展公共关系工作获得回报的指标,是衡量公众关系状态的一个重要指标。

就公众对社会组织的取向来讲,具体调查内容可分为:第一,公众对社会组织态度赞同的情况;第二,公众与社会组织情感亲和的情况;第三,公众为社会组织作言语宣传的情况;第四,公众与社会组织行为合作的情况。

就社会组织对公众的取向而言,具体调查内容则包括:第一,社会组织对公众合理需要的承认情况;第二,社会组织对公众合理需求的满足情况;第三,社会组织对公众意见和合理化建议的接受采纳情况;第四,社会组织与公众情感沟通的情况;第五,社会组织对公众或公益事业给予支持和赞助的情况等。

四、公共关系调查方法

(一)问卷调查法

问卷调查法是调查者用问卷控制式的测量方法收集资料的一种调查方法。一般采用邮寄、个别分送、集体分发等方法发送,由被调查者按照问卷所提问题来回答。问卷有开放型和闭卷型两种。问卷由题目、指导语、调查问题的陈述等内容组成。在调查问卷中,要对调查进行简要说明,包括调查的性质、目的、调查单位、问卷填写及对被调查者的各种责任承诺。在陈述调查问题时,要注意避免对被调查者进行暗示,问题排列要有逻辑性,一张问卷上的问题不要过多,一般以被调查者可以在20～30分钟内顺利完成为宜。问卷的措辞要准确简洁，通俗易懂。另外，调查问卷的印数也是值得注意的问题。因为，有些调查问卷发放之后，不能全部收回，即使收回的问卷也可能是无效问卷。所以，问卷的印数就不能与研究对象的数量等同，它与问卷的回复率、有效率有关。具体调查问卷的印数可用如下公式计算：调查问卷的数量＝研究对象的数量/(回复率×有效率)。

下面以某商场服务质量及公共关系形象调查问卷为例。某商场服务质量及公共关系形象调查问卷

您的基本情况：

1.您是：A.本地人　B.外地人

2.性别：A.男　B.女

3.年龄：

A.22 岁以下　B.23～40 岁　C.41～60 岁　D.61 岁以上

4.文化程度：

A.小学　B.初中　C.高中　D.大专以上

5.家庭月人均收入：

A.300～500 元　B.501～800 元　C.801 元～1 000 元　D.1 001 元以上

商场基本情况：

6.您认为该商场外观设计及商品橱窗的装饰：

A.很好　B.较好　C.一般　D.不好

E.很差

7.您认为该商场的内部布局：

A.巧妙美观、井井有条　B.没有特色、很一般

C.乱七八糟

8.您认为该商场的服务质量：

A.很好　B.较好　C.一般　D.较差

9.您认为该商场人员的业务水平：

A.很好　B.较好　C.一般　D.较差

10.在大多数情况下，您在该商场曾经受到人员的：

A.热情接待　B.一般接待　C.冷漠对待　D.斥责和嘲笑

11.您认为该商场的商品种类：

A.很齐全　B.比较齐全　C.一般　D.不齐全

12.您每年光顾该商场的次数大概有：

A.10 次以下　B.10～20 次　C.21～30 次　D.30 次以上

13.您每年在该商场购物的总金额大约在：

A.1 000 元以内　B.1 000～2 000 元　C.2 001～5 000 元　D.5 000 元以上

14.您认为该商场的商品质量：

A.很好　B.较好　C.一般　D.较差

15.您在该商场购得的商品不能令您满意时，一般来说：

A.都能得到退换　B.只有个别的能得到退换

C.一个都不能退换

16.在该商场买东西时，如果您的利益受到侵害，您是否想到去找消费者协会？

A.想到过　　　　　　　　　　B.没有想到

C.认为没有必要　　　　　　　D.想找，但不知道到哪儿去找

17.您认为该商场哪一类活动搞得最好？

A.优质服务竞赛活动　　　　　B.优惠展销

C.有效销售

18.您认为该商场的售后服务：

A.很好　　　B.较好　　　C.一般　　　D.较差

19.您认为该商场急需解决的问题是：

A.提高服务质量　　　B.提高业务水平　　　C.改变内部结构　　　D.提高商品质量

20.您认为应怎样解决这一(些)急需解决的问题？

(二)访谈调查法

访谈调查法是调查人员通过与调查对象进行有计划的访问和交谈来收集口头资料的一种调查方法。具体可分为：

1.个人访谈

个人访谈是指公共关系人员与公众直接接触，了解情况，这是准确把握信息的重要途径。

2.重点访谈

重点访谈是有意识地选择少数有代表性的公众对象进行比较深入、细致、全面的调查了解。通过对这部分公众的深入调查、分析，判断总体公众的意愿，掌握公众对某一反应的深层心理原因和情感原因，便于开展公共关系活动。

3.公众座谈会

公众座谈会是就某一主题，选择有代表性的公众参加座谈，面对面地征求意见、了解情况。公众座谈会因参加者往往有很强的代表性，能就某一方面的问题在短时间内获得来自不同公众的信息，是各种组织比较熟悉和经常使用的方法。

4.通信访谈

通信访谈是指通过信函、电传等方式进行的访问调查。信函调查能使调查对象有充裕的时间认真考虑，从容作答，不必受调查者的主观影响，而且适用面广、费用和成本低；但回收率低，调查对象未必有一定的代表性，样本资料信息价值降低。电传调查问卷回收率高，只适用于有电传设备的组织和公众，调查成本高，实际应用低。

(三)科学观察法

科学观察法是指调查者进入调查现场，用自己的感官及辅助工具，观察和记录调查对象表现，从而获得第一手材料的调查方法。使用观察法时，首先要制订观察计划与提纲，其次要进入观察现场，做好观察记录。

(四)文献调查法

文献调查法是指收集、研究与组织和调查对象有关的各方面的文献资料来调查组织形象的方法。其主要步骤如下：首先是收集资料，收集国内外重大事件，以及各行业新的

进展和新成就，组织的历史和现状、基本的经营状况等；其次是检索资料，对收集到的资料进行分类整理，建立检索系统；再次是保存资料；最后是分析资料。

（五）新闻调查法

新闻调查法是指调查人员对各种传播媒介出现的所有与组织有关的信息加以收集分析，间接了解公众的意见和态度，并由此研究影响公众意见和态度的一种公共关系调查法。通过各种传播媒介收集有关本组织的情况、竞争对手的情况、市场情况、科技进步情况、国际市场动向等，从中发现问题、预测发展趋势。它是组织有效地观察、了解社会的工具。

新闻调查法是利用别人的工作成果来获取信息的一种调查方法。信息源具有自发性，所以其代表性、全面性会受到限制。因此，公共关系人员对这些信息应注明出处，以此确定其价值的大小和权威性，切忌以偏概全、以点代面。

（六）量表测量法

量表测量法是指公共关系调查人员根据一定的调查目的和调查任务的要求，借由测量量表对调查对象的主观态度和潜在特征进行测量，以收集公共关系信息资料的公共关系调查方法。量表是适用于较精确地调查人们主观态度和潜在特征的调查工具，它由一组精心设计的问题构成，用以间接测量人们对某一事物的态度、观念和某一方面的潜在特征。

五、公共关系调查的基本程序

公共关系调查是一种对社会组织的公共关系现象进行科学考察的科学认识活动，它必须根据人的认识过程和认识规律，科学地安排调查程序。公共关系调查的程序指的是社会组织的公共关系人员对社会组织客观存在的公共关系现象进行科学调查的基本过程。

（一）确定调查任务

它是根据组织所要了解的问题而确定的。公共关系调查任务的确定，要符合组织自身运行和公共关系目标的需要。

公共关系调查课题包括两种类型，一种是描述性课题，即通过调查来详尽描述对象的轮廓和细节。另一种是解释性课题，即通过调查阐述既成事实为何或如何发生的原因，解释某些急需了解的现象的因果关系，以便采取对策。无论是哪种课题，一旦确定，就要以科学的调查得出结论。

（二）设计调查方案

公共关系调查成败的关键就是看调查方案制订的好坏。制订科学正确的调查方案，可以确保调查工作有条不紊、有的放矢。

1.调查指标的设计

调查指标是公共关系调查的目的和科学假设的集中体现，必须要紧密围绕课题来设计，并把这些调查指标进一步细化为具体问题。

2.确定调查对象和范围

根据调查课题，确定调查在什么范围内进行，对哪类公众进行调查。

3.确定调查方式和方法

在方案中，应规定采用什么组织方式和方法取得调查资料。收集资料的方式有普查、重点调查、典型调查、抽样调查等多种方式。调查方法有访谈法、文献法等。调查采取的方式、方法不是固定不变的，而应取决于调查对象和调查任务。

4.确定调查队伍

公共关系调查队伍不仅包括数量要求，而且包括知识、能力、素质等方面的质量要求。要根据调查者的素质、知识结构、经验结构和能力，优化配置，有针对性地开展调查人员的培训工作。

5.经费和物质条件

公共关系调查活动不仅需要经费的支持，也需要一些物质技术手段的支持。在进行调查前，要做好经费预算，要考虑到调查方案设计费与策划费，问卷印刷、装订费，调查实施费用等，数据录入与统计分析费，资料费等费用。同时，要准备好调查用的录音机、摄像机、摄影机、电传机等设备。

(三)收集调查资料

收集调查资料的核心工作是确保资料的客观和完备。因此，公共关系调查人员在实际收集资料过程中，要注重原始资料和现成资料收集的真实性、准确性和及时性。在资料收集过程中，要协调好与被调查者的关系，协调好与那些和被调查者有关的组织及人员的关系，争取多方支持，以保证资料的可获性。

(四)处理调查结果

处理调查结果是对公关调查进行分析、研究的阶段。它包括：(1)整理调查资料，即对调查资料进行审核、检查，使之条理化、系统化。(2)分析调查资料，即对系统化的材料进行统计、比较和思考，从中得出公关状态和问题的有关结论。(3)形成调查报告，即将统计的数据列成图表，进行文字分析，并对调查结果和整个调查过程进行一次总体评价，对其科学性、准确性进行必要说明。

(五)总结评估

总结评估是公共关系调查的最后阶段。它包括：(1)评估调查成果，即对调查成果价值的评估。评估调查成果的价值一般通过两个指标，即调查成果的学术价值和应用价值来进行。(2)总结调查工作，即对整个公共关系调查活动的工作过程和有关情况进行回顾和检讨，包括对调查工作的完成情况的总结，对调查取得的经验教训进行总结，从而积累成功经验，吸取失败教训，为下一步的公共关系调查工作提供参考和借鉴的依据。

第二节　公共关系策划

公共关系策划是公共关系“四步工作法”中极为重要的步骤，成功的公共关系策划方案及其活动，会极大地提升组织形象，短时间内为组织营造良好的“人和”环境，推动组织公关活动和其他各项活动向前发展。因此，公共关系策划必须引起公共关系人员的高度重视。

今日集团前身是乐百氏公司下属的乳酸饮料厂，企业经过艰苦奋斗，排名在全国同行业的前列，因事业发展需要更换名称。他们首先用征询型公关征集集团名称和产品名称，征来“今日”这个集团名称和“反斗星”的品牌名称，提高企业的知名度。随后，他们又在广州天河体育场搞儿童拼图活动，画了世界上最大的一只和平鸽，打破了吉尼斯世界纪录。最轰动的是他们很好地利用了马俊仁指导的“马家军”连破三项世界纪录的轰动效应。马俊仁对中药食疗很有研究，队员喝了他配制的饮品，对增强体力很有好处。今日集团“制造”出1 000万元买断马俊仁神秘配方的新闻，将依该配方生产出的保健饮品命名为“生命核能”。1 000万元买一个配方，这简直是天文数字，一下子引得全国几百家报纸、杂志、电台、电视台纷纷报道，其热度持续两个多月，今日集团的新名字也随之家喻户晓。因为有了轰动效应，“生命核能”在全国的经销权的拍卖，一下子就卖了1 800万元。今日集团凭借公关智慧既解决了更名的知名度、美誉度问题，又开发了新产品，卖了经销权，一箭三雕，无形资产、有形资产双丰收。

案例分析：今日集团的成功策划是很好地利用了马俊仁指导的“马家军”连破三项世界纪录的轰动效应，又“制造”出1 000万元买断马俊仁神秘配方的新闻，将依该配方生产出的保健饮品命名为“生命核能”，引得全国几百家报纸、杂志、电台电视台纷纷报道，从而达到了公关策划的轰动效应。

一、策划思想探源及其含义

(一)中国策划思想探源

如果说公关策划是现代经济发展、市场竞争的产物，起源于西方经济发达国家，那么策划活动却是自古有之。中国有几千年灿烂文明的优秀传统文化，追溯中国传统文化中的策划思想，必将有助于推动中国公共关系策划理论的向前发展。

策划是一种独特的创造性思维活动。从上古的神话到钻木取火的发明无不显示着祖先们善用策划的印迹。奴隶社会便出现了谋士；春秋战国时期，东周洛阳的苏秦说服六国实现了合纵，佩六国相印，使秦兵不敢窥视函谷关15年；秦末汉初，刘邦战胜项羽的原因之一就是善用谋士。

在诸子百家的著述中，尤以兵法及治术成为中国策划思想的典范。如《孙子兵法》是人类军事学经典著作，总结了春秋末期及以前军事斗争的治军思想、原则和经验，从头到尾都贯穿着策划思想，是集前人策划之成果、树后人策划之典范的传世之作。拿破仑兵败滑铁卢，见到《孙子兵法》后发出相见恨晚的感叹。

除兵书外，众多历史著作、学部书籍中，蕴藏了丰富的策划思想，以《三国演义》为代表的一批古典文学名著，就充分体现了政治谋略与军事谋划的思想。

以发生在公元208年的三国赤壁之战为例，赤壁之战是《三国演义》中三大战役之一，是曹操与孙权、刘备在今天的湖北江陵至汉口的长江沿岸地区进行的一场重大战役，是以少胜多、以弱胜强、运用策划和智谋的经典战例。“群英会蒋干中计”、“苦肉计”、“借东风”、“草船借箭”、“连环计”等计谋使曹操83万号称百万的大军大败。

中国历史上大到两国交战，权力相等，小到双方对弈、唇枪舌剑，无不蕴含丰富深邃的策划思想，是世界上其他国家和民族无法比拟的，是我国公关策划业的宝贵遗产。

(二)策划的含义

策划源于军事领域，后向政治、外交、经济、文化扩展。其赖以产生的社会基础是人类生产斗争、政治斗争、经济斗争、军事斗争实践。没有竞争、斗争、实践，就无所谓策划。

策划，在日本、中国港台地区称企划，在美国叫咨询。“策”在《辞海》中有八个义项：如“马鞭”、“杖”等。最重要的义项，也是用得多的义项是“谋略”。《辞海》中“划”也作“画”，意指“计划”、“打算”。简单地讲，策划就是指谋划、筹划。

“凡事预则立，不预则废。”好名字名扬天下，好点子点石成金。凡人＋策划＝名人；产品＋策划＝名牌；知识＋策划＝财富。头脑就是银行，谋略决定天下。

不同的专家从不同角度给策划下了不同定义，我们将策划定义为：

策划是依据已有的信息，遵循一定的程序，发挥人的想象力和创造力，设计出一套可行性方案，通过方案的实施达到一定目标的过程。

策划不是采取行动本身，而是事先决策做什么、何时做、如何做、谁去做的过程，换句话说，策划在本质上是一种运用脑力的理性行为。

策划不同于计划。策划把握原则和方向；计划把握程序和细节，计划是连接策划与实施的桥梁，是策划过程与实施过程之间的产物。策划不同于点子、决策和建议，策划不仅仅要有点子，还要有具体的实施，是动词性概念；策划不仅是结果，还包括结果产生的动态过程。点子是创造性思维的结晶，是思维者的灵感火花凝结而成的，是名词性概念，是结果。策划不同于决策，它是决策的前奏或决策后的具体补充，决策包括策划。策划形成的是系统的方案，而建议可以是零星的、不系统的。

二、公共关系策划的含义及其构成要素

随着策划业的迅猛发展，策划已渗透到社会的各个领域和部门。公共关系策划是策划的类型之一。

1.公共关系策划的含义

公共关系策划是公共关系工作的最高层次，它贯穿于公共关系工作的始终，其水平高低是衡量公共关系工作水准的重要尺度。公共关系策划是指以公共关系调查研究为基础，根据组织形象的现状和目标要求，确定公共关系活动的战略与谋略，并设计出最佳方案的过程。公共关系策划包括谋略、计划和设计方案三个方面的工作，具有目的性、系统性、超前性、程序性、创新性、可调整性。

2.公共关系策划的构成要素

任何一个完整的公共关系策划方案和活动，都不可缺少基本的要素是：

(1)公共关系策划主体。公共关系策划主体是指一项策划的策划者，具体参与策划的人。策划者即可以是个人，也可以是一个部门，或者是独立的社会组织。

(2)公共关系策划客体。公共关系策划客体是指策划的对象。它的本质特征是对象性。综观任何策划都是有所指向的、有针对性的，指向的对象是策划的必要条件，否则，策划就无从谈起。

(3)公共关系策划方法。策划方法是一项策划能否取得成功的关键。常见的策划方法有移植法。1989 年 5 月，保加利亚普罗夫迪夫市，第九届春季国际博览会在此举行。来自 50 个国家 1 000 多家公司的 10 000 多种产品参展。贵州鸭溪窖酒作为中国的名酒之一，素有“酒中美人”的雅号，在此博览会上是唯一的酒类金牌得主。鸭溪酒厂的负责人没有忘记，贵州茅台酒在巴拿马国际博览会上，是靠摔碎酒瓶让香气四溢征服了所有评判

官而获得金奖的。在普罗夫迪夫市，鸭溪酒厂的与会人员决定如法炮制。他们主动打开酒瓶，让人来亲口品尝，一显“酒中美人”的特有风姿。短短七天的展期中，普罗夫迪夫市掀起了一股“鸭溪热”，近 5 000 名不同国度、不同肤色的人品尝了鸭溪酒，近千人在留言簿上写下了赞美之辞。鸭溪窖酒的名声不胫而走。莫斯科糖酒公司一位客商品尝后，立即要求购买 200 吨。意大利的客商则要购买 100 万美元的酒，其他客商也纷纷订购。

(4)公共关系策划信息。策划的依据是适量的信息。信息是公共关系策划必备的要素，也是产生创意的触媒。适量的信息，使策划者策划工作游刃有余。信息既来自于组织的内部环境，也来自于组织的外部环境，所以也可以称策划信息为策划环境。创意是策划的核心，而信息是公共关系策划必备的要素，也是产生创意的触媒。牛顿因为苹果落地，发现了万有引力；瓦特因为水蒸气鼓起了壶盖，发明了蒸汽机。

(5)公共关系策划目标。公共关系策划目标是公共关系策划的起点，是公共关系策划所期望达到的预期目的。合理的目标，可以为管理工作指明方向，具有激励作用、凝聚作用。

三、公共关系策划的类型

根据不同标准，公共关系策划可以划分为不同的类型。

(一)根据策划执行时间的长短划分

1.长期战略策划

长期战略策划一般指三年以上的公共关系策划，直接体现公共关系战略目标，即塑造组织形象，具有全局性、长期性、指导性和稳定性等特征。这种策划内容宜粗不宜细，宜简不宜繁。20 世纪 80 年代日本丰田公司在中国打出的广告“车到山前必有路，有路必有丰田车”，就是典型的战略策划。

2.年度公共关系策划

年度公共关系策划是对一个年度的公共关系活动目标、内容、措施的策划，是年度公共关系活动的依据。

3.项目公共关系策划

项目公共关系策划是具体实务活动方案的策划，它是在公共关系战略策划的指导下，对组织日常的公共关系和专门性的公共关系活动的谋划、构思和设计。项目公共关系策划的内容要具体，时间地点要准确无误，规模范围要确定清楚，形式与内容要互相协调，标准与预算要适宜。

(二)根据策划执行的时间是否延续划分

1.公共关系时期策划

公共关系时期策划是对一定时期内开展公共关系活动的策划，它包括公共关系长期战略策划和年度公共关系策划。

2.公共关系时点策划

公共关系时点策划是对某一个具体时间里开展重大公共关系的策划。这种策划要求主体明确、内容明确、具体工作步骤和追求目标明确。

（三）根据公众归属关系的不同划分

1.组织内部公共关系策划

所谓内部公共关系，是一个社会组织内部横向的公共关系与纵向的公共关系的总称，是塑造组织形象的起点。内部公共关系具有稳定性、可控性等特点，具有导向、规范和约束、凝聚、激励和辐射等功能。好的或者成功的内部公共关系，必须能够增加内部公众的认知，激励内部公众的动机，转变内部公众的态度并引导内部公众的行为，从而达到塑造员工良好的价值观念、协调和改善组织内部的人际关系、培养组织内部"家庭式氛围"的目标。

2.组织外部公共关系策划

组织外部公共关系，是一个社会组织针对外部公众开展的公共关系活动。对于一个企业而言，它的外部公众包括消费者、政府、社区、媒介等，所以组织外部公共关系策划，就是社会组织为了达到一定目标，而对具体的目标公众而设计的活动方案。

（四）根据公共关系活动类型划分

根据公共关系活动的类型，可将公共关系策划划分为：组织形象策划、公共关系广告策划、庆典活动策划、联谊活动策划、危机公共关系策划等。

四、公共关系策划的原则

1.创新性原则

策划的核心是产生创意，所以，公共关系策划必须坚持创新原则，只有创新的策划方案，才有竞争力，才更有价值。

2.系统性原则

公共关系策划涉及诸多因素，要把这些因素作为一个整体来考虑，同时，还要明确各个因素之间的相互关系，所以，要坚持系统性原则。

3.可行性原则

公共关系策划方案的可行性包括方案的可操作性和目标的可实现性两个方面。

4.目标导向原则

公共关系策划必须首先确定公共关系活动目标，具体的公共关系活动方案应该紧紧围绕这一目标进行策划。只有这样，组织的公共关系活动才有目的性和针对性，各项工作才能协调一致。

五、公共关系策划的基本程序

每一项公共关系策划虽然都有其特殊性，但作为一个过程来讲，它自然有其自身的规律性。公共关系策划的基本程序如下：

（一）确定目标

确定公共关系的目标是公共关系策划的关键步骤，没有目标或目标不明确，必然影响公共关系策划的质量。公共关系目标是组织在一定时期内公共关系工作所要达到的目的以及衡量这一目的是否达到的具体指标。

目标必须是具体的，能够量化；目标必须具有可行性；目标必须具有可接受性和挑战性，只有两者的统一，才能起到很好的激励作用。同时，目标还要有时间性，必须在规定的时间内完成。

(二)设计主题

主题是指公共关系活动中联结所有项目、统率整个活动的思想纽带和思想核心。公共关系活动的主题对公共关系活动起指导作用,是公共关系活动内容的高度概括和升华。主题的设计、选择与确定是否准确、是否具有冲击力,对公共关系活动的成败影响很大。

设计主题时,需要创意,表现形式要多样,不拘一格。它可以是一个口号,也可以是一个陈述性句子。设计主题时,一要独特新颖、言简意赅,富有号召力和感染力;二是内容要适应公众心理需求,优美不失亲切,简洁不失感人,便于公众传颂和记忆,如蓝岛大厦购物节主题:蓝岛——给您一个温馨的梦。

(三)分析公众

分析公众是公共关系策划中最具科学性和挑战性的工作环节。公众是组织公共关系所指向的对象,但组织在不同时期、不同情况下所面对的公众是不同的,因而,在进行公共关系策划时,要根据组织的公共关系问题和所确立的目标,对公众进行分析研究,确定哪些是该项公共关系活动必须关注、交流和影响的目标公众,这样才能使公共关系活动有的放矢、重点突出,使公共关系活动更具有针对性和科学性,从而才能顺利地达到公共关系的目标。不同公众对组织的不同期望和要求如表 5-1 所示。

表 5-1　不同对象公众对组织的不同期望和要求

公众对象	对组织的期望和要求
员工	就业安全和适当的工作条件,合理的工资和福利,培训和上进的机会;了解公司的内情;社会地位,人格尊重和心理满足;有效的领导,和谐的人事关系;参与和表达的机会
顾客	产品质量保证和适当的保用期;公平合理的价格,优良的服务态度,完善的售后服务,获取必要的产品技术资料及消费者信任的各项服务;必要的消费教育及指导
社区	向当地社区提供健康的就业机会;保护社区环境和秩序;正规招聘,公平竞争;关心支持当地政府,支持文化慈善事业,赞助地方公益活动;扶助地方小企业发展
政府	保证各项税收;遵守各项法律政策;公平竞争;承担法律义务
媒介	公平提供消息来源;尊重新闻界的职业尊严,有机会参加公司重要庆典等社交活动;保证记者采访的独家新闻不被泄漏,提供采访的方便条件等

(四)把握活动时机

时机,简而言之,就是随着时间的变化所带来的机会。公共关系策划时机的选择,直接关系到公共关系活动的效果。时机选得好,公共关系活动将会收到事半功倍的效果,时机不对,再好的策划方案也不会取得应有的效果。公共关系策划可利用的时机很多,主要有以下几个方面:

1.组织拥有的时机

组织创办、开业、更名、迁址、周年庆典或周期性纪念活动之际,与其他组织合作、兼并、资产重组之时,组织内部改组、转型、品牌延伸、新股票上市之时,组织推出新产品、新技术、新服务之时,组织形象出现危机之时,均可作为公共关系活动的时机选择。

2.公众提供的时机

当公众观念和需求发生转变时，公众投诉、提出意见与建议之时，公众有喜事或忧愁之时，也是开展公共关系活动的较好时机。

3.社会环境提供的时机

重大的社会活动和社会事件出现之时，国家或地方政府新政策出台或新领导人上台之时，社会公益活动开展之际，国际国内政治经济大环境、大气候转变之际，各种偶然事件和社会热点问题等，都是可供选择的公共关系时机。

4.传播媒介提供的时机

当传播媒介需要有关的传播内容之际，传播媒介前来采访，传媒对组织报道失实或误解时，也可作为公共关系活动的时机。选择时机时，要尽量选择那些能够引起公众关注的时机。

可口可乐是改革开放以后第一个进入中国内地的国际消费品牌。多年来，该公司一直利用各种手段，要把可口可乐建成一个真正的中国本土化公司。2001 年我国申奥成功，7 月 13 日，萨马兰奇一宣布："Beijing!"可口可乐工厂的机器就立即开足马力生产奥运金罐可乐，并连夜通宵往各地的超市、商铺运货。第二天，当人们一走进商场，便看到了纪念奥运的金罐：可口可乐与你一同喝彩，见证中国申奥成功。仅仅两三天时间，这种包装的可口可乐便销售一空。

(五)选择活动场所

场所是公共关系活动的舞台，舞台选取的恰当与否，直接关系着公共关系活动的效果。因而，公共关系活动场所的选择一定要慎重，要尽量选择便于开展公共关系活动的场地，尽可能地考虑如何充分利用环境的有利条件，扬长避短。具体应考虑：

1.空间大小与条件

公共关系场所的大小要以活动参与者与活动所需物资的多少、大小为依据，过大是浪费，过小则显得拥挤混乱，并且需要有一定的空间作为应急和临时性变动所需。公共关系活动场所应具有开展公共关系活动的基本设施和基本条件。

2.空间位置与审美

公共关系活动场所的位置选择要与活动内容相吻合，而且要能给人带来感官上的愉悦。

3.空间环境

空间环境主要指公共关系活动场地周围的建筑环境、人文环境、生态环境等。

(六)选择媒介

媒介，是公共关系信息传播的载体，是组织与公众联系的桥梁。公共关系活动传播媒介的选择，要根据公共关系目标的要求和针对目标公众的情况分析来确定。

1.公共关系目标

如果组织的目标是在全国范围内提高知名度，就要选择覆盖面广的大众传媒；如果目标是说服少数重点公众或缓和内部紧张关系，则可通过人际传播。

2.传播内容

不同的传播内容应选择不同的传播媒介。一般说来，比较形象浅显的内容应选用电子媒介，而难以理解的信息内容适合用印刷媒介。同样是印刷媒介，要传播系统的理论、深奥的知识,应选择书籍;内容不太多,但专业性很强,应选择杂志;内容相对通俗易懂、易引起普通公众关注,应选择报纸。同为电子媒介,靠美好悦耳的声音就能打动公众,要选择广播;有丰富多彩的画面、有变化多端的动作,则可选择电视和电影;如果要求场面宏大、气势磅礴,则更适宜选择电影。如果传播内容有一定保密性,则宜选择电话、信函;如果内容要求迅速广泛传播,则广播、电视、报纸、互联网是理想选择。

3.受传者的特点

受传者是传播的目标和对象,传播效果取决于受传者接受信息的多少和对信息的理解程度,因此应对受传者进行全面细致的考察。根据受传者的文化层次进行选择:对文化水平高、喜欢思考的知识分子,宜采用图书、杂志、报纸;对文化程度不高的农民和生产一线的工人,宜采用电影、电视、杂志、连环画。根据工作性质进行选择:对经常加班加点的出租车司机和从事简单劳动的农民,宜采用广播;对从事复杂劳动且时间比较紧张的公司白领,宜用报纸。根据年龄特征进行选择:对中老年人,宜采用广播、报纸作媒介;对于青年人,宜采用电视、互联网作媒介;对于儿童宜采用电视。

4.讲求经济效益

各种传播媒介的成本和使用费用相差极大。因此,在选择传播媒介时,公共关系人员应根据公共关系经费的支付能力,进行成本效益分析,遵守“花最少的钱争取最大的传播效果”的信条。

5.注重时间安排

有些信息传播的目的是为了吸引公众的适时注意,有的则为了引起公众的持久注意;有的信息要求迅速传送出去,不同的信息,其传播的目的不同。因此,选择媒介应注意时效性和频率上的合理性。

(七)制定预算

美国内布拉斯加大学著名传播学教授罗伯特·罗雷在《管理公共关系学——理论与实践》一书中指出,“公共关系活动往往由于以下原因归于失败:第一,由于没有足够的经费,难以为继,关键时刻不得不下马;第二,因经费不足,只得削足适履,大幅度修改原计划;第三,活动耗资过大,得不偿失”。这是我们策划时必须引以为戒的。公共关系策划的经费预算一般包括:

1.劳务报酬

劳务报酬主要包括公共关系专家、公共关系专职人员、公共关系礼仪人员、名人、摄影师等参与公共关系活动人员的开支、奖金、补贴等。

2.项目开支

项目开支指实施专项公共关系活动中相对独立的大宗项目支出,如信息咨询费、宣传品制作费、广告支出费、场地租金、专项赞助费、突发事件的处理费用等。

3.器材费

实施公共关系活动所使用的各种材料、物品的支出费用,如样品实物、音像材料、纪念品等。

4.管理费用

实施公共关系活动过程中的各项管理费用,如房租、水电费、电话费、保险费、差旅费、维修折旧费等。如“拉丁歌王”瑞奇·马丁参加第十届大连国际服装节开幕式的演出，其保险费高达数万美元。

(八)撰写策划书

策划书是公共关系策划实施的指导性蓝图，是公共关系活动的“剧本”，它是对公共关系方案的系统化、体例化的方案表述。它不仅能有效地体现策划方案而且便于实施者操作、落实。所以，编制策划书是公共关系策划中最重要的环节。

六、公共关系策划书的制作

(一)策划书的价值

策划书，即拟订书面活动方案，将实现公共关系目标的思路具体化，以公共关系活动计划书的形式表现出来。制作策划书是为了将策划的各个环节和形成的初始文件进行整理加工，使之系统化、规范化、完善化，便于指导具体的策划实施。其价值具体体现在：

1.策划书是策划者思维水准的具体体现

它反映着策划者的知识修养、实践经验和各方面的能力素质。策划者总是利用策划方案及其实施效果来证明自己的价值。

2.策划书是公共关系行动的说明书和实施指南

策划者通常利用策划书来阐明公共关系行动的缘由、主题、目标、内容、形式、实施步骤、可能出现的结果，是说服打动决策者、赢得他们拍板认可的先决条件，也是公共关系活动取得成功的保证。

3.策划书是公共关系活动效果评估的依据和标准

每一项策划方案实施后，都要对其评估，而评估的依据和标准就是策划书。

(二)策划书的制作顺序

在策划书的制作过程中，为了能准确而细致地表达构想，必须经过再三考虑，打下草稿，才能开始动笔。策划书的制作顺序如下：(1)撰写整个策划书的大纲；(2)列出大纲中各章的大致内容；(3)检查大纲中各部分是否平衡；(4)重新调整后，确定各章节分配；(5)将自己收集的资料及构思的要点进行阐述，写进各章节。

(三)策划书的构成要素

公共关系策划书无定式，策划者要依实际的需要和自己的文笔风格而定。但无论策划书形式如何、内容怎样，都必须包括如下要素，即5W、2H、1E。

What(什么)——策划的目的、内容、主题；

Who(谁)——策划组织者、策划者、策划所涉及的公众；

Where(何地)——策划实施地点；

When(何时)——策划实施时机；

Why(为什么)——策划的缘由；

How(如何)——策划实施的基本条件、动作过程和具体方法、实施的形式；

How much(多少)——策划的预算；

Effect(效果)——策划结果的预测。

上述8个要素组合即是一份完整的公共关系策划书应当具备的基本构架。

(四)策划书的基本格式

公共关系策划书没有统一的格式,一般格式是:

1.封面

封面内容一般包括:(1)题目。公共关系策划书的题目有两种,一种是由公共关系活动主体——社会组织的名称、公共关系活动的主要内容,再加上策划书的文件名称构成;另一种是在上一种题目上方再加上一行揭示主题的文字,从而形成虚实结合的复合性题目。(2)策划者单位或个人名称。(3)策划书完成日期。(4)编号。(5)如策划方案尚属草稿或初稿,还应在题目下加括号注明,写上“草案”、“送审稿”、“讨论稿”、“修订案”或“实施”案等字样。

2.序文

并非所有的策划书都需要加序,除非方案内容较多较复杂,才有必要加序。序文是指把策划书所讲的概要加以整理,内容简明扼要,让人一目了然。

3.目录

目录描述策划书的全貌,具有与序文相同的作用。目录的内容必须下工夫,目录是标题的细化和明确化,要做到让读者通过看标题和目录后,便知整个策划书的概貌。

4.宗旨

宗旨包括策划的活动背景分析,必要性、社会性、可能性等问题的具体说明。目的是想说明为什么要进行策划。

5.正文

正文是策划书中最重要的部分。其主要内容有:(1)创意;(2)活动目标;(3)公众分析;(4)基本活动程序;(5)传播与沟通方式;(6)经费概算;(7)效果预测。正文的写作要周到,但应以纲目式为好,不必过分详尽地加以描述渲染。

6.附录

附录包括方案实施进度表、人员职务分配表、补充材料、参考文献、专家意见、注释文字、注意事项等。

例:联想集团公司客户联谊会策划方案

时间:不详

企业主:联想

广告媒介:综合

广告地区:海南

一、策划背景

1.联想集团公司最近宣布推出一系列采用 AMD Sempron? (闪龙)处理器的高性能、低成本个人电脑。AMD(中国)有限公司将与联想密切合作,提高个人电脑在需求迅速增长的城镇中的普及率,目标是赢取更多的新用户。——由于省内对个人电脑的需求急速增长,该推广活动将帮助联想在海南个人电脑市场的下一个发展阶段保持领先地位,同时还将增强 AMD 在中国个人电脑市场的地位。

2.本次活动还采用联谊会形式,可以树立联想公司的企业形象,宣传企业产品优势,构建一个畅通的客户关系沟通渠道，营造宽松、良好的交流氛围。希望通过这次具有创新意义的联谊会给客人留下深刻的印象，继而对主办单位（企业）产生美好印象并自发进行企业口碑宣传，采用联想新一代产品。

3.公司的合作伙伴以及列席联谊会的嘉宾，在商业背景环境下，可以用功成名就和风云人物来形容。采用突出他们心理优越优势，并借以发挥的互动式联谊活动会让他们感觉意义悠远，最终达到活动目的。

二、活动方式

1.活动目的：推广新产品、塑造联想品牌形象、巩固客户关系。

2.活动主题：联想××××年海南（琼海）AMD Sempron 闪龙）CPU 推广会暨客户联谊会。

3.活动时间：××××年 09 月 24 日 15:30—19:20。

4.活动地点：

5.与会人员：联想集团海南分公司领导、海南地区主要合作公司负责人等，共计 20 人。

三、活动内容

1.开场阶段：(75 分钟)

(1)主持人介绍各位来宾；

(2)联想集团公司领导致辞，并介绍公司新业务开展情况；

(3)业务负责人介绍新产品；

(4)新产品的展示 基于 AMD Sempron；（闪龙）处理器的联想个人电脑实时演示，包括其增强的在线学习应用、游戏和视频下载功能；

(5)嘉宾进行自由讨论或向联想负责人关于新产品的提问。

2.游戏阶段：(75 分钟)保龄球比赛

(1)由主持人将来宾分为两组进行比赛：A 组（××组）、B 组（××组）

(2)比赛规则：

①保龄球比赛以局为单位，6 局总分决定胜负，一局分 10 轮，每轮有两次投球机会。

②如果第一次把 10 个木瓶全部击倒，就不能再投第二次。唯有第 10 轮不同，全中时继续投完最后两个球，补中时继续投完最后一个球，结束全局。

③比赛以抽签决定道次。每局在相邻的一对球道上进行比赛。每轮互换球道，直至全局结束。

(3)奖品设置：

①最佳竞赛奖 1 组 & nbsp，颁发奖品。

②最佳参与奖 1 组，发放纪念品。

3.晚宴阶段：(80 分钟)公司领导致辞祝福—宴会开席—活动结束。

四、前期准备

1.内部组织：

文字类：领导的致辞、新产品简介，主持演说词、新闻发布稿；

物品类：请柬、胸牌、饮料，奖品、纪念品；

人员类：礼仪小姐、会务安排人员、组织协调人员、嘉宾名单的拟定。

2.外部联系：

活动场所：时间、地点，音响灯光设备，会场布置，材料、人员准备；

节目准备：主持人、比赛节目的确定；

新闻媒体：与海南具有影响力的《南国都市报》记者联系。

五、活动议程

12:00—15:00 总策划检查落实各项工作，布置到位情况；

广告条幅、会场布置、签到台等全部安置安成；

会议资料、产品介绍、饮用水等摆放完毕；

检查音响、电源、麦克风等到位；

礼仪小姐、主持人、相关工作人员，陆续进场，准备好各自工作。

14:00—15:00 领导、嘉宾乘坐豪华巴士自海口出发/抵达琼海；

15:00—15:30 嘉宾陆续到场，两位工作人员及两位礼仪小姐给来宾发放胸牌、签到，引至会场就座；

15:30 主持人宣布活动开始，介绍到会的联想公司领导、嘉宾；

15:30—15:40 联想公司领导致辞；

15:40—16:00 业务负责人介绍新产品，与 AMD 公司的合作情况，并介绍产品相关背景，市场状况分析等；

16:00—16:20 新产品的功能演示；

16:20—16:35 嘉宾对新产品进行观摩，自由讨论或向联想负责人关于新产品的提问，公司领导与记者作双向交流；

16:35—16:40 与会全体人员拍摄集体照片；

16:40—16:45 在主持人与工作人员的安排下，与会领导、嘉宾步行至酒店保龄球馆；

16:45—16:50 主持人向嘉宾解说本次比赛活动的规则与玩法，并将嘉宾分为两组；

16:50—17:40 举行保龄球比赛，活动进入高潮；

17:40—17:50 比赛结束，主持人公布获胜方，由联想公司领导给两组比赛队伍颁奖；

17:50—18:00 领导与嘉宾休息，并热烈地交流本次活动的感受，并拍照留念；

18:00—18:05 在主持人与工作人员的安排下，与会领导、嘉宾步行至酒店餐厅；

18:05—18:10 联想公司领导致辞感谢、祝福来宾；

18:10—19:10 举行招待宴会；

19:10—19:20 宴会结束，领导、嘉宾乘坐豪华巴士返回海口。

（留在琼海游玩的嘉宾可安排住宿）

说明：

1.活动详细议程表将以签到时发布为准。

2.因活动中有运动比赛项目，在请柬上注明：欢迎穿着休闲服出席活动。

六、费用预算

1.物品费用（计 3 800 元）

①基础费用：请柬制作 20 元×20 张=400 元，胸牌制作 10 元×20 块=200 元。

②礼品费用（计 3 000 元）：奖品 200 元×10 份=2 000 元，纪念品 50 元×20 份=

1 000元。

③茶水饮料:200 元。

2.人员费用(计 2 200 元)

①主持人:1 000 元。

②礼仪小姐:2 个×100 元=200 元。

③新闻媒体:记者 1 个×100 元=1 000 元。

3.晚宴费用 圆桌 2×600 元=1 200 元

4.租车费用:1 200 元(1 天)

5.场地租金:(计 2 200 元)

①会议场地:2 000 元(五星级酒店中等会议厅)。

②比赛场地:200 元。

费用合计:

代理佣金:

七、关键控制

1.公司领导致辞的煽动性细节把握。

2.比赛节目的质量水平和主持的艺术技巧。

3.新闻媒体的新闻价值以及内容报道的侧重点控制。

4.出席嘉宾的节目互动参与性与现场气氛烘托调控。

(资料来源:https://www.51test.net,无忧考网,原文地址:https://www.51test.net/show/7951918.html,2016-12-02 14:44)

【案例讨论】

案例一　中国公共关系业 2017 年度调查报告

为反映 2017 年度公共关系服务市场的运行态势,正确评价中国公共关系业的发展状况,为专业机构提供积极的行业指引,2018 年 3 月 13 日至 4 月 10 日,中国国际公共关系协会(CIPRA)对中国大陆境内主要公共关系公司进行调查活动。该项活动由协会研究发展部具体实施。

项目组采用问卷调查的方法对 2017 年度全国主要公关公司进行抽样调查,内容涉及运营管理、业务发展和可持续发展等方面。

项目组对问卷所取得的数据进行了科学统计,并依据行业经验和历史数据进行了相关核实和判断,在科学分析基础上形成本调查报告。本报告由年度排行榜、行业调查分析、TOP 公司研究、最具成长性公司研究及行业发展分析五个部分组成。

报告说明:

1.本报告所涉及的调查内容仅涉及中国内地的公共关系服务,不包括被访者的广告及其他制作业务;

2.本报告所依据的调查数据为被访者所提供的数据,尽管访问者对这些数据做了相关核实,但本报告并不为这些数据的真实性提供保证;

3.本报告所访问的对象为公司主要负责人，他们在接受调查时均声明代表公司的意志，所提供的信息均是真实、准确和有效的；

4.本报告所发表的数据和结论以被访者提交的数据为基础，经过统计分析和行业判断，并加以测试和修正，这些数据不一定完全符合真实情况但能反映行业发展基本面的情况；

5.本报告相信，有关数据和分析确实具有非常好的参考价值，能为中国公共关系市场的健康发展提供积极的引导和推动力。

年度排行榜

2017年度公司排行榜包括TOP公司和最具成长性公司两个榜单，其中TOP公司30家、最具成长性公司10家，如图5-1和图5-2所示。该榜单以自愿参与调查活动、提交完整数据、能够接受考察核实的公关公司为评选对象，以“TOP公司评选标准”为评选依据，通过加权指数计算产生最终结果。

榜单统计分析由CIPRA研究发展部执行，CIPRA公关公司工作委员会常委会审议。

关于“营业利润”注释：本调查中所使用的“营业利润”一词，专指公共关系服务收入（不含广告、制作等业务），Fee或称毛利润。该收入为含营业税的服务收入，须扣除第三方费用（包括外购劳务、媒体购买等）。

中国公共关系业2017年度调查报告

2017年度TOP30公司榜单

（排名不分先后，按公司品牌英文名排序）

AcrossChina	信诺传播	Linksus Digiwork	灵思云途
ACTIVATION	艾德韦宣	MSL China	明思力中国
Attention Digital	注意力数字	MRG	嘉利智联
BlueFocus	蓝色光标	Ogilvy	奥　美
Cenbo	森博集团	Orange	甜橙创新
Chuan Digital	传智数字	QiTai	启泰文化
CIG	新意互动	Revo	睿　符
CYTS-Linkage	中青旅联科	Ruder Finn	罗德公关
D&S	迪思传媒	Shunya International	宣亚国际
Daniel J. Edelman China Group	爱德曼中国	TED	太德励拓
EVISION Digital	时空视点	Topline	尚诚同力
GXEVER	际恒锐智	Trustwin	君信品牌
HighTeam	海天网联	Weber shandwick	万博宣伟
Hill +Knowlton	伟达（中国）	WISEWAY	智者品牌
Itrax	爱　创	ZenithPR	哲基公关

图5-1　2017年度TOP30公司榜单

行业调查分析

2017年，随着中国公共关系市场不断规范化、专业化的发展，整个行业呈良性竞争的发展趋势，增长率基本趋于稳定。据调查估算，整个市场的年营业规模达到560亿元人民

图 5-2　2017 年度最具成长性公司榜单

币，年增长率约为 12.3%，如图 5-3 和图 5-4 所示。相比 2016 年 16.3%的增长率，增幅稍有回落。

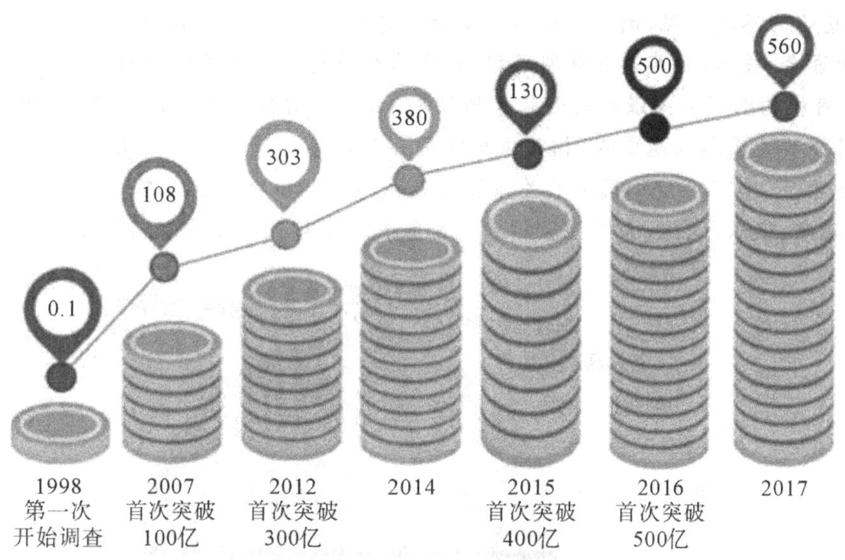

图 5-3　公共关系行业年营业额变化

2017 年中国公共关系行业呈现以下特点和趋势：

1.大战略为公关带来新机遇。随着“一带一路”战略的持续和深入推进，全球化背景下的国家公关意识和策略不断增强，中国公关行业迎来了更大机遇，服务领域更广，从业人员的视野更开阔，中国的公关业将在不远的将来，步入一个千亿级市场。

2.公关行业的兼并、重组已经成为常态。资本加速进入公关行业，而公关行业也正在借助资本的力量做大做强。2017 年春节刚过，国内著名公关公司宣亚国际正式在中国 A 股上市，这意味着，在蓝标上市 7 年之后，又一家老牌公关公司正式登陆创业板。

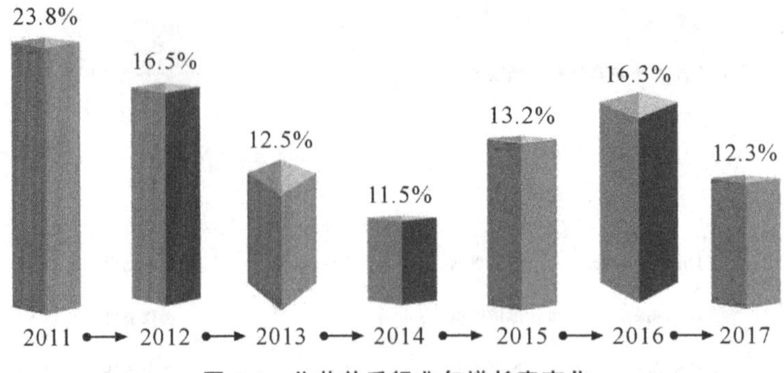

图 5-4 公共关系行业年增长率变化

3.跨界融合进入新阶段。行业的跨界融合与合作已成为新常态。2017 年,公关与广告、营销行业的跨界融合开始提速,目前已形成行业之间优势互补、相互渗透的竞争格局。

4.内容营销已经成为企业传播的核心要素之一。直播、人工智能、区块链等移动互联技术在内容营销方面的应用已成为热门话题。IP 正越来越多地成为现象级的内容营销概念。

5.公关行业正面临着从传统公关到新媒体时代公关的转型。互联网营销、大数据、数字化、信息化的不断涌现,倒逼从业人员结合自身业务,学习新技术,研究新问题。转型发展带来的资金、技术,尤其是互联网思维,就成为公关行业最为关注的问题。

6.政府机构购买公关服务的趋势开始显现,为行业增长开辟了新的领域。近年来,政府部门对公共关系越来越重视,相关机构购买公关服务的趋势开始显现。

调查显示,2017 年度中国公共关系服务领域的前 5 位分别是汽车、IT(通讯)、快速消费品、互联网、娱乐/文化,如图 5-5 所示。汽车依然是行业内主要服务客户,且市场份额

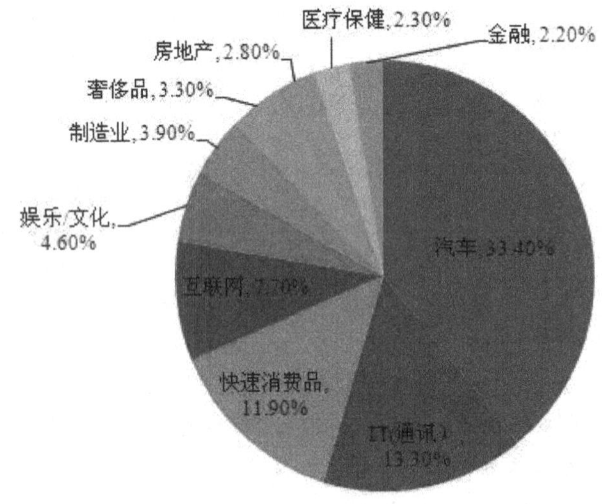

图 5-5 2017 年行业市场份额

鉴于 TOP30 和 10 家最具成长性公司数据的相对准确性,我们依据这 40 家公司数据从业务领域、业务类型、业务潜力和新媒体服务内容等方面加以统计分析。

有所增加。前5个领域与2016年度排名相同，如表5-2所示。制造业的排名从去年的第七位上升到第六位。奢侈品市场份额稍有回落，从去年的第六位下降到第七位。房地产本年度市场份额略有增加，从去年的第十位上升到第八位。此外，医疗保健、金融等份额较去年也明显回落，分别位居第九、十位。

表5-2　2017年和2016年行业市场份额对比

排行榜	行业市场份额	2017年	2016年
1	汽车	33.4%	30.6%
2	IT(通讯)	13.3%	12.3%
3	快速消费品	11.9%	11.8%
4	互联网	7.7%	9.4%
5	娱乐/文化	4.6%	4.9%
6	制造业	3.9%	3.9%
7	奢侈品	3.3%	4.4%
8	房地产	2.8%	2.4%
9	医疗保健	2.3%	3.2%
10	金融	2.2%	2.9%

40家公司中，32家开展汽车业务，25家开展快速消费品业务，24家开展IT(通讯)业务，23家开展互联网业务，12家开展制造业业务，11家开展金融业务，10家开展娱乐/文化业务，3家开展奢侈品业务，7家开展房地产业务，10家开展医疗保健业务。

40家公司中，18家以新媒体业务为主，9家以活动代理及执行为主，6家以传播代理为主，5家以顾问咨询为主，2家以媒体执行为主，如图5-6所示。新媒体业务、活动代理及执行、传播代理，依然是本年度公关市场的主要三大业务类型。

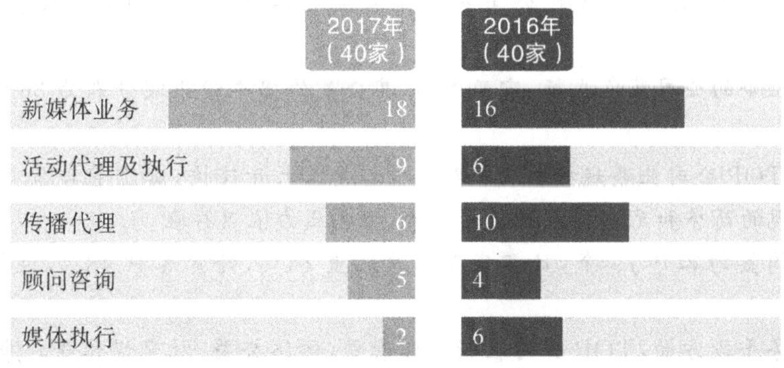

图5-6　业务类型市场构成(公司数)

据统计，40 家公司中，新媒体业务营收在 3 000 万元以上的公司为 17 家，比去年减少 3 家。

40 家公司开展新媒体业务的公司中，37 家开展产品推广服务，35 家开展整合传播服务，30 家开展口碑营销服务，29 家开展事件营销服务，25 家开展企业传播服务，13 家开展意见领袖(KOL)管理，11 家开展舆情监测服务，7 家开展社区运营，5 家开展危机管理服务服务，如图 5-7 所示。调查显示，新媒体传播的客户主要需求集中在产品推广、整合传播、口碑营销、事件营销、企业传播这五个领域。其中，意见领袖(KOL)管理的服务明显增加。

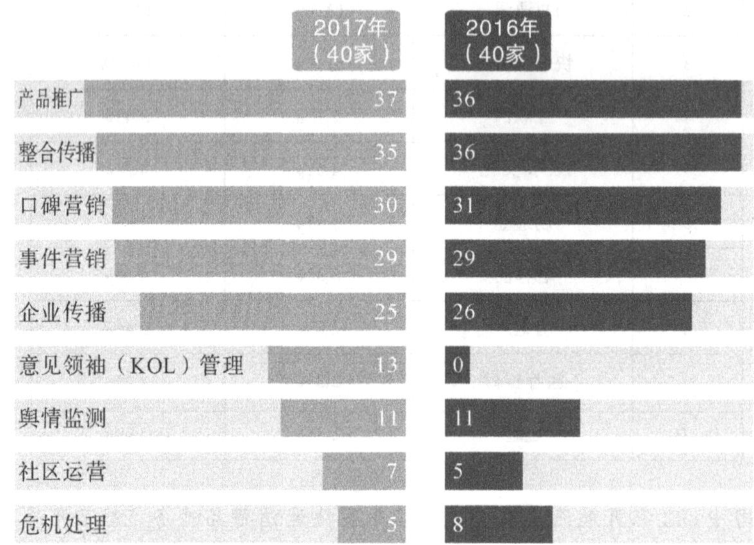

图 5-7　新媒体业务服务内容构成(公司数)

TOP30 公司研究

营业情况：

ØTOP 公司平均年营业额 5.55 亿元，比上年增长约 13.1%；平均年营业利润 1.23 亿元，比上年下降约 29.3%；TOP 公司人均年营业利润 42 万元/年，比上年同期增加 5 万/年。

Ø 独立上市的公司蓝色光标、宣亚国际，其公关传播年营业额分别为 36.9 亿元、5.05 亿元。

Ø 随着 TOP 公司业务规模扩大，单位人工成本上升较快，加上管理费用加大，以及兼并收购出现的商誉和无形资产减值等因素，运营压力依然存在。

Ø 年平均签约客户 79 个，日常代理客户比重 64%，外资客户 43%，连续签约客户 38 个。

Ø 新服务手段方面，TOP 公司在新媒体营销(网络公关、社交媒体等)、事件营销、娱乐营销、体育营销、意见领袖(KOL)管理方面实现较快发展。

Ø 随着新媒体业务需求的增加，半数以上的 TOP 公司新媒体业务营业利润多于

3 000万元，平均占总体营业利润的34%，主要提供产品推广、企业传播、事件营销、口碑营销、整合传播的业务。

运营管理：

ØTOP公司平均员工人数449人，比上年同期增加11人；管理团队平均人数52人，比上年同期增加10人；专业人员平均人数261人，比上年同期增加16人。

Ø 女性雇员占比61%，比上年同期减少1%；员工平均年龄32岁左右；平均留任时间为3年；人员流动率34%，比上年同期增加5%，周平均工作45小时。

Ø 年人均培训时数58小时，比上年同期减少1小时，主要培训集中于专业技能、业务认知、岗位技能等方面，一般通过内部业务交流、部门岗位培训、行业培训来解决。

Ø 年平均工资水平为13 733元/月，比上年同期增长11.2%；客户经理平均月薪14 253元，比上年同期增长7.1%；大学生转正平均月薪5 256元，比上年同期增长9.0%，人员成本逐年增加，这是公关行业的一个明显趋势。

最具成长性公司研究

营业情况：

Ø 最具成长性公司平均年营业额1.24亿元，比上年1.14亿增长8.8%；平均年营业利润3 885.1万元，比上年3 419.5万元增长13.6%；年增长率8%，比上年同期减少39%；人均年营业利润33.8万元，比上年26.6万元增长27.1%。

Ø 平均签约客户数33个，日常代理客户比重占62%，外资客户占52%，连续签约客户16个。

Ø 新服务手段方面，绝大多数公司在新媒体营销（网络公关、社交媒体等）、事件营销、意见领袖（KOL）管理、娱乐营销、危机管理方面实现较快发展。

Ø 新媒体业务年平均营业利润在1 001万～1 500万元之间，占总体营业利润的45%，主要提供产品推广、口碑营销、整合传播、事件营销、企业传播的业务。

运营管理：

Ø 年平均员工数112人，比上年减少24人；专业人员平均人数96人，比上年减少23人；管理团队平均人数14人，比上年减少4人。

Ø 女性雇员59%，职业平均年龄维持在29岁左右；平均留任时间为2年，人员流动率28%，周平均工作时数44小时。

Ø 年人均培训时数83小时，主要培训集中于专业技能、业务认知、岗位技能和业务管理等四个方面，一般通过内部业务交流、部门岗位培训和行业培训来解决。

Ø 年平均工资水平为11 229元/月，比上年10 350元/月增长8.5%；客户经理平均月薪12 646元，比上年12 000元增长5.4%；大学生转正平均月薪4 541元，比上年4 778元减少5%。

（资料来源：http://www.chinapr.com.cn/p/1353.html，中国公关网，2018-05-17 20:12）

讨论题：此调查报告反映了中国公关行业哪些特点？

案例二　阳光飞轮公益活动策划

项目主体>阳光保险爱心基金会

项目执行>关键点传媒

项目背景：

大学生有高涨的公益热情和无限的创意，是公益事业未来的生力军、公益文化未来的传播者。但在公益实践方面，大学生群体缺乏经费的支撑、规范的指导和专业的平台，这使得很多充满创意的公益梦想无法实现。

而阳光飞轮公益活动的传播目标是：与高校人群充分沟通，吸引大学生群体广泛参与到公益活动中来；以高校活动为突破，积累经验，持续公益，做成品牌活动；影响高校目标受众，品牌深入年轻人群，打造长期、可持续的公益事业，提升品牌形象。

项目策划：

活动策略：弱化商业信息，加强公益气质——只露出阳光慈善基金，不宣传出资方，强调每一个参与者都是慈善家。

推广策略：深入高校阵营，注重精准营销——依傍优势资源，确保活动落实。

沟通策略：轻松活动，真诚对话——运用大学生常接触的媒体，采用激励及漫画式的信息传达。

项目执行：

打破传统公益执行模式，开拓“预支—践行—传递”这一公益创新。

预支：首期采用“预支梦想”的方式，参加“阳光飞轮”活动的大学生需要在平台上展示自己的爱心公益梦想，通过争取网友的投票支持及公平、公正的审核评选，64 位大学生获得了由阳光保险爱心基金会提供的万元公益基金。

践行：入围者获得梦想基金之后，开始践行公益梦想，包括助学支教、保护环境、看望孤寡老人、关爱流浪动物等，在此过程中要将活动的实施过程及感想回传到“阳光飞轮”。

传递：通过推动在校大学生投身公益，并号召他们未来走向社会后，将公益基金返还至“阳光飞轮”，让社会上更多有需要的人实现梦想，这寓意着将爱的接力棒传递下去、让爱的种子播撒，完成爱心传递。

项目评估：

“阳光飞轮”公益活动一经推出，其引发的热烈反响已大大超出了预想。活动上线后，吸引了来自 105 所院校的上千名在校大学生报名参与，共超过 25 万人关注并投票，互动总人数突破 50 万。最终，64 位入围大学生奔赴全国 32 个城市、地区践行公益梦想，活动执行地遍布华夏。从公益梦想的内容来看，在不断涌现助学支教、保护环境、看望孤寡老人、关爱流浪动物、促进外来务工人员及其子女的城市融入等爱心公益梦想外，还出现了走进少管所、保护黑顶鹤等拥有更加广阔视角的同学，执行了异乎寻常的公益梦想，有效地发挥了年轻群体的无限创意。

有相关专家点评：“此次阳光飞轮公益活动打破了传统公益模式，充分调动了大学生的公益兴趣，并且有效实现了手机和 PC 端的双屏联动，这从公益创新的角度来看，相信是未来公益事业发展的新趋势。”

(资料来源:http://www.chinapr.com.cn/p/407.html,admin 来源:《国际公关》,2015-01-27 15:42)

讨论题:

1.公共关系策划应该注意些什么?

2.该策划的亮点何在?

【本章小结】

公共关系调查和公共关系策划是公共关系工作程序中的基础和关键工作。它是公共关系工作的规范化和科学化的过程中出现的一种社会调查类型。公共关系调查是指社会组织的公关部门和公关人员运用科学的调查手段,有目的、有意识、有步骤地考察了解分析,研究社会组织客观存在的公共关系现象,以把握社会组织的公共关系及其影响因素的实际状况的一种科学认识活动。公共关系调查的内容包括组织自身情况的调查、相关公众状况的调查、传播媒介情况的调查、组织环境情况的调查、公共关系状况的调查。公共关系的调查方法有问卷调查法、访谈调查法、科学观察法、文献调查法、新闻调查法、量表测量法等。公共关系调查的基本程序包括确定调查任务、设计调查方案、收集调查资料、处理调查结果、总结评估这五大步骤。

公共关系策划是公共关系策划者为实现组织的公共关系目标,对公共关系活动的性质、内容、形式和行动方案进行谋划与设计的思维过程。公共关系策划的构成要素包括公共关系策划主体、公共关系策划客体、公共关系策划目标、公共关系策划信息、公共关系策划方法等。公共关系策划的基本程序包括确定目标、设计主题、分析公众、把握活动时机、选择活动场所、选择媒介、制定预算、撰写策划书。策划书的基本格式包括封面、序文、目录、宗旨、正文、附录等。

【习题】

一、辨析题

在公共关系工作中,公共关系调查环节可有可无,只要公共关系策划有创新,就能达到公共关系的目标。

二、问答题

1.公共关系调查的内容。

2.公共关系调查的方法。

3.公共关系策划的基本类型。

4.公共关系策划的基本程序。

三、计算题

1.某社会组织在四万人的区域内,其中有两万人知晓该组织,有一万人熟悉该组织,有 0.8 万人持赞赏态度。请计算该组织在这一区域内的知晓度。

2.某公关人员计划抽样研究 100 人，但预计问卷的回复率为 50%，有效率为 80%，请计算公关人员应印发调查问卷的数量。

四、实训题

××组织公关调查

[实训目的]

通过本次实训，使学生明确公关调查对塑造组织形象、制定决策、监测组织内外环境等方面的重要作用，掌握公关调查的基本内容、程序、方法，提高学生参与公关调查的实际能力。

[情景设计]

某组织经过多年的发展，在本行业占有一席之地。为了扩大再生产，提高组织运行效率，拟对组织的相关公众以及所处的内外部环境进行调查，以便作出更科学合理的决策。

[实训要求与内容]

1.运用文献法、访谈法，调查了解本组织的公关历史与现状。

2.运用访谈法、问卷法，调查本组织内部公众与外部公众的需要，归纳相关公众的物质需求与精神需求。

3.运用访谈法、观察法，调查组织领导者和管理者，了解组织的经营情况。

4.综合运用各种公关调查法，调查组织所处的社会环境，了解本组织的认知度、美誉度。

5.对公关调查结果进行整理，撰写公关调查报告。

[工作程序]

1.公关调查准备阶段

(1)划分小组，每 12 人为一组，选派其中一名组织领导能力强的人作为组长；

(2)调查设计，分配任务，明确每人的任务和工作内容；

(3)文献调查，初步了解公关调查对象。

2.公关调查实施阶段

(1)组织基本情况调查，一人了解组织公关历史和现状，一人调查组织经营管理情况；

(2)相关公众调查，两人走访调查内部公众，两人走访调查外部公众；

(3)社会环境调查，四人调查相关组织的公共关系，两人调查组织的知名度、美誉度、和谐度。

3.公关调查分析总结阶段

小组成员就调查资料进行整理，分析调查资料，撰写调研报告，并对此次公关调查进行总结评价。

[效果评价]

教师教学点评、打分，将评价结果填入表 5-3 中。

表 5-3 “××组织公关调查”评价表

<table>
<tr><td>专业</td><td></td><td>班级</td><td></td><td>学号</td><td></td><td>姓名</td><td></td></tr>
<tr><td>考评内容</td><td colspan="7">××组织公关调查</td></tr>
<tr><td rowspan="4">考评标准</td><td colspan="4">项目内容</td><td>分值</td><td colspan="2">评分</td></tr>
<tr><td>准备环节</td><td colspan="3">公关调查设计是否科学
任务分配是否合理
组织公关文献调查是否真实有效</td><td>15
5
5</td><td colspan="2"></td></tr>
<tr><td>实施环节</td><td colspan="3">组织基本情况调查是否客观
相关公众调查是否全面
外部环境调查是否高效
公关调查分析结果是否符合组织实际
调查报告是否真实、书写是否规范、文字是否准确</td><td>10
10
10
10
10</td><td colspan="2"></td></tr>
<tr><td>能力测试</td><td colspan="3">沟通协调技巧
团队合作精神
应变能力</td><td>5
10
10</td><td colspan="2"></td></tr>
<tr><td colspan="5">总计</td><td>100</td><td colspan="2"></td></tr>
</table>

【拓展分析】

阅读第六届中国大学生公共关系策划创业大赛获奖作品：“‘5 号蕉点’——广东东莞麻涌香蕉联合京东公关策划案”，找出方案亮点，分析其优势与不足。

第6章 公共关系实施与评估

本章知识点：公关目标的分解和落实；公关实施的保障机制及其细则的制定、执行；公共关系效果评估的目的、内容和相关指标；开展公共关系效果评估的意义与价值；公共关系效果评估的方法与技巧；公共关系活动的绩效的考核。

案例导读

蓝标"辞退门"事件

2018年3月15日，朋友圈被一篇名为"蓝色光标，所谓亚洲最大公关公司，如此坑害老员工，良心真的不会痛吗?"刷屏，该文章作者(公众号"有点自我")声称自己作为蓝标员工，被HR和领导威胁劝退，无法获得员工离职的补偿权益。很快，事件引起热议。

当天晚上6时许，当事人删文致歉，蓝标疑似"公关"成功，紧接着蓝标发布声明，不过声明内容却被疑似暗讽当事人。

3月22日晚，事件当事人再发声明"我删了文章发了声明，却换来了蓝色光标对我的诋毁和无偿开除"，致使已经平息的事件波澜再起，很快蓝标不甘示弱再发"后续声明"。

至此，蓝标的两则声明也被多方诟病，不少网友评论道，"声明毫无温度可言"、"表现了大公司的傲慢，却没有上市公司的大气"。

(资料来源：http://www.chinapr.com.cn/p/1527.html，中国公关网，来源：梅花网，2018-07-12 09：45)

启发总结：公关事件处理一定要有温度，不能傲慢无视，否则不会有好效果。

第一节 公共关系计划实施

一、组织机构的设立及人员配备

(一)组织机构设立的必要性

公共关系是现代组织不可或缺的一项职能，为了确保它的实施，一定要设立与其相适应的公共关系组织机构。公共关系组织机构是观测公共关系思想、实现公共关系目标、执行公共关系职能、开展公共关系客户、处理公共关系日常事务的由专门人员组成的职能部门。各种不同类型的组织，都会有具体情况和需求的差异，不可能也不应该要求它们按一定的模式来设置。

伴随着现代社会的发展，经济形势瞬息万变，各种社会组织对公共关系机构设立的需要越来越迫切。公共关系组织机构设立的必要性表现如下：

1.公共关系工作在组织活动中所处的重要地位

公共关系组织机构代表整个组织，它的工作范围包括整个组织的诸多事务。对内，它代表组织决策层协调各部门以及人员之间的关系；对外，它代表整个组织向社会发布信息、征询意见、接待来访、处理危机。公共关系组织机构所担任的角色及公关工作的性质，是其他部门所无法替代的。

2.公共关系组织机构的设置有利于提升组织整体效能

由于"整体总是大于部分之和"的系统论论断，一项有系统的整体工作，如果有一个相应系统的组织来完成，就可以发挥出强大的、超过个体总和的力量。公关工作本身就是一个有系统的整体，只有由相应的公关组织机构来完成，才能有效地统筹安排工作，充分调动相关人员的积极性和聪明才智，产生最佳的工作效率和社会效益。

3.公共关系工作的丰富内容和一致目标有利于树立组织的良好形象

公共关系肩负着组织与外部环境的衔接责任，工作范围广泛，甚至包括文字编辑、推广策划、摄影广告等各种活动。如果没有一个专门的机构来系统安排和组织施行，公关工作很难达到预期效果。但不管公关的工作有多么琐碎繁杂，它的目标只有一个，那就是优化组织的内外部环境、树立良好形象。公关工作与其他日常工作组成一个既相对独立又相互联系的有机整体。公共关系工作内容的丰富性和目标的一致性，是设置公共关系组织机构必要性和可能性的客观依据。

（二）公共关系实施的人员配备

前国际公关协会主席卡洛琳·法齐奥曾经说，"对于客户来说，为他们提供客户服务的团体的素质和稳定性，一直是他们选择公关公司的最重要的标准之一"。组织内公共关系人员的素质是决定组织公共关系工作成败的关键因素之一，因而选择合适的公共关系人员对于完成组织目标极其重要。

1.公共关系部的人员配备

公共关系部的人员配备应该根据组织的规模以及需要而设定。公共关系部的成员应各有所长，相互补充。大型的社会组织的公共关系部一般为几十人，中型的则以十几人为宜，小型企业可以不设立专门的公共关系部而只配备少数的公共关系人员。根据公共关系的工作内容，一般需要以下两种人员：

（1）公关活动执行人员：负责具体的公共关系活动的准备、组织、执行、管理工作。他们既要充分了解公共关系实务的工作原则和工作方法、技巧，还要具有良好的组织管理能力及应变能力。

（2）公关活动协调人员：公关活动包括一些临时性大型专题活动的组织和临时性突发事件的处理，如公关宣传、摄影师、平面设计师、法律顾问等都是公关活动的协调人员。

2.公共关系公司的人员配备

公共关系公司的人员配备应该包括管理人员、咨询人员、执行人员等。其中咨询人员和执行人员是公司的主要人员，超过总数的一半以上。此外，在公共关系公司中，其人员的性别、年龄、学历、外语水平等方面都应该有一个合理的结构，以便适应不同客户的需要和公司业务的发展。

3.公共关系社团的人员配备

公共关系社团组织的成员应该是由具有共同意愿和热心公共关系事务的社会组织和个人共同组成的。公关社团的主要类型包括：综合型社团组织、学术型社团组织、行业型社团组织和联谊型社团组织四种类型。

学术型社团组织主要指的是公共关系学会，例如中国高等教育学会公共关系教育专业委员会、公共关系教学研究会、公共关系研究所等学术团体。这些团体在拥有少数专职人员的同时，还会聘请著名的专家、学者担任公共关系客座教授和研究员，这些专家学者平时从事的就是公关理论与实际课题的研究工作。

二、目标责任的分解与落实

在公共关系实施过程中，制定公共关系目标是其中最重要的一环。它是公共关系活动中想要达到的目标体系。目标是实施公共关系活动的原因所在。公共关系工作不是满足于获得分散的、孤立的效益，而是执着地追求整合效益。公共关系的目标就是塑造良好形象，提高企业的内聚力和对外吸引力，通过长远的社会效益来获得最大的经济效益，提高员工的思想、业务能力，获取素质效益，以完善的道德人格力量促进社会组织的发展。为此，公共关系必须引入目标程控、管理机制。

（一）公共关系目标责任的分解

1.目标体系的分类

公共关系目标是一个内容丰富而有机整合的体系，从不同的角度来划分，其划分条件是不一样的。

(1)时间意义上的公共关系目标体系

从目标期限上讲，公共关系目标分为长远目标、中程目标、短期目标和具体活动目标。

长远目标：企业的战略目标，公共关系的长远目标主要是经过10年甚至更长时间的努力，在公众心目中所确定的总体形象，是每一个公共关系活动的努力方向和奋斗目标，强调相对稳定，不能随意更改。

中程目标：实际上就是把长远目标提炼的基本任务进行分解，使之具体化，以便付诸实施。长远目标虽然具有形象定位的作用，但是它不可能在短时间内实现，所以真正发挥具体指导作用的是中程目标。中程目标确定的任务，使得在2～5年这样一个较长的时间内，公共关系工作都有一个明确的目标。

短期目标：公共关系的年度工作计划目标，主要是确定每一年度的日常工作、定期活动、专题活动中分别需要完成的任务。短期目标的任务已经相对细分，对年度各项公共关系活动均有明确的指标、要求，因而具有很强的约束、导向作用。

具体活动目标：为某项专门的公共关系活动确定的目标，具有很强的规范作用。

(2)内容意义上的公共关系目标体系

根据具体内容，公共关系目标分为塑造内在形象和外延形象两个方面。

塑造内在形象就是运用CIS对企业内部的形象要素进行总体规划，创造具有一流水准的形象特质。企业的内在形象，包括产品形象、科技形象、实力形象、资本形象、管理形象和人员形象六个方面。这六个方面的公共关系目标体系如表6-1所示。

表6-1　塑造企业内在形象的目标体系

项目	公共关系目标内容	项目	公共关系目标内容
产品形象	①产品质量形象 ②产品功能形象 ③产品地位形象 ④产品文化形象 ⑤产品心理形象 ⑥产品高附加值形象 ⑦产品道德人格形象 ⑧产品创新发展形象	实力形象	⑴房地产规模 ⑵设备等级与规模 ⑶企业等级 ⑷市场占有率 ⑸生产能力 ⑹市场拓展能力 ⑺员工福利待遇 ⑻国际国内排名
科技形象	①院士与杰出专家数量 ②研发基金数额与比例 ③技术开发成果数量 ④技术开发成果获奖情况 ⑤实验室级别与规模 ⑥专利数量 ⑦研发创新能力	资本形象	①注册资金数量与性质 ②有形资产 ③无形资产 ④股本规模 ⑤融资渠道与能力 ⑥流动资金数量与走势 ⑦金融信用等级
管理形象	⑴管理理论模式 ⑵信息管理的有效性 ⑶管理机构设置模式 ⑷管理特色风格 ⑸管理制度的健全 ⑹民主管理制度 ⑺信息化管理程度 ⑻改革机制 ⑼人事管理风格 ⑽外部公众关系管理	人员形象	①法人代表的资历与威望 ②法人代表的社会地位 ③决策者的杰出决策事件 ④决策者的决策风格 ⑤员工的学历结构 ⑥员工的道德风尚 ⑦员工的业务素质 ⑧员工的精神风貌 ⑨员工的凝聚力 ⑩员工的公益事件

塑造外延形象就是提高企业的知名度、美誉度和首选度。这三个方面的公共关系目标体系如表6-2所示。

表 6-2　塑造外延企业形象的目标体系

项目	公共关系目标内容	项目	公共关系目标内容
知名度	①企业名称及变革 ②子公司名称 ③企业名称及变革 ④子公司名称 ⑤商标 ⑥经营项目 ⑦产品总览 ⑧国际国内排名 ⑨公司历史 ⑩创业理念 ⑪营业时间与变革 ⑫新产品上市 ⑬广告名牌工程 ⑭企业纪念日 ⑮企业标准色 ⑯企业造型等	美誉度	①创业者、经营者介绍 ②企业制度介绍 ③创造销售记录 ④环境保护 ⑤社会公益事业 ⑥慈善基金 ⑦传统特色服务 ⑧人道主义活动 ⑨促进行业革新与进步
		首选度	①积极购买本企业产品 ②认同科研开发成果与技术 ③认同企业倡导的观念 ④踊跃参与本企业的活动 ⑤主动提供建设性意见 ⑥给予支持与配合

(3)对象意义上的公共关系目标体系

公共关系的目标决策受制于对象因素，对于企业来说，由于消费者、中间商和销售员的身份不同，其目标也是不尽相同的。具体如表 6-3 所示。

表 6-3　对象意义上的公共关系目标

对象	公共关系目标
消费者	1.了解商品知识，掌握操作方法 2.刺激潜在消费者尝试进而反复购买 3.争取其他品牌消费者转向自己品牌的商品 4.刺激消费者大量购买商品，提高购买频率 5.高度认同企业品牌，强化品牌忠诚度 6.积极向周围公众推荐商品 7.毫无顾忌地消费品牌延伸的新商品
中间商	1.提升商品展示位置，在商品店显著位置陈列商品 2.提高货架陈列率，增加销售面积 3.加强橱窗设计和 POP 广告，有效展示商品形象 4.增加库存量，提高交易量 5.在店内积极开展商品文化节、品牌专题公共关系活动 6.强化品牌忠诚度，排除竞争品牌 7.积极宣传和公共关系品牌延伸的新产品 8.配合企业开展公共关系活动，提供公共关系支持
销售员	1.树立首选介绍意识，频繁向顾客推荐本品牌的商品 2.寻找潜在顾客，扩大顾客队伍 3.积极向顾客宣传品牌延伸的新商品 4.维护商品的品牌形象 5.在淡季宣传、销售商品、维持商品销量

2.公共关系目标分解的原则

公共关系目标责任的分解可运用企业的目标管理法(MBO)。在目标管理法中,目标的设定开始于组织的最高层,他们提出组织使命声明和战略目标,然后通过部门层次往下传递至具体的各个员工。

(1)一般目标设定的原则

公共关系目标的设定,在遵循一般目标设定原则的基础上,要有科学的依据,还应符合公共关系工作的客观现实。

第一,这个目标必须是上下级员工一致认同的。

除了企业范围的最高领导与最基层员工外,大部分员工都具有上级和下级的两重性。当每一目标都是上下一致认同的,目标体系就建立起来了,形成全员目标管理,企业的目标就一定能够实现。如图 6-1 所示。

图 6-1　上下级员工一致认同目标

对上级来说,要善于提出下级认同的愿景,设定明确的目标,它能让下级觉得工作有意义,这是成功的灯塔;还要有放权的思想,允许下级多实践,自主控制工作;并且上级要有毫不吝啬地帮助下级的思想,允许下级的工作能力超过自己。

对下级来说,最高境界是自我发展、奋斗的愿望与企业的愿景统一,这样下级就能想企业所想、做企业所做,成为为企业献身的企业人。退一步说,下级没有那么远大高尚的理想,但愿意服从企业的需要,享受完成工作的成就感;或者干脆就是为报酬而工作,达到一定成果就有一定的收获。这是下级主动工作的动力之源。

第二,这个目标必须符合 SMART 原则。

目标的 SMART 原则为:

Specific,目标必须尽可能具体,缩小范围;

Measurable,目标达到与否有可衡量的标准和尺度;

Attainable,目标设定必须是通过努力可达到的;

Relevant,相关的,尽可能体现其客观要求与其他任务的关联性;

Timeable,以时间为基础的,计划目标的完成程度必须与时间相关联。

目标有两个含义:一是一般意义的目标,就是要做成什么事,只能是愿望而已,它不是目标管理的目标;二是对做成这个事有准确的定义和完成时间限制,也就是有符合SMART的目标。

第三,目标最好有个人努力的成分。

个人有收益,包括个人学习知识、训练技能、克服困难、改正错误等等。让目标管理的应用者自身在工作中有所提高,符合其个人发展方向和个人需要的成果,或者是让个人觉得争了一口"气",这样也是增强个人的工作动力。

第四,目标最好存在于一项完整的工作任务中。

这样工作者可将工作努力集中在一件事情上,便于实现目标,如图6-2所示。

第五,目标越少越好。

让目标集中,这样可以集中精力,解决一个完整的事,哪怕这个目标再进行多项分解,如图6-3所示。

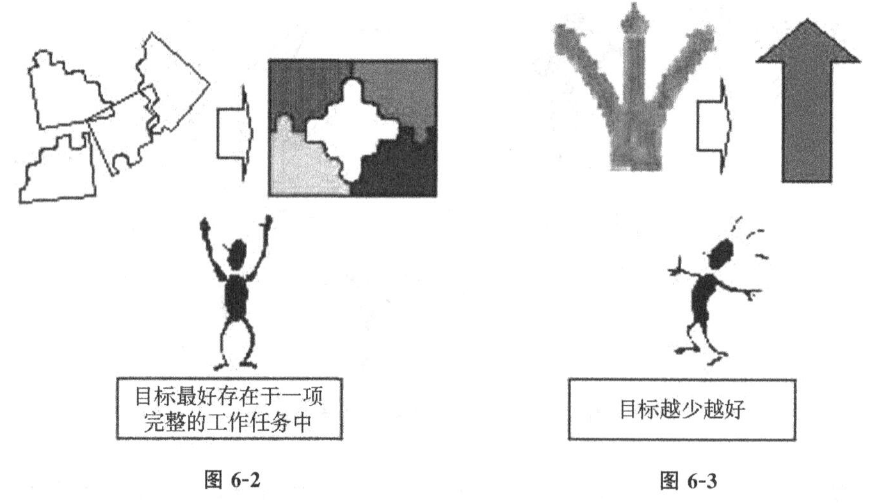

图 6-2　　图 6-3

(2)公共关系目标设定的具体原则

公共关系目标的设定除了遵循上述目标设定的一般原则外,还必须符合公共关系工作的客观现实。

第一,符合企业战略规。

即符合企业的事业发展目标、市场拓展战略、产品发展战略、科技开发战略,这是公共关系目标设定的依据。公共关系活动不仅要为企业实现目前短期的目标服务,而且要为企业的长远发展创造良好的条件。

第二,符合企业形象定位。

即符合企业的公共关系战略,它规定了形象定位的基调和规格。公共关系只有以此为中心,注重整合性,统筹安排,形成具有"名牌工程"的意义的公共关系活动,才能有效地完成塑造企业良好形象的任务。

第三，符合公众物质需求。

从某种意义上讲，公共关系活动也是为市场营销服务的，在客观功效上与广告宣传有异曲同工之妙。因此，公共关系活动的策划，从主题内容到活动方式都要符合产品定位、性能特征和基本用途，以有效地塑造和强化产品形象。

第四，符合公众的习俗需求。

即符合公众的生活方式、价值观念、经济条件、时尚追求、社会生活特点，确定符合公众尤其是目标公众要求的公共关系目标。

第五，符合社会文化及其发展趋势。

公共关系活动的社会效益取决于它与社会发展要求之间的一致性，只有促进良好社会风气的形成，推广科学文明的社会生活方式，才能取得良好的社会效益。因此，在公共关系目标决策中，要注意观察社会现象，捕捉社会热点事件，分析社会发展趋势并从中提炼出具有公共关系价值的主题，开展公共关系活动。

（二）目标责任的落实

公共关系实施的目标分解结束之后，就需要对目标的责任进行落实。

1.目标过程管理

目标设定后，还必须加强目标过程的管理，管理步骤如下：

（1）在行动开始前列出方案和措施。它促使你认真思考，作出规划并告知上级，以便上级在你开始做计划时就进行辅导。但你自己要对结果负责，也就是说工作计划的好坏及执行结果由你自己负责。

（2）上级必须让下级分担责任和进行授权。这样能够使下属有信心设定目标并自我实现，同时创造机会让他对工作自主控制，激发其工作的能动性。

（3）上级与下级保持沟通，对下级进行工作辅导。上级必须时刻保持与下级的沟通、进行工作辅导。沟通能掌握工作过程中的经验和困难，辅导使工作始终朝向正确的方向发展，也使下级的工作能力和知识在工作中不断提高，使他们更愿意也更有信心投身于工作中。

（4）若遇情况变化，需要调整计划与目标值，向上级请示。如果工作有变化，不能按时按质达到目标设定的结果，需要立即向上级汇报，必要时调整目标。

2 落实目标

落实目标有三种：信息落实目标、态度落实目标以及行为影响目标。

（1）信息落实目标

信息落实目标包括信息传播、公众对信息的接受和记忆有三个步骤。例如公共关系人员想宣传一个产品或一个事件、交流经验，或者传达其他信息，让公众对其有所了解。

（2）态度落实目标

态度落实目标主要在于改变公众对组织或者其产品的态度，以达到组织公共关系的目标。主要包括以下三个方面的内容：

①形成新态度。对于一个新出现在公众视野的组织机构，公众或许对其没有什么印象，公共关系的目标就是要提高这个组织的知名度，在公众的心目中塑造良好的形象。下

面是关于形成新态度的示例：

2002 年以前，从表面看，红色罐装王老吉（以下简称“红罐王老吉”）是一个很不错的品牌，在广东、浙南地区销量稳定，盈利状况良好，有比较固定的消费群，红罐王老吉饮料的销售业绩连续几年维持在 1 亿多元。发展到这个规模后，加多宝的管理层发现，要把企业做大，要走向全国，就必须克服一连串的问题，甚至原本的一些优势也成为困扰企业继续成长的障碍。

2002 年年底，加多宝找到成美营销顾问公司（以下简称“成美”），初衷是想为红罐王老吉拍一条以赞助奥运会为主题的广告片，要以“体育、健康”的口号来进行宣传，以期推动销售。成美经初步研究后发现，红罐王老吉的销售问题不是通过简单的拍广告就可以解决的。成美为红罐王老吉确定了推广主题“怕上火，喝王老吉”，在传播上尽量凸现红罐王老吉作为饮料的性质。在第一阶段的广告宣传中，红罐王老吉都以轻松、欢快、健康的形象出现，避免出现对症下药式的负面诉求，从而把红罐王老吉和“传统凉茶”区分开来。在地面推广上，除了强调传统渠道的 POP 广告外，还配合餐饮新渠道的开拓，为餐饮渠道设计布置了大量终端物料，如设计制作了电子显示屏、灯笼等餐饮场所乐于接受的实用物品，免费赠送。在频繁的消费者促销活动中，同样是围绕着“怕上火，喝王老吉”这一主题进行。如在一次促销活动中，加多宝公司举行了“炎夏消暑王老吉，绿水青山任我行”刮刮卡活动。同时，在针对中间商的促销活动中，加多宝除了继续巩固传统渠道的“加多宝销售精英俱乐部”外，还充分考虑了如何加强餐饮渠道的开拓与控制，推行“火锅店铺市”与“合作酒店”的计划，选择主要的火锅店、酒楼作为“王老吉诚意合作店”，投入资金与它们共同进行节假日的促销活动。

红罐王老吉成功的品牌定位和传播，给这个有 175 年历史、带有浓厚岭南特色的产品带来了巨大的效益：2003 年红罐王老吉的销售额比 2002 年同期增长了近 4 倍，由 2002 年的 1 亿多元猛增至 6 亿元，并以迅雷不及掩耳之势冲出广东。2004 年，尽管企业不断扩大产能，但仍供不应求，订单如雪片般纷至沓来，全年销量突破 10 亿元，以后几年持续高速增长，2009 年销量突破 170 亿元大关。

在树立一个新形象的时候，对于那些没有争议的组织或者活动是比较适合的。一些新的组织或者活动一推出，就能得到强烈的反应。在这种前期目标已经完成的情况下，在制定加强或者转变公众态度的目标，并进行落实就更加容易。

②强化已有的态度。在公众对组织已经有一定的认识，有一定的好的印象但并不是很深刻的情况下，强化这种态度就成为公共关系目标落实的重要途径。

③改变已有的态度。这种改变通常是公众对组织已经有了一些认识，而且多是不好的印象的情况下实施的。公共关系人员在落实这种目标的时候，就应该更加慎重，不要为一个不可能实现的目标去浪费时间和金钱。这是公共关系目标落实中最难的一种。公共关系的先驱艾维·李用了很大的力气，花了很多年才使约翰·洛克菲勒的形象在公众的心目中有所转变，变成了一个受人爱戴的慈善家。

(3)行为落实目标

行为落实目标涉及改变公众对机构的态度。行为的改变伴随着新的行为的产生、新行为的强化或者对机构不利的行为的改变。

三、保障机制的确立

公共关系的实施是在公共关系策划被采纳后，将公共关系策划所确定的内容变成现实的过程，这是公共关系工作中最为复杂和最多变的环节，那么怎样才能确保公共关系实施的完成呢？这就需要一个完整的保障机制。

(一)影响公共关系实施的因素

1.目标障碍

公共关系实施的目标障碍是指在公共关系策划中因所拟定的公共关系不正确或者不明确而给实施带来的障碍。例如，策划目标损害了公众的利益，必然会引起公众的反感甚至抵制；策划目标过低，而引不起公众的重视，或者策划目标太高，挫伤了公共关系人员的积极性。

2.沟通障碍

公共关系策划的实施过程包括很多传播沟通的过程。若沟通正常，则有利于公共关系策划的实施；反之若沟通工具选用不当或者方式不对、渠道不畅，则将阻碍公共关系的实施，难以达成策划目标。

3.语言障碍

语言障碍是指由于不同国家不同地区的语言不通或者词不达意、模棱两可、语义不明而引起的沟通障碍。语言是人与人沟通的重要工具，当出现语言障碍时，往往会影响公共关系实施的正常进行，因而良好的语言能力、沟通能力、表达能力是一个公关人员应该具备的基本功。

4.观念障碍

观念障碍是指由于人们在一定的条件下对客观事物的根本看法的不同，而造成的沟通障碍。观念对沟通的效果有巨大的作用，是沟通的重要内容之一。人们用观念来指导自己的行动和言论。具有相近甚至相同观念的人更加容易沟通，反之，具有不同甚至相悖观念的人，则难以沟通，形成观念障碍。因而，在公共关系实施的过程中，一定要在充分分析目标公众的基础上，采取他们易于接受的方法，与他们相互交流，以达到良好的沟通传播效果。

5.心理障碍

心理障碍是指由于人们的认知、感情、态度等心理因素造成的沟通障碍。若在沟通的过程中，一方由于一些心理因素而常常不能理解对方的意图，甚至扭曲对方的意图，会使沟通的效果大打折扣，或者朝相反的方向发展。因而在沟通的过程中，一定要注意检查自己的各种假设的合理性并对对方的假设作出预测。同时，在沟通中不冷静、态度欠佳也会导致沟通的障碍。很多广告没有抓住受众的心理，只是一味地采用空洞乏味的内容和广告语，这只会让受众产生反感。

6.习俗障碍

习俗障碍是指由于个人或集体的传统、传承的风尚、礼节、习性的差异而造成的沟通障碍。习俗是人们在长期的生活中约定俗成、难以改变的，公共关系活动人员必须密切关注活动实施相关公众的习俗特点。例如，一位外国青年想讨得一位中国女性的芳心，却送这位女性一束洁白的菊花，自然只会取得相反的效果，因为在中国的习俗中，白色的菊花代表的是悼念。

7.组织障碍

组织障碍是指由于不合理的组织机构产生的沟通束缚导致的沟通障碍。具体表现为：第一，组织结构不合理导致的信息传播障碍。在信息传递的过程中，传递的层次越多，正确率越低，有时甚至被篡改得面目全非，因而，为了保证信息的正确性，要尽量减少传播层次，才能有效地保证沟通的准确无误。除此之外，机构臃肿，虽然传播层次不多但是每一层次上的构成单位多，也会消耗大量的时间，对信息的传播造成不利影响。第二，组织的信息渠道单一也会导致信息量不足而引起沟通障碍。信息单向的上传下达，没有双向的反馈系统，忽视了由下往上的信息传递，会导致决策层的信息量不足。

8.危机障碍

公共关系受到突发危机的干扰，主要有两种类型：(1)人为的突发危机，诸如公众投诉、新闻媒体的批评报道等；(2)不以人的意志为转移的突发危机，比如自然灾害。突发事件对公共关系的影响很大，具有速度快、后果严重、涉及面广的特点，如若处理不当很容易产生严重的后果，不仅使公共关系实施难以执行，还会影响整个组织的声誉。因而处理这类危机，公共关系人员应该足够地注意并关注事态的发展。

(二)公共关系实施过程的保障

1.保障公共关系目标准确

公共关系策划所拟定的公共关系目标不正确或者不明确、不具体，都会给公共关系实施带来某些障碍。在这个时候，为了确保公共关系的顺利实施，消除策划目标障碍，必须对公共关系策划目标进行认真检查，使目标明确具体，以有效地实施策划。具体来说，我们可以通过前期检查、中期调整和后期评价三个方面来保障公共关系实施目标的明确性。首先，组织在公共关系目标确定之后，不能产生一劳永逸的想法，在公关活动实施之前，应该进行前期检查，确定目标的设定和组织的内外部环境相适应。其次，在活动实施的过程中，要不断地对照公关目标，确保公关活动的进行没有偏离或者违背公关目标。当公关目标与现实环境不相符合，依照之前设定的目标很难满足组织的需求时，就需要对公关目标进行一定的调整和修正。最后，在公关活动结束之后，应该对整个公关活动进行后期的评价，检查目标是否完成、效果如何，以便给以后的公关工作目标的设定做一个参考。

2.保障公共关系传播的通畅

影响有效传播的因素既有积极因素又有消极因素，前者有利于沟通，后者不利于沟通。分析这两种类型的因素，有利于我们取得更好的传播效果。上文中我们已经了解到了影响传播的一些障碍，即消极因素，现在我们将着力陈述促进宣传沟通的积极因素，在实施执行的过程中，应利用好这些因素，以保障执行活动的顺利完成。

(1)可信性

有效的宣传沟通，应该在彼此信任的氛围中进行，两个相互不信任的沟通者是不可能进行良好有效的沟通的。进行公关活动的组织必须肩负创造彼此信任这种氛围的制造者的责任，这样才能使目标公众产生信赖感，接受组织传播的信息，在心目中树立良好的组织形象。

(2)一致性

组织应该在充分调查研究的基础上,制订一个与其内外环境相一致的宣传计划,以便更好地进行宣传,以及和目标公众进行沟通。除此之外,一个组织对公众发送的信息的口径要保持一致,不能前后矛盾。

(3)互利性

组织在进行公共关系执行的时候,要注意所传播的信息,应该是既符合组织的利益又兼顾目标公众的利益的,必须与目标公众的价值观相适宜,和其所处的环境相关。

(4)明确性

传递的信息要用最简明的语言来表达,所用的词汇为一般通用的词汇,简单易懂,在传播者和接受者之间不会产生歧义,信息需要传送的环节越多就越要简单明确。

(5)持续性

沟通是一个连续的过程,要达到最好的效果不是一蹴而就的,一定要对信息进行重复,但是又要在重复中不断地更新内容,一味地重复枯燥乏味的内容是没有意义的,反而会让人反感。比如恒源祥 2008 年奥运会期间的十二生肖广告系列。

(6)适宜性

适宜性指的是选择合适的传播渠道。传播者应该利用现实生活中已经存在的信息传播渠道,这些渠道多是公众日常习惯使用的。在传播的过程中,不同的渠道在不同的阶段具有不同的影响,所以应该根据自己的公关目标,适当地选择相应的渠道。

(三)公共关系实施过程中的社会保障

1.公共关系职业道德的自律

公共关系从业人员,不仅要向商界、政府以及其他社会公众传递本职业的基本观念,对自身的工作也是如此,因而,公共关系人员必须把自己也当成自己的客户。当公共关系还处在初步发展阶段的时候,公众对公关一无所知,即使会导致一些莫名其妙的愤怒,还不至于对公关人员以及其组织本身造成什么太大的伤害,但是随着公民意识的提高,这种破坏力是难以估计的。公共关系领域的欺诈活动是让公关人为之心寒的,如果公关欺诈得到广泛的认同,公关就必须承担起巨大的信用成本。这个时候,除了一定的监督机制之外,更重要的是公关人员自身的职业道德的自律,只有这样才能保证公关实施的成功。

2.组织行为社会责任的约束

20 世纪 60 年代以来,美国的宗教人士开始呼吁人们重视企业伦理,提出企业应该承担一定的社会责任,强调企业的竞争要以道德为本,不能只顾自身的收益,而忽视它们对于社会的责任。企业开始逐步肩负起一系列的经济责任、法律责任、道德责任、环境保护责任、社区责任等,而不仅仅是单纯地追求利益最大化。企业在公示公共关系活动的时候,也要将自己作为社会的一个组成部分,它的任何行为都要符合社会的、法律的、道德的要求,而这种社会的责任同样要体现在公共关系实施的过程当中。从公关的地位来看,除了体现组织对利益的追求之外,也要塑造一定的组织形象,这与体现社会利益和精神文明是一致的,不相冲突的。企业不仅要提供合格的产品,也要进行负责任的公关,参加社会活动,实施可持续发展战略,保护环境。如环境公关的兴起就充分体现了国际社会对于塑造绿色公关的要求和趋势。

四、实施细则的制定和执行

(一)公共关系实施细则的制定

1.公共关系实施细则制定的原则

在确定了公共关系的目标之后,就必须围绕公共关系计划的目标制定详细的实施细则,作为公共关系活动的蓝本,但公共关系实施细则的制定并不是随性而为的,而是要遵循一定的原则,这些原则包含了制订公共关系计划和策划的原则。

(1)实用性原则

公共关系实施细则应该是切实可行的,必须从组织本身的情况出发来设计和制定公共关系细则,而且公共关系实施细则还应该与组织的长期发展计划相适应,应该与社会环境条件相配合。因为,公共关系活动不是孤立进行的,而必须配合经营、销售、管理等工作一起去进行。比如新产品或新技术的发布、新部门的成立、新服务的推广等等,这些都可以成为开展公共关系执行的时机。除此之外,社会上新的流行风尚、重大节日或重要活动等也均是公共关系细则执行的好时机。总之,要注意组织内外部的环境,在适当的时间、地点,以适当的方式,不失时机又不着痕迹地展开公共关系,同时细则的制定也要让人觉得切实可行、真实可信。

(2)一致性原则

公共关系人员在制定公共关系实施细则时,必须时刻谨记组织的核心目标。一个组织在不同的发展阶段有不同的目标,自然也就会有不同的公关需求,公关实施细则也要随着需求的变化而变化。在组织的初始阶段,组织的内外部环境处于不稳定的时期,这时公共关系的主要目的是取得建设性的进展以促进组织的发展;在组织的蓬勃发展阶段,组织处于扩张的状态,这时候就应该采取积极的公关策略。如果组织没有认清自己所处的阶段,不了解自己的第一需求是什么,脱离实际,细则过于宽泛或者盲目,公共关系实施细则不但不能起到作用,还会失去所有的意义。

(3)重点性原则

公共关系实施细则的制定必须突出重点,将有限的人力、物力、财力都用在“刀刃”上,达到最大的效用。公共关系实施细则不能期望过高、面面俱到,一定要抓住重点,抓住主要矛盾,集中力量解决主要问题,关注长远利益。但是在关注重点的同时,也要注意有一定的平衡性,避免顾此失彼,在公共关系执行的整个过程中出现较大的缺陷。在照顾重点对象的情形下,也要兼顾次要的矛盾,注意消除潜在的问题。另外,公共关系在时间安排、财务预算等方面也要留有余地,保持一定的灵活性,当突发状况发生的时候,不至于使公共关系活动陷入僵局。在制定公共关系实施细则的时候,要突出公共关系细则的重要性和应变性,这样有主次、有刚有柔的设计,才会有可能让实施细则万无一失。

(4)双赢性原则

公共关系实施细则的制定要求既考虑到组织的利益又兼顾到公众的利益,必须尽力保证组织和公众利益的一致性。公共关系实施细则在保证组织和公众双方利益一致的情况下,要注意承上启下的衔接性,使整个公共关系实施细则执行保持连续性。公共关系实施的效果是累积性的,良好的公共关系状态非一朝一夕所能形成,因此制定执行细则时切忌心血来潮，虎头蛇尾，不顾公众的利益，只考虑组织的利益。这样做不仅会伤害公众的感情，甚至会失去公众的信任，给组织带来恶劣的影响。当各方公众的利益有冲突的时候，面对不同的公众要有所侧重，选择一定的主要对象。

(5)创新性原则

公共关系实施细则的制定必须有一定的创意，要与众不同。公共关系的环境在不断变化，越来越复杂，只有根据组织的外部环境和公众特点，不断地推出新的计划，不因循守旧、照搬别人的计划，才能立于不败之地。创新是公共关系计划的重要标志，而模仿则是死敌。

2.公共关系实施细则制定的程序

制定公共关系实施细则的过程就是组织为实现其公共关系目标，对公共关系活动的性质、内容、行动和方案进行筹划和设计的思维过程。公共关系实施细则的制定要按照一定的程序进行操作，在公共关系目标确定之后，公共关系实施细则主要按照以下的程序进行，即：执行准备—筹备阶段—进场布置—活动进行，如图 6-4 所示。

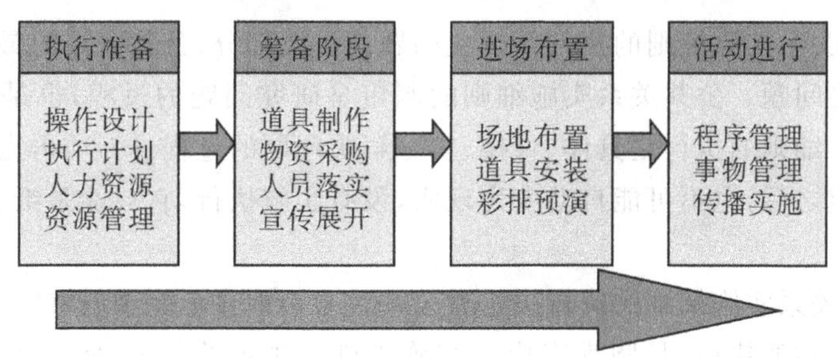

图 6-4　公共关系实施程序

(1)执行准备

执行准备主要包括操作设计、执行计划、人力资源、资源管理四个部分的配合，以保证公共关系活动的可行性。

(2)筹备阶段

筹备阶段主要包括道具制作、物质采购、人员落实、宣传展开四个方面的具体分工。

(3)进场布置

进场布置包括场地布置、道具安装、彩排预演等内外景或活动场地的背景布置。

(4)活动进行

活动进行包括程序管理、事务管理、传播实施三个方面的落实和配合。

具体地说，公共关系实施执行管理流程图如图 6-5 所示。

(二)公共关系实施细则的执行

1.公共关系实施细则执行的意义

公共关系实施细则的执行就是公共关系策划被采纳后，把细则中的每项事务都逐一变为现实的过程。整个公共关系实施细则的执行，要借助调查和策划的双翼，通过实施而开始飞翔。因此，一项公共关系实施细则的执行，对于整个公关活动成功与否有重要的作用。

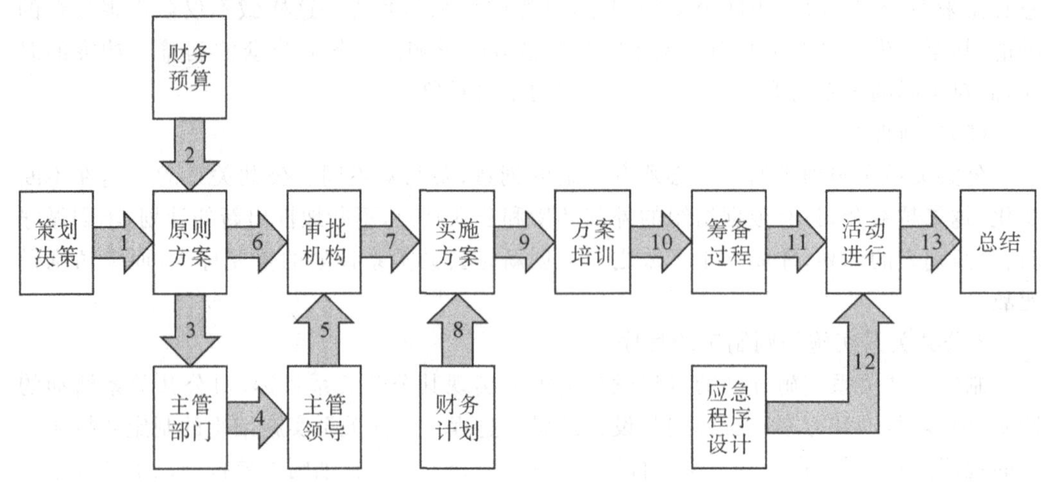

图 6-5 公共关系实施执行管理流程图

第一,公共关系实施细则的执行是解决问题的重要部分,公共关系的最终目标不是研究问题而是解决问题。公共关系实施细则的制定是研究问题的过程,也是公共关系细则执行的先行令。细则的执行是具体、直接、实际解决问题的过程。一项再完美的公共关系实施细则在制定之后,也不可能自动变为现实,没有实施执行,它只能是纸上谈兵,没有任何意义。

第二,公共关系实施细则的执行决定着公共关系策划目标是否能够实现,以及实现的范围和程度。成功的执行,是圆满完成了实施细则所规定的任务,实现了公关目标的执行。公共关系的工作人员,应该在执行的过程中充分发挥自己的能动性,弥补细则制定中的不足,选择最有效的手段和途径,采用多种工作方法和技巧,在公众的心目中树立良好的组织形象。反之,失败的公共关系实施细则的执行,不但不能完成任务、实现目标,甚至会加深矛盾,使本来应该解决的问题恶化,和公共关系本来的目标背道而驰。由此可见,公共关系实施细则的执行,不仅决定了公共关系目标能否实现,更决定了公共关系的效果。

第三,公共关系实施细则的执行是后续公共关系方案制订的重要借鉴。无论公共关系实施细则执行的效果如何,都会对公众造成一定的影响,产生一定的后果。因此,在制定公共关系实施细则的时候,我们一定要以组织面临的社会现状为依据,特别是以上一次公共关系实施细则执行的结果所显示出的一系列的数据和信息为依据。这样做有利于公共关系实施细则的制定,可以及时根据新出现的问题制订出新的方案。

总之,公共关系实施细则的执行是整个公共关系工作中极其重要的一个环节,它的作用和影响将贯穿整个公关活动的始终。公共关系实施细则的执行对公共关系工作的效果和效益有着重大的现实意义。

2.公共关系实施细则执行的特点

公共关系实施细则在执行过程中,具有其自身的特殊之处,具体表现在:

(1)公共关系实施细则执行的适应性

公共关系实施细则的执行是由一系列的活动构成的，是一个根据具体的情况而不断变化、不断调整、不断适应的过程。公共关系细则执行过程中的这种适应性，主要是因为：一方面，一项公共关系实施细则，无论看起来制定得多么详尽完美，都免不了在实际的执行过程中与现实情况有一些差异；另一方面，随着时间的推移、执行的进展、情况的变化，在实施过程中会遇到各种各样的新情况和新问题。公共关系实施细则的执行，随着整个公共关系的不断推进，总会出现一些和预想不尽相同的状况，这就需要公共关系在实施细则执行的过程中，不断地适时调整原来的方案，使之适应新的变化。可以说在公共关系实施细则的执行过程中，这种不断的变化和调整，几乎贯穿于整个执行中。反之，如果公共关系人员在执行公共关系实施细则的时候，不能适时地调整细则，只按照一种模式机械地执行，那就不仅不能实现组织的既定目标，还有可能给组织和自身带来意想不到的麻烦。但是，我们所说的这种适应性和变化性，并不意味着公共关系人员可以以此为借口，轻率地不按照原本的实施细则执行，公共关系实施细则执行中的适应性，不可以和工作人员的随意性混为一谈。

(2)公共关系实施细则的创造性

在公共关系实施细则执行的过程当中，必须不断地发挥公共关系人员自身的主观能动性，这既是原有计划的执行过程，也是实施公共关系细则的创新过程。公共关系实施细则的执行过程，不是简单的照章办事、僵化机械的操作过程，而是由一系列不同层次的实施者发挥主观能动性、充分发挥自身创造力的过程。执行人员应该充分发挥自己的积极性、主动性和创造性。由此而来，我们甚至可以说，公共关系实施细则的执行过程就是对原有的计划进行艺术加工再创造的完善过程，也是不断丰富公共关系实务经验的过程。在执行公共关系实施细则的过程中，公共关系人员经常会遇到意想不到的突发事件，而原本的计划中难以找到为处理这些事件而定的具体措施，这个时候公共关系人员就要充分发挥自己的创造力，以确保执行活动的顺利进行。公共关系实施细则的执行过程更是公共关系人员展现其才能和智慧的过程，由于公共关系人员具备的素质不同，同样的公共关系实施细则的执行，会因不同的人员具体执行而产生不同的结果，所以公共关系人员要充分发挥自身的创造性促成公共关系实施细则的成功执行。

(3)公共关系实施细则执行影响的广泛性

公共关系实施细则的执行会受到目标公众的关注，从而广泛地影响辐射到很多目标公众的观念、行为和态度，并使目标公众通过公共关系实施细则的执行而转变某种观念和态度，向着有利于组织的方向转换。公共关系实施细则的执行，总的来说表现在以下三个方面：

第一，细则的执行会对众多的目标公众产生深远的影响。一项公共关系从策划成功到实施后，常常会使该社会组织的对立方转变为自己的合作者或者支持者，这就是公共关系的魅力所在。而有时候，即使不能彻底转变公众的某些立场，也能对他们的观点、态度等产生一定程度上的影响，至少可以令目标公众对组织的负面观感向正面观感转变。

第二，公共关系实施细则的执行有时候还会对整个社会的习俗、文化产生深刻的影响。公共关系实施细则的执行所产生的影响不仅仅局限于其自身的目标，还有一些潜在的影响，对社会的进步产生巨大的推动作用。

第三，一项公共关系实施细则在执行的过程中产生的影响还表现在：细则在研究过程中没有认识到的、隐蔽着的问题，常常在执行过程中显示出来，带来一些始料未及的影响和变化。

(4)公共关系实施细则执行的形象性

公共关系实施细则在执行的过程中，必须使用具有良好的公众形象和社会意识的策略、手段和方法，以此赢得良好的公众观感，获得公众的信任和喜爱，这是公共关系以塑造良好的公众形象为核心的目标属性所决定的。良好的组织形象，给组织带来的收益是无法估量的。形象的竞争是现代社会市场竞争的最高形式，良好的形象是现代社会组织生存和发展的制胜法宝。在公共关系实施细则的执行当中，公共关系工作人员要注重了解公众的心理，以情感人、以情动人、以情服人，把公众当成自己的朋友，真诚、热情、礼貌地服务和奉献公众，使公众对公共关系人员，特别是社会组织留下良好的印象。在整个公共关系实施细则执行的过程中，要时刻谨记把良好的组织形象作为工作的最高出发点，深入地研究影响组织形象的各种因素，充分地利用各种手段、方法来塑造良好的组织形象。

(5)公共关系实施细则执行的文化性

成功的公共关系实施细则的执行必然具有浓郁的文化色彩。入乡随俗，公共关系实施细则执行的策略、方法、手段必须与不同地域、不同环境的文化特性相适应，才能顺利进行，达到组织的预期目标。随着社会的进步、经济的发展，具有文化属性将成为社会生活方式的大趋势。我们甚至可以说现代社会中人们的生活必将是文化的生活，因此公共关系实施细则的执行必然也要有一定的文化品位，迎合大众对于文化的追求，用文化的力量去影响公众。没有文化品位的公共关系实施执行是低层次的公关执行行为，不是现代的公关行为。

(6)公共关系实施细则执行的艺术性

公共关系实施细则执行的艺术性包括以下两个内容：第一，公共关系实施细则的执行设计要有艺术性。同一个公共策划项目，在实施执行的时候可以采取不同的策略、手段、方法，只有打破常规、独树一帜、别具一格，才能出奇制胜；要运用竞争对手意想不到的、传播效果最好的操作手段和方法。第二，公共关系实施细则的执行策略有艺术性。公共关系实施细则的执行要关注目标公众的心中所想，要迎合公众的心理，不同的年龄、性别、学历、职业、收入、血型、民族、宗教等可能有不同的心理诉求，要有针对性地根据特定的心理来执行细则。因此，公共关系实施细则执行的过程实际就是攻心的过程。因而，公共关系实施细则的执行要注重策略、方法、手段的艺术性，既要达到组织目标，又要自然不做作。

3.公共关系实施细则执行的原则

公共关系实施过程中的动态性、广泛性和创造性决定了公共关系细则执行的复杂性，为了使公共关系实施细则的执行不偏离既定的轨道，公共关系实施细则的执行就要以公共关系目标和公众的需要为出发点，使公共关系实施细则遵循一定的原则，切实有效地执行。具体原则有：

(1)目标导向原则

目标导向原则指的是在公共关系实施细则的执行过程中，由始至终不偏离公共关系实施细则的目标，遵循公共关系实施细则执行的目标，它是加强控制公共关系实施细则执行的一种手段。控制也被作为管理的一个职能，而且多和实施活动联系在一起，如管理科学的五要素说（计划、组织、指挥、协调、控制）和三种有机职能说（计划、组织和控制）。实际上，在公共关系实施细则的执行过程中也是离不开控制的，其控制过程就是把握公共关系实施的方向和进程。因此目标导向原则也叫作目标控制原则。不同的控制有不同的控制主体、客体和手段。目标控制的主体是实施公共关系活动的社会组织，客体是目标公众，其手段就是目标本身。

为了使目标导向的原则得到正确的应用，在公共关系的实施过程中，我们常常采用线性排列法和多线性排列法，将所有公共关系行动和措施按先后顺序有机排列组合起来，然后加以实施。

①线性排列法。线性排列法是按照公共关系行动、措施的内在联系为先后顺序逐一排列出来的，一步一步地向目标迈进。如图 6-6 所示。

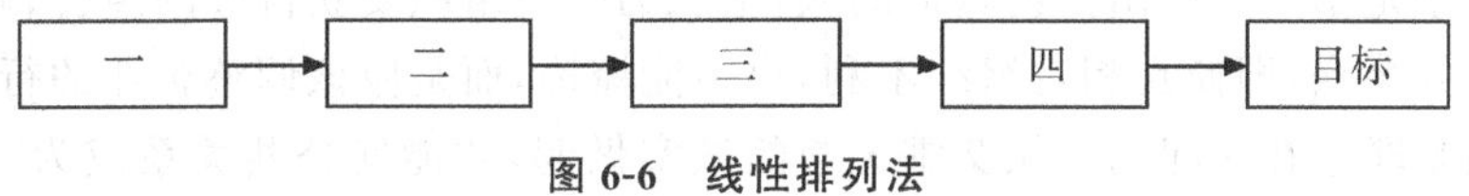

图 6-6 线性排列法

例如：美国有一家公司计划将本公司的消毒牛奶在日本推出，但是它遇到了一系列的障碍：日本消费者对于喝这种牛奶是否有好处抱有怀疑；日本的消费者联盟担心这种牛奶的安全问题；牛奶场主们反对消毒牛奶的分销，害怕与其竞争；相关利益集团的施压，零售商和牛奶专业商店的抵触；卫生部门和农业部门的质疑。

为了消除这些障碍，公司的第一步行动就是与日本的卫生部门取得联系，使之批准该产品的引入，因为如果没有该政府部门的批准，其后的一系列活动都没有执行的可能；第二步，说服零售商来经营消毒牛奶；第三步，与牛奶场取得联系；第四步，对消费者进行消费引导。这四步都是在前面的行动取得成功的情况下，逐步靠近目标的。线性排列法的优点是当前一步行动没有取得成功的时候，不急于开展下一步工作，以避免损耗人力、物力、财力。

②多线性排列法。多线性排列法是将几个行动同时展开，共同向成功迈进的排列方法，如图 6-7 所示。

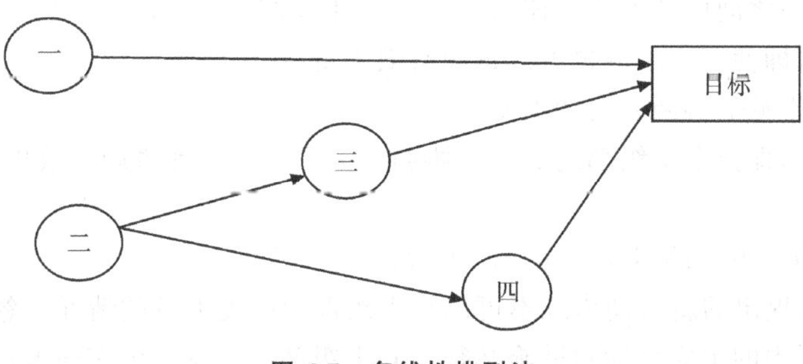

图 6-7 多线性排列法

这种排列法的优势在于，可以节省整个细则执行的时间，但是花费的人力、物力、财力相对比第一种排列法要多，而且一旦某一步的工作无法获得成功，那么其他的工作将造成浪费。

(2)诚实守信原则

诚实守信原则指的是组织在开展公共关系活动时，必须建立在组织良好行为和掌握实际情况的基础上，向公众传达关于组织的真实的信息，同时向组织管理者传达真实的关于公众的信息。

公共关系是建立良好的形象、信誉的一门艺术，它又不仅仅是简单纯粹的艺术或者宣传，而是有事实依据的一门科学的行为。公共关系不是“制造”而是“塑造”良好的形象，这种塑造所用的材料都应该是真实可信的，并非妄自臆断的。所以说诚实是公共关系的基本原则，也是对公共关系人员的根本的职业道德要求，是公共关系的生命。隐瞒、欺骗、歪曲、推诿是公共关系的大敌，只有坦诚的、负责任的、亲切的态度才是公共关系成功的关键所在。

艾维·李是第一个说出要说真话的人，他认为一个组织要获得好的声誉，就一定要把真实情况告知公众，即使真相对组织不利，也不能掩饰，而是应该调整企业的行为，公共关系和说真话是联系在一起的。从艾维·李的诚实做起，才能使公共关系成为一门科学和艺术。

公共关系在塑造组织形象时所做的大部分工作是传递信息，因而一定要保证所传递信息的内容的真实可信，绝对不能有任何虚假。如果公共关系传递的信息受到了质疑，那么公共关系活动就很难取得效果，甚至会一败涂地。坚持对外宣传的实事求是原则，在宣传中既要做到真实、客观，又要全面、公正。报喜不报忧、不全面的报道，也是一种不真实的宣传。当企业出现过失的时候，只有以诚恳的态度承认自己的错误和不足，才能获得公众的谅解。如果只是一味地掩盖真相、借口推脱，只会使矛盾激化，产生更恶劣的后果。在公共关系实施细则执行的过程中，也一定要本着诚信的原则，实事求是，才能使公众信赖组织，帮助组织建立起良好的信誉。

(3)整体协调原则

整体协调原则就是指在细则执行的过程中使公共关系工作涉及的各方面都达到和谐、合理、配合、补充和统一的原则。协调不同于控制，控制是对一个组织执行计划的过程中与计划目标的差异或偏离进行纠正或者克服的行为；协调强调的是在执行过程中的各个环节之间、部门之间以及实施主体与公众之间相互配合，不发生矛盾或者少发生矛盾，和谐化、合理化，即使产生矛盾也可以迅速有效地解决。

最普通、最常见的协调有两种类型：

①纵向协调，即指上下级部门之间的协调。为了保证这种协调的效果，往往需要注意以下几点：

A.上级部门对下级部门要有充分的了解；

B.上级部门提出的新行动措施不可以在下级部门毫无准备的情况下忽然付诸实施；

C.实施细则中的主要目标和措施必须告知下级部门以及全体实施人员；

D.下级部门必须实事求是，如实反映情况。

②横向协调，即指同级部门或者实施人员之间的协调。这种协调常常采用当面协调、文件往来等方式进行，从而达到沟通协调的目的。

无论是哪一种协调都要依赖信息的沟通，沟通中信息的明晰性、一致性、正确性和完整性都会影响到沟通的效果。所谓明晰性就是对沟通的信息的表达要明晰。如果不能明晰地表达实施计划所必要的指令和概念，目标上不能统一，那么公共关系实施细则的执行人员就不能抓住整个执行工作的重点，协调工作也会因为目标不明确而无所适从。一致性就是实施人员所接收到的指令往往不止一个，那么这些指令就必须前后一致，这样公共关系工作人员就不会对指令感到困惑，才能使协调顺利进行。正确性是要尽量避免信息的失真，这就要求公共关系工作人员在工作的过程中，不凭自己的主观臆断去随便改变信息的内容，否则协调工作就可能因为信息的不准确甚至偏离而无法达到既定目标。完整性是要求建立双向的交流通道，只有双向的信息交流，才能保证协调的有效进行。

总之，协调的目的就是使全体公共关系工作人员在认识和行动上取得一致，确保执行活动的顺利进行，提高工作效率，统一意志、统一指挥、统一行动，减少或者杜绝人力、财力、物力的浪费。

(4)反馈调整原则

反馈调整原则指的是把实施控制的系统信息用于受控系统后产生的结果再输送回来，并对信息的再输出产生影响的过程。组织通过监督机制发现公共关系实施细则执行过程中的方法存在偏差和错误，要及时地进行调整和修正。由于公共关系执行人员的素质差异以及其他的影响因素，会使公共关系实施细则在执行的过程中不能按照设计好的路线来执行，这就需要组织不断地收集有关公共关系实施细则执行结果的各类反馈信息，对实施细则进行优化，直至实现组织目标。

反馈是实施细则执行中的一个重要概念。由于组织通常需要这种反馈后获得的信息来进一步调整整个活动的执行，因此又称为“反馈调整”。它的特点是，根据过去的实施情况来调整未来的行动。如图 6-8 所示。

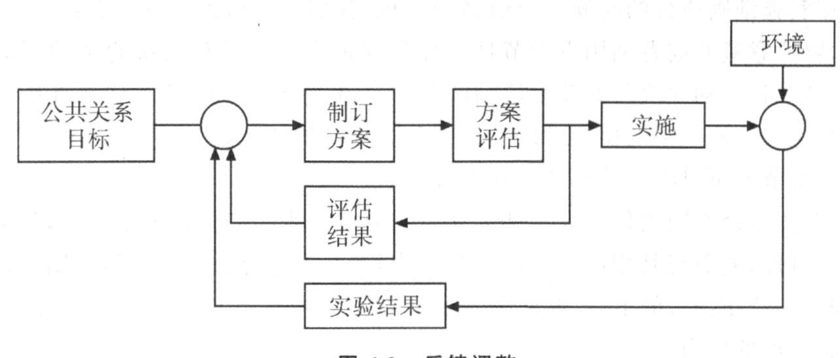

图 6-8 反馈调整

反馈调整的过程是：公共关系策划方案制订者确定公共关系目标，根据公共关系计划的目标制定具体的实施细则，实施细则制定好以后，组织有关部门和人员对方案进行评估，然后把评估结果与原定的公共关系目标进行比较，发现问题后再重新修订整个公共关系实施细则。之后，就开始将经过修正的细则付诸实施。实施后再将实施结果和原定的目标进行比较，以调整下一步公共关系计划的制订和实施。

由于公共关系实施细则执行的环境和目标公众的情况是复杂的，因而在细则执行的过程中，必须不断地把公共关系实施细则在客观环境中执行的结果与公共关系的目标相对照，如有偏差，及时对细则、行动或者目标作出相应的调整。而调整就要依靠各种渠道的执行结果反馈的信息，把细则执行的公众信息及时、准确地收集起来，经过研究分析，作为采取调整细则或者行动的依据。其实，一项公共关系实施细则的制定和执行，并不是依据一次反馈就可以作出调整并解决问题的，它需要经过多次的循环反馈、调整，才能使实施行动不断地完善，直至达到公关目标。

(5)选择时机的原则

在公共关系实施细则执行的过程中，必须考虑到一个关键的因素，就是时机问题。正确选择时机是提高公共关系计划成功率的必要条件。忽视这一因素，就很有可能导致整个公共关系执行工作的失败，究其原因主要有以下三点：

①人们不习惯接受任何突然的、剧烈的变化，而需要一个他们认为是正常的发展过程；

②沟通的目的在于取得预期的反应，所以应该循序渐进地沟通、传播和灌输信息；

③广告宣传和新闻报道本身，就应该是事件发生以后的逻辑后果。

正确选择时机的原则是克服时机障碍的有效方法。例如，一项公共关系实施细则的执行时机，恰恰和奥运会举办的时间发生冲突，那么无论这个计划本身多么完美，执行人员花多么大的力气去宣传，恐怕在这个举世瞩目的事件面前，该活动还是会暗淡无光。这就是没有选择正确时机的必然结果。相反，如果细则执行的时机由于精心选择和安排十分恰当，则将收到良好的效果。例如美国一家中学的公共关系部主任为了唤起公众对于中学生大量失学这一严重问题的关注，准备了一篇文章。经过研究，该文的广播时间被定在了黄昏时分，由于这个时间段人们的情绪比较放松，选择这个时间可以提高宣传效果并且缓和失学者对文章的抵触情绪。

为了在实施细则执行的时候选择恰当的时机，我们应该做到以下几点：

第一，要注意避开或者利用重大节日。凡是同重大节日没有联系的活动都应避开节日，以避免被节日活动冲淡公共关系活动的色彩。凡是同重大节日有某种直接或者间接联系的公共关系实施细则的执行可以利用节日为自己烘托气氛，扩大活动的辐射范围，如龙年国际旅游节就可以将开幕典礼选在春节前后。

第二，要注意避开国内外重大事件。凡是需要广为告知的公共关系活动，都应该避开国内外重大事件，避免与其相冲突。而需要广为告知，又想降低影响的活动则可以选择在重大活动时，如公布物价的上涨，此时公众的注意力容易被重大事件吸引，从而减少了活动的影响和舆论的压力。

第三，在同一时期内同时进行多项细则执行时，要避免效果两相抵消。

总之，正确地选择时机，是公共关系实施细则执行的一个技巧和方法。它并不能按一种固定的模式去进行，应具体问题具体分析，把握时机和运用时机以达到预期的效果。

4.公共关系实施细则执行的方式

公共关系实施细则的执行要根据不同类型的公众对象、不同类型的公共对象、不同类型的组织以及其发展过程中的不同阶段，采取不同的工作方式，才能既快又好地执行，实现公关的目标。公共关系实施细则执行采用的方式有以下几种：

(1)宣传型工作方式

宣传型工作方式，是指利用各种传播媒介，向组织内外公众传播组织的信息。向内部公众宣传，其目的是让组织员工了解组织的发展历史和取得的成就，以及组织正采取的行动和努力的方向，以增进他们的自信心和自豪感为目的，使他们始终和组织保持高度的一致；向外部公众宣传，是为了使社会公众获得对组织有利的信息，树立良好的形象，扩大组织的影响力，它的特点是主导性强、时效性强，有助于迅速提高组织的知名度。

(2)交际型工作方式

交际型工作方式，是指以无媒介的人际交往为主，目的是通过人与人之间的直接接触，使组织能迅速建立广泛的社会关系网。其特点就是形式灵活的直接沟通，信息反馈快，富有人情味，能使公共关系实施细则在执行的时候进入"情感"的沟通层次。这种方式包括团体交往和个人交往。团体交往包括各种宴会、恳谈会、年会、联谊会等，个人交往包括交谈、拜访、信件往来等。除此之外，交际型公关不仅可以广泛地用于外部，也适用于内部公共关系的处理，以体现组织富有人性关怀的企业文化。

(3)服务型工作方式

服务型工作方式，是指组织通过良好的服务，以实际行动来加强与公众的联系。对于组织来说，在进行公共关系实施细则执行的时候，宣传工作固然重要，但是如果没有实际行动，宣传活动只能是夸夸其谈，没有任何意义。所以，组织只有不断地增强服务意识，端正服务态度，丰富服务项目，提高服务技能，实际有效地为公众服务，才能切实地赢得公众的赞扬，获得良好的组织形象。

(4)专题型工作方式

专题型工作方式，是指以各种有组织的社会性、公益性、赞助性的活动为主，其特点主要在于公益性和文化性。这类活动一般不拘泥于眼前的得失，而是着眼于组织整体的形象和长远的利益。它一般有四种：

第一，以组织机构本身的重要活动为中心展开传播，如利用开业剪彩、启动仪式、邀请嘉宾媒体，渲染气氛，扩大影响；

第二，以参加各种活动为中心展开传播，如参加各种比赛、文艺演出等扩大影响；

第三，以投身社会福利事业为中心展开传播；

第四，以资助大众传媒为中心展开传播，如资助电台、电视台、报社等举办各种大奖赛、专题节目等。

(5)征询型工作方式

征询型工作方式，是指组织通过搜集资料、舆论调查、民意测验等手段，了解社会公众的反应和组织目前的公共关系状态，为组织今后的公共关系管理提供依据，使组织公关的目标和方案尽量与公众的利益保持一致，以便公关的执行取得良好的效果。其显著的特点是信息丰富，便于组织调整公关实施细则和行动。

第二节　公共关系效果评估

公共关系效果评估作为改进公关工作的重要环节，是指有关专家或机构依据某种科学的标准和方法，对公共关系活动的整体策划、准备过程、实施过程以及实施效果进行测量、检查、判断和评价的一种活动，是激励内部公众士气的重要方式，也是下一步改进公关工作的必要前提。

一、公共关系效果评估的内容与作用

(一)公共关系效果评估的内容

1.评价原定目标是否达成

(1)日常效果评估；

(2)专项活动效果评估；

(3)年度公关活动效果评估。

2.评价具体手段、目的

(1)形象效果的评估，包括企业形象、商品形象和环境形象目标效果的评估。

(2)传播效果的评估，包括内部信息传播和外部信息传播效果。

3.普通公众的态度

(1)接受信息内容的公众数量；

(2)改变态度观点的公众数量；

(3)发生期望行为与重复期望行动的公众数量。

(二)公共关系效果评估的作用

1.有利于争取本组织的领导对公关工作的重视与支持

公关人员通过评估，提供有说服力的材料，证明公关工作的重要价值，赢得领导的认同与支持。

2.有助于检验公关工作效果

公关效果评估，通过定量、定性的分析，从全局上客观、科学地把握公关工作的成败，从而测定组织形象的优劣，为进一步优化工作效能奠定良好基础。

3.有助于控制公关活动，提高工作的科学性

公关效果评估的过程，实际上就是一个收集和反馈信息的过程，不断收集来自公众的反馈信息，对照相关标准，找出公关活动存在的问题，提高公关工作的效果，使各项指标早日达成，工作绩效最优化。

4.有助于增加全员公关意识

公关效果评估，使人人参与、个个争先，让组织全体成员认识公关工作的重要性，自觉增强公关意识。

公关绩效评估的难度

公关绩效评估是公关活动过程中非常重要的一环，影响深远，难度也较大。

难度一:难以量化

这是因为公关活动有时可以定性,却无法定量,难以非常准确地把握客观实际情况的变化。

难度二:难定标准

公关活动的复杂性,有时无法确定统一的标准,即使使用同一种识别方法,但在标准上却很难统一。

难度三:时效变化

公关活动与其他营销活动的手段不一样,其功效要持续很长时间才能显现。

难度四:持续性缺乏

由于一般公关活动重视前期工作,忽视后期的评估,缺乏持续、长久的效果评估资料,无法通过对于历史的总结而形成一套科学、客观、有效的评估方法。

二、公共关效果评估的程序与方法

(一)公共关系效果评估的程序

1.重温目标,明确标准

在公关效果评估中,首先就要重温一下原定的公关目标,用其作为标尺来衡量组织所做的工作,以便作出客观、科学的评价。

2.收集资料,衡量绩效

积极围绕目标,广泛、认真地收集组织实施过程中的各种相关信息,权衡、界定实现目标的情况,以便客观评估。

3.分析结果,用于决策

公关人员以正式报告的形式,将公关评估与组织的总目标、总任务联系起来,提供给决策者参考、鉴别、借鉴,以便作出科学决策。

4.纠正偏颇,不断完善

针对报告中发现的问题与失误,找出具体原因以便因势利导、对症下药,确保制订的目标和计划更加完善并减少实施过程中的偏差,为下一阶段公关活动提供有用的背景材料和借鉴经验。

(二)公共关系效果评估的方法

1.民意测验法

民意测验法,英文名称 Public Opinion Poll,基本做法是,按一定抽查法的要求,选定相关数量的调查对象,用问卷、表格等方式,征求他们对指定问题的意见、态度和倾向,再加以统计、分析和说明,从中了解公关活动的效果。

2.访谈法

访谈法是选择一定对象,采用座谈、个别访问等方式,了解公众对公关实施的意见、态度和评价。有个别访谈、集体座谈两种具体方式。个别访谈的优点是谈话深入、干扰小,缺点是费时费力;集体座谈信息来源广、省时,但易受他人发言(观点)的影响。

3.专家法

专家法是由各学科、各领域的专家会同公关人员组成专门评议组,对公关工作进行仔细、全面、客观的评估，接受质询，予以论证。具体步骤为：

(1)成立专家组。以10～40人为宜，涉及组织内外部公关、管理、心理和传播专家。

(2)拟订调查评估项目，确定评价标准。可根据舆论的变化分为好转、略好转、原状、略恶化和恶化五个标准，必要时附上相关背景资料，供各位专家参考。

(3)请专家们匿名、独立地提出评估意见，并说明理由。

(4)把分散的意见和说明列表，再次分发给各位专家，以便专家们重新发表意见，直至意见趋于统一。

(5)分析、综合各位专家的意见，获得代表大多数专家意见的结论，作为专家集体对公关活动效果的权威性评估。

4.实验法

实验法是根据一定的研究目的选择一组研究对象，人为地改变和控制其中的某些因素，然后观察其结果的方法。其实质是利用事物、现象间客观存在的相互关系，通过调节某个变量(如公关活动前后某个企业的声誉)，来测定另一些量(如产品订货量、销售量)的增减。这种方法最好在经历和未曾经历公关活动的两组公众之间展开。对两组公众进行相同的测验，对测验机构进行比较，最终评估结论。

5.要素法

要素法是根据组织形象的具体要素，诸如知名度、美誉度、信誉度等所包含的因素，分析了解组织的实际形象与自我期望形象的差距，确认公关活动中所存在的问题。

6.媒介评估法

媒介评估法是通过对大众传媒发布的本组织信息的统计分析，评估组织公关信息传播情况。一般有定量、定性分析两种。

(1)定量分析

①沟通有效率：指沟通有效数与沟通信息总数之比。用公式表示为：

$$沟通有效率=\frac{沟通信息总数-无效数}{沟通信息总数}\times 100\%$$

②公关信息传播速度：指单位时间内传播的信息量，或一定的信息量传递所需的时间。用公式表示为：

$$传播速度=\frac{传播信息量}{传播的时间}$$

③视听率：指实际视听人数占所调查总人数的比重。用公式表示为：

$$视听率=\frac{实际视听人数}{调查总人数}\times 100\%$$

④知名率：指掌握某一信息内容的人数与该项调查总人数之比。用公式表示为：

$$知名度=\frac{掌握某一信息内容的人数}{调查总人数}\times 100\%$$

相关链接

某集团公共关系总部季度绩效考核表

<table>
<tr><td colspan="2">考核期间</td><td></td><td>考核时间</td><td colspan="3"></td></tr>
<tr><td rowspan="11">关键业绩（权重80%）</td><td>序号</td><td>指 标</td><td>权重</td><td>得分</td><td>计分=得分×权重×10</td><td>绩效考核者</td></tr>
<tr><td>1</td><td>制度建设</td><td>5%</td><td></td><td></td><td></td></tr>
<tr><td>2</td><td>国家级媒体宣传情况</td><td>15%</td><td></td><td></td><td></td></tr>
<tr><td>3</td><td>省级媒体宣传情况</td><td>12%</td><td></td><td></td><td></td></tr>
<tr><td>4</td><td>市级媒体宣传情况</td><td>8%</td><td></td><td></td><td></td></tr>
<tr><td>5</td><td>危机管理</td><td>20%</td><td></td><td></td><td></td></tr>
<tr><td>6</td><td>媒体负面报道情况</td><td>10%</td><td></td><td></td><td></td></tr>
<tr><td>7</td><td>形象建设情况</td><td>10%</td><td></td><td></td><td></td></tr>
<tr><td>8</td><td>内部宣传情况</td><td>5%</td><td></td><td></td><td></td></tr>
<tr><td>9</td><td>部门费用控制</td><td>10%</td><td></td><td></td><td></td></tr>
<tr><td>10</td><td>绩效考核数据提供情况</td><td>5%</td><td></td><td></td><td></td></tr>
<tr><td></td><td colspan="5">关键业绩得分合计</td><td></td></tr>
<tr><td colspan="6">部门满意度得分（权重20%）</td><td></td></tr>
<tr><td colspan="6">总得分=关键业绩得分×80%+满意度得分×20%</td><td></td></tr>
<tr><td colspan="7">董事长签字：

月 日</td></tr>
</table>

(2)定性分析

①报道的内容。报道中，对组织的成就、发展情况报道得越多，效果就会越好，在公众中树立起组织的良好形象的可能性也就越大。这是“质”的分析。

②报道的篇幅和时数。报道本组织的篇幅越大，出现频率越高、时数越多，引起公众兴趣和注意的程度就越高。这是“量”的分析。

③新闻载体的层次和重要性。衡量媒体的标准，主要看级别、发行、覆盖和权威性，从而界定其影响力强弱。中央级、全面性、综合性的媒介发表对本组织有利的报道，往往比其他媒介更有利于提高组织的知名度和美誉度。

④新闻媒介所宣传的新闻价值。对组织宣传是正面报道还是反面报道，全面报道还

是摘要报道，重点报道还是一般报道，醒目版面还是次要版面，这些差异均会影响报道的新闻价值。

⑤新闻媒介报道的时机。新闻媒介对组织的报道，时机选择是否及时、适时，是否能恰到好处地配合组织的实际发展状况；倘若迟发或延误，不但无益反而有害。

温馨提示：

在开展公关效果评估时，选择何种方法，要根据实际情况。一般来看，对于中长期计划的实施效果评估，最佳的方式是多种评估方法交替或同时使用；倘若是短期计划，一两种方法就行了。

【案例讨论】

案例一 “520一起勇敢爱”

——西铁城“大声说爱你”主题活动人气爆棚

五月是一个充满爱的月份，520更是一个被爱意包围的日子，甜蜜520浪漫告白日，全城说爱。在520即将来临之际，全球知名腕表品牌西铁城携手京东共同发起了一场主题为“大声说爱你”的线上线下整合营销活动。5月12日至5月13日，“西铁城大声说爱你”线下活动在北京通州万达广场引爆人气，作为本次西铁城520整合营销活动的线下公关落地部分，主办方西铁城为现场参与者带去了一场充满创意互动的趣味体验，与大家一起勇敢说爱，拥抱浪漫爱情。

纵观本次西铁城520整合营销活动，在线上渠道，品牌立足于“大声说爱你”这一核心主题，整合线上新浪微博红人大号资源，联动意见领袖们的粉丝效应推广“情话王大挑战”创意H5，让用户们通过对不同风格的经典电影情话台词自由发挥，录制花式情话勇敢表白心仪的TA。同时，在近期大热的抖音APP上，也有不少抖音达人们利用西铁城520告白礼盒作为道具开启花式表白大秀，鼓励说爱，获得了抖音用户众多的互动讨论。

如果说，西铁城线上的520营销活动是在精神层面鼓励大家勇敢表达爱意，那么这次线下的“西铁城大声说爱你”主题活动便是一次强有力的落地说爱行动了。它将感情与产品紧密联系在一起，为广大消费者提供了一个勇敢表白的平台。现场不仅能体验大声表白的畅爽，甚至直接现场告白心爱的TA，还能获得包括西铁城腕表在内的不同等级的福利礼品。一场线下活动，直接拉动消费者勇敢说爱、表达爱意，为整个520“大声说爱你”整合营销活动提供了落地支撑。

回到“大声说爱你”主题本身，它既可以是情侣间的爱意表达，也可以是暗恋者的勇敢说爱，相较于仅停留在情侣市场的品牌营销而言，西铁城这次整合营销更深层次、多方面地拓宽了市场的可能性，挖掘了更多潜在客户对品牌的关注。西铁城把勇敢和礼物都集中在一起，为爱加持勇气，陪伴爱情继续前行，基于对人性的多维度洞察，吸引消费者对西铁城品牌的关注与好感，用互动整合营销加深广大用户对西铁城品牌的印象。520将至，希望你也与西铁城一样，大声说爱，用心去爱。

（资料来源：http://www.chinapr.com.cn/p/1340.html，中国公关网，2018-05-14）

讨论题：该活动为何能取得如此好效果？

案例二　公关效果评估的关键指标

1.覆盖率

覆盖率是广告效果评估中常用的一个词汇，用在公关中也一样，特别是对传播、活动的效果评估，必须搞清楚覆盖到了多少人群，如果不清楚覆盖率，做出来的媒体计划以及活动都是盲目的。

覆盖率是广告效果评估中常用的一个词汇，用在公关中也一样，特别是对传播、活动的效果评估，必须搞清楚覆盖到了多少人群，如果不清楚覆盖率，做出来的媒体计划以及活动都是盲目的。

有些企业老板特别有意思，他认为A媒体好，就一定要上A媒体，全然不顾A媒体的覆盖率，这样的传播必然是有问题的。

所谓的覆盖率也不仅仅是指一家媒体的覆盖率，比如一家企业的市场遍布全国，通过中央媒体的宣传是不是就能覆盖率100%呢？当然不是。一家发行量才5万的中央媒体，肯定不如一家发行量10万的区域媒体的覆盖率，前提是企业在那个区域有市场。

当某次宣传结束后，我们可以用一个粗糙的公式来表达覆盖率：

覆盖率＝传播受众/市场所属区域的受众

传播受众就是我们通过媒体影响到的受众，包括直接影响和间接影响，这个我们后面会提到。而市场所属区域的受众很好理解，如果企业只在北京有市场，就不要把宣传做到河南去，或者用中央媒体在全国范围内做。

显然了，如果按着100%的覆盖率去做宣传，必然会有一些重复，所以又涉及一个有效率的问题。

2.有效率

有效率是指，虽然覆盖到了，但有可能重复覆盖，或者覆盖不一定有效。

重复的不多说了，谈一谈无效覆盖。比如，在北京市场做宣传，选择《娱乐信报》，发行量号称20万，首先这20万人里面不是全部有效的——这20万什么人都有，我们需要的只是其中一部份，比如只有5万是有效的。其次，这5万人是不是全部都会看到我们的信息，这和版面有一定关系。

所以，针对不同的企业，每份报纸杂志都会有其不同的有效率，企业当然要选效率高的。通常，很多企业顾到了有效率，又忘记了覆盖率，我们需要的是两者兼顾。

这里还要提一下品牌发展指数，即品牌在一个地区的销售占总销售的比率除以该地区占总人口的比率，用以评估品牌在该地区的相对发展状况。我们都知道山沟沟里的消费能力是不能和城市相提并论的，在某些地区发行量很大的媒体，由于经济发展落后，有效率就很低。光看发行量，不问有效率，就是这种错误。

综合覆盖率以及有效率，即可得出有效受众，它的作用可以直接用来表述宣传效果。

3.千人成本

这也是广告术语，媒体载具每接触1000人所需支付金额，在计算上是以媒体单价除以接触人口，再乘以1 000。

它的计算方式有两种：

千人成本＝总成本/总受众

人成本＝总成本/有效受众

显然，第一个计算方式是被公关公司普遍采用的，因为它通过分母的基数降低了千人成本，但这个不能反映问题。真正能反映问题的第二个公式，“钱要花在刀刃上”说的就是这个，只有考虑了有效率的千人成本才是有意义的。

再做得细一点，可以结合千人购买率、千人利润率，来计算以某个成本进行传播值得不值得。比如通过宣传，每千人中预计会有10人购买产品(即1%购买率)，每件产品的利润是10元，那么千人利润总额就是100元，宣传推广的成本当然不能大于这个数。

以千人成本，还能计算出企业推广需要的总费用，以企业的总目标受众除以千人成本，就是宣传总费用。企业在做年度宣传预算的时候，可以此为依据进行推算，费用要求达不到时选择重点市场进行建设。

4.准确性

失之毫厘，谬以千里。准确性的评估，是不可缺少的一个内容，做到覆盖率、有效率，还是效果不好，原因可能就是准确性差。

信息被有效覆盖了，不等于被有效传递了，准确性包括的主要内容有传播定位的准确性、媒体策略的准确性、发布内容的准确性、传播方法的准确性等。

定位的准确性不用说了，一件产品如果没有找好卖点，一个企业没有在产业中找到自己的位置，传播的主基调不正确，这些都会造成效果低下。媒体策略的准确性，主要是指发布时间、发布周期，比如促销信息的发布、新品的上市，特别是一些策略性发布，对于媒体策略的要求是十分严格的，如果不准确，效果必然要大打折扣。发布内容的准确性是指，该说的问题没有说清楚，该突出的重点没有突出，那怎么可能会有效果？传播方法也是一种，上来就打官司，上来就喷口水……确实吸引了眼球，但是效果如何是否需要反思一下呢？

准确性是无法量化的一个东西，这个是考核公关公司实力的一个重要因素，很多竞标书上都会把策划方案的策略、定位作一个很高的要求，原因就在于此。而对公关评估，自然不能缺少这一环，因为计划赶不上变化，一开始认为正确，也许就是错误的。

5.爆破力

爆破力，业内也有人称之为引爆。当然，这不能全部说明问题，爆破力只能说明在某段时间内的爆破，但传播力度还包括长时间的影响。

针对爆破力而言，主要是指在某段时间内让企业的信息迅速充满媒体，并持续一段时间，这也是公关常用的一种方法，通常的一个事件营销就属于此类。通过对信息的占领，可以一下子吸引关注，并加强人们的记忆或者好感，从而达到公关的目标。关于爆破力的统计，可以选取一段时间，以媒体发布的数量、转载的数量、媒体跟进报道的数量进行分析统计，其中媒体跟进报道的数量能集中体现传播力度。

除了一段时间内的传播量，还有一些能有效“量化”传播力度的标志，如网站的首页、平面媒体头版或者头条等等。很多企业比较注重在网站上的首页，或者频道首页，以及一些版面的头条或者关键位置——这都能表明传播力度。

另外，关注度也是传播力度的一个表现，比如在一段时间内，行业内共发生了几个值得一提的新闻，给这些新闻排个名，再结合自己企业在市场的排名，就知道传播的力度够不够。对于一个企业而言，制订了年度计划，亦可回顾一下有没有哪个新闻值得一提，如果没有，说明没有传播力度。

一些企业年年做宣传，但是所做的宣传都不值一提，就像小学生写流水账一样，这就是没有力度的原因。

7.传阅率

在统计覆盖率的时候，虽然传阅率也会被统计进去，但这个仍然是很容易被忽略的问题，特别是在网络时代。

搜索引擎的兴起，使得网络上文章内容被二次、三次阅读的远大于当日发布时的阅读量。特别是一些选购、评测、体验类的文章，被搜索到然后再被阅读，从而起到影响消费者购买决定的作用十分明显。因此，当人们在购买汽车、IT 等产品时，通常要上网查一查相关信息，这时候传阅率就显得比覆盖率更为重要。因此，在效果评估时，以搜索引擎的搜索结果作为评估手段也已经成为重要的手段。

比如，应用百度搜索“MP3 选购”，在宣传之前第一页搜索没有相关品牌的内容，而做完宣传之后出现了相关的内容，这表明传阅率很大，效果当然也会很好。

另一方面，我们发完一个消息以后，有时候会引起媒体的广泛报道，这事实上也叫传阅率。可见，传阅率既可以以人们对同一张报纸的多次阅读来做统计，也可以以搜索引擎上被搜索到的多次阅读来做统计，还可以以后续媒体自发跟进的报道来做统计。

很多时候，传阅率并不被计入公关服务的收费项目，因此长期被忽视，但它无疑是公关效果的重要组成部分。

8.公关指数

前面我们讲的多是以传播为主的一些效果评估，当然公关绝不仅仅是传播，比如一些公众关系维护、项目游说、危机处理也都属于公关的范畴，对于这些内容的效果显然需要特殊的方法，本人认为公关指数是一个较好的评估方法。

比如，很多企业都需要建立和维护媒体关系，通过与公关公司的合作，一定在媒体关系层面获得一定的提升。——打个简单的比方，如果企业不能做到媒体在刊出负面报道之前就得到相关消息，说明媒体的关系还不够到位。这可以量化为一共建立了多少家核心媒体的关系，也可以从单家媒体的关系提升上取得评估。

至于项目游说的话，工作的进展就是很好的评估，这里不多赘述。而对于危机管理，通常以“拿”掉了多少篇负面报道来做衡量，这是不完整的。应用公关指数的理解来看，在处理完危机之前，企业与消费者的关系、企业与媒体的关系、企业与渠道的关系，这些有没有产生变化，如果这些关系下降了，说明危机并没有处理好。同理，如果关系得到提升了，说明危机处理得非常好。必须重点说明的是，看一篇报道是否为危机公关，也要看企业的公关指数有没有变化，如果一篇文章只有几十人看，影响面、影响力都十分窄，就不叫危机。很多危机本不是危机，只是小噪音，结果被公关公司一搞反而真成了危机，这样的例子屡见不鲜。原因就在于，一开始的时候，危机的初期并没有导致企业的公关指数下降，而处理危机的过程中导致了这个指数的下降，也就是失败的公关。

可见，在公关效果的评估时也要考虑这一点，公众关系是否有下降，这也是回归到公关的本质，不能因为要见个头版，结果把记者关系搞得一团糟，这可能对于企业得不偿失。说白了，企业取得的各种关系不能轻易动的，一件小事就想上头版，大事来了更想上，长此以往，再好的媒体关系也要被搞砸。

9.销售的提升

这个放到最后，并不意味着不重要，而是最为重要，也最为一些企业关注。

有些企业完全将销售的增长寄希望于公关，本人认为这是不可取的。公关在某些时候可以对销售有刺激性的帮助，比如北京富亚涂料的老板喝完涂料后，消费者指名要买能喝的那种涂料；比如我们在网络上发布某个特殊电话号码后，会明显感受到电话的增长；比如 Mapabc 在发布手机位置查询的代码后，一天内用户增长近万等等……但是，我们不能指望所有的公关都能产生这样的效果，毕竟广告有公关永远取代不了的作用。

当然，即便不能直接统计公关对销售增长的帮助，亦可以通过间接的方法获得销售增长的数据。用总增长减去广告、促销等手段对销售增长的刺激作用，就可以得出公关对销售的增长作用。菲利普的《市场营销管理·亚洲版》对此有更为详细的说明，有兴趣的朋友可以研究一下。

正因为公关效果中，很多企业将对"销售的提升"看得很重，所以像网通、移动这种企业，公关做到经常被业界嘲笑，依然业绩很好。像蒙牛的"超级女生"，批评者也不少，但是很多人将它看作是好案例……试问一下，有谁真正科学地统计过超级女生对蒙牛的贡献？有时候，我常和朋友开玩笑说，服务那些年年挣钱的企业，就算案例再烂，也可以拿得出手，服务那些亏损的企业，案例再精彩，也不要拿出去丢人。

（资料来源：https://zhidao.baidu.com/question/1991464576339222867.html，百度知道，2016-05-30）

讨论题：如何理解该评估体系中的各项指标？

【本章小结】

公共关系实施是整个公共关系活动中的一个重要部分，本章主要涉及了如何设置公共关系实施机构，以及实施机构人员的配置；公共关系实施目标的分解和落实的原则、方法；确保公共关系顺利实施的机制；公共关系实施细则是如何制定以及执行的。力图让同学们了解到公共关系实施整个过程中的各项工作以及操作方式。在课后以及课前的案例中，我们可以探寻公共关系实施过程中的一些问题，以及更深刻地理解本章的部分内容。

公共关系效果评估也是公共关系活动不可或缺的重要环节，评估既是对前面活动的总结，也是对后期活动问题的预防。本章主要介绍了公关效果评估的含义、作用、内容及程序，公关活动效果评估的方法及其对于公关活动的影响与价值。

【习题】

一、辨析题

只要公共关系方案是可行的，其实施结果一定是成功的。

二、问答题

1.设计一个完整的公共关系部或者公共关系公司或者社会团体的人员图谱。

2.独立完成一项公关目标的分解。

3.制定一个新产品的宣传执行途径。

4.公关效果评估的作用有哪些?

5.公关效果评估的方法有哪些?

6.如何运用媒介评估的方法?

三、实训题

撰写公关联谊会效果评估报告

[情景设计]

校庆活动结束后,学院要求团委、学生会就公关联谊会整体策划、准备过程、实施过程以及实施效果进行评估,提交一篇评估报告。

[角色扮演]

学生分组进行角色扮演,每组 6 人。

[制作程序]

1.选择评估人员,包括专业教师、学生会主席、团委书记和文艺部部长。

2.收集师生对于联谊会的反应情况。

3.归纳整理各种相关资料。

4.提出评估标准。

5.比较实施效果。

6.得出评估结论。

[实训要求]

撰写一篇联谊会评估报告。

[效果评价]

教师教学评点、打分,将评估结果填入表 6-4 中。

表 6-4　公关联谊会效果评估表

专业		班级		学号		姓名	
考评内容	公关联谊会效果评估						

续表

考评标准	项目内容		分值	评分
考评标准	准备环节	项目设计是否科学	15	
		任务分配是否合理	5	
		文献调查是否真实有效	5	
	实施环节	计划实施是否客观	10	
		相关公众调查是否全面	10	
		协调是否高效	10	
		是否符合组织实际	10	
		活动时机选择是否恰当	10	
	能力测试	沟通协调技巧	5	
		团队合作精神	10	
		应变能力	10	
总计			100	

【拓展分析】

观看电视剧《纸牌屋》,对其中的公关活动进行评估。

第 7 章

公共关系危机管理

本章知识点：危机的内涵与特点；危机的类型及其成因；危机管理要素及其核心内容；危机预防、危机处理的策略以及危机后的形象重塑。

案例导读

空姐乘坐滴滴顺风车遇害遇害事件

2018 年 5 月 10 日，一名空姐在郑州乘坐滴滴顺风车遇害的消息引发广泛关注。随后，滴滴成为众矢之的，被推上风口浪尖。不过，从滴滴公关的应对上来看，似乎也并不合格。

首先是反应速度过慢，5 月 9 号 7 点 30 分，河南都市频道对空姐遇害新闻做出报道，然而直到次日(10 号)中午，滴滴才发布正式官方声明时间，此时离河南都市频道的报道已经过去了一天多了，已超过 24 小时。

不过最让人让人诟病的是滴滴一则“悬赏百万”的申明，更将其推向风口浪尖，悬赏一百万，却依旧对大家最关心的平台审核机制避而不谈。滴滴公司的这条微博被网友批为作秀行为，很快滴滴对此进行了删除处理。

(资料来源：http://www.chinapr.com.cn/p/1527.html，中国公关网)

启发总结：“危机”本身并不可怕，只要态度诚恳、认真对待、及时处理，“危机”也能变“机会”。

第一节　危机及其特点

一、危机的定义与特点

(一)危机的定义

人们一直试图全面而确切地对危机下个定义，但是实际上危机事件的发生却有着千变万化的现实场景，很难一言以蔽之。有人认为，只有中国的汉字能圆满地表达出危机的

内涵,即“危险与机遇”,是组织命运“转机与恶化的分水岭”。我们来回顾一下许多学者从不同角度对危机的理解判断:

赫尔曼(Hermann):危机是指一种情境状态,在这种形势中,其决策主体的根本目标受到威胁且作出决策的反应时间很有限,其发生也出乎决策主体的意料。

福斯特(Forster):危机具有四个显著特征:急需快速作出决策、严重缺乏必要的训练有素的员工、相关物资资料紧缺、处理时间有限。

罗森塔尔(Roster):危机是对一个社会系统的基本价值和行为架构产生严重威胁,并且在时间性和不确定性很强的情况下必须对其作出关键性决策的事件。

巴顿(Barton):危机是一个会引起潜在负面影响的具有不确定性的事件,这种事件及其后果可能对组织及其员工、产品、资产和声誉造成巨大的伤害。

班克思(Banks):危机是对一个组织、公司及其产品或名声等产生潜在的负面影响的事故。

里宾杰(Lerbinger):对于企业未来的获利性、成长乃至生存发生潜在威胁的事件。他认为,一个事件发展为危机,必须具备以下三个特征:其一,该事件对企业造成威胁,管理者确信该威胁会阻碍企业目标的实现;其二,如果企业没有采取行动,局面会恶化且无法挽回;其三,该事件具有突发性。

从不同的角度看,以上的定义或多或少都有些偏颇.我们可以把危机定义为一种使企业遭受严重损失或面临严重损失威胁的突发事件。这种突发事件在很短时间内波及很广的社会层面,对企业或品牌会产生恶劣影响;而且这种突发的紧急事件由于其不确定的前景造成高度的紧张和压力。为使企业在危机中生存,并将危机所造成的损害降至最低限度,决策者必须在有限的时间限制下,作出关键性决策和具体的危机应对措施。

(二)危机的四个特点

1.必然性和普遍性

危机的必然性是指危机是不可避免的,只要有公共关系就会有公共关系危机。这是因为:

首先,由于人们主观认识的局限性和客观规律的隐蔽性,人们认识规律、驾驭规律的能力必然会存在偏差,所以任何的错误都可能变为现实。

其次,公共关系是一个层次较多的大系统,包括了许多彼此联系的复杂的子系统,是一个多输入、多输出、多干扰的主控系统,不确定因素的复杂性增加了危机产生的必然性。

再次,信息传播是公共关系不可或缺的因素,公共关系过程是一种信息传播过程,更是一种控制过程,从信息论的角度看,就是信源通过信道向信宿传递并引发反馈的过程。信息传递的过程中由于噪音的干扰势必产生失真现象,失真即有误差,误差导致错误,错误导致危机。

最后,任何策划和决策都以信息为基础,而且方案的执行过程也是一个信息传播的过程,信息经过多层系、多渠道、多阶段的传输之后,其失真现象必趋严重,导致系统的稳定性减弱,一旦震荡度加大,危机便接踵而至。

所以任何一个社会组织在它的发展过程中都会遇到性质不同、表现形式各异的危机。1985 年,美国莱克西肯传播公司对美主要企业领导人的一项调查表明,89%的领导人认为“企业发生危机如同死亡和税收一样，都是不可避免的”。

2.突发性和渐进性

公共关系危机事件是一种突发性事件，但往往是渐进式形成的。它的发生常常是在意想不到、没有准备的情况下突然爆发的，它是不可预见的或不可完全预见的。由于公共关系大系统是开放的，每时每刻都处在与外界的物质、能量、信息的交换和流动之中。其任何一个薄弱环节都可能因某种偶然因素而致失衡、崩溃，形成危机。它具有突发性特征，也具有不可预测性的特征。从本质上讲，公共关系危机的爆发是一个从量变到质变的过程。危机从其自身发展来说，一般有四个阶段：前兆期—加剧期—处理期—消除期。

(1)前兆期：危机的隐患初露端倪，向组织发出警告。大量事实表明，它是一个转折点，这时危机处在一个不稳定的状态，此时重要的是如何使这种状态向好的方面转化，扼制住它向坏方向转化的可能，化险为夷，转危为安。如果对前兆期的危机信号熟视无睹，它就会膨胀，到一定程度后，就会形成组织公共关系危机的爆发，并迅速蔓延，产生连锁反应，使公众与组织关系突然恶化，使企业措手不及。

(2)加剧期：危机的加剧期已经到来，就不会自行消失。这时，问题暴露，公众投诉，媒介追踪，声誉大降。这个时期，企业或社会公众已较清楚地了解到到底发生了什么事情。有关当事人介入行动，同时安排抢救工作。一旦进入危机加剧阶段，只能使任何控制危机的努力变成对损失程度的控制。

(3)处理期：处理期是危机灾难发展到顶峰的时期，抢救工作进入关键阶段。在此时期，公关机构设立信息中心，按时把抢救工作的最新消息传送给媒介人士。处理期短则一两天，长则持续几个星期或更长时间。在发表各种消息时，一定要坚持“公开事情真相”的原则，以避免新闻媒介和社会公众的猜疑、质询。危机的处理期一般包括调查情况、自我分析、安抚公众、联络媒介等工作。

(4)消除期：消除期是指评估工作开始，抢救工作告一段落。在这一时期，除着手准备详细的调查报告外，主管部门和公关部门都还需要做一些具体的事，妥善处理危机后期工作，安抚人心。同时，依靠公共关系手段消除影响、矫正形象。

3.严重性与建设性

危机事件作为一种公共事件，任何组织在危机中采取的行动和措施失当，都将使企业的品牌形象和企业信誉受到致命打击，甚至危及生存。由此，为了应对各种突发的危机事件，西方现代企业一般都将其纳入管理的内容，形成了独特的危机管理机制。例如，伦敦证券交易所为避免企业危机对股市的冲击，就提出了新规定，要求上市公司必须制订危机管理计划，建立危机管理机制，并要定期提交危机预测分析报告。

危机在本质上或事实上对社会组织产生的破坏性是巨大的，必须尽力防范和阻止。但危机的爆发暴露了组织存在的问题，更是给组织提供了一个检视自我应对风险能力的机会，危机的恰当处理也会带给组织新的收获。从辩证法的角度来看：危机＝危险＋机遇。

公共关系危机爆发之后，组织的公共关系系统处在不稳定的状态中，有效的公共关系工作必定会在原本无序的公关状态中建构更牢固的公共关系大厦，使无序走向有序。认识危机的建设性，才会采取主动姿态，沉着冷静，满怀信心地面对危机，从中寻找和抓住任何可能的机会；认识危机的建设性，才有可能认识到公共关系危机在破坏公共关系良好状态的同时,也为组织建立富有竞争力的声誉,树立组织的形象并且为组织的重大问题的解决创造了机会。

4.紧迫性和关注性

公共关系危机总是在短时间内突然爆发,使组织立刻处于备战状态,要求公关人员第一时间全面掌握事情真相。危机爆发所造成的巨大影响又令人瞩目,它常常会成为社会和舆论关注的焦点和讨论的话题,成为新闻界争相报道的内容,成为竞争对手发现破绽的线索,成为主管部门检查批评的对象。

总之,组织的公共关系危机一旦出现,它就会像一颗突然爆炸的炸弹,在社会中迅速扩散开来,对社会造成严重的冲击;它就会像一根牵动社会的神经,迅速引起社会各界的不同反应,令社会各界密切注意。

二、危机的类型

从不同的角度划分,公共关系危机有以下类型:

(一)一般性危机和重大危机

从存在的状态看,公共关系危机可划分为一般性危机和重大危机。

1.一般性危机

一般性危机主要是指常见的公共关系纠纷。从某种意义上说,公共关系纠纷还算不上真正的危机,它只是公共关系危机的一种信号、暗示和征兆。只要及时处理,做好工作,公共关系纠纷就不会转向公共关系危机,以致造成危机局面。

2.重大危机

所谓重大危机,主要是指企业的重大工伤事故、重大生产失误、火灾造成的严重损失、突发性的商业危机、大的劳资纠纷等。它是公共关系从业人员面临的必须及时处理的真正危机,如产品或企业的信誉危机、股票交易中的突发性大规模收购等,公关人员必须马上应付处理,最好在平时就有所准备。

(二)内部公关危机和外部公关危机

从危机同企业的关系程度以及归咎的对象看,公共关系危机可分为内部公关危机和外部公关危机。

1.内部公关危机

发生在企业内部的公共关系危机称为内部公关危机。内部公关危机发生在企业之内。或者说这种危机的发生主要是由该企业的成员直接造成的,危机的责任主要由该企业内部的成员承担。

2.外部公关危机

外部公关危机是与内部公关危机相对而言的,它是指发生在企业外部,影响多数公众利益的一种公关危机。本企业只是受害者之一。

从这一角度具体划分公关危机的类型时,内部和外部是相对的。因为有些公关危机的发生,内部和外部原因都有,所承担的责任大小也相差不多。故对具体公关危机的划分与处理必须具体分析,恰当处理。如,谣言引起的危机;政府政策引起的危机;有关团体或机构公布某些信息而导致的危机;由于恐怖破坏活动引起的危机;涉及法律问题(如打官司）而引起的危机；涉及种族、宗教、文化差异、性别歧视等社会问题而引起的危机；涉及一些有争议的问题而引起的危机；敌意收购带来的企业重组危机；组织的计算机网络被“黑客”袭击而导致的危机；自然灾害或其他不可控因素导致的危机；环保问题引起的危机。

（三）有形公关危机和无形公关危机

根据危机给企业带来损失的表现形态看，公共关系危机有两种，即有形公关危机和无形公关危机。

1.有形公关危机

这种危机给企业带来直接而明显的损失，凭借肉眼即可观测到这些损失，如房屋倒塌、爆炸、商品流转中的交通事故等造成的人员伤亡或财产损失。1989 年 6 月，成都市最大的百货商场成都人民商场被烧毁，造成上亿元损失。成都人民商场遇到的危机就属于有形危机。

2.无形公关危机

给企业带来的损失表现得不明显的危机，称为无形公关危机。给任何一个企业的形象带来损害的危机，皆属于无形公关危机。如果不采取紧急有效的措施阻止，已受损害的企业形象将使企业蒙受更大的损失。

三、危机的成因

我们要对危机进行预防，就得了解导致危机出现的原因。导致危机事件出现的原因主要有以下几方面：

（1）因难以预测和不可抗拒的外部力量尤其是自然力量造成的危机事件，像洪水、地震、火灾、风暴等会使一个组织毁于一旦，而公众为了自身利益会疏离和逃避该企业。这类事件造成的不良影响易消除，声誉损害也相对较小。

（2）因企业政策失误、行为不当、管理不善导致形象恶化，引起公众反感。这类事件完全是组织的责任，其损害是极其严重的，公关活动的难度较大。组织必须认真检查自己的过失，调整组织的行为，努力弥补所造成的不良影响，重塑自身，以切实的善后处理措施逐步扭转于己不利的处境。

（3）新闻媒体的失实报道和内外人员的不当行为即人为造成的“危机事件”。面对此类危机尤其要冷静处理。造成报道失实的原因是多种多样的，要区别对待。有时尽管直接原因不在组织，但其对组织声誉的损害程度不容忽视。因此，既要努力消除其对组织的不利影响，又要不伤及与新闻界的关系，既要澄清事实，又要避免伤了与各方面的和气。处理好危机事件要本着准确预测、防患于未然的原则。一旦出现情况要加强控制，减少损害，及时处理，真诚以待，对事故后果要负责到底，不推诿责任，认真做好善后工作，真实公布处理情况和采取的措施。

第二节　危机管理要素及其核心内容

一、危机管理要素

危机管理是指社会组织通过危机监测、危机预警、危机决策和危机处理，达到避免、减少危机产生的危害，总结危机发生、发展的规律，对危机处理科学化、系统化的一种新型管理体系。危机管理的要素有：

(1)危机监测。危机管理的首要一环是对危机进行监测，在企业顺利发展时期，企业就应该有强烈的危机意识和危机应变的心理准备，建立一套危机管理机制，对危机进行检测。越是风平浪静的时刻，企业越应该重视危机监测，在平静的背后往往隐藏着杀机。

(2)危机预警。许多危机在爆发之前都会出现某些征兆，危机管理关注的不仅是危机爆发后各种危害的处理，而且要建立危机警戒线。企业在危机到来之前，把一些可以避免的危机消灭在萌芽之中，对于另一些不可避免的危机通过预警系统能够及时得到解决。这样，企业才能从容不迫地应对危机带来的挑战，把企业的损失降到最低。

(3)危机决策。企业在调查的基础上制定正确的危机决策。决策要根据危机产生的来龙去脉，对几种可行方案的优缺点进行比较后，选择出最佳方案。方案定位要准、推行要迅速。

(4)危机处理。第一，企业确认危机。确认危机包括将危机归类、收集与危机相关信息、确认危机程度以及找出危机产生的原因，辨认危机影响的范围和影响的程度及后果。第二，控制危机。控制危机需要根据确认的某种危机后，遏止危机的扩散使其不影响其他事物，紧急控制如同救火般刻不容缓。第三，处理危机。在处理危机中，关键的是速度。企业能够及时、有效地将危机决策运用到实际中化解危机，可以避免危机给企业造成的损失。

二、危机管理的核心内容

危机管理的内容众多，从最根本的角度分析，其核心内容：一是告诉公众与相关利益各方危机的真相；二是控制和弥补由于危机事件造成的公众和相关利益各方的损失。前者告诉危机相关方“是什么”以满足利益各方的知情权；后者表明政府组织正在“做什么”以实际行动控制事态，挽回损失。形象地说，前者是“笔杆子”问题，后者是“枪杆子”问题。

(1)基于以上判断，我们将危机管理的核心内容作图，如图 7-1 所示。

在该图中，左边两个象限代表危机管理的沟通活动，而右边两个象限表示危机管理的行为构成。上面两个象限反映的是开始清理危机事件的初期阶段，以生理上可见的影响为主；而下面的两个象限反映的是恢复管理时期，在该阶段精神影响更加突出。

(2)危机管理中两大核心内容逐步走上规范化法制化轨道。

目前，除国家的总体应急预案外，重庆、海南、河南、广西、云南、新疆、湖南、青海等省、自治区、市的政府部门已经发布了自己辖区的《应急预案》。

①沟通：2006 年 1 月 8 日颁布实施的《国家突发公共事件总体应急预案》明确规定：

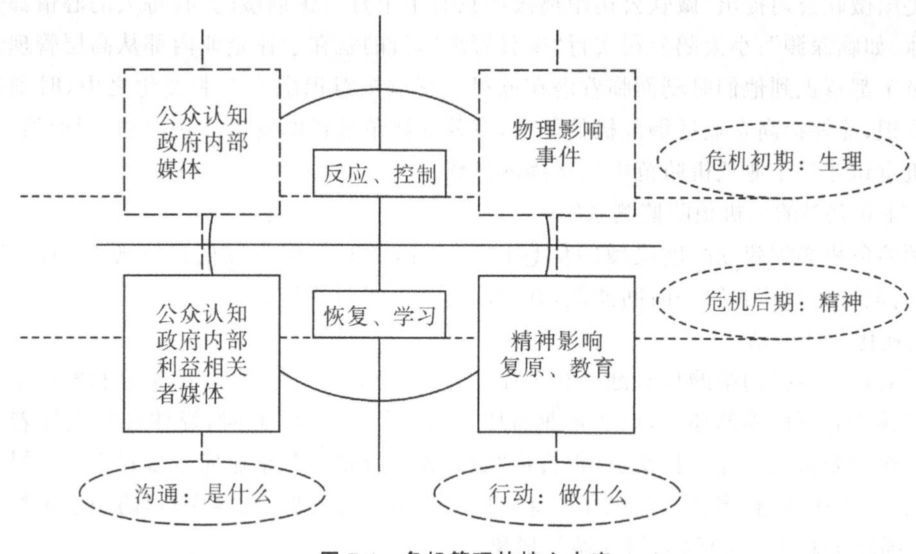

图 7-1　危机管理的核心内容

3.2.1 信息报告：特别重大或者重大突发公共事件发生后，各地区、各部门要立即报告，最迟不得超过 4 小时，同时通报有关地区和部门。应急处置过程中，要及时续报有关情况。

3.4 信息发布：突发公共事件的信息发布应当及时、准确、客观、全面。事件发生的第一时间要向社会发布简要信息，随后发布初步核实情况、政府应对措施和公众防范措施等，并根据事件处置情况做好后续发布工作。信息发布形式主要包括授权发布、散发新闻稿、组织报道、接受记者采访、举行新闻发布会等。

而各地出台的《应急预案》，也关注对公民权利的保护。比如，为确保重大突发公共事件发生后公众的知情权，北京市的《应急预案》要求，承担突发公共事件处置的主责单位应指派专人负责新闻报道工作，及时、准确地报道突发公共事件信息。

②行动：为最大限度地减少突发公共事件造成的人员伤亡、财物损失以及环境破坏等，广西的《应急预案》建立了多方面相应的应急保障措施。而海南省在其《应急预案》中则强化了以人为本、依法规范、属地管理、资源整合、预防为主、比例原则、补偿原则、救济原则这八大工作原则。

第三节　危机管理流程及危机应对原则

一、危机管理的三段流程

（一）危机前管理

1.思想上树立危机意识

“生于忧患，死于安乐”。如果没有强烈的危机意识，所有的危机预警机制都是形同虚设。美国微软公司提出“微软公司距离破产只有十个月”;张瑞敏的“我每天的心情都是如履薄冰,如临深渊”;小天鹅公司实行“末日管理”,目的就在于让企业内部从高层管理者到低层员工都意识到他们时刻面临着潜在危机。将危机意识融入企业文化之中,时刻强化危机意识,能够提高企业抵御危机的能力,有效地防范危机的发生。超前的、无形的、全面的危机意识才是企业危机防范中最坚固的防线。

2.建立完善的危机预防监测系统

预防危机必须建立高度灵敏的信息检测系统,随时搜集各方信息资源,及时反馈信息,若有问题出现应在第一时间捕捉,并把隐患消灭在萌芽状态。

3.强化公共关系

随着社会传播网络的日益健全和企业经营、市场的扩大化,企业的生存和发展很大程度上依赖于它所面临的环境,以及企业与环境间的公共关系,此时,媒体往往发挥着关键作用。企业要乐意与媒体打交道,常言道“四海媒体皆是客”,企业应该多建立一些媒体关系,保持与媒体沟通,当企业危机在萌芽阶段时就可运筹帷幄,从容应对,防患于未然。

4.提高企业社会责任感,树立诚信形象

诚信是一个企业持续发展的源泉,忧患意识的培养源自开发开放与负责的企业文化,任何欺诈行为只能对企业造成致命的伤害。树立诚信的企业形象,需要通过企业提高自身社会责任感来实现。危机公关是对危机已经出现苗头后的弥补,而提高企业社会责任感才是医治之本。

在危机处理时,需要企业了解大众、倾听大众,与媒体和公众进行坦诚的沟通,切实把消费者的利益放在首位。在危机处理前,预防危机时就更应该以诚相待,取信于民,这才是“安内攘外,实为一体”的根基,才能保证企业的产品和服务的高质量,从根本上减少危机发生的概率。

(二)危机中管理

1.确认危机

(1)搜寻信息——现状:信息管理系统落后。信息管理系统对突发事件的处理起着非常重要的作用:一是为决策者提供及时和准确的信息;二是为民众传递适当的信息,避免民众情绪失控,促进民众沟通。目前,我国发生灾害及各类突发事件时,都是以部门为单位逐级汇报,缺乏快捷、有效的沟通渠道。信息量并不是不够大,也不一定不及时,最大的问题在于信息分散和部门垄断,无法在危难时刻统一调集、迅速汇总。对策:公共治理结构的优化。

(2)分析信息。

(3)确认问题的性质。

2.危机的控制与解决

(1)取舍原则:①判断危机的主要影响利益方;②始终把对人的影响放在首位;③简单地评估(三标准:事情的严重性、紧迫性、未来的发展趋势)。

(2)启动“防火墙”(政策决策与执行):①启用危机管理机构;②决定主要人物的介入程度;③保证组织内其他部门正常运转。

(3)沟通媒体。

(三)危机后管理

(1)危机善后处理:①恢复重建;②受灾人员安排。

(2)危中寻机。

(3)独立调查制度。

(4)危机后的组织变革:①观念更新;②制度完善;③机构建设。

二、危机管理的三项基本活动

(一)危机决策分析

1.危机决策的界定

决策是指当组织遇到某种紧急情况时,为了不错失良机,在有限的时间、信息、人力资源等约束条件下,打破常规,以最快的速度采取应对措施。危机决策是在一种极不确定状态下进行的决策,其面临的决策问题和决策背景具有较大的特殊性——这种特殊性表现在:第一,问题的发生、发展具有突然性、急剧性和极不确定性,需要决策者当机立断;第二,可供决策者利用的时间和信息等资源非常有限;第三,事态发展可能会危及决策者的根本利益,且后果很难预料——因此,与常规决策相比,危机决策在目标取向(控制危机、相对完美方案)、约束条件(时间、信息、技术、人力)、决策程序(集权与民主、研究型与快速型)、决策效果(可预期与不可预期)等方面都存在重大差异。

2.危机决策的约束条件

危机状态下的各种约束条件主要包括以下内容:第一,时间紧迫;第二,信息有限;第三,人力资源紧缺;第四,技术支持系统缺失。

由于以上种种约束条件的限制,在危机状态下进行决策,决策者不可能完全遵循标准化的操作流程,许多问题必须用"现裁现做"的方式快速处理,因此,决策流程也必须在不损害决策合理性的前提下,省去某些"繁文缛节",适当简化程序,甚至可以非程序化到使它们表现为新颖、无结构、具有不寻常影响的程度。简单而言,可将危机决策流程划分为危机决策的问题界定、目标设立、方案规划与选择以及绩效评估等几个环节。因此,在危机决策中,危机决策者必须具有创新精神,敢于打破常规,进行快速决策。

3.危机决策三要素

(1)问题确认:准确判断危机问题性质;(2)目标排序:排出决策目标的优先顺序,缩短选择时间,避免"布里丹选择";(3)方案选择:实现权力与知识良好联姻,打开思维空间,避免"霍布森选择"。

(二)媒体应对活动

1.媒体运行逻辑

(1)媒体特点:新闻必须真实,言论可以适当自由;

(2)媒体何以能生存:新闻吸引公众—人数决定广告—广告决定媒体;

(3)媒体的角色:信息的过滤器、社会环境的监视者、社会心理状态的指示器。

2.媒体的社会功能

监控环境、教育引导、协调整合、文化娱乐。

3.流言传播的法则

R(流布量、强度)=I(重要度)×A(暧昧度)

(1)I(重要度):指事件对人们的影响力(与公众的利益相关);

(2)A(暧昧度):指权威信息不足(与组织相关);

(3)重要度与暧昧度以乘积的方式出现,即不管是多么重要的主题,只要暧昧度是0,流言就不会产生;反之,不管是多么暧昧的信息,如果主题的重要度是0的话,同样也不会生成流言。

4.危机管理中的媒体对策

(1)危机潜伏期:危机信息源,危机意识宣传员,良好的媒体关系建构,准备新闻稿,培训危机应对人员(新闻发言人、接线员、危机部门人员、一般员工)。

(2)危机爆发期:第一,时间第一,"说真话,立刻说",掌握对外发布信息的主动权;第二,言行一致,确立信息沟通的可信度和权威性;第三,明确危机事务发言人及规范的信息发布渠道,危机发言人必须与最高决策层有直接沟通,本人有权参与决策;第四,恰当处理和"敌对"媒体的关系,尽量避免与媒体对峙的态度,少用"无可奉告"之类的外交辞令;第五,与媒体合作,及时动态沟通,将组织应对危机的积极主动行为及出台的有关政策告知公众,借此获取公众支持。

(3)危机恢复重建期:邀请专家进行理性分析,多侧面、多层次分析,引导教育社会公众;发动组织内部员工和外部利益公众发表正面言论,引导社会舆论的方向,重塑政府良好形象。

5.媒体应对需依"三不政策"

(1)正视问题,不学"非洲鸵鸟"。在现代社会里,人们对组织的社会责任提出了更高的期望。倘若一个组织在发生危机事件时,不能与公众进行沟通,不向公众表明态度,只能招致外界的更大反感,只会损失更多。所以当危机爆发的时候,政府必须在最短时间作出最快的反应,才能掌握主动权。如果政府不主动去填补信息真空,在互联网时代,流言和小道消息就会泛滥,不利的舆论会给政府带来更大的损害。

(2)开诚布公,不可去"挤牙膏"。对大多数政府部门或官员来说,危机发生时他们不会当"鸵鸟",他们多多少少会向外说明,只可惜,大家大都不是开诚布公,一股脑儿地勇敢承认自己的一切错误,而是被动地、像"挤牙膏"似的,每次一点一点地应付外界的质询与诘问,使人们更产生恐惧与怀疑,给政府的公信力带来致命打击,甚至消亡。人非圣贤,孰能无过?在危机事件发生后,政府如有诚意,敢于向公众提供外界还不知的信息,并彻底负责,而不是"挤牙膏"式的应付,就会在最大限度上得到社会公众的原谅。人们感兴趣的往往并不是事情本身,而是政府对事情的态度。

(3)一个声音,不能"七嘴八舌"。中国有句古话叫"三人成虎",讲的就是人多嘴杂的可怕。在现实生活中,由一人说出的话,经过多人传播后都会变了样,更何况话从多人口出。所以,当政府在危机中要对外说话时,必须先明确怎么去说、谁来说、跟谁说,内部要确定统一的发言人,如果正职领导这样表态,副职领导又是那样表态,危机一线工作人员再来表个态,那么事情只会越弄越糟。因为危机的不确定性,紧急关头,组织内部的人员很难立刻对危机达成共识。所以,越是危机时刻,越要首先明确政府中谁是组织对外发布信息的唯一出口,由这个人在第一时间传递出最适当的信息。

(三)网络建构

当代社会管理主体多元化的现实要求政府在危机管理中构建综合治理网络。社会管理主体多元化分析主要采用连续统一分析方法,如图 7-2 所示。

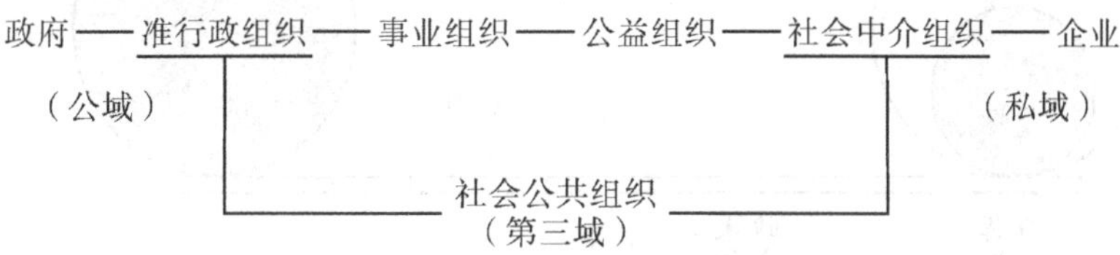

图 7-2　连续统一分析方法图示

一方面,随着世界各国普遍进行的公共管理改革进程,有限政府模型成为中国政府改革理论的指导。另一方面,在实践中,政府越来越觉得力不从心,而社会当中其他组织又逐渐地成长起来,政府为了更好地管理社会事务,必然要寻求帮手。这样,现实的需求与理论的研究,都表明当代社会管理主体多元化成为时代主题,必然地,在公共危机管理中,政府需要谋求与非政府组织的合作。

第三域中的相关组织包括:

(1)准行政组织。准行政组织是在政府管理改革过程中从政府分离出来而又行使一定的行政职能的组织,包括工青妇联、某些行业协会等。

(2)事业组织获得国家在政策上和财政上给予的大力扶持,包括从事科技、教育、文化、卫生、体育、广播、电视、出版等各项事业活动的组织(俗称:科教文卫组织)。

(3)公益组织的突出特征在于它的非营利性、志愿性和为实现社会的某些公共目的的奉献精神。慈善机构、志愿者团体、社会救济组织、义务工作者联合会及某些环保组织等属于此类。

(4)社会中介组织的显著特点是它不能获得政府的财力支持,而只能以自身的服务收入而独立生存,如行业协会、商会、公证和仲裁机构、各种事务所、咨询公司、广告公司、拍卖行、各种介绍所以及学会、基金会等。

建构政府主导的控制系统,搭建政府、非政府组织、媒体与公众之间的良性互动合作平台,如图 7-3 所示。

(四)法案完善

1.现状:缺少处理重大突发事件的基本法律

此前我国已经颁布了一系列与处理突发事件有关的法律、法规,例如应对骚乱的《戒严法》,应对自然灾害的《防震减灾法》、《防洪法》等,应对安全生产事故的《安全生产法》等、应对公共卫生的《传染病防治法》等。各地方根据这些法律、法规,又颁布了适用于本行政区域的地方立法。

但是仅仅针对不同类型的突发事件分别立法,相对分散、不够统一,难免出现法律规范之间的冲突。而且各部门都针对自己所负责的事项立法,"各扫门前雪",缺乏沟通和协作。同时,受地方保护主义的影响,一些地方立法"以邻为壑",大大削弱了处理突发事件的协作与合力。

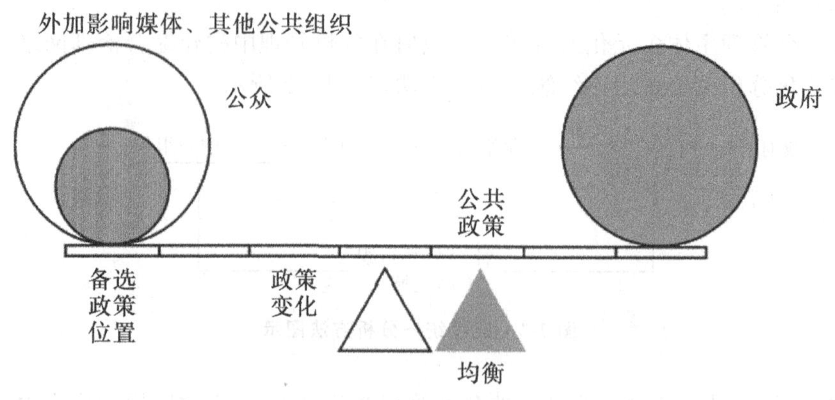

图 7-3　政府、媒体、公众互动平台

2.对策:完善危机应急法案

自非典疫情发生后,我国政府针对各种突发公共事件的应急预案编制工作就开始了全面提速。

2005 年 1 月 26 日,温家宝总理主持召开国务院常务会议,听取国家突发公共事件应急预案编制工作汇报,审议并原则通过了《国家突发公共事件总体应急预案》。这标志着中国已初步建立了突发公共事件应急预案框架体系。

2005 年"两会"召开前夕,受温家宝总理委托,国务委员兼国务院秘书长华建敏向十届全国人大常委会第十四次会议报告:突发公共事件应急预案编制工作已基本完成,全国应急预案框架体系初步建立。

华建敏在报告中指出,按照不同的责任主体,预案体系设计为国家总体应急预案、专项应急预案、部门应急预案、地方应急预案、企事业单位应急预案 5 个层次。目前已完成的国家总体应急预案、25 件专项应急预案、80 件部门应急预案,基本覆盖了我国经常发生的突发公共事件的主要方面。此外,我国省级突发公共事件总体应急预案的编制工作也已完成,许多市、区(县)也制定了应急预案。专家建议,下一步一定要抓好社区、农村、重点企事业单位应急预案的编制工作,从而最终形成一个"横向到边、纵向到底"的预案体系。

除预案之外,《突发事件与紧急状态处置法(草案)》也已列入十届全国人大常委会立法规划。

3.执行:执行是关键

三、应对危机的原则

企业在运营中会遇到各种各样的危机,如有来自于外部的自然灾害,政治风波、法律、媒体、市场等方面的危机,也有来自于供应链、生产、销售以及人力资源、财务等各个环节的危机。但是无论哪种起源的危机,一旦发生,都会使企业内部和企业外部产生恐惧和怀疑,在企业公共关系上导致危机。

关键点公关董事长游昌乔先生通过十年积累,创导出危机公关 5S 原则,既填补了我国危机管理理论研究的空白，同时成功帮助了众多企业从容应对危机，化危为机。

(一)承担责任原则

北风对人们称赞太阳是万物之灵一直愤愤不平，认为他自己才是这世界上最厉害的。于是北风向太阳挑战：谁能使得行人脱下外衣，谁就是强者。比赛开始后，北风使出浑身解数，刺骨的寒风使行人紧紧裹住自己的衣服。风刮得越猛，行人衣服裹得越紧。最后北风不得不承认失败。而太阳却把温和的阳光洒向行人，行人慢慢地热起来，脱掉了外衣——行人的外衣就是公众对企业的防卫心理，而北风和太阳则是企业使用的不同手段。记住：温暖的太阳比凛冽的北风更能使公众脱下防卫的外衣。

危机发生后，公众会关心两方面的问题：一方面是利益的问题，利益是公众关注的焦点，因此无论谁是谁非，企业都应该承担责任。即使受害者在事故发生中有一定责任，企业也不应首先追究其责任，否则会各执己见，加深矛盾，引起公众的反感，不利于问题的解决。另一方面是情感问题，公众很在意企业是否在意自己的感受，因此企业应该站在受害者的立场上表示同情和安慰，并通过新闻媒介向公众致歉，解决深层次的心理、情感关系问题，从而赢得公众的理解和信任。

实际上，公众和媒体往往在心目中已经有了一杆秤，对企业有了心理上的预期，即企业应该怎样处理我才会感到满意。因此企业绝对不能选择对抗，企业的态度至关重要。

“泰诺”是强生公司生产的用于治疗头痛的止痛胶囊。作为强生公司主打产品之一，其年销售额达 4.5 亿美元。

在 20 世纪 80 年代，强生公司曾面临一场生死存亡的“中毒事件”危机：1982 年 9 月 29 日至 30 日，芝加哥地区有人因服用“泰诺”止痛胶囊而死于氰中毒，开始是死亡 3 人，后增至 7 人，随后又传说在美国各地有 25 人因氰中毒死亡或致病。后来，这一数字增至 2 000 人(实际死亡人数为 7 人)。一时间舆论哗然。“泰诺”胶囊的消费者十分恐慌，94%的服药者表示绝不再服用此药，医院、药店纷纷拒绝销售“泰诺”。

面对这一危急局面，以公司董事长为首的七人危机管理委员会果断地砍出了“四板斧”，这四板斧环环相扣，命中要害。

第一板斧：立即在全国范围内收回全部“泰诺”止痛胶囊，价值近 1 亿美元。并投入 50 万美元利用各种渠道通知医院、诊所、药店、医生停止销售。

第二板斧：以真诚和开放的态度与新闻媒介沟通，迅速地传播各种真实消息，无论是对企业有利的消息，还是不利的消息。

第三板斧：积极配合美国医药管理局的调查，在五天时间内对全国收回的胶囊进行抽检，并向公众公布检查结果。

第四板斧：为“泰诺”止痛药设计防污染的新式包装，以美国政府发布新的药品包装规定为契机，重返市场。1982 年 11 月 11 日，强生公司举行大规模的记者招待会。会议由公司董事长伯克亲自主持。在此次会议上，他首先感谢新闻界公正地对待“泰诺”事件，然后介绍该公司率先实施的“药品安全包装新规定”，推出“泰诺”止痛胶囊防污染新包装，并现场播放了新包装药品生产过程录像。美国各电视网、地方电视台、电台和报刊就“泰诺”胶囊重返市场的消息进行了广泛报道。

事实上，在中毒事件中回收的 800 万粒胶囊，事后查明只有 75 粒受到了氰化物的污染，而且是人为破坏。公司虽然为回收付出了一亿美元的代价，但其毅然回收的决策表明了强生公司在坚守自己的信条：公众和顾客的利益第一。这一决策受到舆论的广泛赞扬，《华尔街周刊》评论说："强生公司为了不使任何人再遇危险，宁可自己承担巨大的损失。"

正是由于强生公司在"泰诺"事件发生后采取了一系列有条不紊的危机公关，从而赢得了公众和舆论的支持与理解。在一年的时间内，"泰诺"止痛药又占据了市场的领先地位，再次赢得了公众的信任，树立了强生公司为社会和公众负责的企业形象。

由于其出色的危机管理，强生公司获得了美国公关协会授予的最高奖——银砧奖。

(二)真诚沟通原则

一天，鸟的王国举行盛大舞会。一只母鸡觉得自己长相难看，于是去偷了一些孔雀的羽毛，小心翼翼地粘在自己身上。果然当晚她大出风头。但正当她兴高采烈地跳舞时，身上粘的羽毛接二连三地掉了下来。母鸡看见自己原形毕露，在众鸟嘲弄和鄙视的目光中落荒而逃。

企业处于危机旋涡中时，是公众和媒体的焦点，一举一动都将受到质疑，因此千万不要有侥幸心理，企图蒙混过关。而应该主动与新闻媒体联系，尽快与公众沟通，说明事情真相，促使双方互相理解，消除疑虑与不安。

真诚沟通是处理危机的基本原则之一。这里的真诚指"三诚"，即诚意、诚恳、诚实。如果做到了这"三诚"，则一切问题都可迎刃而解。

(1)诚意。在事件发生后的第一时间，公司的高层应向公众说明情况，并致以歉意，从而体现企业勇于承担责任、对消费者负责的企业文化，赢得消费者的同情和理解。

(2)诚恳。一切以消费者的利益为重，不回避问题和错误，及时与媒体和公众沟通，向消费者说明问题处理的进展情况，重获消费者的信任和尊重。

(3)诚实。诚实是危机处理最关键也最有效的解决办法。我们会原谅一个人的错误，但不会原谅一个人说谎。

1973 年 8 月，英国的《新国际主义者》发布一份报告称，"据统计资料表明，只有 2%的母亲由于生理原因不能哺育，只有不到 6%的母亲是因为不在家而不能哺育。这些食品公司为了商业利益而片面宣传其产品对母乳的替代作用，发展中国家由于相信了这些宣传，导致每年有 1 000 万婴儿因非母乳喂养而带来营养不良、疾病或死亡"。由此引发了抵制雀巢产品的世界性运动，这场抵制运动以"维护母乳喂养"为主旨，反对以雀巢公司为代表的世界食品工业企业不负责任地在发展中国家大量倾销婴儿食品。

雀巢公司的决策者采取了对抗的方式，将该文作者告上法庭。结果被告因没有足够的证据支撑其"雀巢公司是婴儿杀手"的观点而败诉。但是令雀巢始料不及的是，虽然赢得了官司，却失去了媒体和公众的信任，引起了抵制运动的全面爆发。美国新闻记者米尔顿·莫斯科维兹甚至称"抵制雀巢产品运动"是"有史以来人们向大型跨国公司发起的一场最为激烈和最动感情的战斗"。

直到 1980 年年末，雀巢公司才意识到具有对抗性的法律手段并不能解决所有的问题，于是重金聘请世界著名的公关专家帕根为公关顾问。帕根把工作重点放在抵制情绪最严重的美国，专心听取社会批评，开展游说活动，还成立了权威性的听政委员会，审查雀巢的经销行为，并调整产品推广方案，在广告上加入了母乳喂养的好处等营养学常识，在华盛顿还成立了雀巢营养学协调中心，要求各地经销商注意平衡市场推广和营养常识普及的宣传力度。这一系列的举措逐步挽回了雀巢的信誉。

这场长达十年的抵制运动让雀巢付出了沉重的代价，仅婴儿乳制品一项的直接损失就达 4 000 万美元之巨。

(三)速度第一原则

公牛被老鼠咬了一口，非常疼痛。它一心想捉住老鼠，老鼠却早就安全地逃回到鼠洞中。公牛便用角去撞那面墙，搞得筋疲力尽，躺倒在洞边睡着了。老鼠偷偷地爬出洞口看了看，又轻轻地爬到公牛的肋部，再咬它一口，赶忙又逃回到洞里。公牛醒来后，伤痕累累，却无计可施。老鼠却对着洞外说："大人物不一定都能胜利，有些时候，微小低贱的东西更利害些。"公牛虽然强大，却因行动迟缓而饱受老鼠的折磨。危机应对同样如此，如果你没有极快的反应速度，即使你实力再强，也会招致灾难。

好事不出门，坏事行千里。在危机出现的最初 12～24 小时内，消息会像病毒一样，以裂变方式高速传播。而这时候，可靠的消息往往不多，充斥着谣言和猜测。公司的一举一动将是外界评判公司如何处理这次危机的主要根据。媒体、公众及政府都密切注视公司发出的第一份声明。对于公司在处理危机方面的做法和立场，舆论赞成与否往往都会立刻见于传媒报道。

因此公司必须当机立断、快速反应、果决行动，与媒体和公众进行沟通，从而迅速控制事态，否则会扩大突发危机的范围，甚至可能失去对全局的控制。危机发生后，能否首先控制住事态，使其不扩大、不升级、不蔓延，是处理危机的关键。

1993 年 7 月，美国百事可乐公司突然陷入一场灾难。美国的各个角落都在传说，在罐装百事可乐内接连出现了注射器和针头，甚至有人活灵活现地描述针头如何刺破了消费者的嘴唇。在艾滋病蔓延的美国，人们立刻把此事与艾滋病联系起来。一时间，许多超级市场纷纷把百事可乐从货架上撤走。

百事可乐公司及时、迅速、果断地推出了一系列措施，一方面通过新闻界向投诉的消费者道歉，并感谢他们对百事可乐的信任，还给予其一笔可观的奖金以示安慰，并邀请其到生产线上参观，使其确信百事可乐质量可靠。另一方面百事可乐公司不惜代价买下美国所有电视、广播公司的黄金时间和非黄金时间反复进行辟谣宣传，并播放百事可乐罐装生产线和生产流程录像，使人们看到饮料注入之前，空罐个个口朝下、经过高温蒸汽和热水冲击消毒后便立即注入百事可乐饮料，随即封口，整个过程在数秒钟之内完成，使消费者认识到任何雇员要在数秒钟之内将注射器和针头置于罐中都是不可能的。

随后百事可乐公司通过与美国食品与药物管理局密切合作，由该局出面揭穿这是一起诈骗案，政府部门主管官员和公司领导人共同出现在电视荧屏上澄清事实。

由于百事可乐公司及时地把真相告知公众，其声誉很快地得到恢复，公众对其产品也就更加信赖，百事可乐不仅没有在危机中毁灭，相反在危机中更得到了提升。

(四)系统运行原则

一只鹿被猎狗追赶得，慌不择路地跑进一个农家院子，恐惧不安地混在牛群里躲藏起来。一头牛好意地告诫它说："在我们这里，当然你能躲过猎狗。但你在这里不一定是安全的。因为如果有人经过这里，你就等于是自投罗网。"这时，主人进来了，一边埋怨牛饲料分配得不好,一边走到草架旁大声说:"怎么搞的,只有这么一点点草料?牛栏垫的草也不够一半。"当他在牛栏里走来走去检查草料时,发现露出在草料上面的鹿角,于是把鹿杀掉了。

这个故事告诉我们,在逃避一种危险时,不要忽视另一种危险。在进行危机管理时必须系统运作,绝不可顾此失彼。只有这样才能透过表面现象看到本质,创造性地解决问题,化害为利。

危机的系统运作主要是做好以下几点:

1.以冷对热、以静制动

危机会使人处于焦躁或恐惧之中。所以企业高层应以"冷"对"热"、以"静"制"动",镇定自若,以减轻企业员工的心理压力。

2.统一观点,稳住阵脚

在企业内部迅速统一观点,对危机有清醒认识,从而稳住阵脚,万众一心,同仇敌忾。

3.组建班子,专项负责

一般情况下,危机公关小组的组成由企业的公关部成员和企业涉及危机的高层领导直接组成。这一方面是高效率的保证;另一方面是对外口径一致的保证,使公众对企业处理危机的诚意感到可以信赖。

4.果断决策,迅速实施

由于危机瞬息万变,在危机决策时效性要求和信息匮乏条件下,任何模糊的决策都会产生严重的后果。所以必须最大限度地集中决策使用资源,迅速作出决策,系统部署,付诸实施。

5.合纵连横,借助外力

当危机来临,应和政府部门、行业协会、同行企业及新闻媒体充分配合,联手对付危机,在"众人拾柴火焰高"的同时,增强公信力、影响力。

6.循序渐进,标本兼治

要真正彻底地消除危机,需要在控制事态后,及时准确地找到危机的症结,对症下药,谋求治"本"。如果仅仅停留在治标阶段,就会前功尽弃,甚至引发新的危机。

(五)权威证实原则

狮子听说人类叫他森林之王,非常得意。于是决定去验证一下自己在森林中的威信。狮子遇见了一只猴子,于是大声问道:"我是森林之王吗?"猴子吓得魂飞魄散,连连称是。接着狮子遇见了一只狐狸,又大声问道:"我是森林之王吗?"狐狸早已吓得屁滚尿流,一个劲儿地说:"如果你不是森林之王,那还会是谁呢?"

狮子更加骄傲起来,觉得普天之下莫非王土了。这时迎面走过来一头大象,狮子气势汹汹地问道:"森林之王是谁?"

大象没有答话,而是伸出长鼻子,把狮子卷起来,重重地摔了出去。

自己称赞自己是没用的,没有权威的认可只会徒留笑柄。

在危机发生后,企业不要自己整天拿着高音喇叭叫冤,而要"曲线救国",请重量级的第三者在台前说话,使消费者解除对自己的警戒心理,重获他们的信任。

1983 年,英国利维兄弟公司推出宝莹牌新型超浓缩加酶全自动洗衣粉,并迅速取得成功，市场占有率一度上升到了50%。但不久报纸和电视纷纷报道这种新型洗衣粉会导致皮肤病，结果，该洗衣粉的市场份额骤降。

在危机发生后，利维兄弟公司没有自己去辩解，而是采取了两方面的措施：

(1)由消费者实话实说。公司开展了一个公关活动，在电视、报纸以及宣传单上，由不同的家庭妇女担任广告的主角，对产品大加赞誉，称"已有500万家庭妇女认为新型的宝莹牌全自动洗衣粉是当今最好的洗衣粉"。

(2)由权威专家实话实说，公司安排皮肤病专家进行独立实验，结果表明，"0.01%的皮肤病患者可能有与使用新型宝莹牌全自动洗衣粉有关"，"与其他同类产品相比，它的这种百分比要小得多"。

通过消费者的肯定和权威专家的鉴定，宝莹洗衣粉很快收复了失地。

第四节　危机后的形象重塑

一、组织形象的维护、修补与再造

危机对任何组织都是一场严峻的考验。有时，危机对一个素质良好的组织来说是一个塑造组织形象的机会，但是对大多数经历危机的组织来说，不管是否有能力解决危机，其组织形象都会不同程度地受到损害。正如组织形象的树立过程是一个长期的过程，组织形象的损害也是一种潜在的长期损害，其不利影响会在今后组织的生产经营活动中日益体现出来。因此，在恢复时期，公共关系人员应该在如何重建组织形象上多下工夫，他们应该牢记：只有当组织的形象重新得到建立，组织才能转危为安。一旦组织发生了危机，就会失去公众的信任，使组织原先的顺意公众变成逆意公众。同时组织也会失去长期以来经过艰辛努力所建立的良好公关环境和获得的产品市场份额，导致组织美誉度及经济效益下降。因此，如何挽狂澜于既倒并重塑形象是组织面临的主要问题。

(一)树立重建组织良好形象的强烈意识

在危机处理中，组织除了平时要有强烈的公关意识外，还必须树立强烈的重建良好公关形象的意识。要有重整旗鼓的勇气和再造辉煌的决心，而不能破罐子破摔。须知，只有当组织的公关形象重新得到建立，组织才能谈得上进入了良好的公共关系状态。

(二)重建组织形象的目标

组织在恢复形象的过程中，可以根据调查的结果来策划重建组织形象的方法。如果是组织的美誉度受到损害，则组织可以采取提高产品和服务质量的方式进行形象的重建；如果是因为组织与媒体的关系导致的危机，可以采取不断与媒体进行沟通的方式进行形象的重建。

重建组织形象的目标，具体来说分为四个方面：第一，使组织公关危机事件的受害者或其家属得到最大的安慰；第二，使利益受损者重新获得作为支持者的信心；第三，使观望怀疑者重新成为真诚的合作伙伴；第四，更多地获得事业上新的关心者和支持者。

(三)采取建立良好形象的有效措施

组织在确立了重建形象的目标之后,关键是如何采取有效措施,这些措施包括对内和对外两个方面。

对组织内部,一是要以诚实和坦率的态度来安排各种交流活动,以形成组织与员工之间的上情下达、下情上达的双向交流,保证信息畅通无阻;增强组织管理的透明度和员工对组织的信任感;二是要以积极主动的态度,动员组织全体员工参与决策,制订组织在新的环境中的发展计划,让员工形成乌云已经散去、曙光就在前头的新感受;三是进一步完善组织管理的各项制度和措施,有效地规范组织行为。

对组织外部,一是要同平时与组织息息相关的公众保持联络,及时告诉他们危机后的新局面和新进展;二是要针对组织公关形象的受损内容与程度,重点开展某些有益于弥补形象缺损、恢复公关形象的公共关系活动,与广大公众全面沟通;三是要设法提高组织的美誉度,争取拿出一些过硬的服务项目和产品在社会上公开亮相,从根本上改变公众对组织的不良印象。

二、总结经验教训,完善危机管理预警方案(以企业为例)

危机预警已成为一个广受关注的研究课题,不少学者对此领域进行了广泛的研究,并取得了一定的成果。企业危机预警最早的研究只是着眼于企业危机的一个部分——财务危机,而最早运用多变量分析法探讨公司财务危机预警问题的是 20 世纪 60 年代的美国学者阿特曼,他的 Z-score 模型运用多变量建立多元线性函数公式,即选取多个财务指标,给每个指标赋予相应权重,加权平均产生判别值 Z 值,根据 Z 值来预测财务危机。这种思路是非常值得我们借鉴的。国内近几年的研究中,朱怀意等人(2002)以核心能力战略危机为研究对象,将人工神经系统引入了危机预警系统。任华和徐绪松(2003)认为预警系统主要包括资料搜集、对数据的分析和判断以及对警情通报等三个方面的内容,并构建了危机预警指标体系、引用了模糊优先原理和 BP 神经网络。刘恒江和陈继祥(2003)结合企业环境构建了危机预警机制。何杰和丁智慧(2005)指出了企业危机的几个征兆,并为建立危机预警机制提供了一些建议。其他很多学者也进行了类似的研究。

综上所述,危机预警的研究现状可以总结为两类:(1)在定量研究方面,研究者选择预警指标,赋予每个指标权重,进行加权平均,以最终的数值反映危机程度。(2)在定性研究方面,研究者阐述了危机前的某些征兆,然后给出一些预防建议。这些学者为危机预警研究都作了一定的贡献,同时也存在一些不足:(1)在危机征兆分析方法上,割裂了定性分析和定量分析,影响了预测结果的准确性。需要采用定性与定量相结合的研究方法,这样才能准确地作出反应,预防危机。(2)危机预警指标的选择不能灵敏、准确地反映企业的危机征兆;指标体系的计算比较烦琐,难以实施。指标体系的建立要具有针对性和覆盖性,不能片面地反映某一方面。

(一)预警指标体系的建立

预警指标体系是指把各项预警指标组织起来,形成一定的系统,共同反映企业的危机状态。预警指标体系的建立关键在于预警指标的选择。预警指标要具有灵敏性、概括性,才能使指标体系正确、迅速、全面地反映企业各个方面的危机隐患。从指标的变动情况可以推断企业是否处于危机状态。关于预警指标，一些学者已作过一些研究。张志强(1999)将反映企业核心竞争力危机状态的指标归纳为三大类：企业生存能力指标、企业发展能力指标、外部环境和转化能力指标。此观点得到了陈晓东(2001)的认同。我们认为，在处于经济转型时代的今天，企业变革能力尤为重要。变革能力更强调内外环境的动态性对危机的促成作用。因此，我们认为企业危机预警指标应该从企业生存能力、发展能力和变革能力三方面来考虑。我们将预警指标划分为三个层级，以便于理解和实施。具体如表 7-1 所示。

表 7-1　企业危机预警指标

一级指标	二级指标	三级指标	指标获得途径
企业生存能力	财务状况	投资收益率	利润总额/投资总额
		资产负债率	总债务/总资产
		贷款回收率	本期已收货款/本期应收货款
	市场状况	销售增长率	(本期销售量/上期销售量－1)×100%
		市场占有率	产品销售量/市场上同类产品销售量
	人力资源状况	人力流动率	本期职工流动人数/总职工人数
	生产状况	人均劳动生产率	本期全部产品的产值/本期职工人数
		生产事故发生次数	记录企业本期发生生产事故的总次数
企业发展能力	融资能力	企业信誉等级	金融部门对该企业的信用评估等级
		自有资产增值率	(期末自有资产/期初自有资产－1)×100%
		企业积累率	(本期公积金＋未分配利润＋折旧费)/总利润
	创新能力	设备先进度	达到国际(国内)先进水平设备数/总设备数
		R&D 经费比率	本期实际用于技术开发经费/本期产品销售额
		高级别技术职工比率	高级职称职工人数/总职工人数
	顾客评价	顾客满意度	顾客投诉次数；顾客满意度调查
企业变革能力	外部应对能力	外部信息获得能力	检查企业的信息收集渠道
		对战略伙伴的依赖性	上下游合作伙伴的替代性、实力测评
	内部灵活性	内部畅通性	检查职能结构的合理性
		高层管理人员素质	根据管理人员专业、学历和具体表现综合评价

在上表的预警指标中，包含了定量和定性两种指标类型，并对其来源作了分析。在危机预警机制建立前，需要对预警指标按统计期限进行分类，具体为：(1)月度指标，即对此类指标每月统计一次，进行分析控制。这类指标包括销售增长率、人均劳动生产率、生产事故发生率、外部信息获得能力。(2)季度指标，即对此类指标一个季度统计分析一次。这类指标包括市场占有率、人员流动率、企业积累率、R&D 经费、顾客满意度、对战略伙伴的依赖性、内部畅通性。(3)年度指标，即对此类指标一个年度统计分析一次。这类指

标包括投资收益率、资产负债率、贷款回收率、企业信誉等级、自有资产增值率、设备先进度、高级技术员工比例、高级管理人员素质。

（二）预警指标体系的运行方法

建立好预警指标体系以后，接下来探讨预警指标体系的具体运行方法。预警指标体系的定性部分由企业高层领导依据不同企业的具体情况进行定性分析。

对于定量指标，总体的运行方法是：首先，给每项具体的危机预警指标即三级指标选择一个参照值，以参照值为控制标准，确定预警指标上下浮动的安全区域。其次，检查预警指标的统计值是否在安全区域内。如果不在，应查找原因，进而找出解决方案，达到预防危机的目的。

（三）危机预警机制的工作流程

企业危机预警指标体系建立好后，重要的是将其操作落实，并作为一种模式在企业内固定下来，保证其正常运转，即构建企业危机预警运行机制。企业危机预警机制包括五个部分：各职能部门、录入部、计算机预警系统、危机预警部和管理决策部，如图 7-4 所示。在这个运行机制中，各职能部门的工作是整个机制的工作流程的起点，这些部门按照指标要求准时统计出各个定量指标值并递交给录入部；把收集到的定性指标信息直接反映给危机预警部，这是第一步。第二步，录入部将收到的预警指标值分类输入计算机预警系统。第三步，计算机预警系统根据事先编好的程序命令，把不在安全区域内的指标输出。第四步，危机预警部针对超出安全区域的指标，查找原因，给出两个以上的初步解决方案。危机预警部是虚拟部门，部门成员由各个职能部门的资深员工和高级管理层部分人员组成，只有出现异常状况时，才组成工作团队，平时要在自己的工作岗位上各司其职。第五步，管理决策部门进一步核查原因，筛选方案，作最终决定。第六步，各职能部门贯彻执行危机预警方案，预防危机。后面的工作依次类推。综观整个流程，呈现两个明显的特点：第一，危机预警流程的第四步是危机预警系统的关键，原因找的是否对，将会直接影响危机预警措施是否奏效，因此，危机预警部成员的选配一定要慎重；第二，整个流程是循环

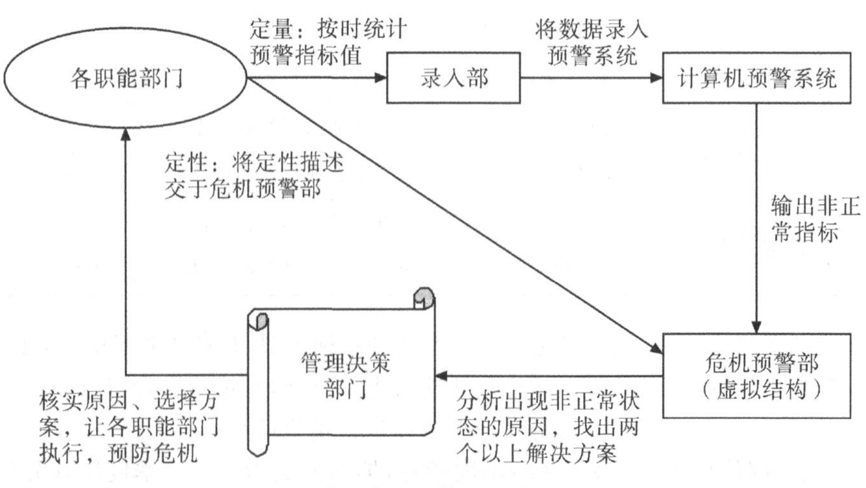

图 7-4　企业危机预警机制的工作流程

的，各职能部门既是流程的起点又是终点。

(四)企业危机预警中存在的问题

1.企业危机预警系统失灵或错误预警

一般来说，企业危机预警系统由信息收集子系统、信息加工子系统、决策子系统和警报子系统四个部分组成，首先由信息收集子系统对危机信息进行收集，接着经由信息加工子系统进行加工，决策子系统对经过加工的危机信息进行决策，决定是否对其进行危机警报，若危机信息显示的指标与企业预先设定的安全水平不符，则警报子系统将对危机信息进行警报，以上就是企业危机预警系统对危机的预警过程。在此过程当中，任何一个环节出错都会导致危机预警系统的失灵，即或者没有对危机进行预警，或者警报子系统没有及时发出危机信息。没有或者不及时发出危机警报都会导致企业管理者对企业所处环境的错误评估，当危机真正来临时，企业已经处于混乱、不知所措的状态，就算管理者能力再强，亦无法力挽狂澜了。当然。在信息的传递和加工过程当中，难以避免"牛鞭效应"的副作用，这更多地出现在机构庞大的企业当中，当信息收集子系统收集到的稍微"利坏"信息时，经过信息加工子系统甚至是决策子系统的层层放大，最终可能出现"危机来临"的错误警报，轻则致使企业上下虚惊一场，重则造成企业某些不必要的损失。同理，如果层层放大的是利好信息，则可能导致企业过于乐观的心态，未能防微杜渐，最终酿成险局。

2.企业对危机警报反应迟钝

企业危机预警过程中存在的更为常见的问题是企业对危机警报反应迟钝，即企业自身对危机预警系统所预警的危机信号并不敏感，责任主要在于企业的决策部门，甚至是企业的最高管理者，要么自我感觉良好，要么置若罔闻。这是与企业起初建立危机管理预警系统的初衷相违背的，倘若企业对危机预警系统的失灵警报反应迟钝，则其行为无可厚非；但当危机预警系统运行良好，警报子系统所发出的警报准确无误时，企业将面临危机的挑战。这种挑战可能已经在一定程度上造成了企业某些方面的困境，此时企业往往处于亡羊补牢的境况，处理不当将会导致企业的元气大伤甚至是衰败倒闭。

(五)企业危机预警问题的原因分析

1.预警系统的设计与维护不当

简单来说，企业危机预警系统的建立过程由七个步骤组成：确定危机、评估关系、确定临界点、建立系统、评估性能、配备人力、说明系统。即首先确定预警什么类型的危机，接着评估危机和预警系统之间的关系，进而确定警戒线也就是临界点。在这个过程当中，无论哪一部分设计不合理都将导致危机预警系统的失灵。在危机预警系统的运行过程中，对系统的维护不当也会造成系统预警的失灵，由于一个系统必定是由人和物组成，物诸如机器设备，人则由各主要部门相关人员组成。对机器设备维护不当、对系统人员激励不足，是危机预警系统失灵的一大原因。

2.预警系统多次失灵或错误预警

当企业怀着良好的愿望建立起危机预警系统时，发现系统在运行的过程中多次失灵预警甚至是错误预警，当危机真正来临时，企业已经对危机预警系统的再次预警不敏感了，这是从企业对危机预警系统反应迟钝的角度来分析原因，这一原因其实跟危机预警系统的设计与维护不当是息息相关的。其与"狼来了"的故事所传达的信息有相同之处，人们更多的是将责任归咎于小孩的不诚实。当狼把小孩吃掉时，人们又深深自责为何不再信小孩一次。所以企业与危机的关系就是人们与狼的关系，企业与危机预警系统的关系就是人们与小孩的关系，一旦危机危及企业的生命线时，企业与危机预警系统都脱不了干系。

3.危机的偶然性与人的观念的必然性

企业在其发展过程中，虽有波澜迭起的时候，但更多时候是处于稳定发展的状态，危机的来临从客观上来说是偶然发生的事件，而人的观念有必然性。一般难以相信长期稳定发展且实力相当可观的企业会面临危机，特别是这可能导致其生存面临危机。于是对危机预警系统所发出的危机警报产生怀疑的心态，“这可能吗”成为企业当机立断采取应急措施的绊脚石，以致后果不堪设想。有专家对人的这种观念的必然性进行了测试，测试者用一百元人民币与被测试者换五十元的人民币，结果在一百个人里面只有一人与其成功作了交换，说明绝大部分人认为这么占便宜的事情是不可能发生的，“这可能吗”成为了他们心中的疑团，以致未能采取果断的措施。可见人的这种观念很容易造成其对危机预警系统反应的迟钝。

4.文化和人的个性影响

我国一直以来深受官僚文化的影响，从机关单位到国有企业，也在一定程度上影响到一些非国有企业，可谓官僚作风根深蒂固。因此，当危机预警系统显示出危机信号时，某些系统人员不会将预警立即发出，因为如果危机预警信号正确无误，企业的高层不会专门对其加以激励与褒奖，相反，如果系统人员通过危机预警系统发出的危机信号是错误的，则企业会对其进行惩罚，这样一来，系统人员便不敢轻易将危机预警信息向上通报，造成企业对危机预警反应的迟钝。作为企业的最高管理者，其个人的性格也在一定程度上影响了企业对危机预警系统的反应，特别是中小企业，最高管理者的意志决定着企业的运作方向，个性外向张扬的企业高管，一般来说反应迅速，对危机预警系统的反应更敏捷；而个性内敛保守的企业高管，对危机预警系统的反应更为迟钝。

(六)企业危机预警的相关对策

1.完善企业危机预警系统的设计与维护

要解决危机预警系统失灵的问题，必须完善危机预警系统的设计和维护，重审危机的确定、危机与危机预警系统的关系评估、临界点的确定、人力的配备等系统步骤，查看危机类型的设定是否与企业本身的行业特征和企业管理水平相符、对危机与危机预警系统之间的关系评估是否合理和科学、对临界点的设计是否过低或过高，是否配备了得力的相关人员等。对设计过程中所出现的缺陷进行纠正与改进，这些过程需要企业主要决策人员的参与，方能确保系统重新设计工作的顺利展开。企业对系统的人和物的维护要做到定期、定量，定期更新系统的机器设备，定量奖励负责系统预警的相关工作人员，特别要奖励对企业危机预警有突出贡献的企业员工，以提高员工工作的积极性和创新性，从而提高危机预警系统的运行效率。

2.构建企业危机预警文化

当今竞争日益白热化的市场环境，使得企业越来越重视其自身的可持续发展，也就必然要提高对企业危机预警管理的认识，危机预警系统的建立就是这种认识的较好体现，但不容忽视的是，大部分企业对危机的认识还不够深入，企业容易屏蔽自我，自我感觉良好，看不到未来。像海尔、华为这些危机预警管理做得较好的企业并不多，它们都成功构建了自己的危机预警文化，张瑞敏"永远战战兢兢、永远如履薄冰"的危机意识、任正非"华为的冬天"的危机观念已经渗透到企业的每一位员工。企业危机预警文化的构建，需要企业从理念、机制和制度三个层面进行，由企业最高领导者带头，树立积极的企业危机观念，机制上设立合理科学的奖惩办法，进而形成一整套企业危机管理制度。

3.根除传统官僚文化的影响

官僚文化导致的官僚作风实际上增加了企业运作的交易成本，包括对企业危机预警系统的影响，必须予以根除。从企业危机预警系统的工作流程来看，最后的决策子系统和警报子系统都需要由相关人员来完成，特别是警报子系统，运行不良将导致整个系统前功尽弃。企业在构建危机预警文化的同时，要营造一种自由、创新的企业氛围，这种氛围要求企业管理者能够接受不同意见甚至是看起来错误或荒谬的意见；用包容和理解的心态对待犯错误的员工，避免奖轻罚重、抑制人性，导致系统人员知情不报或者推迟预警。作为企业的高管人员，应当以企业的利益为重，自上而下地推行信息无阻化，方能得到自下而上的良性回应，彻底拒绝以做官或者做家长的思维来做企业。

4.加强企业危机预警管理

著名危机管理专家迈克尔·里杰斯特认为："任何公司都需要有危机管理的措施，唯一不同的是根据企业的性质和大小，其实施情况有所变化。无论怎样，我们都要抓住问题的关键，那就是组建危机管理小组来制定或审核危机处理方案及其方针和工作程序。"企业应当通过建立危机管理机构、制订危机管理计划等措施建立起企业危机管理系统，这是企业响应危机预警系统的危机信息后能够迅速应急的合理措施。很多企业的做法更多地偏向于当危机已经明显来临时才采取措施进行应对。加强对危机预警系统的管理是一个至关重要的环节，更是一个容易被忽略的环节。企业须将其已经建立的危机管理机构细分为危机预警管理机构和危机管理机构，前者专门对危机预警系统的运行过程进行管理，这样才能充分响应危机预警系统的预警，使企业对危机预警系统的反应更加敏捷和顺畅，使企业的整个危机管理工作做得更加周密和有效。

【案例讨论】

案例一　海底捞黄金四小时危机公关

"在负面新闻曝光之后三小时给出回复，紧接着给出处理方案，很附和舆情处理的'黄金四小时'，在负面舆论发酵之时控制好舆论导向，引爆新的讨论，在企业担当上边下大手笔。"

上周由法制晚报发布了一则卧底海底捞的报道，卧底的记者拍下了老鼠横行、扫垃圾的搏击放洗碗池中清洗、用火锅漏勺掏下水道等令人发指的后堂行为。

仅仅三个小时之后，海底捞迅速做出回应，紧接着发布了七则处理通报。

沿袭海底捞一贯的处事风格，在第六条中清晰写明责任董事会承担，涉事员工无需恐慌，民意迅速反转，网友疯狂转发，舆论导向偏向正面。

一记重拳打到了棉花上

食品安全大于天，任何餐饮行业遇到此类问题轻则停业整顿，重则关门大吉。网络舆情对食品安全问题一贯也是零容忍的态度，而这次海底捞选择了不回避，直接认错，在致歉信中坦然承认“情况属实”，接连的应对方案在事件恶劣影响扩散之前直接反转了舆论导向。

其实在企业面对危机公关时，才是危急时刻。舆论的导向至关重要，事件如果朝不好的方向发酵会直接影响企业的未来发展，舆论淹没企业原来做过的所有正面事件，千里长城溃于蚁穴。

所以危机公关的本质就是疏导大众情绪，将洪水分流不至于冲垮企业信任。

当大部分品牌对于负面事件爆发处理时惯用“否认”、“部分承认”、“转移责任”以及“不发声”的方式处理时大众对于其品牌的信任大打折扣，一次负面事件导致该品牌难以翻身。

海底捞将这一记重拳回报以微笑和坦然，错了就是错了，无可辩驳，道歉然后给出解决方案就好，海底捞的危机公关做得真是一流。

舆情处理“黄金四小时”

在负面新闻曝光之后三小时给出回复，紧接着给出处理方案，很附和舆情处理的“黄金四小时”，在负面舆论发酵之时控制好舆论导向，引爆新的讨论，在企业担当上下大手笔。

在这剑拔弩张的时刻考验的就是管理者是否明白企业必须保护的核心资源，平衡好“消费者”、“员工”、“供应商”、“政府部门”、“媒体”的关系，掂量清楚谁最受此次事件的影响然后逐一突破，将损失控制在最小的范围。而此次在道歉信里包含了每一位利益相关者。

紧接着做出行动，用行动来表明自己道歉的态度。

在第一时间公布了具体行动以及应对方案，给大家一个交代，从细节可以看到负责人的实名制，一点也不含糊，足以看出道歉的诚恳态度:“该是谁的责任就是谁的责任，维护底层员工信任，不包庇企业高层领导。”

这锅我背、这错我改、员工我养

很快道歉信被网友精华成12个字，口口相传。海底捞通过危机公关及时将最坏结局扭转，博得一票好评。

海底捞保护了最底层的员工，将全部责任上升至董事会责任，比起大家习惯听到的“临时工”承担责任、开除当事人来应对负面事件，这么做将负面事件升级为企业管理制度，在公众面前保全员工，显示出了对事件的重视程度和改错的坚决态度。

当保全员工董事会承担责任和开除员工两种行为放在一起对比，公众的舆论导向就很明确了。

海底捞冠以“将员工当顾客来服务”的企业文化，即使只是服务生在海底捞都有很高的权利，可以给客户免单，解决住宿，建立子女寄宿学校等，还有全家旅行、父母养老金等对于优秀员工的奖励。

利用同理心和企业文化的渲染，不辜负大众对海底捞人文情怀的期望，在企业信用因为食品安全问题即将崩塌的瞬间，从客户、员工角度打情感牌解决问题，让用户的情绪有了纾解。

优秀的危机公关可以这么做

优秀危机公关包括了几大元素：道歉，诚恳认错，不回避事实，乐意负责，给出整改方向。

当危机爆发之时判断时间真伪，如果属实则无须抱怨行业环境、暴露潜规则，坦然承担责任，认真对待错误，如果狡辩则会起到反作用。

回应才是危机的开始

不少危机事件交给公关处理之后用撒谎来解决，下血本来平复舆论危机，虽然在热点上看不到了，也买下了热搜，给了大V封口费，但是在群众心目中对于企业的信誉还是有所疑惑，损失的部分更是看不见的冰山。

如果借以危机事件揭露行业弊端转移注意力也会引起群众反感，这个时候你代表的是整个行业的黑暗面，群众只会记住第一个被查出来的企业，锅还是得背。

承认事实，提出关键问题解决方案，给大家一个合理的解释，疏导愤怒情绪。

其实这也需要技巧，首先控制好"黄金四小时"，回应发声一定要快，所谓"天下武功唯快不破"。

当然回应的速度也反映了一个企业是否具备良好的机制，有些问题不可避免，如果在平时就有所准备，关键时刻才能迅速应对，不至于乱了手脚。

如果不回应坐等事件过去会埋下重大危机，将来关键时刻难免被反复提及，只有将群众愤怒情绪及时转移才能快速消除误会，重拾用户的信任。

危机事件是小概率事件，但结果往往是致命的，提前备案，沉稳应对将危机变成转机，给企业以时间证明自己，这次海底捞做的堪称危机公关处理的典范。

要知道每一个品牌都是为了解决这些危机而生，否则出了事找不到追责、处罚的主体，那就没有所谓的品牌了，就是品牌失灵。

（资料来源：大鼎哥.http://news.pedaily.cn/201708/20170829419209.shtml,2017-08-29 10:10 变革家网，投资界）

讨论题：

1.危机发生时应如何处理与媒介之间的关系？

2.危机过后的形象重塑重要吗？为什么？

案例二　红黄蓝幼儿园虐童事件

红黄蓝幼儿园虐童事件指：2017 年 11 月 22 日晚开始，有十余名幼儿家长反映朝阳区管庄红黄蓝幼儿园（新天地分园）国际小二班的幼儿遭遇老师扎针、喂不明白色药片，并提供孩子身上多个针眼的照片。

2017 年 11 月 26 日晚，北京警方就该幼儿园幼儿疑似遭针扎、被喂药一事进行了通报，涉嫌虐童的幼儿园教师刘某某被刑拘。11 月 29 日，红黄蓝教育机构针对红黄蓝新天地幼儿园事件发布道歉信。

事件经过

2017 年 11 月 22 日晚开始，有十余名幼儿家长反映朝阳区管庄红黄蓝幼儿园（新天地分园)国际小二班的幼儿遭遇老师扎针、喂不明白色药片,并提供孩子身上多个针眼的照片。

事件调查

事发后涉事幼儿园老师在家长群中发信息表示,正在配合有关方面调查,一旦事情有进展,将第一时间通知家长。

警方已经介入调查,家长提供视频中也显示警方已提取孩子针眼等证据。现场一名朝阳分局刑警称已经提取了园区大量监控视频,称警方正在调查中,希望了解情况的涉事家长跟他到派出所会议室,他会详细解释警方工作情况。

在国际小二班上学的幼儿有20人左右,共有3名教师、1名外教。22日晚间在家长的微信群中陆续有家长称自家孩子出现问题,家长质疑的问题主要包括:孩子身上发现结痂的针孔,有孩子称被老师喂食白色药丸等。

事件处置

2017年11月22日已接到家长报案,北京警方正在根据家长反映情况进行调查取证。涉事老师和保育员已暂时停职,配合警方调查。

朝阳区政府得悉此事,立即成立工作组进驻幼儿园,积极协助相关部门,配合警方做好调查工作。责成该幼儿园迅速做好自查和家长、幼儿的安抚工作。

昨天傍晚,北京警方就该幼儿园幼儿疑似遭针扎、被喂药一事进行了通报,涉嫌虐童的幼儿园教师刘某某被刑拘。

此外,利用网络编造、传播虚假信息,编造"老虎团"人员集体猥亵幼儿虚假信息的刘某也被警方行政拘留。同时,该幼儿园园长被朝阳区政府责成红黄蓝幼儿园举办者按照程序免职。针对警方通报,红黄蓝幼儿园发表声明称将对全国1800多家园所进行排查。《法制晚报》记者查询发现,红黄蓝官网上已查不到北京新天地幼儿园内有认证的刘姓教师。

同时,朝阳警方在对朝阳区红黄蓝新天地幼儿园幼儿家长报警称怀疑其孩子在幼儿园内受教师侵害一案侦办过程中发现,有人利用网络编造、传播虚假信息,造成恶劣社会影响。11月23日,警方经工作将行为人刘某(女,31岁,北京人)抓获。该人对自己编造"老虎团"人员集体猥亵幼儿虚假信息,后通过微信群传播的违法事实供认不讳,并对造成的不良影响深表悔恨。目前,刘某因虚构事实扰乱公共秩序,已被公安机关依法行政拘留。

本报北京12月29日电(记者王治国 杨永浩)2017年12月29日,北京市朝阳区人民检察院经依法审查,对北京市朝阳区红黄蓝新天地幼儿园教师刘某某以涉嫌虐待被看护人罪批准逮捕。

事态发展

之前四平红黄蓝虐童事件的民事诉讼日前一审宣判,尚未生效,受害孩子的代理律师闫凌宇告诉网易财经,多名家长已经确认会上诉。

2017年11月27日中午,已有一位来自北京的红黄蓝美国证券投资者书面委托北京郝俊波律师事务所及其美国律师团队,拟就红黄蓝幼儿园在美上市公司涉嫌证券欺诈令投资者受损一案提起集体诉讼。

2017 年 11 月 29 日，红黄蓝教育机构针对红黄蓝新天地幼儿园事件发布道歉信：我们倍感难过和耻辱，向孩子们和大家深深道歉，对不起！我们没有资格祈求原谅唯有拿出实际行动。并承诺对幼儿园监控系统进行全面升级，确保做到无死角不间断实时监控。

调查结果

2017 年 11 月 28 日晚，北京市公安局朝阳分局官方微博@平安朝阳通报红黄蓝新天地幼儿园事件调查结果。以下为通报内容：

经公安机关调查，朝阳区红黄蓝新天地幼儿园教师刘某某（女，22 岁，河北省人）因部分儿童不按时睡觉，遂采用缝衣针扎的方式进行"管教"。因涉嫌虐待被看护人罪，现刘某某已被刑事拘留。涉事幼儿园共有教职员工 78 人，内有男性 8 人，工作过程均不具备单独接触儿童条件。经专家会诊、第三方司法鉴定中心对家长提出申请的相关涉事女童人身检查，均未见异常。儿童在园期间服用药物有严格规定，须家长将药品填写好名称、服药时间和剂量说明后交由幼儿园保健医生专门负责。

经调取涉事班级监控视频存储硬盘，发现已有损坏。经专业公司技术检测，系多次强制断电所致。经查，该园库管员赵某某（女，45 岁，河南省人，住在监控室）感觉监控设备噪音大，经常放学后将设备强制断电。经鉴定部门工作，目前已恢复约 113 小时视频，未发现有人对儿童实施侵害。

针对网传涉事幼儿园"群体猥亵幼童"等内容，经查，系刘某（女，31 岁，北京市人）、李某某（女，29 岁，河北省人）二人编造传播。刘某因虚构事实扰乱公共秩序已被行政拘留；李某某被公安机关批评教育，11 月 26 日其已在个人微博公开致歉。

针对 11 月 23 日某电视台报道该园幼儿被喂食药片的情况，经核实，幼儿家长苟某（男，28 岁，四川省人）承认孩子没有在园内被喂食药片，视频内容系其在家中使用家人服用的药片，以语言诱导方式询问孩子，拍摄后发至幼儿园家长微信群。相关电视台记者刘某（男，36 岁，北京市人）未经采访核实，直接从网上下载编发。

针对涉事女童家长赵某某（女，31 岁，黑龙江省人）发表的"'爷爷医生，叔叔医生'脱光衣物检查女儿身体"的言论，经核实，赵某某承认系其编造，并愿意向社会澄清事实、公开道歉。

公安机关对此案正在进一步开展工作。对于涉嫌侵害未成年人的违法犯罪行为，公安机关将一查到底，坚决依法严厉打击。同时，呼吁公众理性对待网上信息。对于故意制造和传播谣言的行为，公安机关将依法予以严肃处理。

整改措施

要求各区责成举办者依法履行办园责任，进一步明确园长管理责任，并加大对各类幼儿园全员培训力度。

新京报讯（记者沙璐）　"红黄蓝事件"正在催生北京幼教管理的全面升级。记者从北京市教委下发的《关于进一步加强各类幼儿园管理的通知》获悉，各区要责成举办者依法履行办园责任，进一步明确园长的管理责任。

针对社会关注的幼儿教育的师资问题，北京市教委有关负责人介绍，各区要严格师资管理，加强幼儿教师准入资质审查、师德师风建设。

迅速开展幼儿园安全隐患排查和治理

据了解，目前各区按照市教委要求，正在迅速开展幼儿园安全隐患排查和治理，切实加强幼儿园监管工作，促进幼儿园规范办园行为。

按照通知要求，各区要责成幼儿园园长指导幼儿园采取多种措施，做好教职员工的思想稳定工作。一方面要引导广大教师讲情怀、讲操守；另一方面要及时疏导教师身心压力，有序开展保教活动，确保幼儿园平稳、正常运行。

北京市教委表示，各区要严格师资管理，加强幼儿教师准入资质审查、师德师风建设。加大各类幼儿园全员培训力度

公开致歉

红黄蓝教育机构的道歉信，祈求大家的原谅将配合警方的调查。

以下是道歉全文：

尊敬的社会各界：

11月28日晚间，北京朝阳警方公布了对北京市朝阳区红黄蓝新天地幼儿园事件的最新调查情况：该园教师刘某某因部分儿童不按时睡觉，遂采用缝衣针扎的方式进行"管教"。因涉嫌虐待被看护人罪，现刘某某已被刑事拘留。针扎在孩子身上，也扎在了我们每一个人的心里。

此外，还有个别红黄蓝幼儿园也传出家长举报有疑似幼儿受到伤害的情况，园所已全力配合警方调查。

我们倍感难过和耻辱，向孩子们和大家深深道歉，对不起！我们没有资格祈求原谅，唯有拿出实际行动。

为此，我们郑重向全社会承诺：

1.对任何人以任何方式伤害孩子的行为零容忍，恳请全体家长与社会各界，发现新的问题和线索，立即向公安机关举报和反映。

2.对在我们园所受到伤害的孩子，我们绝不推脱逃避，有错必究，有责必担，承担相应法律责任。

3.积极配合政府、家长与社会各界，全力保护孩子和教职工的人身安全与合法权益不受侵害。

4.对幼儿园监控系统进行全面升级，确保做到无死角不间断实时监控。

5.在专家指导下，与家长建立家园共育机制，尽最大可能开放透明办学。

恳请全社会与我们一起共同守护孩子，守护未来。

感谢大家的关注与监督。

北京红黄蓝儿童教育科技发展有限公司

二〇一七年十一月二十九日

（资料来源：https://baike.baidu.com/item/%E7%BA%A2%E9%BB%84%E8%93%9D%E5%B9%BC%E5%84%BF%E5%9B%AD%E8%99%90%E7%AB%A5%E4%BA%8B%E4%BB%B6/22220134?fr=aladdin#1，百度百科）

讨论题：

1.危机公关应遵循哪些基本原则？

2.该事件中红黄蓝幼儿园对事件的处理是否妥当？

【本章小结】

危机管理是社会组织为应对各种危机情境所进行的规划决策、动态调整、化解处理及员工培训等活动过程,其目的在于消除或降低危机所带来的威胁和损失。通常可将危机管理分为两大部分:危机爆发前的预计、预防管理和危机爆发后的应急善后管理。

危机管理是专门的管理科学,它是为了应对突发的危机事件,抗拒突发的灾难事变,尽量使损害降至最低点而事先建立的防范、处理体系和对应的措施。对一个企业而言,可以称之为企业危机的事项是指当企业面临与社会大众或顾客有密切关系且后果严重的重大事故,为了应付危机的出现而在企业内预先建立防范和处理这些重大事故的体制和措施,称为企业的危机管理。

【习题】

一、辨析题

危机背后是机会。

二、问答题

1.危机的特点是什么?

2.危机管理的两大基本行为是什么?

3.简述危机管理的原则和五种态度。

4.如何在危机后重塑组织形象?

三、实训题

某品牌化妆品危机处理

[实训目的]

通过实训,达到掌握公共关系危机预防分析并能制订相应应急计划,公共关系危机协调技巧;掌握公共关系危机处理中与媒体的关系等能力。

[情景设计]

某地有位消费者在购买使用了某品牌化妆品后,出现面部过敏、红肿现象,于是诉诸当地的报社。当地几家新闻机构都播发、转载了这一消息,一时间舆论哗然,造成该化妆品的销售下降。据传这位消费者还要求厂家赔偿药费和精神损失费。假如你是这家企业的秘书,请制订一份简要的危机处理方案。

[实训要求与内容]

1.如果你作为本项目情景中的危机处理小组成员,针对社会舆论,你将向领导提出什么建议?

2.结合本项目情景模拟一次应对媒体的采访活动。一部分同学扮演记者,一位同学扮演公众的态度设计提问。

3.请每位学生根据情景内容制订一份简要的危机处理方案。

[效果评价]

教师教学点评、打分,将评价结果填入表 7-2 中。

表 7-2 “某品牌化妆品危机处理”计划实施评价表

<table>
<tr><td>专业</td><td></td><td>班级</td><td></td><td>学号</td><td></td><td>姓名</td><td></td></tr>
<tr><td>考评内容</td><td colspan="7">“某品牌化妆品危机处理”计划实施</td></tr>
<tr><td rowspan="4">考评标准</td><td colspan="2">项目内容</td><td>分值</td><td>评分</td></tr>
<tr><td>准备环节</td><td>项目设计是否科学
任务分配是否合理
是否熟悉案例</td><td>15
5
5</td><td></td></tr>
<tr><td>实施环节</td><td>计划实施是否客观
对危机的分析是否全面
危机处理方案是否可行</td><td>10
10
30</td><td></td></tr>
<tr><td>能力测试</td><td>沟通协调技巧
团队合作精神
应变能力</td><td>5
10
10</td><td></td></tr>
<tr><td colspan="3">总计</td><td>100</td><td></td></tr>
</table>

【拓展分析】

观看电影《危机公关》,分析影片中危机发生的原因及其处理技巧。

第 8 章

公众关系协调

本章知识点：组织内部公众关系协调：员工关系、股东关系协调的意义、方法与技巧；组织外部公众关系协调：顾客关系、媒体关系、政府关系、社区关系、竞争者关系、国际关系协调的意义、方法与技巧。

案例导读

有理也让人

某市糖果糕点公司下属兴荣食品厂，这几天围绕着职工付金厚与秘书梁牧，谁的合理化建议在前而争论不休。付金厚四处说，梁秘书利用职权侵害了他的利益，非要搞个水落石出不可，大有不获全胜决不收兵的架势。梁秘书却泰然处之，平平静静，和往常一样，一副什么事也没发生的样子。

原来，在沿海厂商糖果糕点和进口糖果的"合围"下，这座内陆大城市十几家国有食品厂几乎家家亏损。兴荣食品厂领导为了扭转亏损局面，发动全厂职工献计献策，并根据其效益设下奖金。二十多天前，付金厚去医院看望一位生病住院的长辈时，买了一盒沿海某厂生产的糕点。他不知长辈得的是糖尿病，不能吃糖食品。

付金厚在医院里了解到，很多病人都希望买点椒盐饼干之类吃，可市场上根本买不到。沿海糕点又含奶油，病人更不喜欢，本地厂家又偏偏跟着沿海厂商跑，一味生产同类食品。付金厚连跑了几家医院，向病人和医生作了些调查后，马上向厂长建议生产一批不含糖又极易消化的椒盐糕点、饼干之类，供应医院病人，并投放市场试销。与此同时，厂长也收到了一份梁秘书作市场调查后写成的内容相同的调查报告。梁秘书向一千多名不同的糖果、糕点消费者发出了一份调查问卷。收回的几百份问卷表明：老人和病人不喜欢吃奶油糕点。他估算了一下本市数百万居民中，老年人有几十万，加上病人，如果每月有一半的人消费一千克这样的糕点，数量也相当可观。

厂长办公会研究后，决定批量生产椒盐饼干、糕点，投放市场后一抢而光。以后，他们根据市场不同消费者需求的口味，研制出不同风味的糕点、糖果。兴荣厂扭亏为盈。可这合理化建议的五千元奖金究竟应该发给谁，职工们争论开了，付金厚更是四处游说。

（资料来源：https://wenku.baidu.com/view/e5d98040be1e650e52ea99d9.html，百度文库，2018.6.30）

启发总结：组织内部关系处理需要技巧。

孟子说："天时不如地利，地利不如人和。""和谐"是公共关系追求的境界。公共关系就是要为组织创造内外"和谐"的环境，使组织得到更好的生存和发展。

社会组织公众关系协调主要针对内部公众与外部公众两大类进行。

第一节　组织内部公众关系协调

组织内部公众主要包括内部员工和股东两大类，协调好这两类公众关系对组织的发展至关重要。组织内部公共关系特别是员工关系协调是塑造组织形象的起点，塑造优秀的组织形象必须依靠组织内部所有成员的齐心协力、共同努力。

一、员工关系的协调

（一）员工关系的含义

员工关系协调是指社会组织与其员工之间通过双向沟通，在互利互惠的原则下寻求并达成和谐、一致、互动的一种内部管理职能。

员工关系不同于组织内部的一般人事关系。人事关系一般包括人员雇用、人力资源开发、员工培训与轮训、工作分配、人事制度与纪律的制定、执行、检查，它更多的是从规范上约束组织内部员工与组织目标保持一致。员工关系也不同于组织内部的一般劳动关系。劳动关系一船包括就业稳定性、工资奖金制度、员工福利及劳动合同的制定与执行，它更倾向于从法律、规章上明确组织与其员工之间的权利与义务关系。员工关系最主要的是要实现组织管理者与员工之间的良好沟通，促使组织的决策及行为能充分体现组织与员工双方的共同利益，能同时反映双方的愿望和要求。同时说服员工将个体利益目标追求寓于组织整体利益目标之中，达成双方的相互信任与合作关系。

（二）员工关系协调的意义

1.组织需要通过自身成员的认可和支持来增强内聚力

一个组织的存在价值和整体形象在取得社会的认可以前，首先需要得到自己成员的认可；组织的目标和任务在赢得社会支持之前，首先需要赢得自己成员的配合与支持。否则，组织的价值和目标将会落空，组织将无法作为一个整体面对外部社会公众。每一个成员都是组织的细胞，他们对组织有机体的认同和依附，是这个有机体得以存在的基础。因此，良好的内部关系是公共关系的起点，组织内部的公关工作首先要增强内聚力，将全体成员组合成为一个有机的整体。要达到这一目的，就需要将本组织的成员视作传播沟通的首要对象，尊重组织成员分享信息的权力，争取他们的理解，形成信任与和谐的内部气氛。如果内部传播存在障碍、沟通不灵，成员对本组织的信息没有了解的优先权，甚至于外部社会早已纷纷扬扬，自已的成员还被蒙在鼓里，这样，就会在组织内部产生麻木不仁、忧虑不安、焦急烦恼、猜疑传言等消极情绪和现象，从而形成隔阂冷漠、离心离德的状况。

要避免这种情况的发生，就需要健全组织内部的传播渠道，完善组织内部的沟通机制，使全体成员在信息分享和感情沟通中与组织融为一体。

2.组织需要通过全员公共关系来增强外张力

一个组织的对外影响力有赖于全体成员的努力与配合。因为每一个组织成员都是组织内外部公众联系的触角，都处在对外公共关系的第一线；组织的整体形象通过他们在各自工作岗位上的良好行为体现出来。在对外交往中，每一位组织成员都是非常重要的公共关系行为主体。这种主体性的发挥，有赖于他们对组织的认同感和归属感、向心力和凝聚力。组织的外张力是与组织的内聚力成正比的。一个组织如果希望其成员能够时时处处自觉维护组织形象，就应该时时处处善待和尊重自己的成员，将他们作为重要的公共关系对象，努力培养他们对组织的认同感、归属感，增强他们对组织的向心力和凝聚力。

从管理哲学的角度看，公共关系工作要处理好团体价值与个体价值之间的矛盾。公共关系的目标是要追求较高的团体价值，即塑造本组织良好的整体形象，提高本组织的社会地位，争取较好的组织知名度和美誉度。从公关工作的实际着眼点来说，它是专门做人的工作的，必须从确立个人的价值人手，使团体中的每个成员(以及与这个团体有关的所有个人)都能在团体的环境中追求和实现个人的价值。

(三)员工关系协调的方法与技巧

1.培养员工共享的组织价值观

实践证明，在组织中培育共享的价值观，对于提高组织凝聚力，增强组织成员对于组织的认同感和归宿感，具有决定性的意义。而组织价值观的形成，是一个对员工不断启发、教育、熏陶的潜移默化的过程。在这个过程中，组织需要开展大量系统性的工作。

正确的组织价值观体系要通过以下几个方面建立起来：

(1)树立以人为本的观念。组织取得成功的根本不是物，不是制度，而是人；组织的最高目标在于满足人的物质需要和精神需要。在事业的成功因素中，人的因素占据首要地位。因此，组织价值观应充分反映这一基本观念。

(2)树立“为社会作贡献的价值高于组织利润的价值”的观念。

(3)树立组织信誉的价值高于利润的价值的观念。现代组织应该树立以誉为重、义利并举的经营观念。

(4)树立集体主义的观念。在组织管理中，既要强调和尊重员工的个人价值，鼓励冒尖，更应强调集体、协作的精神。

(5)树立“最佳”、“一流”的观念。

2.营造良好的工作气氛和融洽的人际关系

良好的工作气氛和融洽的人际关系，是良好的内部公共关系状态的两个重要标志。良好的工作气氛就是使员工的才能、积极性、创造性能够充分发挥，具有希望和激励的工作环境；融洽的人际关系就是组织员工之间相互信任、尊重、理解、支持和友爱。

为此，组织可以围绕以下几方面来开展工作：

(1)尊重和信任员工。领导对下属的尊重和信任，是激发员工工作积极性的有效途径。尊重员工，首先要尊重员工的人格，对他们平等相待。其次，要尊重员工的合法权利，虚心听取员工的要求和呼声。信任就是要改进管理制度和管理方法，使职工之间、部门之间、上下级之间保持相互信任。尊重是信任的前提。作为组织领导，要在尊重员工的基础上，充分信任员工，做到用人不疑、疑人不用、知人善任、人尽其才，使每个人的工作热情和创造力都能够充分发挥出来。

(2)完善职工建议制度。建立和完善职工建议制度，一方面可以集思广益，挖掘蕴藏在组织职工中的聪明才智和创造力，促进、改善组织的生产和经营管理；另一方面，职工的建议被采纳，更能使职工感到自己在组织中受到重视，可以增强职工的责任感和主动参与意识，进一步调动他们的积极性。

(3)重视职工培训。组织的成功靠人才，而人才不仅指少数的"尖子"。在激烈的市场竞争中，只有提高组织职工的整体素质，才能从根本上增强组织的竞争力。因此，必须重视职工培训工作。此外，从组织的责任和职工需要的满足来看，重视职工培训，提高他们的业务素质、文化道德修养，更能促进其个人能力的发挥和自我实现感的满足，从而更加强化组织的向心力与凝聚力。

(4)营造融洽的大家庭气氛。营造融洽的大家庭气氛，是建立良好的内部公共关系工作的重要方面。组织员工有经济的、社会的、心理的、精神的不同方面、不同层次的内在需求，他们不仅希望自己从事的工作有价值和意义，在事业上有希望、有奔头，而且希望所处的环境本身是一个充满人情味的"大家庭"，他们希望在这里获得认同感、归属感、自豪感和幸福感等情感需求的满足。如果顺应员工这种情感上的需求，努力营造一个温馨和谐的"大家庭"的工作氛围，势必会激发广大员工的工作热情和献身精神，促进组织成为团结一致、万众一心的整体。

二、股东关系的协调

(一)股东公众的含义

股东关系又称投资者关系，它是20世纪60年代以来在公共关系领域中不断发展的一个新方面。

股东是股份公司股票的持有者，他们是组织的投资者，依法享有一定的权利和义务。从持有公司股份这一点来看，股东是组织的"准自家人"，股东公众应算是组织的内部公众。但是，从行政隶属关系来看，绝大部分股东并不属于组织内部成员，因此，我们也可将股东公众看作是组织外部公众。

在股份制组织里，董事会是公司的常设权力机构和最高决策机构。公司总经理是由董事会任命的，全权负责组织的生产经营。总经理掌握除战略决策以外的经营权。董事关系是股份公司与公司董事之间的关系，它是股东关系的重要组成部分。

(二)股东关系协调的意义

良好的股东关系可以为组织赢得更多的投资者、保持公司股价的稳定和上升，还可以通过广大股东的"口碑"作用，扩大组织的知名度和信誉度，在更大范围内树立良好的组织形象。

(三)股东关系协调的方法与技巧

1.适时向股东通报组织的信息

股东既然购买了组织的股票，与组织连在了一起，当然要关心组织的生产经营情况。

为尊重股东的这种"特权意识",公关人员应定期或在特定的时期内向股东通报组织的信息。例如,组织特定时期的战略决策、发展目标和计划、经营情况、资金流动情况、利润分配情况、面临的困难和风险等。在通报这些信息时,要坚持实事求是的原则,不能报喜不报忧。对于股东提出的质询,要充分重视,配合有关部门给予圆满的答复,消除股东的误解。组织有了新情况,如对社会的重大贡献、新技术的开发、新产品的问世、管理人员的变更等,应以最快的速度向本组织的股东通报。

2.收集来自股东的信息

组织的股东分散在不同的社会组织之中,可以了解到社会公众对本组织及其产品的反应,同时,出于自身利益的考虑,也愿意向组织传达这些反馈,并提出自己的意见。因此,公共关系人员应重视收集来自股东的信息,如股东本人的情况,他们对组织的意见和建议,他们对产品或服务的意见,他们所了解的社会公众对本组织的各种反馈等等。对这些意见,要请有关部门认真处理,并将处理结果告诉股东。

3.促进股东关心组织的发展,关心组织的产品和服务

组织不能将股东只看作投资者和分利者,将股东关系仅作为财务关系来处理,还应将股东视为重要的顾客和义务推销员。这是因为股东与组织有着切身的利害关系,因而一般愿意购买持股组织的产品,并愿意做本组织的产品宣传员。如果我们经常将组织的产品性能、品种、市场占有率等情况通报给股东,或不断提供样品给股东,就可以促使股东关心本组织的产品或服务,促进产品销售额的扩大。

4.定期召开股东大会

按照《中华人民共和国公司法》的规定,向股东大会汇报组织的有关重大问题,让每一个股东充分享受其应有的权利。

第二节　组织外部公众关系协调

外部公众主要包括顾客公众、媒体公众、政府公众、社区公众、竞争者公众等各类对组织生存与发展有着某种联系的公众,也称组织的外部环境。社会组织协调好各类外部公众关系对组织发展有着非常重要的作用。

一、顾客关系的协调

(一)顾客公众的含义

顾客公众是指购买、使用本组织提供的产品或服务的个人、团体或组织。如企业产品的用户、商店的顾客、酒店的客人、电影院的观众、出版物的读者等,包括个人消费者和社团组织用户。顾客是与组织具有直接利益关系的外部公众,是工商企业组织市场传播沟通的重要目标对象。

(二)顾客关系协调的意义

顾客公众是组织经营活动中最重要的公众之一。组织与顾客之间存在着相互依存的关系。组织为顾客提供所需的物质产品、精神产品或服务,而组织的生存和发展离不开顾

客的信赖和支持,良好的顾客关系是组织发展的"原动力"。随着市场经济的发展,组织间竞争的加剧,对每一个现代组织来讲,"好好留住每一位顾客",其重要意义比过去任何时候都显得更为突出。

一个组织的存在价值,很大程度上在于其产品或服务能够得到顾客的接受和欢迎。组织的经济效益需要在市场上实现,而顾客就是市场,有了顾客才有市场。虽然与顾客的沟通并不等同于市场经营中的销售关系、直接的买卖关系,但良好的顾客公共关系的确有利于组织的市场销售关系,能够给组织带来直接的利益。因此,顾客公众是组织公共关系对象中利益关系最直接、明显的外部公众。顾客关系是组织市场经营的生命线。

建立良好顾客关系的目的,是促使顾客形成对组织及其产品的良好印象和评价,提高组织及其产品的知名度和美誉度,增加对市场的影响力和吸引力,为实现组织和顾客公众的共同利益服务。

(三)顾客关系协调的方法与技巧

1.树立"顾客至上"的经营宗旨

各社会组织应把"顾客至上"的经营宗旨贯穿在组织经营管理的各个环节之中,全心全意为顾客服务。许多研究表明,售后服务是留住顾客、增加顾客忠诚度的最有效方略。意大利经济学家帕累托的20/80营销法则揭示了,组织80%的经营利润来源于20%的消费者的重复购买。

2.提供物美价廉的商品

任何组织都应从顾客的利益出发,为顾客提供优质商品、合理的价格,使消费者真正得到实惠,顾客必然会成为组织的义务宣传员。

3.提供优质的服务

不同的组织应根据其所生产和经营的商品的种类和特点,根据企业的规模、类型,为顾客提供多种多样的服务,以增加组织对顾客的吸引力。在现代社会,服务已不再是产品的附属概念了,最新的市场营销理论已将服务列入产品概念中的核心要素,并且指出,当技术竞争、广告竞争已难分优劣之时,服务是当今社会组织必须引起重视的首要因素。

对顾客的服务包括三个阶段,即售前、售中和售后,每一个环节都直接关系着最后的服务效果。

(1)就售前服务而言,良好的广告宣传、正确的消费观念引导是必不可少的,只有让顾客充分知晓和了解,组织的产品(或服务)才有可能让顾客问津。

(2)就售中服务而言,它包括销售(或服务)环境的布置、陈列和组织本身员工与顾客的接触,以及接待的热忱、主动、耐心、周到程度。

(3)售后服务则是指顾客消费后的系列追踪服务,包括送货上门、义务维修、售后三包以及售后的感情联系等。真正的销售始于售后,这是众多销售专家的智慧结晶。

4.提供优雅的购物环境

商业企业对购物的环境因素要认真构思可亲的态度、整齐的着装,从而吸引顾客。

5.及时处理顾客的投诉

社会组织在提供销售与服务过程中,会因为某方面工作的不到位而引起顾客的抱怨甚至投诉,这很正常,关键在于对顾客抱怨所采取的态度及补救措施,是诚恳检讨、虚心接受还是置之不理,甚至冷漠相对。有时,往往会因为一起小小的抱怨而引起整个组织的震荡甚至是致命的打击。只有充分尊重并维护顾客的合法权益,才能真正建立起融洽的顾客关系,在竞争中立于不败之地。在重大问题投诉者中,有34%的人会在问题解决后再次购买该组织的产品,而小问题投诉者的重复购买率达到52%。如果组织能迅速解决投诉,则重购率将在52%(小问题投诉者)和95%(大问题投诉者)之间。因此,让顾客感到满意,不仅可以使顾客成为忠诚的消费者,也可以使其成为"传道者",即通过他向其他顾客做宣传鼓动,而且这种宣传的影响力要远大于一般广告。

二、媒体关系的协调

(一)媒体公众的含义

媒体公众指新闻传播机构及其工作人员,如报社、杂志社、广播电台、电视台及其编辑、记者。媒体公众是公共关系工作对象中最敏感、最重要的一部分。这种关系具有明显的两重性:一方面,新闻媒介是组织与广大公众沟通的重要中介;另一方面,新闻界人士又是需要特别争取的公众对象。媒介与对象的合一,决定了新闻媒介关系是一种传播性质最强、公共关系操作意义最大的关系。从公共关系实务层次来看,新闻媒介关系往往被置于最显著的位置,甚至被称为对外传播的首要公众。

与新闻媒介建立良好关系的目的,是争取新闻传播界对本组织的了解和支持,以便形成对本组织有利的舆论气氛;并通过新闻媒介实现与大众的广泛沟通,增强组织对整个社会的影响力。

(二)媒体关系协调的意义

1.良好的媒体关系有利于形成良好的公众舆论

新闻传播机构及其工作人员是社会信息流通过程中的"把关人"(传播学中亦称为"守门人"),他们决定着各种社会信息的取舍、流量和流向,确定着公众舆论的中心议题,能够赋予被传播者特殊的或重要的社会地位,即具有"确定议程"和"授予地位"的功能。某个组织、人物、产品或事件如果成为新闻界报道的热点,便会成为具有公众影响力的舆论话题,获得较高的社会知名度;而且,一个信息通过新闻界客观的报道,容易获得公众的信任,有利于美誉度的提高。公共关系的一项重要任务,就是为组织创造良好的公众舆论,争取舆论的理解和支持。因此,与"把关人"建立良好的关系,有助于争取媒介报道的机会,使组织的有关信息比较顺利地通过传播过程中的层层关口,形成良好的公众舆论环境。

2.良好的媒体关系是运用大众传播手段的前提

组织要实现大范围、远距离的沟通,就必须借助于各种现代大众传播媒介。大众传播借助于现代印刷、电子等传播技术,大量地、高速度地复制信息,跨越了时间和空间的限制,从而实现了大范围、远距离的传播。这是现代公共关系的主要手段之一。但是,大众传播媒介一般不是由组织内的公共关系人员直接掌握和控制的。有关信息能否被大众媒介所报道,以及报道的时机、频率和角度等等,要取决于专业的传播机构和人士。除花钱做广告之外,公共关系对大众媒介的使用必须通过新闻界人士才可能实现。因此,与新闻界人士建立广泛、良好的关系,是运用大众媒介、争取媒介宣传机会的必要前提。与新闻界关系越多，组织有关信息的报道数量就越多；与新闻界关系越好，组织有关信息的报道质量就越好。媒介关系的这种公关传播性之强，是其他公众对象难以比拟的。

(三)媒体关系协调的方法与技巧

处理媒体关系时，组织应注意做好以下几点：

(1)以礼相待。对待新闻媒介机构和记者要友好热情，不管记者对组织所发生的事件是褒是贬，都要为他们的工作提供必要的帮助、支持和服务。

(2)以诚相待。社会组织要为新闻媒介提供实事求是的材料，因为真实的新闻是媒介的生命。组织提供夸张、虚假的材料会扭曲组织本身的形象。

(3)平等对待。组织在提供信息和接待上，都应该做到一视同仁，给予各新闻媒介平等地获得信息的机会和权利。

(4)迅速及时。新闻信息的时效性很强。由此，组织要及时接待、邀请记者采访，争取在最短的时间内向新闻界提供最有价值的信息。

(四)制造新闻

制造新闻是指在不损害公众利益的前提下，有计划、有组织地策划具有新闻价值的事件，举办有新闻价值的活动，争取新闻宣传的机会。制造新闻是公共关系工作中艺术性、技巧性最高的活动之一。

三、政府关系的协调

(一)政府公众的含义

政府公众指政府各行政机构及其工作人员，即组织与政府沟通的具体对象。任何社会组织都必须接受政府的管理和制约，因此需要与政府有关职能机构和管理部门打交道，包括工商、人事、财政、税务、市政、治安、法院、海关、环保、卫检等政府职能部门及其工作人员。它是所有传播沟通对象中最具有社会权威性的对象。组织必须与政府各职能部门建立和保持良好的沟通，这是组织生存、发展的重要保障和条件。

与政府保持良好沟通的目的，是争取政府及各职能部门对本组织的了解、信任和支持，从而为组织的生存和发展争取良好的政策环境、法律保障、行政支持和社会政治条件。

(二)政府关系协调的意义

1.政府的认可和支持是具有高度权威性和影响力的认可和支持

政府掌握着制定政策、执行法律、管理社会的权力职能，具有强大的宏观调控力量，代表公众的意志来协调各种社会关系。一个组织的政策、行为和产品如果能够得到政府官方的认可和支持，无疑将对社会各个方面产生重大影响，甚至使组织的各种渠道畅通无阻。为此，应该把握一切有利时机，扩大本组织在政府部门中的信誉和影响，使政府了解本组织对社会、国家的贡献和成就。如一个企业可以利用新厂房落成、新生产线投产、企业周年志庆、新技术新产品问世等机会，邀请、安排政府主管部门领导及党政要人出席企业的重要活动，主持奠基仪式或落成剪彩，参观新设备、新产品，通过种种现场活动，提高政府部门对本企业的信心和重视程度。

2.与政府建立良好关系能够为组织形成有利的政策、法律、管理条例

政策、法律、管理条例是一个组织决策与活动的依据和基本规范，组织的一切行为都

必须保持在政策法令许可的范围之内。通过良好的政府关系,组织能够及时了解到有关政策的变动,能够较方便地争取到政策性的优惠或支持,能够对有关本组织的问题在进入法律程序或管理程序之前参与意见,使之对组织的发展有利。为此,应该主动建立和加强组织与政府有关部门之间的双向沟通。一方面,组织的公关部门应该详尽地分析研究政府的方针、政策、法令,提供给本组织领导及各部门参考,使组织的一切活动都保持在政策法令许可的范围内,并随时按照政策法令的变动来修正本组织的政策和活动。另一方面,组织的公关部门应随时将实际工作部门的具体情况上传至政府有关部门,并根据本地区、本行业、本部门的特殊情况,主动地提出新的政策设想和方案,并通过适当的渠道进行说服性的工作,协助发现及纠正政策执行中出现的偏差或失误。

(三)政府关系协调的方法与技巧

组织在协调与政府公众的关系时,应遵循以下基本原则:

1.组织行为合法性原则

政府对社会的统一管理和调控,是通过制定一系列方针政策和法律法令来实现的。它要求历届范围内的一切组织必须依据方针政策和法律法令来规范自己的行为,社会组织也只有符合法律的要求才能得到政府的支持,行为不合法的组织则会受到政府的制裁。

2.局部服从全局的原则

社会组织相对于政府来说是局部利益。政府承认并保护社会组织独立存在的自身利益,组织利益与国家利益在本质上是一致的。但是当二者发生矛盾的时候,社会组织必须无条件地服从政府宏观的全局性利益,这是协调政府关系必须坚持的一个原则。

3.沟通与信任的原则

不断深化的经济体制改革要求政府对所属组织的直接管理转变为间接调控,这就要求社会组织在协调政府关系时加强沟通,使政府对组织的方针政策和行为有全面的了解与支持。

四、社区关系的协调

(一)社区公众的含义

社区公众指组织所在地的公共关系对象,包括当地的管理部门、地方团体组织、左邻右舍的居民百姓。社区关系亦称区域关系、地方关系、睦邻关系。社区是一个组织赖以生存和发展的基本环境,是组织的根基,与组织在空间上紧密地联系在一块。共同的生存背景使社区公众具有“准自家人”的特点。

社区是一种客观存在,它由以下四个要素组成:第一,包括环境与资源在内的,人们赖以进行生产和生活的共同的地理区域。第二,因利益关系而紧密结合起来的人口群体。第三,协调该地域中人们生产和生活的某种规则或制度。第四,在该地域中生活的人们所共有的思想意识、行为准则及文化观念等。

因此,社区公众就是在组织所处的社区范围内,与组织保持着某种利益关系的社会组织、社会团体或社会成员的总和。社区是组织生产经营活动的主要空间,是组织的根子所在。社区关系可能是顾客关系、员工关系,以及其他公众关系的延伸和重要组成部分;同时,社区公众又是组织形象最可靠的传播者之一。

(二)社区关系协调的意义

俗话说,“远亲不如近邻”,社区关系直接影响着组织的生存环境,也直接影响着组织的公众形象。发展良好的社区关系是为了争取社区公众对组织的了解和支持,为组织创造一个稳固的生存环境;同时体现组织对社区的责任和义务,通过社区关系扩大组织的区域性影响。

(三)社区关系协调的方法与技巧

组织在开展社区公共方面应着力做好以下几方面的事情:

1.维护社区环境

保护人类的生存环境,珍爱地球上的每个生命,是任何社会组织必须正视的问题。有许多社会组织在其运作过程中,存在着环保与效益的矛盾,即在生产效益的同时,也在生产着污染。随着政府对环境保护的日益重视和民众环保意识的逐步觉醒,这种状况会很快得到根治。对组织而言,绿色营销是其发展的必由之路。所谓绿色营销,是指组织在经营战略制定、市场细分与目标市场选择、产品生产、定价、分销、促销过程中要注重个体利益与社会整体利益的协调统一,并在此前提下追求经济利益的一系列经营活动。它不仅包括保护生态环境,消除一切污染环境的经营行为和有不良副作用、危害消费者身体健康的产品,也包括保护消费者心理健康,树立良好的社会风尚。在保护环境的同时,社会组织还应积极美化社区环境,尤其是要搞好自身生产与经营环境的美化。实际上,整洁的建筑、充满大自然气息的厂区和宁静、祥和、卫生的工作环境,也是一种赢得公众喜爱的举措。

2.支持社区公益活动

社区关系不能仅停留在社会组织自身行为约束上,而应积极参与社区建设,促进社区繁荣与发展,与所在让区形成“共存共荣”的关系。尤其是在对社区公益性活动的支持上,应不遗余力。社区的各类领导者与意见领袖一般都希望本社区的社会组织能为社区的健康发展提供多方位的支持,尤其是在资金、人力等方面能给予帮助。社会组织作为社区的成员应树立正确的社区意识,取之于民、用之于民,让社区的所有公众真正以组织的存在为荣,从而建立起良好的“地利”环境。

3.促进社区的安定与繁荣

让社区在繁荣发展的向时,拥有一种和睦、友善的氛围以及祥和、安定的生活环境,是每一位社区公众的理想。社会组织也应积极承担起此项职责。当然,充分发挥社会组织主体的经济与技术功能,帮助社区推进经济繁荣,也是一项重要的“社区义务”。

五、竞争者关系的协调

(一)竞争者公众的含义

竞争者公众是指与本企业生产相同或相近产品,提供相同服务,从而具有同一市场的社会组织和个人。由于是同行,彼此之间在客观上就存在着一种竞争的关系。

竞争是市场经济的特有现象,它的基本功能就是优胜劣汰,推动社会经济向更高层次发展。随着社会的进步、经济的发展、市场竞争规则的不断完善,在现代社会里,竞争关系不再只是一种利益对立、此消彼长、弱肉强食、你死我活的关系,更多地将表现为相互促进、相互支持、取长补短、共同发展的文明竞争态势。因此,组织公共关系工作应该从积极的意义上去正确认识竞争者关系,彻底摒弃小生产狭隘、自私的经营观念和竞争行为,树立现代组织光明正大、勇于竞争、善于竞争的新形象。

(二)竞争者关系协调的方法与技巧

(1)应切实把握正确的竞争目的。同行间竞争的最终目的应该是你追我赶,友谊竞赛,以谋求相互促进、共同发展。尽管彼此间竞争都是为了提高各自的经济效益,但他们的基本目的仍是为社会多作贡献。因此,应在竞争中牢牢把握正确的目的,而不能单从本位主义或小集团的利益出发,倾轧对手,搞垮同行。

(2)竞争手段应光明正大。同行组织间的竞争绝不能违背社会公德,采取尔虞我诈、互挖墙脚、损人利己的伎俩,这种竞争即使取胜也是不光彩的。应该提倡以科学经营管理、改进技术设备、提高产品或服务质量等正当方式展开竞争,从而能使胜者心地坦然而成为表率,败者心悦诚服而奋起直追。

(3)竞争不忘协作交流。同行间虽是竞争对手,但由于彼此根本利益一致、最终目的一致,因此,既是竞争对手又是伙伴关系。双方完全可以在共同目的的基础上,既竞争又合作,如相互交流技术成果与经验、支援人力与物力、共同研究解决专业难点等等。这一点表面看来与竞争不相干,其实是另一种意义的竞争,或者说是提高了竞争的层次,因为能主动协作交流的一方最起码在形象、精神竞争上占了上风。

六、国际公众关系的协调

(一)国际公众的含义

国际公众指一个组织的产品、人员及其活动进入国际范围,对别国的公众产生影响,需要了解和适应对象国的公众环境时,该组织所面对的不同国家、地区的公众对象,包括别国的政府、媒介、消费者等。国际公众对象具有与本组织完全不同的社会和文化背景,因此传播沟通活动具有显著的跨文化特征。

搞好国际公众关系的目的,是争取国际公众和舆论的了解、理解与支持,为本组织及其政策、活动、产品和人员塑造良好的国际形象,创造良好的同际声誉。

(二)国际公众关系协调的方法与技巧

1.发展国际公共关系,为对外开放服务

我国实行对外开放政策,企业发展外向型经济,参与国际经济大循环,极需要发展国际公共关系。一方面,需要通过公共关系及时、准确地了解国际市场动向,了解有关国家的政治、经济、文化、社会等方面的信息,了解国外的投资者、合作者和客户等等;另一方面,需要运用国际公共关系手段,向国外的公众、舆论和市场传播自己的信息,树立自己的形象,介绍自己的产品和服务,提高自己的国际知名度和国际信誉。即使不出国门的企业,在对外开放的条件下,也要运用国际公共关系,为来华投资、经商或合作的外商以及来华旅游参观的外国客人提供信息服务,做好接待工作等等。在文化、艺术、科学、教育、医疗、体育等方面的国际交流中,也需要接触许多国际公众对象。良好的国际公共关系有利于促进这些方面的交流与合作,有利于树立中国在世界上的良好形象。

2.运用跨文化传播手段,促进组织形象的国际化

参与国际性活动的组织需要树立国际化的形象,即能够适应别国公众、获得各国人民接受和欢迎的形象。这就需要注意研究和适应别国公众的社会和文化差异,调整公关的政策和方法。国际公共关系是一种跨文化传播,与国内公共关系有很大不同。在信息的传播和对外交往方面,不仅要懂得运用外国的语言文字,还要了解对象国的历史文化、风俗习惯、公众心理,以及了解国际商法和对外交柱的国际惯例,使传播的信息尽量符合对象国公众的习惯。国际公共关系要取得成功,还必须善于运用国际新闻传播和广告传播手段。不仅运用我国的对外传播工具,更要了解对象国及国际上知名的新闻媒介和广告界,与国外新闻机构和广告业建立联系,懂得如何为他们提供新闻资料和广告资料。国际公共关系界早已进入中国。我们的企业及各类组织一定要抓住机遇,运用国际公共关系帮助自己走向世界。

【案例讨论】

案例一　不要让为你卖命的人失望

——顺丰快递员被打事件

2016年4月17日,北京市东城区富贵园一区内,一名骑三轮送货车的快递小哥,在派送过程中与一辆黑色京B牌照小轿车发生轻微碰撞。没想到,小轿车驾驶员(中年男子)下车后不由分说,连抽快递小哥耳光,并破口大骂。在随后的相关视频中,中年男子至少五次击打快递员面部,快递员已被吓得不敢吭声,而周围人几次拉开中年男子,但其有几次上前继续扇耳光,甚是猖狂。

事件始末

2016年4月18日,一段"快递小哥被扇耳光"的视频引发网友热议。有网友发帖称,一位快递小哥不小心把一辆正在倒车的车剐了,之后车主下车又打又骂。根据网友上传的视频粗略统计,该车主一共扇了快递小哥六巴掌,整个过程中该快递小哥没有还手。

这段时长1分42秒的视频刚开始显示,某小区内,一位穿黑色衬衫的车主对一位快递小哥连扇两耳光,并不停说着脏话,旁边另外两位男子劝阻道:"行了,算了。"不过,这位男子并未听劝,很快又给了快递小哥一巴掌。

从该视频可以看到,旁边两位男子试图拦住该车主,并继续劝阻道:"别打了。"然而,这位车主怒气未消,"你说我这倒着车,还往缝里抢",话还未说完又冲上去给了快递小哥一巴掌。随后,有居民提议打110或者让交警来解决,但该男子表示快递小哥应该直接掏钱修车。

随后,该快递小哥上前给这位车主道歉,但该车主并不满意:"对不起就完了?"并又向快递小哥扇了两耳光。这时围观的人也越来越多,一旁的男子拦住该车主说:"行了行了,有事论事,你也不能老打。"视频最后,这位车主用威胁的语气让快递小哥赶紧去拿钱修车。

该视频中有人称呼这位男子为"李哥",随后有网友对该车主进行"人肉",并公布了车牌号和手机号码。昨天晚上7点左右,北京青年报记者拨打该号码,号码已经处于停机状态。

事件进展

从快递小哥所穿的制服可以看出，这位小哥是顺丰集团的快递员。4月18日7点26分，顺丰集团通过官方微博承认，公司已经找到这位快递员，并表示“会照顾好这个孩子，请大家放心”。

晚9点左右，北京市公安局通过官方微博“平安北京”表示，“网传快递小哥被打视频，公安部门已经关注到”，并呼吁网友提供该事件发生的具体时间和地点，以便进一步核查处理。

顺丰集团相关负责人向媒体表示，正在陪同视频中被辱骂、掌掴的快递员小冯到东花市派出所报警。由于警方正在对小冯做笔录，因此无法接受采访。这位负责人表示，此事件发生在富贵园小区，当时快递员小冯正在收件的路上，并称其并没有违反交通规则，而是被打人司机的机动车剐蹭。

此前，北京顺丰公司的负责人已经带小冯到医院检查，称小冯的检查结果有软组织挫伤。“对于这种行为，我们的员工也在自媒体上有所谴责。我们作为公司方面，先是对员工做安抚、关怀工作，随后就报警。也不排除采取其他法律手段维权。”

另据海外网报道，有网友在微博上上传了王卫的朋友圈截图，在截图中，顺丰总裁王卫声明表示，“如果这事不追究到底，我不再配做顺丰总裁！”

社会评价

视频在网上曝光后，网友纷纷参与话题讨论。而这则新闻之所以能够成为公众热议的话题，不仅仅在于公众对快递员的心疼和对快递公司维权的支持，更是一种对社会“潜规则”的抗议。

在车主的认知中，快递小哥与自己天然形成“身份差”，这种差别来自于这个社会的潜规则之一——职业有贵贱。笔者承认，不同的职业所创造的价值对于整个社会而言确有大小之分，但这并不能成为职业贵贱论的借口。快递员和车主有着不同的社会分工，但只要是自食其力的人就值得被尊重。而进一步追究这一“潜规则”形成的深层原因，是因为由于处在当前的社会体制下，工作种类的不同导致了工资收入的分层，也就进而导致了社会位的差别。

快递小哥的一味退让，其背后的潜台词是“我也同意这个潜规则”。而妥协和不自知的可怕远远超出我们的想象。

网友评论中的“丢北京人的脸”、“不就是一个开现代的吗”却更加让笔者细思极恐，背后的逻辑其实我们都秒懂。而在这种行事逻辑和思维方式下，更容易助长“潜规则”的火焰。

诚然，世界不是非黑即白，某些灰色地带、某些潜规则的存在是客观事实。但我们不要因为是潜规则的既得利益者就沉默不语，也不要被潜了还认为是理所当然的事情。而对待潜规则的最好方式之一就是把它曝光在舆论之下，让“潜规则”透明化，让众口铄金之下，“潜规则者”自惭形秽。

真正让人感到可怕的是，这些社会的“潜规则”事实上是众所周知的“明规则”，我们努力地抵制它，却不得不承认自己身处其中。这大抵就是快递员被打成为“大新闻”最重要的原因吧。（长江网 徐娜）

（资料来源：徐娜.https://baike.baidu.com/item/%E9%A1%BA%E4%B8%B0%E5%BF%AB%E9%80%92%E5%91%98%E8%A2%AB%E6%89%93%E4%BA%8B%E4%BB%B6/19526333，百度百科，长江网）

讨论题：

1.组织内部员工关系处理的方法有哪些？

2.顺丰总裁为员工讨说法的方式是否值得提倡？为什么？

案例二　转错电话，夫妻不和你们赔吗？

深夜一点，有一位女士来电要求转3115房间。话务员立即将电话直接转入了3115房间。第二天早晨，大堂经理接到3115房间孙小姐的投诉电话，说昨晚的来电不是找她的，她的正常休息因此受到了干扰，希望饭店对此作出解释。大堂副理经调查，了解到该电话要找的是前一位住3115房的客人，他已于昨晚9点退房离店了。孙小姐是快12点时才入住的，她刚洗完澡睡下不久，就被电话吵醒了，你说能不生气吗？

谁知一波未平，一波又起。原住3115房的刘先生紧接着也打来了投诉电话，说昨晚他太太打电话来找他，由于话务员不分青红皂白就将电话接了进去，接电话的又是一位小姐，引起了太太的误会，导致太太跟他翻脸。刘先生说此事破坏了他们的夫妻感情，如果不给他一个圆满的答复，他一定不会放过那个话务员，而且今后他公司的人都不再入住此饭店。

（资料来源：小勇者也.http://www.360doc.com/content/15/0414/20/22800433_463214882.shtml2015-04-14）

讨论题：

1.请问这位大堂经理该怎么办？

2.客人投诉如何冷静处理？

【本章小结】

每一个社会组织都有自己特定的公众，公众关系的好坏直接影响组织的生存与发展。本章对社会组织的主要公众及其关系协调进行了分析与总结，首先分析了社会组织内部员工关系、股东关系两大类主要内部公众关系协调的重要性及其方法与技巧，强调了内部公众特别是员工公众关系协调是社会组织公共关系及良好形象塑造的起点；然后分析了各类外部公众关系（包括顾客关系、媒体关系、政府关系、社区关系、竞争者关系、国际公众关系）协调的意义及方法与技巧。本章内容形成了较为完整的社会组织公众关系协调的体系。

【习题】

一、辨析题

社会组织在公众关系协调的过程中可以玩“套路”，可以忽悠公众。

二、问答题

1.为什么说员工关系协调是社会组织公共关系及塑造形象的起点?
2.媒体关系协调的重点何在?
3.协调政府关系时应注意哪些问题?

三、实训题

模拟一次企业与顾客的沟通会(主题自拟)

[实训目的]
通过本次实训,使学生了解企业组织与顾客公众的沟通方法与技巧。
[实训要求]
3～5人为一组,分别模拟企业有关部门人员与顾客的角色,体会沟通技巧的运用。
[效果评价]
教师教学点评、打分,评价表如表8-1所示。

表8-1 模拟企业与顾客沟通计划实施评价表

<table>
<tr><td>专业</td><td></td><td>班级</td><td></td><td>学号</td><td></td><td>姓名</td><td></td></tr>
<tr><td>考评内容</td><td colspan="7">模拟企业与顾客沟通计划实施</td></tr>
<tr><td rowspan="4">考评标准</td><td colspan="5">项目内容</td><td>分值</td><td>评分</td></tr>
<tr><td>准备环节</td><td colspan="4">项目设计是否科学
任务分配是否合理
监测对象是否真实</td><td>15
5
5</td><td></td></tr>
<tr><td>实施环节</td><td colspan="4">计划实施是否客观
公众状态监测是否全面
监测报告是否真实、规范,文字是否准确</td><td>10
10
30</td><td></td></tr>
<tr><td>能力测试</td><td colspan="4">沟通协调技巧
团队合作精神
应变能力</td><td>5
10
10</td><td></td></tr>
<tr><td colspan="6">总计</td><td>100</td><td></td></tr>
</table>

【拓展分析】

观看电视剧《那年花开月正圆》第55集,分析企业(东家)应如何处理与员工(掌柜们)的关系?

第 9 章

公共关系专题活动

本章知识点：公共关系专题活动的概念、特征及类型，开展公关活动的意义与价值；公关专题活动的方法与技巧；新闻发布会、展览、赞助、开放参观、宴请和联谊等活动的策划及实施。

案例导读

雅迪赞助的不是世界杯，而是中国情怀

7 月 15 日，沉寂将近十年的法国队终于捧起了大力神杯，为四年一次的足球盛宴画上了一个句号，也悄悄地将中国男足出线世界杯的希望延迟到了 4 年后。

尽管俄罗斯世界杯的赛场上没有中国男足的身影，但不妨碍中国品牌表现抢眼，成为 C 罗、姆巴佩、梅西等巨星身旁最耀眼的中国元素。央视主持人白岩松说，“俄罗斯世界杯，中国除了足球队没去，其他都去了”。

本届世界杯中，中国赞助企业飞升至 7 家，万达、海信、蒙牛、vivo、雅迪电动车、帝牌男装等。这些中国大牌编外“球员”，不论是来自商业地产行业的万达，还是来自家电行业的海信，再或是来自新能源交通行业的雅迪，代表着各自行业的一流品质和影响力。

作为中国电动车行业首家赞助 FIFA 世界杯的品牌，雅迪电动车一向以过硬的品质著称，产品远销美国、德国等 77 个国家，赢得了全球近 3000 万用户的青睐。雅迪赞助的不仅是世界杯，还有作为全球两轮电动车领导品牌的“幸福品质、快乐骑行”的中国情怀。

近期，雅迪再次引领品质升级，推出“超越摩托车品质的雅迪缤钻版电动车”，质保期比普通电动车长一倍。

现在，为了让更多人体验到雅迪缤钻版的舒适性和动力性，特面向全国消费者推出“免费骑行雅迪缤钻版 7 天”的活动。

据了解，今年 6 月初，雅迪面向全球发布了缤钻版首款车型 E7 Li。仅一个月时间，雅迪 E7 Li 在京东、淘宝等各大平台的众筹中，获得广大消费者一致好评与支持，众筹总金额极速突破千万。

免费骑 7 天

7 月 13 日至 8 月 31 日，这辆让消费者为之“尖叫”的品质好车，可以免费试骑了！用

户凭身份证到雅迪门店签订试骑协议，即可获得雅迪 E7 Li7 天免费试骑资格。每天分享试骑心得及美图至朋友圈，凭分享截图，还能抵扣购车款（具体金额，详询各地门店）。

赢 717 元红包

除此之外，今年 717 活动期间（7 月 17 日—31 日），只要购买缤钻版车型的用户均可参与抽奖活动，可赢 717 元红包大奖。

旧车换购折 717 元

而对于已经有电动车的消费者来说，购新车不如换新车！在 717 骑行节当天（7 月 17 日），消费者凭旧车换购新车，高折 717 元。以最少的投入，享受更高端缤钻品质。

报名参加川藏线骑行挑战

与此同时，如果你爱好骑行、如果你有不一样的故事和经历，717 骑行节活动期间，关注“雅迪车主平台”微信号，点击“报名川藏行”，即可参与雅迪川藏行骑士招募活动。如果你有幸被选中，将作为雅迪“缤钻骑士”一起挑战自我，享受骑行之美；还有机会获得丰收奖金、雅迪缤钻版 E7 Li 电动车、头盔等大礼。

（资料来源：http://www.pconline.com.cn/autotech/1148/11486004.html，太平洋电脑网，2018-07-17 15）

启发总结：当代企业对参与各类赞助活动的热情和兴趣比以往任何时候都要高涨，各式各样的商业赞助活动渗透到社会、经济和文化生活的各个角落。不同的是，过去的商业赞助活动往往与企业经营脱钩，并或多或少地与慈善活动联系在一起；现在，商业赞助活动则已成为企业与目标消费群进行沟通、从而传播和扩大企业知名度、塑造良好品牌形象和推广产品的重要营销手段。

第一节　公关专题活动概要

一、公共关系专题活动含义

公共关系专题活动又称公共关系特殊事件，它有别于一般日常的公共关系活动，涉及范围也很广泛，例如各种开幕典礼、新闻发布会、社会赞助、展览、联谊、宴请、开放参观等皆属于此列。它是社会组织为达到一定的目的，在一个特定的时期、特定的场合下，围绕一个明确的主题，经过精心策划，有计划、有步骤地开展的各种专项公关活动。几乎所有的社会组织在建立、发展和壮大过程中，都要定期或不定期地举办一些专题活动来宣传自己、协调关系、塑造形象、争取公众，达到提高组织知名度、信誉度和美誉度的目的。策划和举办成功的专题活动，要求公关人员不仅要有广博的知识，而且要熟练掌握开展专题活动的技能。

二、公共关系专题活动的特点

公共关系专题活动是公共关系实务的重点，被许多社会组织广泛运用，成为其开展公共关系活动的重要方式。其主要特点有：

(一)针对性强

公共关系专题活动是社会组织在审时度势后,根据某种特殊需要举办的,也就是说活动的目标很明确,能够较好地解决某一特殊问题。

(二)感染力强

在公共关系专题活动中,社会组织借助多种媒介手段直接作用于公众的各种感觉器官,与公众面对面地交流和沟通。这种亲身体验会给公众留下深刻的印象,再加上情境气氛的烘托,从而具有较强的感染力。

(三)不受时间限制

公共关系专题活动是组织根据需要举办的,举办时间也可选在需要的任何时候;时限可长可短,既可控制在两小时之内,也可持续数周时间。

(四)弥补日常工作之不足

社会组织在制订公关计划和进行日常公关工作时难免有疏忽和遗漏。这些疏忽和遗漏在工作中或多或少地会给组织造成一些麻烦,给公关工作带来不利影响。公关专题活动的开展则可以灵活地拾遗补缺,弥补日常工作的不足,使组织的整个公关活动更加完美。

三、组织和策划公共关系专题活动的基本要求

(一)目标明确,内容具体

一般来说,每项专题活动只有一个基本目标,而且这个目标必须具体明确。专题活动的目标主要有:让公众接受某个信息;消除公众对社会组织的误解和偏见;让公众知晓社会组织的新发展;加强内部公众的相互了解及相互信任;巩固社会组织与社区公众的友好关系;鼓动公众支持社会组织的某项决策;收集公众对社会组织的意见和对社会组织提出的建议等。

(二)时机恰当,规模适中

社会组织应在适宜的时机,举办适当规模的活动。例如,广州花园酒店曾在母亲节举办了一场以歌颂母亲为主题的专题活动。选择在母亲节举办歌颂母亲活动,是十分恰当的,但我国在此之前几乎没有举办过母亲节庆祝活动。广州花园酒店率先开展母亲节庆祝活动,迎合了社会的客观要求,因而吸引了公众的注意,取得了很好的公共关系活动效果。

(三)周密筹备,精心安排

公共关系专题活动涉及面广、工作量大,所以,社会组织在开展专题活动时需要周密筹备。

公共关系专题活动的筹备工作主要是做好以下几件事:

1.确定公关专题活动的名称

名称是公共关系专题活动的眼睛,一个好的名称可以增强公共关系专题活动的吸引力。理想的公共关系专题活动的名称,既要明确体现专题活动的主题内容,又要有丰富的文学艺术色彩。

2.选择公关专题活动的日期、地点

开张吉庆、周年纪念、节假日以及某些社会活动时期，都是开展公共关系专题活动的大好时机。但应注意的是，公共关系专题活动的时间安排不能与重大事件或重大节日的庆祝活动相冲突，否则不易收到好的效果。开展公共关系专题活动的地点，一般应选择社会组织所在地或社会组织熟悉的地方，因为社会组织在熟悉的地域内容易支配公众的心理过程。此外，也可以选择在交通方便或公众集中的地方。

3.选择需要邀请的来宾

每个公共关系专题活动都要根据活动的目标选择特定的公众，除了邀请这些公众参加活动之外，还可邀请公众所欢迎的社会名流助兴，以渲染气氛。

4.做好接待工作

公共关系专题活动的效果与接待工作有很大关系。每个公共关系专题活动都要做好以下接待工作：提前一周左右发出请柬和通知，预先布置好活动现场，培训接待人员和服务人员，精心准备讲话稿和致辞，等等。

第二节　新闻发布会

一、新闻发布会的含义和特点

新闻发布会又叫记者招待会，是一个社会组织把各类新闻媒介的记者召集在一起，宣布某一有关信息，并让记者就此进行提问，然后由召集者来回答的一种特殊会议。新闻发布会曾被作为进行公共关系宣传的最好方式之一，主要用于树立或维护组织形象，协调公共关系，引导社会舆论朝着有利于本组织的方向发展。尤其是在现代社会铺天盖地的信息面前，如果没有一个权威性的信息来源，杂乱的信息就容易搅乱人们的思想，让人无所适从。召开新闻发布会，有利于人们看到具有权威性的言论，避免小道信息蔓延，干扰人们正确的判断力。

在现代社会，新闻发布会日益成为社会组织与新闻界保持联系的一种重要的活动方式，同时，它也是社会组织向公众广泛传播各类信息的一种重要工具。一般来说，新闻发布会有这样几个特点：

第一，权威性。新闻发布会是一种比较正规、隆重、规格较高的传播方式，与其他传播方式相比，其影响面更广、权威性更强。

第二，两极性。新闻发布会是一种两级传播。社会组织先将信息告知记者，再通过记者所属的大众媒介告知公众。

第三，双向性。新闻发布会属于双向对称沟通：一方面，社会组织根据自己的需要向记者发布信息；另一方面，记者可根据自己感兴趣的问题，以及所着重的角度进行提问，能更好地发掘消息，从而增加信息传递的深度和广度。

第四，现场性。新闻发布会一般安排记者提问，并需要现场回答，这就要求新闻发言人和会议主持人有较强的表达能力和反应能力。

二、新闻发布会的策划和组织

社会组织是否能通过新闻发布会将组织的有关信息成功地传递出去，并借此树立自己的形象，提高组织的知名度、美誉度，关键在于新闻发布会的策划和组织。一般来说，组织好一次新闻发布会需要做好以下工作：

（一）会前的筹备工作

会前的筹备工作主要包括：确定举行新闻发布会的必要性；选择会议的地点和时间；确定主持人和发言人；准备发言和报道提纲；准备宣传辅助资料；选择邀请记者的范围。

1.确定举行新闻发布会的必要性

根据新闻发布会的特点，会前必须对所发布的信息是否重要、是否具有广泛传播的新闻价值，以及新闻发布的紧迫性和最佳时机，进行研究和分析。新闻发布会的召开，总是有一个具体而充分的理由，或是解释一件已为许多人知道但不够详细的事件；或者是公布一件人所未知的重大信息；或者是介绍一件新产品；或者是澄清某些造成重大影响的事情真相内幕。只有在确认了召开新闻发布会的必要性和可能性后，才可决定是否举行新闻发布会。

2.确定会议地点和举办时间

在地点选择上主要考虑要给记者创造各种便利的采访条件，如会场要具备拍摄的照明设备、视听设备和通信设备等；并且会场要安静，不受电话干扰，交通要方便。会议的时间要尽量避免节假日、重大社会活动和其他重大新闻发布的日子。

3.确定会议主持人和新闻发言人

会议主持人和新闻发言人必须头脑清醒、反应机敏，有较高的文化修养和较强的表达能力。会议的主持人一般由有较高专业技巧的公关人员担任，新闻发言人由组织或部门的高级领导担任，因为他们清楚组织的整体情况、方针、政策和计划等问题，熟悉媒介运作规律，并能通过媒介把信息有效地发布出去。

4.准备发言和报道提纲

召开新闻发布会之前，公关人员应对本组织所发生的重大事件进行详细周密的调查和研究，对事情发生的来龙去脉要一清二楚。诸如问题产生的原因、造成的损失、产生的影响、采取的善后措施、解决问题的态度、发展变化的趋势等等，公关人员均应了如指掌，以备记者提问时能够对答如流。重要事件还应准备书面材料，在新闻发布会上可以提供给记者备查，以免在报道中发生差错。此外，公关人员还应及时写出情况报告，一来供领导层采取善后措施时作决策参考；二来使领导者在正式向外界发布新闻时，不致发生遗漏或差错。

5.准备宣传辅助材料

宣传辅助材料要围绕主题准备，尽量做到全面、详细、具体和形象；形式应多样，要有口头的、文字的、实物的、照片和模型等，以增强发言人的讲话效果。

6.确定邀请记者的范围

应根据新闻发布会的主题，有选择地邀请有关的新闻记者来参加，例如发布工业产品信息，就不用邀请《少儿报》、《文艺报》等报刊的记者参加。另外也应考虑事件发生后的波及范围，若只限于地方性影响，邀请地方新闻记者参加即可；若影响范围波及全国，就应邀请全国各大媒介新闻记者参加。

(二)会议的程序安排

举办新闻发布会，会议程序要安排得有条不紊，避免出现冷场和混乱局面。一般来说，新闻发布会应包括以下程序：

1.签到

设立签到处，并派专人引导记者前往会场。与会人员要在签到簿上签上自己的姓名、单位、职业、联系电话等。

2.发放资料

会议工作人员应将写有姓名和新闻机构名称的入场证发给与会记者，并发放有关宣传资料。

3.介绍会议内容

会议开始时要由会议主持人说明召开新闻发布会的原因、所要公布的信息或事件发生的简单经过。

4.主持人讲话

主持人要充分发挥主持和组织作用，活跃会场气氛，并引导记者踊跃提问。当记者的提问离会议主题太远时，要善于巧妙地将话题引向主题。会场出现紧张气氛时，要能够及时调节缓和，不要随便延长预定会议时间。

5.回答记者提问

要准确、流利地回答记者提出的各种问题，不要随便打断记者的提问，也不要以各种动作、表情和语言对记者表示不满。对于涉密或不宜公开回答的问题，不要回避，而要婉转、幽默地进行反问或回答。

6.参观和其他安排

会议结束后还应由专人陪同记者参观考察，给记者创造实地采访、摄影、录像等机会，增加记者对会议主题的感性认识。如果有条件，社会组织还可举行茶会和酒会，以便个别记者能够单独提问，并能融洽和新闻界的关系。

(三)会后效果测评

新闻发布会结束后，社会组织应对新闻发布会的效果进行测评。

(1)尽快整理新闻发布会的记录材料，对会议的筹备、组织、主持和回答问题等环节的工作进行总结，并将总结材料存档。

(2)编发公关新闻稿。公共关系工作人员应善于编写公关新闻稿。一般说来，公关新闻稿的写作要注意以下几点：一是主题开门见山，即首先说明组织正在做什么；二是尽量使用简短的、口语化的句子进行表述；三是清楚地表达思想，不使公众产生误解或者曲解。

(3)收集反馈信息。及时了解与会记者对新闻发布会的态度和意见，追踪媒体和公众的反应，广泛搜集与会记者对新闻发布会的相关报道，进行归类分析，检查是否达到了会议的预定目标，以便策划下一步的公关活动。

三、策划和组织新闻发布会的注意事项

社会组织是否能通过新闻发布会将组织的有关信息成功地传递出去，并借此树立组织的良好形象，关键在于新闻发布会的策划和组织工作。具体来讲，新闻发布会的策划应注意以下几方面：

(1)会议的场所选择和场所布置要符合事件的氛围，体现严肃性、权威性、庄重性。

(2)同新闻界搞好关系，尊重新闻记者，为他们的工作提供方便。无论权威媒介还是普通媒介、名记者或者一般记者，都要一视同仁，不能厚此薄彼。

(3)要确保所发布的信息准确无误，若发现错误，应及时更正。

(4)切忌口气生硬、随意打断记者提问。对记者提出的有偏见、挑衅性的问题，应保持镇静，有理有节地予以反驳，不应激动发怒。

第三节 展 览

社会组织为了更形象直观地展示自己，让公众加深对组织的感性印象，常常要举办丰富多彩的展览活动。

一、展览的含义与特点

所谓展览，是指综合地运用产品说明书、宣传手册、活页广告等文字媒介，照片、幻灯片、录像片及电影等音像媒介，讲解、交谈和现场广播等声音媒介，现场表演、示范等动作语言媒介以及实物媒介等多种传播手段，进行全方位的宣传和展现社会组织的成果、风貌、特征的公关专题活动。

展览是综合性的传播媒介，因此，要办好展览会就需要了解其特点：

第一，它是一种十分直观、形象生动的复合型传播方式，直接冲击公众的视觉、听觉、触觉，并产生强烈效果；

第二，能有效地引起社会公众及新闻媒介的注意。一个展览会可以集中许多行业的不同展品，也可以集中同一行业中多种牌号的同类展品，这就为参观者提供了更多的机会，而且价格也较优惠，可以为公众节约大量的时间和费用。因此，很多公众都比较喜欢这种形式，新闻媒介也常对其追踪报道。

第三，能给组织提供与公众直接双向沟通的机会，及时获得公众对新产品的反馈信息。现在不少工厂和商店的商品展一般都要安排专人在展览会上回答参观者的问题，并同参观者就其感兴趣的问题进行深入讨论。企业组织在让公众了解自身的同时，也在即时地了解公众对自身形象、展品等的反应，可根据公众反馈的信息进一步改进各项工作。这种直接双向沟通针对性很强，能对个别公众或某一特殊情况进行交流，从而收到较好的效果。

第四，它所传递的是最新的消息，展示的是最新的产品。展销会，也是展览会的一种形式，如广州每年春秋两季的出口商品交易会，也正是因为它力求展出新的商品和新的特

色，所以才吸引了一批批国外及中国港澳等地区的厂商前来观看、洽谈生意。

二、展览的类型

展览的类型，可从不同的角度进行划分：

（一）按展览的时间划分

从展览的时间来划分，可分为长期固定展览、定期更换内容的展览、一次性展览。长期固定展览，如北京的故宫博物院、自然博物馆等；定期更换内容的展览，如北京的工业展览馆、农业展览馆等；一次性展览会，如食品展销会、服装展示会等。

（二）按展览的地点划分

从展览的地点来划分，可分为室内展览和露天展览。室内展览较为隆重，不受天气影响，举办时间也较灵活，长短皆宜。大多数展览都在室内举办。但室内展览的设计布置较为复杂，所需费用也较多。露天展览的最大特点是设计布置比较简便，场地较大，可以放置大型展品，所需费用不多。但受天气的影响大，往往会由于天气原因而影响展览效果。农产品展览、大型机器展览、花展等通常在露天举办，而较为精致、价值高的商品展览等则宜在室内举办。

（三）按展览的性质划分

从展览的性质来划分，可分为贸易性展览和宣传性展览。贸易性展览的特点是“展”且“销”，展出实物产品，目的是打开产品的营销局面，提高产品的市场占有率，促进商品的销售，如“迎春节吃穿用商品大展销”等。宣传性展览是只展不销，目的是宣传一种观念、思想、成就等，通常通过展出照片、资料、图表和有关实物达到宣传的效果，如北京的中国国际展览中心举办的国际图书博览会。

（四）按展出商品种类的多少划分

从展出商品种类的多少来划分，可分为单一商品展览和混合商品展览。单一商品展览又称纵向展览，是指展出商品品种的单一性，由于展出的商品品种单一而型号和品牌相对较多，并出自同一行业的各个不同的厂家，因此这种展览竞争较激烈。混合商品展览又称横向展览，这种展览会展出的商品种类多，参加展出的厂家来自不同行业。

（五）按展览规模划分

从展览的规模来划分，可分为大型展览、小型展览、微型展览。大型展览通常由专门的单位主办，参展企业则通过报名加入。这种展览的规模一般很大，参展项目多，搞好展览需要很高的展览会举办技术。小型展览的规模较小，一般是由企业自办，展出的商品也是本企业所生产的。这类展览经常会选择图书馆门厅、车站候车室、酒店房间等地作为展出地点。微型展览是商店橱窗展览和流动车展览等，这类展览看似简单，但技巧性要求较高，要求更具吸引力。

（六）从展览的内容可分为综合性展览和专题性展览

综合性展览全面介绍一个国家、一个地区或一个组织的情况，要求纵览全局，内容全面，有一定的整体性和概括性，既要突出重点，又要照顾一般，力求给观众以完整的印象，如每年春秋两季在广州举行的“广交会”等。专题性展览是围绕某一专题、某一专业或某类产品举办的展览会，要求主题突出、内容集中、有一定的深度，如“摩托车展览会”、“科技图书展览会”等。

三、展览的组织与策划

不论何种类型的展览，均要求对展品进行筛选，紧扣展览主题，整个展览会经过精心设计，给观众留下深刻的印象。为办好展览会需要具体抓好以下几个环节：

(一)展览的前期筹备工作

(1)确定展览的主题和目的。每次展览会都应有一个明确的主题和目的，并以此决定展览会中将使用的沟通方法、展览形式和接待形式。

(2)在主题思想的指导下去精心挑选、制作展览的实物，如图表、照片、文字、影像及音响等，设计不落俗套的会徽和纪念品。

(3)根据展览的主题确定参展单位、参展项目与参展标准，然后采取广告和发邀请信的方式召集参展者。广告和邀请信要写清楚展览会的宗旨、展出项目类型、对参观者人数和类型的预测、展览会的要求和费用等，给潜在的参展单位提供决策所需的资料。

(4)确定展览的时间和地点。展览的时间依据展览的内容和天气情况而确定；在地点的选择上，首先要考虑的是方便参观者，如交通要方便、易寻找等；其次，要考虑展览会周围的环境是否与展览主题相得益彰；再次，要考虑辅助设施是否容易配备和安置等。

(5)编印介绍展览会的宣传小册子，撰写好精练的、深入浅出的前言、解说词和结束语。

(6)预测参观人数和参观者的类型。参观者的类型将影响到信息传播手段的复杂性和多样性。如果参展者对展出项目有较深的了解和研究，展览会讲解人就需要是这方面的专家，介绍的资料要较为专业化和详细深入；如果是一般观众，则应采用通俗易懂的语言，进行直观普及性的宣传。在展览会的策划阶段，就应该对展览会针对的公众及其所包括的范围有较精确的估计。

(7)做好环境布置以及照明、音响、影像等设置，并做好调试工作，确保展览顺利进行。

(二)培训讲解及示范操作人员

展览既是组织产品、服务的展示，也是组织员工精神面貌和综合素质的展示。展览会工作人员的素质和对展览技能的掌握程度，会对整个展览效果产生重要影响。必须对展览会工作人员，如讲解员、接待员、服务员、示范员等进行良好的公共关系训练，并对每次展出的项目进行起码的专业知识培训，以满足展览会的要求，使参观者满意。培训内容包括：

(1)各项目、内容的专业基础知识；

(2)公关接待和公关礼仪方面的基本知识；

(3)各自的职责、各种可能发生的突发性事件的处理原则和基本程序。

(三)成立专门对外发布新闻的机构

新闻媒介对展览会及展品的传播，会对公众产生很大的影响，参展单位对展览活动本身要有足够的宣传影响，通过新闻传播、广告、海报、传单、邀请函、入场券、门面装饰等方式将展览会的信息传送出去，吸引观众，并可以利用与新闻记者广泛接触的机会，搞好与新闻界的关系。展览会中会产生很多具有新闻价值的信息，需要展览会负责公共关系事务的人员挖掘，写成新闻稿发表，扩大展览会的影响范围和效果。专门的机构要负责制订新闻发布的计划和组织实施计划，并负责与新闻界进行联系的一切事务。具体来说，该机构的工作内容是：

(1)在展览日期、地点确定后，举办记者招待会发布消息。

(2)邀请新闻界人士参加开幕式，尽可能多地在报刊、广播、电视上报道开幕式的消息和实况。这样做可以在展览开始之前就产生重要的宣传效果，也可以吸引更多的参观者。安排好新闻发布室，并准备新闻报道所需的各种辅助宣传材料。

(3)在展览期间，新闻发布室始终开放，随时收集参观者及展览活动的有关信息，并与新闻媒体保持密切联系。

(4)展览结束后，新闻发布室应注意收集新闻媒介对展览活动的有关报道，总结经验教训，留档保存，作为下次举办展览的参考依据。

(四)展览活动安排

(1)入口处设立咨询台和签到簿，贴出展览会平面图，作为参观者的指南。

(2)搞好接待。展览活动面对人数众多的观众，接待的任务比较重。对于社会名流、新闻记者应该有专门的人员接待。

(3)注意采用展览技巧，使展览会生动活泼、新颖别致。

(五)做好展览会的效果测定

为了组织有更好的发展，每举办一次活动都应做事后效果测定工作。测定展览会效果的主要方法有：

(1)主办有奖测验活动。组织可根据展览内容，有重点、有选择地确定试题，答题方式以填空、选择、判断为主，当场解答，当场发奖。参观者踊跃应试，不仅能增强、活跃展览会气氛，而且能为测定展览效果提供统计的依据。

(2)设置观众留言簿，主动征求意见。

(3)当场召开观众座谈会或茶话会，搜集观众反馈的意见。

(4)发放调查信件(表格)，了解观众的意见。可采取问卷调查、统计参观人数、有奖问答等多种方式来开展该项工作。

四、组织与策划展览的注意事项

目前，社会举办的展览会太多太滥，几无实效。企业应以少而精的原则选择参加；参加展览展示会要精心策划、独特新颖，以便在众多参展商中脱颖而出；要引起参展观众，尤其是新闻界的极大注意，扩大影响；参加或组织展览展示会费用较大，应做好费用预算和控制。

第四节 赞 助

1984 年在洛杉矶举行的第 23 届奥林匹克运动会上，美国政府不花一分钱就把这届运动会举办得非常成功。世界奥林匹克运动会耗资巨大，这一大笔举办费用是从哪里来的？原来，所有的举办费用都来自民间企业和民间组织的赞助。这是历史上第一个由民间筹资举办的世界奥林匹克运动会。当时，奥运会要求民间赞助的消息一传出，各大实业公司和其他组织纷纷和本届奥运会的筹委会联系，要求提供赞助。不少公司为了赢得赞助奥运会的机会，展开了一场激烈的竞争，赞助的筹码越加越大。

赞助活动在现代社会中十分普遍，可以说，离开了商业赞助，当今许多大型的公益活动几乎很难进行。在我国，随着人们公共关系意识的提高，参与赞助的社会组织的数量越来越多，金额也越来越大。为什么社会组织不惜耗费巨资开展赞助活动呢？

一、赞助的含义和目的

赞助是社会组织以提供资金、产品、设备、设施和免费服务的形式无偿资助社会事业或社会活动的一种公关专题活动。赞助活动是一种对社会作出贡献的行为，是一种信誉投资和感情投资，是企业改善社会环境和社会关系最有效的方式之一。任何一个社会组织的赞助都会有自己的具体目的，概括起来，赞助主要有四种目的：

(1)通过赞助活动做广告，增强广告的说服力和影响。一方面可以通过赞助活动作为广告宣传的载体，使公众获益，以赢得公众的普遍好感；另一方面可以通过赞助所获得的“冠名权”提高广告的效果。

(2)树立组织关心社会公益事业的良好形象。现代企业不但要盈利，还要承担一定的社会责任与义务。赞助社会活动是企业向社会表示其承担责任与义务的方式之一。赞助活动的开展，有助于企业赢得政府与社区的支持，从而为企业组织的生存与发展营造相对宽松的社会环境。

(3)培养和社会公众的良好感情。举办与公众密切相关的赞助活动，能够有效地培养社会组织同公众的情感，增进彼此之间的友谊，加强双方的联系，使公众在内心深处认同社会组织。

(4)制造新闻效果，扩大社会组织认知度，提高组织在公众中的美誉度。

二、赞助的类型

为了达到以上目的，现代组织的赞助活动有多种类型，其中以下几种是最常见的赞助形式：赞助体育活动、赞助社会慈善和福利事业、赞助教育事业、赞助文化生活等。通过各种形式的赞助活动，使组织获得最佳的信誉投资，改善和发展其公共关系。

(一)赞助体育运动

由于体育比赛活动是新闻媒介热衷报道的对象，而且拥有众多的观众，对公众的吸引力大，因此，社会组织常常赞助体育运动，以增强对公众施加影响的广度和深度。赞助体育运动常见的形式有：赞助体育训练经费或物品，赞助体育竞赛活动、设立体育竞赛奖励项目等。

(二)赞助社会慈善和福利事业

为各种需要社会救助的人如孤寡老人、残疾人、福利院儿童等提供物质或资金帮助，开展服务活动，以及济贫、捐助灾民，既是社会组织向社会表明履行社会义务的重要手段，也是社会组织改善社区公众关系、政府公众关系的重要途径。

（三）赞助教育事业

教育是立国之本，发展教育事业是一个国家的基本战略方针。社会组织自觉地赞助教育事业，如捐资建立图书馆与实验室，设立某项奖学金制度、资助贫困学生，捐资希望工程，设立某项奖教金制度等，既可以促进学校教育事业的发展，又可以为社会组织树立一种关心社会教育事业的良好形象。

（四）赞助文化生活

文化生活是公众社会生活的主要内容之一。社会组织积极赞助文化生活，不仅可以增进社会组织与公众的深厚感情，而且可以提高社会组织的文化品位和知名度。赞助文化生活的方式主要有：赞助拍摄与社会组织有关的影视片、资助文艺演出队伍、赞助文化演出活动等。

三、赞助活动的组织与策划

赞助活动是一种技术性很强的公共关系专题活动，一次完整的、成功的赞助活动，需要做好以下工作：

（一）做好赞助研究

组织要开展赞助活动，进行赞助研究是非常重要的一步。组织应从经营活动政策入手，分析组织公共关系目标，确定赞助目的，并据此考核需要赞助的项目是否对社会、对公众有益，是否能对本组织产生有利影响。在此基础上，研究赞助项目的必要性、可行性、有效性，以保证社会和组织都能获益。

（二）制订赞助计划

组织要在赞助研究基础上制订赞助计划。赞助计划是赞助研究的具体化，因此赞助计划的内容应该具体、翔实，对赞助的目的、赞助的对象、赞助的形式、赞助的费用预算、赞助的具体实施方案等都有所计划，并控制范围，防止赞助规模超过组织的承受能力。

（三）评估与审核赞助项目

这一步主要是针对具体赞助项目进行的，对每一项具体的赞助项目，赞助工作机构都应进行分析研究。首先对赞助项目进行总体评估，检查是否符合赞助方向，对赞助效果进行质和量的估计。审核则是结合计划进行，组织每进行一次具体赞助活动，都应由组织的高层领导或赞助委员会对其提案和计划进行逐项审核评定，确定其可行性以及具体赞助方式、款额和时机。

（四）实施赞助方案

组织要派出专门的公共关系人员去实施赞助方案。在实施过程中，公关人员要充分利用有效的公共关系技巧，尽可能扩大赞助活动的社会影响；同时，应采用广告和新闻传播等手段，辅助赞助活动，使赞助活动的效益达到最大，争取赞助的成功。

（五）测定赞助效果

赞助活动结束后，组织应该对照计划，测定实际效果。赞助活动的效果应由组织自身和专家共同测评，尽可能做到符合客观实际。检测过程包括检查、收集各个方面（如公众、新闻媒介、受赞助组织）对此次赞助的看法、评论，看是否达到了预定目的，还有哪些差距，对活动结果不理想的应找出原因，并把这些写成总结报告，归档储存，为以后的赞助活动提供参考。

四、组织与策划赞助活动的注意事项

社会组织的赞助活动，作为一种投资行为和宣传方式，具有较强的政策性与技巧性，在实际操作中必须注意以下具体事项：

(1)开展赞助活动必须着眼于社会效益，以获得公众的普遍好感。一般来说，社会组织要优先赞助社会慈善事业、福利事业、公共市政建设以及文化教育活动。

(2)开展赞助活动必须符合法律规范。这主要有两方面含义：第一，赞助的对象要合法，要认真研究和确认被赞助的组织、个人或社会活动本身是否具有良好的社会声誉，是否有积极、广泛的社会影响，保证赞助活动取得良好的社会效益。否则，就会给公众以“助纣为虐”之感，不仅不利于实现赞助活动的目的，反而会损害组织形象。第二，赞助的方式要合法，即严格遵守政策法规。违背政策法规，利用赞助搞不正之风，也会破坏社会组织的形象。

(3)开展赞助活动应当量力而行，不能凭一时冲动，感情用事。赞助经费的数额，必须在社会组织能够承受的范围之内，每年列出赞助总额预算，在该预算范围内予以捐助。

(4)目前，社会拉赞助者众多，鱼目混珠，企业应加以仔细评鉴；对各种明显不能满足其要求的征募者，应坦率而诚恳地解释组织的有关政策，不必为威胁利诱所屈服。必要时可诉诸社会舆论和法律，以保障组织的合法权。

(5)要注意留存一部分机动款项，作为遇到临时、重大活动时的备用款。

第五节　开放参观

社会组织开展公共关系活动，一方面要深入了解公众，另一方面还要积极创造条件以使公众了解社会组织的有关情况。让公众了解社会组织的一个行之有效的方法就是社会组织有计划地安排对外开放参观活动。大量事实表明，社会组织向公众开放，组织公众参观本组织，是增进与公众之间的联系和了解的手段之一。例如，日本丰田汽车公司就常组织一些对外开放参观活动，展示组织的实力和良好形象，实现和公众的有效沟通，达到了理想的公关效果。

一、开放参观的含义与作用

开放参观，顾名思义就是社会组织为了让公众更好地了解自己，将组织内部有关场所和工作流程对外开放，组织相关的公众到组织所在地参观和考察，以事实说服公众，赢得公众理解和支持的公共关系活动。

开放参观，越来越受到很多社会组织的高度重视。其作用主要有以下几点：

第一，有利于扩大组织知名度。随着开放的程度越来越高、开放的范围越来越广，就会有越来越多的公众进一步加深对本组织的了解。

第二，有利于促进组织业务发展。日本松下电器公司创始人松下幸之助就深有体会

地说："让人参观工厂是推销产品的最好最快的方法之一。"该公司自1982年以来，每年都要接待700多万名参观者，这些人参观后对该公司留下了深刻印象，成为该公司产品的忠实顾客。

第三，有利于和谐社区关系。苏联切尔诺贝利核电站发生事故后，香港各界对我国广东大亚湾核电站的安全状况纷纷表示担忧，一时间满城风雨。为了消除香港市民的恐慌心理，大亚湾核电站组织香港市民代表前去参观，现场介绍安全情况，结果风波很快就平息了。

第四，有利于增强员工或家属的自豪感。北京长城饭店为了调动员工的积极性和工作热情，获得员工家属的支持和合作，决定在开业典礼半个月内，组织员工家属来饭店参观，并对这次参观活动作了精心安排。首先由饭店总经理和副总经理致欢迎辞，介绍饭店情况；然后，由部门经理及各级主管与员工家属见面、交谈；最后，由两名导游带领员工家属以50人为一组，按事先计划好的路线和时间进行参观，气氛热烈，秩序井然。这次参观活动使员工家属亲眼看到了饭店豪华的设施、高雅的环境，一流的服务、严格的要求，在饭店内外建立了一种和谐的人际关系和生活氛围，产生了强烈的向心力。

二、开放参观的组织与策划

（一）明确参观活动的目的和主题

对外开放不同于一般的参观游览。一般的参观游览，没有明确的主题，随意性较强。而任何一次开放参观，都应确定一个明确的主题，并努力通过这次活动达到理想的效果，给参观者留下美好印象。例如：组织的科研生产技术先进，或该组织职工职业道德高尚，或该组织重视绿化、关注环境建设等等，都可以是组织的某一次开放参观活动的主题。

（二）确定邀请对象

开放参观活动的邀请对象主要有三类：其一，员工家属。社会组织邀请员工家属前来参观，让他们了解自己亲人所从事工作的重要性。其二，逆意公众。邀请对社会组织持怀疑态度和抵触情绪的公众参加参观活动，努力改变他们对社会组织的原有态度，使他们由逆意公众转化为顺意公众，从而能够得到更多公众的支持。其三，新闻媒介。邀请广大新闻记者参加参观活动，以便取得他们对本组织的了解和信任，借助新闻媒体及时对外发布组织的有关信息，从而扩大组织的社会影响力。

（三）确定开放时间和参观线路

时间的确定，一方面要避开对组织不利的因素，如恶劣的气候；另一方面，要尽可能地争取对组织有利的因素，如本组织的喜庆日子，因为这时更能感染公众的心理情绪。参观活动不是一种自由、随便的活动，不能任由参观者随意走动，因此，要提前拟定好参观路线，如有保密和安全需要，应注意防止参观者越过界线，以免发生意外的伤亡事故和影响正常的工作秩序。

（四）做好宣传工作

社会组织可以通过适宜的传播媒介，告知公众本次开放参观活动的有关安排，如日期、告示牌、路线图和方向标志等，必要时可印制各种说明书、宣传品及纪念品。这样做既方便了公众，也有助于增强开放参观的效果。

(五)搞好接待工作

对参观者应热情周到地做好接待工作,不能怠慢。应有专门的接待人员负责登记、讲解、向导等工作,安排休息场所和茶水饮食,联系车辆以及解决来宾遇到的各种意外问题。必要时组织负责人要亲自陪同参观。

三、组织和策划开放参观活动的注意事项

组织对外开放参观时应注意以下事项:

(1)兼顾公众的参观意愿和组织的整体利益。组织公众参观活动,既要有针对性地安排参观项目,使参观者对组织有较为深入的了解,又要能适合公众的兴趣爱好。如有公众指定要参观某些项目但社会组织不能满足,应妥善解释。

(2)周密安排,谨防意外。事先安排好参观的先后顺序、持续时间等。介绍组织的相关情况,要综合运用多种手段,如文字、图形和模型等达到最佳传播效果。接待人员要妥善安排好参观活动的每一个细节,防止出现不必要的失误,并做好各种应急准备,并能确保及时妥善处理。

(3)搞好食宿交通等后勤保障。组织对外开放参观活动,还要妥善安排宾客的就餐事宜,如就餐的时间、地点和规格等。对外地的参观者,还要安排住宿事宜。另外,为了确保交通安全,应对参观游览的出发时间、集合地点、车辆标志进行统一布置并告知全体参观人员。

(4)虚心征求参观者的意见和建议,积累经验,使开放参观活动产生更加积极的效果。

第六节 宴 请

宴请是常见的公共关系专题活动之一。为表示欢迎、答谢、祝贺、联络感情,社会组织常常举办宴会邀请各界人士参与,这就是宴请。宴请作为一种轻松愉快的社交形式,具有独特的魅力。在宴请活动中,人们一般不存多少戒心,心情比较舒畅,因而便于人与人之间情感的交流和沟通。

一、宴请的类型

一次成功的宴请,就是一次成功的公共关系活动。社会组织也需运用各种宴请类型,以实现自己的公关目标。宴请有国宴、正式宴会、便宴之分,通常酒会、冷餐会等各种不备正餐的较为灵活的宴请形式也包括在内,此外,还有茶会、工作进餐等形式。采用何种形式,要根据活动的目的、对象及经费开支等各种因素决定。一般来说,正式、规格高、人数少的宴请以宴会为宜,人数多则以冷餐或酒会更为合适,妇女界活动多用茶会。在外交活动中,提倡多举办冷餐会和酒会以代替宴会。在这里介绍几种常用的宴请类型:

(一)国宴

国宴是国家元首或政府首脑为国家的庆典、外国元首或政府首脑来访而举行的宴会,规格最高。宴会厅要悬挂国旗,安排乐队演奏国歌,主宾相互致辞、祝酒。

（二）正式宴会

正式宴会一般有固定的规格和程序，宾主均按身份排位就座，对服饰、餐具、酒水、菜肴道数、餐桌陈设、服务员的装束和礼仪等方面，都有较严格的要求。席间一般有正式的致辞或祝酒。

（三）便宴

便宴即非正式宴会，分午宴或晚宴，一般晚宴较午宴隆重些。近年来也有利用早餐（饮早茶）的形式举行便宴的。便宴形式简便，不排坐席，不作正式讲话，菜式和酒水也较随意，适用于日常相互间的友好往来。它是一种比较受欢迎的宴会形式，应用范围也较广泛。

（四）冷餐会

冷餐会又称自助餐，不排席位，菜肴以冷食为主，热菜为辅。菜肴和餐具一起陈放在长条餐桌上，供客人自取。酒水（啤酒、果汁、可乐，一般不用烈酒）陈放在桌上或由招待员端送，自由饮用。一般没有固定座位，可自由活动，随意入座或站立进餐。出席者不必计较主宾身份，在餐会上可以平等交谈、自由沟通。冷餐会的规格可高可低，举办时间一般在12:00—14:00或17:00—19:00。

（五）酒会

酒会又称鸡尾酒会。其形式较轻松活泼，便于宾客广泛接触交谈。酒会通常酒类品种较多，并配以各种果汁，向客人提供不同酒水配合调制的混合饮料（即鸡尾酒），不用或少用烈性酒，略备小吃。酒会举行的时间较灵活，上午、中午、下午、晚上均可，时间一般延续两三小时。请柬上往往注明整个酒会活动延续的具体时间，在这段时间内客人可随意到达或退席，来去自由，不受约束。由于客人有来有走，因此酒会可招待、接纳较多的客人。一些大型酒会亦可邀请乐队或播放音乐舞曲，在场地允许的情况下让客人们跳交谊舞。总之，酒会是一种气氛轻松和谐的现代社交形式。

（六）茶会

茶会即请客人品茶。它是一种简便的招待形式，不必使用餐厅、餐具，不排坐席。时间一般在上午10时或下午4时举行。

（七）工作进餐

工作进餐是现代交际中经常采用的一种非正式宴请形式，宾主双方利用进餐时间，边吃边谈工作，讨论问题，交换意见。工作进餐分为工作早餐、工作午餐、工作晚餐。这种宴请只请工作人员，不请配偶等与工作无关人员。双边工作进餐往往排席位，为便于谈话，常用长桌。宴请的菜肴和宴请的程序一律从简，甚至采用快餐形式或由参加者各自付费。例如，浙江大学于2005年6月24日发布了《关于建立研究生与主管校领导沟通机制暨举行第一次"与校长面对面"活动的通知》，就是尝试通过工作进餐的形式加强校领导与研究生的双向沟通和了解。该通知就工作进餐的人员及选拔、工作进餐的目的、工作进餐的内容进行了安排，值得借鉴。

二、宴请的组织与策划

组织宴请是一项十分繁杂的工作，需要公关人员熟悉掌握，认真对待宴请的各个环节。

(一)宴请活动的前期准备

1.确定宴请的目的、名义、对象、范围与类型

宴请的目的是多种多样的,如庆贺某一节日、纪念日,展览会的开幕、闭幕,某项工程的开工、竣工等。

确定邀请名义和对象的主要依据是主客双方的身份,也就是说主客身份应当对等,如低级官员邀请高级人士就不礼貌,而规格过高也不必要。我国大型正式宴请活动常以一个组织名义发出邀请。日常交往小型宴请则根据具体情况以个人名义或以夫妇名义出面邀请。

邀请范围是指请哪方面人士,请到哪些级别,请多少人,主人一方请什么人出面作陪等。确定这些问题要考虑多方因素,如宴请的性质、主宾的身份、国际惯例、对方对我方的做法,以及当前的政治气候等等。

宴请采取何种类型要视具体情况而定。人数少、规格高的以宴会为宜,人数多则以冷餐或酒会更为合适,妇女界活动多用茶会。宴请的形式还取决于活动目的、邀请对象以及经费情况等因素。

2.确定宴请时间、地点

宴请应选择对主客方都合适的时间,最好事先征询主宾意见,然后再做决定。在外事活动中,注意避开对方的重大节假日和重点活动的日期,尤其要注意尊重对方的风俗习惯,更要注意对方的禁忌,如避开13号和星期五。

3.确定邀请对象

邀请范围与规模确定之后,即可草拟具体邀请名单。被邀请人的姓名、职务、称呼,甚至对方是否有配偶等都要准确。各种宴请一般均发请柬,这既是礼貌,也可以对被邀请人起提醒备忘作用。请柬一般要提前1～2周发出,以便被邀请人及早做安排,已口头约定的通常还要补发请柬。需要安排座次的宴请,往往要求被邀请人答复能否出席。对此可在请柬上注明,也可在请柬发出后,用电话询问能否出席。正式宴会一般在请柬或请柬信封上注明席次号。

4.订菜

宴请的酒菜应根据形式和规格选择安排。选菜不宜以主人的爱好为准,而应主要考虑主宾的喜好和禁忌。大型宴请更应照顾到各个方面,菜肴道数和分量都要适宜。无论哪一种宴请,事先均应开列菜单,并征求主管负责人的同意,获准后即可印制菜单,一桌至少一份,也可每人一份。

5.席位安排

正式宴会一般都要排定席位,也可只排部分客人的席位,其他人只排桌次或自由入席。无论采用哪种做法,都要在入席前通知每一个出席者,现场还要有人引导。

席位排定后,需写好座位卡。卡片用钢笔或毛笔书写,字应尽量写得大些,以便于辨认。便宴、家宴可不放座位卡,但对客人的座位也要有大致安排。

从一定意义上说,席位安排是一门精细微妙的学问。在一些正式的或非正式的宴会上,一些传统的规矩和礼仪仍为人们所遵循:如有贵客临门,则以其为尊;如客人的身份地位并无特别显赫者,则宴会座次就以年纪最大的人为尊。当然,宴请作为一种社交活动,

其首要目标就应该是社交的成功。因此,席位安排应把有利于增进友谊、有利于进行交流以及有利于形成欢乐愉快的气氛放在第一位。

(二)宴请程序的安排

1.迎宾

照常例,主人一般在宴会厅门口迎接客人。视宴会重要程度,还可有少数其他主要人员陪同主人排列成行迎宾。主人应在所有宾客都接待完后,才与贵宾交谈,做到宾主尽欢,照料周到,免得冷落了其他客人。

2.入席

主人陪同主宾进入宴会行,全体人员落座,宴会即开始。如休息厅较小或宴会规模较大,也可请主桌以外的客人先入座,主桌人员最后入座。

3.致辞

我国一般习惯在热菜之后、甜食之前进行致辞,主人先致辞,然后主宾致辞。也有一入席即致辞的。冷餐会和酒会的致辞时间较灵活。

4.上菜

上菜应按照顺序进行,一般应先上冷盘,再上热菜,最后上甜食、水果等。上菜应从主人旁边端上来,菜上好后,由主人请客人品尝、用菜。凡两桌以上的宴会,上菜应同步。

5.敬酒

在宴席上,主人应是第一个敬酒的人。敬酒时要依次敬遍全席,而不计较对方的地位和身份。席间主人要引导客人愉快地参与交谈,巧妙地选择话题,使席间充满欢愉的气氛。

6.送宾

宴会结束客人起身离座时,应为其拉开座椅,疏通走道,并将客人送出宴会厅,与客人握手告别。

三、组织和策划宴请活动的注意事项

宴请是常见的公关活动形式之一,一般情况下公关部门主持的宴请,都是为了某一特定事件,为此,一定要周密考虑:

(1)邀请有关的人员参加,切忌遗漏。

(2)掌握好入席时间。大型宴请时,主人应先在近入口处等候迎接宾客。

(3)宴请时要注意仪表风度,进食要讲究文雅,忌高声谈笑。

(4)用餐时强调节俭,反对铺张浪费,做到文明用餐。

第七节 联谊活动

一、联谊活动的含义

联谊活动是指社会组织为了加深组织内部员工之间、社会组织与社会公众之间、社会组织与社会组织之间的感情,增进相互间的友谊而举行的活动。公共关系工作人员应有

计划地经常举办一些联谊活动，这类活动既可以使人得到美的享受，又可以是创造组织内外"人和"的好方法，其目的主要是促进交往、增加感情、获取信息、增强合作。例如，浙江大学机械与能源工程学院同人文学院举行的研究生联谊会，就达到了这一目的。

二、联谊活动的层次及类型

联谊活动由低到高有以下三个层次：(1)感情型。感情型联谊活动是以联络感情为主要内容的，如出席对方庆祝活动、互赠纪念品，使双方互相建立对对方的良好印象，为今后进一步加强团结联系或合作奠定基础。(2)信息型。信息型联谊活动是以互通信息为主要内容的，努力使双方在市场变动中能够保持联系，共同获利。(3)合作型。合作型联谊活动是以经济合作为主要内容的，通过一些生产项目或经营项目的合作，促进双方经济效益的共同提高。

联谊活动具体来说是参加行业组织活动、座谈会、茶话会、恳谈会，参加会员制俱乐部，参加企业家联谊会等。两种常见的联谊活动分别是：(1)文艺演出及电影招待会。邀请客方观看文艺演出、体育表演、电影等活动，可以增进客方对主方的了解和感情，同时又是一种艺术享受和娱乐活动。(2)交际舞会。交际舞会是一种社交活动，也是公共关系部门经常举办的联谊活动的一种形式。有计划地举办交际舞会，不但可以使职工从中得到娱乐，同时也加深了职工与管理人员之间的感情和企业与社会各界的友好关系。

三、联谊活动的策划和组织工作

无论是哪一种类型的联谊活动，都需要做好以下基本的策划和组织工作：

(1)明确联谊目的，围绕目的去策划活动，同时又要兼顾客人的兴趣。一般应注意选择那些具有客人本国民族风格和客人所喜闻乐见的活动内容。

(2)提出活动预算，筹措必需的经费，购买必要的物品。

(3)根据场地、交通、气象、设备等条件，确定活动的时间、地点和场所。

(4)确定应邀对象，及早发送请柬和通知。发邀请时，要考虑场地的容纳量，一定要给客人准备足够的座位，避免座位不足的情况。

(5)安排活动程序，印刷节目单，并提前发给客人。

(6)精心布置联谊场所，并安排专人负责接待和保安工作等。对于为外宾举行的联谊活动，特别要注意符合联谊对象的国家或民族的文化背景、民俗风情。

四、组织和策划联谊活动的注意事项

(1)选择所需的联谊类型，最好是参加综合性的联谊会。参加联谊活动应有所值，不能无目的或仅以应酬为目的。

(2)联谊活动是合法的，涉及须审查的社团活动，应主动上报政府部门。

(3)联谊活动是健康、品味高尚的，不能损人利己，也能不损害社会公众利益。

(4)邀请人数要与场地相应，过多会显得拥挤，太少又会造成冷场。这是主办人要特别注意的。

【案例讨论】

案例一 见证山西新高度——太行中心品牌发布会

项目主体>太行置业太行中心

项目执行>太德励拓(中国)公关传播北京公司

高度,一个比较的概念;高度决定视野,站得越高看得越远,这是亘古不变的真理。2018年新春之际,晋城名片山西地标太行中心全球发布。一场由太德励拓北京公司用高度、用创意打造的史无前例的顶级盛宴完美呈现,千人到场,万人关注,顶级明星,极致舞美,给予到场观众前所未有的视觉高度盛宴,正如太行中心一般,献礼山西,巅峰新篇由此开启!

作为山西本土地产商,太行置业在晋城的发展中以"城市运营者"的角色参与其中,积极推动新城的开发建设,为未来整体区域的长期升值奠定强劲的动力基础。太行中心作为山西第一高,山西的新地标,首次全球发布从何种角度切入,用何种手段包装,通过哪些有效渠道传播,如何让项目在山西晋城最快速被记住,是考验策划团队的极大难题。活动筹备于2017年11月开始,历经数十稿方案调整,上百位明星的选择。从晋城人民喜爱出发,从明星口碑、明星形象、明星高度等角度选择,最终确定了最受晋城人民欢迎、匹配的实力唱将吉克隽逸,乐坛巅峰杨坤,以及国际影后章子怡,给现场来宾呈现了一场被称为"极致视觉,创意表演,完美互动"的太行中心品牌发布会。

巨星助阵,见证山西最新高度

1月19日,中国晋城,一场恢弘的视觉与听觉盛宴,将全城目光聚焦于晋城文体宫。太行中心品牌发布会在这里巅峰盛启,与千人晋城人民共同见证山西第一高——太行中心的荣耀发布。

发布会现场座无虚席,全城目光聚焦于此,期待一个献礼晋城的国际作品。互动灯光秀,炫酷开场舞,顶级时装大秀,定制魔术表演。

澳大利亚柏涛设计公司董事/总建师Peter Dworjanyn、国际WELL建筑研究院亚洲区高级副总裁Tony Armstrong,从专业角度解读山西第一高太行中心,为晋城人民勾勒出了精美绝伦的生活画面,更引领晋城人居品质向世界标准看齐,开启健康建筑新时代。

中国好声音最强学员,性感女神吉克隽逸凭借其高亢的嗓音、狂野的舞台表现、欧美范儿的气质,赢得现场阵阵欢呼声。中国好声音导师,灵魂歌手杨坤演唱脍炙人口的经典歌曲,引发现场千人合唱,更是点燃全场热情,将活动推向炽热点!国际巨星章子怡压轴登场,将整场发布会推向最高潮,在现场所有观众的见证下,太行置业董事长吴彤先生与章子怡,共同启动太行中心,巅峰新篇由此开启!

山西地标呈现首屈一指太行精神

近年来,一个个优秀地产作品以及高质量服务的呈现,证明了太行置业的成功不是一蹴而蹴的,而是在整个团队的高瞻远瞩之下,用敏锐的市场洞察力以及不懈追求的"太行置业精神"换来的丰厚回报。

"我们在每个项目规划之前,都以'晋城首屈一指的人居范本'为目标,要实现这个目标,设计就是重中之重。"太行置业董事长吴彤先生表示,做每个项目,团队都几乎走遍北京、上海、广州、深圳等一线城市,考察当地所有优秀的楼盘。太行置业仍将践行"让居者有其屋，让居者有好屋”的理念，并参与城市更新和区域再造。太行置业力求要让产品在建筑、配套服务以及社区细节等方面呈现独特的魅力品质与城市互动，从理论到实践，从价格到价值，给人居生活新座标，给人居企业新思维，成为引领晋城人居的标杆企业。太行置业希望通过用实力和对未来的敬畏，为晋城人奉献更加完美的产品，为深入推进晋城转型升级贡献一份力量。

不仅如此，太行置业团队还先后拜访了国内外数十家设计单位，筛选出最杰出的合作伙伴。在国内，上海现代设计集团堪称业界翘楚；在全球领域，澳大利亚柏涛更是数一数二。太行置业不惜重金，将这些知名团队全都聘请加入自己项目的开发中。

在此次顶级发布会中，太行中心揭开神秘面纱，510 米首次亮相，以代言山西之名，宣告下一个经济中心的崛起。屹立晋城最繁华的核心区位，收藏 50 万平泽州公园，18 万平龙湾公园，将作为山西对话世界的窗口，磁聚世界力量带动区域经济发展和价值提升，可以说是名副其实的晋城名片、山西地标。

有理想的开发商让城市再次澎湃

太行置业山西晋城的“城市运营者”，一个有理想、有责任、有担当的开发商，始终秉承以过硬的产品质量、完善的售后服务、良好的产品形象、美好的文化价值、优秀的管理理念，不仅完成了市场份额的快速扩大，同时也迅速提升了其社会影响力和公众评价。

太行中心，是太行置业站在城市运营者的角度思考建筑，站在历史的角度思考城市未来的实践。正如，发布会当晚太行置业董事长吴彤先生慷慨的致辞所言：太行置业的梦想就是在这个城市建设一个超高层建筑集群，它在丰富晋城天际线的同时，为这个城市的经济涂写浓墨重彩的一笔。同时，新项目是继机场、高铁之后，城市现代化发展的新标杆，它不仅需要庞大的资金，同时需要一份对梦想的坚持，更需要一份对这个城市无限的热爱。正如活动中所呈现一般，只有有理想的开发商才会从多角度出发，了解人民需求，懂得人民喜爱，呈现人民所爱之事。太行置业满怀理想，一如既往地见证并推动晋城的成长与发展。

高度决定视野，角度决定态度，太德励拓北京公司为有理想的开发商服务，为城市更美好的明天而执着前行。

（资料来源：http://www.chinapr.com.cn/p/1277.html，来源：《国际公关》，2018-04-16）

讨论题：品牌发布会应注重哪些活动环节？

案例二　清华大学校庆及秩年返校活动指南(2018 年版)

清华大学校庆日为每年四月的最后一个周日。校友返校日是四月的最后一个周末。

2018 年清华大学建校 107 周年校庆日为 4 月 29 日(周日)，校友返校日为 4 月 28 日(周六)、29 日(周日)。

今年的校庆主题是：清华正芳华

一、校庆综合活动

1.主接待站(签到处)

返校校友可在主接待站进行登记，领取红条、校庆相关资料，办理校友信用卡等。

4 月 28 日(周六)08:00—17:00 主接待站设在校友总会(同方部西侧)，4 月 29 日(周日)08:00—12:00 主接待站设在大礼堂前草坪南侧。

红条的标准书写格式：

顶端横写：入学年＋本(或硕、博)(在清华获得的第一个学位，本科可以省略)，或者入职年＋教。

姓名竖写，如图 9-1 所示。

图 9-1　红条

2.校内场馆参观

4 月 28 日、29 日，校史馆、图书馆、艺术博物馆对返校校友开放参观，艺术博物馆对校友免费。苏世民书院 4 月 29 日对校友开放。

3.开放实验室参观

4 月 28 日、29 日，部分实验室对校友开放。开放实验室名单请关注清华校友网相关公告。

4.院庆/系庆等院系活动(见表 9-1)

表 9-1　院系活动

序号	活动名称	时间	地点	联系人 及联系方式
1	力学系建系 60 周年、航空系建系 80 周年庆典	4 月 28 日上午	大礼堂	谢佩炜 6279 2407
2	工物系校友会成立大会	4 月 29 日上午	工物系系馆报告厅	付艳杰 6278 9645
3	精密仪器系校友会成立大会	4 月 29 日下午	待定	赵红霞 6278 9306
4	电子工程系校友会成立大会	4 月 28 号下午 14:30—16:30	罗姆楼 11 层多功能厅	杨妍 6278 2113

续表

序号	活动名称	时间	地点	联系人 及联系方式
5	人文学院校友理事会成立大会暨“文故知新”校友论坛	4月29日下午	紫光国际交流中心	付姣 6278 4666

5.第61届“马约翰杯”学生田径运动会

返校校友可以自行前往东大操场东、西看台观看运动会的开幕式、比赛及闭幕式。

开幕式开始时间:4月29日(周日)08:00

闭幕式开始时间:4月29日(周日)16:30左右(根据比赛完成时间决定)

6.校庆校友招待专场演出(学生艺术团演出)

时间:4月28日(周六)15:00

地点:新清华学堂

校庆招待演出主要面向毕业60年、50年的秩年校友,凭票入场,以班级为单位在校友总会登记领票。

7.第36届“挑战杯”学生课外学术科技作品展览暨三创博览会

时间:4月28日(周六)、29日(周日)

地点:游泳馆南侧

8.其他活动

详见清华大学及清华校友总会的官方媒体在校庆前发布的相关公告。

注意:上述活动如有变化,以清华大学及清华校友总会的官方媒体公告为准。

二、秩年返校活动

1.活动内容建议

毕业整十年的校友组织秩年纪念活动是校庆的重要活动。根据以往各年级在秩年活动组织中积累的经验和学校对校庆日接待服务校友返校的有关要求,校友总会建议各年级按照“六个一”组织开展秩年活动,包含:一场秩年纪念大会、一份通讯录、一项年级集体捐赠、一个运动会开幕式方阵、一本纪念文集或专刊、一份秩年纪念品。此外,欢迎各年级根据自身的情况设计组织其他活动,如文体活动、行业交流等。

部分年级入学整十年的校友如组织返校聚会,活动内容由年级自行协商,校友总会提供一定的支持。

(1)秩年纪念大会

各秩年年级举办本年级秩年纪念大会(毕业60、50年校友一般按院系、班级组织秩年活动),时间一般安排在返校日(周六或周日)。

秩年纪念大会的参考内容:

介绍到会的校领导、老领导及嘉宾;

汇报年级秩年筹备工作情况;

校领导和老领导讲话;

任课教师代表讲话；

捐赠仪式；

同学代表发言；

集体合影。

各秩年年级可根据年级自身特点和校友的需求设计秩年纪念大会的具体内容和组织形式。

(2)年级通讯录

对每个年级来讲，每十年开展一次的毕业秩年活动是本年级校友动员最充分、联络最广泛的一次难得的机会，校友总会希望各秩年年级在组织活动的过程中，全面地更新一次本年级校友的通讯录，所需信息条目由校友总会提供。统计准确、全面的校友信息，对于校友之间的联络、学校了解校友的发展情况、学校的人才培养工作都有积极的意义。同时也便于校友总会为校友提供更加全面和到位的服务。

(3)年级集体捐赠

爱校感恩是清华校友百年来传承下来的优良传统，各年级秩年活动中都会组织一次全年级捐赠，支持母校发展和建设。希望各秩年年级在广泛征求本年级校友意见的基础上，根据本年级情况设计捐赠回馈项目，校友总会可以为各年级提供项目咨询、捐款服务和代管等。捐赠方式点击此处查看。

2018年学校推出“三教、四教教室改造”项目，以一个教室为基本认捐单位，校友集体和个人以及校友企业均可捐赠。详细项目方案将在清华校友网、清华校友总会微信公众号发布，请随时关注。

(4)运动会开幕式方阵

为弘扬清华人的体育精神，传承清华人“争取至少为祖国健康工作五十年”的体育传统，展示校友们的精神风貌，学校邀请毕业10年、20年、30年、40年及50年的秩年年级组织五个校友方阵参加“马约翰杯”学生田径运动会开幕式，每个年级方阵人数为100人，校友总会发放统一的入场式服装。运动会开幕式定于在4月29日(周日)上午八点在东大操场举行。

(5)纪念文集或专刊

以组织秩年活动为契机，收集整理广大校友撰写的与母校、师长、同学情谊、个人发展等相关的各类文章，编辑本年级秩年专刊或文集，将秩年活动的成果、将校友们浓浓的情谊固化成文字流传下来，是广受校友们好评的一种纪念形式，是秩年活动中的一个重要内容。既可以委托《水木清华》编辑部出版《清华人》专刊，也可以编辑出版纪念文集，还可以在清华校友网或《清华校友通讯》的秩年园地栏目设立专栏。

(6)秩年纪念品

秩年年级可根据校友意愿，设计制作具有本年级特色的纪念品，如U盘、T恤衫、杯子、徽章、袋子、戒指、丝巾等。

2.校友总会为秩年校友提供的服务

(1)与学校有关部门协调、配合营造温馨热闹的校庆节日氛围；

(2)协助各年级召开秩年筹备会议，讨论秩年返校事宜；

(3)为全年级整体活动联系、邀请相关校领导和老师出席，落实场地，帮助各班级活动联系、安排教室等活动场所；

(4)根据年级活动需要，协调、安排学生志愿者，为秩年活动提供红条及徽章；

(5)毕业60年、50年以班级或院系为单位的秩年活动，由校友总会院系分会或相关院系校友工作办公室提供支持。

(6)为毕业60年及50年的秩年校友发放"清华毕业50年纪念章"，纪念章由院系统一领取和发放，秩年班级请与所在院系联系。因院系调整无法找到对应院系的班级，请联系校友总会董老师，电话：6279 6654；

(7)落实"校庆校友招待专场演出"(学生艺术团演出)，分发入场券及提供演出现场服务；

(8)提供学校各项校庆活动情况介绍、提供开放实验室名单、校庆地图等资料；

(9)提供年级捐赠所需的协调，做好捐赠服务工作；

(10)根据年级需要，协助编辑出版秩年纪念文集或专刊；

(11)为毕业60年、50年的秩年校友协调、安排校内住宿。具体安排及办理方式见"三、校内食宿行"；

(12)为需要集体用餐的秩年校友提供校内各餐厅4月29日中午的桌餐预订服务。提供校内食堂临时餐卡的集体售卖服务。具体安排及办理方式见"三、校内食宿行"；

(13)在毕业10年、20年、30年、40年的秩年校友中发放校友卡(试发行)，以年级为单位、按校友总会要求提交校友信息后，统一领取；

(14)及时在清华校友网、校友总会微信公众号等信息平台进行活动宣传；

(15)其他需要协助办理的事宜。

3.校友总会秩年联络负责人及联系方式(见表9-2)

校友总会联络部负责联络各秩年年级，协助年级开展校庆秩年活动。办公地点：动振小楼206(同方部东)。

表9-2　校友总会秩年联络负责人及联系方式

负责人	电话	邮箱	负责秩年
董　治	6279 6654	dongzhi16@tsinghua.org.cn	1958届毕业60年 1964届入学60年
慕晓雪	6279 4036	muxx@tsinghua.edu.cn	1968届毕业50年
陈桂英	6278 7780	chengy@tsinghua.org.cn	1974级毕业40年
尚　焱	6277 3727	y-shang@tsinghua.edu.cn	1983级毕业30年 1977级入学40年 1978级入学40年
冯伟萍	6279 7322	fpp@tsinghua.org.cn	1993级毕业20年 1988级入学30年
曲磊杰	6279 7627	quleijie@tsinghua.org.cn	2004级毕业10年

三、校内食宿行

1.就餐

(1)包桌

校内以下餐厅可以提供桌餐:甲所、近春园、熙春园(招待餐厅)、澜园二楼、荷园二楼、观畴园(万人食堂)三层、芝兰园、寓园、南园二楼、桃李园三层、玉树园。

4月29日(周日)午餐的包桌统一由校友总会协调预订,其他时间就餐可自行联系预订,各餐厅的信息及订餐电话见附件一。

4月29日(周日)午餐的包桌预订优先安排毕业60年、50年的秩年校友,甲所及近春园餐厅原则上优先安排在上述地点住宿的校友。召集人请在4月2日(周一)前致电校友总会订餐专线:62794036联系订餐事宜,订餐时需提供就餐人的入学/毕业年、院系、班级、就餐人数、就餐地点、就餐时间以及联系人电话等信息,由校友总会根据实际订餐情况予以协调安排,并提交给餐厅。各餐厅会与联系人确定用餐标准及收取餐费。校友总会统一订餐截止日期为4月20日(周五),在此日期后,校友需直接致电各餐厅进行预订。

(2)其他秩年校友的整体订餐

秩年校友的整体订餐是指秩年整年级在学校的某食堂划定区域进行集体就餐。在4月29日(周日)中午有整体订餐需求的秩年校友,由秩年召集人向校友总会秩年联络人提出用餐需求,由校友总会统一协调安排。

(3)购买临时餐卡

校庆期间,返校校友可持临时餐卡在学生食堂和教工食堂就餐。

校庆前,可以以班级和年级为单位提前购买临时餐卡,购买流程如下:

到校友总会(动振小楼206室,电话:6279 4036)开具介绍信;

到老停车场服务大厅审核(电话:6279 3001转餐卡审核)。为方便校友,4月15日之后购买餐卡无需审核;

到照澜院后勤结算中心二楼缴费(电话:6277 0139或6278 2377);

到15号楼取卡(电话:6278 4158)。

4月28日、29日校庆期间,可在校友总会捐赠服务部(动振小楼102室)直接购买。购买时间为08:00—17:00。

临时餐卡使用说明如表9-3所示。

表9-3　临时餐卡使用说明

面值	扣除金额	实际可用金额	有效期	备注
20元	管理费4元,工本费2元	14元	自购卡之日起一个月	卡片售出不退,除特别说明外,可在除清真餐厅以外的食堂通用
50元	管理费10元,工本费2元	38元		

2.住宿

根据学校的安排,学校的甲所、近春园宾馆、服务楼和紫荆公寓的部分床位4月27日至29日三晚由校友总会统一协调。由于床位有限,只能安排秩年返校的部分校友住宿。

按照“年长优先”的原则，毕业60年返校校友将在甲所和近春园宾馆住宿(约140个房间)，毕业50年及40年的部分返校校友可以安排在紫荆公寓(约70个床位)、服务楼(约150个床位)住宿。上述校内住宿资源情况见附件二。其他年级返校校友的住宿需要自行解决。

(1)关于入住甲所及近春园宾馆的特别提示：

甲所及近春园宾馆4月27日—29日三晚对个人自付的校友提供房价及早餐半价优惠；

所有人员根据床位来安排(特殊情况除外)，不接受单人独住的要求；

因校内床位有限，每位校友最多只能解决一名随同人员的住宿；

根据历年校庆接待的实际情况，楼层及房间类型安排需要大家相互配合、协调完成。

(2)关于入住紫荆公寓的特别提示：

紫荆公寓前台在紫荆公寓19号楼，办理入住的时间为07:00—23:00；入住地点在紫荆公寓18号楼，退房时间为早上09:00之前；

紫荆公寓提供热水的时间为:07:00—9:00,17:00—23:30；单人间提供毛巾、牙膏、牙刷等简单的洗漱物品；双人间无洗漱用品，所有物品需自备；

凡预订了紫荆公寓房间，但没有入住的校友，需要按紫荆公寓的管理规定缴纳空房费。

(3)关于入住服务楼的特别提示：

服务楼有标准间(8间)和四人间(约150个床位)两种房型，所有人员根据床位来安排(特殊情况除外)，不接受单人入住的要求；

服务楼不提供牙膏、牙刷、拖鞋等洗漱用品，所有物品需自备；

凡入住当天提出取消预订的，需缴纳当天的房费(标准间每间350元，四人间每床位80元)。

(4)校外住宿资源

目前，学校周边的宾馆，如紫光国际交流中心、文津国际酒店等均为独立运营的企业，校友可自行预订，并遵照各宾馆关于预订、变更及取消的相关规定。详情参见附件三。

3.校内交通

(1)4月28日、29日两天，校友私家车可以从各个校门出入学校，并免费停车，请校友自觉按照校内规范行驶和泊车。19座以上车辆需要提前登记，请联系校友总会尧老师，电话:6279 7428。

(2)为方便返校校友参加4月28日、29日的活动，校友乘坐校园交通车免费。

运行时间:08:00—18:00。

行车路线如下：

外环:西校门—游泳池—问讯处—老年活动中心—幼儿园—科技大楼—主校门—美术学院—综合体育馆—游泳馆—紫荆操场—紫荆公寓17号楼—北校门—图书馆—西北校门—校医院—游泳池—西校门。

内环:西校门—游泳池—问讯处—二校门—新清华学堂—科技大楼—主校门—美术学院—主楼—新清华学堂—二校门—问讯处—游泳池—西校门。

(3)最新校园地图，请点击此处查看。

四、应急联系电话

综合服务平台(查号、会务、餐饮、住宿)62793001

校医院 999 急救中心 6279 9120,6278 2185

清华园治安派出所 6278 2001,6278 3779

校友总会办公室 62773873,6279 7428

清华校友总会

2018 年 3 月 26 日

附件一:校内主要餐厅情况介绍及订餐电话

附件二:校内住宿资源

附件三:学校周边部分酒店信息

附件四:校内及周边银行、邮局等服务网点

(资料来源:http://www.tsinghua.org.cn/publish/alumni/4000461/11767588.html,2018-03-27)

讨论题:清华大学此次校庆活动中,从组织形式到组织内容体现了很强的公关创新性,这种公关创新性表现在哪些方面?

【本章小结】

本章包括公共关系专题活动概述、新闻发布会、展览、赞助、开放参观、宴请、联谊等内容。公共关系专题活动概述部分主要介绍了公共关系专题活动的含义、特点、基本要求;新闻发布会部分主要介绍了新闻发布会的含义和特点、新闻发布会的组织和策划及其注意事项;展览部分主要介绍了展览的含义和特点、展览的类型、展览的策划和组织及其注意事项;赞助部分主要介绍了赞助的含义和目的、赞助的类型、赞助的策划和组织及其注意事项;开放参观部分主要介绍了开放参观的含义和作用、开放参观活动的策划和组织及其注意事项;宴请部分主要介绍了宴请的类型、宴请的策划和组织及其注意事项;联谊部分主要介绍了联谊的含义、联谊的层次及类型、联谊的组织和策划及其注意事项。

【习题】

一、辨析题

公共关系专题活动都是简单的程序式活动,只需按要求做就行,无须精心策划。

二、问答题

1.公关专题活动的特点有哪些?

2.公关专题活动的基本要求有哪些?

3.如何召开新闻发布会?

4.如何策划展览会?

5.如何策划一次成功的赞助?

6.如何组织和策划开放参观活动?

7.如何参加宴请?

8.如何组织联谊活动?

三、实训题

新闻发布会

[情景设计]

李斌来自某名企，因业务发展的需要，必须与新闻媒体打交道。可是，他打交道的新闻单位还是计划体制下的工作模式，一般员工散漫惯了，工作效益低。李斌必须设法与他们交流，以便迅速完成新闻发布会的组织、筹划、实施与评价等工作任务。

[角色扮演]

以 3～5 人为单位，分别扮演不同的角色，尝试说服技巧，运用访谈法、座谈法、讨论法，施行沟通与交流。

[实训要求]

1.按照个性特点，选择角色，确定负责人与助手。

2.分组讨论如何模拟应对国企懒散的员工，各部门之间需要协调、沟通的基本内容。

3.写出详细的举行新闻发布会策划书。

[效果评价]

教师教学点评、打分，将结果填入表 9-4 中。

表 9-4 “新闻发布会”计划实施评价表

<table>
<tr><td>专业</td><td></td><td>班级</td><td></td><td>学号</td><td></td><td>姓名</td><td></td></tr>
<tr><td>考评内容</td><td colspan="7">新闻发布会计划实施</td></tr>
<tr><td rowspan="4">考评标准</td><td colspan="5">项目内容</td><td>分值</td><td>评分</td></tr>
<tr><td>准备环节</td><td colspan="4">项目设计是否科学
任务分配是否合理
文献调查是否真实有效</td><td>15
5
5</td><td></td></tr>
<tr><td>实施环节</td><td colspan="4">计划实施是否客观
相关公众调查是否全面
协调是否高效
是否符合组织实际
策划书是否真实、规范，文字是否准确</td><td>10
10
10
10
10</td><td></td></tr>
<tr><td>能力测试</td><td colspan="4">沟通协调技巧
团队合作精神
应变能力</td><td>5
10
10</td><td></td></tr>
<tr><td colspan="6">总计</td><td>100</td><td></td></tr>
</table>

【拓展训练】

观看各类新闻发布会视频，分析其差别所在。

第 10 章

公共关系礼仪

本章知识点：礼仪的内涵；应酬交际礼仪；个人礼仪；位次礼仪等。

案例导读

修养是第一课

有一批应届毕业生22个人，实习时被导师带到北京的国家某部委实验室里参观。全体学生坐在会议室里等待部长的到来，这时有秘书给大家倒水，同学们表情木然地看着她忙活，其中一个还问了句："有绿茶吗？天太热了。"秘书回答说："抱歉，刚刚用完了。"林然看着有点别扭，心里嘀咕："人家给你水还挑三拣四。"轮到他时，他轻声说："谢谢，大热天的，辛苦了。"秘书抬头看了他一眼，满含着惊奇，虽然这是很普通的客气话，却是她今天唯一听到的一句。

门开了，部长走进来和大家打招呼，不知怎么回事，静悄悄的，没有一个人回应。林然左右看了看，犹犹豫豫地鼓了几下掌，同学们这才稀稀落落地跟着拍手，由于不齐，越发显得零乱起来。部长挥了挥手："欢迎同学们到这里来参观。平时这些事一般都是由办公室负责接待，因为我和你们的导师是老同学，非常要好，所以这次我亲自来给大家讲一些有关情况。我看同学们好像都没有带笔记本，这样吧，王秘书，请你去拿一些我们部里印的纪念手册，送给同学们作纪念。"接下来，更尴尬的事情发生了，大家都坐在那里，很随意地用一只手接过部长双手递过来的手册。部长脸色越来越难看，来到林然面前时，已经快要没有耐心了。就在这时，林然礼貌地站起来，身体微倾，双手握住手册，恭敬地说了一声："谢谢您！"部长闻听此言，不觉眼前一亮，伸手拍了拍林然的肩膀："你叫什么名字？"林然照实作答，部长微笑点头，回到自己的座位上。早已汗颜的导师看到此景，才微微松了一口气。

两个月后，同学们各奔东西，林然的去向栏里赫然写着国家某部委实验室。有几位颇感不满的同学找到导师："林然的学习成绩最多算是中等，凭什么推荐他而没有推荐我们？"导师看了看这几张尚属稚嫩的脸，笑道："是人家点名来要的。其实你们的机会是完全一样的，你们的成绩甚至比林然还要好，但是除了学习之外，你们需要学的东西太多了，修养是第一课。”

（资料来源：https://www.sohu.com/a/206078619_100071030，搜狐网，2017-11-23）

启发总结：尊重别人的同时也会获得别人的尊重。修养对个人成功发展具有决定意义，要想有更大的发展空间，必须加强个人修养。

第一节　应酬交际礼仪

公共关系活动是与人打交道的工作，应酬交际是公共关系人员的必修课，需要掌握的礼仪主要有见面礼仪、拜访与接待礼仪、舞会礼仪、宴请礼仪、通信礼仪等。

一、见面礼仪

（一）介绍

在与陌生人交往时，由于互相不认识，需要介绍。介绍可分自我介绍和为他人介绍两种。自我介绍时，如果是在公务场所，需介绍自己的姓名、单位（第一次介绍时需介绍单位全称）、部门、职位；为他人介绍时，要先了解双方是否有结识的愿望，不要贸然行事。为他人介绍时要有礼貌地以手示意，而不要用手指指点点；介绍也有先后之别，应把身份低、年纪轻的介绍给身份高、年纪大的，把男子介绍给妇女。介绍时，除妇女和年长者外，一般应起立；但在宴会桌上、会谈桌上可不必起立，被介绍者只要微笑点头有所表示即可。

（二）握手

握手在大多数国家都是见面和离别时的礼节。在交际场合中，握手是司空见惯的事情。一般在相互介绍和会面时握手。遇见朋友先打招呼，然后相互握手，寒暄致意。关系亲近的则边握手边问候，甚至两人的双手长时间地握在一起。在一般情况下，握一下即可，不必用力。但年轻者对年长者、身份低者对身份高者则应稍稍欠身，双手握住对方的手，以示尊敬。男子与妇女握手时，往往只握一下妇女的手指部分。

握手也有先后顺序，应由主人、年长者、身份高者、妇女先伸手，客人、年轻者、身份低者见面先问候，待对方伸手再握。多人同时握手致意不要交叉，待别人握完再伸手。男子在握手前应先脱下手套摘下帽子。握手时双目注视对方微笑致意，不要看着第三者握手。

军人戴军帽与对方握手时，应先行举手礼，然后再握手。

（三）递接名片

名片是一个人身份的象征，当前已成为人们在社交场合的重要工具，名片虽小，但在与客户沟通过程中的作用不容忽视。如果不注意名片礼仪，不仅没有起到“自我延伸”的作用，反而阻挡了与客户的交流。在使用名片的过程中一定要注意礼节。

1.名片的递送

（1）观察意愿。递送名片要在双方均有结识意愿并想保持联系的前提下进行。不要乱发名片，可以用“认识你很高兴”等一些谦语体现出来，如果在对方没有意愿的情况下递送名片，有故意炫耀之嫌。

（2）抓准时机。发送名片要把握适宜时机，一般选在初识之际或分别之时，切忌在用餐、运动、娱乐之时发送名片。

(3)讲究顺序。客先主后；身份低者先，身份高者后；当与多人交换名片时，应依照职位高低的顺序，由尊到卑，或由近及远，依次进行，切勿跳跃式地进行，以免被对方误认为厚此薄彼。

(4)提前暗示。递上名片前，应当先向接受名片者打个招呼，令对方有所准备。既可先作一下自我介绍，也可以说声“对不起，请稍候”、“可否交换一下名片”之类的提示语。

(5)递送有礼。递交名片，上体前倾15°左右，以双手或右手持握名片，举至胸前，用拇指和食指执名片两角，让文字正面朝向对方，递交时要目光注视对方，微笑致意，可顺带一句“请多多关照”。

2.名片的接收

(1)态度谦和。当对方递名片时，不论有多忙，都应立即放下手中的事，并起身站立相迎，面带微笑，用双手接住名片的下方两角。

(2)快速阅读。接过名片后，先向对方致谢，然后花30秒时间认真阅读名片内容，遇有显示对方荣耀的职务、头衔可轻读出声，以示敬仰。有看不懂的地方，应当面讨教。

(3)精心存放。接到他人名片后，切勿将其随意乱丢乱放、乱揉乱折，而应将其谨慎地置于名片夹、公文包、办公桌或上衣口袋之内，且应与本人名片区别放置。

(4)有来有往。接受了他人的名片后，一般应当即刻回给对方一张自己的名片。没有名片、名片用完了或者忘了带名片时，应向对方作出合理解释并致以歉意，切莫毫无反应。

3.索要名片

(1)交易法。这是一种很常见的方法，就是先把自己的名片递给对方，可以说“李先生，这是我的名片”，根据礼节上“有来有往”的原则，对方也会回递一张。

(2)谦恭法。当对方与自己的地位有落差时，可以用激将法，但是一定要注意说话语气，要做到委婉、谦虚，可以说：“尊敬的李先生，很高兴认识您，不知道能不能有幸跟您交换一下名片。”出于礼貌，对方会递送名片。

(3)联络法。联络法就是以保持联络为由，索要对方名片，可以说：“认识你很高兴，不知道怎么跟你联系比较方便?”对方明白用意，会递送名片。

见面礼仪还有很多，如致意礼、拱手礼、鞠躬礼、拥抱礼、亲吻礼、合十礼等。

二、拜访礼仪

(一)拜访前的相邀礼仪

不论因公还是因私而访，都要事前与被访者电话联系。联系的内容主要有四点：

(1)自报家门(姓名、单位、部门、职务)。

(2)询问被访者是否在单位(家)，是否有时间或何时有时间。

(3)提出访问的内容(有事相访或礼节性拜访)，使对方有所准备。

(4)在对方同意的情况下定下具体拜访的时间、地点，注意要避开吃饭和休息、特别是午睡的时间。最后，对对方表示感谢。

(二)拜访中的举止礼仪

(1)要守时守约。

(2)讲究敲门的艺术。要用食指敲门,力度适中,间隔有序地敲三下,等待回音。如无应声,可稍加力度,再敲三下,如有应声,再侧身隐立于右门框一侧,待门开时再向前迈半步,与主人相对。

(3)主人不让座不能随便坐下。如果主人是年长者或上级,主人不坐,自己不能先坐。主人让座之后,要口称"谢谢",然后采用规矩的礼仪坐姿坐下。主人递上烟茶要双手接过并表示谢意。如果主人没有吸烟的习惯,要克制自己的烟瘾,尽量不吸,以示对主人习惯的尊重。主人献上果品,要等年长者或其他客人动手后,自己再取用。即使在最熟悉的朋友家里,也不要过于随便。

(4)跟主人谈话,语言要客气。

(5)谈话时间不宜过长。起身告辞时,要向主人表示"打扰"之歉意。出门后,回身主动伸手与主人握别,说:"请留步。"待主人留步后,走几步,再回首挥手致意:"再见。"

三、接待礼仪

迎来送往,是社会交往接待活动中最基本的形式和重要环节,是表达主人情谊、体现礼貌素养的重要方面。尤其是迎接,是给客人良好第一印象的最重要工作。给对方留下好的第一印象,就为下一步深入接触打下了基础。迎接客人要有周密的部署,应注意以下事项:

(1)对前来访问、洽谈业务、参加会议的外国或外地客人,应首先了解对方到达的车次、航班,安排与客人身份、职务相当的人员前去迎接。若因某种原因,相应身份的主人不能前往,前去迎接的主人应向客人作出礼貌的解释。

(2)主人到车站、机场去迎接客人,应提前到达,恭候客人的到来,决不能迟到让客人久等。客人看到有人来迎接,内心必定感到非常高兴;若迎接来迟,必定会给客人心里留下阴影,事后无论怎样解释,都无法消除这种失职和不守信誉的印象。

(3)接到客人后,应首先问候"一路辛苦了"、"欢迎您来到我们这个美丽的城市"、"欢迎您来到我们公司"等等。然后向对方作自我介绍,如果有名片,可送予对方,注意送名片的礼仪。

(4)迎接客人应提前为客人准备好交通工具,不要等到客人到了才匆匆忙忙准备交通工具,那样会因让客人久等而误事。

(5)主人应提前为客人准备好住宿,帮客人办理好一切手续并将客人领进房间,同时向客人介绍住处的服务、设施,将活动的计划、日程安排交给客人,并把准备好的地图或旅游图、名胜古迹等介绍材料送给客人。

(6)将客人送到住处后,主人不要立即离去,应稍作停留,陪客人热情交谈,谈话内容要让客人感到满意,比如客人参与活动的背景材料、当地风土人情、有特点的自然景观、特产、物价等。考虑到客人一路旅途劳累,主人不宜久留,应让客人早些休息。分手时将下次联系的时间、地点、方式等告诉客人。

接待客人要注意以下几点:

(1)客人要找的负责人不在时,要明确告诉对方负责人到何处去了,以及何时回本单位;请客人留下电话、地址,明确是由客人再次来单位,还是我方负责人到对方单位去。

(2)客人到来时,我方负责人由于种种原因不能马上接见,要向客人说明等待理由与等待时间,若客人愿意等待,应该向客人提供饮料、杂志,如果可能,应该时常为客人换饮料。

(3)接待人员带领客人到达目的地,应该有正确的引导方法和引导姿势。

①在走廊的引导方法。接待人员在客人二三步之前,配合步调,让客人走在内侧。

②在楼梯的引导方法。当引导客人上楼时,应该让客人走在前面,接待人员走在后面;若是下楼时,应该由接待人员走在前面,客人在后面。上下楼梯时,接待人员应该注意客人的安全。

③在电梯的引导方法。引导客人乘坐电梯时,接待人员先进入电梯,等客人进入后关闭电梯门,到达时接待人员按“开”的按钮,让客人先走出电梯。

④在客厅的引导方法。当客人走入客厅时,接待人员用手指示,请客人坐下,看到客人坐下后,才能行点头礼后离开。如客人错坐下座,应请客人改坐上座(一般靠近门的一方为下座)。

(4)诚心诚意地奉茶。我国人民习惯以茶水招待客人,在招待尊贵客人时,茶具要特别讲究,倒茶有许多规矩,递茶也有许多讲究。

四、舞会礼仪

(1)参加舞会的服装要整洁、大方,仪表要修饰。女子可以化淡妆,穿得漂亮些。男子也应适当讲究,一般穿西服,显得大方、文雅。头发要梳整齐。检查一下口腔、身上无蒜味、酒气,洒些香水是相宜的。

(2)进入舞场,要先坐下来,观察一下全场情况,适应一下气氛。没有带舞伴的,更应当坐下来,慢慢地寻找合适的伴舞对象,最好邀请没有带舞伴的人,如果有熟悉的人伴舞当然更好了。国外正式的舞会,第一支舞曲,都是由高位开始,主人夫妇、主宾夫妇首先共舞,第二场主宾夫妇交换共舞,第三场才开始自由邀舞。

(3)邀舞一般都是男子邀请女子共舞,邀人跳舞时应彬彬有礼,姿态端庄。走至女方面前,微笑点头,以右手掌心向上往舞池示意,并说:“可以和你跳个舞吗?”或“可以吗?”对方同意后即可共同步入舞池。如果对方婉言谢绝,也不必介意,更不应勉强。女士被人邀舞是对自己的尊重,一般不应拒绝。确实不想跳时,应当有礼貌地婉言谢绝:“对不起,我想休息一下。”对方走后,一曲未终不应再与别人共舞。

(4)进入舞池后,就可跟随舞曲曲式和节奏起舞。姿态要端正,身体要正直、平稳,切勿轻浮,但也不要过分严肃,双方眼睛自然平视,目光从对方右上方穿过。

(5)一曲终了,男子要对女舞伴致意,并把女舞伴送回原来的位置。

(6)出席舞会,在时间上不像出席会议那样有整齐划一的要求,相对来说比较自由灵活,允许晚去一会儿,也可以中途退场等,这些都应当视为正常现象。

五、赴宴的礼仪

(1)应邀。受邀者在接到邀请后,能否出席应尽早答复对方。若接受邀请则不宜随意改动,万一因故不能应邀出席,须向邀请者深致歉意。

(2)掌握出席时间。宾客一般宜略早一些到达或是准点到达,过早、过迟到场或者无故提前退场等都被视作不恭和失礼之举。

(3)抵达。如主人恭迎,则应趋前向主人握手、问好、致意,随主人或迎宾人员引导,步入休息厅或宴会厅。如果单独到达,则先到衣帽间挂大衣和帽子,然后前往主人的迎宾处,向主人问好。如是节日庆祝活动,应表示祝贺。

(4)入座。一般由侍者或女主人(主人)引导客人入席。各人应按座位上的姓名卡入座,不可随意乱坐。坐姿要端正、自然。

(5)交谈。参加任何宴会,无论处于何种地位,都少不了与同桌人交谈,特别是左右座。如互相不认识,可先作自我介绍。

(6)进餐。入座后,不可玩桌上的酒杯、盘碗、刀叉、筷子等餐具。主人招呼即可以进餐。西餐进食,正确的做法是取得食品,即可开始食用,因为人手一份,不需等待。取菜时一次不要取太多,需增加时,待侍者送上再取。进食时要文雅,吃东西时应闭着嘴细嚼慢咽,尽量不发出声音;喝汤时不要啜,汤菜太热,可待稍凉后再食用,忌用嘴吹去热气;嘴内有食物时切勿说话;吃剩的菜、用过的餐具、牙签及骨刺等都要放入骨盘内,忌随意乱扔;剔牙时,要用手或餐巾遮口。

(7)餐具的使用。餐具的使用要得法。中餐的餐具主要是碗、盘、筷,西餐则是刀、叉、盘子。通常宴请外国人吃中餐,亦以中餐西吃为多,既摆碗筷,又设刀叉。刀叉的使用是右手持刀,左手持叉,将食物切成小块,然后用叉送入嘴内。欧洲人使用时不换手,即从切割到送食均以左手持叉。美国人则在切割后把刀放下,右手持叉送食入口。就餐时按刀叉顺序由外往里取用。每道菜吃完后,将刀叉并拢平排放盘内,以示吃完。如未吃完,则摆成八字或交叉摆,刀口应向内。吃鸡、龙虾时,经主人示意,可以用手撕开吃,也可用刀叉把肉割下,切成小块吃。除喝汤外,不用汤匙进食。汤用深盘或用小碗盛放,喝时用汤匙由内往外舀起送入嘴,即将喝尽,可将盘向外略托起。

(8)宽衣。宴请过程中,无论天气如何炎热,均不得当众解开纽扣、拉松领带、脱下衣服。

六、电话礼仪

电话被现代人公认为便利的通信工具,在日常工作中,使用电话的语言很关键,它直接影响着一个公司的声誉;在日常生活中,人们通过电话也能粗略判断对方的人品、性格。因而,掌握正确的、礼貌待人的接打电话方法是非常必要的。

(一)接电话

接听电话不可太随便,得讲究必要的礼仪和一定的技巧,以免生出误会。无论是打电话还是接电话,我们都应做到语调热情、大方自然、声量适中、表达清楚、简明扼要、文明礼貌。

1.及时接电话

一般来说,在办公室里,电话铃响2～3声接听比较合适,6声后就应道歉:“对不起,让你久等了。”如果受话人正在做一件要紧的事情不能及时接听,代接的人应为其做好解释。如果既不及时接电话,又不道歉,甚至极不耐烦,就是极不礼貌的行为。尽快接听电话会给对方留下好印象,让对方觉得自己被看重。

2.确认对方

对方打来电话,一般会自己主动介绍。如果没有介绍或者你没有听清楚,就应该主动问："请问您是哪位？我能为您做什么？您找哪位？"接到对方打来的电话，您拿起听筒应首先自我介绍："你好！我是某某某。"如果对方找的人在旁边，您应说："请稍等。"然后用手掩住话筒，轻声招呼你的同事接电话。如果对方找的人不在，您应该告诉对方，并且问："需要留言吗？我一定转告。"

3.微笑通话

当您拿起电话听筒的时候，一定要面带笑容。不要以为笑容只能表现在脸上，它也会藏在声音里。亲切、温情的声音会使对方马上对我们产生良好的印象。如果绷着脸，声音会变得冷冰冰。

4.准备记录

用左手接听电话，右手准备纸笔，便于随时记录有用信息。

（二）打电话

打电话时，需注意以下几点：

（1）选好时间。打电话时，如非重要事情，应尽量避开受话人休息、用餐的时间，而且最好别在节假日打扰对方。

（2）掌握通话时间。打电话前，最好先想好要讲的内容，以便节约通话时间，不要现想现说或"煲电话粥"，通常一次通话不应长于 3 分钟，即所谓的"3 分钟原则"。

（3）用语规范。通话之初，应先作自我介绍，不要让对方"猜一猜"。请受话人找人或代转时，应说"劳驾"或"麻烦您"，不要认为这是理所应当的。

（4）接、打电话时不能叼着香烟、嚼着口香糖；说话时，声音不宜过大或过小，吐字要清晰，保证对方能听明白。

（三）手机使用注意事项

在手机越来越普及的今天，我们在使用手机时，应遵循以下几点原则：

（1）注意手机使用场所。有些地方是不允许使用手机的，如医院、机场、加油站、影剧院等。

（2）在保证手机畅通的情况下不妨碍他人。在开会、乘火车等公共场所，使用手机不能影响他人。

（3）当不使用手机时，请锁住手机按钮，以防意外拨打诸如 119、110、120 等特殊电话号码。

第二节　个人礼仪

从表面上看，个人礼仪仅涉及个人穿着打扮、举手投足之类无关宏旨的小节小事，但小节之处显精神，举止言谈见文化。特别是就公共关系人员而言，个人礼仪不仅事及个人，而且事关全局。

一、仪容仪表礼仪

仪容，通常是指人的外观、外貌。其中的重点，则是指人的容貌。在人际交往中，每个人的仪容都会引起交往对象的特别关注，并将影响到对方对自己的整体评价。在个人的仪表问题之中，仪容是重点之中的重点。

仪表是综合人的外表，它包括人的形体、容貌、健康状况、姿态、举止、服饰、风度等方面，是人举止风度的外在体现。风度是指举止行为、待人接物时，一个人的德才学识等各方面的内在修养的外在表现。风度是构成仪表的核心要素。

(一)仪容的修饰

为了维护自我形象，有必要修饰仪容。在仪容的修饰方面要注意五点事项：其一，仪容要干净，要勤洗澡、勤洗脸，脖颈、手都应要干干净净，并经常注意去除眼角、口角及鼻孔的分泌物。要换衣服，消除身体异味，有狐臭要搽药品或及早治疗。其二，仪容应当整洁。整洁，即整齐、洁净、清爽。要使仪容整洁，重在重视持之以恒，这一条与自我形象的优劣关系极大。其三，仪容应当卫生。讲究卫生，是公民的义务，注意口腔卫生，早晚刷牙，饭后漱口，不能当着客人面嚼口香糖；指甲要常剪，头发按时理，不得蓬头垢面，体味熏人，这是每个人都应当自觉做好的。其四，仪容应当简约。仪容既要修饰，又忌讳标新立异，简练、朴素最好。其五，仪容应当端庄。仪容庄重大方、斯文雅致，不仅会给人以美感，而且易于使自己赢得他人的信任。相形之下，将仪容修饰得花里胡哨、轻浮怪诞，是得不偿失的。

(二)体态礼仪

体态又称举止，是指人的行为动作和表情，日常生活中的站、坐、走的姿态，一举手一投足、一颦一笑都可以称为举止。体态与人的风度密切相关，是构成人们特有风度的主要方面。体态是一种不说话的"语言"，是内涵极为丰富的语言。举止的高雅得体与否，直接反映出人的内在素养；举止的规范到位与否，直接影响他人对你的印象和评价。

1.站姿

站立是人们生活交往中的一种最基本的举止，是一种静态的身体造型。优美而典雅的造型，是优雅举止的基础。男士要求"站如松"，刚毅洒脱；女士则应秀雅优美，亭亭玉立。

标准的站姿是：(1)头正，双目平视，嘴唇微闭，下颌微收，面容平和自然。(2)双肩放松，稍向下沉，人有向上的感觉。(3)躯干挺直，挺胸，收腹，立腰。(4)双臂自然下垂于身体两侧，中指贴拢裤缝，两手自然放松。(5)双腿立直、并拢，脚跟相靠，两脚尖张开约60°，身体重心落于两脚正中。

2.坐姿

坐是举止的主要内容之一，无论是伏案学习、参加会议，还是会客交谈、娱乐休息都离不开坐。坐姿要求"坐如钟"，指人的坐姿像座钟般端直，当然这里的端直是指上体的端直。优美的坐姿让人觉得安详、舒适、端正、舒展大方。

正确的坐姿：(1)入座时要轻、稳、缓。走到座位前，转身后轻稳地坐下。女子入座时，若是裙装，应用手将裙子稍稍拢一下，不要坐下后再拉拽衣裙。正式场合一般从椅子的左边入座，离座时也要从椅子左边离开。(2)神态从容自如(嘴唇微闭，下颌微收，面容平和自然)。(3)双肩平正放松，两臂自然弯曲放在腿上，亦可放在椅子或是沙发扶手上，以自然得体为宜，掌心向下。(4)坐在椅子上，要立腰、挺胸，上体自然挺直。(5)双膝自然并拢，双腿正放或侧放，双脚并拢或交叠或成小“V”字形。男士两膝间可分开一拳左右的距离，双脚可取小八字步或稍分开以显自然洒脱之美，但不可尽情打开腿脚，那样会显得粗俗和傲慢。(6)坐在椅子上，应至少坐满椅子的2/3，宽座沙发则至少坐1/2。落座后至少10分钟左右时间不要靠椅背。时间久了，可轻靠椅背。(7)谈话时应根据交谈者方位，将上体、双膝侧转向交谈者，上身仍保持挺直，不要出现自卑、恭维、讨好的姿态。(8)离座时，要自然稳当，右脚向后收半步，而后站起。

3.走姿

走姿又称步态。走姿要求“行如风”，是指人行走时，如风行水上，有一种轻快自然的美。走姿的基本要求应是从容、平稳的，应走出直线。具体要求：(1)双目向前平视，微收下颌，面容平和自然，不左顾右盼，不回头张望，不盯住行人乱打量。(2)双肩平稳，肩峰稍后张，大臂带动小臂前后自然摆动，肩勿摇晃；前摆时，手不要超衣扣垂直线，肘关节微屈约30°，掌心向内，勿甩小臂，后摆时勿甩手腕。(3)上身自然挺拔，头正肩平、挺胸收腹、收臀立腰，重心稍向前倾。(4)注意步位。行走时，男士走平行步，女式则应走一字步。(5)行走时不可把手插进衣服口袋里，尤其不可插在裤袋里。

（三）手势和表情

1.手势

手势是人们交往时不可缺少的动作，是最有表现力的一种“体态语言”，手势表现的含义非常丰富，表达的感情也非常微妙复杂。如招手致意、挥手告别、拍手称赞、拱手致谢、举手赞同、摆手拒绝，手抚是爱、手指是怒、手搂是亲、手捧是敬、手遮是羞等等。手势的含义，或是发出信息，或是表示喜恶表达感情，能够恰当地运用手势表情达意，会为交际形象增辉。

2.表情

表情是人内心的情感在面部、声音或身体姿态上的表现。这里着重介绍面部表情中的目光和微笑。

(1)目光

眼睛是人体传递信息最有效的器官，它能表达出人们最细微、最精妙的内心情思，从一个人的眼睛中，往往能看到他的整个内心世界。一个良好的交际形象，目光是坦然、亲切、和蔼、有神的。特别是在与人交谈时，应该是注视对方，不应该目光躲闪或游移不定。在整个谈话过程中，目光与对方接触累计应达到全部交谈过程的50％～70％。人际交往中诸如呆滞的、漠然的、疲倦的、冰冷的、惊慌的、敌视的、轻蔑的、左顾右盼的目光都是应该避免的，更不要对人上下打量或挤眉弄眼。

(2)微笑

微笑是指不露牙齿，嘴角略提起的笑。几乎没有人不会微笑，但有相当多的人不善于利用微笑。微笑是社交场合中最富吸引力、最令人愉悦、也最有价值的面部表情。它可以与语言和动作相互配合起互补作用，它不但表现着人际交往中友善、诚信、谦恭、和谐、融洽等最美好的感情因素，而且反映出交往人的自信、涵养与和睦的人际关系及健康的心理。不仅能传递和表达友好、和善，而且还能表达歉意、谅解。因此微笑在社交、生活、工作中都有非常深刻的内涵。

二、服饰礼仪

服饰礼仪是人们在交往过程中为了相互表示尊重与友好，达到交往的和谐而体现在服饰上的一种行为规范。

(一)着装的 TPO 原则

TPO 是英文 Time、Place、Object 三个词首字母的缩写。T 代表时间、季节、时令、时代；P 代表地点、场合、职位；O 代表目的、对象。着装的 TPO 原则是世界通行的着装打扮的最基本的原则。它要求人们的服饰应力求和谐，以和谐为美。着装要与时间、季节相吻合，符合时令；要与所处场合环境，与不同国家、区域、民族的不同习俗相吻合；符合着装人的身份；要根据不同的交往目的、交往对象选择服饰，给人留下良好的印象。根据 TPO 原则，着装时应注意以下几个问题：

1.着装应与自身条件相适应

选择服装首先应该与自己的年龄、身份、体形、肤色、性格和谐统一。年长者、身份地位高者，选择服装款式不宜太新潮，款式简单而面料质地则应讲究些才与身份年龄相吻合；青少年着装则着重体现青春气息，朴素、整洁为宜，清新、活泼最好。形体条件对服装款式的选择也有很大影响。身材矮胖、颈粗圆脸形者，宜穿深色低“V”字形领或大“U”形领套装，浅色高领服装则不适合；而身材瘦长、颈细长、长脸形者宜穿浅色、高领或圆形领服装；方脸形者则宜穿小圆领或双翻领服装。身材匀称、形体条件好、肤色也好的人，着装范围则较广。

2.着装应与职业、场合、交往目的和对象相协调

着装要与职业、场合相宜，这是不可忽视的原则。工作时间着装应遵循端庄、整洁、稳重、美观、和谐的原则，能给人以愉悦感和庄重感。从一个单位职工的着装和精神面貌，便能体现这个单位的工作作风和发展前景。现在越来越多的组织、企业、机关、学校开始重视统一着装，是很有积极意义的举措，这不仅给了着装者自豪，同时又多了自觉和约束，成为一个组织、一个单位的标志和象征。

着装应与场合、环境相适应。在正式社交场合，着装宜庄重大方，不宜过于浮华。参加晚会或喜庆场合，服饰则可明亮、艳丽些。节假日休闲时间着装应随意、轻便些，西装革履则显得拘谨而不适宜。在家庭生活中，着休闲装、便装更益于与家人之间沟通感情，营造轻松、愉悦、温馨的氛围，但不能穿睡衣拖鞋到大街上去购物或散步。

着装应与交往对象、目的相适应。与外宾、少数民族相处，更要特别尊重他们的习俗禁忌。

总之，着装最基本的原则是体现“和谐美”，上下装呼应和谐，饰物与服装色彩相配和谐，与身份、年龄、职业、肤色、体形和谐，与时令、季节、环境和谐等。

(二)穿着西装的礼仪

西装的款式现可分为欧式、英式、美式和日式四大流派。

欧式：领形狭长，胸部收紧突出，袖拢与垫肩较高，造型优雅，为双排扣。

英式：与欧式相仿，但垫肩较薄，后背开衩，绅士味道很足。

美式：领形较宽大，垫肩较适中，胸部不过分收紧，两侧开衩，风格自然。

日式:外观略呈“H”形,领形较窄、较短,垫肩不高,多不开衩,为单排两粒扣。

不管是哪种流派,其主要的区别在于领口、纽扣和开衩。在选择西装时,要充分考虑到自己的身高、体形,选择合适的款式。

西装以其设计美观、线条简洁流畅、立体感强、适应性广泛等特点而越来越受到人们的青睐,几乎成为世界性通用的服装,可谓男女老少皆宜。西装七分在做,三分在穿。西装的选择和搭配是很有讲究的。选择西装既要考虑颜色、尺码、价格、面料和做工,又不可忽视外形线条和比例。西装不一定必须料子讲究高档,但必须裁剪合体、整洁笔挺。选择色彩较暗、沉稳且无明显花纹图案,但面料高档些的单色西服套装,适用场合广泛,穿用时间长,利用率较高。穿着西装应遵循以下礼仪原则:(1)西服套装上下装颜色应一致。在搭配上,西装、衬衣、领带其中应有两样为素色。(2)穿西服套装必须穿皮鞋,便鞋、布鞋和旅游鞋都不合适。(3)配西装的衬衣颜色应与西装颜色协调,不能是同一色,最好是白色衬衣。正式场合男士不宜穿色彩鲜艳的格子或花色衬衣。衬衣袖口应长出西装袖口1~2厘米。穿西装在正式庄重场合必须打领带,其他场合不一定要打领带。打领带时衬衣领口扣子必须系好,不打领带时衬衣领口扣子应解开。(4)西装纽扣有单排、双排之分,纽扣系法有讲究。双排扣西装应把扣子都扣好。单排扣西装:一粒扣的,系上端庄,敞开潇洒;两粒扣的,只系上面一粒扣是洋气、正统,只系下面一粒是牛气、流气,全扣上是土气,都不系敞开是潇洒、帅气,即全扣和只扣第二粒都不合规范;三粒扣的,系上面两粒或只系中间一粒都合规范要求。(5)西装的上衣口袋和裤子口袋里不宜放太多的东西。穿西装时内衣不要穿太多,春秋季节只配一件衬衣最好,冬季衬衣里面也不要穿棉毛衫,可在衬衣外面穿一件羊毛衫。穿得过分臃肿会破坏西装的整体线条美。(6)领带的颜色、图案应与西装相协调,系领带时,领带的长度以触及皮带扣为宜,领带夹夹在衬衣第四、第五粒纽扣之间。(7)西装袖口的商标牌应摘掉,否则不符合西服穿着规范,高雅场合会贻笑大方。(8)注意西装的保养。

(三)女子服饰的选择与穿着

1.女子职业服装的选择与穿着

职业服是指上班族上班时穿的服装,根据工作性质可把职业服装分成两大类,即办公服和工作服。这里主要是指办公服。

办公服是指坐办公室的女士穿用的上班服装。选择办公服的原则就是高雅、整齐、大方、舒适、实用、挺括不起皱。女性办公服在款式上宜选用套装、套裙,颜色以素雅为好,如藏蓝、炭黑、烟灰、雪青、黄褐、茶褐、蓝灰、暗土黄、暗紫红等较冷的色彩,这些颜色会给人一种稳重、端庄、高雅无华之感;切忌选用大红大绿或太刺眼的颜色。

以两件套西装套裙为例,上衣与裙子可以是同一色,也可以采用上浅下深或上深下浅等两种不同的色彩,来使之形成对比。前者正统而庄重,后者则富有动感与韵律,二者各有千秋。另外,可以在上下一色的套裙上,以衬衫、装饰手帕、丝巾、胸花等不同色彩的衣饰来“画龙点睛”,或者把上衣的衣领、兜盖用与上装花色图案不同的裙子的面料来做,使衣裙的色彩“遥相呼应”,给人一种协调美。

从图案上讲,西装套裙讲究的是朴素、简洁。除素色面料外,各种或明或暗、或宽或窄的格子与条纹图案,以及规则的圆点所组成的图案的面料,大多数都可以选择。

从整体造型上讲，西装套裙是变化无穷的。但是，它的变化主要集中于长短与宽窄两个方面。在西装套裙中，上衣与裙子的长短没有明确的规定。但最好不要太长或太短，短了不雅，长了无神。据实践经验来看，上衣与裙子的造型，采用上长下短、上短下长都可以取得较好的效果。

2.女子鞋子的选择与穿着

穿一套西装套装或套裙绝不能配一双布鞋或球鞋，而应配皮鞋，深色套装套裙可以配黑色皮鞋。但随着人们穿着品位的提高，女士不同颜色不同款式的套装越来越多，因此，在选择套装时，最好也应选择与套装相配的皮鞋，比如：棕色套装最好选棕色或棕黑色皮鞋，这样上下呼应，有一种整体美感。再如：穿带花色的套裙，最好选择一双与裙子主色相应的皮鞋，这样，皮鞋与裙子的某一种颜色呼应，能产生高雅动人之感。相反，如皮鞋颜色与上下装的颜色反差太大，看起来会使人感觉不舒服。

3.女子袜子的选择与穿着

在社交场合，女士如着裙装，必须穿适当的袜子，不穿袜子出现在社交场合是很不礼貌的。女士穿长裙子，可选择中长肉色袜子，如穿短裙或一步裙，应配穿连裤袜。总之，长筒袜的长度一定要高于裙子下部边缘，否则走起路来，露出一截光腿来很不雅观。袜子的颜色应与自己的肤色相配，一般以肉色长筒袜为宜。

三、语言交谈礼仪

语言交谈是公关活动中传播信息的重要手段。它以语言为媒介，使公关人员与公众得以沟通，实施公关活动。语言交谈中是否注意礼节，语言运用是否恰当，直接关系到信息沟通的效果。如何进行语言交谈，一直是古今中外人们谈论的一个重要话题。我国《论语》中说："言之不文，行之不远。"

(一)礼貌语言的运用

在任何社交场合，诚实和热情都是交谈的基础，只有开诚布公的谈话才能使人感到亲切自然，气氛才会融洽。要知道，与任何人进行面对面的交谈，都是一种对等关系。以礼待人，才能显示出自身的人格尊严，又可以满足对方的自尊需要。为此，交谈中要随时随地有意识地使用礼貌语言，这是文明人应当具备的基本素养。比如，"请"字最能体现对人的敬意，有事相托时，不要忘记说"请"字；接受别人的任何服务，感谢他人时，不要忘记说声"谢谢"；万不得已需暂时离去或打断对方，或自觉不周到处，应说"对不起"；人们见面时要互致问候与寒暄，如"你好！""早安""好久不见，近况如何？""认识您很高兴"……

(二)声音的讲究

交谈过程中，说话者的音质、语速和声调，也是传递信息的符号。同一句话，说时和缓或急促，柔声细语或高门大嗓，商量语气或颐指气使，面带笑容或板着面孔，效果大相径庭，要根据对象、场合进行调整。

首先，说话时必须发音正确、清晰易懂，否则由于口齿不清、发音不准，就会影响内容的表达。其次，说话的速度不宜太快，亦不宜太慢。说话太快会令人应接不暇，反应跟不上，而且自己也容易疲倦；说话太慢，也会使人着急，既浪费时间，也会使听的人不耐烦，甚至失去谈下去的兴趣。因此，谈话中，只有使自己谈话的速度适中，即每分钟讲 120 个字左右，才最适宜。最后要注意的是语调。在社交场合，为使自己的谈话引人注目，谈吐得体，一定要在声音的大小、轻松、高低、快慢上有所用心，这样才能收到好的效果。

(三)不良习惯的克服

有些人说话有一种不好的习惯，常常不知不觉地在谈话中插入一些毫无意义的口头禅。有的口头禅不伤大雅，听得多了充其量不过使人有点别扭。可有的口头禅却会说者无心，听者有意，使自己的谈话对象产生错觉，或者被自己所伤害。比如“知道不?”“你懂吗?你……”，教训人的口气十分明显，而且还会令人感到暗含轻视的意思。“没什么了不起”，对谁都这么说的人，是不是有点目空一切?“是吗”则是典型的“怀疑一切”的态度，会使谈话对象的自尊深受伤害。以上这些口头禅最好是自觉地弃而不用。

(1)谈话时要正面视人。交谈中，目光注视对方是一种起码的礼貌，以表示对谈话的兴趣和对对方的尊重，同时也可以为愉快和谐的谈话气氛创造条件。

(2)谈话要尊重别人，调和意见，交谈过程中要常常说话，但不要说得太长。

(3)谈话要看对象交谈，不是一味地发泄自己的感情和情绪，而是一种合作的程序，所以必须考虑交际对象。

(4)谈话要看准时机，留有余地。“言贵精当，更贵适时”，不该说的时候说了，是操之过急；该说的时候没说，是坐失良机。把握住说话的适宜时机，是说话得体的重要因素。

(5)其他注意事项。在参与多人交谈时，应表现出对谈话内容兴趣很大，而不必介意其他无关大局的地方，比如对方有浓重的乡音、读错了字或记错了日期等，只要不妨碍交谈的进行，没有必要当面去指正。

(四)交谈中的聆听

交谈中要善于聆听，但有些人做不到这一点，他们听时心不在焉，或左顾右盼，或处理他事，或摆弄东西，或不时走动。这种方式最易伤人自尊心，使说者不愿再讲，更不愿讲心里话；也有的人，听时虽然很认真，却挑其毛病，或频加批判，或妄下判断，或发出争论，这种方式使人讲话时不得不十分小心，担惊受怕，不敢吐露真情，从而影响交谈的正常和深入进行。这两种听的方式都不利于交谈的进行。其实最好的听的方式，是要站在对方的立场去听，去认识，去理解，去记忆，因为这种听话的方式，既能使听者集中注意力全神贯注地听，又能较好地理解说话者的原意，使对方受到尊敬和鼓舞，愿意讲真话，说实话，并发展彼此友好的往来关系。

聆听时要注意谈话者的神态、表情等非语言传播手段，这些往往会透露出话外之意，不仅如此，还要多注意自己的“身体语言”。在他人讲话时，应尽可能地以柔和的目光注视着对方，以便与对方进行心灵上的交流与沟通，这样做会使对方感受到无声的鼓励或赞许，可以赢得其好感。当然，善于聆听的人光会用眼神还远远不够，还要学会用声音、动作去呼应，也就是说要随着说话的人情绪的变化而辅以相应的表情。身体稍稍倾向于说话人，面带微笑。在说话者谈到要点或是其观点需要得到理解和支持时，应适时适量地点点头，或是简洁地表明一下自己的态度。同时，还可以通过一些简短的插话和提问，暗示对方对他的话确实感兴趣，或启发对方，以引起感兴趣的话题。

最后需要强调指出的是，人们在交谈、交往中由于所处的不同社会角色地位，而形成的交谈双方的不同关系往往会影响倾听。一般来说，在交谈双方社会地位相同时，双方之间能以完全平等的态度进行交谈，在这种情况下，比较容易倾听对方的谈话。在交谈双方社会地位不相同时，往往有两种情况：一是听者的社会地位高于谈话者，比如上级对下级，师长对晚辈、学生等。在这种情况下，听者一定要特别注意听的诚意与态度。通常属下找领导谈话，一定有其原因，领导必须以关心、真诚的态度认真地听，即使对方发牢骚、抱怨，也不要冷淡待人，更不能责备。了解了对方的真实愿望、意见、想法后，可据此作出确切的判断，给予合情合理的答复。二是听者的社会地位低于谈话者。比如下级对上级，晚辈、学生对师长等。在这种情况下，一般人都会认真地听，有时可能还要在本上记几句。遇有不懂之处，可请对方作适当的重复与解释。切忌唯唯诺诺，点头哈腰，显出一副卑躬屈膝的样子。因为谈话双方无论在社会地位上相差多么悬殊，在人格上都是完全平等的。保持平等的态度才能使谈话顺利进行，从而建立较好的关系。

(五)交谈中的提问

谈话过程中，不仅要注意倾听，还要善于提问。恰当的提问可从对方那里了解到自己不熟悉的情况，或将对方的思路引导到某个要点上，有时还可以打破冷场，避免僵局。

提问既然是为使交谈有效、深入地进行下去，就要注意内容，不要问对方难以应付的问题，如超乎对方知识水平的学问或技术问题等，也不应询问人们难以启齿的隐私以及大家都忌讳的问题等等。

如果提出的问题对方一时回答不上来，或不愿回答，不宜生硬地追问或跳跃式地乱问，要善于调整话题。如果对方是因为羞怯而不爱说话，那就应当问点无关的事，比如问问他工作或学习的情况，等紧张的气氛缓和了，再把话题引入正轨。

第三节　位次礼仪

在公关活动中涉及很多位次的排列，诸如乘车、开会、宴请、会客、谈判、签字等。

位次排列主要表现为两个问题：前后左右谁高谁低？前后左右如何确定？

在国际交往中安排位次，不仅要强调这两项，而且还要讲究以下五个具体的操作技巧：

第一，居中为上。即中央高于两侧。

第二，前方为上。即前方高于后方。

第三，以右为上。即国际交往惯例，以右为高。

第四，以远为上。即以门为参照物，在室内活动，离门越远，位置越高。

第五，面门为上。即在室内就座时，面对房间正门的位置居上。因为面对正门，视野开阔。

这五个技巧是通行的惯例，是国际交往中位次排列必须遵守的可操作性技巧。当然，在实际工作中会遇到一些特殊情况，那就应具体情况具体对待。

一、乘车时的位次排列

乘车是公关活动中最普遍的一种交通方式，在这方面所体现出的礼仪也是非常重要的。因此，我们在安排乘车位次时，要遵循不同的位次排列。

当乘坐轿车时，国际交往礼仪一般按照司机的不同身份来分别定义不同的位次顺序（见图 10-1）。司机的身份主要有两种，即轿车的主人和专职司机。

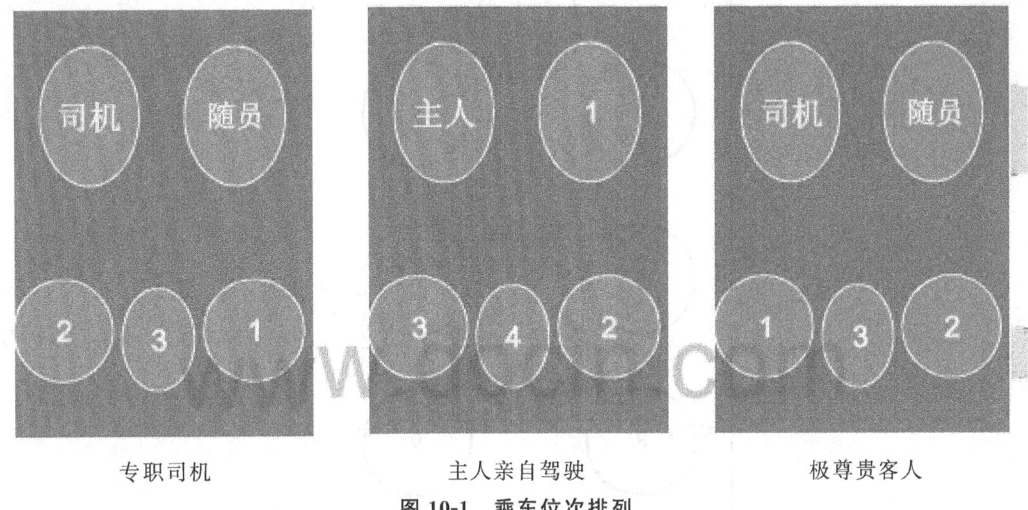

图 10-1　乘车位次排列

（1）由主人驾驶轿车时，一般前排座为上、后排座为下，以右为尊。

（2）由专职司机驾驶轿车时，通常仍讲究右尊左卑，但一般以后排为上、前排为下。

（3）重要客人：接待高级领导、高级将领、重要企业家时，轿车的上座是司机后面的座位。

（4）上下车位次。乘坐轿车时，按照惯例，应当请位尊者先上车，最后下车。位卑者应当最后上车，最先下车。在轿车抵达目的地时，若有专人恭候，并负责拉开轿车的车门，这时位尊者可以率先下车。

二、宴会中的位次排列

（一）桌次

按照惯例，桌次的主次以离主桌位置的远近而论，一般来说右高左低。桌数较多时，要摆放桌次牌。中餐餐桌通常采用圆形桌。常见的有小型桌次排列和大型桌次排列。

1.小型桌次排列（见图 10-2）

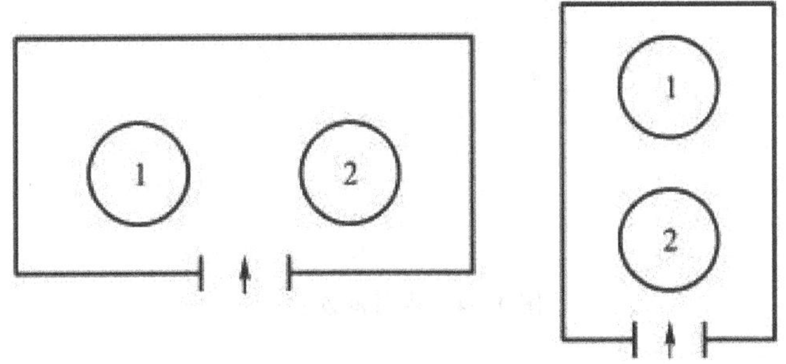

图 10-2　小型桌次排列

2.大型桌次排列(见图 10-3)

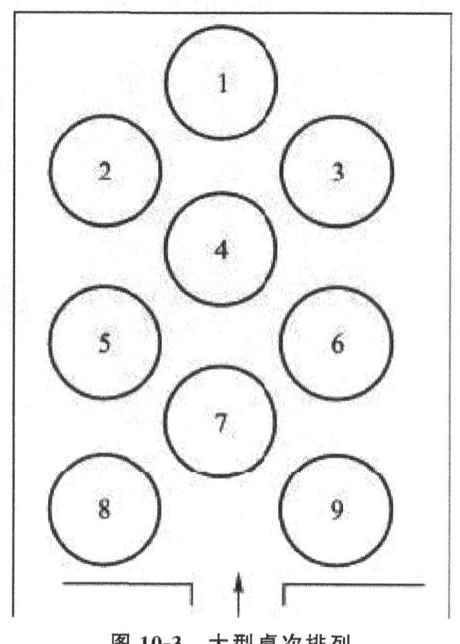

图 10-3 大型桌次排列

(二)座次

按照我国的习惯,同一桌的座次高低以离主人座位远近而定。以右为尊,即主宾坐在主人的右侧。如果有双方夫妇共同出席,通常把女士安排在一起,即男主人的右侧是男主宾,女主人的右侧是主宾夫人(见图 10-4)。

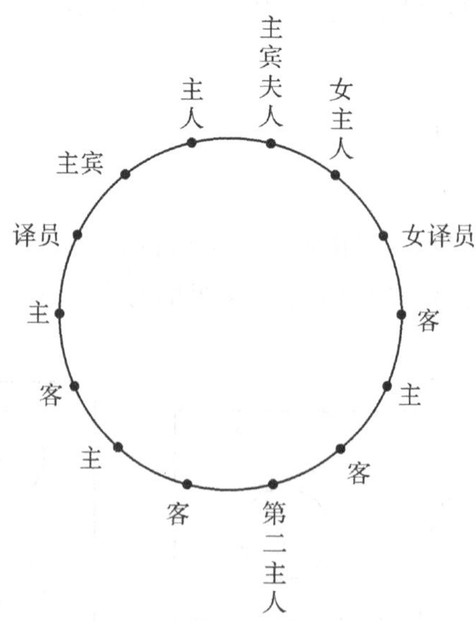

图 10-4 中餐座次排列

如果桌数较多,各桌的第一陪同人员应尽量面朝主桌的第一主人,也可以与主人的位置相同(见图 10-5)。

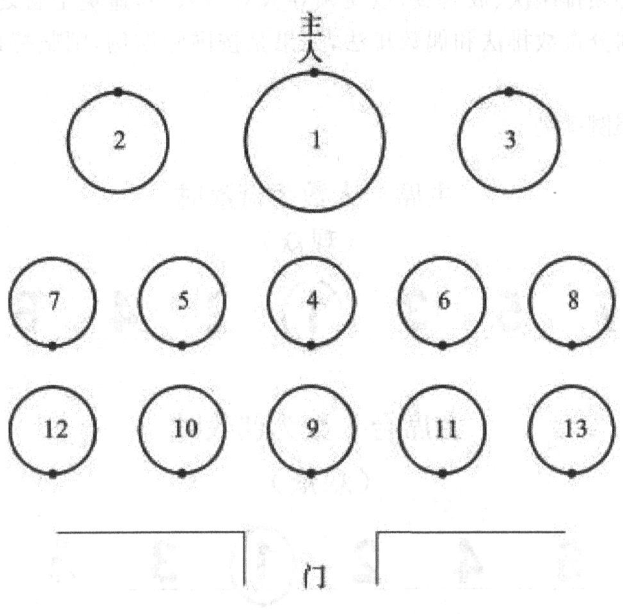

图 10-5 中餐座次排列

西方国家的习惯是男女穿插排列,以女主人为首,男主宾坐在女主人右侧,女主宾坐在男主人的右侧(见图 10-6)。

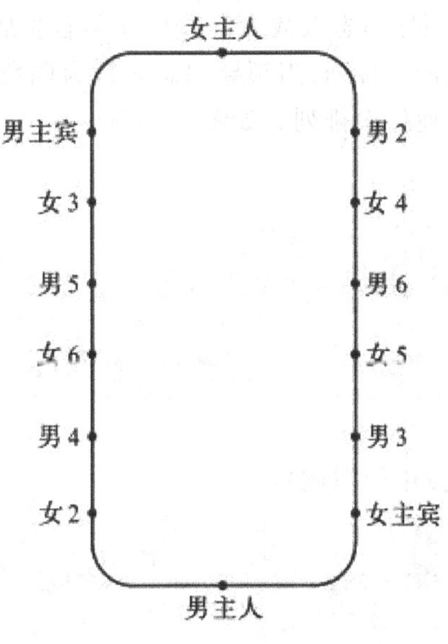

图 10-6 西餐座次排列

三、会议主席台位次排列

会议主席台必须排座次、放名签，以便领导人对号入座，避免上台之后互相谦让。会议主席台位次排列分奇数排法和偶数排法，如果是按国际惯例，则坚持以右为尊的原则，如图 10-7 所示。

(一)按国际惯例排列

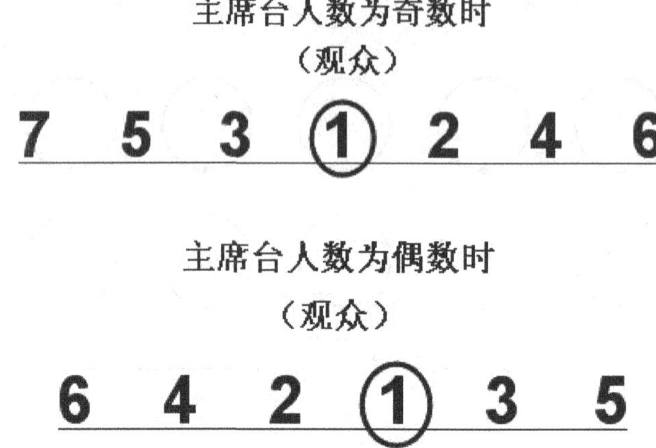

图 10-7 主席台按国际惯例排位

(二)按中国惯例排列

如果按中国惯例，则坚持以左为上的原则。在我国的政务活动中，根据我国中央办公厅掌握的原则：当主席台的领导同志人数为奇数时，1 号首长居中，2 号首长排在 1 号首长左边，3 号首长排右边，其他依次排列；当领导同志人数为偶数时，1 号首长排在居中座位的左边，2 号首长排右边，其他依次排列。如图 10-8 所示。

主席台人数为奇数时：

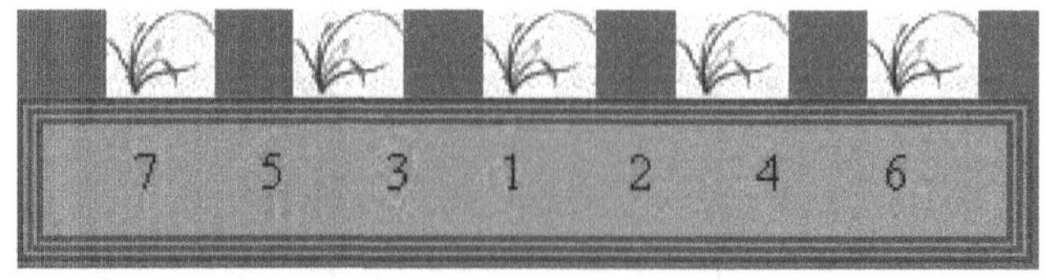

(观众)

主席台人数为偶数时(按中国惯例)：

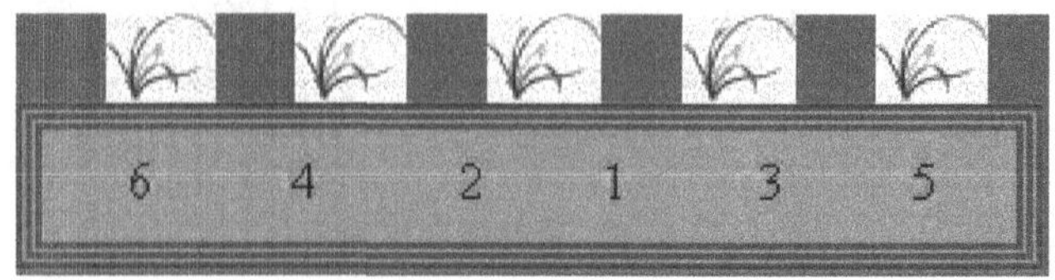

(观众)

图 10-8 主席台按中国惯例排位

四、会客时的位次排列

一般在国际交往中，和客人会面的时候，最讲究的位次是宾主面门而坐。重要的会客室、会议厅，一般宾主都是坐长沙发或小沙发，是并列面对着门的。不管面门还是不面门，会客的惯例是：客人居右，主人居左。会客的位次强调以右为上。不面对正门的情况下，一般是离房门越远的位置越高，以远为高。因为离门近的人受到的骚扰比较多，敲门要开，风吹开门要关，坐在内侧的人可避免骚扰。

会客室入座的礼仪如图 10-9、图 10-10 所示。

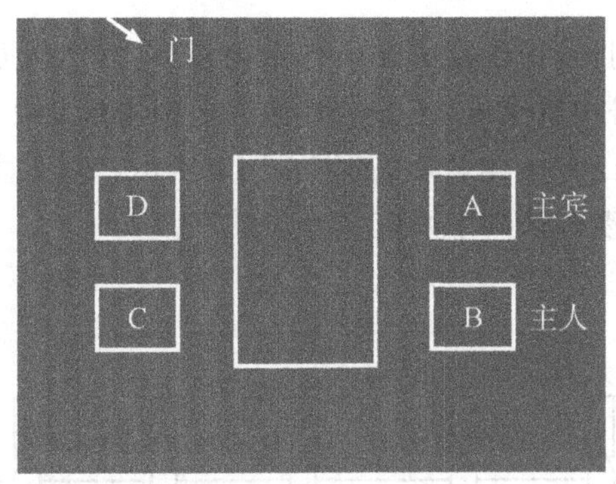

图 10-9　会客室位次排列

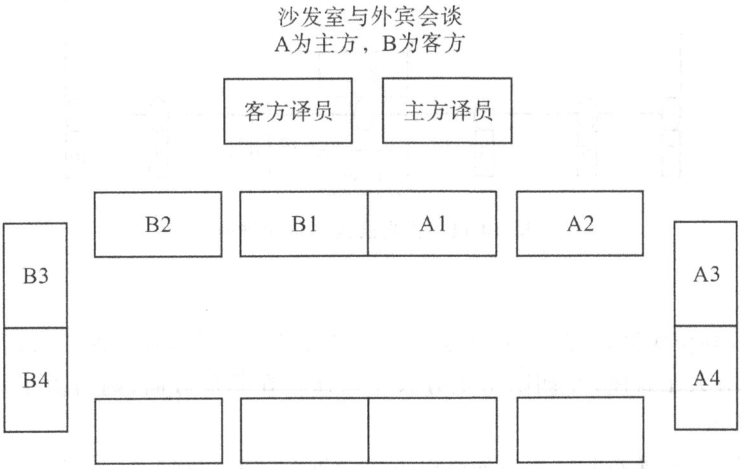

沙发室与外宾会谈
A为主方，B为客方

客方译员　主方译员

B2　B1　A1　A2

B3　A3

B4　A4

图 10-10　会客室位次排列

五、谈判时的位次排列

政府间交往，公司间签订条约、合约之前，通常都要进行谈判，就细节性问题进行认真磋商。谈判一般是双边的。一般的规则如面门为上、居中为上、以右为上在这儿行不通。谈判桌一般是在谈判厅里摆放的横桌。一般是客人面对门，主人背对门而坐的。

在正常的情况下，双方第一谈判手——主谈居中，二把手坐在主谈的左侧。因为国际谈判有时候需要翻译，存在跨语言沟通的问题。翻译一般坐在主谈的右侧。以右为上，这是对翻译的尊重。

举行正式谈判时，有关各方在谈判现场具体就座的位次，要求是非常严格的，礼仪性是很强的。从总体上讲，排列正式谈判的位次，可分为两种基本情况。

(一)双边谈判

双边谈判，指的是由两个方面的人士所举行的谈判。在一般性的谈判中，双边谈判最为多见。双边谈判的位次排列，主要有两种形式可供酌情选择。

1.横桌式

横桌式谈判位次排列，是指谈判桌在谈判室内横放，客方人员面门而坐，主方人员背门而坐。除双方主谈者居中就座外，各方的其他人士则应依其具体身份的高低，各自先右后左、自高而低地分别在己方一侧就座，如图 10-11 所示。双方主谈者的右侧之位，在国内谈判中可坐副手，而在涉外谈判中则应由译员就座。

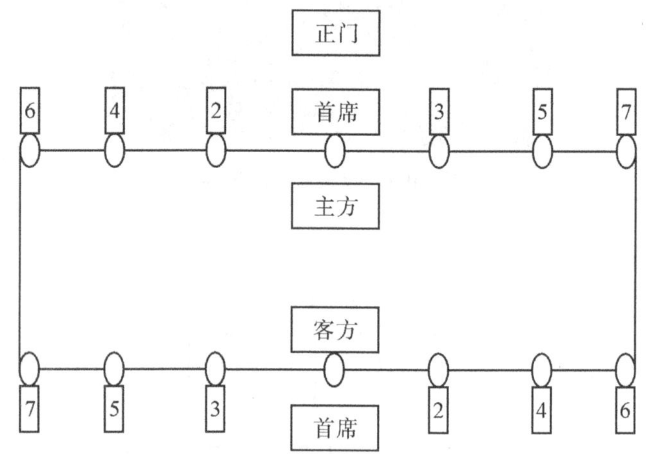

图 10-11　横桌式谈判位次排列

2.竖桌式

竖桌式谈判位次排列，是指谈判桌在谈判室内竖放。具体排位时以进门时的方向为准，右侧由客方人士就座，左侧则由主方人士就座。在其他方面，则与横桌式排座相仿。如图 10-12 所示。

归纳起来，双边谈判时位次排列有以下四个细节需要注意：

(1)举行双边谈判时，应使用长桌或椭圆形桌子，宾主应分坐于桌子两侧。

(2)如果谈判桌横放，面对正门的一方为上，应属于客方；背对正门的一方为下，应属于主方。

(3)如果谈判桌竖放，应以进门的方向为准，右侧为上，属于客方；左侧为下，属于主方。

(4)进行谈判时，各方的主谈人员应在自己一方居中而坐。

(二)多边谈判

多边谈判，在此是指由三方或三方以上人士所举行的谈判。多边谈判的位次排列，主

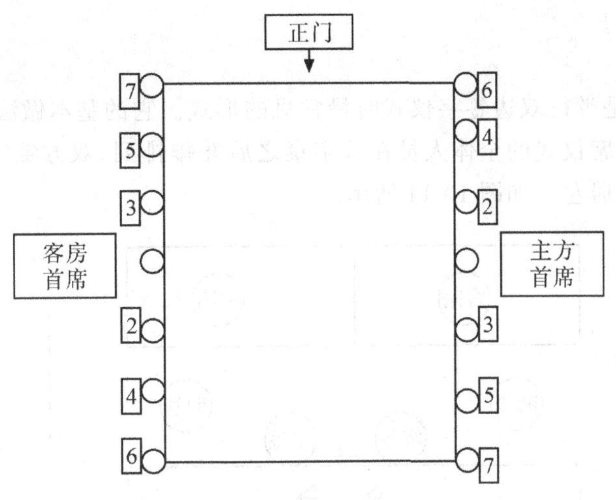

图 10-12　竖桌式谈判位次排列

要也可分为两种形式。

1.自由式

自由式位次排列,即各方人士在谈判时自由就座,而无须事先正式安排位次。

2.主席式

主席式位次排列,是指在谈判室内,面向正门设置一个主席位,由各方代表发言时使用。其他各方人士,则一律背对正门、面对主席之位分别就座。各方代表发言后,亦须下台就座。如图 10-13 所示。

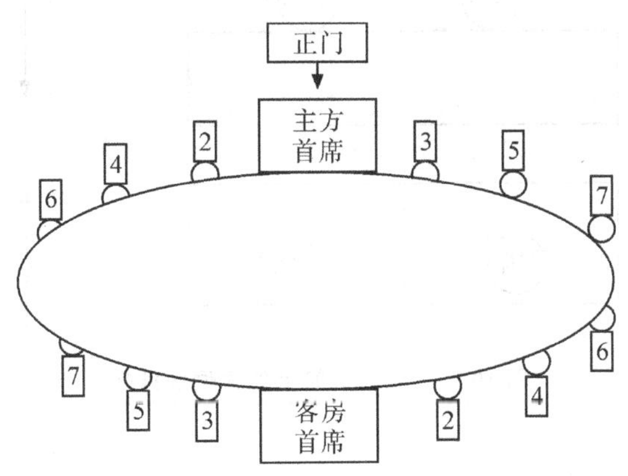

图 10-13　多边谈判位次排列

六、签字仪式位次排列

签字仪式可分为双边签字仪式和多边签字仪式。签字仪式,通常是指订立合同、协议的各方在合同、协议正式签署时所正式举行的仪式。举行签字仪式,不仅是对谈判成果的一种公开化、固定化,也是有关各方对自己履行合同、协议所作出的一种正式承诺。

一般而言,举行签字仪式时,位次排列的具体方式共有三种基本形式,它们分别适用于不同的具体情况。

(一)并列式

并列式排座,是举行双边签字仪式时最常见的形式。它的基本做法是:签字桌在室内面门横放。双方出席仪式的全体人员在签字桌之后并排排列,双方签字人员居中面门而坐,客方居右,主方居左。如图 10-14 所示。

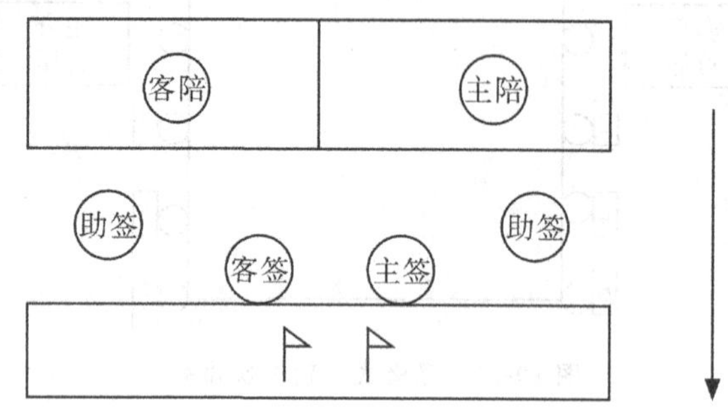

图 10-14　并列式签字仪式位次排列

(二)相对式

相对式签字仪式的排座,与并列式签字仪式的排座基本相同,如图 10-15 所示。二者之间的主要差别,只是相对式排座将双边参加签字仪式的随员席移至签字人的对面。

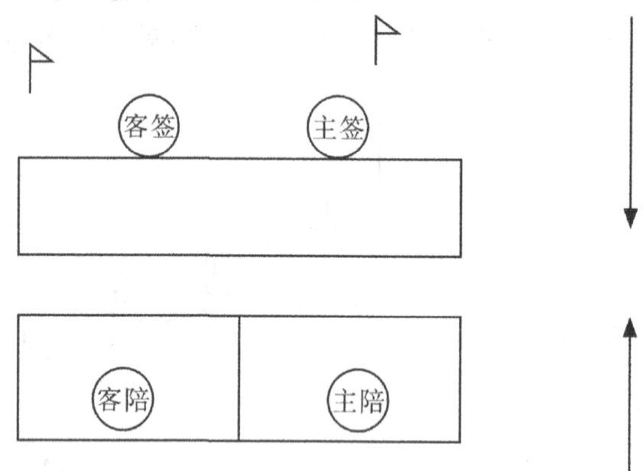

图 10-15　相对式签字仪式位次排列

(三)主席式

主席式排座,主要适用于多边签字仪式。其特点是:签字桌仍须在室内横放,签字席设在桌后,面对正门,但只设一个,并且不固定其就座者。举行仪式时,所有各方人员,包括签字人在内,皆应背对正门、面向签字席就座。签字时,各方签字人应以规定的先后顺序依次走上签字席就座签字,然后退回原位就座。如图 10-16 所示。

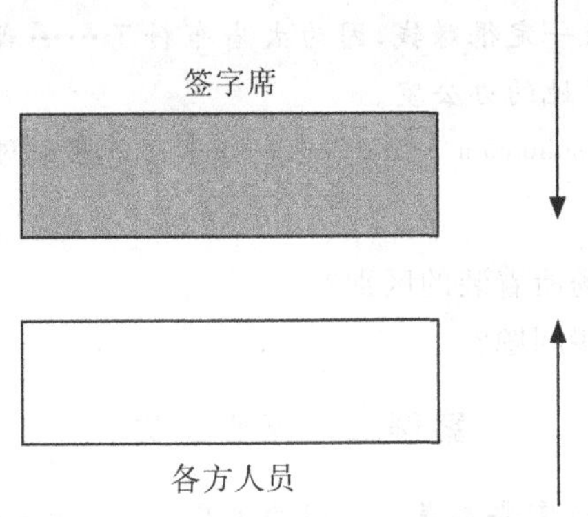

图 10-16 主席式签字仪式位次排列

【案例讨论】

案例一 自尊心被自己重重地伤了一回

某杂志社记者张小姐(26 岁):说起穿衣礼仪,有一段至今让我无法忘记的尴尬经历,从某种程度上来讲甚至是一种屈辱。记得我刚进杂志社不久,领导安排我去采访一位某民营企业的老总,女性。听说这是一个既能干又极有魅力的女性,对工作一丝不苟,对生活却是极其享受,最关键的是,即使再忙,她也不会忽视身边美好的东西,尤其对时尚非常敏感,对自己的衣着及礼仪要求极高。这样的女性,会让很多人产生兴趣,还未见到她,仅仅是介绍,我已经开始崇拜她了,所以我非常高兴能由我来做这个专访。事先我做了大量的准备工作,采访纲要修改了多次,内心被莫名的激动驱使着。那几天,我始终处于兴奋状态。到了采访当天,穿什么衣服却让我犯愁。要面对这样一位重量级的人物,尤其是位时尚女性,当然不能太落伍了。

说实在的,我从来就不是个会打扮的女孩,因为工作和性格关系,平时穿衣都是怎么舒服、方便就怎么穿。时尚杂志倒也看,但也只是凑热闹而已。现在,还真不知道应该穿什么衣服才能让我在这样一位女性面前显得更时尚些。终于在杂志上看到女孩穿吊带装,那清纯可人的形象打动了我,于是迫不及待地开始模仿起来。那天采访,我穿了一件紧身小可爱,热裤(虽然我的腿看起来有点粗壮),打了个在家乡极其流行的发髻,兴冲冲地直奔采访目的地。当我站在该公司前台说明自己的身份和来意时,我明显看到了前台小姐那不屑的眼神。我再三说明身份,并拿出工作证来,她才勉强地带我进了老总的办公室。

眼前的这位女性,高挑的身材,优雅的举止,得体的穿着,让我怎么看怎么舒服。虽然我不是很精通衣着,但在这样的场合,面对这样的对象,我突然感觉自己的穿着就像个小丑,来时的兴奋和自信全没了。还好,因为采访纲要准备还算充分,整个采访过程还比较顺利。结束前,我问她,日常生活中,她是如何理解和诠释时尚、品位和魅力的。她告诉我,女人的品位和魅力是来自内心,没有内涵的女人,是散发不出个人魅力,也无法突显品位的。而时尚不等同于名牌、昂贵和时髦,那是一种适合与得体。说完这话,她微笑地看着我。此时我的眼睛看到的只有眼前自己那两条粗壮的双腿，心里纳闷：这腿为什么会长得如此结实，做热裤的老板一定很赚钱，因为太省布料了……我感觉自己无法正视她，采访一结束，我逃似地奔离了她的办公室。

（资料来源：https://www.sohu.com/a/206078619_100071030，搜狐网，2017-11-23）

讨论题：

1.为什么要强调不同场所着装的区别？

2.职场着装应注意哪些问题？

案例二　无心之失

某公司新建的办公大楼需要添置一系列的办公家具，价值数百万元。公司的总经理已做了决定，向A公司购买这批办公家具。

这天，A公司的销售部负责人打电话来，要上门拜访这位总经理。总经理打算，等对方来了，就在订单上盖章，定下这笔生意。

不料对方比预定的时间提前了2个小时，原来A公司听说这家公司的员工宿舍也要在近期内落成，希望员工宿舍需要的家具也能向他们购买。为了谈成这件事，销售部负责人因此提前来了，还带来了一大堆的资料，摆满了台面。总经理没料到对方会提前到访，刚好手边又有事，便请秘书让对方等一会。没想到这位销售负责人等了不到半小时，就开始不耐烦了，一边收拾起资料一边说："我还是改天再来拜访吧。"

这时，总经理发现对方在收拾资料准备离开时，将自己刚才递上的名片不小心掉在了地上，对方却并没发觉，走时还无意从名片上踩了过去。但这个不小心的失误，却令总经理改变了初衷，A公司不仅没有机会与对方商谈员工宿舍的设备购买，连几乎已经到手的数百万元办公家具的生意也告吹了。

A公司销售部负责人的失误，看似很小，其实是巨大而不可原谅的失误。名片在商业交际中是一个人的化身，是名片主人"自我的延伸"。弄丢了对方的名片已经是对他人的不尊重，更何况还踩上一脚，顿时让这位总经理产生反感。再加上对方没有按预约的时间到访，不曾提前通知，又没有等待的耐心和诚意，丢失了这笔生意也就不是偶然的了。

（资料来源：https://www.sohu.com/a/206078619_100071030，搜狐网，2017-11-23）

讨论题：

1.如何理解名片是一个人的脸面，是一个人身份、地位的延伸？

2.在使用名片时应注意哪些问题？

【本章小结】

在公共关系活动中，公共关系人员要掌握很多礼仪知识，并遵守相关的礼仪规范。应酬交际是公共关系的日常活动，涉及的礼仪规范很多，从见面礼仪到拜访接待礼仪、舞会礼仪、赴宴礼仪、电话礼仪等，都要求公关人员悉数掌握；作为从事专业活动的公关人员，个人基本礼仪也是必须掌握的，这是对公关从业人员基本素质的要求；位次礼仪在公共关系活动中经常体现，不同场合的位次安排也直接体现了公关人员的礼仪能力，甚至直接影响公关活动效果。

【习题】

一、辨析题

公共关系人员只要外部形象好就行，是否懂得礼仪规范并不重要。

二、问答题

1.公共关系人员应掌握哪些基本礼仪规范？
2.公共关系人员掌握位次礼仪的关键何在？

三、实训题

模拟谈判

[实训目的]

通过本次实训，使学生较全面地掌握公共关系谈判的相关知识，提高学生参与谈判的实践能力。

[实训要求]

1.将成员分成两个谈判小组（可以分别取合适的组织名称），确定各小组的首席谈判代表并明确其他各位代表的身份；

2.谈判的内容应与各小组所代表的组织业务有关；

3.时间控制在15～20分钟；

4.提交详细的模拟谈判策划书。

[效果评价]

教师教学点评、打分，评价表如表10-1所示。

表10-1 “模拟谈判”实施评价表

专业		班级		学号		姓名	
考评内容	模拟谈判实施						

续表

<table>
<tr><td rowspan="10">考评标准</td><td colspan="2">项目内容</td><td>分值</td><td>评分</td></tr>
<tr><td rowspan="3">准备环节</td><td>项目设计是否科学</td><td>15</td><td></td></tr>
<tr><td>选择内容是否合适</td><td>5</td><td></td></tr>
<tr><td>任务分配是否合理</td><td>5</td><td></td></tr>
<tr><td rowspan="3">实施环节</td><td>谈判环节是否完整</td><td>10</td><td></td></tr>
<tr><td>谈判形式是否规范</td><td>10</td><td></td></tr>
<tr><td>策划书是否完整、规范</td><td>30</td><td></td></tr>
<tr><td rowspan="3">能力测试</td><td>沟通协调技巧</td><td>5</td><td></td></tr>
<tr><td>团队合作精神</td><td>10</td><td></td></tr>
<tr><td>应变能力</td><td>10</td><td></td></tr>
<tr><td colspan="3">总计</td><td>100</td><td></td></tr>
</table>

【拓展分析】

观看电影《公主日记》(1),分析不同场合对礼仪规范的要求。

参考文献

[1]刘建芬，杨俊.公共关系理论与实务[M].厦门：厦门大学出版社，2012.

[2]朱臣等.公共关系学[M].北京：中国传媒大学出版社，2011.

[3]曾琳智.新编公关案例教程[M].上海：复旦大学出版社，2010.

[4]刘崇林.公共关系学[M].北京：北京大学出版社，2012.

[5]邵继红.企业公共关系[M].武汉：武汉理工大学出版社，2010.

[6]刘建芬.公共关系：理论、实务与案例[M].厦门：厦门大学出版社，2014.

[7]也瑛.公共关系学[M].杭州：浙江大学出版社，2017.

[8]江涓.中国好声音让加多宝品牌更响亮[J].国际金融报，2013-06-27，第06版.

[9]宋观.国家公关：从全国两会到博鳌论坛[EB/OL].[2018-06-22].http://www.chinapr.com.cn/p/1465.html.

[10]词条.公共策划人员[EB/OL].[2018-07-28].]https://baike.baidu.com/item/%E5%85%AC%E5%85%B3%E7%AD%96%E5%88%92%E4%BA%BA%E5%91%98/12747914.

[11]礼仪案例分析[EB/OL].[2017-11-23].https://www.sohu.com/a/206078619_100071030.

[12]梅花网原创.2017年最值得关注的危机公关案例，给我们带来哪些思考？[EB/OL].[2017-11-08].http://www.meihua.info/a/70522.

[13]百度词条.4·9美联航驱逐乘客事件[EB/OL].[2017-04-09].https://baike.baidu.com/item/4%C2%B79%E7%BE%8E%E8%81%94%E8%88%AA%E9%A9%B1%E9%80%90%E4%B9%98%E5%AE%A2%E4%BA%8B%E4%BB%B6/20613602.

[14]微博.3个自媒体经典案例分析[EB/OL].[2017-07-04].http://blog.sina.com.cn/s/blog_14bc21b150102xfgg.htm.

[15]新京报.正能量来了！Papi酱首次拍卖2200万将全捐给母校中戏[EB/OL].[2016-04-21].http://ent.ifeng.com/a/20160421/42609775_0.shtml.

[16]黄晓宇.京东起诉自媒体侵权索赔1000万[EB/OL].[2017-03-29].http://finance.sina.com.cn/chanjing/gsnews/2017-03-29/doc-ifycsukm4043396.shtml.

[17]NBA传奇球星亲临打卡 燃爆康师傅冰红茶总冠军主题店[EB/OL].[2018-06-08].http://www.chinapr.com.cn/p/1428.html.

[18]集团公司客户联谊会策划方案[EB/OL].[2016-12-02].https://www.51test.net/show/7951918.html.

[19]中国公共关系业 2017 年度调查报告[EB/OL].[2018-05-17].http://www.chinapr.com.cn/p/1353.html.

[20]千万梦想支持计划:阳光飞轮公益活动案例[EB/OL].[2015-01-27].http://www.chinapr.com.cn/p/407.html.

[21]梅花网.2018 上半年十大刷屏级公关事件,看看谁上榜了![EB/OL].[2018-07-12].http://www.chinapr.com.cn/p/1527.html.

[22]西铁城"大声说爱你"主题活动人气爆棚 520 一起勇敢爱[EB/OL].[2018-05-14].http://www.chinapr.com.cn/p/1340.html.

[23]百度知道.公关效果评估的关键指标[EB/OL].[2016-05-30].https://zhidao.baidu.com/question/1991464576339222867.html.

[24]百度百科.红黄蓝幼儿园虐童事件[EB/OL].[2019-06-18].https://baike.baidu.com/item/%E7%BA%A2%E9%BB%84%E8%93%9D%E5%B9%BC%E5%84%BF%E5%9B%AD%E8%99%90%E7%AB%A5%E4%BA%8B%E4%BB%B6/22220134?fr=aladdin#1.

[25]百度文库.沟通与协调[EB/OL].[2018-06-30].https://wenku.baidu.com/view/e5d98040be1e650e52ea99d9.html.

[26]百度词条.顺丰快递员被打事件[EB/OL].[2016-10-04].https://baike.baidu.com/item/%E9%A1%BA%E4%B8%B0%E5%BF%AB%E9%80%92%E5%91%98%E8%A2%AB%E6%89%93%E4%BA%8B%E4%BB%B6/19526333.

[27]小勇者也.客人投诉如何冷静处理[EB/OL].[2015-04-14]http://www.360doc.com/content/15/0414/20/22800433_463214882.shtml.

1921-2021
厦门大学
XIAMEN UNIVERSITY

厦门大学百年校庆系列出版物

百年院系史系列

厦门大学
百年体育发展史

主　编　陈志伟

厦门大学出版社 XIAMEN UNIVERSITY PRESS
国家一级出版社
全国百佳图书出版单位

图书在版编目(CIP)数据

厦门大学百年体育发展史/陈志伟主编.—厦门：厦门大学出版社，2021.3
(百年院系史系列)
ISBN 978-7-5615-8128-5

Ⅰ.①厦… Ⅱ.①陈… Ⅲ.①厦门大学—体育教育—教育史 Ⅳ.①G807.4

中国版本图书馆 CIP 数据核字(2021)第 047752 号

出 版 人 郑文礼
责任编辑 施高翔
封面设计 李嘉彬
技术编辑 朱 楷

出版发行 厦门大学出版社
社　　址 厦门市软件园二期望海路 39 号
邮政编码 361008
总　　机 0592-2181111 0592-2181406(传真)
营销中心 0592-2184458 0592-2181365
网　　址 http://www.xmupress.com
邮　　箱 xmup@xmupress.com
印　　刷 厦门集大印刷厂

开本 720 mm×1 000 mm 1/16
印张 24.5
插页 2
字数 421 千字
版次 2021 年 3 月第 1 版
印次 2021 年 3 月第 1 次印刷
定价 80.00 元

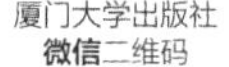
厦门大学出版社
微信二维码

厦门大学出版社
微博二维码

总 序

厦门大学 党委书记 张 彦

校 长 张 荣

2021年4月6日，厦门大学百年华诞。百载风雨，十秩辉煌，这是厦门大学发展的里程碑，继往开来的新起点。全校师生员工和海内外校友满怀深情地期盼这一荣耀时刻的到来。

为迎接百年校庆，学校在三年前就启动了"百年校庆系列出版工程"的筹备工作，专门成立"厦门大学百年校庆系列出版物编委会"，加强领导，统一部署。各院系、部门通力合作，众多专家学者和相关单位的工作人员全身心地参与到这项工作之中。同志们满怀高度的责任感和紧迫感，以"提升质量，确保进度，打造精品"为目标，争分夺秒，全力以赴，使这项出版工程得以快速顺利地进行。在这个重要的历史时刻，总结厦大百年奋斗历史，阐扬百年厦大"四种精神"，抒写厦大为伟大祖国所做出的突出贡献，激发厦大人的自豪感和使命感，无疑是献给百岁厦大最好的生日礼物。

"百年校庆系列出版工程"包括组织编撰百年校史、百年组织机构史、百年院系史、百年精神文化、百年学术论著选刊、校史资料与学生名录……有多个系列近150种图书将与广大读者见面。从图书规模、涉及领域、参编人员等角度看，此项出版工程极为浩大。这些出版物的问世，将为学校留下大量珍贵的历史资料，为学校深入开展校史教育提供丰富生动的素材，也将为弘扬厦门大学"自强不息，止于至善"校训精神注入时代的新鲜血液，帮助人们透过"中国最美大学校园"

的山海空间和历史回响，更加清晰地理解厦门大学在中国发展进程中发挥的独特作用、扮演的重要角色，领略“南方之强”的文化与精神魅力。

百年校庆系列出版物将多方呈现百年厦大的精彩历史画卷。这些凝聚全校师生员工心血的出版物，让我们感受到厦大人弦歌不辍的精神风貌。图文并茂的《厦门大学百年校史》，穿越历史长廊，带领我们聆听厦大不平凡百年岁月的历史足音。《为吾国放一异彩——厦门大学与伟大祖国》浓墨重彩地记述厦门大学与全国34个省级行政区以及福建省九市一区一县血浓于水的校地情缘，从中可以读出厦门大学在中华民族伟大复兴征程中留下的深深烙印。参与面最广的“厦门大学百年院系史系列”、《厦门大学百年组织机构史》，共有30多个学院和直属单位参与编写，通过对厦门大学各学院和组织机构发展脉络、演变轨迹的细致梳理，深入介绍厦门大学的党建工作、学科建设、人才培养、组织管理、社会服务等方面的发展历程，展示办学成就，彰显办学特色。《厦门大学校史资料选编（1992—2017）》和《南强之星——厦门大学学生名录（2010—2019）》，连同已经出版的同类史料，将较完整、翔实地展现学校发展轨迹，记录下每位厦大学子的荣耀。“厦门大学百年精神文化系列”涵盖人物传记和校园风采两大主题，其中《陈嘉庚传》在搜集大量史料的基础上，以时代精神和崭新视角，生动展现了校主陈嘉庚先生的丰功伟绩。此次推出《林文庆传》《萨本栋传》《汪德耀传》《王亚南传》四部厦门大学老校长传记，是对他们为厦大发展所做出的突出贡献的深切缅怀。厦大校友、红军会计制度创始人、中国共产党金融事业奠基人之一高捷成的传记《我的祖父高捷成》，则是首次全面地介绍这位为中国人民解放事业做出杰出贡献的烈士的事迹。新版《陈景润传》，把这位“最美奋斗者”、“感动中国人物”、令厦大人骄傲的杰出校友、世界著名数学家不平凡的人生再次展现在我们眼前。抒写校园风采的《厦门大学百年建筑》、《厦门大学餐饮百年》、《建南大舞台》、《芙蓉园里尽芳菲》、《我的厦大老师》（百年华诞纪念专辑）、《创新创业厦大人2》、

《志愿之光》、《让建南钟声传响大山深处》、《我的厦大范儿》以及潘维廉的《我在厦大三十年》等，都从不同的角度，引领我们去品读厦门大学的真正内涵，感受厦门大学浓郁的人文精神和科学精神。

此次出版的“厦门大学百年学术论著选刊”，由专家学者精选，重刊一批厦大已故著名学者在校工作期间完成的、具有重要价值的学术论著（包括讲义、未刊印的论著稿本等），目的在于反映和宣传厦门大学百年来的学术成就和贡献，挖掘百年来厦门大学丰厚的历史积淀和传统资源，展示厦门大学的学术底蕴，重建“厦大学派”，为学校“双一流”建设提供学术传统的支撑。学校将把这项工作列入长期规划，在百年校庆时出版第一辑共40种，今后还将陆续出版。

“自强！自强！学海何洋洋！”100年前，陈嘉庚先生于民族危难之际，抱着“教育为立国之本，兴学乃国民天职”的信念，创办了厦门大学这所中国历史上第一所由华侨独资建设的大学。100年来，厦大人秉承“研究高深学术，养成专门人才，阐扬世界文化”的办学宗旨，在实现中华民族伟大复兴的征程上书写自己的精彩篇章。我们相信，当百年校庆的欢庆浪潮归于平静时，这些出版物将会是一串串熠熠生辉的耀眼珍珠，成为记录厦门大学百年奋斗之旅的永恒坐标，成为流淌在人们心中的美好记忆，并将不断激励我们不忘初心继承传统，牢记使命乘风破浪，向着中国特色世界一流大学目标奋勇前行！

张彦　張榮

2020年12月

厦门大学百年院系发展概述

朱水涌

100年在历史长河中只是短暂的一瞬，但对于一所中国现代大学以及这所大学的学院科系来说，则意味着经历过极不平凡的历程。百年学府沧桑、十秩院系辉煌，为迎接厦门大学建校百年华诞，学校决定编撰出版“厦门大学百年院系史”系列，梳理淬炼院系的建设发展历程，以史为鉴，彰往考来，将院系的昨天、今天与明天联系在一起，发扬踔厉，这是一件极富建设意义与厦大特色的历史性工程。

一

20世纪初的中国，正如校主陈嘉庚所言：“吾国今处在列强肘腋之下，成败存亡千钧一发。”就在这千钧一发之际，为救国而创办大学成为一道时代的特别风景。马相伯因“慨自清廷外交凌智”而创办震旦学院（复旦前身）[①]，南开大学的创办者因国家的“贫弱”是因为“教育未能发展”而创立南开[②]，唐文治执掌交通大学砥砺第一等人才，目的就是“宏济艰难，救我中国”[③]。厦门大学校主陈嘉庚则在《筹办厦门大学演讲词》中直截了当地指出：“今日国势危如累卵，所赖以维持者，惟此方兴之教育与未死之民心耳。”出自民族救亡而诞生的中国现代大学，在她向欧美学习现代大学的办学时，一开始便融入了民族救

① 《复旦大学百年志》编纂委员会：《复旦大学百年志（1905—2005）》，复旦大学出版社2005年版，第9页。

② 《南开大学校史资料选》，南开大学出版社1989年版，第12页。

③ 唐文治：《上海交通大学第三十届毕业典礼训词》，载《茹经堂文集》三编卷一。

亡图存的历史内涵和办学志向，民族振兴的需求与国家最需要的人才，成了中国现代大学初创时学科与专业设置的重要出发点，呈现出中国现代大学鲜明的中国特色。这里，当年的创办者与一校之长的救国思想与办学理念产生了重要作用。

厦门大学创校时期选择的教学体制沿用了近代英国大学学制，但在科系组成与学科设置上却没有完全按英国大学的体制与模式，与民国时期的各大学一样，当时并没有很强的专业观念，而依照时代与国家的急需人才设立科系。厦大建校初期，科系成型时的学科最初形态是文科设 8 个系，理科设 6 个系，工科归理科，其中的教育、工、商、新闻，都是那个危机时代国家急需人才的学科。

1930 年 2 月，在通过国民政府大学院立案后两年，厦门大学遵照国民政府教育部令，将"科"改为学院，设 5 个学院 21 个学系。至此，经过近 10 年的建设，厦门大学具备了较为完备的院系体制，开始以院系这样一种与世界接轨的基本单元建构教学科研体制，开展"研究高深学术，培养专门人才，阐扬世界文化"，厦大的多学科性业已形成。

1929 年，世界经济危机爆发，陈嘉庚公司每况愈下，1934 年 1 月公司被迫收盘。这期间虽然有厦大教职员的半年捐薪活动，有陈嘉庚的"出卖大厦办厦大"惊世壮举，厦门大学的办学经费还是难以为继。在此情况下，厦大及时调整院系结构，以系科合并的方式突围经济上的窘迫，推进学科的艰辛运转。至私立时期的最后几年，全校 5 个学院压缩成文学、理学、法商 3 个学院，21 个系经合并与撤销浓缩为 9 个学系。尽管这种合并是无奈之举，从数字上看办学规模是缩小了，但这次的学科浓缩却无意中为学科的整合、为打破欧美当年系科划分过细的弊端打下了基础。

建校时期厦门大学的院系建设与学科发展，按国民政府大学院调查专家的看法，在全国高校中有"方之他处，有过无不及"① 的优势。这一时期，林文庆主持制定的《厦门大学校旨》(以下简称《校旨》)明确指出："本大学之主要目的，在博集东西各国之学术及其精神，以研究一切现象之底蕴与功用，同时并阐发中国固有学艺之美质，使之融会贯通，成为一种最新最完善之文化。"《校旨》从大学文化的建构出发，鲜明地提出厦门大学办学的理念与目标。与这个理念和目标相联系，厦大初期的院系与学科、专业的建设，有如下几个特点：

---

① 《厦门大学十周年纪念刊》(1931 年 4 月)，载《厦门大学校史》第 1 卷，厦门大学出版社 1987 年版，第 94 页。

其一是注重“功用”,“切于实用”,培养国家、民族稀缺人才。《校旨》提出教学“以切于实用,造就应用科学人才为前提”。建校初期,教育学占有举足轻重的位置,原因如《校旨》所言:“我国目下师资及教育专门人才甚为缺乏,故对于教育系特加注意,以期养成良好师资及教育界领袖,因以提高一般教育之程度。”①陈嘉庚的信念是“国家之富强,全在乎国民,国民之发展,全在乎教育”②,他办厦门大学一个重要的担当就是要纠正当年教育的“偏估”与“颓风”,解决中国教育缺乏新知识新思想师资的问题,以免“国粹日稀,精神日减,必至无救药之惨痛”。厦大商学与工学的较早创设与运行,也都体现了这样一种办学理念。这个特点,奠定了厦门大学从国家需要建设专业发展学科的厚重底色。

其二是博集东西精神、阐发中国学艺之美质、“研究高深学术”的学科特色。厦大成立时,《厦门大学组织大纲》明确表明厦大的三大任务之一是研究高深学术。林文庆在《校旨》中具体指出要建设科学研究机关,厦大要“成为我国南部之科学中心点”③;院系体制形成后,厦大各学院在其“学院学则”的第一条“宗旨”中都一致性地提出“以培养专门人才,研究高深学术为宗旨”④,这表明厦大建校初期就具备浓厚的学科建设意识。而且,在西学东渐、中西文化激烈论争与冲突的情势下,厦大独到地提出“阐发中国固有学艺之美质”和“首重国文”的主张,这也就形成了厦门大学学科建设中注重本土资源与文化精神的中国特色。文科的国学研究与理科的生物学研究是这方面的范例。1926年创建的国学研究院被认为是“大有北大南移之势”,是当年全国国学研究的中心之一。其影响不仅在于大师云集、研究规划与实际成果,更重要的是厦大国学研究体现了五四时期“重估价值”的精神,它的学科新范畴,研究问题的新方法、新史料和新观点,代表了五四之后国学研究的新趋势。植物系与动物系同样引起全国乃至世界的关注,尤其是结合本土地理优势的海洋生物研究更是锋芒毕露。1923年厦大美籍教授莱德的论文《厦门大学附近之文昌鱼渔业》在国际顶尖科学期刊 *Science* 上发表,成为中国高校最早在 *Science* 上发表的研究成果之一,引起国际学术界瞩目。鉴于海洋生物学科的成果,中央研究院及太平洋科学学会,特别委托厦门大学建立海洋生物研究室。与此同时,

---

① 《厦门大学校史》第1卷,第26页。

② 陈嘉庚:《筹办厦门大学演讲词》,载《新国民日报》1920年11月30日。

③ 《林文庆校长报告》,载《厦门大学民国十年度报告书》,1922年。

④ 《厦门大学一览》(1935—1938年度),载《厦大校史资料》第1辑,厦门大学出版社1987年版,第66页。

厦大的动植物标本的数量与丰富多样在全国领先。

其三是开放性的院系学科构成与人才培养学制。在中国高等教育滥觞时期,中国的大学虽然学的是西方体制,但中国文化原本就缺乏精确细致的分类,对事物不那么条分缕析,而且大学刚刚兴起,很多学科、专业更是因国家需要而设置而存在,大学的一切都在尝试与践行当中,这也就带来了中国现代大学院系学科设置上的开放性。厦大私立时期四次较大的院系变动与学科设置,就可以清楚地看到这个现象。院系设置与专业、学科结构的不断变动,实际上对打破学科体制的僵化是有驱动力的,它为以后厦大百年发展中院系所面临的不断调整、不断改革奠定基础。

在人才培养上,厦门大学"虽为厦门大学,实为世界之大学"①,一开始就招收大量的东南亚华侨子女和朝鲜国学生,颇具开放性。这所地处东南沿海一隅的大学却坚持要"使本校之学生虽足不出国外,而其所受之教育,能与世界各大学相颉颃"②,除不惜重金聘任国内外特别是世界名牌大学经历的名师学者外,在教学体制上,厦门大学沿用英国近代大学学制,本科修业 4 年,以修满 150 学分(绩点)并通过毕业论文及有关实验为毕业,各院各系实行课程交叉的修课计划,注重了知识结构的多元化。打破课程的专业界限,这样一种强调博集东西学术,打通院系界限学科界限的修学制度,实际上更吻合现代大学的人才培养规律。

厦门大学建校初期 16 年间,其"切于实用"的人才培养方针,"研究高深学术"的学科特色,院系学科结构与教学体制的开放性,不仅是时代的产物,也是百年厦门大学的宝贵珍藏,在百年厦大的院系建设发展中体现了一所名校的潜在发展实力,不仅为厦大创建"世界之大学"目标打下了坚实的基础,而且在学科的发展上为一流学科的发展奠定了先天优势。

二

1937 年 7 月 1 日,私立厦门大学正式改为国立厦门大学。7 月 6 日,国民政府行政院任命清华大学萨本栋教授出任厦门大学校长。7 月 7 日,抗战全面爆发。12 月,日寇兵临厦门,厦门大学内迁山城长汀,坚持在烽火硝烟中办

---

① 《林文庆先生在中华俱乐部之演说词》,载《南洋商报》1925 年 2 月 2 日。

② 《林文庆校长报告》,载《厦门大学民国十年度报告书》,1922 年。

学，“单独担负铁路线（粤汉铁路）以东国立最高学府的全付责任”①，成为加尔各答以东最逼近战场的学府，肩起中国高等教育的东南半壁江山。由此开始到1949年新中国成立，这是厦门大学的国立时期。

抗战时期，在极其艰难困苦的条件下，萨本栋校长抱着“在艰危中”“不负嘉庚先生毁家兴学及政府将厦大收归国立之至意”的意志②，以自己的未雨绸缪和身体力行，推进拓展厦门大学的院系与学科建设，赢得了战争中“国魂所托的事业”③的重大发展。

作为坚守在战区的最高国立学府，在战争中自觉担负起为战后的祖国建设培养与储备人才的使命，这成了厦大院系与学科建设的出发点与目的地。萨本栋说：“吾人应知此次战争，关系数千年固有文化之持续，将来永固国基之奠定者至巨。”④置身残酷的战争中，厦大想的是战后建设所需的大量“永固国基”的人才。据当年的新闻媒体报道，厦大筹备设立水产研究室，是为了“战后东南沿海水产研究之总框”⑤；增设外国文学系与法律系司法组，“以应目前全面反攻及将来建国之需要”⑥。

这种穿透硝烟的未雨绸缪，更体现在厦门大学工科院系的创设与发展上。厦大工科开始于1922年，在1930年科改系后，工科已悄然消失。萨本栋来自清华大学，自己又是著名的电机专家，他对工科建设既熟悉又有主见，从战后建国的急需出发，工科人才显然要比其他学科人才需求更迫切、需求量更大，萨本栋决定补齐厦大学科上的工科短板。

1938年7月，厦大创设土木工程系，到1941年秋季，萨本栋校长就很自豪地说：“现在土木系设备，固尚未达到我们理想的境地，但教师则已充实到可以与国内任何大学相颉颃。”⑦这个科系，为战后中国大规模的基础设施建设培养了大批人才。1940年秋季，在土木工程大力扩展的同时，萨本栋又创设机电工程系。机电工程系创立后，理学院扩充为理工学院。1944年4月，创建航空工程系，厦大成为全国最早开办航空专业本科教育的少数高校之一，培

---

① 《萨本栋开学词》，载《厦大通讯》第3卷第10期，1941年10月25日。

② 萨本栋：《勖勉同学词》，载《唯力》旬刊第3期，1938年4月3日。

③ 萨本栋：《勖勉同学词》，载《唯力》旬刊第3期，1938年4月3日。

④ 萨本栋：《“七七”二周年纪念与节约运动》，载《唯力》第2卷第7/8期合刊，1938年7月7日。

⑤ 《母校设立水产研究室》，载《厦大通讯》第6卷第1期，1944年3月31日，

⑥ 《厦大增设外语、司法等系组》，载南平《东南日报》1945年8月4日。

⑦ 《萨本栋开学词》，载《厦大通讯》第3卷第10期，1941年10月5日。

养出像中国工程院院士张启先这样一批优秀的中国早期航天航空专家。

1945年12月厦大复员厦门，汪德耀已接掌厦大。这期间院系与科建设的最大事件是1946年夏季海洋学系与中国海洋研究所的创办。海洋学科创立于天时地利人和之中：抗战胜利后海洋与海权重要性凸显，复员厦门后的东南沿海地理环境优势，校主陈嘉庚“力挽海权，培育专才”的誓言与著名海洋学家唐世凤博士的加盟，共同促成了中国第一个海洋学系诞生，同时，厦大与中英文教育基金会合办的中国第一个海洋研究所也在厦大成立，厦大的海洋观测站也获准设立。由此，厦门大学在全国率先开始了“谋中国海洋科学事业之发展”“研究与教育并重”的造就培养海洋人才的行动。

国立时期文科的发展以复办法学为主要标志。厦大的法学，最早创立于1926年6月，1937年改归国立后，法律系奉命撤销，法学学科停办。到1940年，由于国民政府教育部不同意建立福建大学，并将已经开学的福建大学法学院并入厦门大学，这样，战火中的厦大法学学科就在接收福建大学法学院的契机中复办起来。

在人才培养理念与培养模式上，萨本栋取的是美国芝加哥大学的通识教育思想和从清华带过来的通识教育理念，遵循梅贻琦的“通识为本，专识为末”[①]教育思想制定校制、设置课程，实行强化通识基础与打通学科界限的修学制度，实施教授全力上课制度。他要求即使在战争中，也要坚持“未到‘最后一课’的时候，应加紧研究学术与培养技能”[②]，他提出，“现在不是个推诿责任的时代”，“需一身肩负二人之重任，一日急二日之操作”[③]，以不辜负陈嘉庚先生的期待，不辜负国家事业所托。比如新成立的机电工程系系主任李家炘教授，据统计最高一学期每周上课达81课时，每周最高达1725人时。这时期的厦大学生则“把战区当课堂，把笔杆当枪杆”，越是艰难越是坚韧学习。在1940年与1941年国民政府教育部举行的两次专科以上学生学业竞赛中，获奖总数与获奖系数的比例评定，均名列全国第一。

从抗战全面爆发到复员厦门，在极其艰危的战争环境与艰苦的复员中，厦门大学的院系建设不仅没有停顿，而且还得以有力扩充，院系规模与学科发展都有历史性的突破，多科性大学已然向综合性大学迈进，也因此开始确立厦门

① 梅贻琦：《大学一解》，载《清华学报》第13卷第1期，1941年4月。

② 萨本栋：《勖勉同学词》，载《唯力》旬刊第3期，1938年4月3日。

③ 萨本栋：《“七七”二周年纪念与节约运动》，载《唯力》第2卷第7/8期合刊，1939年7月7日。

大学位居全国高等教育前列的位置。更重要的是这一时期积淀下来的办学精神，那种由战争烽火淬炼出来的自强、坚韧与艰危中担当重负的使命感，为厦门大学的发展积累了一份极宝贵的精神财富。

三

1949 年 10 月 1 日，中华人民共和国成立，人民当家做主的时代开始。10 月 17 日，厦门解放，厦门大学迎来了办学史上的新纪元。1949 年 10 月 21 日，中共厦门市委在厦大建立中共厦门大学支部。不久，在原有基础上设立中共厦门大学党组。1950 年 5 月，中华人民共和国政务院任命著名经济学家、曾任厦门大学法学院院长的王亚南为厦门大学校长。

1952 年 6 月，中共福建省委派 15 名党的干部到厦大，7 月，中共福建省委决定程璐任中共厦大临时党委书记，党在学校的领导得以体现与加强；1953 年 1 月，厦门大学成立校务委员会，标志着学校由“校长负责制”开始向“党委领导下的校长负责制”过渡。这一年，符合条件的科系先后成立党支部。1955 年 1 月召开中共厦门大学第一次代表大会，成立中共厦门大学党委会，之后，各系先后建立系党总支，直到 1999 年校院二级管理体制改革时，党总支、党支部为厦门大学各科系的最直接领导，保证科系建设与学科发展的正确方向和健康发展。

新中国成立后，在东西方意识形态冷战的背景下，中国大学放弃对西方欧美的学习，而强调向“苏联老大哥”学习。1952 年，中央提出高等教育“发展专门学院和专科学校，整顿和加强综合大学”的方针，并学习苏联高校模式，进行大规模的院系调整。从 1952 年到 1955 年底，厦门大学在调整中从多学科大学向文理科综合大学转变，被确定为华东四所综合性大学之一。

1952 年 8 月，一年前刚刚由省立并入厦大并改名的厦大农学院奉命与福州大学农学院合并为福建农学院；9 月，厦大海洋系一分为三，厦大航海专修科与集美水产商船专科合并成立福建航海专科学校，之后再分别归入大连海运学院与上海海运学院；海洋系理化组并入山东大学，与山东大学海洋学科建立海洋系，发展为山东海洋学院，即后来的青岛海洋大学；为保存厦大发展海洋学科的力量，厦大成立海洋生物研究室，将海洋生物组的骨干教师与标本留在厦大，聘郑重教授为研究室主任。1953 年 7 月，厦大又奉命将工学院的土木、电机、机械 3 个系及土木专修科调整到浙江大学、南京工学院和华东水利学院，将企业管理并入上海财经学院，法学院归入华东政法学院。1954 年 7

月，厦大教育系调整到福建师范学院；8月俄语专修科部分师生并入南京大学。

在此调整中，厦门大学文理科也有所壮大。1951年私立福建学院的政治、法律、经济归并到厦大。1952年福州大学财经学院的会计、贸易、财金、统计、企业管理5个系并入厦大财经学院，并增加贸易专修科。1953年，福州大学文理两院的中文、外文、历史、数学、物理化学、生物学6个系也奉命并入厦门大学。1955年，厦大奉命停办统计、会计、财金、贸易4个系，改在经济系之下设政治经济学、统计学、会计学、货币与信贷、贸易5个专业。

从历史现场上看，大规模院系调整是新中国改造旧教育制度、建立新教育体制的战略措施，这是中华人民共和国教育史上一个重要事件。这场调整既为厦大文理科综合大学模式打下基础，也一定程度上削弱了厦大综合性大学的实力，厦大一些经营多年而形成厦大特色的院系、学科被调整出去，充实其他高校乃至成为新学校成立的基础。厦大在为国家做出贡献的同时，也造成基础学科与应用学科的相互分离，综合性大学学科交叉渗透的优势也受到一定的损失。

院系调整后，苏联高等教育的专业制度也随之取代了中国大学的院系体制。新中国成立之前的大学一般只设学科不设专业，学科业务范围要比专业宽阔，但专业有利于针对性培养专门人才，培养目标十分专一。为贯彻专业人才培养目的，厦门大学院级建制最后被正式撤销，实行以系为教学单位，系内设若干专业，形成按专业培养人才的办学模式。到1958年，全校设8个系16个专业，并设16个专门化科目。

这一时期，教育部确定厦门大学发展方向为“面向东南亚华侨，面向海洋”，要求各专业各教研组加强与南洋、台湾、海洋及本地特点有关的各种问题研究。王亚南校长对厦大的综合性大学也提出新的目标定位，他说：“今天我们所在的学校是个综合性大学，不是工业大学、农业大学，而是综合性大学，不同地方是培养目标不同。工农科培养工农业所需技术人才，师范培养教师，综合性大学主要是培养研究人员，科学研究人员。”他对学生说：“你们将来就是要培养成为科学家。”[①]这样的办学方向与文理综合性大学的形成，明确指明科学研究是厦大办学的重要任务，学科建设水平成为办学水平的重要表现。

由此，在那个以专业为主的发展时期，厦门大学依然将研究机构建设与学科建设发展当成院系建设的重要内容。

---

① 王亚南：《怎样做一个大学生》，录自厦门大学校办档案56-11。

王亚南校长抵达厦大后，首先恢复和建立研究机构，成立了经济研究所、化学研究所和南洋研究馆（1963 年升格为教育部部属研究所）、人类博物馆，文科理科各学院普遍成立研究室。这时福建研究院社会科学研究所也奉命归并厦大，充实了厦大文科主要是经济学科的研究实力。

这一时期，经济学科开始成为全国的翘楚学科。从 1946 年王亚南的《中国经济原论》研究被誉为“中国式的《资本论》”开始，厦门大学“以中国人的资格研究政治经济学”的独特学派开始形成。1950 年王亚南执掌厦大后，建立厦大财经学院，创办全国第一个经济研究所，这是当年全国高校最新经济学教学科研建制。院系调整中财经学院被撤销。1958 年 9 月，中国经济问题研究所成立，并创办中国第一家全国性经济学刊物《中国经济问题》。这个时期，经济学各学科研究全面展开，在《资本论》研究、社会主义所有制研究、会计、统计、财政学方面的研究，成绩斐然，为全国瞩目，奠定了经济学迈向一流学科的坚实基础。

化学为厦大理科中最早的学科之一，展示着一流学科的形象。1939 年，傅鹰博士受聘厦门大学并任教务长兼理学院院长，他给厦门大学带来了化学正在从经典的统计热力学深化为理论化学、结构化学的最新发展信息与理论，从而让厦大化学学科及时捕捉到量子化学、量子力学的发展，跟上世界潮流。自此，化学学科的发展呈现云帆济海之势。新中国成立后，催化的研究与应用、海洋化学分析成果显著，电化学研究、物质结构研究、有机物电极、电分析和有机物点解制备也都在学术界崭露头角。1972 年，蔡启瑞教授与唐敖庆、卢嘉锡两教授联袂承担国家重大基础理论研究课题化学模拟生物固氮研究，与国际同步攻关世界理论难题，成果受到国际同行的赞赏。这个时期的厦大化学，已具备国内一流、国际具有重要影响的学科声望。

除此，海洋生物研究，生物系在金定鸭研究及北京鸭与金定鸭的杂交研究，半导体物理、半导体化学、植物生物学以及数学等方面的基础理论研究，都有全国性影响。理科各系与福建省其他单位联办建立的 8 个新的研究所，有效地促进了厦门大学科学研究与地方建设的紧密结合，拓宽了厦门大学科学研究的思路与途径，这也说明了成为文理综合性大学的厦门大学在学科建设上的明显进展。

从 1949 年新中国成立到 1966 年“文化大革命”爆发，厦门大学与全国高校一样，经历过“整风运动”、“教育大革命”和“大跃进”高潮，作为面对两岸对峙炮火中海防前线大学，社会主义的办学方向和党在学校中的领导地位更加明确与坚定，在人才培养与科学研究上探索前进，书写出新中国高等教育的新篇章。1963年9月12日，教育部以〔63〕教厅秘字第178号文件，将厦门大学定位全国重点大学，“这是国家对厦门大学几十年来办学成就的充分肯定，从教育体制上明确地确立了厦门大学在全国教育事业中的重要地位”[①]。

1966年到1976年“文化大革命”运动期间，厦门大学与全国高校一样，遭受空前的洗劫。这是中国高等教育发展史上一次挫折和重大教训，经历过这样的风雨，拨乱反正之后，厦门大学的院系与学科建设自有空前的发展。

四

1976年10月6日，党中央一举粉碎“四人帮”；1977年9月，全国恢复高考制度，1978年2月，教育部恢复厦门大学为全国重点大学。1981年10月，厦门被国务院确立为中国四个经济特区之一，身处中国经济特区的国家重点大学，厦门大学被历史推向了改革开放的前沿，学校逐渐顺利走向“党委领导下的校长负责制”的领导体制中，院系建设发展进入一个崭新的历史新时期。2000年之后，按照校院二级管理体制改革，各学院建立学院党委，建立并逐步完善学院党政联席会议制度，厦门大学院系建设得到空前发展。

至2020年，改革开放中的厦门大学全校已建有30个学院16个研究院，展现出门类齐全、学科强劲、专业特色明显、布局合理的整体风貌。依据院系建设与发展的历史，以1995年启动“211工程”为界，整个42年的改革开放可分为两个时期：1978年至1995年为恢复与快速发展时期；1995年之后伴随着国家“211工程”、“985工程”、创建“双一流”建设，厦门大学院系建设进入跨越式发展时期。

1978年春天，当恢复高考制度后的第一届大学生走进厦大时，厦大共设有10个系29个专业，这些系与专业还只是集中于自然科学与人文社会科学的基础理论学科，基础雄厚，但面对世界新技术革命浪潮的兴起和新时期党与国家工作中心转移到社会主义现代化建设和改革开放上，尤其是经济特区和沿海开放城市、经济开发区的设立，原本的科系已经不能很好地适应新形势的需要，于是，学校大胆突破文理结构框架，调整学科与专业设置，大力充实、改造、复办老专业，增设一批新学科，优先创办一批涉外专业、应用科学和应用技术专业，开展边缘新兴学科研究，迈步向文理渗透、多学科组成的综合性大学

---

① 厦门大学档案馆、厦门大学校史研究室编：《厦门大学校史》第2卷（1949—1991），厦门大学出版社2006年版，第142页。

方向发展。

其一，以“起点要高，起点要新”的要求，创办一批新专业，集中在涉外、经济管理、新兴交叉学科与新技术专业。到1995年，全校已发展到26个系61个专业，突破长期以来保持的文理财经综合性大学格局，形成了包括智能科学、技术科学、人文科学、社会科学、管理科学、教育科学在内的多学科、结构比较合理、内容比较先进的学科体系。

其二，开始恢复学院建制。专业增多后，科、系不断发展，从管理与学科建设出发，开始逐步恢复学院建制。在20世纪80年代初期，先后成立经济学院、政法学院、全国综合性大学的第一个艺术教育学院、技术科学学院，其中技术科学学院的成立既带有复办工科的动机，更是以为国家培养急需的大量科技人才为目标，着重造就工科与理科相结合、交叉的学科的开创性人才。学院作为学校派出机构，具有一定自主权。

其三，以长远的战略眼光，充实、更新老专业。如20世纪70年代复办海洋系。在1952年的院系调整中，厦大将海洋系一分为三，用建立海洋生物研究室的名义战略性留住了海洋生物学科的骨干师资与教学标本，这使得厦大在1962年前后依然成为我国海洋科学的重要基地之一。海洋系虽然不再存在，厦大理科其他系却增设了海洋物理、海洋化学和海洋生物等新的专业、专门化，各系与华东海洋研究所密切配合，共同进行了26项海洋科学研究，成果引起国外学术界注意，《美国科学界对中国科学的看法》一书也提到厦大海洋科学研究的情况。复办后的海洋系，采取少招本科生、多招研究生、重拳科研、提高质量的策略，开展学科建设，并增设海洋水文气象和海洋地质地貌两个专业，为海洋系成为全国一流学科打下了坚实良好的基础。

1995年，厦门大学进入国家“211工程”行列；2001年，被列入国家“985工程”重点建设高校；2017年，入选国家A类“双一流”建设高校。在中国教育从教育大国走向教育强国的历史进程中，厦门大学的院系发展与学科建设，实现了跨越式发展。

1999年3月，全校深化校内管理体制改革，开始实行校院二级管理，学院建制全面铺开，各学院按照学院办大学的发展趋势，遵循“优化结构、强化内涵、扶优促新、鼓励交叉”的原则推动学科与专业建设，从1995年到2020年，全校共设置30个学院16个研究院，新增52个专业，撤销4个专业，调整18个本科专业，最终设置本科专业99个，涵盖文学、哲学、历史学、法学、经济学、管理学、理学、工学、建筑学、医学、艺术学等11个学科门类，以学科为支撑，打造一批定位明确、管理规范、改革成效突出，师资力量雄厚、培养质量一流的院系与专业群;全校有17个国家级特色专业,2个国家级人才培养模式试验区,2个国家级专业综合改革试点,3个专业入选教育部基础学科拔尖学生培养计划,24个专业13个项目入选教育部卓越人才培养计划。

这个时期,也是厦大研究生教育的大发展时期。1986年9月,国务院批准厦大试办研究生院;1996年3月,厦大正式获准设立研究生院;2018年,厦大成为全国首批20所学位授权自主审核单位之一。至2020年,全校共设有32个博士后流动站,36个一级学科博士学位授权点,45个一级学科硕士授权点。研究生院的建设与发展,推动了厦大研究生教育的空前发展,也更紧密地将厦门大学的学科建设与学院建设融为一体。

学科作为高校实施科研、教学活动和集聚人才的最基本的单元,是学校根本性的基础建设,也是院系建设发展的基础与支撑。这个时期,凭借国家"211工程"、"985工程"建设和创建"双一流"的支持,院系以学科为支撑,以学科建设为重心,凸显了学科建设的基础性与关键性。

其一,以学科建设为支撑为龙头,整合组建符合学科发展和拓展创新学科建设的学院,优化学科布局。如整合厦大早期传播和研究马克思主义与当代马克主义教学研究的资源,成立马克思主义学院,设立"985工程"重点学科"马克思主义理论"、"211工程"三期国家重点学科"中国特色社会主义理论与实践"建设项目,与中共福建省委宣传部合作共建"厦门大学中国特色社会主义理论体系研究与培训基地",加强学科建设,建设国内高水平的马克思主义理论学术创新基地。如整合全校电子工程、电子科学、微电子与集成电路、电磁声等相关学科,组成电子科学与技术学院,入选国家示范性微电子学院;整合软件学院、物理科学与技术学院、计算机与信息工程学院相关资源成立信息学院;将公共事务管理学院的社会学系与人文学院的人类学系组合成社会与人类学院,更准确对应国际学科范式;而像数学科学学院、国际关系学院、台湾研究院、教育研究院、萨本栋微米纳米科学技术学院,则是应对历史与国家的需求,在学校原本的优势或特色学科基础上建立起来的学院。其中数学与应用数学为国家级一流专业、国家一类特色专业、国家理科数学与应用数学基础科学研究和教学人才培养基地,入选国家基础学科拔尖学生培养试验计划;台湾研究院入选国家高端智库试点建设、培育单位。以教育部人文社科重点研究基地会计发展研究中心和国家重点学科工商管理为依托,整合MBA和EMBA、会计系、工商管理系、管理科学系与旅游管理专业组成管理学院,很快使管理学院成为中国最具竞争力的十大商学院之一。工商管理、会计学、财务管理和电子商务4个专业入选国家一流本科专业建设点,在2017年教育部公布的全国第四轮学科评估中，工商管理一级学科获评A类学科，经济学与商学进入ESI全球前1%行列。

其二，以大学科理念、通过国家人才培养基地和重点学科的依托带动，推进院系与学科的建设发展。1999年校院二级管理体制改革伊始，学校就开始推行大学科的学院建制理念，文、史、哲3个系6个一级学科，以国家文科历史学基础科学研究和教学人才培养基地与国家重点学科中国经济史为带动，组建人文学院，力图打通文史哲，"研究高深学问"和培养人文学科精英人才。以大医科理念，整合生命科学学院、医学院、药学院、公共卫生学院等力量，推进学科交叉融合，构建医、教、研有机融合的医科教育体系。2018年和中国卫生信息与健康医疗大数据学会共同建立医疗健康大数据国家研究院，汇聚理、工、医及社会科学十几个学院的教师与研究团队，通过自主创新和跨学科合作，产生一批国内外领先的具有良好产业转化价值的一流研究成果，凸显大学科整体的优势。

在大学科建设与学科协同创新中，由厦门大学牵头，与复旦大学、中国社会科学院台湾研究所、福建师范大学共同建设的国家协同创新中心"两岸关系和平发展协同创新中心"，由厦门大学、复旦大学、中国科学技术大学和中科院大连化物所为核心层，组建的国家级协同创新中心"能源材料化学协同创新中心"，都体现出大学科、跨学科与跨越部门、学校的创新优势。2018年12月，国家自然科学基金委依托厦门大学建设"国家天元数学东南中心"，该中心由数学科学学院牵头，联合5个省14所高校为共建单位，更是以大学科、大组合、大跨越的组织形态呈现出构建一流核心竞争力的重要举措。

其三，发挥优势，打造国内领先、国际一流的高峰学科，是这一时期厦大院系建设与发展水平最基本也是最重要的成果之一。目前厦门大学有理论经济学、应用经济学、工商管理、化学、海洋科学5个国家一级重点学科，另有25个国家二级重点学科，分布在经济、管理、化学化工、数理、海洋与地球、生态与环境、法学、高等教育、生命科学、人文等学院。另有化学、工程学、农学、社会科学、计算机科学、分子生物学与遗传学、微生物学、药物理与毒理学、地学、物理学、经济学与商学等18个学科在ESI全球排名前1%；17个学科在QS世界大学学科排行榜上有名，上榜数居中国大陆高校第12位；37个学科登上软科世界一流学科排行榜，上榜数居中国大陆高校第8位。2017年，化学、海洋科学、生物学、生态学、统计学入选国家"双一流"建设行列。

当我们对厦大100年的院系发展做出梳理后，我们会发现，厦大百年院系的历史脚步，实际上是伴随着100年来中华民族伟大复兴的风云变幻与中国高等教育的命运嬗变而砥砺行走的，它走的是一条从小到大、从少到多、从大到强的历史发展脉络，一条是院系建设与学科发展紧密融合的道路，一条是国际竞争力和整体实力不断提升的道路。百年院系不断调整不断演化的进程，也就是百年学科不断变革不断创新的历程，这里有成功的喜悦，也有挫折的教训，有起伏的艰辛，也有前进的欢笑，但无论在什么时候、在什么样的空间里，都向着校主陈嘉庚先生提出的“世界之大学”目标前行，都沿着“与世界各大学相颉颃”的意志行进，都朝着“中国特色，世界一流”的憧憬踔厉奋进。

五

“厦门大学百年院系史”系列的编撰出版，是各院系向厦门大学百年华诞献上的一份礼物，她以100年来各个学院、研究院的学科发展、专业建设、院系在时代中变动的脚步为主要内容，呈现不同历史时期南方之强的个性与风采。目的在于总结经验，传承命脉，弘扬自强不息、止于至善精神，激励“双一流”建设，为厦门大学与中国高等教育留下一份珍贵的历史叙述。全校共有35个院系、研究院及厦大出版社参加了这个规模空前的编写工程。每部院系史主要包含以下内容：

一、历史的脚步。这是全书最主要的叙述，它通过对院系的历史梳理，描述出在各个历史时期的发展脉络与特征，客观呈现各学院发展进程中的主要事件，重点叙述以学科建设、人才培养为重心的发展变化、主要特点和成就，以及行政管理、社会服务上的变更发展。

二、党政管理。叙述院系党的建设情况，行政机构的变更，历任党、政领导等。

三、学科发展。叙述院系学科建设发展的轨迹与特色、地位与成绩，包括博士授权点、硕士授权点介绍及其人才培养特色，研究基地、研究所、中心介绍及其工作特色，重点实验室介绍及其工作成就，对外交流成果等。

四、教学成果。阐述院系在人才培养与教学教育中的发展嬗变，包括专业设置、课程体系、精品课程与教改项目、教学成果奖、特色专业与创新试验区、教学团队、教材建设、人才培养基地、创新创业教育等内容。

五、学术成就。配合学科建设的发展，叙述学术上的做法与成就，包括获奖学术成果、主要著作与论文、主要研究课题。

六、附录：院系大事记。

这是一项具有长远意义且严肃的工作，学校要求各院系在编撰中坚持正确的政治导向，突出与中国共产党同龄的厦门大学教育救国、教育兴国、教育强国的历史步点；重点叙述与提炼各学科、各专业及人才培养的发展与成就，彰显学术大师和著名校友的贡献；历史须客观叙述，要求准确无误有根有据，尽可能追根溯源，填补漏缺，还原历史，强调学术传承。但历史的写作须经千锤百炼，百年院系历史的叙述需要长期的淬炼，今天打开的这个脚步，难免深浅不一，难免有疏漏之处，还有许多需要打磨甚至勘正的地方，还请各位读者批评指正。

全校的百年院系史系列编撰工作在2019年的春天启动，历时两年的时间，在厦门大学百年华诞到来之际，终于与厦大人、与各方读者见面了。当各院系的撰写者在各自的历史隧道中搜寻攫微、考辨记载而写出自己的院系历史的时候，实际上是在对一个学科、一个院系的过去与今天的研究梳理，也是与明天的一个重要联系与启示。相信经过这次院系史的研究编写，各学院各学科将会以史为鉴，以更宏伟的规划更准确的定位更实在的工作，在党的坚强领导下，向着“中国特色，世界一流”的建设方向，奋力推进厦门大学院系建设与学科发展。

2021年3月12日

序

在厦门大学百年华诞之际，体育教学部的同仁们经过了辛勤的努力，合力撰写了《厦门大学百年体育发展史》。这部真实反映厦门大学百年体育发展历程的宏篇大作，不仅对厦大建校百年来各个不同时期体育工作的发展轨迹进行了历史回顾和详细记录，更是对厦大百年体育成就和体育精神的一次深刻总结、传承和弘扬。这是厦大体育人为学校百年华诞奉献的一份厚礼，也是留给后人一份不可多得的珍贵历史资料和体育遗产。被誉为“南方之强”的厦门大学在百年办学中为国家培育了无数的英才，为祖国建设和发展做出了巨大的贡献，而体育无疑居功至伟。因此，在厦大百年发展史中应该为体育书上浓重的一笔。

《厦门大学百年体育发展史》从建校开始组建体育部，到最初的体育师资、体育教学以及群众体育活动情况；从校主陈嘉庚倾资办学重视体育，到内迁长汀因陋就简坚持开展体育教学活动；从改革开放厦大体育在教学群体、训练竞赛、科学研究、人才培养等方面不断地求实创新，到一次次实现历史性跨越发展，取得一系列丰硕成果，成为引领全国高校体育教学改革的排头兵……厦门大学百年体育创业史、奋进史、发展史，通过这部著作，像一幅波澜壮阔的画卷，生动地展示在人们面前，使人觉得那么真实、亲切、厚重、精彩，令人感动和自豪。

我国是一个历史悠久的教育大国。早在夏、商、周时期，就有了“校”“序”“庠”之类的教育机构出现，传授“礼、乐、射、御、书、数”六艺。从今天的教育视角来看，六艺中的“射、御”均属于体育范畴，占古代教育内容的三分之一。

体育，被古希腊人视为是世界上“最伟大的教育”，是塑造和练就矫健体魄、培养坚忍不拔的意志和勇猛顽强精神的唯一途径。“文明其精神，野蛮其体魄。”一个强盛的国家和伟大的民族，文明的精神和野蛮的体魄缺一不可！毛泽东同志 1917 年在《体育之研究》中就极为辩证地论述了体育与德育、智育的关系。他说：“……体者，为知识之载而为道德之舍也，其载知识有如车，其寓道德也如舍。体者，载知识之车寓道德之舍也。”著名教育家蔡元培先生 1920 年说过的“健全人格，首在体育”的话，至今仍振聋发聩。厦门大学校主陈嘉庚先生一生为振兴中华，倾资办学，大声疾呼“夫教育为国之本，兴学乃国民天职……爱国始于爱乡，强国必先强民”“提倡体育，恢复国民健康为振兴教育的先决问题”。他不仅这么说，也这么做。在创办厦门大学之初，学校就设立了体育部，在校长直接领导下负责全校的体育工作。并且还专门从永春聘请白鹤拳师到厦大教授武术。在中华历史上，有识之士和真正的教育家从来都是注重受教育者在“德、智、体”的全面发展，这是国家教育的根本和民族的希望。

随着社会的高速发展，人类社会越来越重视体育。体育不仅仅可以增强体魄，更是培养人的意志品质、人格修养、智力情商、环境适应能力，进行养生修身等无形教化的不二选择。体育对人类的教化作用最直接，最实效，而且最长久，是其他任何一种教育形式所不能替代的。李力研在他的《野蛮与文明——体育的哲学宣言》中说：“参加体育运动，成为文明重负之下疲惫不堪的人们回归自然的必由途径。”的确，体育的功能和作用早已超越了地域和时空，体育已成为现代人生活中不离不弃的重要内容。

厦门大学一贯重视学校体育工作，不论是教学、群体、训练、竞赛、场馆建设、人才培养，都得到校领导及各个部门的大力支持。在教学上，厦门大学开设了五十余门公共体育课程供学生选择学习，其中包括民族传统体育、游泳、高尔夫、马拉松、攀树运动、潜水、桨板、帆船、击剑等特色课程，引领了全国高校体育课程改革的新潮流，得到了广大学生的热烈欢迎，并在全国高校和社会引起轰动和高度评价。厦大田径、排球、篮球、武术、健美操等高水平运动健儿在全国大学生比赛中屡屡夺取桂冠，创造佳绩。20 世纪 80 年代，厦门大学的男子排球队战绩赫赫，几乎打遍东南高校无敌手。新世纪厦大男篮更是在全国 CUBA 打出了威名，取得南区第一，全国第三的佳绩。学校分管教学、体育等工作的原党委副书记、常务副校长潘世墨同志十分重视体育工作，经常亲临现场检查指导。他常说：“学校要像建设国家重点实验室一样地建设我们的高水平体育运动队伍，要像引进国际知名教授、学者一样引进高水平体育教练员，体育对于厦门大学尤为重要！”厦门大学正是因为有了一批又一批像潘世墨这样的校长、书记，校园体育才如此多姿多彩，生机勃勃。

厦门大学的体育教师，常年坚守在体育教学、训练第一线，将一生奉献给了厦大的体育教育事业。他们早出晚归，风吹日晒，谆谆善导，言传身教，诲人不倦，辛勤耕耘，为传播体育理念、知识和技术，引导学生科学锻炼身体，培养运动兴趣和习惯，形成终身体育意识，促进身心健康，培育健全人格和人才做出了杰出的贡献。他们是传播健康的使者和导师，正是这一代又一代的厦大体育人，共同为厦门大学百年体育发展史续写了绚丽的篇章。

然而，大学体育至今仍然肩负着重大的历史责任。长期以来，重文轻武的意识习惯仍在社会和学校占上风。强化文化学习、考试、升学率，而忽视体育锻炼、体质健康的风气颇盛。不少中小学生的体育运动时间严重不足，更遑论外练筋骨皮，内练精气神了。因而一段时间以来，中小学生的一些关键的生理、心理素质以及运动技能指标连续多年呈下降的趋势，为最后的大学体育教育造成了很大的问题和困难。青少年的体质普遍下降的现象给我们敲响了警钟！这是关系到国家和民族未来发展的“国事”，也是教育和社会需要深刻反省的大事。由此，我想到了沉寂已久的“武化”一词。

自古以来，我们的祖先就强调文武兼备、不可偏废。武化与文化在漫长的民族发展中相辅相成，教而化之，谱写出中华民族最长久、最绚丽的文明史。常言道：“武以定国、文以安邦”“武以强体、文以载道”。文虚以证，武实以行。虚由实生、实仗虚行。武是基础，文以升华。武化是国家的硬实力，是物质文明的导向和保障；文化是软实力，是人类精神文明的传承和升华。一个国家和民族，必须二者兼而备之，才能立于不败之地。我们在重视文化发展和自信的同时，更应该大声疾呼和强调“武化”的回归。以武教化，培育出具有野蛮的体魄、坚强的意志、高尚的品德，德智体美全面发展的一代新人，成就伟大的中华梦。

我于20世纪80年代初有幸来到厦门大学，成为体育部光荣的一员。从进入厦大直至退休，在教学岗位上整整工作了30年。和同事们一起参与教学改革、运动训练、群体竞赛、对外交流、体育科学研究、师资队伍和学术梯队建设等。一起解决前进中的问题和困难，一起分享成功的喜悦与欢乐。和老一辈教师一样，看着厦大的快速发展，厦大学子一批批学业有成、茁壮成长，感到由衷的高兴和无比欣慰，也为自己将一生奉献给了体育教育事业充满自豪和骄傲。

体育教学部完成了《厦门大学百年体育发展史》这部大作，陈志伟主任嘱我为之作序。尽管自己才疏学浅，不堪重任，还是不揣冒昧，写上寥寥数语，以表达我对该部大作出版的欣喜心情和对厦大体育深厚的情意！并借此向建校百年来所有关心支持厦大体育发展的学校领导，向在体育教学、训练第一线辛勤耕耘、奉献一生的老师们，以及所有行政、后勤人员致以崇高的敬意！

厦大百年体育史给我们以荣耀和力量，未来的厦大体育任重而道远，但必将更加灿烂与辉煌！

兹将现代奥林匹克之父顾拜旦的《体育颂》节录于后，作为结尾。

啊，体育，天神的欢娱，生命的动力。你猝然降临在灰蒙蒙的林间空地，
受难者激动不已。你像是容光焕发的使者，向暮年人微笑致意。
你像高山之巅出现的晨曦。照亮了昏暗的大地。
啊，体育，你就是美丽！你塑造的人体，变得高尚还是卑鄙，
要看它是被可耻的欲望引向堕落；还是由健康的力量悉心培育。
没有匀称协调，便谈不上什么美丽。
……啊，体育，你就是勇气！肌肉用力的全部含义是敢于搏击。
若不为此，敏捷强健有何用？肌肉发达有何益？我们所说的勇气，
不是冒险家押上全部赌注似的蛮干，而是经过慎重的深思熟虑。
……啊，体育，你就是乐趣！想起你，内心充满欢喜，
血液循环加剧，思路更加开阔，条理愈加清晰。
你可使忧伤的人散心解闷，你可使欢乐的人生活更加甜蜜。
啊，体育，你就是培育人类的沃地。你通过最直接的途径，
增强民族体质，矫正畸形躯体，防病患于未然，使运动员得到启迪；
希望后代长得茁壮有力，继往开来，夺取桂冠和胜利……

林建华

2020年7月25日于海滨东区

目录

content

第四篇
群众体育活动与运动竞赛

第五篇
图说厦门大学百年体育场馆变迁

第六篇 学科发展

第一篇 历史的脚步

“国运兴衰，系于教育”，“教育为立国之本，兴学乃国民天职”，正是这种重视教育的理念及浓浓的爱国情怀，促使陈嘉庚先生大力兴办教育。在集美学村初具规模之后，他于1921年创办了厦门大学。陈嘉庚先生提出，“体育运动为教育中一重要之科学”，“爱国始于爱乡，强国必须强民”，主张要以健全的身体与精神“为社会服务，荷国家仔肩”。因此厦门大学创办之初就设立了“体育部”，作为学校的直属部门由校长直接领导，负责全校的体育工作，其重要性不言而喻。

悠悠百年，沧桑巨变，不变的是厦大体育前行的步伐。秉承了校主“提倡体育，恢复国民健康为振兴教育的先决问题”的思想理念，厦门大学历任校领导都非常重视体育工作，因此，厦大体育便蓬蓬勃勃地发展起来。

负责体育工作的部门名称从最初的“体育部”到现在的“体育教学部”，虽只有两字之差，但其间随着时代的变迁却历经变革，“体育卫生组”“文娱体育室”“革命领导小组”“体育教研室”都是它曾经的名称，每个名称都体现了其特定的历史背景。体育教学部现设球类Ⅰ教研室、球类Ⅱ教研室、体操教研室、武术教研室、户外运动教研室共5个教研室及“国家学生体质健康测试中心”，负责全校本科生的公共体育课程教学及体质健康测试工作，同时承担全校师生的群体竞赛、校运动队训练管理参赛等工作。百年来，随着学校办学规模的不断扩大，厦大体育人的队伍也在逐步发展壮大。建校之初只有三五个人，截止到2020年1月份，体育教学部教职工达到62人，其中专任教师52人，行政后勤人员10人。教师中教授4人，副教授22人；拥有博士学位教师9人，在读博士4人；硕士生指导教师11人；国际级裁判4人，国家级裁判5人，国家级社会体育指导员2人。

在一代代厦大体育人的共同努力下，现在，厦大体育无论是在本科教学还是运动竞赛成绩，乃至群体活动等各方面，都独树一帜，走在了全国同类高校的前列，其成绩令人瞩目。

第一章　创办时期，体育为重（1921—1937 年）

陈嘉庚先生说，“提倡体育，恢复国民健康为振兴教育的先决问题”，他倡导德、智、体三育并重，将体育作为一种有力的教育手段和教育载体，放到了一个前所未有的重要位置上来。因此，厦门大学在创办之初，就大力提倡体育运动，力争做到“创造强健优秀人才，负担复兴民族的责任”。

建校初期，林文庆校长非常重视体育。厦大校章规定：“本校对于体育特别注意，凡可训练学生身体强健、精神和乐之各种体育组织，无不设备，由体育部主任指导一切”。在体育课程方面，针对不同的学生有不同的规定，但都将体育列为必修。

对于预科学生，最早的体育课程是以每日早操的形式来体现的，后来校章又规定体育课为必修，每学期两绩点，两学年共八绩点，如不及格，不得毕业。

厦门大学滨海而立，环境、气候都适宜开展游泳运动，建校之初，便在囊萤楼前建成了游泳池，游泳课作为厦门大学重要且有特色课程的渊源便可追溯于此。

陈嘉庚先生十分重视运动场地设施建设，他提出“有楼必有场”，因此演武运动场就随着学校的成立而建成了。建校初期的演武运动场包括了田径场、足球场、篮球场、网球场、器械训练场等，它是在郑成功演武场遗址上建立起来的，也因此而得名，百年来虽历经翻修与重建，但名称与位置均未曾改变。

校庆运动大会是建校早期学校最大型的综合性体育赛事，自 1921 年开始，每年都如期举行，有时还会邀请其他学校参加，形成更大规模的联合运动会。其间即使因战乱影响未能举办，过后也会补上。由此可见，校庆运动大会的意义已经远远超出了体育竞赛本身，它已经成为学校不可或缺的一项重要活动，成为厦门大学精神的一种象征。

厦门大学建校初期即成立了田径、篮球、网球、足球、排球、乒乓球等运动队，这些队伍平日坚持训练，竞技水平较高，尤其田径队和篮球队水平突出，经常代表福建省乃至国家参加各种大型比赛。如田径队曾参加香港运动会、全国运动会、福建省运动会、闽南联合运动会及厦门市运动会等，取得多项冠亚军的优异成绩。厦大学生余怀安作为中国选手曾连续三届参加远东运动会，荣获跳高冠军。厦大篮球队被称为闽南地区“常胜将军”，曾与香港地区、美国水兵篮球队对决，均获胜。

1926 年，体育部规定学生课外运动时间并指定职员进行指导，1928 年，学校教职员和学生共同发起成立体育会，其目的是提倡体育精神，促进大家养成良好的锻炼习惯。学校建校初期最盛行的运动项目是田径和球类，1930 年之后，国术、登山、越野赛跑、象棋等项目逐渐发展起来。

从 1930 年秋起，厦门大学将体育规定为必修科，专聘教员进行训练，尤其注重课外活动。

1935 年 5 月，随着国术的不断发展，厦门大学国术研究会成立，致力于国术研究与交流、锻炼身体。

为使体育教学有据可依，厦门大学制定了教学大纲，对教学目标、教学内容等都有具体要求。如 1936 年的“教学做大纲”中，有动机、目的、计划三部分，其计划中的“体育”主要包含了掷铅球、撑竿跳、跳高等六种体育运动要诀。

由此可见，建校初期，无论是体育教学、校内师生体育活动及比赛，还是运动队建设发展、体育场馆建设等都呈现出一片欣欣向荣的景象。

第二章　抗战内迁长汀时期至新中国成立前，砥砺前行（1937—1949年）

抗战全面爆发后，1937年底，厦门大学西迁汀州，即现在的长汀，直至1946年6月才迁回厦门。8年多的长汀办学，虽然条件艰苦，但体育活动开展得十分活跃，同时也极大地带动促进了当地体育活动的开展。

这一时期学校高度重视体育教学，将体育课列为学生必修课程，规定学分，修满方可毕业。同时对于体育课缺课、补考等等都有明确规定。

师生们克服体育场地匮乏的困难，利用公园、县政府等处的运动场上课。1938年春，在体育部主任陈掌谔教授带领下，学生们利用体育课时间开辟运动场地，先后建起了田径场、足球场、篮排球场、器械室，使得学校的运动场设施得到较大的改善。此后继续利用各种条件扩充体育场地、增置体育器械，尽力满足体育课及各项体育活动的需求。1943年，由厦大校友、江西建设厅厅长杨绰庵先生捐资修建了“绰庵游泳池”，为厦大师生教学及比赛、锻炼提供了有利条件。

在长汀时期那样条件艰苦的情况下，学校对课外群体活动丝毫没有放松，各项比赛开展得如火如荼。1939年12月，召开了全校体育代表会议，成立了教职员体育会，组建了全校救火队。

学校每年都积极举办校庆运动大会，其中1940年和1943年两届校庆运动会影响很大，效果很好，运动会上有多人次打破运动纪录。此外，学校积极组织学生、教职工进行各种球类比赛、越野比赛、登高比赛、游泳比赛、拔河比赛等等，还与当地驻军联合举办体育竞赛。为丰富课外活动，大家开动脑筋，将打扫卫生用的拖把都充分利用起来，创编了“拖把舞”。

为适应抗战需求，这一时期尤其重视军事体育和军械运动，添置了军事体育及器械操设备，设置了爬绳、天梯等运动项目，同时编制了投掷类、射击类、攀岩类、救护类等12类军事教材。

内迁长汀时期，虽然各方面条件都受到限制，但运动队训练、比赛却没有放松。学校篮球队、足球队、排球队、田径队都举行了队员选拔，定期进行训练，参加对外交流比赛并取得较好成绩。萨本栋校长以身作则，积极参加体育运动及比赛。1940 年，他在美国高校网球比赛中夺得单打、双打冠军，这极大地鼓舞了全校师生，促进了学校运动队的发展。

抗战胜利后，厦门大学于 1946 年 6 月迁回厦门，随后师生的课外体育活动便逐步开展起来，各项竞赛活动很快步入正轨。除了常规的篮、排、足三大球比赛外，还定期组织环城跑、网球、乒乓球、拔河、划船、国术、游泳等一系列的比赛。同时逐步完善校运动队建设，篮球、排球、足球、网球、田径、游泳、器械操等运动队都统一安排了指导员并开展常规训练，积极参加全国、福建省、厦门市的运动会。

至新中国成立前的这一段时期，学校成立了教职工协会、学生课外体育活动委员会等组织，积极举办系列体育活动和体育竞赛，设立了年度体育活动优秀奖，推动师生课外体育运动的发展。1947 年，陈承佐先生捐资设立了"承佐体育奖学金"，用以奖励体育成绩优秀者。

抗战时期运动场被日寇破坏，因此厦门大学从长汀回迁后即着手全力修复、修建、扩充运动场。整修之后的演武运动场包括了足球场、田径场、排球场、篮球场及健身操设备等。抗战胜利至新中国成立初期，演武场又经历了一次大的翻修，并尽可能在原址恢复。

第三章　新中国成立后二十七年，继往开来（1949—1976年）

新中国成立后，厦门大学体育工作翻开了新的篇章，1949年至1976年，厦大体育取得了辉煌的成就。

首先，体育教学方面取得了较为快速的发展。1951年华东教育部令规定，体育课为必修课，但不计学分。在此规定的指导下，厦门大学体育组结合学校实际情况，制定了体育课程教学大纲。1953年，借鉴苏联教学大纲及上海青少年体育锻炼标准，制定了全校统一的两年体育课程大纲。1956年，根据高教部颁布的我国第一部《一般高等学校体育课试行教学大纲》重新制定了厦门大学体育课程教学大纲。

由于厦门大学地处国防前哨，有着开展国防体育运动的有利条件，在国家的大力号召下，摩托车、爬山、行军、射击等运动项目的课堂教学与课外活动在五六十年代非常盛行。同时，学校更是把游泳的普及与提高作为体育教育的重大任务来抓，拨出专项经费购置游泳设备，开设游泳干部训练班，再由游泳干部去培训、辅导学生，使得游泳很快就成为全校学生都掌握的一项技能。

1960年，厦门大学举办“专项运动（田径）选修”试点班，选派有丰富经验的教师上课，极大地提高了学生的专项运动基本技术和技能。1961年至1962年“困难时期”，学校体育教学暂停。1963年恢复了体育课，体育教研组根据高教部1961年颁布的《高等学校普通体育课教材纲要》的要求，制定了体育课程大纲用以指导教学。

1970年底，厦门大学教育系设立体育专业，1971年开始招生，但两年后福建师范大学复办体育系，厦门大学体育专业则合并至福建师大体育系当中。

其次，乘着全国体育事业大发展的东风，厦门大学的群众体育活动蓬勃开展起来。

新中国成立后，毛泽东主席非常重视体育运动的开展，1952年亲笔题词“发展体育运动，增强人民体质”，至此，新中国体育运动开始书写新的篇章。

20 世纪 50 年代是厦门大学群众性体育活动开展非常活跃的一个时期，这一时期群体活动的特点是制度完善、项目众多、参与率高，师生体质都得到明显增强。体育教研组、团委会、学生会经常组织召开各个级别、不同范围的体育工作会议，包括全校性的体育工作大会，总结师生体育活动开展的情况，找出不足，商讨方案，推动群众性体育活动不断深入广泛进行。

1951 年 3 月，规定了全校文体活动时间，各学院积极举办院运动会。1952 年全面推行“准备劳动与卫国体育制度”，这是学习借鉴苏联经验后逐步推广起来的一种体育锻炼标准，是这一时期体育运动的一大特色。为达到更好的锻炼目的，学生们自发组成了一个个锻炼小组，参与人数达到全校总人数的 90％以上，小组通过制定公约、锻炼计划，建立打卡制度等方式，极大地调动了全校同学的锻炼热情，提高了自觉性和积极性，达到了很好的锻炼效果。此后几年，随着“劳卫制”在全国的推广实施，厦大掀起了全校群众性体育活动的热潮。每天课外活动时间，全体学生集合在大操场统一做“劳卫操”，声势浩大。

1953 年 4 月 3 日，厦门大学举行了首届体育运动大会。运动大会提出了“锻炼身体，加紧学习，建设祖国，保卫祖国”等 13 条响亮的口号，这是一次检验新中国成立以后厦大体育运动成绩的大会。此后每年的四五月份，运动大会都如期举行，除常规的田径项目之外，甚至增加了自行车、体操、举重等项目。

1956 年，国防体育活动大力开展起来，游泳、摩托车、射击、行军等活动风靡全校。1958 年，实行冬令早操制度，带动全校两千多名学生每天采用广播操、太极拳、健身舞蹈、越野跑、球类运动、跳掷项目等多种多样的方式进行早操锻炼，极大地促进了学生身体健康。

20 世纪 50 年代，学校制定了《厦门大学夏季游泳规则》，完善了各种游泳设施及救护设施，广泛开展游泳运动。1955、1956 年暑假共举办了 3 次师生共同参与的横渡厦鼓海峡活动；1959 年 7 月举办第一届水上运动会，101 名运动员参加比赛，创造了学校第一批游泳纪录。1960 年，在毛泽东主席让全国“三亿人口都来游泳”口号的号召下，全校掀起了“人人参加游泳，个个学会游泳”的群众性游泳热潮。7 月 10 日，在胡里山海滨浴场举行了规模宏大的“人人游泳下水典礼”，在校领导的带动下，四千余人同时下海，创造了厦大体育运动史上一个空前的盛举。由此可见，游泳在厦门大学各个历史时期都是非常重要的一项运动，从建校到新中国成立后直到百年后的今天，游泳都可以作为厦门大学一项有代表性的运动项目。

1960 年，厦门大学先后开展了万人乒乓球赛、万人射击、万人长跑、万队篮排球赛等四项万人参与的体育活动，广大师生积极响应，踊跃参加，人人下运动场，从而把群众性体育活动推向一个高潮。

1960 年，厦门大学党委统领全校体育文娱工作，成立了学校体育运动委员会，广泛推动、普及群众性文体活动的开展。

这一时期，教职工的锻炼热情也日益高涨。教职工像学生一样练习劳卫操，组建了劳卫制锻炼小组。1960 年 4 月，厦门大学举行了建校以来首届教职工运动会，设置了 40 个比赛项目，参赛教职工从校领导、老教授到炊事员、饲养员，达到 900 多名。此后，学校又组织了教职工篮球、排球、乒乓球等比赛，并组建了运动队。

“文革”期间的课外群体活动主要包括早操和劳卫制考级，同时体育社团在体育部的支持下开展了一些体育活动。但由于这一时期学校的体育活动开展得不好，坚持经常锻炼的学生少了，所以导致运动成绩有所下降。为此，学校还要求各系成立了体育运动委员会，以全面负责系里的各项体育工作。

第三，新中国成立后，厦门大学运动队建设得到进一步发展，除了传统的田径、篮球、排球、足球、体操、游泳队之外，新建了棒球、射击、自行车、羽毛球等运动队。这些队伍多次参加福建省、厦门市比赛，均取得了优异成绩，同时在全国大学生运动会及代表福建省参加全国比赛当中也都取得了好成绩，称得上是成绩斐然。

如 1956 年 7 月，外文系印尼华侨学生郑翠琼在全国羽毛球比赛中获得女子单打第三名、双打第二名的好成绩，实现了厦大运动员在全国运动比赛中取得名次零的突破。1956 年，田径队打破 2 项省纪录，有 20 多个项目在福建省大学生运动会上表现突出。1962 年 10 月，厦大游泳队获得厦门游泳对抗赛团体总分冠军，游泳队还创造了省女子 100 米蝶泳纪录。1963 年，学校女子排球队获得福建省高等院校比赛冠军。

1960 年，在普及与提高、重点与一般相结合的前提下，学校将运动队分为四类，称为“四线代表队”，第一线为省重点队，集中了全校最优秀的运动员，第二线为市重点队，第三线为学校代表队，第四线为系、班、各单位的代表队。这样分层次、有重点地进行运动队建设，可以起到相互补充、相互带动的作用，更有利于运动队的发展。

厦大教职工在运动竞赛中也毫不示弱，1957 年 4 月，厦门大学派出 85 名教职工参加了厦门市首届教职工体育运动大会，在六个团体项目中，厦大获得了五个冠军和一个亚军的好成绩。

福建省大学生运动会在“文革”期间停办，1975 年 11 月份恢复举办，称为“福建省第一届大学生田径运动会”，厦门大学派代表队参加了比赛。

第四，新中国成立后，学校新建、整修了一批运动场馆，为学校体育工作提供必需的基本条件。

20 世纪 50 年代，学校在白城海边建造了 4 个游泳池。这 4 个游泳池一直使用到 20 世纪 90 年代初，后因修建演武大桥而被填埋。

风雨球馆修建于 20 世纪 50 年代，历经半个多世纪一直使用至今，室内可进行羽毛球、篮球、排球、乒乓球、武术、体操等项目的教学及训练、比赛等活动。2001 年前后进行翻新整修，室内改造为木质地板。2015 年再次进行大规模翻修，将木屋顶改为铁皮屋顶，并对木地板重新进行了修葺。

上弦体育场于 1954 年竣工，是在陈嘉庚先生亲自参与设计、督建下与建南楼群一同建造的，其大型看台及田径场与北侧的建南楼群已成为厦门大学的标志性建筑。2003 年上弦场进行了田径场标准化改造，多项比赛及大型活动均在此举行。

20 世纪 70 年代，在大南校门内有一处灯光球场，许多赛事在此举行，直至 1997 年修建嘉庚楼群予以拆除。

第四章　新时期，致力改革，飞速发展（1976年至今）

自20世纪70年代至今，厦门大学的体育工作进入飞速发展阶段，发生了翻天覆地的变化。

首先，新时期，厦门大学大力推行体育教学改革，逐步改变了“应试教育”的思维方式，重视运动技能和健身方法的传授及健身意识的培养，以学生为本开展多样教学、娱乐教学，让学生在上课中体验到体育运动的乐趣，愉悦身心。

1978—1990年，体育课程教学大纲历经三次修订。1980年开始，学校规定体育课为一、二年级学生必修课；1980—1984年实行全校学生早操点名制度，并将早操出勤率作为评定体育成绩的一部分。1982年9月份规定，一、二年级每周安排两次课外体育活动，三、四年级每周安排三次课外体育活动，并列入课程表，由教师进行辅导。1993年9月开始，全校一年级开设基础课，二年级开设选项课，项目有田径、体操、篮球、排球、足球、武术等几项。

2002年8月，在教育部《全国普通高等学校体育教学指导纲要》精神的指导下，厦门大学新时期的体育教学改革拉开了帷幕，自2003级开始，厦大全面实行新的体育课程教学方案。改革遵循以人为本、以“健康第一”为中心、以素质教育为主导的指导方针，试行并逐步推广“三自主”的课程体系，即学生自主选课程内容、自主选任课教师、自主选上课时间，逐步放开了学生选课，取消了体育课开设年级的限制，给了学生更大的选择余地，从而更好地达到了改革所需要达成的四大目标，即运动参与目标、运动技能目标、身心健康目标、社会适应目标。

为适应改革的需求，加速拓展课程内容，使得开课门数逐年增加。自2001年至2019年，新开课程累计达到64门，目前常规开设课程52门，居全国同类高校前列。目前还有极速飞盘、中华射艺两门新开课程已通过审核，将于2021年正式开课。在这些课程当中，许多项目都是由厦门大学率先开出的，如2005年开设高尔夫球，2012年开设攀树运动，2014年开设潜水、帆船，2017年开设桨板、击剑,2018 年开设三边足球等。这些课程的开设都曾一度成为媒体热议的话题,可以说,“敢为人先,勇于创新”正是这一时期改革步伐的最好诠释。

此外,“体育特色学分”的设置也是厦大独有的特色。2009 年,设置了游泳和马拉松两个体育特色学分,学生无须选课、修课,只要参加学校统一组织的游泳考试或参加厦门马拉松赛(全程)并达到相关要求,即可获得相应的 1 个体育学分,此举增加了学生获取体育学分的渠道,让学生的专长得以发挥,由此也带动马拉松课程更加火起来,近几年,每个班的选课人数都达到 100 人以上。从 2011 级开始,学校又将游泳列为必修学分,再次凸显了这一传统项目的重要性。

近年来,厦大的体育教学取得了令人瞩目的成绩,作为改革核心的“开放式”课程体系及不断拓展的新课程,让厦门大学站在了全国高校体育教学改革的前列,引领了时代步伐。许多国内高校慕名而来,到体育教学部进行学习交流,同时,许多家报纸如《光明日报》《人民日报》《福建日报》,以及网络新闻媒体如新浪、中国新闻网、人民网等都曾用一定的篇幅报道厦门大学体育课的改革成果,在社会上引起广泛关注。

在课程建设方面,近些年也取得了较大的成绩。“民族传统体育课程”2005 年被评为厦门大学校级精品课程,2009 年,获评福建省精品课程。2008 年,“形体塑造与健身系列课程”“现代小球课程”“户外拓展训练课程”以及“游泳”四个系列课程被评为校级精品课程,有力地推动了体育教学部网络教学平台的建设和教学质量的提高。

学生体质健康测试工作从 20 世纪 70 年代起步,逐渐完善、规范,步入正轨,曾连年被福建省授予“《国家体育锻炼标准》先进单位”“国家学生体质健康测试先进单位”的荣誉称号。

教材建设方面也取得了较为丰硕的成果,从 1984 年秋编写的《高等学校体育基本理论》教材,直至 2019 年编写的《大学体育与健康教程》,体育教学部教师主编教材共 18 部,分别在厦门大学、福建省乃至全国高校中使用。

近几年,在体育教学改革项目及教学成果奖方面也取得了较大的突破。2015—2020 年,体育教学部立项省级、校级教学改革项目 4 项,获得校级教学成果奖 4 项。2020 年,“享受乐趣、增强体质,开创‘双一流’大学体育工作新篇章”获校级教学成果特等奖,并获推荐申报省级教学成果奖。这些成果的取得,充分说明厦大体育人在体育教学研究方面正在逐步朝着纵深方向迈进。

其次，从1977年至今，随着学校体育运动项目的逐年增加，厦门大学的群众性体育活动开展得如火如荼、精彩纷呈。

20世纪八九十年代，学校建立了学生早操点名制度，各系学生每天参加体育锻炼的人数能达到80％～90％左右。同时广泛开展"两操两活动"，成立各种单项协会，推动群众体育活动的开展，使得全校性的排球、篮球、足球联赛热火朝天。1993年，国家体委授予厦门大学"全国群众体育先进单位"荣誉称号。

田径运动会是厦门大学每年群众体育工作的重头戏。从1978年至2019年共举办了40届，其间只有1994年、2000年这两年因学校运动场改造建设未能举办。随着时代的发展，运动会的竞赛项目、参加人数、参赛积分、比赛地点、开幕式表演等都发生了较大的变化。较为重大的调整自2008年开始，主要有三个方面：首先，对传统校运会的项目设置进行了调整和改革，增加了娱乐性、趣味性、集体性的项目；其次，对计分方法进行改革，凡参加比赛者无论名次均可获得不同的积分；再次，重视校运会开幕式表演，每年都进行民族传统体育、大众健身操、跳绳、广播体操等大型表演，将体育教学的成果充分展现在广大师生面前。这些改革措施极大地提高了运动会的参与率，增加了广大学生的集体荣誉感和拼搏意识，使得赛场气氛更加活跃、热烈，比赛更加精彩、有趣，真正将运动会打造成了体育盛会，充分展示了阳光体育的独特魅力。

面朝大海的厦门大学，游泳一直是群体活动当中最为普及的项目之一。每年元旦，学校都在白城海滨举办冬泳迎新年活动，吸引了厦门市及周边地区众多冬泳爱好者也积极参与进来，使得这项活动成为厦门市迎新年活动的传统项目。近几年，有许多金门的冬泳爱好者也前来参赛，更使得这项活动成为海峡两岸交流的一个平台。1978年以来，除了新的游泳馆尚未建成的那几年，学校游泳运动会每年都按期举行。自2004年思明校区王清明游泳馆建成至2019年，已成功举办了28届学生游泳运动会和27届教工游泳运动会。

学校历来十分重视开展长跑活动，"环校跑"是厦门大学的传统体育赛事。改革开放以来，厦大环校跑随着时代变迁，其举办意义也几经变革。2010年4月，首届"校庆师生环校长跑"分别在思明校区和漳州校区举行，此后，这项活动就作为每年校庆的一项重要内容延续下来，发展成为现在的"校庆杯"环校跑，师生参与热情都很高。

马拉松也是厦门大学群体活动开展的一大亮点。2003年3月，厦门市举办首届国际马拉松赛，厦门大学因组织了两千多名师生参加比赛而获得优秀组织奖，同时获得首届马拉松高校挑战赛团体总分冠亚军的好成绩。参赛师生个人获得男子全程市民组冠军、男子5公里冠军、男子10公里亚军的优异成绩。此后直至2015年(2016年起组委会取消团体报名)，学校每年都积极组织广大师生参加比赛，13年间，厦门大学有3万多人报名参赛，其中参加全程马拉松的达到15000多人。2008年4月，厦大获得“国际田联路跑金牌赛事”先进集体荣誉称号。在每年的厦门国际马拉松赛道上，佩戴着鲜红的“厦门大学”标志的运动员们尽展英姿，大家尽情享受着马拉松所带来的快乐！马拉松赛的影响力已经深入到每一位师生的心里，从而使得长跑这项最容易普及而又对身体锻炼最为有效的体育运动，借助厦门马拉松赛这个平台，在厦门大学很好地开展并推广起来。

近20年来，学校实行的全年体育总竞赛活动极大地推动了全校学生的群体活动开展。自2000—2001学年开始，厦门大学在全校范围开展“全年体育总竞赛”活动，将学校体委主办的各项赛事和“体质锻炼标准”测试纳入竞赛内容，以系为单位，计算全年体育总竞赛得分并取前8名予以表彰。2009—2010学年开始进行改革，实行新的“年度体育先进学院评比方案”，将评奖内容扩大为体育运动竞赛、体育文化活动、体育先进案例宣传、体育年度总结报告、学校体育代表队参赛获奖加分等。在竞赛项目方面，除了传统的田径和几大球类以外，将定向越野、攀岩、体育舞蹈、跆拳道、街舞等17个新的竞赛项目也列入积分的范围。2017—2018学年，这项活动再次进行改革，升级为“年度体育竞赛总积分”，计入年度积分的竞赛项目每年达30多个。此举极大地推动了学校群体活动的开展，达到了全民健身的效果。

学校体育工作大会的召开对群体活动起着重要的推动作用。改革开放之初，学校每年都召开体育工作大会，安排与部署当年及今后的学校体育工作，充分体现出学校对体育工作的高度重视。

2016年1月10日，在时隔十几年之后，厦门大学再次召开全校体育工作大会。会上，校长朱崇实作题为“坚持以人为本，加强体育工作，促进师生员工全面发展”的大会主题报告，对推动学校体育工作再上新台阶提出要求。大会讨论通过了《厦门大学关于进一步加强体育工作的若干意见》。会上，为强调体育锻炼的重要性，朱崇实校长现场示范了“直角支撑”，震惊全场，一时传为美谈。

2019 年 6 月，厦门大学召开体育育人工作座谈会。会上强调，广大师生要以“使命在肩、奋斗有我”的担当，推进体育工作机制体制创新，强化特色体育教学，加强高水平运动队建设，大力开展群众性体育工作，以体育精神凝聚强大合力，形成更多新的成果，进一步开创具有厦门大学特色的体育育人工作新局面。

体育社团在厦门大学的群体活动中扮演着非常重要的角色。近十几年来，体育类社团逐渐发展壮大起来。体育教学部将所有体育类学生社团纳入体育部与团委的共同管辖之列，安排专业的指导教师，提供资金支持、人力支持等，极大地规范了学生体育社团的管理，使得学生参加体育社团的积极性空前高涨，体育类社团数量猛增，目前已达到 31 个，其中帆船协会、登山协会、定向越野协会、武术协会等表现尤为突出。

第三，进入改革开放时期，厦门大学的运动队建设突飞猛进，取得了飞跃式的发展。

国家对学生运动竞赛一向很重视，“文革”结束后，七八十年代颁布了一系列的相关制度、通知、规划等，从 1987 年开始正式建立了高校招收高水平运动员制度，厦门大学作为首批获准招收高水平运动员学生的 51 所试点院校之一，最初的招生项目为田径、篮球、排球 3 项。2005 年，厦门大学重新申报了高水平运动员招生项目，除保留原有的田径、篮球外，增加了武术、游泳、足球 3 个项目，至此，招生项目增至 5 个。2010 年，根据教育部相关申报调整要求，厦门大学申请增加健美操、棒球两个高水平运动员招生项目，同时取消了游泳、足球两个项目。2018 年，为落实教育部相关文件精神，根据国家发展要求及学校发展规划，厦门大学将原有的田径项目更换为足球，至此，高水平运动队调整为篮球、武术、健美操、足球、棒球 5 个项目，它们被称为一类运动队。

为了抓好运动队建设，2005 年 9 月，学校成立了高水平运动队领导小组，领导小组每年定期召开会议，及时研究解决高水平运动队建设当中出现的问题，制定高水平运动队发展规划，为高水平运动队的建设创造良好的条件。

在管理制度方面，从招生到专业，从学籍到上课，从训练到比赛，从伤病处理到评奖评优等等都制定了相应的管理规定，近 20 多年以来，体育教学部对这些管理规定进行了多次补充、修改、完善，编印成册，使得高水平运动队的管理越来越规范化。其中比较重要的管理规定如《厦门大学高水平运动队学习管理条例》《厦门大学高水平运动员学籍管理规定》《厦门大学运动队训练管理条例》《厦门大学高水平运动员推荐免试攻读硕士研究生工作暂行办法》等，都是高水平运动队管理的指导性文件。

要抓好高水平运动队，教练员队伍的建设是至关重要的。体育教学部除选拔事业心强、有责任感、业务水平高的教师担任教练以外，还为男篮、田径、棒球等项目聘请了专业队的高级教练员来校担任教练，以达到迅速提高运动训练水平、提高本校教练业务素质的目的。除高水平运动队以外，其他运动队也聘请了一些校外教练，组成了以本校教师为主、外聘教练为辅的教练团队。近几年，还引进了几位世界冠军级的教师来校任教并担任运动队主教练。

除5个高水平运动队外，厦门大学根据学校发展需要，结合地域优势，成立了十几个由普通生组成的校级运动队。啦啦操、舟艇、帆船、橄榄球、羽毛球、足球(普通生)为二类运动队，田径、游泳、跆拳道、定向越野、高尔夫球、网球、排球等为三类运动队。二类、三类运动队呈动态变化，每年根据实际需要进行调整。所有的运动队都坚持常年训练，参加各级比赛，均取得优异成绩，为学校争得了荣誉。其中像帆船、舟艇、橄榄球等是厦门大学比较有特色的运动队。

厦门大学各个运动队在新时期都取得了较为辉煌的战绩，有的运动队还走出国门，走向世界，为国家争得了荣誉。

作为高水平运动队重点建设的男子篮球队，2007—2008年度夺得中国大学生男子篮球超级联赛(CUBS)全国亚军，2018—2019年度又夺得中国大学生篮球联赛(CUBA)全国季军的好成绩。2015年5月曾受教育部大学生体育协会联合秘书处委派，代表国家参加第31届泛波罗的海大学生运动会，中国是唯一受邀参赛的亚洲国家。

田径队学生郑幸娟在第15届亚运会女子跳高比赛中夺得亚军，在2011年5月国际田联世界挑战系列赛和第19届亚洲田径锦标赛中均获得女子跳高冠军，为国家争得了荣誉。此外，田径队还曾获得全国大学生运动会男子甲组110米栏冠军、全国大学生田径锦标赛男子110米栏冠军等，在福建省大学生运动会上，更是多次夺得团体总分第一名、打破多项省高校纪录。

20世纪80年代，厦门大学男子排球队就号称“八闽排坛劲旅”，不仅多次蝉联福建省高校排球赛冠军，而且在全国高校排球赛中也是硕果累累。2017年5月，男子排球队勇夺第四届中国大学生阳光排球锦标赛冠军，创造了厦门大学排球在全国赛场上的最好成绩。

足球作为三大球之一，在20世纪80年代发展较为迅速，厦门大学足球队连年参加飞利浦中国大学生足球联赛、李宁杯足球赛、李宁杯中国大学生五人制足球赛，均夺得福建赛区第一名、第二名的好成绩。

作为厦门大学传统运动队的武术队一直保持了良好的发展势头，在历届全国大学生运动会、福建省大学生运动会、福建省高校武术比赛、少数民族运动会、国际武术邀请赛等各级比赛中不断争金夺银，取得了辉煌的成绩。

健美操队成立于2001年，2011年开始招收高水平运动员，其竞技水平提高更加迅速。厦门大学健美操队在全国健美操联赛、健美操锦标赛、大学生健美操锦标赛、健美操冠军赛及福建省大学生运动会比赛中都取得了优异的成绩。尤为值得一提的是，健美操队6名队员代表福建省参加2017年第13届全国学生运动会，一举夺得混合双人操亚军，创造了福建代表队在健美操项目上的历史最好成绩。健美操队队员文嘉仪入选国家健美操队，代表中国大学生参加2017年的第十届世界运动会比赛，这是厦大学生第一次入选国家运动队。

棒垒球队成立于2009年，短短几年就迅速成长起来。女子垒球队在2013、2014年中国大学生棒垒球联赛中，连续两年夺冠；男子棒球队在2016年中国大学生棒球联赛总决赛中，以全胜的骄人战绩夺得冠军，2017年，再次获得中国大学生棒垒球联赛总决赛高水平组冠军。可以说，目前厦大棒球队的水平已居于全国高校前列。

在众多的二类、三类运动队当中，帆船队是值得一提的队伍。它成立于2009年，短短十年间就已赛出了名气。在中国大学生帆船锦标赛、中国俱乐部杯帆船邀请赛、国际名校帆船邀请赛等诸多赛事中多次荣获冠亚军。2011年6月，福建省大学生体育协会帆船分会成立，厦门大学为该分会的主席单位，这极大地促进了学校帆船运动的普及和开展。2011年10月，厦门大学帆船队获邀参加在法国举行的第31届世界大学生帆船赛，成为中国第一支受邀参赛的队伍，开创了厦大体育走出亚洲、走向世界的先河。2016年9月，厦大帆船队出征第八届世界大学生帆船锦标赛，获得总成绩第8名。厦门大学曾多次承办海峡两岸高校帆船赛，并多次在该项赛事中夺得冠军，具有很大的影响力。

攀树队作为国内起步最早的队伍，除在比赛中取得好成绩外，还充分发挥自身优势，在服务社会方面做出了突出贡献。2016年“莫兰蒂”台风过后，队员们迅速投入到学校和厦门市灾后修复和建设当中，他们利用所学知识和技能，对损毁的大树进行抢救、修剪，展现出专业的清理水准，受到社会各界的赞扬。

在运动队建设上，厦门大学的目标是结合学校的特点和地域优势，重点建设几个有自己特点的运动队，力争打造出具有厦大特色的、能跻身全国乃至世界前列的高水平运动队，为学校争得更多的荣誉。经过这些年的努力，已基本实现了这一目标。

第四，新时期，学生人数不断增加，随着几个校区的建设使用，学校进一步加大了运动场建设力度，新建、改建了一大批运动场馆。

明培体育馆于 1990 年 4 月落成，这是当时厦门市第一个正规的现代体育馆。2004 年对其进行了大规模的改造装修，安装了中央空调，增设和改造了休息室。2010 年，再次进行全面的大型装修，对地板、顶棚、门窗、裁判台、灯光等设施都进行了维修和装修，能更好地满足运动训练和比赛的要求。

能够映射厦大发展历程的演武运动场历经百年，经多次修缮改建，面貌焕然一新。2001 年，演武运动场铺设了塑胶跑道和人工草皮，重修了主席台的拉力膜顶棚和两侧看台。2017 年 8 月 8 日，历时 2 年的演武运动场改造工程竣工，改造后的演武田径场由原来的东西方向转为南北方向，运动场地按照国际田联制定的标准施工建设，整个运动场面积也由原来的 2 万平方米增加到 4 万多平方米，除田径场、足球场外，还包含了 19 个标准篮球场。现在，演武运动场以崭新的面貌、现代化的设施为全校师生带来了更好的运动体验。

2003 年 9 月，厦门大学漳州校区开始启用。校区最早兴建了标准的塑胶田径场一座，篮球、排球、网球场共 30 片，还有体操、单双杠、肋木架、天梯等运动设备。2005 年，完成漳州校区 2 个游泳池、32 片篮球场以及南区田径场、风雨球馆等体育场馆的新建工作；2006 年，高尔夫球练习场建成并投入使用；2010 年开始，陆续新建了 4 片网球场、2 片 7 人制足球场和 1 片棒垒球场。漳州校区运动场馆的总面积达到138000多平方米，很好地保证了体育教学及师生锻炼的需要。

2004 年 4 月，思明校区建成一座 3 层 3 池的“王清明游泳馆”，该馆还包括了健美操、武术、乒乓球教室和健身房，同时有会议室、多媒体教室及多间办公室供体育教学部使用。2019 年，游泳馆二楼、三楼进行了大规模改造及装修，建成了新的现代化健身房，新增动感单车教室等。王清明游泳馆为厦大的体育课教学及师生课外锻炼提供了良好的条件。

2010 年，思明校区高尔夫球练习场竣工，2011 年 2 月份投入使用，自此，正式在思明校区开设了高尔夫球课程。

2012年8月，厦门大学翔安校区开始启用。翔安校区一期运动场包括游泳馆1座、标准田径场1个、篮球场15片、排球场6片、网球场10片、5人制足球场2个、单双杠区1片、健身房2个以及武术室、健美操室、乒乓球室各1个。2014年8月，二期运动场建成并投入使用，包括1个标准田径场和4片篮球场。2015年8月，建成高尔夫球练习场。2018年5月，大型综合体育馆竣工，内有篮球场、排球场、乒乓球馆、健身馆、击剑馆等场馆以及裁判和运动员休息室等，总建筑面积近5万平方米。至此，翔安校区运动场馆面积已达到14.2万多平方米，能较好地满足校区10多个学院体育活动的需求。

思明校区东苑运动场几经改造，其篮球场、排球场、网球场也成为教学、课外活动的重要场地。此外，学生公寓也建有田径场、篮球场、网球场、棒垒球场等场地，主要供学生课外锻炼之用。

第五，进入21世纪，厦门大学体育学科建设也迈出了坚实的步伐。2003年，厦门大学获批"体育教育训练学"二级学科硕士点，2004年开始招生，这是厦门大学体育学科建设零的突破。2006年，申报"民族传统体育学"硕士点，2007年开始招生。截至2020年6月，两个专业共计招生129人，毕业107人。目前有在校生16人。

自硕士点招生以来，体育教学部共有20名教师担任硕士生导师，导师中具有博士学位者9人，目前在职并指导在校学生的导师共11人。自2004年至2020年6月，共开设研究生专业课、专业选修课23门。

但因师资力量及其他因素的影响，两个二级学科硕士点在全国学科水平评估中成绩均不理想，2017年申报体育学一级学科硕士点也未能获批，加之国家学位授权审核工作相关文件规定的限制，为谋求新的发展道路，学校分别于2018、2019年撤销了上述两个二级学科硕士点。

2019年3—12月，体育教学部同社会与人类学院联合，经过9个月的努力，正式在社会学一级学科下设立"体育与社会"二级学科硕士点，将于2021年开始招生。这一学位点的设立为厦门大学体育学科的发展开启了新的篇章。

第六，新时期，体育科研工作逐步发展，取得了较大的突破。20世纪八九十年代之前，厦门大学的体育基本上是停留在公共体育教学的层面。此后，顺应时代的发展及需求，教师们才真正从术科转而关注到科学研究，进而进行论文写作、课题研究等。20 多年来,随着对体育科研工作的高度重视及体育教师学历的不断提高,体育科研工作也快速发展起来,特别是近 10 年,成果更加丰富。

1984—2019 年,体育教学部教师撰写著作共 23 部。2000—2019 年,发表论文约 385 篇,其中核心刊物 103 篇;体育部教师主持各类科研项目 84 项,经费共约 400 万元,其中包括国家社科项目、教育部人文社科项目、福建省社科项目等纵向课题 29 项;教师申请专利 3 项;科研成果在各级各类评奖及科报会论文评比中获得奖励约 65 项,其中省级以上奖励 37 项。由此可见,近 20 年是体育科研取得重大突破、快速提升发展的重要时期。

厦门大学"国术与健身研究中心"成立于 2009 年 10 月,这是国内首个高校国术研究中心,也是体育教学部成立的第一个校级研究中心,具有开创性的重要意义。国术与健身研究中心由体育教学部林建华教授担任主任,其 10 名成员主要由体育教学部教师组成。

国术与健身研究中心着重研究闽台两岸国术与传统体育健身、养生的历史渊源和发展前景,促进国术与传统健身、养生文化在国内外的学术交流与合作,大力宣传和推广国术与健身、养生的科学理论与方法,使其在新的历史条件下为现代社会做出更大的贡献。其主要研究方向包括国术研究、健身养生研究、民间民俗体育研究等三个方面。研究中心成立 10 年来,在社会服务、人才培养、学术交流、国术推广等方面做出了较大的贡献。

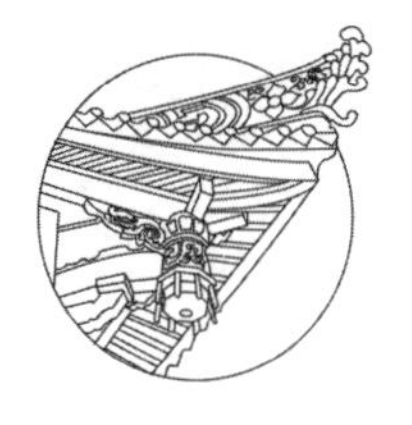

第二篇 体育教学部党政管理及教学机构

第五章　党政管理机构

第一节　党政机构设置及负责人

一、行政设置

厦门大学自1921年创办之初就设有体育部，由校长直接领导，负责全校体育工作。陈嘉庚先生热心倡导体育，强调“三育并重”，他不惜重金，为厦门大学聘请了不少体育界知名专家、学者来主持体育部的工作。

自学校体育部成立至1931年初，曾先后主持体育部工作的教师有张子常、金兆钧、彭文余、曾学鲁、廖超照等，他们均为我国早期体育界知名学者、专家。在档案资料中明确记载，1927年聘任张恒为体育部主任；1931年，由上海复旦大学体育部主任黄炳坤先生主持体育部工作；1932年秋季，聘毕业于美国康奈尔大学的工科硕士丁人鲲为体育部主任；1933年，聘任黄炳坤先生为体育部主任；1935年，黄炳坤离任，由本校法学士蔡如川先生任体育部主任兼体育指导员，尔后由曾郭棠接任；1937年，陈掌谔为体育部主任；1938年秋，陈掌谔教授离任赴菲律宾，萨本栋校长向福建省教育厅商借庄文潮来校主持一学期的体育工作；1939年，奉教育部令，将体育部与卫生组合并为体育卫生组，聘请吴金声医学博士任主任；1942年，由陈福清接任体育卫生组主任；抗日战争胜利后，1946年学校从长汀迁回厦门，1947年，学校聘请香港青年会的钱一勤教授任体育卫生组主任。

新中国成立后，学校招生人数不断增加。1952年，体育卫生组改为文娱体育室，归教务处领导，刘焕章副教授为主任，陈金铭为副主任。1955年，改为体育教研组。1959年，刘焕章调至福州大学体育室，遂由陈金铭副教授任主任一直到1966年。

“文革”开始后，体育教研组改为“革命领导小组”，由李连亭任组长。1971年1月，由陈金铭主持工作，“革命领导小组”全面负责学校的体育活动。

拨乱反正后，1978年，恢复建立体育教研室，为直属教研室，学校委托教务处代管，主任为陈金铭副教授。1983年5月教研室主任由校长办公室副主任黄渭铭兼任，1984年11月，由何德馨接任。随着厦门大学各项群体活动的蓬勃发展，体育教研室成为学校开展体育活动的指挥中心，这已大大超出教研室的职能范围，无法满足学校体育发展的需求。

1992年4月29日，学校发文，将体育教研室更名为体育教学部，为学校直属教学部门，下设体育理论教研室、运动训练教研室、基础教学教研室、场地器材实验室和办公室，主任仍由何德馨担任。

1996年2月，由林建华担任体育教学部主任，下设田径、武体、篮球、球类四个教研室以及行政后勤办公室（含资料室，1998年9月撤销）。2005年，武体教研室更名为武水体教研室，同年，学校将军事教研室合并到体育教学部。

2008年，由林致诚任体育教学部主任，设置体育教学、群体竞赛、体育科研、军事等共计四个教研室和行政后勤办公室。2010年，为了适应新时期体育工作的需要，重新改组教研室，设置球类Ⅰ、球类Ⅱ、体操、武术、户外运动以及军事共6个教研室，另有两个中心——国术与健身研究中心和厦门大学体质健康测试中心。2017年10月至今，陈志伟担任体育教学部主任。

二、党组织设置

新中国成立后，教务处成立党支部，体育卫生组作为教务处所属部门之一，其组织关系由教务处统一管理。1956年，庄振卿被任命为党支部副书记，直至1966年。“文革”期间，周寿康被任命为专职党支部书记。1979—1985年期间，庄振卿被任命为党支部书记，至1985年庄振卿因病休息，增补陈辉太为党支部副书记，主持工作。

1991年9月，学校党委成立体育教研室直属党支部，由庄惠美担任党支部书记，兼办公室主任。1992年4月29日体育教研室更名为体育教学部后，党支部也更名为体育教学部党支部。1992年秋，庄惠美调任校拆迁办工作，改由林清江主持体育教学部党支部工作。林清江于1994年7月开始正式担任体育教学部党支部副书记,1996 年 11 月至 2004 年,林清江担任体育教学部直属党支部书记。

2004 年,学校成立体育教学部党总支,由刘正淳担任书记。2010 年,郭琼珠接任体育教学部党总支书记。2015 年,学校成立体育教学部党委,由郭琼珠担任书记,陈华担任副书记。2017 年 10 月,校党委任命林致诚担任党委书记,2018 年 5 月起刘建敏担任党委副书记。

回顾历史,从 1921 年的体育部到 1992 年的体育教学部,经历了一个从无到有、从小到大的发展历程。今天,体育教学部已发展为具有一定规模、拥有一定实力的教学单位,成为学校开展群众性体育活动的指挥中心,在体育教学、群体竞赛、运动队建设及科学研究等方面都取得了较为突出的成绩。

体育教学部党政机构称谓的变更、历届体育教学部党政机构负责人情况详见表 5-1、表 5-2、表 5-3。

表 5-1　体育教学部称谓的变更

时间(年)	体育部称谓
1921	体育部
1939	体育卫生组
1952	文娱体育室
1955	体育教研组
1966	革命领导小组
1978	体育教研室
1992	体育教学部

表 5-2　体育教学部党委称谓的变更

时间(年)	隶属及称谓
1949	隶属教务处党支部
1991	体育教研室党支部
1992	体育教学部党支部
1996	体育教学部直属党支部

续表

时间（年）	隶属及称谓
2004	体育教学部党总支
2015	体育教学部党委

表 5-3 1921—2019 年厦门大学体育教学部历届党政负责人一览表

年份（年）	主　任	书记、副书记（年份、说明）
1921—1931	主　任:张恒(1927)	——
1931	黄炳坤主持工作	——
1932	主　任:丁人鲲	——
1933—1935	主　任:黄炳坤	——
1935—1936	主　任:蔡如川	——
1937	主　任:曾郭棠	——
1937—1938	主　任:陈掌谔	——
1938—1939	庄文潮主持工作	——
1939—1942	主　任:吴金声	——
1942—1946	主　任:陈福清	——
1946—1947	主　任:吴金声	——
1947—1949	主　任:钱一勤	——
1949—1959	主　任:刘焕章 副主任:陈金铭	副书记：庄振卿（1956—1966）
1959—1966	主　任:陈金铭 副主任:田春兰	
1966—1970	组　长:李连亭	书　记:周寿康(专职) (1966—1975 年左右)

续表

年份（年）	主　任	书记、副书记（年份、说明）
1971—1976	主　任:李连亭 主持工作:陈金铭	总支委员:李连亭(兼)(1975—1979)
1976—1978	主　任:李连亭 主持工作:陈金铭	
1978—1983	主　任:陈金铭 副主任:黄诚宗 王光远 庄振卿(兼)	书　记:庄振卿(1979—1985)
1983—1984	主　任:黄渭铭(兼) 副主任:黄诚宗 陈礼贤	
1984—1989	主　任:何德馨 副主任:黄诚宗 陈礼贤 林建华	书　记:庄振卿(1985 年因病休息) 副书记:陈辉太(1985 年增补,主持工作)
1989—1996	主　任:何德馨 副主任:黄诚宗 林水撰	书　记:庄惠美(1991—1992) 副书记:林清江(1992 年主持工作,1994 年学校正式任命)
1996—1998	主　任:林建华 副主任:秦建明(1996)	书　记:林清江(至 2004 年)
1998—2008	主　任:林建华 副主任:林致诚(1998) 黄景东(1999)	书　记:刘正淳(2004—2010)

续表

年份（年）	主　任	书记、副书记（年份、说明）
2008—2017	主　任：林致诚 副主任：陈志伟 郑　婕	书　记：郭琼珠（2010—2017） 副书记：陈　华（2015—2018）
2017—2019	主　任：陈志伟 副主任：何元春 吴飞腾	书　记：林致诚 副书记：刘建敏（2018）

备注：

1.资料来源于学校人事处档案、《厦大周刊》、《厦大通讯》。

2.当人事处档案与《厦大周刊》、《厦大通讯》、口述等发生出入时，以人事处档案为准；当第一版与第二版人事处档案有出入时，找相关人员了解确定；人事处档案没有记录者，以《厦大通讯》、《厦大周刊》和口述为准。

3. 口述人员为部分退休和在职人员。

第二节　厦门大学体育运动委员会机构设置及负责人

为了加强学校对体育工作的领导，1953 年，厦门大学先后成立了第一届运动会筹委会和学生锻炼标准推行委员会，由王亚南校长担任第一届运动会筹委会主任，章振乾担任体育锻炼标准推行委员会主任。

1955 年 3 月 4 日，根据中央高教部、中央体委等六个单位联合发出的“关于中等以上学校中开展体育运动联合指示”的精神，成立了以学校行政为领导，由体育教研组、团委会、学生会、工会、医院等单位参加的全校性的体育运动委员会，陆维特副校长担任主任委员，章振乾教务长任副主任委员，刘焕章等 11 人为委员。体育运动委员会以开展劳卫制的锻炼、开展各种运动竞赛和其他群众性的体育运动为中心任务，对全校的体育工作加强了领导。

1960 年，为了进一步加强体育文娱工作，校党委决定成立学校体育运动委员会，统领全校体育文娱工作。由校党委书记陆维特兼任主任，白世林、梁敬生为副主任，潘懋元、陈金铭为委员。全校各系普遍建立了以党总支（支部）书记挂帅的体育工作组，加强系一级体育工作的领导。1963 年，学校体育运动委员会进行第一次换届，由白世林任主任。1972年，恢复学校体育运动委员会，由校党委副书记林汝楠任主任，校革委会副主任胡锦望、校团委书记黄渭铭任副主任。后林汝楠调福州大学，1974—1977年，由校党委副书记胡锦望代理主任。学校体育运动委员会后续又历经多次换届，在开展学校群众性体育活动和组织运动竞赛方面起了重要的作用。其历届主任委员、副主任委员名单详见表5-4。

表5-4 1960年至今厦门大学体育运动委员会历届主任委员、副主任委员情况表

年份	主任委员	副主任委员	秘书长
1960—1963	陆维特书记	白世林、梁敬生	——
1963—	白世林	陈金铭	——
1972—1974	林汝楠副书记	胡锦望、黄渭铭	——
1974—1977	胡锦望副书记	黄渭铭	——
1977—1985	潘懋元副校长	黄渭铭	——
1985—1987	辜联崑副校长	何德馨	——
1987—1995	郑学檬副校长	王豪杰、黄光贤、何德馨	——
1996—1999	郑学檬副校长	王豪杰、潘世墨、丁马太、林建华	——
1999—2010	潘世墨副校长	张翼、丁马太、林建华	黄景东
2010—2019	邬大光副校长	王巧萍、林永生、林致诚	郑 婕
2019年至今	邓朝晖副校长	林辉、陈光、李智勇、叶鹏飞、陈志伟	吴飞腾

第六章　体育教学部教学机构及人员构成

第一节　教学机构设置

教学机构是体育教学部的基层组织，是学校各项体育工作的具体实施单位。体育教学部根据运动项目、学科性质及时代需求，对下属的教学机构进行了多次的设置与调整。

20 世纪 80 年代，按照运动项目进行分类，设置了田径组、篮球组、排球组、武体组、办公室等。90 年代初，随着体育课程门类的增多，按运动项目对教研组进行重新划分，设置了田径教研组、篮球教研组、球类教研组、武体教研组、行政办公室等。此后，随着体育教学部功能的不断强大、体育课程的不断增多及教师人数的不断增加，"教研组"改为"教研室"，并进行了重新划分，设置了田径教研室、武水体教研室、篮球教研室、球类教研室等。

21 世纪初，随着教学管理信息化时代的到来，体育教学部行政管理人员的配备也得到加强。管理人员共有 7 名，其中有主管全面工作的部主任 1 名，分管教学工作的部副主任 1 名，分管竞赛工作的部副主任 1 名，办公室主任 1 名，教学秘书 1 名(2003 年 3 月调入，之前没有专职的教学秘书，由教师兼任)，网络管理工程师 1 名(主要负责教学软件、教学课件的开发制作和管理)，财务管理人员 1 名。

2008 年，根据时代及学科发展的要求，体育教学部重新设置了教研室，划分为体育教学教研室、群体竞赛教研室、体育科研教研室、军事教研室等四个教研室，同时设有办公室、厦门大学体质健康测试中心、资料室等。

由于按学科性质划分的教研室在教学与群体竞赛管理中存在较多的教师重叠交叉现象，不利于体育工作的开展，因此，2009 年，"国术与健身研究中心"作为校级科研机构挂靠体育教学部。体育教学部又按运动项目和教师特长重新划分教研室，共设置体操教研室、武术教研室、户外运动教研室、球类Ⅰ教研室、球类Ⅱ教研室、军事教研室等6个教研室。历年来机构设置变化情况见表6-1。

表6-1　体育教学部教学机构发展变化情况

时间	教学机构
1990年以前	田径组、篮球组、排球组、武体组等
1991年	田径教研组、武水体教研组、球类一组、球类二组、办公室
1992—1996	体育理论教研室、运动训练教研室、基础教学教研室、场地器材实验室、办公室
1996—2005	田径教研组、武体教研组、篮球教研组、球类教研组、办公室
2005—2008	田径教研室、武水体教研室、篮球教研室、球类教研室、军事教研室、行政办公室
2008—2009	体育教学教研室、群体竞赛教研室、体育科研教研室、军事教研室四个教研室；另有办公室、厦门大学体质健康测试中心、资料室
2009—2019	球类Ⅰ教研室、球类Ⅱ教研室、体操教研室、武术教研室、户外运动教研室、军事教研室共6个教研室；另设有办公室、国术与健身研究中心、厦门大学体质健康测试中心、厦门大学体医融合师生健康促进中心(2018年12月成立)等

第二节　教师队伍建设

体育教学部自厦门大学创办之初就已经成立，作为负责全校体育工作的部门承担了全校的体育教学、课外群体运动、运动竞赛以及对外交流、校园体育文化建设的重任。百年来，随着学校体育工作的不断提升及深入发展，体育教学部也逐步发展壮大起来。步入新时代以来，体育教学机构不断完善，人员不断增加，尤其是新中国成立后，发展速度更快。专任教师学历水平逐步提高，学科背景也逐渐多元化、专业化，学缘结构由单一的体育院校发展为包括师范类、综合类大学在内的多元结构(详见表6-2、表6-3、表6-4)。

至2020年1月，体育教学部有专任教师52人(不含军事教研室)，其中教授

4 人，副教授 22 人，助理教授、讲师及助教 26 人；国际级裁判 4 人，国家级裁判 5 人，国家级社会体育指导员 2 人；具有博士学位教师 9 人；林建华和林致诚两位教授被教育部聘为“全国高等学校体育教学指导委员会”委员。教师中 45 岁以下教师 33 名，占专任教师总数的 63.46%。由此可见，厦门大学体育教学部的专任师资配备呈现学历水平较高、学缘结构合理、职称配比较合理、以中青年教师为主体的架构特点。

军事教研室于 2005 年合并至体育教学部，2020 年转至马克思主义学院。该教研室共有专任教师 8 人，其中副教授 4 人，助理教授 2 人，讲师 2 人。教师中有来自厦门大学、南开大学、北京师范大学和其他军队院校从事教育学、历史学、军事学和社会学研究的博士 5 名。教师们丰富的学科背景形成了国防教育基本理论、高等学校国防教育、国防教育历史、国防教育比较、国防教育文化等富有特色的研究方向。军事教研室全体教师在多年教学实践中，通过不断的教学研究和专业发展，已成为一支教学水平过硬、科研成果在国防教育领域名列前茅的高水平队伍。

表 6-2　新中国成立后厦门大学体育师资队伍数量情况表

年份	教师人数
1950	4 人
1952	6 人
1954	8 人
1960—1962	21 人(教师 15 人，行政 3 人，其他 3 人)
1963—1964	18 人(教师 16 人，行政 2 人)
1964—1965	17 人(副教授以上 1 人)
1965—1966	21 人(教学人员 18 人，行政人员 3 人，其中副教授以上 1 人)
1990	36 人(副教授 6 人，讲师 19 人，助教 11 人，工作人员 4 人)，国际级裁判 1 人，国家级裁判 2 人
1997	33 人(教授 2 人，副教授 7 人，讲师 17 人，助教 7 人，职工 6 人)，国际级裁判 1 人、国家级裁判 3 人

续表

年份	教师人数
2020.1	62 人(专任教师 52 人,行政后勤人员 10 人),其中教授 4 人,副教授 22 人,国际级裁判 4 人,国家级裁判 5 人,国家级社会体育指导员 2 人 军事教研室 2005 年合并至体育教学部,共计 9 人(专任教师 8 人,后勤人员 1 人),其中副教授 4 人,助理教授 2 人,讲师 2 人

表 6-3　1926—2019 年厦门大学体育教学部历年入职教职工一览表

年份	教师名单
1927	张恒、李金星(体育室职员)
1929	黄炳坤(代体育指导员,复旦大学毕业,汕头体育会训练员)
1932	丁人鲲(美国康奈尔大学工科硕士)
1933	苏显忠、苏着煌(两位国术专家担任国技教员)
1934	黄淑华(体育指导员兼校女子篮子球队指导) 刘金泉(国技师)
1935	蔡如川(厦门大学法学士,兼体育指导员) 刘有土(厦门大学商学士,体育指导员,体育助教) 洪宝旋(女,女生体育指导员) 吴儒濂(上海体育学院游泳、篮球)、萧国荣(国术教员)
1936	陈天民(体育指导员)
1937	曾郭棠、陈掌谔
1938	庄文潮(福建省教育厅视导员,擅长田径和球类) 周天民(男生体育指导员)
1939	吴金声(医学博士)、黄柏林(体育教员)、 黄淑慎(女,萨本栋夫人,田径、女生体育指导员)
1942	陈福清、罗经龙(游泳体操)
1943	陈祥光、林申庄(女) 黄　震、周铁民
1946	刘焕章、吴止戈、杨善铎(助教)、廖永明、 石振达(排球)、苏莳章(女,女生体育指导)、 陈聚才(女,上海两江女子体育专科学校,女生体育指导员)
1947	钱一勤(东吴大学体育科游泳)

续表

年份	教师名单
1948	李树缮、邵友云(女,上海两江女子体育专科学校)
1950	陈金铭(上海东亚体育专科学校田径)、田春兰(上海东亚体育专科学校排球)、沈荣熙
1951	庄振卿
1952	王光远(上海东亚体育专科学校游泳)、华炳泉
1954	施义宗(上海体育学院一年培训体操)、吴宜谋(上海体育学院一年培训田径)
1955	林惠贞(女,福建师范学院排球)
1956	吴振桑、吴在瑜(北京体育学院田径)
1957	苏秀兰(女,上海体育学院篮球)
1958	傅如川(福建师范学院篮球)、李启峰(福建师范学院排球)、邹国宝(福建师范学院武术、篮球)
1960	黄庆澍(福建师范学院田径)、陈灼钻(女,上海体育学院资料员)
1961	李少蓉(女,武汉体育学院体操)
1964	吴世民(上海体育学院足球)、林金栋(工勤)、蔡炳煌(教辅)
1965	何德馨(北京体育学院篮球)、李连亭(北京体育学院足球)、张宝亮(北京体育学院排球)
1970	黄渭铭(福建师范学院田径)
1971	林清江(福建师范学院田径)、黄诚宗(福建师范学院田径)、张西文(工勤)
1972	陈纯芳(福建省体工队、游泳)、陈辉太(北京体育学院篮球) 杨家庭(上海体育学院篮球)
1973	黄后全(福建师范大学田径)、林水撰(上海体育学院体操) 郭淑美(女,福建师范大学体操)、郭碧玲(女,厦门大学教育系篮球)
1974	陈礼贤(上海体育学院体操)、吴博厚(北京体育学院排球) 丁秀清(女,福建省体工队羽毛球)、李家太(上海体育学院田径)
1976	叶素贞(女,党政)、叶素青(女,党政) 罗网市(女,工勤)、林亚英(女,工勤)

续表

年份	教师名单
1979	王传茂(北京体育学院排球)、蓝秀华(女,工勤)
1980	王寅初(工勤)
1982	柯惠芬(女,北京体育学院田径)、柯玉坤(福建师范大学排球)、严咏宝(女,北京体育学院田径)、杨建艺(北京体育学院排球)、许克(北京师范大学篮球)
1983	林建华(福建师范学院武术)、张丽琛(女,北京师范大学体操)、邹晓峰(福建体育学院篮球)、陈源(北京体育学院体操)、方嘉禾(福建体育学院篮球)
1984	刘俊勇(北京体育学院排球)
1985	曾秀端(女,福建体育学院田径)、朱文胜(北京体育学院足球)、洪励(女,福建体育学院排球)、蔡福泉(工勤)
1986	方福荣(福建师范大学足球)、郭琼珠(女,福建师范大学武术)
1988	陆浩(上海体育学院篮球)
1990	黄力生(上海体育学院田径)
1991	周洪杰(北京体育学院武术)、庄双荣(工程)
1993	刘超(女,武汉体育学院篮球)、唐文玲(女,北京体育学院体操)、陈仲寅(工勤)
1994	蔡宝家(上海体育学院排球)、张继勇(华东师范大学篮球)
1995	林致诚(华东师范大学篮球)、秦建明(福建师范大学田径)、陈华(武汉体育学院篮球)、徐颜国(北京体育大学武术)、郑婕(女,湖北大学一原武汉师范学院艺术体操)
1996	王鹏(北京体育大学篮球)、黄惠玲(女,华东师范大学田径)、李仁松(集美大学武术)
1997	黄景东(福建师范大学田径)、林群勋(福建师范大学田径)、赵秋爽(女,沈阳体育学院体操)、谭红春(武汉体育学院篮球)、胡立虹(女,集美大学武术)、颜六亿(华东师范大学田径)
1998	陈志伟(女,上海体育学院排球)、吴飞腾(北京体育大学体操)、焦芳钱(西北师范大学田径)、刘文涛(北京体育大学排球)、杜鹃(女,武汉体育学院网球)

续表

年份	教师名单
1999	张建敏(上海体育学院足球)、唐艺珊(女,北京体育大学乒乓球)、郭丹(女,党政)
2000	郑达雄(上海体育学院篮球)
2001	张玉春(女,北京体育大学篮球)、戴苹苹(女,北京师范大学艺术体操)、李先伦(工勤)
2002	陈志辉(福建师范大学足球)、张建森(集美大学排球)、关建军(山西大学田径)、张林(北京体育大学运动人体科学)、刘婷(女,新疆师范大学健美操)
2003	翁兴和(福建师范大学游泳)、林顺英(女,福建师范大学排球)、罗文霞(女,党政)、耿小玲(女,党政)
2004	黄桑波(成都体育学院排球)、肖舜娥(女,北京体育大学跆拳道)、刘正淳(党政)
2005	邵文墨(工勤)
2006	王丽娟(女,沈阳体育学院小球)、杨广波(武汉体育学院武术)、林香菜(女,北京体育大学乒乓球)、莫菲(女,东北师范大学篮球)、方国兴(女,工勤)
2007	傅亮(北京体育大学高尔夫)、胡云霞(女,武汉体育学院瑜伽)、邹红(女,北京体育大学健美操)、林晓群(女,武汉体育学院武术)
2008	何元春(北京体育学院乒乓球)
2009	倪振华(江西师范大学健美操) 骆腾昆(俄罗斯国立体育大学户外拓展)
2010	周斌(集美大学武术)
2012	秦勤(女,福建师范大学游泳)
2014	冯菲(女,北京体育大学啦啦操)
2015	李生(北京体育大学跆拳道)、林秋华(女,北京体育大学皮划艇)、付正超(党政)
2016	谭江明(中国矿业大学定向)、孟蒙(日本早稻田大学体能)
2018	刘建敏(党政)

续表

年份	教师名单
2019	刘小龙(北京体育大学羽毛球)、涂伟龙(北京体育大学棒垒球) 张阳(北京体育大学足球)、徐登攀(党政)
备注	曾来厦门大学任教或指导,但无法确定具体时间的人员: 吴云礼、周植方、颜鹏泰、田渊添、许雨阶、林可能、薛永黍、王守仁、李锡霖、章茂林、彭文余、蔡春秋、柯玉燕、杨慎宜、陈孟瑜、王修忠、成建吴、陈进益、林启训、许阿器等

备注:

1.资料来源于人事处档案、《厦大周刊》、《厦大通讯》。

2.当人事处档案和《厦大周刊》、《厦大通讯》、口述等发生出入时,以人事处档案为准;人事处档案无记载者,以《厦大周刊》、《厦大通讯》和口述为准。

3.口述人员:部分退休和在职人员。

4.1949年前括号内为个人相关信息,1949年后括号内依次为入职厦大体育部时的毕业学校、专项与岗位类别。

5.校名变更说明:北京体育学院(1993年12月更名为北京体育大学);华东体育学院(1956年更名为上海东亚体育专科学院,1952年夏,与华东师范大学体育系、体育专修科与南京大学和金陵女子大学的体育系科合并成立华东体育学院,1956年更现名为上海体育学院);福建师范学院(1972年更名为福建师范大学);福建体育学院(1994年10月,与其他院校合并为集美大学);武汉师范学校(1984年更名为湖北大学)。

6.表中不含军事教研室人员。

表6-4　体育教学部专任教师学缘结构表

学校类型	具体学校名称
体育院校	北京体育大学、上海体育学院、武汉体育学院、成都体育学院、沈阳体育学院、俄罗斯国立体育大学
师范大学	华东师范大学、福建师范大学、东北师范大学、西北师范大学、新疆师范大学、北京师范大学、江西师范大学
综合性大学	厦门大学、集美大学体育学院(原福建体育学院)、山西大学、湖北大学、中国矿业大学、日本早稻田大学

1960 年

1998 年

2011 年

2019 年

图 6-1　厦门大学体育教学部不同时期教师合影

第三篇 体育教学

第七章　创办时期(1921—1937年)

建校初期,林文庆校长非常重视体育。他说:“缺少运动会让精神和身体停滞。走路有助于循环,增长智慧。”厦门大学校章规定:“本校对于体育特别注意,凡可训练学生身体强健、精神和乐之各种体育组织,无不设备,由体育部主任指导一切。”同时规定:“凡关于体育上各种运动,均聘请专家分任指导及教练,以期养成学生健全活泼之身体。”

私立时期的厦门大学,根据目前所收集到的资料,关于体育课程课内教学方面的记述并不多,相关记载如下:

建校初期,对于本校预科学生,最早的体育课程是以每日早操的形式来体现的,后来,“本校校章规定,预科学生,均须必修体育课,每学期两绩点,两学年共八绩点,如不及格,不得毕业。此项课程前以每日早操代之,本学期为增进学生兴趣起见,列入课程表中,分甲乙丙三组教授,每周每组上课三次,每次时间一句钟”。

校领导充分认识到,“体育一项,能直接增进身心健康,养成合作精神,在各科间,实最具有实际性者”,所以从1930年秋起,厦门大学将体育规定为必修科,专聘教员进行训练,尤其注重课外活动。

1934年,随着学生人数的倍增,“体育兴趣益加浓厚”,每天课余时运动场人员鼎沸。“体育部对此极力提倡,以免落后于人”。在体育课程方面,学校有如下规定:“高中部体育列为必修课程,大学部列为选修课程,各种运动,力求普遍,故每学期举行校内锦标比赛,除学校代表队队员外,其余同学均得组织一队参加。国术为我国国粹,本校亦注重,聘请南北名师,按时指导。”

1936年,福建省教育厅转来部令,其中关于体育课程的规定是这样的:“专科以上学校体育课程标准在未经颁布以前,应由各校自定细目试行每星期两小时,不及格者不得升学或毕业。”据此,经学校第十六次校务会议讨论决定,厦门大学切实遵照上述规定执行,将各学院体育课的时间按每星期两小时的标准予以安排，运动项目分为篮球、足球、排球、田径四种，于当年 2 月 24 日开始上课。

1936 年，学校制定了“教学做大纲”，包括动机、目的、计划三部分，“计划”当中对“体育”做了较为详细的规定，内容主要包含掷铅球练习要诀、撑竿跳练习要诀、跳高练习要诀、跳远练习要诀、长距赛跑要诀、短距赛跑要诀六部分。具体见下图。

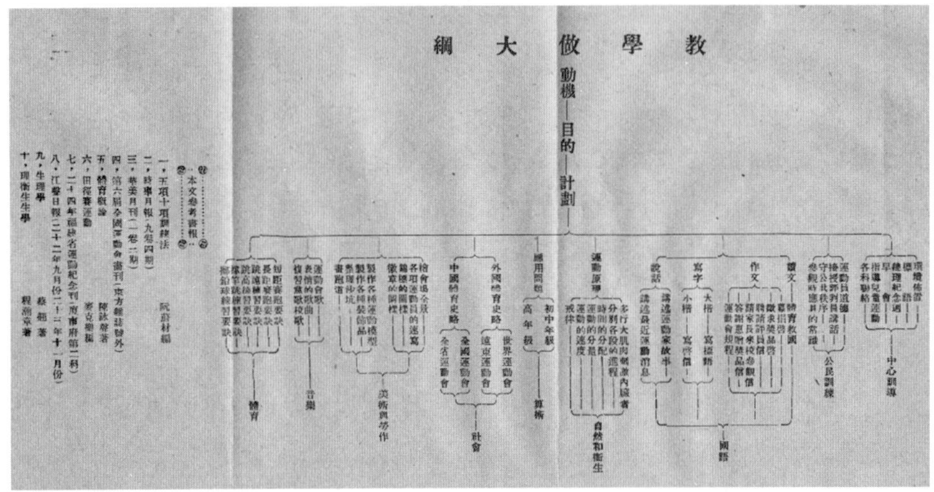

图 7-1 “教学做大纲”图(1936)

第八章　抗战内迁长汀时期（1937—1945 年）

1937 年 7 月 1 日，厦门大学改为“国立”。1937 年 9 月 4 日，由于日军入侵，学校迁往鼓浪屿。12 月下旬，开始迁往长汀。在闽西长汀期间，在萨本栋校长的带领下，师生克服重重困难，秉承“自强不息、止于至善”的校训，不断将厦门大学教育事业发展壮大。这一时期，学校体育以普及为主，主要目的是让全校师生通过体育运动，拥有坚强的体魄。

第一节　扩充运动场，增置体育用具

初至长汀，因校址狭窄，校内仅有篮球场一所，体育课多假借中山公园运动场、县政府球场、南校场等处上课。1938 年春季学期之后，学生人数倍增，而县政府球场又改筑新县府，导致体育场所更不够用。体育部主任陈掌谔利用体育课时间带领学生开辟运动场所，使学校运动场、运动设备及办公室很快得到改善，新开辟了田径场、足球场、篮排球场、体育办公室、体育器械室等，满足了学校体育活动的开展需要。

1938 年秋，体育部主任陈掌谔先生请假赴菲律宾再求深造。萨本栋校长向省教育厅商借庄文潮先生来代理体育部主任。庄先生为福建省体育界名人，擅长于田径和球类。到校后，庄先生一方面注重运动的普及化，一方面注重选手的训练，特别注意军事体育及军械运动，在体育设备上添置了军事体育及器械操设备十余种，立竹、爬绳、简易天桥、双杠、天梯、爬墙及原有的单杠等器材都在场地上安装妥当。由于长汀多雨，为避免因下雨而暂停体育课和课外体育活动，特将西膳厅一处改建为雨盖操场，供下雨天上课之用。雨天上课多以教授垫上及跳箱等运动，同学们也可以在阴雨时利用雨盖操场照常进行体育运动。

第二节 扩充体育师资队伍

多渠道、多方式吸纳教师来扩充体育师资队伍，对于促进抗战时期的体育教学与运动训练具有非常重要的意义。

学校规定，夫妻两人不能同时在厦大工作，学校领导人员或教授“不能安插自己的亲属到学校里工作”。萨本栋校长的夫人黄淑慎是毕业于师范大学的体育健将，为华东运动会上的标枪名将，而当时厦大也很需要一位女生体育指导教师，但萨本栋校长以身作则，不给夫人正式的教师编制，只允许夫人做一名不领取薪俸及任何津贴的义务女生体育指导员。1939 年开始，体育部改组为体育卫生组，聘吴金声博士主持，周天民、黄淑慎两位先生分别指导男、女生体育课程。1940 年以后，应聘来校执教的体育教师还有罗经龙、黄震、周铁民、林申庄、石振达、廖永明等。

第三节 体育课程设置、教材编制要则及军事化教材

一、体育课程设置

在体育教学方面，厦门大学素来就十分注重学生体格和体能的发展，每学期初对每位学生进行一次体格检查，不符合要求者则令其休学。学校把体育列为学生必修课程，限修学分，四年内修足方可毕业。每个学生每周上体育课 2 学时，每学期为 1 学分，因病经校医证明不能参加体育课期末考试的学生，于下学期规定时间内补考。凡体育课旷课缺课超过全学期四分之一者，不得参加学期考试；学期考试不及格者，下学期加修 1 学时，连续两学期不及格者，加修 2 学时，三个学期不及格者则令其退学。

二、教材编制十项要则

学校制定“编制教材十项要则”，原文如下：

“(1)每课以百字至二百字左右编竣；

(2)文字以浅显明了为主(适合读过千字课之民众)；

(3)概用白话编制；

(4)每课之后须附问题练习；

(5)必要时可用插图；

(6)一单元可分段编成若干课；

(7)专门名词须附注释；

(8)须用标点符号；

(9)重要之处可旁酌加圈点；

(10)教材须扼要而有伸缩性。”

三、军事化教材

在各类课程编制大纲中，“战时锻炼体格之课程种类——军事化教材”主要包括12类：(1)投掷类，(2)攀缘类，(3)爬行类，(4)滚翻技巧类，(5)器械操类，(6)跳远跳高类，(7)射击类，(8)沙袋类，(9)壕类，(10)游泳类，(11)救护类，(12)消防类。

第九章　新中国成立后二十七年（1949—1976年）

新中国成立后，厦门大学校刊《新厦大》中有关体育方面的报道从1951年开始，直至1960年《新厦大》停刊，因此新中国成立后27年的体育课教学资料也主要集中在1951—1960年之间，1960年后的资料由部分退休体育老师提供。这一时期学校课内体育教学的主要特点是体育课设为必修课，制定了体育课程大纲，开设专项运动（田径）选修试点班，体育运动项目趋于多样化，体育师资队伍不断壮大。

新中国成立初期，全国高校尚无统一的体育教学大纲和教学计划。根据1951年3月华东教育部令规定，体育课列为必修课，但不计学分。厦大体育组结合学校实际情况，制定了体育课程大纲。同时，开始进行教学改革。

1953年开始执行“六节一贯制”作息时间试行方案，同年9月，国家高教部翻印了1951年版的《苏联高等学校体育教学大纲》，供国内各高校学习和借鉴。在此基础上，参照上海等地区青少年体育锻炼标准的内容，体育组制定了全校统一的两年体育课程大纲。1954年，根据试行“劳卫制”的内容修改了教学大纲。

1956年1月，高教部颁布了我国第一部《一般高等学校体育课试行教学大纲》，据此，体育教研组又结合学校实际情况，制定了厦门大学体育课程教学大纲。由于学校地处国防前哨，极有利于开展国防体育运动，因此，摩托车、水上运动（游泳）、爬山、行军、射击等运动项目的课内教学与课外活动在1956年非常盛行。

1957年，体育教研组两名青年教师撰写的《略论改进一般高等学校体育课组织、内容及方法》一文，在当时全国唯一的体育理论学术刊物《体育文丛》上发表，文中提出“因材施教、让学生掌握一两样体育项目的锻炼方法，作为终身锻炼身体手段”的观点，引起了当时高校体育界的广泛重视。接着，他们两人又提出在厦大体育课开设“专项运动”选修课的建议，并在教务处的支持下，于1960年举办了一个“专项运动(田径)选修”试点班，选派有丰富经验的教师上课。

1961年至1962年“困难时期”，学校体育教学暂停，教改也因此受阻。1963年恢复了体育课，体育教研组根据高教部1961年7月颁布的《高等学校普通体育课教材纲要》的精神和要求，制定了体育课程大纲进行教学，直至1966年“文革”开始。

学校体育师资队伍也迅速发展壮大起来，由新中国成立初期仅有的4人增至1960年的18人，全体教师在校党委的领导下配合各个部门组织和开展全校师生员工的体育教学和课外体育活动。

第一节　国家、地方颁发的相关文件及学校制定的方案

一、华东教育部令

1951年3月，华东教育部发文，强调要加强体育健康教育。为了使学生更好地为国家经济建设服务，提高各校对体育健康教育的重视，作为新爱国主义教育中的重要部分，厦门大学决定在校长或校委会之下设立专门委员会以支持体育活动。设置体育健康课，规定一、二年级每周两小时，三、四年级每周至少也要一小时，全体必修体育课，但不计学分。订立早操制度，大力开展群众性体育文娱活动，由行政推动，学生会负责主持。强调各院系负责人与教授都有责任推动这项工作，同时这项工作的开展要与精简课程结合来做。此外，对整顿学校环境卫生也要予以最大关注。

二、高等学校体育教学大纲

国家高教部于1956年1月制定了《一般高等学校体育课试行教学大纲(1956—1960)》，大纲指出：高校体育目的是培养学生成为具有从事高度生产率的劳动和保卫祖国的能力，并忠实于祖国和社会主义建设事业的、全面发展的高级建设人才。高校体育任务是：培养学生的共产主义道德品质；以“劳卫制”为基础，增进健康，使其全面发展；掌握并能运用体育基本知识和技能；养成体育运动的习惯，提高运动技巧水平，达到“劳卫制”二级的标准。规定教材内容分为理论

和实践两部分，理论部分的讲授学时占6.3％；实践部分占93.7％，其中以体操和田径项目为主，约占85％，游戏占9.4％。

1961年7月制定的《高等学校普通体育课教材纲要(1961—1967)》，确定了“大学体育的目的是增强学生的体质，向学生进行共产主义教育，使他们更好地学习、参加生产劳动和准备保卫祖国”。规定了“增进健康、全面发展身体基本活动能力、学习基本的体育知识和锻炼身体的技能、进行思想品德教育”等四项基本任务。规定教材内容分为基本教材和选用教材两部分，基本教材占65％，主要以田径、体操为主，理论仍占6％，新增了民族传统项目武术，占11％；选用教材占35％，主要有球类、游戏和滑冰等项目。

三、“六节一贯制”作息时间试行方案

1953年度第一学期，教学工作计划中关于增进员工健康方面指出，采用“六节一贯制”，“上午集中排课，在现有基础上进一步精简与合理地安排会议，更精确地编定全校师生员工活动时间表，严格执行”。经1953年9月7日第46次教学改革委员会通过的厦门大学“六节一贯制”作息时间试行方案的作息时间表(适用于学生，教职员工参照实行)和各种活动时间分配表见图9-1。

四、国防体育运动的初步措施

1956年4月14日，《新厦大》123期刊载了一封流水同志的来信，信中建议，“国防体育活动要大力开展”。自此，国防体育运动在厦门大学逐步开展起来。体育组、团委会联合答复了此信，回信原文如下：

厦大处于国防前哨，三面环山、面向海洋的地理条件下，开展国防体育运动是具有极有利条件的；但我们对这方面工作是不积极的，具体表现在体育经费中没有此项预算购置，一些不花钱或少花钱的国防体育运动也没有积极加强领导。虽然过去我们在这方面活动有些开展，但为数很少，不够广泛，也不够经常。

自从人民日报发出了“积极开展国防体育运动”的社论后，同学对此的要求远比以往迫切，我们也因此引起了重视。今将我们着手进行的工作，及已取得的结果向大家汇报：

1.我们已建议学校，并获得批准购买摩托车(4辆旧的，4辆新的)，现已购得2辆，已准备与驻本市部队练习，商借车辆和聘请教练员，待成功后即将开班驾

項目		時間
起床		5 : 45
早操		6 : 05
早餐		6 : 30
上課	1	7:00— 7:45
	2	7:50— 8:35
	3	8:45— 9:30
	4	9:35—10:20
課間活動		10:20—10:40
上課	5	10:40—11:25
	6	11:30—12:15
午飯		12 : 25
午休		12:55— 2:40
課外活動或自習(體育課)		2:50— 4:50
文體活動		5:00— 5:50
晚餐		6 : 10
自習		7:30—10:00
就寢		10 : 15

時間	星期	1	2	3	4	5	6	日
7:00—12:15	學生	上課						休息
	教員	上課或備課						
	職工	辦公(星期五7:00—7:50業務討論)						
2:50—4:50	學生	1.自習或輔導 2.體育課	1.自習或輔導 2.體育課 3.一般會議(有教師參加的)	1.自習或輔導 2.體育課	1.自習或輔導 2.體育課	1.黨派組織活動 2.團及學生會幹部活動 3.自習	1.團的生活及學生會活動 2.讀報,時事討論 3.一般會議時間	
	教員	備課或輔導	1.備課或輔導 2.一般會議	備課或輔導	備課或輔導	1.黨派組織活動及團的生活 2.工會活動 3.備課	政治理論學習	
	職工	辦公	1.辦公 2.一般會議	政治理論學習	辦公	1.黨派組織活動及團的生活 2.工會活動 3.自學	辦公	
5:00—5:50	全體	文體活動(星期三職工政治理論學習,星期六教員政治理論學習)						
7:30—10:00	學生	自習					1.全校性報告 2.時事報告	
	教員	備課或業務研究						
	職工	文化學習自學或休息						

(注:本表适用于九、十两个月,其余各月份另行编排)

图 9-1 作息时间表(左)和各种活动时间分配表(右)

驶摩托车手训练班,分批、逐步地培养摩托车驾驶员。

2.在水上运动方面,我们考虑了多方面的条件,觉得首先要全面普及游泳运动。今年暑假将有计划地开办游泳速成班,在一、二年内逐步将体格条件能学游泳的同学都学会游泳。今年拟将胡里山游泳场充实各项游泳设备,并与海军部队联系,在暑假中开展水上国防体育活动。

3.对于爬山、行军、露营等花钱不多的军事体育活动,我们认为是今后需要大力开展的主要方向;方式将以系干事会和团支部联合举办,我们尽可能帮助解决物质上及其他方面的困难。

4.我们建议学校,并得到批准,向有关部门购买小口径步枪 40 支(明年才能到货)。5月下旬,我们决定派人赴北京去学习射击运动。在这之前,我们将尽量向各方面商借枪支,待人学习回来后,可尽快教会大家。

第二节 游泳运动的开展

游泳运动的普及和游泳水平的迅速提高是学校体育教育的重大任务,学校行政十分重视,特拨出一笔经费充实游泳设备。1956年,体育教研组为了普及游泳运动和培养骨干,于5月初开始举办游泳干部训练班,培训学员70人,他们都掌握了4种泳姿的基本方法,具备做游泳干部的一般常识。经过水上实习,这70人很快就辅导全校同学迅速地学会了游泳。图9-2、图9-3为教师在海滨游泳场和游泳池进行自由泳教学。

图9-2 在海滨游泳场进行教学指导(1956)

图 9-3　厦大冬泳班(海滨游泳池)(1963)

第三节　“专项运动选修”试点班及教育系体育专业的增设

1960 年，体育组在教务处的支持下，办了一个“专项运动(田径)选修”试点班，选派有经验的教师上课。试点班的经验表明，这种组织形式能更好地满足学生的要求，充分调动学生参与体育锻炼的积极性和主动性，学生较好地掌握专项运动的基本知识、技术和技能，提高了身体素质和专项运动水平。例如该班化学系学生黄森林就是通过一年的专项课学习，跳高成绩从 1.50 米提高到 1.80 米，创造了学校跳高纪录。同时，在田径专修班试点经验的基础上，在化学、经济两系也开展了男子篮球和女子排球专项试点班。

1970 年 12 月 18 日，福建省革命委员会下发了“关于福州大学教育系体育专业改由厦门大学举办的通知”。原文如下：

关于福州大学教育系体育专业改由厦门大学举办的通知

经研究：福州大学教育系体育专业改由厦门大学教育系文艺专业合并举办。体育暂定招生50人、教职工12人，由福大教育系扣除此名额。

福建省革命委员会

1970年12月18日

（录自校办档B70—48）

1971年，厦门大学开始招收体育班学生，首批招收了工农兵学员23名（其中男16人、女7人），学制二年三个月，毕业后，充实到福建省大中学校体育师资队伍当中。1973年福建师范大学体育系复办后，厦大教育系合并到福建师范大学。

从1972年起，学校恢复了一、二年级学生开设体育课，基本上沿用“文革”前的体育教学大纲。

图9-4　同安洪塘公社培训小学教师跳箱

1975 年 7 月，体育组教师到同安洪塘公社为小学体育教师进行培训（教育局培训中小学教师），培训的运动项目有田径和体操类等。

图 9-5　同安新民公社体育教师培训班结业留影

（第二排左三林水撰、左六吴博厚、左七何德馨）（**1975**）

第十章 “拨乱反正”与改革开放时期(1976—2019年)

体育教育是高等教育的重要组成部分,体育课是学校体育的中心环节,在学校教育中占有重要位置。自1978年以来,厦大体育课程改革与发展贯彻了教育部(原国家教委)、国家体育总局(原国家体委)颁发的高等学校体育工作、高等学校体育课程教学大纲、学生体质健康等相关文件精神,建立了“以人为本、健康第一”的现代教育理念,在体育课程教学上改变“应试教育”的思维方式,从重运动技术教学转变为重运动技能和健身方法传授以及健身意识的培育;从统一要求、统一教学教法转变为以学生为本的多样教学、娱乐教学,让学生在体育课中体验运动乐趣,愉悦心情。

首先,在课程内容方面,从竞技性的田径、球类、竞技体操、武术套路为主的7类体育选项课拓展到目前常规开设的52门选项课,许多竞技与非竞技的具有时尚性的当代体育项目纷纷引入体育课堂,如攀树运动、高尔夫、击剑、桨板、三边足球、帆船、动感单车、网球、攀岩、潜水、皮划艇、啦啦操、羽毛球等等,并按同性质归类为系列课程,如民族传统体育系列课程、小球类系列课程、水上运动系列课程等。此外,打破了学校以往陈旧的体育课程内容设置格局,从单一向多样化、多元化转化,让学生根据自己的兴趣爱好选择体育课程,充分调动了学生学习的主动性与积极性。

其次,在课程结构方面,从原来单一的必修课向包含了必修课、选项课、体育特色学分等一系列课程类别的结构体系转化。在课程开设对象上,也从原来的仅面向大一、大二学生,转而面向各个年级学生,还为全校硕士生、博士生开设选修课,满足了全校学生对体育课程的需求。

本章主要从改革开放以来厦大体育课程改革与发展、体育课程项目设置及体育教师队伍的建设与发展、教材建设与教学改革项目研究四大方面,对1978—2019年学校体育课程教学的改革与发展进行阐述;军事教研室的教师队伍建设、教学成果、军事训练也在本章一并阐述。

第一节　体育课程改革与发展

一、国家层面的相关文件

1978 年,我国进入改革开放新时期,学校体育的发展也呈现出全新气象。较之前一时期,改革开放后的学校体育更加注重理论与实践、本土与国际的融合互促,也更加注重学校体育的法制化、规范化建设。1979 年 5 月 15—22 日,教育部、国家体委、卫生部、共青团中央联合在扬州召开了“全国学校体育、卫生工作经验交流会议”(简称“扬州会议”),会上研究了我国学校体育工作拨乱反正和恢复重建的重大问题,这是我国学校体育工作在思想认识、组织领导、教学研究、实施管理等方面解放思想、拨乱反正的重要会议。

关于高等学校体育工作,教育部(原国家教委)、国家体育总局(原国家体委)分别在 1979、1990、2014 年印发了三份重要文件。如 1979 年 10 月 5 日,教育部、原国家体委联合印发了《高等学校体育工作暂行规定(试行草案)》,规定体育课为考试课程。这是新中国成立以来的学校体育工作第一个专门的法律性文件。1990 年,原国家教委、国家体委联合发布了《学校体育工作条例》,这是 1949 年以来有关学校体育工作最全面的法律性文件。

关于普通高校体育课程教学大纲,教育部(原国家教委)分别在 1979、1985、1992、2002 年颁布实施了四份相关文件。如 1979 年,教育部颁布了第三部《高等学校普通体育课教学大纲》。1992 年教育部颁发了《全国普通高等学校体育课程教学指导纲要》,这是我国大学体育课程教学历史上第一个以“指导”二字来命名的纲领性文件。

关于高校学生体质健康测试方面,教育部(原国家教委)、国家体育总局(原国家体委)在 1990、2002、2007、2014 年联合发布了四份重要文件。如 1990 年 10 月国家教委颁发了《大学生体育合格标准》及其实施办法;2014 年教育部印发了《国家学生体质健康标准(2014 年修订)》,规定大学生体质健康测试项目为 8 个必测项目;只有达到良好及以上的学生,方可参加评优与评奖。

二、体育课程改革与发展

自 1978 年以来，厦门大学体育课程改革与发展深入贯彻不同时期教育部（原国家教委）、国家体育总局（原国家体委）颁布实施的有关高等学校体育课程教学大纲、高等学校体育工作规定、学生体质健康标准等相关文件的精神，结合学校实际情况，充分发挥地域优势，不同时代展现出不一样的大学体育课程特点，为学校培养德、智、体、美、劳全面发展的研究型人才服务。

根据国家政策与文件发布的时间顺序，厦门大学体育课程改革与发展可分为三个阶段：

第一阶段为 1978—1990 年，其间体育课程教学大纲历经三次修订（1980、1987、1989）。1980 年，学校体育课程为一、二年级学生必修课，实施一年后实行普修与选项相结合，将课外体育活动列入课程表，教师进行辅导。1986 年 8 月 11 日，学校开始实施三学期制，短学期开设体育选修课。1980—1984 年实行全校学生早操点名制度，作为评定体育成绩的一部分。1984 年后暂停了早操点名制，1990 年又恢复早操制度。这一时期，因学生体质健康测试工作做得好，被福建省教委、省体委授予“《国家体育锻炼标准》先进单位”。

第二阶段为 1991—2001 年，其间体育课教学大纲历经两次修订（1991、1993）。1991 年只在一、二年级开设体育课，一年级是以“体锻”为主要内容的普体课，二年级开设选项课。1993 年一年级开设基础课，二年级开设选项课。从 1999 年开始增加体育理论课，集中在大一第一学期开设，安排四次课共八个学时。1992 年在全国 100 所普通高校体育课程评估中，厦大被评为“国家级优秀学校”。

第三阶段为 2002 年至今，其间体育课教学大纲历经五次修订（2003、2008、2012、2014、2017）。2002 年开始试行并逐步推广“三自主”的课程体系。2004—2005 学年学校恢复三学期制，刚开始仅开设游泳课，随后开设多门体育选项课。2008 年放开修课时间限制，除大一第一学期要求的基础体育课必修 1 学分外，学生可根据自己的修课计划，将其他 3 个体育学分安排在大学期间的任一学期修习。2009 年，设置游泳和马拉松两个特色体育学分，增加学生获取体育学分的渠道。从 2011 级开始，将游泳列为必修学分。

这一时期，体育教学、体育课程建设、体质测试工作等各方面都取得了飞跃式的发展。如2003年至今不断新增体育课程,已达到52门;"民族传统体育课程"分别于2005年、2009年被评为校级精品课程和省级精品课程,2008年,"形体塑造与健身系列课程""现代小球课程""户外素质拓展课程""游泳"四个系列课程被评为校级精品课程;2019年、2020年共有19门校级一流本科课程立项;2008年成立了"厦门大学体质健康测试中心",负责全校学生的体质健康测试工作;从2002—2003学年至今,除一个学年外,厦大学生体质健康测试合格率都达到95%以上。

(一)第一阶段(1978—1990年)

1.体育课程教学改革与发展

从1980年开始,学校规定,体育课为一、二年级学生必修课,体育课考试不及格,不得进行补考,必须重修。一个学期体育课旷课时数达三分之一者,不予评定体育成绩。针对体弱、有慢性疾病、身体残疾等学生,开设康复保健体育课。

自1981年秋开始,实行普修与选项相结合的方式,一年级学生开设普修体育课,二年级开设选项课,由学生根据自己的特长和兴趣爱好自行选择运动项目。

1982年9月17日,学校召开体育工作会议,会议提出,一、二年级每周安排两次课外体育活动,三、四年级每周安排三次课外体育活动,并列入课程表,由教师进行辅导。1983年3月4日召开的体育工作会议提出,体育工作要坚持"三个为主",即增强学生体质、普及和经常锻炼为主。

1985—1986学年第二学期结束后,学校实施三学期制,1986年8月11日厦大第一个短学期正式开学。短学期开设了游泳、武术、气功、球类等体育选修课。

1987年修订教学大纲,重新调整教学进度、教学计划及考试标准。1989年根据国家体委颁布的"体锻"标准,结合学校实际情况,再次对学生体锻规定做相应的修订。

这一阶段,厦大多次获得各种荣誉称号。1984年5月,福建省高教厅、省体委及全国30多所高校领导和有关人员来厦大检查《高等学校体育工作执行规定(试行草案)》的贯彻执行情况,对学校取得的成果给予一致好评,最终评分为

88.5分，被评为“省先进单位”。1979年，厦大在扬州会议上受到国家教委、体育卫生部、团中央的表彰，被评为“全国体育卫生先进单位”。1988年获评“体育先进学校”。

2.早操点名制度

1980—1984年，学校对全校学生实行早操点名制度，并将早操出勤率作为评定体育成绩的一部分。

1981年4月底至5月上旬，学校对各系的早操出勤进行了第一次检查评比，物理系出操率为97.8%，获得第一名。

1982年9月17日，学校召开体育工作会议，会上规定，每个学生每周参加5次早操活动，早操出勤作为评定体育课成绩的一部分，各系之间进行评比。

1983年，学校召开体育工作会议，对学校早操和课外体育活动做了新的规定，提出了“天天有点名，月月有评比，期中有检查，期末有小结”的口号。上体育课的学生，一个学期早操缺席20次，课外活动缺席8次以上者，不予评定体育成绩。

1990年实施《大学生体育合格标准》，学校又恢复了学生早操点名制度，进而促进了学校群众性体育活动的广泛开展。

3.学生体质健康测试

自1980年秋季开始，每年新生入学后进行身体机能、身体素质测试并登记数据，建立厦门大学学生体质卡片。

1990年学校实施新的国家体育锻炼标准，增加4×10米往返跑、双臂屈伸、屈臂悬垂、斜身引体项目测试，同时取消举重物项目。

1979年、1983年、1984年、1986—1991年，厦大均被福建省教委、省体委授予“《国家体育锻炼标准》先进单位”荣誉称号。

(二)第二阶段(1991—2001年)

1991年6月,为配合“大学生体育合格标准”实施,在原有大纲的基础上,学校重新制定了体育课教学工作计划、考试标准和评分办法。如一年级普体课教学计划,二年级田径、体操、篮球、足球选项课教学进度和一、二年级保健体育课教学计划。

1992年,在全国普通高校开展的体育课程评估评比中,经福建省教委全面评估,厦门大学获得91.5分的好成绩,后又经国家教委组织的专家组验收合格,被评为“国家级普通高校体育课程优秀学校”,并在第四届大学生运动会上受到国家教委的表彰。

1992年8月,国家教委颁发了《全国普通高等学校体育课程教学指导纲要》,为了能在1993年9月新学年开始施行,厦门大学在上半年就做了一系列的准备工作,体育教学部结合学校实际情况,重新修订了《厦门大学体育课程教学大纲》,增加了理论课学时,同时在基础课和选项课中增加了发展学生身体素质和基本活动能力的教学内容。教学改革基本内容如下:

1.课程设置类型

按照《纲要》要求,全校一年级开设基础课,二年级开设选项课,项目有田径、体操(女生为艺术体操)、篮球、排球、足球、武术。根据学生兴趣爱好和学校的实际情况,1993年之后逐渐增加选项课项目。针对选修体育课程中有身体异常和病、弱学生开设康复保健体育课。

在一年级基础课的教学中,注重对学生进行体育重要意义的教育,使他们树立正确的体育观,掌握体育的基础理论知识、技术和技能,加强学生身体全面训练,提高身体素质和运动能力,改善身体形态、机能,增强体质,为二年级选修选项课打下良好的基础。一年级第二学期中期(4月底),由各任课教师向学生说明二年级开设选项课的意义和要求,引导学生根据自己的喜好与特长,填写二年级选项课报名单。学生报名后,体育教学部进行汇集编班,为二年级开设选项课做好各项准备工作。

选项课以某项运动技术为主来组织教学,通过一学年的教学,使学生掌握某一运动项目科学锻炼的基本知识和技术、技能，培养其锻炼的兴趣和习惯及对体质和健康的自我评价能力，同时适当讲授该项目的裁判法，为培养体育骨干以及方便学生毕业后组织指导他人锻炼奠定良好基础。

由于体育教师缺额较多，加上学校场地器材的限制，这一时期尚无法根据《纲要》的精神在三、四年级中开设选修课。

2.体育课程教学时数分配

(1)一年级基础班教学时数分配：由于一年级新生入学后需军训 3 周，所以第一学期体育课程只有 30 学时，第二学期为 38 学时，全学年为 68 学时，其中理论部分教学为 6 学时，实践部分教学为 62 学时。从学时分配来看，理论部分的教学时数相对较少(《纲要》规定理论部分的学时不得少于教学时数的 12%)，因此采用两种做法进行弥补：其一，在实践部分的教学中加强体育理论知识的传授，使理论部分的教学化整为零，分散到日常实践教学当中；其二，遇到雨天不能上实践课时，要求任课教师改上室内理论课。体育部教师在基础课实践部分的教学中，均较为重视发展学生身体素质和基本活动能力的练习，在课时上，完全达到《纲要》规定的基础课实践部分中用于发展身体素质和基本活动能力的学时应不少于总教学时数 50%的要求。

(2)二年级选项课教学时数分配：二年级选项课全学年教学时数为 72 学时，其中理论部分为 8 学时。在实践部分的教学中，体育教学部要求任课教师除了以某个运动项目为主组织教学，使学生掌握该项目科学锻炼的基本知识和技术、技能外，应重视发展学生身体素质和基本活动能力的训练，用于发展一般身体素质的学时，应不少于实践教学的 30%。因此，通过一学年选项课的教学，绝大部分学生除了能掌握所学项目的基本知识、技术和技能外，身体素质普遍也都有较大的提高。选项课学生参加《国家体育锻炼标准》测验的成绩普遍优于一年级时测验的成绩。

(3)体育基本理论课：大学体育教学包括基本理论和基本技术的教学，其中基本理论的教学对大学生整体素质的培养具有不可忽视的作用。厦门大学从 1999 级学生开始采用集中上课的方式进行体育基本理论教学，集中体现在两个方面：一是时间集中，即在大一第一学期集中安排连续 4 周共 8 个学时的理论课；二是教师、学生集中，即理论课采用多个班级合班上课的方式，或不同教师的班级合班，或同一教师的不同班级合班，既可以确保教学内容高度一致，又可以节省人力物力，让教师能有更充足的时间进行课外辅导，取得了较好的效果。体育理论课主要内容有体育与健康知识、体育锻炼的基本原则和方法、常见运动损伤的预防和康复、体育竞赛的组织与欣赏等。理论课结束后进行全年级统一考试，从考试情况来看，每年及格率都在90%以上，这为后续的基本技能学习打下了基础。

图10-1　教师集中备课中

图10-2　体育理论课授课中

(4)课外辅导：由于体育课每星期上课一次，只有2学时，课上既要传授体育知识，又要学习运动技术和技能，时间是有限的。所以，体育教学部要求任课老师每上完一次实践课后均应安排一次课外辅导，通过课外辅导，使体育课学习的技术得到巩固和提高。每次理论课后，也布置了自学和复习的内容。这就基本上做到《纲要》提出的“教师课外辅导和学生自学、练习时间均不得少于课堂教学时间”的要求。

（三）第三阶段（2002—2019年）

1.“厦门大学体育课程改革方案”的实施

2002年8月，教育部颁布了《全国普通高等学校体育教学指导纲要》，在此纲要精神指导下，根据学校实际情况，体育教学部从生理、心理、社会等多视角全方位重新界定了体育教育在高等学校中的地位和作用，进而构建了新时期厦门大学体育课程改革方案。这一方案加强了体育课程内容建设，改革了教学形式，一切以人为本,以“健康第一”为中心,以素质教育为主导,使体育教学朝着“三个自主”(即自主选项目、选教师、选时间)的方向发展。该方案从 2002 年开始试行并逐步推广、改进、完善,目前已趋于成熟。

(1)课程目标

新的方案中课程目标具体包括以下几个方面:

①通过体育课程的教学,切实提高学生的身体健康水平。让学生熟练掌握两项以上体育锻炼的基本方法和技能,为今后有效提高身体素质、全面发展体能、形成健康生活习惯打好基础。

②根据学生需要来精心设计体育课程教学,让更多的学生在体育课程教学过程中得到愉快的情绪体验,激发学生参加体育活动的兴趣,进而积极参与各种体育活动并基本养成自觉锻炼身体的习惯,基本形成终身体育的意识。

③根据体育课程独有的学科性质特点,通过运动竞赛的对抗与合作,培养学生的团队合作精神,学会正确处理竞争与合作的关系。

经过实践,并经多次教学研讨,到 2004 年,体育教学部对体育课程的教学目标进行了进一步的细化和明确,将上述三个目标分解、细化、归纳为如下四个目标:

①运动参与目标:通过体育课程的教学,切实提高学生对体育锻炼的认识,深刻理解体育运动的内涵及其对自身发展的影响,激发学生参加体育活动的兴趣,并养成自觉锻炼身体的习惯,基本形成终身体育的意识。

②运动技能目标:通过体育课程教学,帮助学生找到适合自己的体育运动项目,较熟练掌握两项以上体育锻炼的基本方法和技能,为终身体育打下良好的基础。

③身心健康目标:根据学生需要来精心设计体育课程教学,使学生在课内外体育运动实践中,在身体形态、机能、身体素质等方面得到改善和提高,保持良好的生理健康状态,并使学生在体育活动中得到愉快的情绪体验,使学生的个性、潜力和创造力得到充分展示,进而改善心理状态,克服心理障碍,养成积极乐观的生活态度。

④社会适应目标:根据体育课程独有的学科性质特点,通过运动竞赛的对抗与合作,培养学生的团队合作精神,学会正确处理竞争与合作的关系。

有了这四个目标的引导,老师们在体育教学中更加注重发展学生的体育素养，强调健康第一、终身体育的教学宗旨。

(2)“开放式”体育课程体系

①时间适当开放。学生从大二开始可以自主选择体育课上课时间（大一学生仍固定时间安排体育课表）。

②丰富课程项目设置。充分考虑学校的体育场地设施、师资状况以及学生对课程项目设置的要求，逐步增加具有时代性、实用性和文化底蕴厚实的体育运动项目，给学生更多的选择。同时，通过网络向学生介绍每门课程的教学目标、教学内容、评分办法等，让学生在选课前了解相关课程内容。

③任课教师实行挂牌制。通过校园网介绍每位任课教师的基本情况，突出其运动特长，让参加体育选课的学生对老师能有充分的了解。

这一新的课程改革方案在 2002 级当中选择几个专业的学生进行了试点，取得了较好的效果，也受到学生的普遍欢迎。自 2003 级开始，厦门大学全面实行新的体育课程教学方案（选课时间开放从 2004 年 9 月试运行）。

(3)教学质量管理

①编写《学生体育课选课手册》

2002 年 7 月，教育部根据中共中央《关于进一步加强和改善新时期体育工作的意见》制定了《全国普通高等学校体育课程教学指导纲要》，厦门大学据此也对体育教学大纲进行了相应的完善，以适应新的历史时期和时代特点及要求，加强课程建设和课程资源的开发和利用，增加体育课程的教学内容，满足学生的自身要求，真正做到自主选择课程、选择上课时间和选择任课教师，实现了真正的“三自主”模式。为了减少学生选课的盲目性，体育教学部于 2003 年 4 月组织编写了《学生体育课选课手册》，其内容包括每门选项课的内容介绍、课堂要求及评价标准等，同时，也将所有任课教师的相关介绍资料全部列出，对学生的选课起到很大的指导作用。

②学生选课与教师成绩录入实现信息化

为适应现代化的教学管理需要，体育教学部设计推出了网上选课、网上成绩登记等功能。从 2003—2004 学年第一学期起，体育成绩录入全部在网上进行，从而结束了教师手填成绩的历史。

③组织教师业务学习与考核

为保证体育教学质量，体育教学部每学期都组织教师进行业务学习和考核，对考核内容、标准等方面也都进行了严格的规定。同时,为每位新进教师配备专门的指导教师进行全方位指导,促进新教师较快地适应新的角色和职位,为搞好体育教学工作奠定坚实的基础。

④建立听课制度,定期检查教案

为保证教学质量,全面了解教师教学情况,体育教学部建立了听课制度,规定部领导及教研室主任每学期进行听课,教师之间也要互相听课和评课,以便及时了解任课教师在授课中出现的各种问题,了解学生上课情况及反响,进而确立统一的教学规范和教学流程。

体育教学部每学期要求教师提交教案进行统一检查,认真研究教学内容和教学方法是否符合学生的身心需要,运动量的控制是否合适,教学流程是否规范和科学等。同时,期末要求每位任课教师对班级的体育成绩进行相应的分析和总结,根据成绩的分布点了解各项目的学习、应用和掌握的情况,找出问题所在,并分析解决、得出结论,为进一步建立体育成绩评价体系提供科学的数字化依据。

⑤统一要求,保证质量

体育教学部要求同一项目的任课教师要统一教学要求、统一教学大纲、统一教学进度、统一考核内容及评分标准。教师定期以教研室、课程组为单位集体备课,提出在教学中出现的各种问题,共同探讨解决方案,寻求更好的教学方法,促进教学水平的提高。从学生对教师的评价来看,体育教学部教师的教学测评分数连年稳居全校第一名。

2.制定新的体育课程教学计划

这一时期,在不断完善体育课程方案的同时,进一步完善了教学管理制度,不断改善教学条件,同时针对厦门大学三学期制,在第三学期(短学期)逐步开设了体育课。这些体育教学改革,都使得厦门大学的体育教学又向前迈进了一大步。2003 年 9 月,漳州校区开始启用,自此,一、二年级本科生开始了在漳州校区的学习生活,体育课也正式在漳州校区开课。2012 年 9 月,厦门大学有 8 个学院整体搬迁到翔安校区,原在漳州校区的学生则全部回迁至思明校区,至此,结束了漳州校区 10 年的教学,而翔安校区体育课程教学拉开帷幕。

按照学校2008年修订教学计划工作的要求，体育教学部制定了新的体育教学计划（见表10-1），并从2008级新生开始实施。新的体育教学计划充分体现了“健康第一，以人为本”的理念，进一步完善了“开放式”的体育课程体系，推进了“三个自主”的选课模式，完善了各门课程的教学计划和教学进度，扩充了教学内容，改革了学生选课制度和方式，增加了体育特色学分。新计划的实施，使得厦门大学的本科体育教学工作面貌焕然一新，赢得了广大同学的一致认可与好评。其主要变化体现在以下几个方面：

（1）放开修课时间限制

彻底改变以往学生只能在大一、大二修完体育课程的有关规定，放开了学生修体育课的时间限制，即除大一第一学期要求修完规定的基础体育课1学分外，其他3个体育学分可以选择在大学期间的任意学期修习。同时，体育课具体排课时段也从以往限定在3—8节课扩大至早晨1、2节和晚上9、10节，即全天所有上课时段均有安排体育课程，增加了学生选课的自由度和灵活性。

（2）获取学分途径多样化

除大一第一学期的基础体育课学分外，其他3个学分可以通过不同途径来获得：一是通过正常的体育选课获取学分，二是通过特色项目来获取学分。特色项目学分是指学生根据专长自选特色项目，达到相关标准要求即可直接获得学分。

2009年开始，厦门大学设置了游泳和马拉松两个特色学分，学生无须选课上课，只要参加体育教学部每年定期组织的游泳特色学分测试并达到规定的要求（男生400米，女生200米），或参加厦门马拉松赛并获得完赛证书即可申请获得相应的1个体育特色学分。特色学分计算在4个必修体育学分当中（每种特色学分每个学生只能获得1次）。据统计，2009—2019年间，共有约2306人获得游泳特色学分，3007人获得马拉松特色学分。

为贯彻国家关于“武术段位进学校”的精神，学校于2016年开始进行“武术段位制”的考证认定工作。学生修完相应武术课程之后，通过段位制考试即可获得相应武术段位证书。

表 10-1　体育课程教学计划概要(2008 年)

<table>
<tr><th>组成</th><th>类别
(时间)</th><th>学分</th><th>考试内容与比例</th><th>内容与说明</th></tr>
<tr><td rowspan="2">选项课程</td><td>必选课
(第一学期)</td><td>1</td><td>一、身体素质 60%
1.1000 米跑(男)/800 米跑(女) 30%
2.立定跳远 15%
3.握力体重指数(男)/仰卧起坐(女) 15%
二、学习态度与课堂表现 40%</td><td>1.全面提高身体素质,为后续选课奠定基础。每次课不少于 30 分钟的素质练习
2.体育理论课 2 次,①介绍国家学生体质健康测试内容、方法、要求;②介绍大学体育课程体系、内容、要求等;③体育与健康知识教育。①②内容在第一次课讲授,③内容可分散于每次体育课中讲授,由任课老师灵活掌握
3.专项基本技术入门
4.1000 米跑(男)/800 米跑(女)的得分成绩达不到及格者该学期体育成绩最高记为 59 分</td></tr>
<tr><td>任选课
(第二—八学期)</td><td>1～3</td><td>一、专项成绩 50%
二、身体素质 30%
1.1000 米跑(男)/800 米跑(女)20%
2.立定跳远(上学期)或跳绳(下学期) 10%
三、学习态度 20%</td><td>1.专项理论与技术学习
2.身体素质训练
3.每名学生每学期最多修 1 学分体育课;任选课最多可获 3 学分
4.选项课不设基础和提高班,由任课老师根据实际情况采用不同的教学手段,如分层次教学法等
5.1000 米跑(男)/800 米跑(女)的得分成绩达不到及格者该学期体育成绩最高记为 59 分</td></tr>
<tr><td rowspan="2">特色项目</td><td>游泳
(第二—八学期)</td><td>1</td><td>400 米(男)/200 米(女)(不限泳姿)</td><td>1.课外锻炼,老师辅导;由体育部组织测试,通过者便可获得(最多)1 学分
2.测试时间:本部为 6—7 月份;漳州校区为 9—10 月份</td></tr>
<tr><td>马拉松
(第一—七学期)</td><td>1</td><td>参加厦门马拉松比赛并获得完赛证书</td><td>1.课外锻炼,老师辅导;最多可获 1 学分
2.时间:每年 1 月份</td></tr>
</table>

(3)体育课纳入全校选课系统

2008年,学校启用了新的教务管理系统,从2007—2008学年的短学期开始,体育课全部纳入了学校的教务处选课系统。学生可以根据自己的时间在网上选修所有课程,结束了体育课游离于学校教务管理系统之外的状况。同时,教师填写成绩也全部在教务系统进行,学生可以在系统中对教师的教学情况进行评价,无须体育部再单独组织学生评教,教师通过自己的系统就可以查看学生对自己上课的评价情况,这对教师教学也有很大的促进作用。2014年6月份,学校教务处再次更换教务管理系统,自2013—2014学年第三学期开始,体育选课全部在新教务系统进行,一直沿用至今。

(4)短学期开设体育课

从2004—2005学年开始,厦门大学恢复三学期制(每年6月底到7月底为期5周)。最初,体育教学部在第三学期仅开设游泳课,之后,尝试短学期开设其他体育课程。2007—2008学年的短学期,开设了游泳、高尔夫、体育舞蹈三个项目共25个班级的体育课,学生选修短学期课程同样可以获得1个体育学分,这是短学期学生正式修习体育课的开始。2008—2009学年短学期开设了28个班,到了2009—2010学年的短学期,针对漳州校区学生对体育课选课需求量大的情况,体育教学部在漳州校区开设了12个项目共78个教学班的体育课程(其中游泳课36个班)。

(5)游泳列为必修学分

从2011级开始,厦门大学将游泳列为每个本科生的必修学分,进一步强化了这一具有求生功能的运动技能。为此,体育教学部不仅开设大量游泳课,还在每年的5、6月份和10月份,分别组织全校性的游泳必修学分考试。考试规定,男生完成100米、女生完成50米游泳(不限泳姿、不限时间)即可直接获得1个游泳必修学分。这个考试与原来的游泳特色学分测试时间安排在一起,形成了每年两次的大规模游泳学分考试。

3.完善本科教学管理制度,成立课程教学组

2008年,体育教学部制定、修订了一系列教学管理有关规定。如年初制定了《体育教学部代调停课管理办法》,并从2008年3月份开始执行。下半年修订

和完善了《体育教学部教师看听课制度》《体育课课堂常规和教学常规》《体育课程安全管理规定》等规章制度。这些制度的制定和完善，有效地保证了体育教学工作的顺利完成。

为了更好地规范体育教学、提高教学水平，加强教师间的沟通与学习，统一教学内容与进度，体育教学部于 2008 年 5 月份成立了 12 个课程教学组，分别任命了 12 位教师担任课程教学组的组长。在日常教学活动中，由各个教学组组长负责组织集体备课，召集进行教研活动，处理本课程教学及管理中出现的各种问题，以进一步提高教学质量。

2017 年 5 月，根据学校《关于启动教学课程组建设工作的通知》([2017]厦大教 53 号)要求，体育教学部取消了原课程教学组，在 5 个教研室的基础上，成立了 10 个新的课程组，分别任命了 10 位教师担任课程教学组的组长。课程组工作自 2017 年 9 月份正式开始运行，此后，体育教学部充分发挥 10 个课程组的作用，将课程组的日常工作要求融入学校的期中教学检查、年度教学评估等各项工作当中，合二为一，保障教学质量。两年多来，各课程组均建立了完整的工作档案，制订了工作计划，以文字和图片的形式记录下每一次教研活动及其他集体活动，年终都认真撰写了年度工作总结，课程组工作已经步入正轨。

4.修订教学大纲，补充完善课程库内容

从 2012 年至今，体育教学部对所有体育课程的教学大纲和教学进度进行了两次全面的修订，以教研室、课程组为单位，由教研室主任和课程组组长负责修订工作。对于老的传统项目，课程简介及上课基本要求都进行了更新和补充，使其能跟上时代步伐。近几年新开设的项目，则不仅要制定完整的中文教学大纲，还要有相对应的英文版大纲。2014 年 10 月，历时将近 1 年时间，体育教学部将所有课程大纲都翻译为英文，并将修订后的中英文教学大纲统一录入教务系统，完成了对课程库的完善补充工作，从而进一步规范了体育教学。

5.体育课程成绩评定

(1)成绩评定的变革

体育教学部根据《学校体育工作条例》《学生体质健康标准》《全国普通高等学校体育课程教学指导纲要》等国家法规性文件要求,规定了体育课成绩由学习态度、专项成绩、身体素质三部分组成,每一部分都有定量或定性的评分标准。期末根据评分标准计算体育成绩,并将成绩划分为 4 个等级:86 分以上为优秀,76～85 分为良好,60～75 分为及格,59 分及以下为不及格。

学校对体育学分修习的具体要求有如下五点:①体育课程未修满规定学分不能毕业,只能作为肄业处理,只有在新学年补修后方可补办毕业证书;②每个学生每学期只能修 1 学分体育(不包括特色学分);③体育课程不及格只能重修,不能补考,如因运动受伤等原因不能参加考试,经任课教师同意可申请缓考,并在新学期开学后前两周内进行补考;④体育课程缺课(含见习、请假、旷课)累计达总课时三分之一者,该学分必修重修;⑤针对部分身体异常和病、残、弱及个别高龄等特殊群体的学生,开设康复保健体育课,参加保健体育课学习的学生需持医院保健科证明。学期成绩评定在成绩后注明“保健”字样。

2008 年之后,教育部对大学生体质健康测试的项目及标准进行了多次调整,为了适应教育部新文件规定,体育教学部对学生体育课程的身体素质测试项目及评分标准也进行了相应的调整(详见表 10-2)。为了督促学生加强体育锻炼,保证体质测试成绩达到合格,规定凡长跑不合格的学生,体育课成绩最高只能记为 59 分。将素质测试与体育成绩挂钩,很好地促进了学生的课余锻炼,让广大学生走向操场,从而全面提高了学生的身体素质。

表 10-2　体育课程成绩比例及身体素质测试项目调整变化情况表

时间	身体素质测试内容
2008—2012 学年第一学期	第一学期大一新生:专项成绩 30%;学习态度 10%;身体素质 60%(1000 米跑[男]/800 米跑[女] 30%、立定跳远 15%、握力体重指数[男]/仰卧起坐[女] 15%) 第一学期其他年级和第二学期所有年级:专项成绩 50%;学习态度 20%;身体素质 30%(1000 米跑[男]/800 米跑[女]20%、立定跳远或跳绳 10%)

续表

时间	身体素质测试内容
2013—2014 学年第一学期	第一学期大一新生：专项成绩 30%；学习态度 10%；身体素质 60%（1000 米跑[男]/800 米跑[女]30%，跳绳 15%，坐位体前屈 15%） 第一学期其他年级和第二学期所有年级：专项成绩 50%；学习态度 10%；身体素质占 40%（1000 米跑[男]/800 米跑[女]20%，跳绳 10%，坐位体前屈 10%）
2014—2015 学年第一学期	第一学期大一新生：专项成绩 30%；学习态度 10%；身体素质占 60%（1000 米跑[男]/800 米跑[女]20%，立定跳远 10%，坐位体前屈 10%，50 米跑 10%，仰卧起坐[女]/引体向上[男]10%） 第一学期其他年级和第二学期所有年级：专项成绩 50%；学习态度 10%；身体素质占 40%（长跑 12%，立定跳远 7%，坐位体前屈 7%，50 米跑 7%，仰卧起坐[女]/引体向上[男]7%）
2017—2018 学年第一学期	第一学期大一新生：专项成绩占 50%；学习态度占 10%；身体素质占 40%（长跑 12%，立定跳远 7%，坐位体前屈 7%，50 米跑 7%，仰卧起坐[女]/引体向上[男]7%） 第一学期其他年级和第二学期所有年级：专项成绩占 60%；学习态度占 10%；身体素质占 30%（长跑 10%，立定跳远 5%，坐位体前屈 5%，50 米跑 5%，仰卧起坐[女]/引体向上[男]5%）

（2）课外体育锻炼纳入课内教学评价系统

为全面贯彻落实教育部《关于进一步加强高等学校体育工作的意见》，不断提升学生的身体素质，培养学生养成科学锻炼的习惯，2018 年 9 月，以 2018 级新生为试点，学校首次将课外锻炼——“阳光长跑”纳入课内教学评价系统。方案规定：学生参加“阳光长跑”课外锻炼须在规定场地进行，男生每次至少跑 2 公里，女生每次至少跑 1.6 公里，每学期长跑次数达到 30 次及以上者，均可以附加分的形式在期末体育课总成绩中加 10 分。

2019 年 6 月，根据整个学期的天气、学生长跑实际情况等，调整了阳光长跑加分方法，具体如下：阳光长跑计分按等级计算，即 25 次及以上计 5 分，20～24 次计 4 分，15～19 次计 3 分，14 次及以下不计分；其分数按实际分值直接加在体育课内的身体素质成绩。

6.精品课程建设与一流本科课程

(1)省级精品课程

从20世纪90年代开始,体育教学部有计划地着手抓好民族传统系列体育课程的基本建设工作,经过不断的发展完善,2005年,"民族传统体育课程"被评为厦门大学校级精品课程。该课程充分利用厦门大学优越的体育教学硬件设施和区域体育资源,开展了研究性与实践性教学,把民族传统体育引入大学课堂,构建了从长拳、太极拳到形意拳、八卦掌、木兰拳(扇、剑)、散打与自卫防身、形意强身功、舞龙舞狮等多种民族传统体育的课程系列,从课程探索性教学到规范化教学研究,不断改革创新,突显民族体育特色,形成普通高校公共体育课程教学新模式。

由民族传统体育学科带头人林建华教授创编的"形意强身功"于2005年被国家体育总局评为"全国优秀健身项目一等奖",2008年,即作为传统健身课程进入厦大体育课堂,受到学生的喜爱和欢迎。同时,该功法向国内外推广,在同济大学、中南大学、中国地质大学、南京农业大学、广西民族大学等高校都开设了这门课程,受到广泛好评。

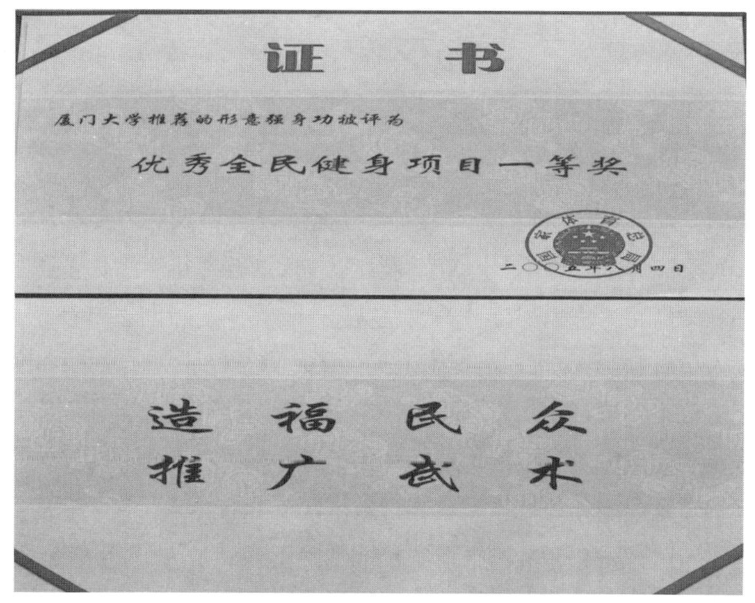

图10-3　形意强身功获优秀全民健身项目一等奖(2005)

2009年,“民族传统体育课程”再上新台阶,被评为福建省精品课程。经过十几年的发展,民族传统体育类课程已经成为厦门大学体育课程中有影响、有特色、受欢迎的品牌课程。该系列课程具有浓郁的民族传统特色,不仅有套路、有功法,还有深厚的文化内涵,健身性、实用性、审美性都很强,深受学生的欢迎。

(2)校级精品课程

2008年,体育教学部开设的形体塑造与健身系列课程(包括形体塑造、健美操、体育舞蹈、街舞和瑜伽5门课程)、现代小球课程(包括乒乓球、羽毛球、高尔夫和网球4门课程)、户外拓展训练课程(包括定向越野、野外生存和拓展训练与趣味游戏3门课程)以及游泳四个系列课程被评为校级精品课程,有力地推动了体育教学部网络教学平台的建设和教学质量的提高。

(3)一流本科课程

2019年,根据教育部《关于一流本科课程建设的实施意见》精神,厦门大学发布了《关于启动厦门大学一流本科课程建设计划的通知》。体育教学部申报立项了10门校级一流本科课程,分别是高尔夫、羽毛球、游泳、乒乓球、健美操、篮球、定向越野、健身气功、太极拳、军事理论。2020年,又立项9门校级一流本科课程:网球、跆拳道、三边足球、瑜伽、木兰扇、拓展训练、花样跳绳、健身与健美、皮划艇。

7.建章立制,修订规章制度

2018年,为了适应新时期办学需求,根据体育学科发展需要和体育工作特点,体育教学部制定、修订了一些规章制度。如对《教师年度工作量积分表》《体育教学部教师高聘工作量积分计算与优先条件》等作适当调整与补充。加强了行政后勤人员考勤制度,在一定程度上提高了后勤保障服务质量。同时,按照学校用工制度改革要求,经广大教职工多次讨论,制定了《体育教学部专任教师教学科研并重型岗位绩效考核评价指标》《体育教学部专任教师教学型岗位绩效考核评价指标》《社会服务评价体系》《体育教学部专业技术人员岗位绩效考核评价指标》等岗位评价考核文件,已报请学校批准并正式开始执行。

2018年,体育教学部学习、借鉴了其他高校公共体育课教学改革成功经验,结合厦大体育教学改革实际情况,先后修订了多项公共体育课教学管理规定和制度，包括《厦门大学体育课堂教学常规》《厦门大学体育课程教学请假、代课制度与流程》《厦门大学本科生体育课程教学若干规定及要求》《厦门大学体育课程安全管理规定与预案》等。

8.学生体质健康测试工作

(1)学生体质健康测试项目

厦门大学自 2002 级学生开始实施教育部颁布的新的《学生体质健康标准》，此前使用的是 1990 年国家教委颁布的《大学生体育合格标准》。新标准规定，学生每年体质健康测试项目为六项，其中必测项目三项，即身高、体重、肺活量，选测项目三项。2013 年 5 月，根据教育部体艺司《关于 2013 年国家学生体质健康标准测试和上报工作的通知》(教体艺司函〔2013〕13 号)文件规定，学生体质健康测试统一为 9 个项目，当年上报的学生体质健康测试数据没有评分标准，仅仅作为制定评分标准的依据。2014 年，根据新修订的《国家学生体质健康标准(2014 修订)》文件的精神和要求，测试项目统一规定为 8 个必测项目，且有明确的评分标准。2019 年又增加了视力项目测试。历年来厦大学生体质健康测试具体项目见表 10-3。

表 10-3　厦门大学学生体质健康测试项目情况表

时间	大学生体质健康测试项目
2002	身高、体重、肺活量必测 男：身高、体重、肺活量、50 米、立定跳远、实心球、双臂屈伸、1000 米 女：身高、体重、肺活量、50 米、立定跳远、仰卧起坐、800 米
2004	测试六个项目：身高、体重、肺活量必测；其余三项为选测： 男：身高、体重、肺活量、立定跳远、台阶实验、握力体重指数 女：身高、体重、肺活量、立定跳远、台阶实验、仰卧起坐
2008	测试六个项目：身高、体重、肺活量必测，其余三项为选测， 男：身高、体重、肺活量、握力体重指数、立定跳远、1000 米 女：身高、体重、肺活量、仰卧起坐、立定跳远、800 米

续表

时间	大学生体质健康测试项目
2012	测试六个项目:身高、体重、肺活量必测;其余三项为选测: 男:身高、体重、肺活量、坐位体前屈、跳绳、1000 米 女:身高、体重、肺活量、坐位体前屈、跳绳、800 米
2013	测试九个项目,上报数据没有评分标准,仅仅作为制定评分标准的依据 男:身高、体重、肺活量、50 米跑、立定跳远、坐位体前屈、引体向上、1000 米、视力 女:身高、体重、肺活量、50 米跑、立定跳远、坐位体前屈、仰卧起坐、800 米、视力
2014	测试八个项目,均为必测 男:身高、体重、肺活量、50 米跑、立定跳远、坐位体前屈、引体向上、1000 米 女:身高、体重、肺活量、50 米跑、立定跳远、坐位体前屈、仰卧起坐、800 米
2019	测试九个项目,均为必测 男:身高、体重、肺活量、50 米跑、立定跳远、坐位体前屈、引体向上、1000 米、视力 女:身高、体重、肺活量、50 米跑、立定跳远、坐位体前屈、仰卧起坐、800 米、视力

(2)厦门大学体质健康测试中心成立

由于每年的体质健康测试工作涉及学生人数众多,任务重,工作量非常大,在借鉴其他高校先进经验的基础上,2008 年,学校成立了“厦门大学体质健康测试中心”,地点设在游泳馆三楼,中心面积 200 多平方米,设有测试室、电脑室和资料室。测试室根据教育部、国家体育总局 2007 年颁布实施的《国家学生体质健康标准》的规定要求,配置了身高、体重、肺活量、握力、立定跳远、仰卧起坐、台阶试验等测试仪器。电脑室主要用于体测中心管理工作,资料室专门存放学生每年的体质健康测试数据及各种文件资料。体测中心由 4 位专职教师和 1 位工程师共同兼职管理。2018 年,思明校区体测中心办公室搬迁至明培体育馆 115 室,测试室安排在演武田径场主席台下;2019 年翔安校区体测中心办公室由综合馆搬迁到一期田径场主席台下。

体质健康测试中心的成立,很好地保障了全校本科生身体素质测试工作的开展及数据上报工作,使得学校的体测工作每年都能顺利完成并取得良好成效。2009 年,厦门大学被评为福建省“国家学生体质健康测试先进单位”。

(3)学生体质健康测试成绩

通过体育基本理论与基本技能的学习,学生体质普遍得到了增强。每年进行的学生体质健康测试,无论是正在上体育课的学生,还是没有上体育课的学生,除了 2014—2015 学年外(因为《国家学生体质健康标准(2014 年修订)》中规定大学生体质测试项目为规定的 8 个项目,其中男生引体向上为首次出现的测试项目,大部分学生无法获得分数,导致这一年学生体质健康测试合格率低),厦门大学每年的体质健康合格率都在 95%以上。这充分说明,大部分学生已经养成了自觉锻炼身体的好习惯,并基本形成了终身体育意识。学生历年体测合格数据见表 10-4。

表 10-4　2000 年至今厦大学生体质健康测试合格率情况表

年度	合格率(%)	年度	合格率(%)
1999—2000	95.3	2011—2012	96.8
2000—2001	96.1	2014—2015	73.6
2001—2002	96.2	2015—2016	96.6
2002—2003	98.6	2016—2017	97.1
2003—2004	98.5	2018—2019	95.5
2004—2005	98.6	2019—2020	95.0

(4)体测成绩列入学生评奖评优标准

2016 年 1 月,厦门大学体育工作大会通过的《厦门大学关于进一步加强体育工作的若干意见》明确指出:“执行《国家学生体质健康标准》,切实把学生的体质健康水平作为衡量学校办学水平与学生综合素质评价的重要指标,将学生体质健康测试成绩与学生评奖评优及毕业等挂钩。”《意见》规定:“学生体测成绩达到良好及以上,方有资格参评三好学生、优秀毕业生等综合性奖项;对于测试成绩评定不及格的学生,准予补测;学生毕业时,四年的体质健康测试成绩平均未能达到 50 分者,按结业或肄业处理。”

图 10-4　学生参加教育部抽测现场(2015)

第二节　体育课程项目设置

改革开放以来,厦门大学的体育教学工作发生了翻天覆地的变化,进入了飞速发展时期。体育课已从过去单纯的技术教育转变为健康教育、素质教育、娱乐教育、大众教育、生存教育,教学内容勇于创新,新项目不断拓展。体育课从20世纪80—90年代的田径、球类、竞技体操、武术套路为主的7类选项课拓展到目前常规开设的52门,将许多竞技与非竞技的当代体育项目纷纷引进了体育课堂。从表10-5中可以看出,厦大体育课程从1980年以前的1门扩展到1990年的9门,至2000年有16门,2010年增加至37门,2019年达到52门。体育课程基本涵盖了竞技体育、休闲体育、时尚体育、民族传统体育和保健体育等各个领域,形成了民族传统体育、形体塑身与健身健美、户外拓展训练、小球类和大球类等系列课程,构建了一个体现时代性、教育性、发展性、实用性、多样性、民族性的厦大特色的现代大学体育课程体系。加之"三自主"的开放式选课模式,更是为学生提供了自由、自主、宽松的体育学习环境。

1.特色课程

在体育课程项目开设上,许多体育课程项目都由厦大率先开出,比如高尔夫、攀树运动、潜水、帆船、击剑、桨板、三边足球等。目前,学校所开设的体育课程门数已居全国同类高校前列，“三自主”的体育选课模式被媒体称为“厦大体育超市”。在这个“超市”中，汇聚了许许多多的特色课程，比如游泳、野外生存、拓展训练、定向越野、马拉松、攀岩、高尔夫、攀树运动、潜水、帆船、赛艇、皮划艇、桨板、击剑、动感单车以及民族传统体育类项目等等。近年来，厦大的体育教学取得了令人瞩目的成绩，许多国内高校慕名而来，到体育教学部进行学习交流，同时，许多家报纸如《光明日报》《人民日报》《福建日报》以及网络新闻媒体如新浪、中国新闻网、人民网等都曾用一定的篇幅报道厦门大学体育课的改革成果，在社会上引起了广泛关注。

击剑课

攀树课

桨板课

潜水课

图 10-5　特色课程

2.野外生存生活系列课程

2002 年，厦门大学开设“野外生存生活训练”“海岛生存生活训练”“定向越野”等课程，对学生的身体素质、运动技能、生活知识、动手能力、自我防护、协作精神、集体观念、意志品质来说是一个极好的综合训练。2004 年，厦门大学参加教育部课题组组织的三国四地 20 多所高校在东北举行的“大学生野外生存生活联合训练”,学生们表现突出,出色地完成了各项训练任务,受到了教育部课题组的高度评价和赞扬。

图 10-6 海岛生存生活训练——皮划艇过渡

3.民族传统体育系列课程

民族传统体育系列课程门类繁多,且逐年增加,长拳、太极拳(剑)、形意拳、木兰拳(扇)、八卦掌、自卫防身、形意强身功、刀术、舞龙舞狮等课程动静相兼、快慢相随、内外合一、形神兼备,注重武德、陶冶身心,都已成为深受学生喜爱的课程。

图 10-7 形意强身功

图 10-8　木兰拳

4.马拉松课程

2003 年 3 月，厦门市成功举办了首届国际马拉松赛，厦大体育教学部黄力生老师获得市民组第一名。同年 9 月份，黄力生老师开设了马拉松课程。他以轻松活泼的教风和科学的训练方法赢得了学生的喜爱，使得这门听起来让人感到害怕、在其他学校很难开展的课程，一下子成为学校供不应求的热选课程，班级人数逐年增加，近几年每个班人数都达到 100 人以上。

5.高尔夫、击剑等新兴课程

2005 年 9 月，厦门大学开设高尔夫课程，为全国高校中最早开设这门课程的学校之一。高尔夫运动是一项极具挑战性又富有娱乐性、休闲性的体育运动，素有“贵族运动”之称，现在，贵族运动进入了普通高校体育课堂，褪去了贵族的外衣，成为大学生的一门体育课程，深受广大同学的喜爱。目前，厦门大学思明校区、翔安校区、漳州校区均有高尔夫练习场供教学使用，使得这门课程在学校普及开展起来。

2012 年开设的攀树运动、2014 年开设的潜水和帆船课，都曾一度成为媒体热议的话题。2017 年，皮划艇、击剑课程的开设，更进一步突出了厦大体育课程教学的时尚性。2018 年开设了三边足球，在全国高校当中也是独创。

总之，厦门大学开设这些体育课程，都只是学校为学生提供的体育选项课之一，众多项目组成一个琳琅满目的体育“超市”，目的就是通过多样化的课程设置，引起学生对体育课的兴趣，从而达到增强学生体质、培养良好的健身锻炼习惯的目的。

2001 年 2 月以来学校开设体育课程达到 64 门（见表 10-6），截止到 2019 年 12 月，常规开设的体育选项课有 52 门（见表 10-5）。

表 10-5 改革开放以来厦大体育课程项目设置发展情况表

时间	门数	课程项目
1980 年以前	1	普体课
1990 年以前	9	普体课、田径、游泳、武术、气功、篮球、排球、足球、保健体育课
2000	16	普体课、体操、艺术体操（女）、健美操、剑术、乒乓球、垒球、软式排球、长拳、跆拳道、形意拳、八卦掌、篮球、足球、排球、保健体育课
2010	37	高尔夫、定向越野、游泳、瑜伽、形意强身功、羽毛球、舞龙舞狮、太极功夫扇、腰鼓、龙舟、拓展训练与趣味游戏、啦啦操、健美操、网球、足球、篮球、乒乓球、排球、软式排球、太极拳、长拳、木兰拳、街舞、棒球、野外生存、自卫防身、跆拳道、体育舞蹈、健身与健美、马拉松、体适能、太极八卦掌、木兰扇、柔力球、散打、形体与形象塑造、康复保健体育课
2016	45	攀树运动、潜水、帆船、赛艇、橄榄球、少林棍、柔道、健身气功、剑术、刀术、排舞、花样跳绳、节奏体语、手拍鼓、健美操、网球、足球、篮球、乒乓球、排球（气排球）、太极拳、长拳、街舞、棒垒球、野外生存、自卫防身、跆拳道、体育舞蹈、健身与健美、马拉松、木兰扇、散打、形体与形象塑造、羽毛球、高尔夫、定向越野、游泳、瑜伽、龙舟、形意强身功、舞龙舞狮、腰鼓、拓展训练与趣味游戏、啦啦操、康复保健体育课
2019	52	赛艇、皮划艇、击剑、三边足球、攀岩、桨板、动感单车、少林棍、柔道、橄榄球、健身气功、攀树运动、剑术、刀术、排舞、花样跳绳、潜水、帆船、节奏体语、手拍鼓、赛艇、健美操、网球、足球、篮球、乒乓球、排球（气排球）、太极拳、长拳、街舞、棒垒球、野外生存、自卫防身、跆拳道、体育舞蹈、健身与健美、马拉松、木兰扇、散打、形体与形象塑造、羽毛球、高尔夫、定向越野、游泳、瑜伽、龙舟、形意强身功、舞龙舞狮、腰鼓、拓展训练与趣味游戏、啦啦操、康复保健体育课

表 10-6　2001 年以来厦大新开设的体育选项课情况表

开课时间	课程名称	新开课程门数（门）
2001	2 月:健美操、网球、足球、篮球、乒乓球、排球、太极拳、长拳、木兰拳、康复保健体育课	11
	9 月:田径	
2003	3 月:街舞、软式排球、棒球、野外生存 自卫防身、跆拳道、体育舞蹈	9
	9 月:健身与健美、马拉松	
2004	2 月:体适能、形体操、太极八卦掌、武术拳械	5
	9 月:木兰扇	
2005	3 月:柔力球、艺术体操、散打	9
	9 月:形体与形象塑造、形意拳、羽毛球、舞龙舞狮、高尔夫、定向越野	
2006	9 月:冬泳、瑜伽	2
2008	3 月:形意强身功	1
2009	2 月:太极功夫扇、腰鼓	4
	9 月:龙舟、拓展训练与趣味游戏	
2010	2 月:啦啦操	1
2011	2 月:少林棍、柔道	3
	9 月:自由泳	
2012	6 月:橄榄球	4
	9 月:健身气功、攀树运动、气排球	
2013	2 月:剑术、刀术	4
	6 月:排舞	
	9 月:花样跳绳	

续表

开课时间	课程名称	新开课程门数（门）
2014	2 月：潜水、帆船 6 月：节奏体语	3
2015	9 月：手拍鼓	1
2016	2 月：赛艇	1
2017	2 月：皮划艇 9 月：击剑	2
2018	9 月：三边足球、攀岩	2
2019	2 月：桨板 6 月：动感单车	2
合计		64

篮球

健身腰鼓

橄榄球

图 10-9 体育选修课

第三节　体育教师队伍的建设与发展

体育教师是学校体育工作的主力军，是促进学校体育发展的根本保证。一直以来，学校和体育教学部高度重视体育教师队伍建设，坚持培引并重的方针，既积极做好现有中青年体育教师的业务培训，拓宽在职教师进修培训途径，进一步提高体育教师的学历层次和专业素质，又不断引进高水平的优秀体育教师，努力建设一支素质优良、结构优化的体育教师队伍，为学校体育工作的发展提供保障。

体育教学部十分重视体育教师自身素质的提高，采取多种形式，通过多种渠道提高教师的专业技术水平和整体素质，如有计划地安排教师参加各种进修班、培训班学习，鼓励教师采用多种方式提高学历学位水平，对每一位新进教师，进校后一年内均配备一位教学经验丰富的老教师作为指导教师，对其教学工作进行全面指导。对表现突出，各方面符合条件的青年教师，予以破格晋升职称。

同时，体育教学部还十分重视教师的在职学习与进修，每周安排半天时间让全体教师进行业务学习，对教学大纲、教材、教法等进行学习、讨论和研究，每次学习均请一位熟悉业务、有教学经验的教师主讲，然后大家进行讨论、实践，加深对教材重点、难点的认识，完善教学方法，提高教学水平。

进入 21 世纪初，由于体育学科和公共课的特点以及历史原因，多数体育教师的学历学位偏低，高职称数偏少，学科队伍不够健全，与其他学科相比尚有较大差距。因此，体育教学部一直把师资队伍建设作为一项重要工作来抓。一方面，积极支持青年教师参加业务培训，并通过不同的形式来攻读高一级的学位，如参加本校的硕士单招考试，或参加高校教师在职攻读硕士学位班的学习，或以在职攻读的形式取得博士学位等。另一方面，在引进新教师时，不仅关注运动专项，更注重其学历层次和科研能力。通过上述两个途径，目前已基本构建了一个能教学、会研究、出成果的合理的教师队伍。

从表 10-7 可以看出，自 20 世纪 90 年代至今，厦门大学体育教学部的师资队伍已有了突飞猛进的发展，这不仅仅表现在教师人数的增加，更重要的是体现在教师学历水平的提高和职称结构的整体提升。

1.职称结构和学历结构

20 世纪 90 年代初，体育教学部有专任教师 33 人，其中教授 3 人，副教授 8 人，高职称教师占教师总数的 33.3%，此外，讲师占 45.5%，助教占 18.2%，见习助教占 3.0%。教师学历方面，以本科学历为主，占教师总数的 69.7%。1995 年，体育教学部引进了第一个具有硕士学位的教师，此后，高学历高学位的教师逐年增加。

截至 2005 年，体育教学部 44 名专任体育教师当中，具有硕士学位共 10 人，在读博士 2 人；职称方面，教授 2 人，副教授 12 人，高职称教师占教师总数的 31.8%；从年龄分布结构看，教育教学经验丰富的中青年骨干教师(35～50 岁)占教师总数的 29.5%，35 岁以下的青年教师占 61.5%，教师平均年龄为 35.5 岁，比当时全校教师平均年龄 40.6 岁低 5.1 岁，教师年龄呈现明显的年轻化趋势。

截至 2020 年 1 月底，体育教学部有专任体育教师 52 人，其中教授 4 人，副教授 22 人，高级职称人数占教师总数的 50%；学历方面，具有博士学位教师 9 人，具有硕士学位教师 36 人(其中在读博士 4 人)，两项合计占到教师总数的 86.5%，学历水平大幅度提高；教师的平均年龄为 42.2 岁。

从表 10-7 中可以看出，自 20 世纪 90 年代初以来，厦门大学体育教师队伍从以学士为主提升到以硕士为主、博士为辅的高学历教师队伍，职称结构上高级职称比例接近教师总数一半，年龄结构上以教学经验丰富的中青年教师为主。

表 10-7　20 世纪 90 年代以来体育部专任教师的职称、学历等情况

年份	专任教师总人数	职称		学历			平均年龄
		教授	副教授	博士(含博士后、在读博士)	硕士(含在读)	学士	
1991	33	3	8	0	0	23	—
1995	36	—	—	0	1	25	—
2005	44	2	12	0 (在读 2 人)	10	22	35.5
2007	51	3	11	6 (在读 5 人)	20 (5)	21	37.2

续表

年份	专任教师总人数	职称		学历			平均年龄
		教授	副教授	博士（含博士后、在读博士）	硕士（含在读）	学士	
2010	52	4	22	9 (博士后1人,在读3人)	30 (3)	13	—
2015	51	5	23	8 (博士后3人)	36	7	—
2020	52	4	22	13 (在读4人)	36	3	42.2

2.学缘结构

学缘相同或相近不利于学科发展,也不利于师资队伍的建设和发展。体育教学部教师队伍的学缘结构是比较合理的。截至2020年1月,体育教学部52位专任教师中,绝大部分都来自国内高校,如北京体育大学、武汉体育学院、成都体育学院、上海体育学院、福建师范大学、华东师范大学、北京师范大学、厦门大学、集美大学等;有一小部分教师来自国外知名高校,如日本早稻田大学、俄罗斯国立体育大学。

3.高学历高水平教师的引进

近年来,随着学校办学水平的不断提高,对教师学历、技能的要求也越来越高,体育部也引进了一些高学历、高素质、高水平的人才,以满足人才培养和学科建设的需要。2008年初,体育教学部引进一位博士,军事教研室也新进两位博士;2009年,引进一位健美操世界冠军,军事教研室引进两位博士;2010年,引进一位太极拳世界冠军;2018年,引进一位羽毛球世界冠军。

4.体育教师的对外交流

开展国际或区域学术交流是了解国际学术动态、提高教师学术水平的重要途径。为了进一步提高教师的教学水平和能力，体育教学部通过多种渠道选派教师外出参加交流、讲学、培训等，提高教师们的学术水平、业务水平，取得了显著成效。从1990年起，体育教学部教师经常应邀前往美国、日本、澳大利亚、英国、菲律宾、印度尼西亚等国家进行学术交流与访问。

第四节　军事理论教师队伍建设

厦门大学体育教学部军事教研室作为厦门大学开展国防教育活动的主要实施单位，传承了百年以来厦大的优良爱国主义传统和悠久精神文明，并为厦门大学体育教学部增添了颇具特色的国防色彩。

1987年11月10日，根据原国家教委和中国人民解放军总参谋部、总政治部等八部委文件的有关规定，厦门大学军事教研室成立。军事教研室创立初期，由当时分管教学工作的副校长郑学檬教授兼任教研室主任，与学校武装部合署办公，一套人马两块牌子。

在33年的历史中，厦门大学军事教研室秉持“自强不息，止于至善”的校训，在国防教育学学科建设的道路上披荆斩棘，砥砺前行，为超过7万人次的厦大本科学子和学校内的国防生开设军事理论课程，并承担着本科生集中军训期间的理论课教学任务与军事技能训练。一代又一代厦大人穿上迷彩服，参与到和平时期的国防建设中，在祖国与厦大的庇佑下，茁壮成长。2005年，学校进行机构改革，军事教研室合并到体育教学部，并延续至2020年。合并后历届教研室主任和党支部书记如下表10-8。

表10-8　历届军事教研室主任和党支部书记一览表(2005年至今)

年份	教研室主任	党支部书记
2005	吴温暖	邵贵文
2013	郑　宏	邵贵文
2017	谢素蓉	邵贵文
2018	谢素蓉	谢素蓉

至2020年3月，军事教研室有专任教师8人，教辅人员1人。教师中有来自厦门大学、南开大学、北京师范大学从事教育学、历史学、社会学的博士4名，其中博士后1名，以及来自军队院校的优秀教员3名。军事教研室现有副教授4名，讲师和助理教授4名，另有退休返聘教授1名。教师们丰富的学科背景形成了国防教育基本理论、高等学校国防教育、国防教育历史、国防教育比较、国防教育文化等富有特色的研究方向。军事教研室在多年的军训工作、军理课教学和国防教育学术研究中，逐渐锤炼成长为一支教学水平过硬，科研成果突出，在国防教育领域名列前茅的高水平转业队伍。

第五节　军事教学成果显著

厦门大学地处东南一隅，有着光荣的革命传统，厦大深厚的文化底蕴也为国防教育的开展提供了基础。新中国成立后，在中央的指示下，厦门大学先后开展了以抗美援朝、炮击金门等以时代为主题的国防教育，由于国内外因素，当时的国防教育并没有固定的形式，直到1987年11月，厦门大学军事教研室成立，厦大国防教育的形式才正式确立下来。

图10-10　厦门大学军事教研室第一任主任——郑学檬教授

1987 年,军事教研室成立,由当时分管教学工作的副校长郑学檬教授兼任教研室主任。成立伊始,教研室就承担了全校军事理论课教学任务,编写了《军训教学提纲》和《大学生军训知识》,率先出版了高校军事理论课教材。1988 年 9 月,厦门大学 1986 级学生成为军事教研室的第一届学生,接受了以军事科技、军事思想、现代军事、武器装备等为主要内容的军事理论课程。1998 年,学校进行机构改革,军事教研室合并到马列主义教学部。2005 年,学校又将军事教研室合并到体育教学部,延续至 2020 年。三十多年来,教研室所承担的军事理论课的课程内容不断深化,教研室的教师们在军事理论教学大纲的基础上进行教材编写,出版了由吴温暖教授主编、福建省统编的教材《军事理论教程》与《军事训练教程》以及与之配套的《军事理论课多媒体课件》,经过多年不断的修订改进,《军事理论教程》在 2006 年被教育部国防办公室和全国高校军事教学指导委员会评选为优秀教材。2019 年,教研室教师结合新《普通高等学校军事课教学大纲》,组织军事科学院军事专家重新对教材进行修订编写,教材改名为《军事理论与技能训练教程》,使得教材的权威性与前沿性进一步提高。

在实际教学中,教师们严抓课堂管理,通过排座位表,对号入座,让学生感受军事纪律,加强对国防的认识。同时,多媒体的熟练使用以及声、光、影的巧妙结合,提高了学生们的学习兴趣。此外,教研室的教师们还创造性地开辟了国防动员的新形式:将大学生征兵的优惠政策和退伍后的创业扶持政策融入课堂教学,用 1 个课时的时间,把内容详尽地介绍给大一新生。教师们深入浅出的教学实践与别具一格的授课方式赢得一众喝彩。教研室在全国普通高校军事理论课授课比赛中名列前茅,曾经获得全国授课比赛的一等奖、三等奖,福建省军事理论教师授课比赛一等奖、二等奖,还于 2017—2019 年连续三年承办了福建省军事理论课教师培训,2019 年主办福建省高校军事理论课新教学大纲研讨会。

图 10-11　2019 年军事教研室承办福建省高校军事课教师培训

（左一为谢素蓉，右一为吴温暖）

第六节　军事训练有声有色

1985 年 9 月，全国首批高校军训试点工作正式开启，厦门大学被列入首批军训试点单位。1987 年，军事教研室一经成立便参与到学生军训工作中。1988 年 9 月，军事教研室协助学校武装部指导 1988 级 1784 名学生到福建莆田、南安和官桥接受以军人条令、军兵种知识、轻武器射击和战术等知识为主的军事训练。1989 年，军事教研室凭借军训的组织实施与军事理论课教学获得厦门大学首次颁发的优秀教学成果一等奖，并获得省级一等奖。1996 年，学校组织了庆祝军训十周年的活动，十年间，军训学生达 20663 人，优异的军训工作也为学校赢得了“高等学校学生军训工作优秀学校”“全民国防教育先进单位”等 12 种荣誉称号。

图 10-12 军事教研室吴温暖教授(右一)在军训拉练中现场指导学生防空隐蔽(2012 年 9 月)

如今,军训工作已实施 34 年,在实践探索中,学校成立了由分管校领导任组长,以武装部部长、军事教研室主任、南京军区驻厦门大学选培办主任任副组长,校内十余个单位共同组成的军训工作领导小组,一套完备的军事训练体系正在逐步建立。武装部作为牵头单位,总结历年军训中的经验和存在的问题,统筹编写涵盖军训工作组织实施方案、饮食、医疗、运输、减缓免申请等内容的《学生军训工作手册》。近年来,学校军训科目更加注重实用性,包括实弹射击训练、战地救护、近身格斗、在拉练中进行紧急疏散等防空演练。为保证训练强度和训练效果,同时避免身体损伤,军事教研室和承训部队还共同制定了较为合理的训练计划。在有力的机构和制度保障下,从 1986 年开始军事技能训练至今,厦大未发生过重大安全事故。

近年来,厦门大学在保证军训质量与安全的前提下,不断推陈出新,多次获得国家表彰。2002 年,厦大荣获教育部、总参谋部、总政治部表彰的"全国学生军训工作先进单位",军事教研室教师吴温暖获"全国学生军训工作先进个人"。2006 年,厦大再次获中宣部、教育部、国家国防教育办公室联合表彰的"全民国防教育先进单位”，军事教研室教师吴温暖获“全民国防教育先进个人”。2019年，正值建国70周年，厦门大学2019级2400余名思明校区新生徒步行军拉练22公里，在“一国两制，统一中国”标语牌前拉起巨幅国旗，用手机灯光汇聚成“中国有我”，别开生面的军训形式被人民日报多次报道。

图10-13　厦大思明校区新生于上弦场献礼祖国(2019年9月)

第十一章　教材建设与教学改革项目研究

一、教材建设

在教材建设方面，1984 年以前，福建省和厦门大学均未编写出版过体育教材。1984 年秋，省高教厅委托厦门大学体育教研室黄渭铭老师牵头，编写《高等学校体育基本理论》教材，1985 年出版，供全省高校使用。至 2019 年，体育教学部教师主编教材共 18 部（见表 11-1），分别在厦门大学、福建省乃至全国高校中使用。尤其是 2019 年由厦门大学出版社出版的《大学体育与健康教程》，体育教学部将各门课程的专业技术动作拍成视频，生成二维码，学生扫码即可观看任课教师的示范动作，增加教材的信息化资源，便捷直观。

表 11-1　体育教学部教师编写教材一览表

时间	主编	教材名称	副主编或参编人员	出版单位
1985	黄渭铭	高等学校体育基本理论	——	福建教育出版社
1988	黄渭铭	高等学校体育理论	——	福建教育出版社
1989	黄渭铭	高等学校体育实践	陈礼贤 何德馨 吴世民 林建华 林水撰等	福建教育出版社
1994	黄渭铭	高等学校体育理论教程 高等学校体育实践教程 （福建省教委重新组织编写）	陈礼贤 何德馨 吴世民 林建华等	福建教育出版社
1997	黄渭铭	大学体育理论教程	林建华等	福建教育出版社

续表

时间	主编	教材名称	副主编或参编人员	出版单位
1998	林建华	普通高等学校武术教程	郭琼珠等	厦门大学出版社
2000	黄力生等	大学体育理论	——	厦门大学出版社
2000	黄力生等	大学体育实践与方法	——	厦门大学出版社
2001	林建华等	普通高等学校体育教程（理论、实践部分）	黄景东 林致诚等	厦门大学出版社
2001	唐文玲	普通高等学校健美操教程	郑　婕 赵秋爽	中国财政经济出版社
2002	郭琼珠	木兰拳	曾秀端等	北京体育大学出版社
2003	林建华等	现代大学体育教程	林致诚 黄景东 林清江等	北京体育大学出版社
2005	郑　婕	健美操		高等教育出版社
2006	林建华 郭琼珠	武术与健身教程	黄景东 林致诚	厦门大学出版社
2006	唐文玲 赵秋爽	形体与健身教程	——	厦门大学出版社
2007	林建华	大学体育理论教程	黄景东 林致诚	北京体育大学出版社
2018	陈志伟 林致诚	大学体育	何元春 吴飞腾 林顺英	厦门大学出版社
2019	陈志伟 林致诚 林顺英	大学体育与健康教程	何元春 吴飞腾	厦门大学出版社

图 11-1　教材及其他著作展示图(部分)

图 11-2　2019 年体育教学部出版的教材

二、教学改革项目研究

近几年来，在学校社科处与体育教学部领导的重视与引导下，体育教师在省级、校级教学改革项目研究方面的申报越来越积极主动，不仅在教学改革项目上，而且在教学成果获奖方面都取得了一定的成绩，见表 11-2、表 11-3。

表 11-2 教学改革项目一览表

项目名称	项目负责人	项目级别	立项时间	立项金额（万元）
体育教学深化改革促进大学生体质健康状况的调查与研究	陈志伟	校级	2015 年	0.5
“健康中国”背景下普通高校公共体育课程教学改革的实验研究	邹　红	省级校级	2017 年	3.0
高校足球课程数字化分析与应用教学体系构建	陈志辉	校级	2017 年	0.8
“理事会制”——高校体育社团管理模式改革探索	杨广波	校级	2018 年	0.8

表 11-3 教学成果奖汇总表

时间	获奖者	获奖成果名称	成果形式	奖励名称	获奖等级
2017	陈　华 邹　红	公共体育舞蹈课程“服务学生、服务校园、服务社会”模式的探索与实践	其他	厦门大学高等教育教育教学成果奖	二等奖
2018	陈志伟 林顺英 罗文霞	以健康、快乐、幸福为宗旨，开创新时代的高校体育新局面	调查报告	厦门大学高等教育教育教学成果奖	二等奖

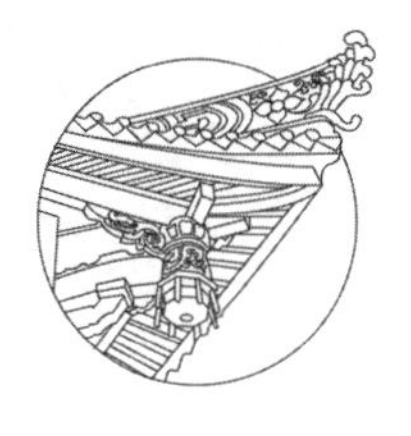

第四篇 群众体育活动与运动竞赛

第十二章　创办时期（1921—1937年）

厦门大学创办初期就秉持大力倡导体育锻炼的理念，充分利用学校的地理环境优势开展各类体育活动，包括开展群体活动和竞赛训练。学校先后修建了田径、足球、篮球、排球、棒球等各种运动场及游泳池、国术室、乒乓球室等场地设施，为学校课外活动的开展提供了必备条件，每天下课后，运动场上热闹非凡，人声鼎沸，课外活动开展得有声有色。学校同时聘任专员负责指导，按规定时间进行团体运动训练，这不仅有益于全校师生身心健康，而且能促进师生之间养成互助合作的精神。学校每年春季都举行校庆运动会，通过运动会来了解学生的运动成绩，也是以此作为运动队制订下半年运动训练计划的依据。体育竞赛最初是以校内竞赛为主，后来逐渐发展到对外参加比赛，增进相互交流，彼此促进提高。厦门大学曾连续7年参加闽南运动会、全国运动会及代表中国参加远东运动会，都取得了好成绩。厦大在球类方面水平较高，在闽南地区战无不胜，“常胜将军”即由此而得名。

第一节　群体活动与校内竞赛

建校之初，学校操场即为昔日的演武场，比较宽敞，有利于进行体育运动。由于地处偏僻，对外比赛机会较少，所以课外运动的开展主要以校内竞赛的方式来进行。那时候，学校提倡厦门大学体育精神，提高运动标准，促进各院系交流，培养团队力量，其目的是弥补课内体育的不足，课内外相结合共同完成学校体育教育。

1926年，体育部制定学生课外运动时间并指定职员进行指导，具体见表12-1。1927年，体育部主任张恒在学校足球篮球锦标赛颁奖典礼致辞中指出：“提倡厦门大学的体育，当然要从全校同学普及体育上着手。比赛目的概括讲起来可分作四种：1.唤起全校同学对于体育上的注意。2.提高运动的标准。3.促进各科同学间的友谊。4.培植同学共同奋斗的精神。”

关于开展课外活动的四种最基本原则，蒋成堃在1931年是这样论述的：“1.必须使教务与训育切实沟通；2.必须全体师生有合作的精神；3.导师必尽其所长，学生须依其所嗜；4.学习与行动并重！”

表12-1　1926年学生课外运动时间及指导老师情况表

顺序	项目	时间	指导老师
1	足球	星期一、五，下午四时至六时	吴再兴为队长，李起东为干事
2	篮球	星期二、四，下午五时至六时	蔡如川为队长，马大勋为干事
3	队球	星期二、四，下午四时至五时	陈若霖为队长，（齐贞藩）为干事
4	棒球	星期三，下午四时至六时	李起东为队长，金仁洙为干事
5	网球	不定时间	孙庆生为队长，蔡（南）辉为干事
6	田径赛	早操时间及课外	邱子明为队长，王星林为干事

（注：队球即排球）

私立时期，厦门大学课外运动与校内竞赛在各级文件精神指导下开展得如火如荼。1933年4月6日厦门大学十二周年纪念专号中提出：“体育一项，能直接增进身心健康，养成合作精神，在各科间，实最具有实际性者，自十九年(1930年)秋起，除……专聘教员训练外，尤注重课外活动。”可见，课外活动的开展已经成为学校体育工作开展的重头戏。根据现有资料记载，运动内容除了校庆运动大会、篮球、网球、乒乓球、足球、排球等体育赛事外，还有国术、游泳、越野赛跑、象棋等，慢慢地形成了每年固定举办的校级赛事，既活跃了学校师生的课余生活，也增强了师生体质，提高了运动技术水平。

一、体育会的成立

1928年，学校教职员和学生共同发起成立体育会，其目的是促进全校体育精神，养成良好的锻炼习惯等。1929年11月，全校学生大会改组，体育部蔡如川成为执行委员之一。1930 年,体育部聘请了学识经验丰富的体育指导员黄炳坤,他“召集同学在该部开会,议决组织学生体育会,推荐蔡如川、刘有土、黄富春、曾大器、贺秩等五君为筹备委员会委员”。学校教职员及学生多人,共同发起组织体育会,以促进全校体育精神、养成团结善良习惯为宗旨。4 月 25 日,体育会在大礼堂召开成立大会。1931 年 3 月 30 日,体育会在体育部办公室召开会员会议,会后合影。

图 12-1　体育会职员(1931)

二、校庆运动大会

厦门大学校庆运动大会是建校早期学校最大型的综合性体育赛事,自 1921 年开始,每年都会如期举行。1925 年 4 月 6—7 日,厦门大学四周年纪念大会特邀请厦门中等以上学校开联合运动会(即厦门中等以上学校联合运动会)。运动会取得圆满成功,集美学校获得队球(排球)冠军,英华书院得足球冠军,厦门大学获得篮球及田径赛亚军,800 米接力赛跑获胜;个人成绩厦大佘怀安第一。1930 年,厦门大学九周年纪念运动会的田径比赛分为本校组和来宾组。(运动项目设置详见表 12-2)1931 年,厦门大学十周年纪念运动会于 4 月 5—6 日举行,会上,体育部主任黄炳坤讲话,原文如下:

本校体育精神,早有荣誉,遐迩俱闻;惟年来一般运动员,平日缺乏奋练,因而前数届之全国运动会，均未能遣派选手，前赴参加，诚是憾事！职是之故，特于本校十周年纪念举行运动会，意在遴选特出运动人才，希望于本年下季之全国运动大会中，能一显身手；一面为我素称落后之闽疆吐气扬眉，一面表示本校平素提倡体育之精神。

1932 年，学校第十二届田径赛运动大会因沪战而延期举行，于 12 月底补开，具体情况描述如下：

现已本校合作商店捐赠大洋 12 元，以作奖品，及县教育局长林德曜先生捐赠大银盾 2 座，作甲乙组个人锦标。奖品：(1)1、2、3 名均有奖章 (2)特奖(个人冠军、破全国纪录)。运动大会于 12 月 30—31 日举行，此次拜请外界来参加，外宾参加者有集美、同文、精武、鹭光诸团体，及本校甲乙组运动员，共一百余人；由林文庆校长致开会辞，厦门体育会长邓世熙先生演说，并请同文军乐队莅场奏乐，盛极一时。

表 12-2　1930—1932 年厦门大学周年纪念运动会运动项目设置情况表

时间	径赛项目	田赛项目
本校九周年纪念运动会(1930)	100 米、200 米、400 米、800 米、1500 米、10000 米、低栏、高栏	掷铅球、掷铁饼、三级跳远、跳远、跳高、标枪、撑竿跳
本校十周年纪念运动会(1931)	100 米、200 米、400 米、800 米、1500 米、3000 米、高栏、低栏	铅球、铁饼、标枪
第十二届田径赛运动大会(1932)	100 米、200 米、400 米、800 米、1500 米、10000 米、400 米中栏、高栏	跳高、跳远、三级跳、铁饼、撑竿跳高、铁球(16 磅)、铁枪

三、球类运动项目

创办时期，厦门大学球类运动项目蓬勃发展，赛事丰富多彩，逐步列入每年的赛事日程。全校院际篮球锦标赛每年定期举办，参加人数有时达上百人，盛况空前。乒乓球锦标赛自建校之初就开始举办。网球方面教职工与学生之间的友谊赛频繁举办。足球和排球比赛也都按期举办。1926 年 12 月 18 日文字记载："因厦大地处偏僻，对外比赛较少，为强健身体，精神振奋，厦大倡导校内比赛，每逢星期四和六举行，使比赛更加常规化。"具体活动详见表 12-3。

表 12-3 创办时期校内球类项目赛事一览表

项目	时间	赛事
篮球	1921	5 月 6 日，本日起举行公开篮球赛 14 天
	1926	体育部主任金兆钧先生组织校内大比赛，全校分为两组：文、教、商、法科师生为一组，理、工、医、预四科师生为一组，星期四下午五时比赛篮球
	1927	举办本校各科篮球锦标比赛
	1931	12 月 1 日下午，本校体育部在大操场举行全校篮球锦标比赛，参加者百余人，为本校篮球比赛空前未有之盛况云
	1934	5 月份校内篮球锦标比赛，参加者共有四队，采循环比赛法，各队实力相等，比赛颇有精彩，结果鹧鸪队六战六胜，获本届锦标，星光队亚军
	1935	5 月份体育部公布院际篮球锦标比赛日程表
	1936	4 月 14 日起体育部定期举行全校院际篮球比赛
乒乓球	1921	10 月 20 日，校内乒乓球锦标赛
	1932	11 月 21 日，体育部举行乒乓球锦标赛，报名人数为 32 人，采用淘汰制赛制，定每晚 7 时举行。得奖球员列下：(1)梁崇礼(2)林怀海(3)杨天赐
	1933	12 月份校内乒乓球锦标比赛，冠军为吴特生，亚军为林怀海，季军为林天赐
	1934	12 月份，本校乒乓球锦标比赛，甲组冠军吴特生，乙组冠军徐至锦 12 月 23 日上午，香港篮球队约本校乒乓球队比赛，结果厦大五战五胜
	1935	5 月 25 日下午—26 日下午，本校闽海学会在本校乒乓室举行会员乒乓比赛。报名参加的有 20 余人，采用淘汰法赛制。优胜者计有林怀海、任世奇、陈阴严、林涵等四人 12 月份，闽海学会乒乓比赛，优胜者任世奇、陈阴严、林涵
网球	1921	4 月 28 日，本日起举行网球比赛一星期 9 月 29 日，本校学生网球队与教职员网球队比赛
	1930	全校网球比赛
	1933	10 月 24 日，教职员与学生网球友谊赛，学生 3∶0 胜 12 月份，体育部为鼓励新进网球选手，特发起乙组网球锦标比赛，参加者计有 7 队，结果锦标为洪福增、顾瑞岩两位同学，获得新的书店赠银盾二座，以作纪念
	1935	11 月份本校网球比赛结束，甲组单打冠军林俊源、亚军徐耀辉；双打冠军林俊源、徐耀辉，亚军陈枝阴、吕建元；乙组双打冠军黄承欢、郑成茂，亚军庄平、杨卓瑜

续表

项目	时间	赛　事
足球	1926	体育部主任金兆钧先生组织校内大比赛，全校分为两组：文、教、商、法科师生为一组，理、工、医、预四科师生为一组。星期六下午二时比赛足球，用三赛二胜制
	1927	本校足球比赛
排球	1931	体育部举行校内排球公开比赛，参加者共有教职员、闽海、两广、莆仙及厦门 5 队，比赛采用单循环制，采用最近远东运动会的规则

图 12-2　篮球比赛(1926)

四、其他运动项目

其他运动项目主要包括国术、游泳、登山、越野赛跑、象棋等，根据文字记载，这些项目大部分都是 1930 年之后才开始逐渐发展起来的。国术方面，学校聘请知名拳师担任教师，学校师生对其兴趣浓厚，分别成立了国术研究团、国术研究会。由于学校背山面海，便利的水域环境促成了游泳项目的开展，背面的五老峰也促成了登山与越野赛跑项目的发展。

(一)国术

厦门大学重视国术，邀请校外知名人士和团体到学校进行访问、表演和任教。1931 年 9 月，举行了全国运动会福建省选手选拔赛，省教育厅长程伯庐前来主持，泉州的陈国辉旅长也率领国术团到场表演。1933 年 4 月 17 日下午，学校邀请中央国术馆长张之江将军及国术团团员来校表演各种国术，如太极拳、劈挂拳、八极拳、八卦掌、三才剑、梅华刀、罗汉拳、三节棍、少林棍、锁口枪、双刀对打等，同时还进行摔跤及自由车表演，此外王世富教授与同学朱国华表演空手敌双刀。同年，因原国技教师刘金泉先生不能续任，学校聘请咏春著名拳术家苏显忠和苏着煌两位先生来校教授国术，于 10 月 14 日正式开班，10 月 18 日国术研究团于群贤大礼堂举行成立典礼，请二位教师于大礼堂表演各种拳术。1935 年，改聘萧国荣先生担任国术教员，萧先生原籍江西，家学渊源，得国内少林派正宗，技击之余，更长技法，曾任台湾厦门各校国术教员多年，经验非常丰富。

由于厦大师生对国术具有较浓的兴趣爱好，尤其是教职员工，更是主张提倡国术、发扬国粹，早有成立国术研究会的意愿。在萧国荣先生的指导下，国术成绩有所提高，师生更觉得成立国术研究会非常有必要。因此，1935 年 5 月 13 日，厦门大学国术研究会由国术热爱者林惠祥教授负责召集成立，其宗旨是研究国术、锻炼身体及联络感情。

（二）户外运动——游泳、登山、越野赛跑

创办时期，厦门大学充分发挥地理环境的优势，开展了独具特色的户外运动，如游泳、登山和越野赛跑等活动。具体活动详见表 12-4。

表 12-4 创办时期校内户外运动赛事一览表

项目	时间	赛事
游泳	1930.9.19	体育部为改进学生生活，联络师生感情，于下午四时在白城外海滨举行厦门大学游泳比赛，教职工及同学参加者共有七八十人。学校的游泳比赛，除在囊萤楼前的游泳池举行外，也常在海上进行。1930 年 9 月 19 日在白城海滨举行了海上游泳运动会，比赛开始前又是放鞭炮，又是奏乐曲，游泳健儿入水之后，迎风鼓浪，劈波斩涛，潜浮俯仰，各具所能，与正规比赛大相径庭。学校举办这类游泳比赛，其目的为推动师生参加游泳以锻炼体魄
	1933.5.12	下午，本校游泳会于胡里山新青年会游泳场举行水上游艺会，由学生自行组织

续表

项目	时间	赛事
登山	1933.12.8	体育部举行登山比赛，参加同学有 40 多人，教职员及合作社捐赠奖品多种，下午四时半，由薛永黍先生发令，全体由校区向南普陀后山前进，达终点者有 20 多人
	1934.12.7	体育部举行登山比赛，参加人数 32 人，下午四时，由大南新区出发至五老峰顶，计到达目的地者共 21 人，费时 8 分，由体育部颁给前十名优胜者运动衣及文具多种，其余 11 人各赠铅笔一支以留纪念
越野赛跑	1930.12.12	下午体育部举行越野赛跑，自本校传达处出发，向东经过无线电台、生物院、博学楼、兼爱楼、南普陀，返原处，共约 2 英里
	1934.12.26	体育部发起越野赛跑，约 3000 多米，由校警宿舍出发，经海港检疫所，镇北关，白城外教员住宅前，出白城门过兼爱楼，转大南新区南普陀前大路中和牛乳公司，再转澳仔大河边小路，然后由囊萤楼群贤楼，而达体育部终点。下午四时，30 多名同学参加，费时 13 分 8 秒，许荣度荣获冠军，第二林炳添、第三官石民、第四林俊源、第五林复和、第六邱崇桂、第七陈民国、第八郑成茂、第九林文境、第十洪豪杰，由杜佐周博士颁给奖品
	1936	体育部发起全校越野赛跑，“以本校为起点，至曾厝垵再转回本校而终止”

五、相关文件与早操制度

（一）福建省教育机关文件

1935 年，福建省下发关于学校职教人员的业余运动文件《福建省教育机关及学校职教人员业余运动办法》，规定教职员每天下午四点过后应有一小时的运动时间，运动项目可以有健康操、太极拳、国术、网球、篮球、排球、足球、射箭、游泳等等，分组运动并指派或聘请指导人员进行指导。而关于学生的课外运动，《福建省中等以上学校学生课外运动办法》中规定，中等以上学校学生每天下午四点过后应有一小时的课外运动时间，运动项目由各校自行规定，学生任选一种练习，课外运动每学期缺席次数达三分之一者不得参加体育科实验。

(二)厦门大学早操制度与标准运动规则

学校根据1935年福建省教育机关下发的文件精神,制定了相关的体育活动规章制度,并于1935年秋季起执行,其中早操规则原文如下:

(1)凡预科学生,均需早操。

(2)除假日外,每晨举行。

(3)凡代表本校之运动员,得免早操。

(4)凡缺课次数,满全期五分之一者,作体育不及格论,并不给毕业文凭。惟本期缺课之次数,得于后期补足之。至毕业期届,总算缺课次数满五分之一者,不给文凭。

标准运动规则,原文如下:

(1)凡预科学生,毕业前,必须通过本部规定之标准运动。(如有特别情形如残疾等,经校医证明者为例外。)

(2)运动种类,暂分三大类,每类又分若干种,每人可于各类选择一种,(号)其成绩,每类至少须有一种及格。具体分类如下:

第一类 跑之运动　①百米　②二百米　③五百米　④一千五百米

第二类 跳之运动　①立定跳远　②急行跳远　③跳远　④持杆跳高

第三类 臂之运动　①八磅铁球　②十二磅铁球　③引体向上　④掷篮球比远

(3)标准之高低,随各人之年龄体重体高而异。

(4)每期总试一次,平时个人亦可向体育部要求试验。

(5)详细办法另详。

第二节　运动队建设与对外竞赛

根据文献记载,按照参加赛事情况,推测出创办时期学校创建的运动队主要有田径赛队、篮球队、网球队、足球队、排球队及乒乓球队等。在各项运动中,由于平时训练有素,队员竞技水平相对较高,特别是球队和田径赛队,一直为社会所称赞,经常代表福建省乃至国家参加各种大型赛事。1929年香港举行公开运动会，福建体育会特聘厦大田径队、篮球队前往参加，结果为该会争光不少；1930年厦门青年会举行网球公开比赛，厦大获得单双两组冠军；足球队、排球队及乒乓球队也积极参加各类比赛，取得好成绩。

图 12-3 历年优胜纪念品(1926)

一、田径队

厦门大学演武田径场在建校初期就已经建成，且每年都举办校庆运动大会，这就为学生田径运动技术水平的展现与提高提供了有利保障，因此，学校田径队具有较高的运动水平。校队学生曾代表中国参加远东运动会，代表福建省参加全国运动会，并多次参加福建省运动会、闽南联合运动会及厦门市运动会。1935年11月，体育部重新组建田径赛队，有20多人报名参加，每天早上6—7点进行训练，指导员每星期都进行一次测验，学生的运动成绩都有相当大的进步。

1.远东运动会

远东运动会是由中国及菲律宾两国所发起组织，而后邀请日本加入，是世界“亚林比克运动会”(奥运会)的辅助机关。厦大学生余怀安作为中国选手曾连续三届参加远东运动会：1923年5月21日在日本大阪举行的第六届远东运动会，荣获跳高冠军；1925 年 5 月 16 日在菲岛马尼拉举行的第七届远东运动会，获跳高第四名；1927 年 8 月 27 日在中国上海举行的第八届远东运动会，余怀安和吴再兴再次入选国家队参加比赛。

图 12-4　余怀安勇夺第六届远东运动会男子跳高第一名，并破纪录(1923，日本)

2.全国运动会

全国首届运动会由全国学校第一次体育同盟会主持，于 1913 年(民国二年)10 月 18—22 日在南京举行。第二届由北京体育竞赛会主持，在北京天坛举行。1935 年 10 月 4 日，由体育部主任蔡如川先生作为足球指导员、网球领队，代表福建省出席第六届全国运动会，一起出席的代表还有学校附中体育教员叶茂发先生及 7 名学生(官石民、杜复和、李养恒、杨天赐、陈炳坤、廖永旭、杨元玖)，他们搭轮船一同前往上海。历届全国运动会举办情况见表 12-5。

表 12-5 1913—1935 年六届全国运动会举办情况一览表

届数	举办时间	地点	参赛团体、人数及范围
第一届	1913.10.18—22（民国二年）	南京	参加团体分华北、武汉、吴宁、上海、华南五区，参赛人数百余人
第二届	1914.5.22—24（民国三年）	北京天坛	参加选手除球队外，只有 96 人
第三届	1924.5.22—24（民国十三年）	湖北武昌	参加团体分华北、华东、华中、华南四区，选手增加到四百余人
第四届	1930.8.1—10（民国十九年）	杭州	参加团体 21 个单位，男女选手达 1627 名，国内各省市及海外华侨的参赛者比上几届有所增加
第五届	1933.10.10—20（民国二十二年）	南京	参加团体有 32 个单位，参赛者有 2400 余名，观众达 100 万以上，场面空前
第六届	1935.10.10（民国二十四年）	上海	参加团体 38 个单位，除各省市团体外，还有华北团体、马来西亚、菲律宾、香港等，特别区的有蒙古、西藏、新疆等团体，男女运动员 2200 余人

3.福建省运动会

福建省运动会是全省的大型比赛，同时又是全国运动会参赛的重要选拔赛事，厦门大学代表队学生作为厦门思明县代表队的重要成员，曾多次参加福建省运动会。

1933 年 9 月 21—23 日，全国运动会福建全省预选赛在福州举办，思明县的代表当中有厦大学生 8 人，分别是叶茂发、陈德福、朱恩祥、李克强、叶圣德、杨天赐、刘重煌、郭文华。

1934 年 11 月 8—9 日，思明县省运会预选大会在学校大操场举行，厦门大学共有 8 名同学被选为思明县参赛者，他们是李高居、杨天赐、雷泽光、李广桓、徐耀辉、洪云辉、林宗镜、邹述。11 月 12 日体育部主任黄炳坤先生任福建全省运动会思明县选手总教练，于 11 月 14 日出发赴福州参加 18—21 日的第四届全省运动会。学校特赠送银盾一座，作为本次运动会女子排球优胜奖的奖品。比赛最终结果：思明获得运动会锦标项目有田径赛、篮球、足球、游泳、五项；同安获得的锦标项目为全能和网球；闽侯获得的锦标项目为排球；莆田的锦标项目为女子田径赛。

1935 年 9 月 11—13 日，第五届全省运动会在厦门中山公园举行，参赛者打破了过去纪录，不仅限于学生，还有很多各界民众。学校参赛学生成绩名列前茅，大会男子冠军共分为十项，厦门队获得了径赛全能、足球、篮球、棒球、网球、游泳等冠军。上述三届全省运动会详情见表 12-6。

表 12-6　1933—1935 年福建省运动会(福建全省预选赛)举办情况一览表

届数	举办时间	地点	参赛代表队和人数情况
全省预选赛	1933.9.21—23（民国二十二年）	福州	因时局影响上游各县交通，到省参加者仅有思明选手 52 人，同安 62 人，莆田 30 人，闽侯 56 人，缩小规模，便改为全省福建预选赛
第四届	1934.11.18—21（民国二十三年）	福州	闽侯、思明、晋江、龙溪、海澄、漳浦、南平、建瓯、曲靖、莆田、福清、长乐、同安等 13 余代表队，男女选手共 597 人
第五届	1935.9.11—13（民国二十四年）	厦门	17 支代表队 598 人参加，包含学生和各界民众

4. 闽南联合运动会及厦门市运动会

(1)闽南联合运动会

1926 年 5 月 27—28 日，闽南联合运动大会在厦门大学举行，名誉会长林国庚、林志堂，会长吴山，副会长吴循南、林文庆(厦大校长)出席。此届闽南联合运动会比赛在执行裁判伊理雅、径赛终点裁判长马大庆、田赛裁判长叶品品，以及叶清华、练欣万、孙世瓒等 12 名裁判员的共同执裁下完成。厦门大学成绩卓著，在跳远、铁饼、100 米、200 米、400 米、800 米接力、5000 米、100 米高栏、200 米低栏等比赛中获得 10 项冠军、2 项亚军和 2 项第三名。另外，在网球单人和双人、篮球、足球比赛中也都获得优胜奖。最终厦门大学获得团体优胜奖，厦门大学马大勋获得个人优胜奖。

1927 年，闽南公开运动会在厦门大学举行，比赛成绩作为全国预选运动会及下届远东运动会的重要依据。比赛中，厦大获得 9 项冠军、4 项亚军和 1 项第三名。在 100 米、200 米、400 米、800 米、1500 米、10000 米、100 米高栏、跳高、跳远、三级跳远、五项等多个项目都取得好成绩。其中余怀安个人获得跳高、400米、三级跳远和五项第一名以及跳远第二名。从这一届全国田径赛预选来看,成绩较以往有所进步。

田径赛优胜者(1929)

网球锦标队(1929)

女生队球(排球)队(1929)

男子队球(排球)队(1929)

图 12-5

(2)厦门市运动会

1937 年 5 月 21—25 日,厦门市第一届运动会在中山公园举行,厦门大学林趁、黄承欢、林怀海、叶中和、郑伯绮、徐高、郑其琛、林俊元、黄天发、林莺、王罗绮(女)等 11 人参赛,赛前由蔡如川主任指导训练。经过比赛,田径赛一项荣获第一名以及田赛第二名、径赛第三名,获得奖品大银盾一座,四尺玻璃框一面,优胜旗五面。

二、篮球队

厦门大学篮球队建校之初就已经成立,男子篮球队通过不断地训练与比赛,运动竞技水平逐年提升,不管是出征上海,还是参加本土比赛,都是战绩辉煌,被誉为闽南地区的"常胜将军"。1935 年,学校成立了女子篮球队,由黄淑华女士担任指导。篮球队参加各类赛事详见表 12-7。

表 12-7　1921—1935 年校篮球队参与各类赛事一览表

时间	赛事与成绩
1921	6 月 19 日,本校篮球队与香港篮球队比赛 10 月 18 日,本校篮球队与精武体育会比赛
1922	1 月初,本校篮球队与华南队比赛

续表

时间	赛事与成绩
1926	12月19日与新华中学篮球队作友谊比赛
1927	1月27日，厦门大学足球、篮球队共18人乘德加大号邮船抵沪，与东方各有名大学切磋球技，篮球队为厦大原部代表，虽然没有获得全胜，但成绩还是很不错的
1931	3月11—15日本校篮球队赴上海，征战复旦、交通、光华三所大学，均胜 8月9日体育部主任黄炳坤率领厦大篮球队抵沪，与交大、大夏、劳动、约翰、沪江、光华等学校队进行篮球友谊赛，胜复旦、光华、交大三大学，负沪江大学
1932	4月英华公开赛，厦大获胜 10月18日与精武体育会篮球友谊赛获胜 10月30日，厦大以58∶16打败黑鹰队水兵 11月21日，美舰 ASHEVILLE 特来挑战，厦大篮球队与其作战3次，连胜3次，比赛成绩为:50∶33;55∶13;52∶17
1933	1月份厦大篮球队与广州华南体育研究会闽征队作战于中山公园，观众达数千人，结果我队以36∶24完胜 4月18日，与精武体育会比赛 9月9日，与香港篮球队比赛 12月14—15日下午4时，校篮球队约美国水兵来校进行友谊赛，第一次以39对21胜美兵，第二次该队抱报复决心，决斗40分钟，结果厦大再以48对26分胜之 12月21日与鼓浪屿精武会篮球队在本校篮球场作友谊赛，获胜
1934	4月份美国水兵在本校球场与各队比赛篮球，4月19日星期二，星光对美兵，54∶32，星光胜;20日星期三鹧鸪对美兵，48∶30，美兵胜;21日星期四厦大对美兵，70∶34，厦大胜 12月23日下午，香港篮球队来厦约各学校及社团球队作友谊赛，在学校球场举行，同学及外宾观者不下千人，结果厦大以42∶30获胜
1935	1月份本校女生篮球队先后约双十及中华二中学女生来校作友谊赛，第一次以19比18克双十，第二次复以22比15克中华，两战皆胜 10月12日，本校学生篮球队应本市渔民小学邀请，参加该校篮球友谊比赛，结果以34∶12优胜

三、足球队、网球队、排球队及乒乓球队

私立时期的学校足球队、网球队、排球队、乒乓球队赛事虽然不及田径赛队和篮球队那么频繁，但也是积极参加厦门市举办的赛事，战绩颇佳。四个球队参与的具体赛事详见表12-8。

表 12-8　1921—1934 年校足球队、网球队、排球队、乒乓球队参与各类赛事一览表

队伍	时间	赛事与成绩
足球队	1921	10 月 29 日，本校足球队与鹭江队比赛
	1927	1 月 27 日，厦门大学足球队乘邮船抵沪，与东方各有名大学切磋球技，足球队以厦大和集美两队合组出席
	1930	11 月 13 日与英舰队(水兵)友谊赛 11 月 22 日中山公园，与健业队友谊赛，厦大胜 全厦足球锦标比赛，厦大以 5∶0 打败鹭光队
网球队	1930	厦门青年会举行网球公开赛，中、英、美、日等多国选手参加，本校网球队旗开得胜，获得单打冠军(洪秀三)、双打冠军(洪秀三、黄炳坤)和亚军(孙焕新、张似源)
排球队	1930	排球队 3∶0 胜双十中学
乒乓球队	1934	本校乒乓球队参加全厦乒乓球公开赛，连胜英华海关和文诸队，最后以 10∶11 比分败于青年会队，获亚军

此外，厦门大学还制定了运动员守则，原文如下：

运动员的十不要与十要：

(1)不要宴起宴睡，要定时早起早睡；

(2)不要贪口腹，要少吃而多嚼；

(3)不要始动终惰，要到底不懈；

(4)不要畏难，要百折不罔；

(5)不要欲速，要渐进不已；

(6)不要争胜，要有真正功夫与实在力量；

(7)不要饮酒抽烟，要淡薄；

(8)不要好色纵欲，要宁静；

(9)不要贪财好货，要廉洁；

(10)不要侥幸犯规，要尊重运动道德及遵守规则。

网球队(1926)

篮球队(1926)

足球队(1929)

田径赛队(1931)

图 12-6　私立时期运动队

第十三章　抗战内迁长汀时期（1937—1945 年）

1937 年“七七事变”前，厦门大学于 1937 年 7 月 1 日改为国立大学，此后开始了抗战迁汀办学时期。在长汀办学期间，学生人数逐渐增加，厦门大学设置了文、理、法、商 4 个学院，15 个系，学生从之前的 300 多人增加到 1000 多人。由于地处偏僻，缺乏其他娱乐活动，加之萨本栋校长及全校教职员热心提倡，师生们的运动兴趣愈加浓厚，体育活动开展十分活跃，形成了良好的运动风气。体育场上几乎每天都有学校的男女同学及教职员打球、比赛，引得当地人称奇喝彩，由此也促进当地革除迷信风俗，男男女女、大人小孩都参与到运动中来，极大地促进了长汀山城及周边地区体育活动的开展。

第一节　群体活动与校内竞赛

在长汀期间，早期的办学环境是比较艰苦的，但厦大向来重视体育，在提倡运动上一直都不遗余力。随着学生人数的不断增加，简陋的运动场地与器材更显紧张。在陈掌谔、吴金声及陈福清三位主任的带领下，在萨本栋校长和全校教职员的大力支持下，一方面扩充运动场地、增置军事运动器械，使体育设施不断完善，一方面克服场地限制，积极利用当地条件，因陋就简、因地制宜，并与当地各组织共建，积极开展各类体育活动，以满足全校师生的运动需求。

课外运动方面，学校积极筹划举办周年校庆运动会、教职工与各年级学生之间的各类竞赛、校级篮排球比赛、足球赛、越野比赛、登高比赛、游泳比赛等赛事。以季节划分：春季举行全校运动大会、登高、越野赛跑、篮球赛、排球赛、足球赛及游泳等项比赛；夏季举行水上运动竞赛一次；秋季举行爬山比赛；乒乓球、举重、拔河等各项体育活动均如常举行。1945 年，学校还经常组织运动健儿与撤到长汀的盟友空军第十二总站以及军委会运输总队等联合举行各种体育竞赛活动，其间如盟友联谊会的成立、游泳池的建筑等均为学校体育事业留下不可磨灭的纪念。此外，全校体育代表会议的召开、教职员体育会的成立及全校救火队的组织都为学校师生课外活动的顺利开展提供了保障。

一、周年校庆运动会

长汀时期，每年的周年校庆运动会都于校庆期间如期举行，其中十九周年(1940年)和二十二周年(1943年)两届校庆运动会影响很大，效果很好，有多人次打破校纪录。1940年4月6日，十九周年校庆运动大会在公共体育场(即南校场)举行，萨本栋校长主持升旗仪式。学生报名参赛以年级为单位，每项每级可以报名4人，每人最多可以参加四项(接力除外)。比赛项目分为女子项目和男子项目，女子田赛包括跳高、跳远、垒球比远、八磅铅球、标枪、铁饼；女子竞赛包括50米、100米、200米、400米接力。男子田赛包括跳高、跳远、三级跳远、撑竿跳高、12磅铅球、铁饼、标枪；男子竞赛包括100米、200米、400米、800米、1500米、3000米、5000米、800米接力。

二、球类运动项目

为促进学校体育的发展，丰富学生精神生活，活跃校内体育氛围，厦大陆续开展了全校各个层面的球类比赛。既包括校内学生的级际、院际比赛，也包括师生、宿舍、校友之间的比赛。主要有1938年厦大十七周年纪念的篮球、排球和足球比赛，1939年举行的篮球友谊赛、排球赛和室际篮球比赛(“室”为被日军轰炸之前的编制)，1940—1942年期间举行的“仲詹杯”院际男子篮球赛、“玉铭杯”院际女子篮球赛、“定璋杯”院际排球锦标赛以及其他院际、级际篮、排、足锦标赛等。具体见表13-1。

表13-1 1938—1942年期间篮球、排球、足球比赛一览表

时间	赛事	比赛结果
1938	篮球赛	一年级以41∶28胜教职员；毕业同学以36∶24胜女同学；文理与法商，39∶39平局
	排球赛	自强与努力，1∶1平局；毕业同学与教职员，1∶1平局
	足球赛	大队以4∶1胜厦队

续表

时间	赛事	比赛结果
1939	篮球 友谊赛	1.教职员篮球队与各年级篮球队 2.南院(宿舍)与北院 3.英华校友与三牧校友
	排球赛	三四年级以3∶1胜一二年级; 公馀队(本校职员与汀城中学组成)以3∶1胜商学会; 华强队以3∶2胜公馀队
	篮球、排球比赛	第一场:商学院以52∶31胜文理学院(篮球) 第二场:女生厦队以12∶8胜大队(篮球) 第三场:商学院以3∶0胜文理学院(排球)
	室际篮球比赛	第一室和第八室进入决赛
1940	"仲詹杯"院际 男子篮球赛	商学院获胜
	"玉铭杯"院际 女子篮球赛	理学院获胜
	"定璋杯"院际 排球锦标赛	商学院以3∶2胜文理学院
1941	院际女子篮球 锦标赛决赛	理工学院对文、法、商学院,15∶14理工学院胜
	院际排球锦标比赛	文理两学院与法商两学院,3∶0法商两学院胜
	足球级际 锦标赛决赛	1941级对1942级,结果2∶0,1941级胜
1942	"仲詹杯"院际男子 篮球赛(第三届)	法学院获冠军
	"玉铭杯"院际女子 篮球赛(第三届)	文法混合队获冠军
	"定璋杯"院际排球 锦标赛(第三届)	—
	"庆云杯"足球院际 比赛(第三届)	—

1938年12月中旬,举行级际篮球比赛,采用单循环制,1939年元旦为比赛决赛。进入决赛的是二年级和一年级代表队,最终二年级代表队夺得冠军。比

赛结束后，还举行了男生排球和女生篮球表演赛，选手们动作敏捷，表演精彩，博得观众热烈掌声。校篮球、排球级队队长名单见表 13-2。

表 13-2　1939 年校篮球、排球级队队长名单一览表

年　级	球　队	队　长
三、四年级	排球队	王华锬
一、二年级	排球队	林绍贤
三、四年级	女篮球队	杨丽明
一、二年级	女篮球队	匡达人
一年级	篮球队	王心中
二年级	篮球队	薛由德
三年级	篮球队	潘一得
四年级	篮球队	许荣庆

图 13-1　体育比赛颁奖照片合集

图 13-2　“仲詹杯”篮球赛部分队员的合影(1940)

图 13-3　“定璋杯”排球赛部分队员合影(1940)

三、其他运动项目

在长达八年的长汀办学时期，厦门大学根据当时的场地条件和地理环境，开展了各项体育表演，如拳术、国术表演等，同时还举办了越野跑、拔河、爬山、登高等项目的竞赛活动。1939 年 5 月 28 日，三民主义青年团中央团部委托学校代办 5000 米公开竞赛，分为学生、军警、成人三组，比赛结束后，由萨本栋校长颁发奖品，以示鼓励。比赛具体情况见表 13-3。

表 13-3　1938—1944 年期间体育活动(球类比赛除外)一览表

时间	项目	比赛结果
1938	长途越野赛跑	男生前三名获得者:第一名林　莺;第二名许荣度;第三名陈　沂 女生前三名获得者:第一名叶淑仁;第二名郑伟珠;第三名田宝善
	拳术	庄绍华对陈南阳(二环)14∶8,陈南阳胜; 庄汉卿对何叔良(二环)10∶5,庄汉卿胜; 林希通对黄滇生(二环)14∶8,黄滇生胜; 陈其亨对林 莺(二环)4∶3,陈其亨胜
	国术表演	男生:梅花刀　何恩典　2 分钟;　罗汉拳　陈洵阳　2 分钟 罗汉拳　陈南阳　2 分钟;　六合刀　李朝宗　2 分钟
	女生表演	女生搒带操:20 人,6 分钟,工人装; 女生棍棒操:12 人,4 分钟,白衣黑裤
1939	5000 米比赛	学生组:42 人报名,前 10 名获奖;第一名成绩:20 分 12 秒 军警组:9 人参加,到达终点者 6 人;第一名成绩:22 分 15 秒 民众(成人)组:14 人参加,到达终点者 7 人;第一名成绩:22 分 15 秒
1940	登高	男生前三名获得者: 第一名林　莺(三年);第二名邱崇桂(三年);第三名黄其欣(三年) 女生前三名获得者: 第一名白雪娥(三年);第二名叶淑仁(三年);第三名林菊秋(四年)
	长途越野赛跑	男生前三名获得者: 第一名林太松(三年);第二名蔡光周(二年);第三名林民和(三年) 女生前三名获得者: 第一名白雪娥(三年);第二名叶淑仁(三年);第三名邱丽瑷(二年)
1941	拔河运动	教职员队与毕业同学,教职员胜
1943	男女爬山	——
1944	拔河比赛	——

注:长途越野赛跑、登高比赛获奖录取为男子前十名、女子前四名,在此仅对男女前三名获得者给予描述。

图 13-4　学生利用生活用具表演扫帚舞

四、全校体育代表会议

1939 年 12 月 17 日，体育卫生组在厦大医院候诊室召开了全校体育代表会议，出席者除该组吴周雨先生、萨本栋夫人外，各年级派男女生代表各一人参加，他们是 1940 级代表潘一得、曾瑞雯，1941 级代表林莺、白雪娥，1942 级代表田宣南、石阿曹，1943 级代表林理岩、黄珊梅等。此次大会制定了 1940 年度各种运动竞赛计划(见表 13-4)，竞赛项目主要有登高、越野比赛、级际男女篮排球比赛、男子足球比赛、全校运动大会、游泳比赛等。同时，此次会议也向校内教职员募集到了大批竞赛奖品，萨本栋校长及各系主任、各教职员等慷捐大锡鼎、大铜盾、锡杯、铜牌、优胜旗等，以资鼓励。体育代表会议确定每月开常务会一次，仍由体育卫生组召集。

表 13-4　1940 年年度各种运动竞赛安排情况一览表

赛事	举办日期、地点	单位	项目	奖品
登高	1 月 1 日(星期一)北极阁(男生往返、女生直上)	级际(男生每级派代表十名女生四名)	——	级锦标男女各一个人，男生取十名女生取四名

续表

赛事	举办日期、地点	单位	项目	奖品
越野比赛	2月4日(星期日)环北山(男生由第二体育场出发经东门延北山山路入西门转中山公园定光寺路图书馆后至嘉庚堂前止)	级际每级派代表男生十名、女生五名	——	级锦标男女生各一个人，男生取十名女生取五名
球类比赛	3月12日开始	级际学生	男女篮、排球男子足球	——
全校运动大会	4月6日(校庆纪念)公共体育场(即南校场)	年级每项每级得参加四名，每人参加四项为限(接力除外)	女子项目与男子项目(见周年校庆运动会)	级田径赛锦标男女各一个人锦标，每项男生取十名女生取三名
游泳比赛	5月4日(青年节)马厝桥下	个人	50米(自由式、蛙式、仰式)、100米(自由式)、200米(自由式)、入水表演	个人总锦标每项取三名

五、组织教职员体育会

厦大体育卫生组教职员中不乏体育界名流，他们对于体育极具热心，提倡鼓励不遗余力。1939年12月17日，由吴金声先生在嘉庚堂主持召开茶话会，招待全校教职员，提议组织教职员体育会。出席茶话会的有萨本栋校长、杨秘书等30余人，推举体育组诸先生负责组织各类球队(见表13-5)。

表13-5 1939年12月本校教职员体育会各类球队负责先生一览表

球 队	负责先生
篮球队	吴春熙、林庚雨两先生
排球队	邬宽斌、陈钦霖两先生
足球队	杨永修、李培囿两先生
垒球队	吴金声、周天民两先生

续表

球　队	负责先生
乒乓队	彭傅珍、蔡启瑞两先生
此外尚拟召集有田径兴趣者参加各种田径运动	

六、组织全校救火队

救火练习是本校推行体育的最有效方法之一。鉴于永安惨遭火灾，萨本栋校长特发起组织全校救火队，举行消防宣传周，以促进社会人士的注意，并利用天梯、天桥、单双杠、爬墙、立竹来训练队员。救火队定期与救护、交通、管制、通讯等部门在学校操场及公园、南校场等处举行大规模的演习。救火器械除一部分向商会借用外，另添置冷盔 120 顶，小水桶 60 副，铁耙 12 支等，后又陆续购置了其他相关器械。

第二节　运动队建设与对外竞赛

抗战迁汀期间，虽然体育活动场地不足，对外参加比赛受限，但学校对于运动队建设还是比较重视的。由于校际选手的运动技能不尽人意，1939 年开始举行各项运动代表队队员选拔，由同学自愿报名，当场测试选拔，选出优秀者作为运动队队员，同时还聘任教职员中体育界老宿进行指导，定期训练，促进运动技术的进步。校际代表队各队队长、干事及指导老师名单见表 13-6。

表 13-6　校际代表队各队队长、干事及指导老师名单一览表

校际代表队	队长	干事	指导
篮球队	黄福玉	林 莺	吴春熙先生
排球队	王华锬	陈赞昕	傅鹰、陈钦霖两先生
足球队	陈士金、严甯基	刘锡亨	——
田径队	林绍贤	林 言	——

续表

校际代表队	队长	干事	指导
女子篮球队	喻耕葆	叶鸣凰	——
女生排球队	石橘贞	吕时铎	萨校长太太、黄开禄太太

萨本栋校长以身作则，积极参加体育运动。1940 年，萨本栋校长参加美国高校“鲍德温杯”网球比赛，获得单打冠军；与哥哥萨本铁参加美国高校网球比赛，获得双打冠军（见下图），此举振奋人心，更进一步促进了特殊时期厦大体育对外交流。学校各代表队均积极参与对外交流比赛，如 1941 年 11 月，足球队与同文书院举行足球比赛；1943 年 1 月 30 日，由同学组建的健南与鹭江两支足球队及海啸篮球队参加长汀县“亲民杯”公开赛，健南队获得足球冠军，海啸队获得篮球冠军。

图 13-5　萨本栋校长参加美国高校网球比赛获得单、双打冠军

第十四章　复原厦门时期（1945—1949 年）

1945 年抗战胜利，次年的 6 月 1 日，学校开始回迁厦门。由于学校原有运动场及设备被日寇破坏无余，仅存一片荒草之地，为了尽快恢复学校正常的体育教学和课外体育活动，厦大首先开始积极修建运动场。1947 年，学校聘请香港青年会的钱一勤教授担任体育卫生组主任。1948 年，刘焕章副教授又应聘来厦大任教，充实了学校体育师资力量，为体育教学与课外体育活动的顺利开展提供了保障。

第一节　群体活动与校内竞赛

随着学校运动场地设备的不断完善，全校师生的课外体育活动和竞赛得以正常开展，学校成立了教职工协会和学生课外体育活动委员会，定期开展各种体育活动和体育竞赛，如篮球、排球、足球三大球比赛以及环城跑、乒乓球、网球、拔河、划船、水上运动会（游泳项目）、举重、国术器械等比赛。

一、成立教职工协会，锻炼教职工体魄

1945 年 9 月 19 日，汪德耀先生被任命为厦门大学校长，他提出了“兼容并包”“学术思想自由”的办学主张。在汪校长的倡导下，学校积极推进教职工协会的恢复，定时开展各种体育活动，1947 年 1 月，厦门大学教职员网球会成立。

为了促进全校教职员工锻炼体魄、联络感情，学校确定自 1946 年 5 月 19 日起，星期六下午五时半至六时半，全体职员在中山公园做各种运动。除总务组、文斋组、庶务组及教务处注册组、出版组、图书馆部门留值日一人外，其他教职员工全部积极投入参加进去。

二、成立学生课外体育活动委员会

1947年，为促进学生对课外体育活动的兴趣，加强锻炼身体，学校改组课外活动组、学生公社、学生自治会、厦大青年会等组织，成立了“学生课外体育活动委员会”，以推动学生课外体育活动的开展。委员会组织的体育活动有厦大晨操团、个人乒乓球赛、远足游览、级际排球赛、市长杯足球赛等。

三、积极聘任人才，设立体育奖学金

由于学校女生体育指导员一职缺席，1947年11月，学校聘任陈聚才女士来担任。陈聚才女士毕业于上海两江女子体育专科学校，历任华侨中学、华侨第一女校体育主任。

陈聚才女士的父亲陈承佐先生热心社会事业，提倡国民体育，于1947年设立承佐体育奖学金，1948年度及以后每年都持续捐赠60美元，而1947学年下学期奖金数暂定为本奖学金一半。奖学金具体名额为男生9名，女生3名，共计12名。获得奖学金各项条件如下：

1.本校正式生，体育术科优良，平时有良好的运动精神及体育道德，而学期体育成绩平均在80分以上者。

2.身体健全、品行端正，具有服务热诚者。

3.本学期各课程成绩总平均分数均及格者。

四、举办系列体育活动和体育竞赛，设立年度体育活动优秀奖

汪德耀校长重视发展闽南体育，积极督促体育卫生组组织校庆系列体育活动、系列体育竞赛以及由“学生课外体育活动委员会”组织系列体育活动等(见表14-1)，并于1946年首次开展年度体育活动评奖工作。

表14-1　1946—1948年间校内举行的各项体育活动和竞赛一览表

时间	体育活动、体育竞赛
1946	元旦系列体育竞赛活动：男女乒乓球比赛、举重比赛、级际男女拔河比赛、男女爬山比赛 4月2—7日校庆日系列体育竞赛活动：级际篮球排球预赛、篮球排球锦标比赛、环城赛跑、拔河比赛、足球友谊赛及国术器械等项表演

续表

时间	体育活动、体育竞赛
1947	元旦系列体育竞赛活动:级际乒乓球比赛、男女级际穿城比赛、级际男女篮球比赛、新旧生排球比赛、男女级际“伯明杯”篮球赛、男足比赛、学生与厦门市青年队举行足球赛、校友与教职员举行网球赛、校友与教职员举行足球赛 4 月 6 日校庆运动大会:网球比赛、教职员队对校友球类友谊比赛、男女拔河比赛、体育表演、自行车比赛、划船比赛、水上运动比赛 其他的体育活动及体育竞赛:厦大晨操团、个人乒乓球赛、远足游览、级际男子排球赛、级际排球冠军赛、级际篮球赛
1948	2 月 17 日:级际篮球赛决赛: 1949 届 41 : 20 胜 1950 届 5 月底至 6 月初举行级际田径比赛,6 月 15 日举行水上运动会 年度第一学期系际篮球锦标赛,共有会计、经济、政治、土木、海洋、教育、司法、化学、国际贸易、外文、航空、银行、电机 13 系参加,采用分组循环制,在本校扇形篮球场举行,并请汪校长主持开球礼

第二节 运动队建设与对外竞赛

一、学校运动队建设

1947 年,体育卫生组陆续完善了学校运动队建设,逐步成立了篮球、排球、足球、网球、器械操、田径、游泳等校队,并统一安排指导员和训练时间(见表 14-2),积极参与厦门市运动会、福建省运动会、全国运动会比赛以及对外体育交流活动。

表 14-2 各校运动队成立项目情况一览表

成立时间	运动队
1947	篮球、排球、足球、网球
1948	校器械操队:1 月 1 日讨论成立事宜,10 日正式成立
1948	田径队:AU 田径队于寒假期间成立,江宗洋为队长,刘景耀为干事,聘请钱一勤、庄文潮、刘焕章为教练,罗经龙为指导。训练时间每天早上 7—8 点 游泳队:为提高学生对游泳之兴趣并使初学不识水性者能得指导学习起见,特组织游泳队,经请廖永明、罗经龙两位先生于暑期内(7 月 1 日至 9 月 15 日)分别担任初级组及中级组游泳指导,每周各四小时,本月下旬报名,7 月 1 日即开始练习

二、田径项目

1947 年 5 月 19—20 日，厦门大学举办厦门市运动会预选赛，共有男女学生两百余人参加，厦门大学被录取选手总体情况如下：男子组共计 43 人参加 17 项比赛，女子组 5 人参加三项比赛。6 月 2 日，厦门大学针对当年度体育活动情况颁发团体和个人优胜奖，并由汪德耀校长夫人莅会颁奖。6 月 3 日，参加厦门市运动会，同时努力争取参加随后在当年度九九体育节举行的福建省参加全运选手预选会，以及双十节在上海举行的全国运动会。

1948 年 3 月 27 日，厦门市参加全省运动会田径选拔赛在厦门大学运动场举行，由学校体育组教授钱一勤先生担任总裁判，庄文潮、刘焕章、罗经龙三位先生分别担任任跳部、终点及田部裁判长，陈聚才、庄汉卿、廖永明等担任裁判员，柯福年、李金星分任纪录及检录。参加选拔的同学共有 20 多人，最终有 8 名运动员 11 个项目入选，分别是郑鸿池（100 米）、余铁城（200 米及中栏）、许隆基（400 米）、陈希乾（800 米及 1500 米）、韩进甲（10000 米）、刘景耀（高栏及跳高）、管纪泽（三级跳远）、林启训（铁饼）。AU 田径队自 1948 年寒假间成立以后，每日早晨七时至八时在本校运动场练习。该田径队参加了同年 4 月 9 日福建省运动会及 5 月 5 日全国运动会。

三、球类项目

1947 年 11 月 30 日，训导处、体育卫生组为充实篮排、排球和足球校队阵容，进行球类代表队选拔。为此还专门成立了“厦大球队选拔委员会”，选拔委员会成员除各球类体育教员以外，还聘请了李树缮、庄汉卿、高兴城诸先生加入。经选拔，最终确定男子篮球队员 12 人，女子篮球队员 14 人，男子排球队员 14 人，女子排球队员 12 人，男子足球队员 16 人。针对每个球队还规定了具体的每周常规训练时间。学校球类代表队不仅参加各项体育比赛，还与其他学校进行了友谊赛。有文字记载的部分比赛活动见表 14-3。

表 14-3　1947—1948 年球类项目校代表队参与的体育活动一览表

时间	体育活动
1947	足球：市长杯足球赛 篮球：晋江培元中学篮球队与本校校队进行友谊赛 厦大校队与集美的友谊赛：于 12 月 21 日进行，由集美校董事长陈村牧先生亲自欢迎，厦大校队以 39∶17 获胜
1948	排球：4 月 17 日与国立侨民师范举行排球友谊赛，厦大队以 3∶0 获胜 10 月 11 日校排球队参加由市府委托体协会主办的市长杯排球赛，在本次参赛的九支队伍中脱颖而出，勇夺亚军

除学校运动代表队在各类比赛中成绩优异外，厦大体育教师在行业内裁判方面的表现也是可圈可点。如在第七届全国运动会上，校体育组钱一勤担任全运会游泳计时长兼入水裁判；全运会福建总领队由省府聘请厦大庄文潮教授担任；体育教员邵友云女士荣任女子篮球代表队教练，陈聚才女士担任该队队长。

第十五章　新中国成立后二十七年（1949—1976年）

新中国成立后，毛泽东主席非常重视体育运动的开展，1952年，在中华全国体育总会成立大会上，他亲笔题词“发展体育运动，增强人民体质”，至此，掀开了新中国体育发展的新篇章。全国体育事业的大发展为厦门大学提供了更好的氛围。那个时期，学校校内群体活动及竞赛的主要内容有：大力开展群众性的体育活动，劳卫制在厦大推广起来并成立了各具特色的锻炼小组，开展军事体育工作，发展国防体育活动，召开体育运动大会及系（或院）运动会，游泳运动发展起来，组织了四项万人体育活动等。教职工体育运动也大力发展起来，组织了教师劳卫制锻炼小组，举办了首届教职工体育运动大会。运动队建设更是突显厦大特色，做到普及与提高相结合，积极参加全国、省、市不同级别的各项比赛，均取得优异成绩。

第一节　群体活动与校内竞赛

新中国成立后，厦门大学非常重视师生员工的体育活动。1951年3月25日，华东教育部令提出要制定早操制度，大力开展群众性的体育文娱活动。学校领导高度重视，提出三大中心任务，规定每天下午5:00—6:00为全校文体活动时间，文娱体育室教师参与各个学院的文体活动指导，各学院举办了院运动会。1951年底，全校开展了劳卫制典型试验，于1952年上学期开始全面推行劳卫制。1953年采用“六节一贯制”作息时间后，全校文体活动时间定为5:00—5:50，教职员工和学生进行了多样化的文娱体育活动，增进了身体健康。

1954年5月4日，《准备劳动与卫国体育制度》（简称“劳卫制”）在全国实施，同一天，国家体委、高教部、教育部、卫生部、团中央、全国学联等部门联合发出了《关于在中等以上学校中开展群众性体育运动的联合指示》，从而掀起了全国中学和大学群众性体育活动的热潮。每天课外活动开始时，全体学生集合在大操场统一做“劳卫操”，按各锻炼小组进行锻炼。1956年，全校劳卫制完成旧项目标准测验，开始转入新劳卫制项目标准测验；国防体育活动大力开展起来，游泳、摩托车、射击、行军等活动逐渐风靡全校。

1953年召开首届校运会，此后每年的4、5月份都如期举办（1955年除外），1959年第六届校运会除了田径比赛外，增加了自行车、体操、举重三个项目。1960年，学校党委决定统领全校体育文娱工作，成立学校体育运动委员会，广泛开展群众性文体活动，贯彻提高与普及相结合的方针，大搞普及活动，努力做到争取人人下运动场，开展四项万人体育活动，把群众性的体育活动办得热火朝天。

教职工群体活动方面，建国初期活动比较少，后来随着学校群众性体育活动的大力发展和劳卫制的不断推行，教师锻炼队伍也不断壮大，劳卫制锻炼小组不断涌现，教职员工的身体素质也随之日益增强，群体竞赛表现出色，在厦门市首届教职工体育运动大会和厦门大学第一届教职工体育运动大会上，教职工取得了辉煌的战绩。

一、群众性文娱体育活动

1951年3月25日，华东教育部令除了规定体育课为必修课外，还提出要订立早操制度，大力开展群众性的体育文娱活动。

（一）开展多样化的文娱体育活动，增进学生健康

1951年8月6日，政务院公布了《关于改善各级学校学生健康状况的决定》，8月7日，华东政委会又发布了《关于纠正学校教育工作中混乱现象的指示》。这两个文件立即引起厦大校领导的重视。在政务院和华东政委会文件精神指导下，结合学校的具体情况，厦门大学于1951年提出学期的三大中心任务：一是加强政治思想教育；二是精简学生课外活动，提高课业质量；三是注意健康教育，加强文娱体育活动。第三个中心任务着重于规定合理作息时间，推行劳动卫国制，把文娱体育活动经常化。随后，学校规定每天下午5:00—6:00为文体

活动时间，文娱体育室教师分头到各个学院参与文体活动指导工作。

1953 年度第一学期，学校采用“六节一贯制”作息时间表，上午集中上课，下午时间为体育课、自习、辅导、备课、办公、政治理论学习等，全校文体活动时间为下午 5:00—5:50(除了周三、周六下午职工政治理论学习外)。为了贯彻毛泽东主席的要使青年“身体好、学习好、工作好”三好指示精神，全校师生员工除了好好学习、充分休息外，还进行了多样化的文娱体育活动。如学校工会同志集体游览中山公园；每天傍晚，在学校各处场地上，到处都可以看到参加活动的同学们，有的则在跳集体舞等。

(二)冬季体育锻炼测验

新中国成立后，在党和毛主席的领导与关怀下，在青年团的积极倡导和体育教师的努力下，厦门大学的体育运动得到了广泛的开展，特别是 1952 年推行“冬季体育锻炼标准”后，成绩十分显著。学生健康状况普遍有了改进，不少同学体重增加，疾病减少。每天早操及锻炼小组的人数各系都达到 90%以上，贸易、历史、财金等系经常保持 100%的参加率；化学、电机、贸易等系参加锻炼小组的同学也达到 98%以上。

1953 年 4 月 4 日，厦大首届运动大会胜利闭幕后，团委会文体部提醒同学们要认真参加冬季体育锻炼测验。广大同学进一步认识到参加祖国建设必须要有健全的体魄，纷纷表达了要为祖国而锻炼的决心。4 月中旬，学校进行冬季体育锻炼测验，全面检查学生们体育锻炼的成绩，全校各级组织和系委员会积极组织同学，在自觉自愿的基础上报名参加测验，以测验来促锻炼，取得了良好的成效。

(三)全校文体活动存在的问题

为了进一步深入贯彻毛主席“三好”指示精神，更好地开展文体活动，团委会、学生会于 1954 年 4 月 16 日下午召开全校体育和群众文化活动代表大会。王亚南校长在会上做了报告，报告首先肯定了一年来学校文体活动开展所取得的成绩，其次指出了文体活动开展中存在的问题：

1. 表现不平衡现象。以社团活动来说，参加国际舞的多而参加其他社团的少；以体育锻炼来说，男生参加锻炼小组的多，而女生少；不同系科或同一系不同年级开展也不平衡。

2. 存在思想问题。总的说来是一般同学对文体活动的意义认识不够，不少干部也还因为认识不足而没有树立起搞好文体活动工作的责任感和光荣感。王亚南校长指出，搞好文体工作的主要关键，在于大家必须明确文体活动是提高教学质量的促进因素，是教学中一个构成部分。最后团委会军事体育部长华炳泉在会上做了《目前体育锻炼中存在问题及今后工作的意见》的报告，学生会主席陈厦山做了《关于群众文化活动中组织领导的几个问题》的报告。

(四)学校军事体育工作任务与工作方法

1955 年 3 月 16 日下午，团委会召集各支部书记及军事体育委员及各系班体育干事、各小组长开会，由团委军事体育部长华炳泉传达了团中央军事体育工作会议的精神。根据团中央提出的今后体育工作的任务，厦大团委会确定了今后军事体育工作的具体任务：(1)本校体育运动委员会将以开展劳卫制的锻炼，并结合具体情况，开展各种运动竞赛和其他群众性的体育活动为中心任务，青年团要积极动员组织青年参加这些体育活动，并在其中起骨干作用和带领作用，挑选配备比较强的干部担任体育工作；(2)加强对身体比较差的同学的关心，改善其健康状况；(3)经常检查锻炼小组组织是否健全，帮助其订好锻炼计划；(4)有意识地开展国防体育活动；(5)经常的宣传教育工作方面，要宣传体育运动对增强体育的科学价值，宣传新的体育道德作风，培养共产主义的优良品质，鼓励体育锻炼的情绪，扭转存在于一部分人中间的“无病即健康”“体胖即健康”的看法。

工作的方法是：(1)结合优秀生、优秀班的工作进行；(2)结合即将召开的劳卫制通级颁奖大会，抓住典型，大力宣传；(3)开展小型的、多种多样的、群众性的体育运动竞赛，经常了解与关心学校代表队队员的政治成长和技术进步；(4)对女同学的体育活动给予特别的注意，支持、关心并帮助提高她们的健康水平；(5)经常了解体育活动开展的情况和问题，及时向体育领导机关反映并提出意见，以便改进工作。

1955 年 4 月，在争取成为“优秀生、优秀班”的口号激励下，广大同学热烈地展开了各种体育运动友谊竞赛，促使体育运动更加活跃。同年8月8日，暑假活动委员会组织学生进行军事野营活动，同学们经过了40多公里的行军到达集美后，进行了长达4小时的军事操练，除了个别女同学因故请假外，其他同学全部坚持到底，11日早晨4点半，同学们由集美返校，陆维特副校长亲自到校门口迎接。

1956年5月，体育室和团委会积极组织开展国防体育运动，使得摩托车、水上运动、射击、爬山、行军、露营等运动不断发展起来。

（五）重视和做好体育宣传教育工作

1956年9月，体育教研组、团委会、学生会联合召开了一次座谈会，专门研究改变刻板生活后如何开展课外体育活动。因为8月份在学校召开的院长座谈会提出了取消统一课外活动时间，改变刻板生活，强调自愿锻炼的主张，导致出现参加体育锻炼的同学比过去大幅减少的现象。针对这种情况，大家认为今后首先应该进行深入的宣传鼓动工作，其次必须在自愿的基础上把同学组织起来，再次是建议学校考虑调整作息时间。因为当前的作息时间没有一个统一的课外活动时间，这就使得培训和竞赛工作很难开展。

1957年3月，体育教研组秘书华炳泉同志在学校党代大会上做了“重视和做好体育的宣传教育工作”的发言，发言指出，1956年是体育活动开展得最好的一年，也是最差的一年。1956年上半年，学生健康情况有所改善，运动成绩也有显著提高。但由于思想工作做得不够深入，停留在一般的号召上，劳卫制锻炼有违反自愿原则的现象出现，例如达不到二级标准不能毕业，订出了一些不切合客观情况的指标，这些过高过急的要求导致学生出现了不少锻炼过度的现象，伤害事故也随之增加。由于上半年成绩大，缺点多，学校提出改变刻板生活后，有些同学和同志认为体育工作可要可不要，体育教研组也出现了责任感不强，怕出问题的思想。以上种种情况造成了下半年的体育活动趋于消沉的状态。7、8两个月不必说，连活动时间也没有保证，后来由于学校党政迅速纠正这种偏颇，对大家进行了教育，情况有所转变，经常参加活动的同学达到64%以上。但绝大多数人都是打打羽毛球、板羽球、散步，或到操场参观打球，只有不到20%的同学坚持着全面锻炼，参加早操的往往不到30%，甚至第二次广播音乐播出后只有很少人起床，这样，就导致下半年学生患病率有显著增加。华炳泉同志在会上还提出了加强体育活动的宣传教育工作：(1)让人人都知道参加体育活动，爱护和锻炼身体，是祖国的要求。(2)要紧紧地围绕劳卫制为中心进行宣传教育。(3)要和个人利益结合起来进行宣传。

(六)采取有效措施，扭转落后局面

1957年，学生课外体育活动虽然慢慢恢复起来，但运动成绩却有所下降。1957年下半年，新生篮球异军突起，物理、化学系新生分别获得篮排球冠军，外文、经济系新生分别获得篮排球亚军。在庆祝十月社会主义革命四十周年的活动中，原篮球、排球校队与新生代表队交锋，女排、女篮校队胜，而男篮新生代表队竟打败了校队。最后是工会代表队与校队比赛，排球、足球工会代表队胜，篮球校队胜。在12月29日举行的庆祝元旦系际田径集体比赛运动大会上，绝大多数运动员的成绩都下降了，代表队的集体成绩也是如此。

1.体育运动成绩下降的原因

关于体育运动成绩下降的问题，体育教研室陈金铭副主任和学生会体育部长况傅礼同学认为，主要原因是改变刻板生活之后，同学们埋头向科学进军，忽视了体育锻炼的重要性。特别是反右斗争以后，学校体育运动的开展不够广泛、不够深入，能够经常坚持锻炼的同学减少了，代表队和优秀运动员体育锻炼也不够经常化。

为了扭转这种落后的局面，学校党委要求体育教研室和学生会迅速采取有效措施。体育教研室和学生会体育部决定，首先在各系成立体育运动委员会，全面负责与领导系里的体育锻炼工作。体育教师也分头参加各系的领导和指导工作。其次，要重新整顿代表队的组织，其成员必须具有高度的责任感，才有可能不辜负同学们委托的重任。再次，要求各系各班不要占用体育锻炼时间，让同学们有充分的时间进行锻炼。最后，利用各种宣传工具(“新厦大”、广播、大学报等)开展宣传鼓动工作，对各种不正确的看法和态度应该予以适当的批评教育。最后，要求共产党员和共青团员起模范带头作用。

2.冬令早操的组织与锻炼

1958年初，体育教育室主任刘焕章同志提出了冬令早操的建议，仅仅是向学生会、体育部、各系体育委员和同学们提供的参考意见。具体内容如下：

(1)组织起来

“组织起来”这个口号，是做任何事的动力，早操可以让人养成良好的早起习惯、集体观念和学习纪律。11位体育教师如何把分散在几座宿舍(包括芙蓉一、二、四、五及丰庭第一)的2000多名学生的早操组织好，是全校性的问题。依照个人意见，拟定早操组织规则如下：

①各座宿舍的每个房间设置一个领导早操干事，由室长兼任或另选。他的任务，除例假日或休假日外，每天在起床钟敲过后，呼唤全室同学起床，做好早操的准备工作。

②每座宿舍的每一层楼设置一位副指挥员，由各层楼的各室室长民主推定。他的任务是协助指挥员执行学生会体育部的指示并领导各室室长共同开展早操锻炼活动。

③每座宿舍设置指挥员一人，由副指挥员民主推定。他的任务是执行学生会体育部的指示，领导该宿舍全体同学早操工作的开展，并负检查督促的责任。

④学生会体育部的职责，是领导全校同学早操工作。

(2)早操锻炼的内容

①体质较弱的人，广播操、劳卫操、太极拳、健身舞蹈等，每个人可选做一种。如感不足，可再慢跑400～800米，微感流汗为止。

②体质健壮的人，可以参加中长距离(800～3000米)越野跑、球类、体操、举重以及跳掷项目等。每个人不妨结合劳卫制标准选择其中任何一项，进行经常性的锻炼，以提高运动量，增强体质，满足活动的要求。早操锻炼，时间不宜过长(一般应在早餐前10分钟结束)，运动量不宜过高。

（七）广泛深入地开展群众性的体育活动

1.巩固成绩，争取更大进步

1959年4月，体育教研组副主任陈金铭同志指出，学校第六届体育运动大会取得了很大成绩，但从今年更大更好更全面的发展形势看来，这仅仅是跃进的开端，与今年发展指标的实现还有不小的距离。1959年全校要在游泳、田径、自行车、举重、羽毛球、射击、舢板2000米荡桨等运动项目上，达到全国各高等学校的先进水平。1959年6、7、8月份，福建省高等学校将举行田径、游泳、通讯比赛和篮、排、棒垒球锦标赛，厦大都要争第一。群众性的体育运动也要更广泛地深入开展，要力争人人通过劳卫制二级，复测达到规定的标准，并且要人人学会游泳。

在提高运动员技术水平方面，应加强运动队建设的领导和技术指导工作，积极采取如下措施：

（1）在校第六届体育运动大会四个比赛项目中表现技术优良和思想品德好具有培养前途的运动员，应尽量吸收到体校来学习。

（2）教练员应按各项运动发展指标修订锻炼计划，根据运动员具体条件，进行有系统的指导。

（3）加大运动量，在条件许可下，切实保证每星期有四次、每次80分钟的锻炼，在这个时间内要有计划地分配密度和运动量。每星期日争取一次对外比赛，以提高成绩和增强运动员体质。

（4）多组织竞赛，以提高技术水平。除厦大规定今年竞赛计划有60项外，体校要多组织对外对内的比赛。

2.贯彻劳逸结合方针，进一步开展文体活动

文娱体育活动的开展，不仅是贯彻了劳逸结合方针，丰富和活跃广大师生的生活，更重要的是通过文体活动，还可以培养师生员工高尚的情操，提高大家的共产主义思想觉悟和道德品质，进而推动学校各项工作的发展。因此，大力开展文娱体育活动是学校经常性的、不可忽视的工作。

由于校党委重视，贯彻了为政治服务，为教学、科学研究、生产劳动服务的方针，截至 1960 年 10 月，全校体育运动有了很大的发展，文娱及运动水平也大有提高。下一步，必须广泛地开展群众性的文体活动，大力贯彻提高和普及相结合的方针，大搞普及，争取做到人人下运动场，歌舞充满校园各个角落。

二、劳卫制在厦大

新中国成立后，党和国家确立了重视国民体质健康的指导思想。从建国到 20 世纪 50 年代中后期，中国奉行的是与苏联结盟的外交政策，向苏联学习，其行之有效的"劳卫制"被引进。1951 年，北京、上海等地率先实施与"劳卫制"相仿的《体育锻炼标准》。厦门大学于 1951 年底开展了劳卫制典型试验，1952 年上学期开始在全校全面推行《准备劳动与卫国体育制度》。

1954 年 5 月 4 日，国家体委公布了《准备劳动与卫国体育制度暂行条例、暂行项目标准》(简称劳卫制)，1955 年 3 月，厦门大学在全校推行劳卫制(旧项目标准预备级和一级)，经过 1 年的锻炼之后，同学们成绩均有很大提高。1956 年 7 月初，学校根据旧的劳卫制项目标准所进行的测验工作结束，此后全部同学转入新的劳卫制项目标准测验。1959 年底，学校推行以劳卫制及其标准为基础的"厦门大学学生体育锻炼标准"。

(一)开展劳卫制典型试验

1951 年底，学校开始进行劳卫制典型试验。12 月 24 日，是典型试验开展项目的第一天，理工学院的男女同学装束得当，精神饱满地走向操场，先进行了 400 米跑，紧接着是木栅下的匍匐前进等过障碍运动。男同学进行 400 米障碍跑，起初被认为最难的爬墙，在第一天就有 98%的学生顺利越过。尽管女同学没有这个项目，但在男同学的热情鼓舞之下，几位女同学也越过去了。此后，在操场上每天都可以看见同学们在练习各个项目，由此可以预见，劳卫制典型试验定会在全校获得成功。

在劳卫制典型试验在动员后的第二天，航务、经济两系的同学集体开始解读文件，并提出存在的顾虑和各种问题，大家进行讨论，在小组会中纷纷提出保证，小组间提出挑战，两系之间也相互挑战并应战。其他单位像经济研究所、财经系等都先后写信支持他们，大家情绪热烈，热情高涨。通过这样的动员鼓励，两个系对劳卫制典型试验的成功有了充分的信心。

（二）全面推行劳卫制

1952 年 7 月 19 日，厦门大学在全校全面推行劳卫制。活动开展两个多月后，成效显著，同学们成绩普遍很好，同时在思想上也有很大的提高。各系都积极参与，组建了很多劳卫制锻炼小组。同学们纷纷表示，要努力锻炼身体，为建设祖国贡献力量。

《准备劳动与卫国体育制度暂行条例》根据体能、技术及全国体育运动发展情况分为预备级、第一级、第二级三个级别，达到二级就是运动员的标准。劳卫制一级、二级各组测验项目分为必测与选测两种。及格者可获得证书一张，证章一枚，这是健康的标志，一级证书主色为黄色，二级为红色。一个测验年度规定为自第一年 11 月 1 日至第二年 10 月 31 日。

（三）转入新的劳卫制项目标准测验

厦门大学自 1955 年 3 月推行劳卫制（旧项目标准预备级和一级）以后，在学校贯彻全面发展教育方针的精神鼓舞和推动下，经过 1 年的锻炼，同学们体育成绩均有很大提高。如生物系女同学的俯卧撑原来很多同学连一次也撑不起来，最后都能达到及格要求。数学系三年级最初被指定为推行劳卫制一级重点班时信心不高，在体育老师的帮助下，经过 1 年的勤学苦练，一级测验达到及格标准的占全班人数的 80％以上。

1956 年 7 月初，学校根据旧的劳卫制项目标准所进行的测验工作已告结束，男女同学达到预备及格以上标准者有 400 人，一级及格 260 人，二级及格 13 人。此后全部同学都转入新的劳卫制项目标准测验。在新标准当中，游泳被列为必测项目之一，根据当时情况，许多同学这方面还存在着较大的困难，因此同学们抓紧暑假时间突破游泳困难，为完成和突破高教部所规定的在 1956 年 30％达到一级及格，40％达到二级及格的指标而努力。

1956 年中央高教部、中央体委特别发出通知，要继续推广劳卫制锻炼，要在

1957年7月以前，争取全国有300万人通过一级和二级，其中有230万人是学生。厦大体育教研组为了使同学们能很好地锻炼，1956年举办了一个锻炼小组组长训练班，具体教授如何当好小组长，同时讲解劳卫制锻炼的新规定新标准等。此外，为了适应同学们的需要，还举办了劳卫制技术员训练班、裁判员训练班，参加训练班的同学都充满信心，表示一定能发动绝大部分同学，让大家积极投入到体育锻炼当中。

（四）厦门大学学生体育锻炼标准

1959年，在体育教研组制订的1959—1960年度体育工作计划中，规定开学初就进行“劳卫制”检查复测工作，在1959—1960学年第一学期的第7周开始，学校推行“厦门大学学生体育锻炼标准”，这个标准仍以“劳卫制”及其标准为基础，并结合学校学生体育运动实际成绩而制定。

（五）劳卫制锻炼小组

1952年上学期，学校开始全面推行“劳卫制”，广大师生为祖国而锻炼身体，为达到更好的锻炼效果，大家组织了许多的锻炼小组，如土木系三年级锻炼小组、生物系暑假锻炼小组（规定每个组员一星期至少游泳三次，很少下水的同学保持耐力学习，在假期中要游到30米）等。

1.先进的体育锻炼小组——阿列克赛小组

1953年11月，一支先进的体育锻炼小组——阿列克赛小组成立，这个小组以苏联空军英雄将军阿列克赛的名字来命名，以此作为鼓励大家克服困难、坚持锻炼的一个动力，小组是在为祖国而锻炼的意志和决心的指导下，在体育室领导下，有着明确的目的性，在自觉自愿原则的基础上成立的。小组成员情绪高涨，每天都准时到场，进行锻炼。他们利用清晨早操前的一段时间，练习慢跑、吊环、举重，下午则根据他们集体选择的主要锻炼项目——跳高、手榴弹、跳远、百米、铅球等进行练习，要求个人根据自己的情况，加强锻炼，争取良好或优秀的成绩。

小组锻炼计划见15-1。

表15-1　1953年阿列克塞小组锻炼计划

每天早晨	6:00起床,6:15到场。锻炼内容:共同跑400～800米,腰部运动及俯卧撑,肋木架;其他内容——双环、举重					
下午	星期一	星期二	星期四	星期五	星期六	星期日
	主要项目	跳高	手榴弹	跳远	百米、铅球	自由活动
	辅导运动及主要运动30～40分钟	集体准备操 由慢而快跑 400米 跳绳 跳高	集体准备操 800米 篮球或排球 手榴弹	集体准备操 400米 跳绳 跳远	集体 准备操 400米 百米 铅球	集体 准备操 800米 自由活动
	个别重点内容 20分钟	百米、 手榴弹、 跳高、跳远	百米、 手榴弹、 跳高、跳远	百米、 手榴弹、 跳高、跳远	——	——
其他	1.每两周举行一次活动,如越野赛跑,个别组员举行接力赛跑 2.每月初组员测量体重一次 3.每两个月(月初)订一星期为全组主要锻炼项目的测验 4.每两周召集小组会一次 5.我们的小组计划现在还是全面发展的,但每天一定要有重点项目,到明年我们就要专门性的重点提高了					

2.校内各种锻炼小组的组织

1953年,在中国新民主主义青年团第二次全国代表大会期间,毛泽东同志对青年团的工作做了重要的指示,他说,青年时期是长身体、长知识的时期,青年要学习、要工作,同时也要注意身体的健康,因此青年团要充分兼顾青年的身体、工作、学习和休息、娱乐、体育等几个方面。为此,1953年,学校掀起了开展身体好、学习好、工作好的活动高潮,校内各种锻炼小组如雨后春笋般纷纷诞生。

同学们大力开展体育活动,自发组织了各种锻炼小组,如吴运锻炼小组、李友芝锻炼小组、善胜锻炼小组、曙光锻炼小组等。一开始锻炼小组人数很少,慢慢地参加的人越来越多,小组的规模越来越大。文体活动时间一到,他们已经不止是打打篮球，而是有组织地进行各项锻炼。锻炼小组制定公约、检查制度与锻炼计划，建立卡片制度，在卡片上登记自己的成绩和要求。在为社会主义建设而劳动必须有健全的体魄的认知下，同学们普遍参加了锻炼小组和运动队，就连体育活动开展一向较差的系级也活跃起来。

值得一提的是，绿林体育锻炼小组作为学校的体育小组，表现非常出色。1956 年下半学期，该小组经改组后人数增加到 16 人。随着学校刻板生活的改变，他们拟定出了符合兴趣的锻炼计划，大家树立了明确的目标，争取到来年达到劳卫制二级的标准。小组成员每逢周一、三、六的早晨重点锻炼长跑或短跑，周二、周四的早晨锻炼篮球的攻守战术。下午的自由活动时间，每逢周二、五、六，则以球类和田径为主展开锻炼。打篮球是该小组的特色，经过发展，这个小组几乎是全校最厉害的锻炼小组。

1956 年 3 月份，在向科学大进军口号的号召下，同学们普遍认识到，只有具备强壮的体魄，才能更好地负担起建设祖国和保卫祖国的光荣而艰巨的任务。由于对锻炼的目的有了进一步明确的认识，全校同学参加锻炼小组的已占 90% 以上。为适应实际需求，达到更好的锻炼效果，学校对锻炼小组进行了整顿，按运动技术水平重新划分，并按劳卫制新标准的要求来进行锻炼。同学们对锻炼的目的与要求更加明确，锻炼的积极性比以前提高了，每天早晨起床钟响了以后，在宿舍的周围和大操场上，都可以看到同学们自觉地积极地进行锻炼，丰庭广场上也很热闹，女同学们锻炼得比以前更加起劲了。

3.教职工锻炼小组

截至 1953 年 4 月，教职员工体育运动也有初步开展，建立了各种球队，举行了多种体育竞赛，参加体育活动的人口益增加，章振乾教务长、胡体乾老先生每天都坚持早操。但许多教职员工对体育运动还不够重视，同时又缺乏坚强的领导与具体的指导，因而体育运动开展的普及性与经常性还远远不够。

(1)教师劳卫制锻炼小组

①1955 年 3 月，教师的锻炼队伍不断壮大，每天早晨在丰庭广场都有 20 多个青年教职工围成一个大圆圈，在统一指挥下，先做柔软操和广播操后，然后排成一列纵队沿着公路跑步，这就是已经坚持四个多月的工会第一个锻炼队伍。

这支队伍开始时只有12人，是由纠察队某分队队员组成的。在锻炼过程中，吸引了其他教师参加，逐步发展壮大起来。经过四个多月，参加锻炼的教职工普遍增强了体质，能够更好地从事劳动和执行纠察任务。后来，他们在跑步后还练习劳卫操，准备组织劳卫制锻炼小组，把体育锻炼再提升一步。

接下来，工会第一个女子锻炼小组——"卓娅"锻炼小组也成立了，她们是在自愿自觉的基础上组织起来的，用卓娅的爱国精神、英勇顽强的性格来鼓舞自己，制定了锻炼计划，推举了小组长，针对运动与教师实验时间冲突问题，小组还定出了一些克服困难的办法。这个小组成立短短两个多星期后，就取得了明显的成效，教师们已经普遍感到精神比过去要振作，更重要的是，队员们开始培养锻炼自己的集体主义品质，已经逐步形成了集体观念与不畏艰难的精神品质。

②1955年4月之后，更多的锻炼小组涌现出来。每天的下课钟刚刚敲响，映雪楼前的场地上就出现30多位教师，他们围成三个圈子，和同学们一样做起了劳卫操。这支锻炼队伍从半年前的12个人发展到三个锻炼小组，各锻炼小组都有自己的队长和组长。他们从最初的早操和长跑发展到有严密组织和长远计划的劳卫制锻炼。做完劳卫操，三个小组排成三列纵队，轻松地跑向铅球区，体育室教师陈金铭副教授已在那边等候，陈金铭老师说："体育室要尽一切人力物力来帮忙你们。你们的锻炼对同学是一个很大的鼓舞。"他耐心地给大家讲解刚从苏联专家那边学来的最新的推铅球技术，同时组织大家进行练习。由于人多铅球少，大家都先反复做准备动作和基本动作，力求准确和熟悉，然后再轮流学推铅球。最后大家还一起练习800米跑步，为照顾初学的同志，跑在前面的适当放慢步伐，让后面的能跟上。

③教师体育锻炼队伍不断发展壮大，1955年下学期，工会教师体育锻炼队由上学期的43人，发展到下学期的80人。锻炼队通过民主选举，选出了第二届队务委员会，成立了四个锻炼小组，一个锻炼技术工作组和一个队讯编委会。为了迎接劳卫制测验，队务委员会领导各锻炼小组进行预测并制订个人锻炼计划。通过预测，队员已经半数达到了劳卫制预备级标准，其中不少队员某些项目甚至已经达到劳卫制一级标准。1956年元旦，学校举行了工会教师体育锻炼队元旦活动，教师体育锻炼队的男子篮球队、排球队在元旦比赛中获得胜利。

(2)教工眷属队成立

1956年，教工眷属队正式成立，并于6月1日开始开展羽毛球活动，当天参加者共 10 人，有的年纪已经四五十岁，但大家表现都很积极。该队还确定，每周二、三、五文体活动时间专门练习乒乓、排球、羽毛球，并请专人指导。网球队经常开展活动，吸引了很多老教师参加。

三、厦门大学体育运动大会

新中国成立后，截至 1960 年，学校共举办了 7 届体育运动大会，比赛概况与比赛结果详见表 15-2(1955 年未举办校运会)。运动会不仅有口号，而且比赛项目上除了常规的田赛和径赛外，还增加了自行车、体操、举重等项目。1960 年初，学校还举办了全校冬季运动会，同年 4 月，举办了全校第一届教职工体育运动大会。

表 15-2　1953—1960 年厦门大学体育运动大会概览

时间	届数	校运会概况与比赛结果
1953. 4.3—4	第一届	有 1762 人参加比赛，其中，工会有 43 人，女同学有 290 人，占女生总数的 80.9%；男生有 1429 人，占男生总数的 74.8% 比赛项目包括：男女 50 米、团体穿梭接力决赛、男女拔河决赛、男女 100 米决赛、男子三级跳决赛、男子 400 米预赛，男子跳远、男子 200 米预赛、女子铅球、男子手榴弹、女子 80 米低栏、男子 100 米高栏、4×100 米接力、4×400 米接力、铁饼、跳高、男子标枪等，合计男子 20 项，女子 11 项 比赛结果有三项破省纪录，四项破市纪录
1954. 4.3—4	第二届	比赛项目有 10000 米、赛跑、跳高、铅球等 33 个。在闭幕式上，王亚南校长亲自发奖品给团体优胜获得者，并勉励全体师生员工开展经常化的体育活动 比赛结果 5 项破市纪录，15 项破校纪录
1956. 4.7—8	第三届	男子铁饼、200 米、1500 米、1500 米异程接力、200 米低栏、400 米中栏，女子标枪、铁饼、100 米、200 米、800 米、400 米接力，以上男生和女生的各 6 个项目均破本校或本市纪录。特别是很多在一个项目内一至五六名或三四名均破纪录。尤其需要提出的是，本次运动会文科女生得分最多，这是本校前所未有的
1957. 4.4—5	第四届	新增加了自行车、射击、体操等比赛项目 比赛结果男子撑竿跳高、100 米(有两名)、200 米(有两名)、400 米、110 米低栏、400 米接力、1600 米接力(有两名)均破本校或本市纪录。女子铁饼、手榴弹(有两名)、100 米均破本校纪录
1958. 4.5—9	第五届	团体竞赛项目有：拔河、50 米团体穿梭接力。田径比赛项目有：100 米、200 米、400 米、800 米、1500 米、5000 米、400 米接力、1600 米接力、跳高、跳远、三级跳远、撑竿跳高、铁饼、铅球、标枪、手榴弹、110 米高栏、200 米低栏、400 米中栏、5000 米竞走等。其中男子项目 20 项，女子项目 13 项 比赛结果，几乎每一项都破校纪录

续表

时间	届数	校运会概况与比赛结果
1959. 4.4—6	第六届	新增加自行车、体操、举重三个比赛项目，其中体操与举重在风雨操场举行。本次比赛中，有 17 项破校纪录(其中包括物理系陈辰嘉老师以 25.51 米破校铁饼纪录、体育教研组苏秀兰老师以 30.80 米破校标枪纪录)，1 项破市纪录(化学系陈永乐同学 10000 米长跑)；有 80 人达到国家三级运动员标准，10 人达到二级运动员标准；男女田径、自行车、体操、举重四项目总分前三名分别是生物系、化学系和物理系
1960. 5.1—9	第七届	比赛项目有田径、自行车、举重、体操四类，参加的运动员男子 586 人，女子 226 人，共 812 人，接近历届参加人数最高的第六届运动会。参赛运动员都是经过层层选拔出来的运动健儿，创造了一批新成绩，其中陈仕源和陈仲馨分别以 55 分 52 秒 6 和 56 分 2 秒 9 的成绩打破 10 公里竞走市纪录，还有 13 人破 9 项校纪录。男子组生物系和化学系，女子组化学系和生物系分别获得比赛团体总分(包括田径、自行车、举重、体操)冠亚军

(一)首届体育运动大会的口号

1953 年 4 月 3 日，厦门大学召开首届体育运动大会，这是检阅新中国成立以来学校在体育运动上的成绩的一次大会，是响应毛主席“发展体育运动，增强人民体质”号召以来大型的体育活动。首届体育运动大会提出了 13 条明确的口号：

1.发展体育运动，增强人民体质！

2.锻炼身体，加紧学习，建设祖国，保卫祖国！

3.锻炼身体，加强教学，为祖国建设服务！

4.锻炼身体，加紧学习，培养全面发展的人才！

5.为祖国而锻炼！

6.锻炼坚强的体魄，为生产建设服务！

7.健强的体魄是优秀青年必备的条件！

8.坚持早期的锻炼，培养坚强的毅力！

9.把自己培养成德才兼备体魄强健的优秀人才！

10.学习苏联先进的体育经验！

11.参加体育运动，培养勇敢、坚毅、机敏、乐观的优良品质！

12.培养集体主义精神！

13.为开展全校广泛的经常的体育运动而努力！

(二)校运会增设项目

校运会上，逐年增加了自行车、射击、体操、举重等项目。1959年第六届校运会上，自行车比赛有81名(其中男生60名)运动员参加比赛，生物系荣获男子总分冠军，经济系、工农预科分获亚、季军。女子组体操竞赛有23人，人数并不算多，但在第一次比赛中，已经创造了很好的成绩。举重也是一项新项目，有8人达到国家三级运动员标准，4人达到国家二级运动员标准，接近国家一级运动员水平，为学校最轻量级、次量级等六个级别首创纪录。

图15-1　女体操队队员在高低杠上表演姿态(1956年6月)

(三)全校冬季运动会

1960年1月2日上午，全校冬季运动会胜利闭幕。这次运动会举行了田径、自行车、举重、体操等四十几个项目的比赛，成绩较好。其中举重项目有3个人破5个单项校最高纪录；在自行车1500米比赛中，生物系吴启泉同学以2分

35 秒 7 的成绩打破校男子最高纪录，卢秀莲以 3 分 2 秒 1、米佩环以 3 分 4 秒 7 的成绩分别打破了校女子最高成绩。

全校冬季运动会结束后继续开展一个以“大学生锻炼标准”为中心的群众性体育运动，要在这 60 年代开年的第一年中，在体育锻炼方面，也做到开门红。学校强调，特别是在复习期考期间，更需要坚持体育锻炼，全体师生员工都积极响应党委提出的“人人每天参加一小时的体育锻炼”的号召，以饱满的热情，保证顺利实现期末考满堂红。

（四）第一届全校教职工体育运动大会

1960 年 4 月初，厦门大学举办了建校以来第一届全校教职工体育运动大会。通过这次比赛，检阅了全校教职工几年来开展群众性体育运动的成绩，也为今后进一步开展教职工体育运动打下良好基础。

全校共有 22 个单位 900 多名教职工参加了比赛，生物系、预科、马列主义教研组等许多单位除病号外，几乎人人报名参加，规模宏大。比赛项目达 40 项，按年龄分成甲乙丙组，还有领导干部 400 米接力赛，使得人人都有适合的竞赛项目。在运动员中，有党委委员、老教授、年轻教职工、工厂工人、炊事员、饲养员，可以说是全员参与。

比赛结果，第一部门和生物系由于党总支亲自挂帅，抓紧锻炼，均获得团体总分优胜。比赛中涌现出不少优秀运动员，出现二级运动员 1 人，三级运动员 7 人，女子甲组苏秀兰手榴弹仅差 40 厘米平省纪录。在闭幕式上，白世林同志指示，今后教职工要进一步开展经常性的、更广泛的体育活动，并在普及的基础上不断提高，还要有破市、省甚至全国纪录的大志，以增强教职工体质，保证在各项工作中取得更大进步，实现学校思想、教学、科研、劳动生产的更大丰收。

与此同时，工会体育部在第一届运动会的基础上，决定举行各工会部门男女篮、排球联赛和乒乓球赛，并分别产生校级代表队。为了培养乒乓球骨干和提高教职工乒乓球运动技术水平，同时积累经验，为今后举办各项业余体育训练班打下基础，决定举办乒乓球训练班。

四、游泳运动

（一）厦门大学夏季游泳规则

1954年，在夏季到来之前，为了确保游泳安全，确保更好地、有组织有计划地开展游泳运动，学校行政积极地进行了许多准备工作，校长办公室特会同体育室、工会等单位一起拟定了“厦门大学夏季游泳规则”，并呈请校长批准公布，于1954年5月24日开始实行。

为了做好游泳管理准备，体育室特举办了游泳干部训练班，由各锻炼小组派人员参加。训练内容主要是游泳入门、各种游泳姿势的介绍、救护法、生理卫生常识、游泳准备运动等。在设备方面，除了已建成的海滨浴场淋浴室外，增加了抽水设备、跳水台一座以及竹筒、救护船、救生衣等。游泳场所定于5月24日开放，同学都积极准备，购置游泳衣裤，准备参加游泳锻炼。

厦门大学夏季游泳规则

（一）游泳单位组织领导

1. 游泳单位

（1）学生以锻炼小组或运动队为游泳单位，没有参加上述组织的学生应分别参加各系班的锻炼小组或运动队。

（2）教职员工以工会组织的游泳队为游泳单位。

2. 组织领导

（1）成立游泳指导委员会，由体育室、工会、团委会和学生会各推派代表一人组成，负责全校夏季游泳指导管理工作。该会地址设在体育室。

（2）学生游泳单位的成员必须受组长或队长的领导（包括指导、管理、救护等），组长、队长受系体育干事领导。

（3）工会游泳队直接受游泳指导委员会领导。

（二）游泳时间的规定

1. 规定在高潮前两小时及高潮后一小时内为游泳的适宜时间。

2. 在早操及课外运动时间内,如遇高潮,各游泳单位应在系班体育干事指导后,方可入水游泳。

3. 在早操及课外运动时间以外的其他时间内需要游泳者可由游泳单位的领导率往。但学生必须事先向系班体育干事登记,工会游泳队必须向工会文体活动委员会登记,不得单独行动。如非游泳单位率往,至少须有三人同往(三人中必须有二人能游泳),事前亦须向游泳单位的领导登记。

(三)游泳地点

规定一律在胡里山海滨游泳场游泳。附小、工会馆一带禁止游泳。

(四)游泳注意事项

1.入水前应做准备运动。

2. 游泳前后,严格检查人数。

3.初学游泳者,一律在标志范围内的安全区中游泳(以用铁链横穿于木椿上的水上线作为安全区之标志)。

4. 入水后隔十分或十五分钟,应上岸休息一次,每次游泳的总时间,不得超过一点半钟。

5. 会游泳的人,不得离岸直线向外游,必须沿岸横游。横游时离岸之距离,规定在靠岸水面50米以内。

6. 跳水时,应注意跳板下水面是否有人。

7. 游泳者,不得在安全区的木椿上及铁链上活动,以免损坏设备。

(二)横渡鼓浪屿游泳运动

1.横渡鼓浪屿游泳运动

1955年暑假,学生暑假活动委员会游泳指导办公室组织了两次长途游泳运动。第一次是8月5日,从成伟楼海滨游泳场到鼓浪屿轮渡码头,距离约3000米。第二次是8月18日,从成伟楼海滨游泳场到鼓浪屿大德记游泳场,距离2000多米。参加这两次游泳运动的共有32名运动员,包括教师、职工、大学部和连中同学,其中有3位女运动员。团委代书记李燕棠同志、体育室50多岁的刘焕章主任也带头下水参加。两次比赛的全部运动员都胜利到达终点。

2.横渡厦鼓海峡

1956 年 8 月 5 日,65 名游泳健儿横渡厦鼓海峡。早晨,滨海楼海滩上停泊了四条小船,运动员在此集合准备。比赛开始,64 名男同志 1 名女同志分作两行一个接一个下水,四条船前后左右护航,领航船上插着一面校旗,一块写有“厦门大学师生横渡厦鼓海峡游泳队”的牌子摆放在船头。运动员们顺着海潮前进,目标是轮渡码头,行程有 2000 米。参加活动的 65 名师生当中,有 16 岁的青年,也有近 40 岁的中年讲师,还有两三周前才刚能游五六十米的年轻的研究生。活动过程中除了个别同志抽筋,中途稍事休息,大家全部到达目的地,最好成绩 38 分 15 秒。

图 15-2 厦大横渡厦鼓海峡的长距离游泳比赛(1955)

(三)全校第一届水上运动会

1959 年 7 月 6 日,全校第一届水上运动会开幕,共有 10 个系的 101 名运动员参加。由于正值期末复习考试期间,比赛采取分散的形式,在 6—10 日每天的早晨和下午课外活动时间进行。比赛项目有 100 米、200 米、400 米的自由泳、蛙泳、侧泳、仰泳、蝶泳等,还有长距离的男子 1500 米自由泳,4×100 米自由泳接力和混合式接力等。这次比赛创造出了厦大第一批游泳纪录。

（四）响应毛主席的号召，掀起群众性游泳热潮

为了响应毛主席提出的让全国“三亿人口都来游泳”的号召，校体委根据省委的“关于开展百万人游泳运动”的指示，厦门大学在全校范围内，掀起了一个“人人参加游泳，个个学会游泳”的群众性游泳热潮。

1960 年 7 月 10 日，全校在胡里山海滨浴场举行规模巨大的“人人游泳下水典礼”。当天，胡里山海滨浴场呈现出一派节日的气氛，数十面鲜艳的红旗迎风飘扬，“开展游泳运动，坚决解放台湾”的巨幅标语在明媚的阳光下放射出耀眼的红光。典礼上，厦大民兵师师长王亚南同志发表了简短的讲话，他号召全师民兵，积极响应毛主席提出的让全国“三亿人口都来参加游泳”的伟大号召，为保证学校教学、科学研究、生产劳动的持续进步，为保卫和建设我们社会主义的祖国而奋斗。接着，由民兵师参谋长白世林同志为首的领导干部带头下水，师生们也纷纷跟着下水，当天共有 4000 余人下海，这是学校体育运动史上的空前盛举。表现最突出的是理科海洋专业的同学们，他们把游泳当作必修的科目来对待，每个人都认真学习，掌握技能。

当时，厦大采取各种措施，积极争取成为全省游泳先进单位。体委要求95％以上的人下海，60％以上的人要达到游泳标准（男 100 米，女 50 米，13 岁以下的小孩、50 岁以上的老人 25 米）。根据体委计划，7 月 10 日以后，学校将结合民兵训练，举行象征性的游泳活动。活动以排为单位，逐日累计，以达到 22 万米（即从厦门到台湾的距离）者为优胜单位，由民兵师和体委发给奖状。外文系一年级团支部号召全班同学人人下海，天天下海，把游泳列为军训的重要内容。到 7 月下旬，全班同学已游完 15 万米左右。同样的，外二的同学除了完成象征性的万人游泳任务外，截至 1960 年 10 月份，全班累计已经游完 60 万米，比原定 22 万米的指标超额完成 275％以上。全班已有 90％以上通过了游泳标准，涌现了无数游泳新手，在学校系际游泳比赛中成绩优良获得好评。

（五）秋季系际游泳团体锦标赛

1960 年 10 月 9 日，厦大秋季系际游泳团体锦标赛在学校海边游泳池举行，

各系参加的人数达 120 多人。比赛结果：男子组冠军为生物系，成绩 2598 分；女子组冠军为外文系，成绩 1474 分；男女两组亚军均为数学系。这次比赛有不少刚学会游泳的同志参加，还涌现出了 20 名二级、三级运动员。

图 15-3　外文系获得二级运动员称号的学生与首长合影(1963)

五、开展四项万人体育活动

(一)乒乓球、射击和长跑活动蓬勃开展

1960 年初，自从校党委发出开展万人乒乓球赛、万人射击和万人长跑三项体育活动的号召后，各系同学和老师踊跃参加，获得了巨大的成绩。截至 3 月份，学生已经 100%参加了乒乓球比赛和象征性长跑锻炼。射击运动由于枪支和场地限制，尚不能全部参加。象征性长跑要求每人跑完 2 万米以上，大部分同学已经在二月底完成了任务，随后将这项运动变成为经常性的体育锻炼项目。学校乒乓球运动以往开展得不甚活跃，参加人数不多，但经过这次万人比赛运动之后，完全改变了以往冷冷清清的局面，一跃成为参加人数最多、最引人兴趣的项目。射击活动在学校有着优良的传统，在此次万人射击活动中，涌现出上千名普通射手。

（二）“多、快、好、省”万队篮排球活动

1960 年 5 月 10 日开始，学校开展了“多、快、好、省”的万队篮排球竞赛活动，这是当年四个重点锻炼项之一。篮排球运动能锻炼人们的耐久体力、速度、灵敏等身体素质，又能培养人们的勇敢、坚毅、机智、顽强的优秀品质和集体主义的精神。因此，当学校体育运动委员会发出举行万队篮排球活动的号召时，立即得到广大师生的热烈响应。

竞赛活动分为三个阶段：第一阶段为班级基层活动，时间是 5 月 10 日至 6 月 10 日；第二阶段为系竞赛活动，时间为 6 月 10 日至 6 月 20 日；第三阶段为全校性竞赛活动，时间是 6 月 21 日至 6 月 30 日。竞赛内容是“四比”：比多，参加比赛队数多，参加人数多；比快，开展竞赛活动快，成绩总结快；比好，措施好，检查好，总结好；比省，办得多，花钱少。

通过此次规模浩大的竞赛活动，选拔、培养出一批优秀的篮排球运动员，竞赛结束后，进一步组织巩固，继续进行锻炼，增强体质，提高运动水平，活跃师生们的生活，促进工作和学习。

六、摩托车运动

（一）摩托车手训练班

1. 1956 年 5 月初，在大力发展国防体育运动的背景下，学校摩托车训练班第 1 期已经结束，学员们只经过一个星期的训练，就已经初步掌握了驾驶技术。他们决心在 1 年内努力学习摩托车原理、性能和维修，争取考取驾驶执照并成为有等级的运动员。

2. 1956 年 5 月 23 日，第 2 期训练班开始，学员有 30 人，比第 1 批增加了两倍多。这批学员均为体育干事和军体委员，他们对军事体育的开展都有着较为正确的认识，所以学习纪律表现很好。

3. 1956 年暑假开始，体育教师和职工 20 多人掌握了摩托车的驾驶技术，在同学中训练了 36 位体育干部，在此基础上，摩托车运动已成为一项群众性的运动。

（二）"精神驾驶"办法

1958年4月份，厦大摩托车训练班在培训过程中，创造了先进的"精神驾驶"办法。所谓"精神驾驶"就是在学习驾驶之前，先由教练员讲解车轮的构造原理及操纵方法，然后支起车架，由学员们作原地驾驶练习，先熟悉起车、变速、刹车等基本操纵动作，如果学员动作有错误，教练员就从旁纠正，经过反复不断的练习，一直到学员能掌握自如，才正式开动机器进行场内驾驶。"精神驾驶"办法受到了市体委的重视，并派人前来学习取经。

图15-4　摩托车队在海滨公路上行进

第二节　运动队建设与对外竞赛

建国初期，厦门大学校级运动代表队越来越多，除了以往的田径、篮球、排球、足球、体操、游泳之外，增加了棒球、射击、自行车、羽毛球等项目。这些代表队多次在厦门市和福建省的各类比赛中获胜，并在全国大学生运动会上以及代表福建省参加全国比赛时都取得了优异成绩。

一、运动队建设

(一)田径队

1.积极准备,争取在全国、华东区和省大学生运动会、校运会上获得荣誉

1956年3月,高教部发出指示,要在8月间举行全国大学生田径运动会,要求各学校做好准备。

厦大体育教研组根据指示精神,于3月间集中了80名田径运动员开始进行训练,他们制定了训练计划,规定每周4次训练、1次测验。队员们热情高涨,加紧锻炼,满怀信心地争取在将要到来的校运动会上打破学校的田径纪录。经过3个月的训练,队员们成绩有了显著的提高。男女项目中有17项26人已超过校运会的最高成绩,其中2项打破省纪录,撑竿跳高3米35以上的成绩则打破了厦门市维持了21年的纪录。根据已有成绩估计,男女运动员有20多个项目能在福建省大学生运动会上有突出表现。

图15-5　厦门大学田径代表队(1963)

图 15-6　华东区田径运动会代表队(1964)

2.成立共青团田径队支部

1958 年 4 月 20 日,共青团田径队支部在党的关怀支持下成立了,这是田径队的一件大事,它表明,田径代表队在今后前进的道路上一定会更快地成长。在成立大会上,田径队全体共青团员都有决心要使自己锻炼成为新型的、具有共产主义道德品质的运动员,彻底铲除锻炼中的个人主义思想。大家一致认为,共青团员在体育锻炼中同样要体现出团员的先进性,每一个团员都要成为田径队中的骨干。大家都满怀信心,加紧锻炼,力争在市运会、省大学生运动会、全国大学生运动会上创造更多、更好、更优秀的成绩。

(二)游泳队

1958 年 4 月 17 日,游泳队员在罗经龙老师带领下,开始第一次下水。这些队员中有创造本省女子 100 米蝶泳纪录的黄曙莹等三位女同学。游泳队不断扩大队伍,开始正规训练。为了使水上运动大规模地开展,避免意外事故,体育室决定开办救生员训练班,各系抽调游泳技术较好的同学参加,训练定于 4 月中旬开始。1962 年 10 月,厦大游泳队获得厦门游泳对抗赛团体总分冠军。

图 15-7　厦门游泳对抗赛团体总分冠军(1962)

(三)棒球队

厦门大学棒球代表队成立于 1959 年 10 月,当时全队队员只有三个是参加过棒球业余训练的,其他全是新手。

(四)篮、排球队

1960 年 2 月 11 日,上海高校男女篮排球队来厦大做了为期 5 天的慰问比赛。上海高等学校体育代表队是由复旦大学党委委员、经济系主任李铁民,交通大学党委宣传部部长范祖德率领的,全队拥有运动员 70 多人,分为男子篮排球和女子篮排球共四个球队。2 月 12 日下午,厦大举行了盛大的欢迎大会,李铁民同志和王亚南校长都讲了话,会后进行男女篮排球友谊赛。4 月初,厦大男子排球队和龙岩专区排球队举行友谊比赛,厦大以 3∶0 的绝对优势取得了胜利。1961 年,厦大理工学院篮球队参加龙岩县人民体育运动大会,获得篮球冠军。

图 15-8　厦大理工学院篮球队参加龙岩县人民体育运动大会荣获篮球冠军(1951,右一陈金铭)

图 15-9　厦门大学男女篮球队(1959)

图 15-10　20 世纪 60 年代初期厦门大学女子排球队掠影

（五）召开校运会优秀运动员座谈会

1956 年 4 月 28 日晚，团委会和学生会联合召开了优秀运动员座谈会。辅导主任张玉麟同志、章振乾教务长和体育室主任刘焕章、副主任陈金铭到会并讲话，优秀运动员涂宏基等也到会报告了他们的经验和规划。最后团委书记李燕棠同志讲话，他说，优秀运动员要放大眼光，为集体荣誉而努力，争取在全国大学生运动会上得分。

（六）具有厦大特色的运动队建设——四线代表队

1960 年 3 月 10 日，学校体育运动委员会召开第一次会议，确定广泛开展文体工作及群众运动，要求贯彻普及和提高相结合、重点与一般相结合、体质锻炼和技术锻炼相结合的方针，在普及的基础上注意提高，既突出重要项目又要多样化，力争当年内在主要项目上达到全省高校上游，两三年内赶上全国高校先进水平。

为提高运动技术水平，全校组织了“四线”代表队。第一线为省重点队，集中全校最优秀运动员 80 人，第二线 104 人为市重点队，第三线 164 人为学校代表队，第四线为各系、班、单位的代表队。后三线分别为省、市、校重点队的后备力量。在挑选运动员骨干时，首先必须注意政治条件。

同年10月份，学校一线运动队经过半年多的集中训练，不仅思想觉悟有了很大的提高，在运动技术方面提高也很明显。为了增强全校师生员工的体质，更好地为教学、科学研究和生产劳动服务，学校要求必须在全校大力开展群众性的体育普及工作。根据校党委大力开展体育普及工作的指示和贯彻增产节约的精神，一线运动队决定分批下放一些队员返回各系开展普及工作，加强基层的体育骨干力量。经过队员的申请和要求，第一批下放有16人（游泳、田径、排球运动员），其中有很多优秀运动员，有的曾参加过全国大学生运动会，有的是厦门市代表队成员，他们经过半年的训练，技术水平有一定的提高，并且具有初级、中级教练员的水平，完全可以担任基层的体育指导工作。

二、运动队竞赛

这一时期学校各运动队参加的赛事按全国赛、省赛及市赛三个级别进行分层阐述。

（一）全国赛事

1.全国羽毛球比赛

1956年7月，在天津举行的全国羽毛球比赛中，外文系印尼华侨学生郑翠琼获得女子单打第三名、双打第二名的好成绩。这次比赛结束，曾宣布前三名为体育健将，但二级劳卫制标准必须达到及格，测验在下一年举行。郑翠琼同学表示要刻苦锻炼，提高自己，各方面以体育健将的条件要求自己，并争取在1956年内达到劳卫制二级。厦大运动员在全国运动比赛中得分，郑翠琼同学是第一人。

2.全国大学生田径运动会

1958年8月29日，由厦大代表队学生为主组成的福建省代表队参加全国大学生田径运动会。

图 15-11　全国大学生田径运动会福建省代表队厦大同学(1958)

3.体育教员田春兰先生代表福建省排球队参加全国篮排球比赛

1951 年 3 月下旬,体育教员田春兰先生离厦由福州到上海,经过两次学习与选拔,代表福建省排球队于五四青年节在北京参加全国篮排球比赛。参加此次比赛的有全国六大行政区,人民解放军、全国铁路工会等 8 个单位,每单位有男子篮排球、女子篮排球四队。八个单位以外,还有各地区及内蒙古自治区分别组织的参观团。大会历时 13 天,采取单循环的比赛方式,共有 130 场热烈紧张的比赛。此次参赛,主要是学习、交流与提高。

(二)福建省赛事

1.羽毛球、自行车、田径、排球比赛

1954 年 11 月,在福建省羽毛球比赛中,外文系二年级印尼华侨学生郑翠琼获羽毛球女子单打冠军。

1958 年 3 月 11 日,外文系施淑贤同学赴莆田参加 1958 年全省自行车运动

大会，获得女子 25 公里团体赛冠军、女子 3000 米第二名及 1500 米第五名的优异成绩。

1958 年 7 月 28 日，全省大中学生田径航模舰模运动大会在厦门市开幕。学校选出陈佳荣、许振祖、包景琰、陈惠生等 39 名优秀运动员参加，其中女运动员 12 人，男运动员 27 人。

1963 年，校女子排球代表队参加福建省高等院校比赛获得冠军。

图 15-12　福建省田径运动会厦门代表队各组冠军合影(1957)

图 15-13　厦门大学参加福建省高校集训和比赛获得女排冠军、男排亚军(1960)

（一排左一女排教练林惠贞；二排右一男排教练田春兰，左一为陈金铭）

福建省大学生运动会在"文革"期间(1966—1974年)停办,1975年11月份在福州大学恢复举办,厦门大学派代表队参加了福建省第一届大学生田径运动会。除此之外,还参加了一些其他赛事,如福建省排球比赛等。(图15-14、图15-15)

2.组织省高校优秀运动员集训

1960年暑假,来自福州大学、福建师院、福建体院、福建农学院、福建医学院、福建林学院、厦门师院和厦门大学等省内各高等学校的400名优秀运动员到厦大集训,这种集训在全省是首次。经过20天的训练,达到了相互学习、共同提高的目的,对福建省培养一支又红又专的高等学校体育队伍起到了很好的促进作用。训练项目有男女篮球、排球、羽毛球、游泳和足球。训练是采取集训队重点提高与各院校普遍提高相结合的方法进行,在边比赛、边训练的过程中,选拔出省高校的代表队。

图15-14　福建省高等院校篮球排球代表队集训(1972)

图 15-15　福建省第一届大学生田径运动会厦门大学代表队(1975)

集训期间,省委林一心书记、宣传部许彧青部长、省体委李威副主任、厦门市委和厦门大学校党委陆维特书记接见了全体运动员,勉励大家要做又红又专的运动员,要求大家重视政治学习,把体育专业当作党的事业的一部分,为社会主义建设服务,为国防建设服务。运动员们坚持政治学习,每天保证一个半小时的学习时间。大家在训练中认真严肃,事先准备,事后小结,全力以赴,不论场内场外,都团结友好,虚心学习兄弟院校代表队的优点,达到了"政治、团结、技术"三丰收。

厦门大学代表队运动员经过长期刻苦锻炼,虚心学习,在此次比赛、选拔赛中也取得了良好成绩,女篮女排双获冠军,男篮男排均列第二。兄弟院校的运动员还特地参加了厦大修建游泳池的义务劳动,表达了他们对厦门大学的深情厚谊。

图 15-16 福建省青少年田径集训大会(1960)

(三)厦门市赛事

新中国成立后,全校师生员工积极参加厦门市举办的各类体育活动和体育赛事,不仅给运动员们提供了检验运动技术水平的平台,也给大家提供了一个相互学习、相互交流、相互促进的发展平台。学生赛事方面主要有厦门市运动会、省运会运动队选拔赛、市篮排球比赛、市体育运动大会、市体育运动日、射击比赛、马拉松赛跑、棒球选拔赛等。教职工比赛主要是首届市教职工体育运动大会。

1.省运会运动队选拔赛

1951 年 3 月 26 日,中华全国体育总会厦门市分会筹委会召开全市体育工作者和爱好者首届代表会议,议程 3 天,厦大体育组诸位教师与学生会康乐部长林启训同学均应邀参加。会议讨论了组织机构和开展全市体育工作等问题。厦门市体育工作者协会为选拔运动员代表参加省运会,举行了球类选拔比赛,最终选出男子篮球队选手 15 名,厦大代表队学生有 3 名入选,分别是余景元(航空)、林启训(历史)和许派展(经济);选出男子排球队 6 人,厦大代表队学生占 3 人,分别是林启训(排球队长、历史)、叶松藩(航空)、郑懋铮(外文)。

2.市人民体育大会

1951 年 10 月 12 日,厦门市第一届人民体育大会召开,厦大学生于 12 日上午 8 点出发到中山公园体育场表演大会操。同学们在会操中精神饱满、动作一致,表现得很好,受到各方好评。

3.市运会与市篮排球比赛

厦大代表队先后于 1955 和 1959 年参加厦门市第三届和第七届运动会,同时于 1951—1960 年间积极参加厦门市篮排球比赛及排球交流赛,取得了一系列成绩,具体见表 15-3。

表 15-3　校学生代表参加厦门市运会和市篮排球比赛情况一览表

项目	时间	届数	比赛情况与结果
市运会	1955.5.1	第三届	校代表队参加了田径、体操比赛以及伏虎圈表演的运动员共计 90 多名。在 5 月 2 日即运动会第一天获得总分 18 分,其中男子标枪决赛获第一、二名,成绩 45.7 米。男子 400 米接力赛以 47 秒 2 破厦门市纪录
	1959.3.13—15	第七届	校代表队有 37 位运动员参加,获得田径、体操、举重、自行车四项总分冠军。田径中男子 10000 米、5000 米、110 米高栏、撑竿跳高四项获得第一名;10000 米、男子 1600 米接力、男子 400 米接力、女子 800 米接力四项破校纪录。首次参加校外比赛的体操和举重两个项目成绩也很好,多人获得国家二级运动员称号

续表

项目	时间	届数	比赛情况与结果
市篮排球比赛	1951.8—9	厦门市首届排球比赛	8月29日开始比赛,参加的有市府队等8队,均学习苏联先进的新技术,各队实力旗鼓相当,在体育组田春兰先生的倡导下,组织男女两队参加,男子队队长吴熹章同学,女子队队长何恒同学,田先生自任指导员。男子队连战皆捷,闯入冠亚军决赛。女子队于9月4日开始比赛,情绪高涨,初赛败北
	1956.5—7.7	市男女篮排球"三好杯"	厦门市体协举办的本年度男女篮排球"三好杯",校男子篮球、女子排球获得冠军。校男子篮球队获得本市冠军,这还是第一次
	1958.3.30	交流赛	1958年3月30日,中文系排球队首创纪录。中文系排球队首次外出比赛,战胜了厦门较强排球队——四中排球队
	1959.12	厦门市排球联赛	厦大男排获得亚军
	1960.10	厦门市甲级排球联赛	1960年,厦门市甲级排球联赛于10月20日结束,校男排一队经过5场的激烈比赛,以连续不败成绩获得冠军。参加这次比赛的有冶金、教工、海员、厦门师范、人委、集美中学、银鹰(银行)和厦大八个单位。校男排一队在这些队中还是比较年轻的一队,全队新生力量占70%,临场经验少,比较容易慌张。但在党委的教导和关怀下,加上教练员的耐心指导和队员的刻苦练习,风雨无阻,烈日严寒从未间断地训练,半年来队员的思想觉悟和技术水平都有显著提高。在这次比赛中,坚持"四打"的精神,即打政治、打风格、打团结、打技术,突出以政治带技术,每场抓紧总结,因而使每位队员能表现出厦大民兵师的战斗精神,一举夺冠

4.厦门市体育运动日

1957年1月6日,是厦门市第一个体育运动日。厦大和全市人民一样,举行了各种各样的体育活动。上午8点,全校性的广播体操拉开了体育活动的序幕,接着,体育比赛开始,第一个项目是男子4000米越野赛跑,有8个系的80名运动员参加。比赛结果前四名为化学、生物、历史、数学。在接下去的比赛当中,男女400米接力赛男子前四名为历史系(成绩48秒5)、化学系、中文系、数学系;女子前四名为生物系(成绩 1 分 3 秒 9)、化学系、中文系、经济系。在精彩的男子 3000 米、女子 1500 米自行车比赛中,朱炳祯和施淑贤分别获得男女第一名。男女拔河运动员进入运动场,举行了表演赛,结果男子数学系、化学系、经济系,女子数理、化学系获得优胜。此外,陈永乐、林锦山等五位同学参加了厦门市 11000 米的越野赛跑,陈永乐(39 分 1 秒 5)、林锦山(39 分 10 秒)两位同学分别获得第五、第六名。当天下午,学校足球队和二中足球队在中山公园举行了友谊赛,结果以 0∶4 败于二中。

5.厦门市田径对抗赛运动大会

1957 年 12 月 22 日,厦门大学参加厦门市五个单位田径对抗赛运动大会,这次运动会的成绩表明绝大多数运动员的成绩下降了,许多运动员的成绩都大不如前。代表队的集体成绩也是如此,如学校女子排球队和篮球队、男子篮球队和足球队在厦门市原来都是名列前茅,现在也都退步了。

6.厦门市射击比赛和首届马拉松赛跑

1958 年初,学生郑淑铭、杨爱华分别获得厦门市射击比赛女子组第 1 号项目的第一名和第三名;女子组第 4 号项目前两名也被厦大学生罗耐梅、杨云珠夺得。

1958 年 12 月 14 日,全校 128 名长跑运动员参加厦门市首届马拉松赛跑,获得优异成绩。化二吴树荣同学以 2 小时 54 分 10 秒 8 的成绩获得第一名,陈为发获得第三名。绝大部分同学获得三级运动员称号,13 人达到国家二级运动员标准。这 13 人将参加 12 月 25 日举行的福建省马拉松赛跑。此次比赛,生物系成绩最好,27 人中有 3 人名列前茅,6 人获得二级运动员称号,18 人获得三级运动员称号。

7.厦门市棒球选拔赛

1960 年 4 月 10 日下午,厦门市棒球选拔赛在鼓浪屿人民体育场举行,经过一场激烈争夺战,厦大代表队以 11∶8 战胜了以厦门体校为首组成的厦门市棒球队。队员们表示:今后一定要戒骄戒躁,继续苦练,提高水平,力争夺取 5 月 5 日将要举行的全省棒球竞赛和即将在永春县举行的全省高等学校棒球比赛冠军。

8.厦门市首届教职工体育运动大会

1957 年 4 月 6—7 日,厦门市首届教职工体育运动大会在市中山公园举行,共有 22 个单位,635 名运动员(穿梭拔河除外)参加。厦大有 85 名教职工报名参加,在大会上取得了辉煌的战绩。在六个团体优胜项目中,厦门大学获得了五个冠军(男子田径、女子田径、男子穿梭、女子穿梭、女子拔河),一个亚军(男子拔河)。厦大体育组教师除了积极参加大会比赛外,还承担了大会的不少工作,另有 20 多名同学也参加了大会的裁判工作。

厦大教职工参加大会各个竞赛项目,除团体优胜外,个别项目还取得了突出的成绩,受到大会的重视。如男子甲组跳高第一名张子茂,成绩 1.75 米(厦门市纪录),达到国家二级运动员的标准;男子甲组铁饼第一名涂续基,以 33.49 米的成绩破厦门市纪录,达到国家三级运动员标准;谢钦益获得男子 5000 米第一名。此外,体育教研组老师庄振卿参加了 5000 米、1500 米、800 米以及接力赛跑等多个项目,且都取得很好的成绩。

第十六章　“拨乱反正”与改革开放时期（1976—2019年）

第一节　群体活动与校内竞赛

1976—2019年期间，随着学校开设体育运动项目的逐年增加，厦门大学群体活动开展形式上丰富多彩，项目上有特色。学校结合学生的身心特点、学校传统体育特色以及优越的地理环境，举办各类体育竞赛活动，制定适应各个时期发展的相应政策和制度，有力地推动群众性体育活动的蓬勃开展。

首先，学校定期召开体育工作大会，安排与部署当年及此后学校体育工作的重点。

其次，大力开展群众性体育活动。在改革开放之初，学校要求学生积极自觉地参加早操、课间操和课外活动，努力实现周恩来总理生前提出的“学校每天应有一小时体育锻炼”的指示。早操活动的内容很多，除了做广播操外，还可练长跑、单杠，打太极拳，打篮球、排球等；课间操可以有效消除上课时的疲劳，起到积极休息的作用，提高学习效率；课外活动的锻炼，可以班为单位组成锻炼小组，推行《国家体育锻炼标准》。1979年5月间，在教育部、卫生部、国家体委和团中央召开的全国体育卫生工作会议上，厦门大学被评为先进单位。从1980年起，校田径运动会、校游泳运动会、越野跑比赛三项大型体育竞赛活动每年都按期举行，这已形成一种制度并延续至今。

体育协会或社团在学校体育工作当中发挥着非常重要的作用。学校扩大和规范体育协会或社团组织建设，丰富校园体育文化，掀起阳光体育活动热潮。体育社团由最初的校团委直辖管理，到校团委和体育部共同管理，再到体育教学部直接管理，逐步实现了由技术指导到全方位指导的负责制，使得体育社团的管理更加专业性、制度化、规范化。加强厦门大学体育文化建设,设计了厦大体育标志和吉祥物,并进行了商标注册。

20 世纪 80 年代,体育教研室教师、福建省首位国际级体操裁判陈礼贤同志受国家体委委派,随同国家体操队赴美国、莫斯科、拉脱维亚加盟共和国首都里加参加国际体操比赛的裁判工作。1985 年,国家体委为表彰陈金铭对我国体育事业发展所做的贡献,授予他“中华人民共和国荣誉裁判员”的光荣称号。同年,体育教研室陈金铭、陈礼贤、林建华、黄诚宗四位老师被评为 1985 年全国优秀裁判员,国家体委分别向他们颁发了证书、证章和奖金。为了在全社会进一步树立尊师重教的良好风尚,福建省人民政府于 1990 年和 1991 年分别向厦大从教 30 年的 231 名教职工颁发荣誉证书,体育教研室获得荣誉证书的有陈礼贤、黄庆澍、黄诚宗、林水撰、李少蓉、林金栋。1994 年 1 月,福建省高校体育协会举行换届选举,省教委主任被选为会长,厦大常务副校长郑学檬教授和体育教研室黄渭铭教授被选为副会长,体育教研室主任何德馨被选为副秘书长。2003 年 7 月 24 日,校党委副书记、副校长潘世墨当选新一届福建省高校体育协会(简称大体协)主席。

图 16-1　校长曾鸣为陈礼贤老师颁发国际裁判证书、证章(1980 年 10 月)

一、厦门大学体育工作会议

1976 年之后，在校体委的领导下，学校体育工作顺利开展，并定期召开学校体育工作会议，为当下及今后学校体育工作的发展指明方向，其意义是重大的，影响是深远的。

（一）改革开放之初学校召开的体育工作会议

改革开放之初，学校体育工作会议每年召开两次，即上半年开学初召开一次，下半年开学初召开一次。每次会议都会根据当时国家政策文件精神确定会议主题，会议主要是在总结过去一年体育工作成绩的基础上，对当年学校的体育工作进行全面部署，对当年度竞赛活动的具体安排进行讨论。赛事活动主要包括校田径运动会、校游泳运动会（包括广播体操评比）、环校跑比赛、篮球比赛、排球比赛、足球邀请赛、运动员等级测验、五项田径团体赛等。如 1982 年 2 月举办的学校体育工作会议，主题为普及与提高相结合，加速提高运动水平，会议要求：为保证在校学生每天平均有一小时的体育活动时间，除了切实上好体育课外，各系每周都要安排 5 个早晨组织学生进行早操（一天搞室内外卫生）和两次课外体育活动，列入课程表，实行点名制度，并作为体育课成绩考核的一部分。各系、各单位还应制定计划，采取措施，利用课余时间和节假日，积极组织各种小型多样的体育竞赛活动。1983 年 3 月 4 日召开的学校体育工作会议，会议提出，学校体育工作要坚持“三个为主”，即以增强学生体质为主，以普及为主，以经常锻炼为主。

（二）评选体育先进集体和积极分子活动

为了全面贯彻德智体全面发展的教育方针，推动群众性体育活动更加广泛、持久地开展，有效地增强学生体质，厦大于 1984 年三四月间，开展了评选体育先进集体和积极分子活动。此次共评出体育先进集体 25 个，体育积极分子 121 人。在纪念五四运动 65 周年大会上，学校对他们进行表彰并发奖。

（三）1996 年体育工作会议

1996 年 11 月，学校召开体育工作会议，会上，常务副校长郑学檬做了“开创厦大体育工作新局面”的主题报告，总结五年当中厦大体育工作经验，认真贯彻执行《体育法》和《全民健身计划纲要》，增强各级领导对体育工作重要性的认识，规划今后厦大体育事业的发展，表明要努力把厦大体育工作推上一个新台阶。

五年体育工作主要成绩如下：校体委积极开展群体性体育活动，使群众性体育活动经常化、制度化，定期或不定期举办各种比赛，如举办一年一度的学生和教工田径运动会、游泳运动会等，其中冬季长跑、拔河比赛等一些项目已成为传统体育活动项目。校体委在推行“国家体育锻炼标准”方面做了大量认真的工作，学生达标率平均在 90％以上，自 1987 年以后，年年荣获省委、省体委颁发的“推行国家体育锻炼标准先进学校”的荣誉称号。1992 年 8 月，在第四届全国大学生运动会上，国家教委授予厦大“体育教学评估优秀学校”荣誉称号；1993 年，国家体委授予厦大“全国群众体育先进单位”荣誉称号。

图 16-2　厦门大学获得“全国群众体育先进单位”称号(1993)

（四）2016年厦门大学体育工作大会

2016年1月10日，厦门大学体育工作大会在科学艺术中心音乐厅隆重召开，这是时隔10多年之后，学校再次召开体育工作大会，大会主题是“以人为本，推动体育工作再上新台阶”。大会全面总结了近年学校体育工作的开展情况，提出今后一段时间体育工作的总体思路，讨论通过了《厦门大学关于进一步加强体育工作的若干意见》。校领导张彦、朱崇实等出席大会并为获表彰的先进集体和个人颁发荣誉证书。全校各机关部处、各学院领导、教师及获奖人员、学生代表等参加了大会。大会由副校长邬大光主持。

会上，校长朱崇实做了题为“坚持以人为本，加强体育工作，促进师生员工全面发展”的大会主题报告，报告总结回顾了近五年厦大体育工作开展情况，分析了当前体育工作的不足以及加强体育工作的重要意义，并对推动学校体育工作再上新台阶提出要求。朱崇实充分肯定了厦大体育工作取得的成绩。他强调，体育不仅仅是一种运动，还是一种教育手段、一种精神载体。精英人才，绝不只是有专业知识和技能，往往都有过硬的身体素质，这与长期的运动习惯密切相关。学校体育是提高学生身体素质和健康水平的有效途径。体育应该当成学生的终身修行，体育工作应该成为促进学生全面发展的最基础工程。

大会对在学校体育工作中表现突出的单位及个人进行表彰。经推荐评选，人文学院等10个单位获评先进体育工作单位，龙狮龙舟协会等6个社团被评为先进体育社团，24名教职工和36名学生被评为体育先进个人。

校党委书记张彦做大会总结讲话。他强调，厦门大学体育工作有着光荣的历史传统，有着鲜明的特色和风格，这是我们在新的起点上把体育工作推向新高度的坚实基础和力量源泉。他就进一步做好体育工作提出三点要求：一要继承优良传统，充分认识加强和改进学校体育工作的重要意义；二要坚持改革创新，积极探索推动学校体育工作的新思维、新体制，要正确处理好体育与德育智育、体育课与课外锻炼、群众性体育与竞技性体育、学生体育工作和教工体育工作、校内和校外体育活动之间的关系；三要加强组织领导，切实将会议精神落实到学校各项工作中去，细化配套措施，推动厦大体育事业更好更快发展。

图 16-3　朱崇实校长在大会上做直角支撑

(五)厦门大学体育育人工作座谈会

为贯彻落实习近平总书记给北京体育大学 2016 级研究生冠军班全体学生回信精神和习近平总书记在全国教育大会上关于体育育人工作的重要讲话精神,总结厦门大学体育育人工作经验,探讨引导运动员和广大青年学生树立“使命在肩、奋斗有我”的精神,进一步推动厦大高水平运动队建设和体育育人工作,2019 年 6 月 29 日上午,厦门大学体育育人工作座谈会在明培体育馆举行。校党委书记张彦做讲话。校党委副书记、副校长李建发,校党委副书记、纪委书记赖虹凯,副校长邱伟杰,校党委常委、宣传部部长徐进功出席。会议由副校长邓朝晖主持。这是时隔三年后,厦大再次举办体育工作会议。

座谈会上,全体师生通过观看视频,集中学习了习近平总书记给北京体育大学 2016 级研究生冠军班全体学生的回信,回顾了厦大体育育人工作的优良传统和主要成绩。体育教学部主任陈志伟从体育课程、群众体育、社团活动、体育竞赛等四个方面汇报了厦大推进体育育人工作的经验做法。来自各个运动队的教练代表、学生代表、体育社团的学生代表,体育教学部、校团委等单位负责人以及管理学院、新闻传播学院、公共事务学院等培养单位的负责人依次做了精彩的发言,大家结合各自领域和视角,畅谈了对深入学习贯彻习近平总书记重要讲话和回信精神的认识,讲述了对体育育人工作的理解与体会,对在新的起点推动厦大高水平运动队建设和建设一流的体育育人工作提出意见和建议。

校党委书记张彦在讲话中回顾了厦大重视体育育人工作的光荣历史传统，对于近年来学校体育育人工作给予了充分肯定。他指出，厦大师生要深入学习贯彻习近平总书记关于体育工作的重要论述，紧密结合学校实际，发扬优良传统，把体育在人才培养中的重要作用充分挖掘出来，通过体育激发学生的爱国之情和报国之志，培育学生的爱校热情和集体观念，磨砺学生的身体素质和顽强意志，养成学生的健康心态和良好人格。

厦门大学积极贯彻落实全国教育大会精神，着力服务学生的全面发展，在体育育人方面取得了突出成绩。2019 年以来厦大体育健儿在全国各项赛事中成绩突出，其中，校男子篮球赛在第 21 届 CUBA 中国大学生篮球联赛中获得东南赛区冠军、全国季军，实现了新突破，创造了厦大男篮在 CUBA 中获得的最好成绩；厦大 5 名同学入选第 30 届世界大学生夏季运动会中国代表团大名单，其中 3 人正式入选，将代表国家参赛。

图 16-4　厦门大学体育育人工作座谈会(2019)

二、群体活动及竞赛

(一)群体活动及竞赛概述

1. 20 世纪 70 年代末的群众性体育活动

“文革”结束后,厦门大学不仅在体育教学工作方面恢复了生气,而且积极开展、大力推进群众性体育活动。学生除了必修体育课外,每天要积极自觉地参加两操(早操、课间操)、两活动(每周两次课外活动)。课外活动锻炼以班为单位组成锻炼小组,以“国家体育锻炼标准”为主要内容,结合篮球、排球、体操等项目,还举行小型多样的各项比赛,使课外锻炼内容丰富多彩,生动活泼。学校强调,同学们一定要自觉参加体育锻炼,持之以恒,努力做到德智体全面发展,争取成为一个“三好”学生。

2. 20 世纪 80 年代至 90 年代末的群众性体育活动

(1)领导重视,措施得当,成效显著

①党政领导以身作则,亲自抓。他们不但认真听取体育工作汇报,而且亲临现场,了解和指导体育工作。校、系各级领导还积极参加一些力所能及的体育活动,如校党委书记王洛林同志经常挤出时间参加早锻炼,校党委常委、常务副校长(兼体委主任)郑学檬教授坚持每天清晨在校园里走跑结合和拉单杠活动,很好地带动了群体活动的开展。

②提高认识,正确处理好德、智、体“三育”的关系。学校要求各级领导要亲自抓体育工作,亲自抓教育方针的落实。各系各单位设有专人分管体育,并经常向学生宣传,反复强调体育锻炼的重要性和好处,同时引导学生科学安排时间,养成经常锻炼的习惯,促进了德、智、体全面发展。特别是试行和实施《大学生体育合格标准》以来,经过精心组织、引导,建立了学生早操点名制度,点名由学生负责,体育教师、系领导轮流检查指导,各系学生每天参加体育锻炼的人数能达到 80%～90%左右,操场上到处都是参加体育活动的学生,场面颇为壮观。

③定期召开体育骨干会议，布置学校体育工作。每学年初，学校都会召开一次体育工作会议，各系分管体育工作的领导、学生会体育部长、校团委会、校工会及校体委全体委员参加会议。会议由校体委主任（常务副校长）做动员，提出具体工作要求。校体委每学期都要召开各系体育部长会议，把学期群体计划通知各系，做到上下配合。另一方面，利用校刊、电台、广告栏等媒介进行体育运动的相关宣传教育，让运动健身深入人心。

(2)广泛开展课外体育活动

①坚持“两操两活动”。早操以广播操、单双杠、跑步为主，课间操由学校统一播放乐曲，师生在办公室和教室门口就地做操。为提高广播操质量，每年新生入学后，全校统一集中四周进行训练，利用早操时间以系为单位，由下系体育教师逐节教、练，反复纠正，要求在“准”字上下功夫。学校每年利用校运会的开幕式进行各系广播操评比。

课外锻炼主要有篮、排、足、乒乓、网球，武术、气功等。游泳更是值得一提，一到夏季，厦大得天独厚的海边浴场、海边游泳池人山人海，学生们也纷纷加入游泳运动。学校非常支持广大学生开展游泳活动，特别是坚持冬泳。为了推动冬泳活动的开展，每年元旦都在白城海滨举办“元旦冬泳活动”，这不但掀起广大师生开展冬泳活动的热潮，同时也吸引了厦门市及周边地区众多冬泳爱好者的积极参与，这项活动也已成为厦门市迎新年元旦活动的一个传统项目。

②全面推行《国家体育锻炼标准》，不断提高达标率。厦大把锻炼标准项目列为新生体育课教学的一部分，让学生经过一年的体育课后，基本都能达到标准要求。在体锻测验中，做到四个结合：与体育课结合，与课外锻炼结合，与运动比赛结合，与运动队训练结合。测验时，从严要求，保证质量。对于没有体育课程的高年级学生，每年定在五月份当中的两周作为“体锻”测验周，学生持卡、凭学生证参加测验，凡达到优秀等级的学生，均张榜公布，发给证书、证章、小纪念品，以资鼓励。同时，将通过《体锻标准》列为评选先进班级、先进团支部和“三好生”的条件之一。

③成立各种单项协会，充分发挥协会的积极作用，推动群体活动的开展。自武术列入体育课教程，同时随着教职工离退休人数的增多，师生迫切要求练武和学习气功、太极拳。为此，学校成立了“武术协会”“太极拳研究会”等，经常举办单项学习班，设立辅导班，举办以气功、太极拳为主要项目的各种训练辅导站。

校工会还邀请北京、黑龙江等地的太极拳和气功大师来学校传授技能，深受广大师生的欢迎。

图 16-5　厦门大学太极拳研究会成立大会现场(1991 年 4 月)

图 16-6　曾获第 11 届亚运会太极拳冠军、被誉为“太极皇后”的苏自芳老师来厦大指导(1993 年 8 月)

表 16-1 20 世纪 80 年代至 90 年代中期厦大部分群体活动开展情况一览表

时间	项目	事件
1980	棒球	日本航空亲善棒球交流旅行团一行 15 人,应福建省棒球协会邀请,于 1 月 11 下午在厦大上弦场与泉州业余棒球队进行友谊比赛。日本航空棒球队是一支训练有素、实力雄厚的劲旅;泉州业余棒球队是一支年轻的球队,去年曾代表福建省参加全国棒球比赛。比赛前厦大副校长潘懋元教授与日本航空亲善棒球交流旅行团团长丸山先生先后讲话。潘懋元副校长首先代表厦大 7000 多名师生员工对日本航空亲善棒球交流旅行团跨洋越海,专程莅临厦大表演比赛、传授先进经验表示热烈的欢迎和衷心感谢。他说,今天的比赛是我们学习日本先进棒球技术的好机会,通过表演比赛,必将推动厦大群众性体育运动的广泛开展和运动技术水平的提高
1982	早操	为提高做操质量,养成早操习惯,校体委决定集中两周的早操时间组织 82 级新生学习第六套广播操。体育室全体教师为 16 个系的新同学辅导
	乒乓球	系际乒乓球比赛经过 7 天 40 场紧张、激烈的角逐,化学、哲学、经济、生物获得男子组前四名,化学、海洋、外文、经济获得女子组前四名
	系运会	生物系于 10 月 10 日举行了全系田径选拔赛。大家踊跃报名,尤其是新生,除个别特殊情况外,几乎人人参加,这种情况在生物系还是第一次。根据学校对体育工作必须面向全体学生的要求,生物系对这次选拔赛规程做出新规定,以便更好地调动学生的积极性。例如规定每个项目不限报名人数,每人不限报几个项目,对报名不足 6 人的项目,所取名次按报名人数录取。同时,还设个人总分奖、班级团体总分奖
	武术	学校举行第二届武术表演赛,参加比赛的有各系代表队,共进行 43 套不同的拳种、器械、对练和传统项目比赛。经济系、法律系、历史系分别获得团体总分一、二、三名。经济系张通同学获长拳第一名,法律系李国安同学获南拳第一名,经济系刘运升、单明同学并列传统拳第一名,历史系陈洋同学获器械第一名
1983	武术	5 月,由校体委、团委和学生会举办了学生武术运动队首期武术培训班,招收学员 200 名,分成长拳组、南拳组、女子组三个班,教授内容有少林六合拳、擒拿术、少林五祖拳、女子防身术、少林子母拳、龙拳等武术基本套路
1984	武术	为庆祝校学生武术协会成立一周年,校学生会和武协联合举办了学生武术表演赛,15 个系 74 位同学报名参加,法律系荣获团体冠军,经济系获得亚军
	垒球	5 月 27 日上午,在厦大上弦运动场上,日中友好福冈县青年之船访华团男、女垒球队与厦大男、女垒球队各进行了一场精彩的友谊比赛。下午,300 多位日本朋友参观了厦大校园和鲁迅纪念馆、人类博物馆等

续表

时间	项目	事件
1994	乒乓球	6月8日晚,校学生乒乓球赛在明培体育馆结束,历时11天,共进行了180场比赛。获得男子团体前四名的为财金、化学、研究生、国贸;女子团体前四名为计算机、财金、外文、建筑;男子单打前四为财金林宏宇、数学张员智、研究生王文峰、财金王晓君;女子单打前四为计算机王晓峰、财金林玲、国贸陈益楠、音乐洪秋霞

3.21 世纪初的学校群众性体育活动

(1)坚持常年抓好群众性体育竞赛活动

近20年来,厦大一直非常重视群众性体育活动,每年都制订详细的群体竞赛计划,举办各类体育竞赛活动,有力地推动群众性体育活动的蓬勃开展。通过各种校内竞赛,充分调动学生参加课外体育活动的积极性,在增强体质、提高运动技术水平的同时,培养顽强的拼搏精神和集体主义精神,有力地促进学生身心的全面发展。学校体委每年主办的学生体育竞赛活动主要有田径、篮球、排球、足球、乒乓球、网球、广播体操和新年长跑等,这些比赛规模大,参加人数多,影响力大,已经形成传统,并贯穿于整个学年当中。

为了进一步丰富体育竞赛活动内容,调动更多的学生积极参与,学校充分发挥团委、学生会各单项体育协会的作用,鼓励支持他们组织举办体育竞赛活动,学校在经费和场地器材上给予一定的投入和支持,促使校内体育竞赛活动更加丰富多彩。经过多年的努力,这些活动也已逐渐形成传统,学校体育竞赛活动逐渐趋于多元化、系列化。从开学初的“迎新杯”到学年末的“欢送杯”,中间既有“邀请赛”“友谊赛”“公开赛”,也有“对抗赛”“挑战赛”“团体赛”,形式多样、内容丰富,气氛十分热烈。

在众多的群众性体育竞赛当中,最值得一提的是长跑和游泳两个项目。长跑是发展耐力素质的有效方式,开展长跑活动,对于发展学生的心肺功能、促进新陈代谢、培养意志品质作用相当明显,因此,学校十分重视开展长跑活动。过去很多年,厦大在每年冬季都举行长跑比赛或接力赛,是参加人数最多的一项体育竞赛活动。2010年的4月24日,举办了首届“校庆师生环校长跑”活动,用运动健身的方式庆祝母校生日,展望学校美好的未来,此后,这项活动就成为每年校庆的系列活动之一。自2003年厦门市举办首届马拉松赛以来,马拉松跑成为厦门大学群体活动开展的一大亮点。每年的比赛厦大都积极组织广大师生参加,厦门大学成为每年厦门国际马拉松赛参赛队伍当中最为壮观的一个,参加人数最多的一届达到了将近5000人。

游泳是一项非常有益的体育运动,每年都在两个校区分别举办游泳运动会。与田径运动会一样,比赛以学院为单位报名,成绩列入全年体育总竞赛中。全校师生积极踊跃报名参赛,人数众多,规模宏大,成绩也逐年提高。

(2)积极开拓进取,不断推动阳光体育向前发展

2008年以来,为了进一步贯彻落实《中共中央国务院关于加强青少年体育,增强青少年体质的意见》精神,切实推进全国亿万学生阳光体育运动的广泛开展,厦门大学从多方面入手,对学校群体活动的开展做了一些大的调整和改革,具体表现为:

①扩大和规范体育社团组织建设,丰富校园体育文化,掀起阳光体育活动热潮

过去,学生体育社团主要由校团委、社团联合会等进行指导和监督管理,但因在活动开展过程中缺乏专业技术支撑,导致活动效果会打折扣。后由体育教学部介入指导,极大地规范了体育社团的管理,使得学生参加体育社团的积极性空前高涨,体育社团数量猛增,各个体育社团的活动开展得更加蓬勃。

②适度调整和改革校田径运动会内容和项目设置,提升广大学生的参与热情

高校田径运动会是推动学校体育工作的有力杠杆,是高校体育工作每年的重头戏和常规节目。厦门大学尝试将学校田径运动会作为推动"阳光体育运动"深入开展的一项重要内容,因此,其比赛内容和竞赛规则的制定应有助于激发学生的参与热情,给学生打造一个快乐、健康、向上的体育盛会。基于这些思考,厦大对传统的田径运动会进行了适度调整和改革。

首先,对校运动会的传统项目设置进行了调整和改革。适当减少了一些竞技性运动项目,在不降低校运会其他项目竞技性规范要求的基础上,增加一些娱乐性、趣味性、集体性和男女混合参赛项目,从而扩大参与度,让竞技能力弱的同学也能有机会参与到一些趣味性的比赛中来。

其次,对计分方法进行改革。录取名次打破传统的取前8名改为取前50

名，鼓励参赛者奋力拼搏，完成比赛。

再次，重视校运会开幕式的表演，将体育课的教学成果搬上了开幕式表演舞台。每年校运会都有计划地组织不同项目的体育课程进行编排、训练和表演，获得全校师生的一致赞誉。

③改革“全年体育总竞赛”评奖办法，充分调动各院系参与阳光体育活动的积极性

厦门大学从2000—2001学年开始举办“全年体育总竞赛”活动，将一些主要赛事和“锻标”测试纳入竞赛内容，并在每年田径运动会开幕式上举行颁奖仪式，对获奖单位进行表彰；2009—2010学年开始，这一活动改称“年度体育先进学院评比方案”，扩大体育竞赛评奖内容，运动竞赛项目增加到17个；2017—2018学年开始，又将这一活动升级为“年度体育竞赛总积分”，运动竞赛项目增加至30多个。评奖办法的不断改革、评奖内容的不断丰富，使得参加各项体育竞赛的队伍和人数大大增加，既调动了更多的学生参与进来，提高了比赛的激烈程度，同时又促进了各项体育运动技术水平的提高。

由于厦门大学群众性体育活动开展的卓有成效，连年被厦门市、福建省、国家体育总局、教育部评为“厦门市群体工作先进单位”、“福建省全民健身先进单位”、“全国群众性体育先进单位”（为福建省唯一获此殊荣的高校）、“贯彻学校体育工作条例先进单位”，这些荣誉不仅是对厦大实施《全民健身计划纲要》和开展“阳光体育”工作的充分肯定，更是促使厦门大学不断改革创新，锐意进取，把群体活动推向更高层次的巨大推动力。

（二）群体活动及竞赛具体情况

1.厦门大学田径运动会

1978—2019年，校田径运动会除了1994年（学校建设原因）、2000年（由于演武运动场翻修）两年未如期举办外，从第15届到第54届总共举办了40届（见表16-2）。随着时代的发展与变迁，田径运动会赛事项目与参赛人数、竞赛积分、比赛地点、开幕式表演等也发生了相应的变化。

图 16-7　第十八届校运会开幕式(1981)

表 16-2　1978—2019 年历届校运会情况列表(含部分教职工和老年人运动会)

届数	时间、项目、参加人数	成绩情况
15	1978.6.16 1896 个项目 13 个代表队,823 名师生运动员	1.在教工组比赛中,生物系卢林以 10.94 米成绩打破保持 15 年的校男子铅球纪录,总务处李家平以 47.42 米成绩打破保持 24 年的校男子标枪纪录 2.男子团体总分前三名:经济、历史和外文系;女子团体总分前三名:数学、经济和哲学系;教工团体总分前三名:机关第二总支、生物系、海洋系
16	1979.11.2 470 多个项目 14 个单位,近 900 名运动员	校党委和行政领导同志出席了开幕式,校党委书记、校长曾鸣致开幕词 1.哲学系代表队以 3 分 45 秒 7 成绩打破校男子4×400米纪录 2.男子团体总分前三名:经济系、化学系、数学系;女子团体总分前三名:经济系、外文系、物理系;教工团体总分前三名:化学系、机关第二总支、海洋系 厦大 24 名校系领导同志和教授、副教授举行了一次有意义的 400 米赛跑

续表

届数	时间、项目、参加人数	成绩情况
17	1980.10	1.哲学系王巧萍以5分27秒5的成绩打破校女子甲组1500米纪录 2.教工:后勤集团卢林以34.31米的成绩打破男子铁饼纪录;后勤集团李家平以53.90米的成绩打破男子标枪纪录
18	1981.4.6 837个项目600多名师生运动员	1人次破1项校纪录:数学系廖谊宏以1.94米的成绩打破校男子甲组跳高纪录
19	1982.11.14 1637个项目16个系,612名师生运动员	校党委书记曾鸣和校、部、处、院、系的领导同志及在厦大任教的外国专家检阅了运动员队伍。副校长、大会组委会副主任未力工致开幕词 7人次打破5项校纪录:数学系刘景斌和计统系钟伟良以47.6米和47.3米破46.76米的校男子标枪纪录;化学系陈丽娟以13秒5破13秒7的校女子100米纪录,破校400米纪录;经济系的申勤华以18秒3破19秒6的校女子100米栏纪录;数学系郑红破校女子400米纪录;外贸系陈红破校女子跳高纪录
20	1983.10.28—30 35个项目900多名师生运动员	校党委书记曾鸣、校长田昭武等校、系领导出席开幕式,校党委常委、副校长、校体委主任潘懋元致辞 教工男子青年组跳高比赛中,科学仪器工程系的胡波以1.76米成绩打破1.75米的纪录 男子团体总分前三名:化学系、计统系、法律系;女子团体总分前三名:化学系、经济系、外文系 历史系澳大利亚留学生安国瑞获得男子乙组100米第一名,瑞士留学生维尔曼获得男子乙组5000米和跳远比赛第一名

续表

届数	时间、项目、参加人数	成绩情况
21	1984.11.2—4 35个项目18个系，639名运动员	5人次打破3项省高校纪录:哲学系吕丹在女子100米栏和400米栏中分别以16秒8和1分12秒3成绩打破18秒和1分15秒4的省高校纪录;海洋系李双珠以1.49米打破1.45米省高校女子跳高纪录;化学系陈丽娟17秒2打破18秒的省高校女子100米纪录,历史系沈静1分13秒6破1分15秒4的省高校女子400米栏纪录 7人次破8项校纪录:财金系李世蓉男子三级跳远中,以13米51打破保持了27年之久的13米40的校纪录;计算机系雷锐生男子跳远以6.62米打破保持了21年之久的6.52米校纪录;外文系刘军在男子110米栏和400米栏的比赛中,分别以16秒8和1分0秒6的成绩打破校纪录;数学系刘憬斌在男子标枪中,以52米36打破47米60的校纪录;外文系纪伟文在女子跳高比赛中,以1米40打破1米37的校纪录;历史系沈静在女子400米比赛中以1分6秒9打破1分7秒的校纪录;海洋系李双珠女子七项全能以3113分成绩打破3071分的校纪录 男子团体总分前三名:财金系、化学系、会企系;女子团体前三名:外文系、化学系、生物系
22	1985.10.25—27 70个项目800多名师生运动员(第二届教职工田径运动会)	3人次破3项省高校纪录:财金系卢冬群5.07米破4.93米的省高校女子跳远纪录,外文系曾志荣以14.54米破14.29米的省高校男子三级跳远纪录,财金系卢冬群以1.65米破1.49米的省高校女子跳高纪录 8人次破6项校纪录。财金系卢冬群以5.07破校4.70的女子跳远纪录;外文系曾志荣、财金系李世荣分别以14.54、13.75破13.51男子三级跳远纪录;财金系汪尤涵以52.70破校52.36米的男子标枪纪录;外文系曾志荣6.91米破6.62米男子跳远纪录;财金系卢冬群以1.65米破1.49米的女子跳高纪录;外文系陈绵绵、生物系许敏分别以28秒6破28秒8的女子200米纪录 男子团体总分前三名:财金系、外文系、会企系;女子团体前三名:外文系、生物系、财金系;教工男女团体前三名:化学系部门工会、海洋系、实验中心

续表

届数	时间、项目、参加人数	成绩情况
23	1986.11.7—9 25 个单位和 30 多个部门工会，运动员、裁判员及工作人员 900 多人	1 人次打破 1 项全国大运会纪录(第二届全国大学生田运会的纪录)：财金系卢冬群以 1.70 米跳高成绩打破 1.69 米的全国大运会女子跳高纪录 6 人次破 3 项省高校纪录：外文系颜达强以 52 秒 3 破 53 秒男子 400 米省高校纪录；外文系曾志荣以 14.66 米破 14.54 米的男子三级跳远省高校纪录；刘士熙、庄晓明、李世荣、曾志荣接力队以 44 秒 8 破 45 秒 4 的男子 4×100 米接力省高校纪录 7 人次破 4 项校纪录：外文系颜达强以 52 秒 3 破 53 秒 5 男子 400 米纪录，外文系曾志荣以 14.66 米破 14.54 米男子三级跳远纪录。刘士熙、庄晓明、李世荣、曾志荣接力队以 44 秒 8 破 45 秒 4 的男子 4×100 米接力校纪录。财金系卢冬群以 16 秒 3 破 16 秒 8 的女子 100 米校纪录 教工破纪录：计算机系雷锐生以 6.56 米破 6.32 米的校教工男子跳远纪录；图书馆郭金阳以 1 分 8 秒 1 破 1 分 11 秒 5 女教工 400 米纪录；体育部严咏宝以 17 秒 2 的成绩打破女子 100 米栏纪录；体育部严咏宝以 9.98 米的成绩打破女子铅球纪录 男子团体第 1 名：外文系；女子团体第 1 名：生物系
24	1987.11.13—15 75 个项目 27 个单位，600 多名师生运动员	校党政领导和外宾出席了开幕式，副校长、校体委主任郑学檬致开幕词 3 人次破 3 项校纪录：生物系许鹏以 11.40 米打破10.91米的校男子铅球纪录，计统系李廷明以 5006 分打破 4681 分的男子十项全能校纪录，沈静以 1 分零 6 秒 2 的成绩打破校女子甲组 400 米纪录 甲组团体前三名：生物系、外文系、化学系；乙组团体前三名：财金系、会计系、法律系
25	1988.10.11—13	1 人次打破 1 项校纪录：汪尤涵以 54.6 米的成绩打破校男子甲组标枪纪录
26	1989.11.17—19	1 人次打破 1 项校纪录：吕丹以 1 分 12 秒 3 的成绩打破校女子甲组 400 米栏纪录
27	1990.11.15—17	1 人次破 1 项校纪录：法律系荣耀武以 9 分 18 秒 8 打破校男子甲组 3000 米纪录

续表

届数	时间、项目、参加人数	成绩情况
28	1991.10.26—27 第四届教工运动会暨第三届老年运动会,42 个项目。教工运动员 771 名(男 541 名、女 230 名)	1.团体总分前三名:机关第三总支、化学化工学院、机关第二总支 2.破校纪录:计算机系雷锐生以 11.3 秒破 11.4 秒男子 100 米纪录;体育室黄力生以 4 分 22 秒 2 破 4 分 29 秒的男子 1500 米校纪录;雷锐生、黄力生、周洪杰、朱文胜 4×100 米接力,以 47 秒 4 破 47 秒 8 的校纪录 3. 20×50 米迎面接力前三名:机关第三总支、化学化工学院、图书馆
	1991.11.15—17 37 个项目 620 名运动员	3 人次打破 3 项校纪录:生物系朱雯莉以 13 秒 3 打破 13 秒 4 的校女子 100 米纪录,法律系荣耀武以 9 分 31 秒 2 打破 9 分 39 秒 8 的男子 3000 米纪录;企管系林鸿以 22 秒 9 打破保持 27 年之久的 23 秒 3 的校男子 200 米纪录 男子团体总分前三名:企管系、计算机系、化学化工学院;女子团体总分前三名:外文系、财金系、会计系
29	1992.11.15—17	1 人次打破 1 项校纪录:管理学院林鸿以 58 秒 80 的成绩打破校男子甲组 400 米栏纪录
32	1996.11.14—16 35 个项目 31 个院系,752 名运动员	校长林祖赓宣布运动会开幕,常务副校长、校体委主任郑学檬致开幕词 7 人次打破 6 项校运会纪录:法律系何剑光和郑旖分别刷新校女子 400 米和 400 米栏纪录,政治系祝丽萍刷新校女子铁饼纪录,研究生院陈亚兵打破校女子标枪纪录,法律系破校女子 4×400 米纪录,国贸系张林丽、马宁宁在 1500 米比赛中双双打破校纪录 团体前三名:法律系、财金系、会计系
33	1997.10.31—11.1 第七届教工暨第六届老年运动会	分为 5 个年龄组,设 42 个竞赛项目、1 个整体项目,共 48 个代表队 4100 名运动员参加。团体前三名:机关一总支、建南集团、化工系
	1997.11.20—22	2 人次打破 2 项校纪录:国贸系张林丽以 17 分 35 秒 7 的成绩打破校女子 5000 米乙组纪录,会计系代表队以 4 分 23 秒 5 的成绩打破 30×60 米迎面混合接力纪录

续表

届数	时间、项目、参加人数	成绩情况
34	1998.11.21—23 32 个代表队，733 名运动员	由林祖赓校长宣布开幕，共有 11 项校纪录被打破，其中两项破、两项平省高校纪录，创历届校运会破纪录之最 破 2 项平 2 项省高校纪录：政治系尤汉山以 49 秒 9 的成绩破 50 秒 5 的省高校男子 400 米纪录；祝丽萍以 37.96 米破 37.54 米的省高校女子铁饼纪录，蒋慧琼在女子 100 米和 200 米中，分别以 12 秒 1 和 25 秒 2 的成绩破校纪录并平省高校纪录 破校纪录：杨莹、曲高巍、林文明、刘玉良分别打破了女子三级跳远、男子铅球、男子 400 米栏、男子 110 米高栏项目的校纪录；杨莹、蒋慧琼等组成的女子 4×100 米接力预赛中以 54 秒 5 刷新 54 秒 7 的校纪录；男子 4×100 米和 4×400 米比赛中，以 44 秒 7 和 3 分 35 秒 40 创下这两项校纪录 团体总分前三名：政治系（金牌榜首）、计统系、生物系
35	1999.12.4—6（第 8 届教工、老年运动会） 57 个代表队，1300 名教工和学生运动员参加了 72 个项目比赛（不包含老年运动会项目），包括教工 33 个单项和 4 个集体项目；35 个学生项目；28 个代表队	2 人次破 2 项省高校纪录：政治系刘玉良以 14 秒 34 打破 14 秒 40 的省高校男子 110 米栏纪录，高职院陈铭伟以 1.98 米破 1.97 米的省高校男子跳高纪录 3 人次破 3 项校纪录：高职院陈世龙以 10 秒 9 破 11 秒的 100 米校纪录；政治系曲高巍以 12.20 米破 12 米的铅球校纪录；政治系 43 秒 62 破 45 秒 50 的校男子 4×100 米纪录 学生团体总分前三名：政治系、生物系、计统系。教工前三名：建南集团、化学化工学院、机关一总支

续表

届数	时间、项目、参加人数	成绩情况
36	2001. 11. 30—12. 2 (含教工第 10 届运动会) 演武运动场人造草皮不宜投掷标枪和铁饼，建议在上弦场辟为铅球、铁饼、标枪投掷区	打破 3 项省高校纪录：高职院陈世龙和政治系尤汉山分别以 21.1 秒和 21.5 秒的成绩打破 21.54 秒的省高校男子 200 米纪录。陈铭伟以 2.06 米的成绩打破 2.05 米的省高校男子跳高纪录。政治系代表队以 42 秒 1 的成绩打破 43 秒 1 的男子 4×100 米省高校纪录。 打破 9 项校纪录，其中国贸系张贤德以 13.51 米的成绩打破男子甲组三级跳纪录 教工：建南集团罗有泉以 13 秒 5、27 秒 8 的成绩分别打破女子 100 米、200 米纪录，建南集团陈晓莲、何利忠、戴华秀、罗有泉以 56 秒 9 的成绩打破女子 4×100 米纪录
37	2002.11.22—23 35 个项目，30 个院系，1083 名运动员；(比赛采用中国田协审定的 2002 年田径竞赛规则)	校党委副书记、副校长潘世墨致开幕词，校长陈传鸿宣布校运会开幕 6 人次打破 4 项省高校纪录：政治系马妍以 12.74 米的成绩、法律系隋鑫以 12.60 米的成绩共同打破了12.57米的省高校女子铅球纪录；法律系隋鑫以 39.28 米打破 37.96 米省高校女子铁饼纪录，法律系岳昊正以39.95米打破 39.26 米的省高校男子铁饼纪录。高职院刘帅、陈铭伟分别以 2.07 米打破 2.06 米的省高校男子跳高纪录 2 个队 4 人次打破 4 项校田径最高纪录 团体前三名：高职院、政治系、生物系
38	2003.11.28—29 本科组，漳州校区； 12.5—6 研究生、教职工组，校本部 106 个比赛项目	学生总分前三名：经济学院、生命科学学院、法学院

续表

届数	时间、项目、参加人数	成绩情况
39	2004.11.24—25 本科生组，漳州校区； 12.17—18 研究生、教工，校本部 88个项目；2000名师生运动员	2人1队4次打破校纪录，高职院林木杰以15.29米打破15.10米的男子乙组三级跳远校纪录。高职院队以43秒18的成绩打破男子甲组4×100米接力43秒7的校纪录，公共事务学院蒋慧琼以12秒56的成绩打破校女子甲组100米13秒3的校纪录，以26秒9的成绩打破200米28秒的女子甲组纪录 教工：体育教学部黄力生以35分16秒18的成绩打破10000米教工男子纪录，第一总支陈荣瑞、陈拥军、郭峰、赖伟唯以47秒1的成绩打破男子4×100米接力纪录，第一总支陈拥军以10秒9的成绩打破男子100米纪录 学生总分前三名：经济学院、生命科学学院、管理学院
40	2005.12.9—10 本科一组，漳州校区； 12.16—17 本科二组、研究生、教工组，校本部 93个项目，2191名师生运动员	2人次打破两项校纪录：高职院林木杰以15.40米成绩打破了男子乙组三级跳远校纪录。公共事务学院蒋慧琼以5.13米的成绩打破校女子甲组跳远纪录 学生总分前三名：经济学院、管理学院、生命科学学院
41	2006.11.24—25 漳州校区； 12.1—2 校本部； 123个项目；2233名师生运动员	1人次打破1项校纪录：公共事务学院蒋慧琼以26秒80的成绩打破校女子甲组200米纪录 教工：嘉庚学院代表队以2分31秒7的成绩打破教工20×50米迎面接力纪录 学生总分前三名：经济学院、管理学院、生命科学学院

续表

届数	时间、项目、参加人数	成绩情况
42	2007.12.7—8 本科一组，漳州校区； 12.14—15 本科二组、研究生、教工组，校本部； 116 个项目；师生运动员共 1916 名；（第 14 届教工运动会，16 届老年运动会）	1 人次破 2 项省大运会纪录，1 人次破 1 项校纪录：董丹丹以 10 分 13 秒 8 和 18 分 26 秒 2 的成绩分别打破女子 3000 米和 5000 米省大运会纪录；经济学院郑玮以 11 秒 2 的成绩打破校男子甲组 100 米纪录 学生团体前三名：经济学院、管理学院、嘉庚学院；教工团体前三名：嘉庚学院、后勤集团、图书馆
43	2008.11.28—29 本科一组，漳州校区； 12.5—6 本科二组、研究生组，校本部 76 个项目，学生运动员 1450 名	学生总分前三名：经济学院、管理学院、信息科学学院
44	2009.11.20—21 本科一组，漳州校区； 11.27—28 本科二组、研究生组，校本部； 121 个项目，师生运动员共 2248 名	1 人次破 1 项校纪录：本一组公共事务学院队以 3 分 36 秒 98 破 3 分 37 秒 1 的校男子 4×400 米纪录 2008—2009 年度全年体育总竞赛成绩前三名：经济学院、管理学院、信息科学与技术学院
	2009.12.5 第 15 届教职工运动会，共设 43 个项目	教工前三名：后勤集团、图书馆、医学院

续表

届数	时间、项目、参加人数	成绩情况
45	2010.11.5—6 本科一组，漳州校区； 11.12—13 本科二组、研究生组，校本部； 82 个项目，学生运动员共 1923 名	学生团体前三名：经济学院、管理学院、信息科学与技术学院
46	2011.11.4—5 本科一组，漳州校区； 11.1—2 本科二组、研究生组、教工组，校本部； 94 个项目，师生运动员共 2145 名； 第 16 届教职工运动会暨第 20 届老年运动会	1.学生团体前三名：经济学院、管理学院、信息科学与技术学院 2.教工团体前三名：医学院、后勤集团、图书馆
47	2012.11.2—3（思明校区） 22 个项目，学生运动员共 1363 名	学生团体前三名：管理学院、经济学院、公共事务学院
48	2013.11.1（思明校区） 76 个项目，师生运动员共 1632 名	1 人次打破 1 项校纪录：管理学院黄彦煊本科男子乙组跳远比赛中以 7.46 米打破此前的 7.41 米纪录 学生团体前三名：管理学院、经济学院、物理与机电学院
49	2014.11.7—8（思明校区） 46 个项目，1363 名运动员	2 人次打破 2 项校纪录：物理机电的温曦以 10 秒 77 打破 11 秒 20 的校男子 100 米甲组纪录，新闻传播学院队以 51 秒 71 的成绩打破 53 秒 10 的校女子甲组4×100米纪录

续表

届数	时间、项目、参加人数	成绩情况
50	2015.11.6—7(翔安校区) 46个项目，1363名运动员	1人次打破1项校纪录：经济学院谢瑞文以11分30秒的成绩打破了12分13秒的女子甲组3000米的校纪录 学生团体积分前三名：经济学院(4813分)、管理学院(4683分)、医学院(4519分)
51	2016.11.4—6(翔安校区) 46个项目，1405名运动员	学生团体总分前三名：经济学院(4916分)、医学院(4649分)、管理学院(4473分)
52	2017.11.3—4(思明校区)；11.11—12(翔安校区) 77个项目，1960名师生运动员	1人次打破1项校纪录：新闻传播学院以3分32秒69的成绩打破了3分37秒1的男子甲组4×400米的校纪录 学生团体总分前三名(思明校区)：经济学院(6919分)、管理学院(6517.5分)、化学化工学院(6025.5分) 学生团体总分前三名(翔安校区)：医学院(5201分)、生命科学学院(5085.5分)、航空航天学院(5004.5分)
53	2018.11.2—3(思明校区)；11.9—10(翔安校区) 50个项目，1586名运动员	学生团体总分前三名(思明校区)：经济学院(5727分)、管理学院(5411.5分)、化学化工学院(4968分) 学生团体总分前三名(翔安校区)：医学院(5608分)、航空航天学院(5290.5分)、生命科学学院(5211分)
54	2019.11.1—2(思明校区)；11.8—9(翔安校区) 77个项目，2266名师生运动员	学生团体积分前三名(思明校区)：经济学院(5706分)、管理学院(5460分)、化学化工学院(5059.5分) 学生团体积分前三名(翔安校区)：医学院(5529分)、生命科学学院(5473分)、海洋与地球学院(5033.5分) 第19届教工运动会前三名：医学院(213分)、后勤集团(136分)、翔安医院(100分)
历届校运会总裁判长		陈金铭、黄诚宗、黄景东、黄力生、曾秀端、焦芳钱、黄惠玲等

备注：第30、31届分别于1993.11.18—20和1995.11.16—18举行，但未找到相关成绩纪录，故未列入表格中。

图 16-8　第二十二届学生田径运动会暨第二届教工田径运动会(1985)

(1)全年体育总竞赛

1999 年 11 月,为了进一步推动厦门大学课外体育活动蓬勃开展,提高校内体育竞赛的竞技水平,调动各系积极参加校内各项体育竞赛,并对各系在全年(以学年为单位)参加体育竞赛的成绩和达标情况做一个比较全面的评价,增强校园体育竞赛的激烈程度和影响力,创造良好的校园体育气氛,培养集体主义精神,厦门大学体育运动委员会决定,自 2000—2001 学年起,开展“全年体育总竞赛”活动。该活动将一些主要赛事和“锻标”测试纳入竞赛内容,以系为单位,将各系在全学年参加指定竞赛项目所获得的相应分数累计相加即为全年体育总竞赛得分,分数高者列前。竞赛取前八名,设“全年体育总竞赛冠军杯”“全年体育总竞赛亚军杯”“全年体育总竞赛第三名”流动奖杯,分别发给获得总分前三名的单位,保存一年,以资鼓励。同时在每年田径运动会开幕式上,举行颁奖仪式,对获奖单位进行表彰。2000—2001 学年“全年体育总竞赛”前 8 名为外文学院、会计系、法律系、生物系、计统系、海洋系、机电系、财经系;优秀组织奖获奖单位有物理系、政治系;特别奖为研究生院。

自 2009—2010 学年开始,厦大改革了沿用 9 年的“全年体育总竞赛”评比办法，实行新的“年度体育先进学院评比方案”，改变了以往单纯根据体育竞赛得分评奖的办法，将评奖内容扩大为体育运动竞赛、体育文化活动、体育先进案例宣传、体育年度总结报告、学校体育代表队参赛获奖加分等。此举的目的就是在于鼓励各个学院积极参加和举办各类体育活动，大力宣传自己、宣传学校，从而使阳光体育能真正落到实处。同时，在运动竞赛方面，不再是传统的田径和几大球类，而是将新增的定向越野、攀岩、体育舞蹈、跆拳道、街舞等 17 个竞赛项目列入积分范围，极大地丰富了比赛内容，也使得学校的群体活动开展得更加蓬蓬勃勃、热火朝天。

2017—2018 学年开始，将运行了 8 年的“年度体育先进学院评比方案”升级为“年度体育竞赛总积分”，目前列入全年总积分的项目除了田径、环校跑、游泳为必选项目外，还涵盖了篮球、排球(气排球)、足球(三边足球)、羽毛球、网球、乒乓球、棒垒球、啦啦操、水上运动会、定向越野、跳绳、健身气功、武术、体育舞蹈、攀树、跆拳道、围棋、体育摄影等 30 多个竞赛项目，鼓励各个学院积极组织学生参与校内群体竞赛活动，丰富学生课外体育文化生活。每年校运会开幕式上，进行年度体育竞赛总积分颁奖活动，为获奖的学院颁发奖杯、奖牌。

图 16-9　田径运动会全年总竞赛颁奖掠影

“全年体育总竞赛”活动伴随着每年校运会的开展一直延续至今，名称、内容上也随着时代的发展和年度体育竞赛项目的不断增加而不断变革。年度体育竞赛总积分涵盖的竞赛项目越来越多,参加各项比赛的队伍和人数也不断增加。这项活动既调动了更多的学生加入进来,提高了比赛的激烈程度,又促进了各项体育运动技术水平的提高及各院系之间的竞争,极大地推动了厦大群体活动的开展,很好地促进了广大师生投入到健身运动中来,进而达到了全民健身的最终目标。

(2)运动会项目设置

2008年,对传统校运会的项目设置进行了调整和改革,适当减少了一些竞技性运动项目,在不降低校运会其他项目竞技性规范要求的基础上,增加了便于操作、安全、实效,具有一定娱乐性、趣味性、集体性和男女混合的比赛项目,如增加了行进间跳绳、负重混合接力、杠铃卧推、仰卧举腿、趣味跨栏、扛院旗接力、袋鼠跳接力、30×60米男女混合迎面接力等,扩大了校运会的参与度,让竞技能力较弱的同学也有机会参与到一些趣味性的比赛中。

(3)运动会计分方法

2008年开始,打破了传统竞赛常规积分的计算办法,不再只是前8名才有分数,而是扩大到所有参赛运动员,只要运动员完成了比赛,哪怕是最后一名,也可以获得相应的积分。改革的目的是为鼓励同学们积极参赛,培养顽强拼搏、永不言弃的精神。具体积分办法为:取前50名,积分依次递减,除第一二名之间级差为2分外,其他名次之间级差均为1分,即51、49、48、47……1。这项改革充分调动了学生们参赛的积极性,取得了较好的结果。此后运动会参赛人数越来越多,大家认真比赛,坚持到底,真正实现了全校参与、快乐体育的宗旨。

(4)运动会比赛成绩

几乎每年运动会都有学生打破省高校纪录或校运会纪录,这不仅是检验厦大高水平运动队队员的训练成绩,同时也促进厦大校园体育文化建设,为普通学生积极参与运动起到表率和促进作用。

(5)运动会举办时间

除了1978年和1981年两届运动会在上半年举办外,其他的校运会都在下半年,从2010年起,校运会举办时间固定为每年11月份的第一个周五、周六,并在校历上予以标注。目前校运会都是在两个校区分开举办,翔安校区固定安排在每年11月份的第二个周五(一天)、周六(上午)。

(6)运动会举办校区

厦门大学的校运会在思明校区、漳州校区、翔安校区都有举办,2003年之前，校运会只在思明校区演武田径场举行；2003—2011 年(除了 2004 年本科生组全部在漳州校区举办外)8 届校运会分别在思明校区和漳州校区两处分别举办，即本科一组(大一、大二学生)在漳州校区举办，本科二组(大三、大四、大五学生)、研究生组、教工运动会在思明校区举办；2012—2014 年三届校运会在思明校区演武田径场举行；2015—2016 年两届校运会在翔安校区一期田径场举行；2017—2019 年三届校运会分别在思明校区和翔安校区两个校区分别举办。

(7)运动会开幕式表演

学校非常重视校运会的开幕式表演，每届都会举行大型的团体表演，参与人员和表演形式也各不相同。广播体操表演赛(截止到 2013 年)一直是作为校运会开幕式的重头戏，由各个学院组织学生参加，从 1981 年第 18 届校运会开始，融入了校健美操队和武术队等表演的新生力量；1998 年第 34 届校运会开始，将体育课的教学成果搬上了开幕式表演的舞台，形成了以学校高水平运动员和体育课程教学班的普通学生组成的开幕式表演主力，表演项目上以体操类和武术类为主，其中体操类包括藤圈操、艺术体操、啦啦操、健美操、圈操、健身排舞、健身腰鼓、节奏体语、花样跳绳、体能展示等；武术类包括武术、初级剑、太极拳、健身气功、舞龙舞狮、棍术、形意强身功、刀术、击剑、跆拳道、太极功夫扇等。参与广、辐射宽、水平高是校运会开幕式共同特点。自 2014 年开始，由于校内群体竞赛采取各院系自主参加各体育项目比赛，全校性广播体操表演赛暂停。开幕式广播操表演赛成绩具体详见表 16-3。

表 16-3　1978—2002 年校运会部分广播操表演赛成绩一览表

届数	时间	获得成绩
15	1978.6. 16—18	广播体操前三名：中文系、经济系、历史系
16	1979.11. 2　4	广播体操前三名：中文系、历史系和哲学系、经济系和化学系
21	1984.11. 2—4	优秀奖：化学系、计统系、外贸系、法律系、历史系、经济系
23	1986.11. 7—9	广播体操评比：化学系、计统系获一等奖，哲学系、法律系获二等奖；音乐系、历史系获三等奖
34	1998.11. 21—23	广播体操表演赛一等奖：法律、外文；二等奖：音乐、计统、财金；三等奖：生物、哲学、政治、医学院、工商管理

续表

届数	时间	获得成绩
35	1999.12.4—6	广播体操比赛：法律系、外文系获得一等奖；音乐系、会计系、生物系获得二等奖；哲学系、财金系、经济系、计统系和新闻系获得三等奖
37	2002.11.22—23	广播体操比赛：法律系、音乐系、政治系获得一等奖

舞龙舞狮表演(2007)

棍术表演(2011)

世界太极拳冠军周斌在校运会表演(2010)

千人体能(2017)

校运会广播操表演

图 16-10 部分校运会开幕式表演

综上所述，改革开放以来厦大田径运动会经过不断改革与创新，大大提高了运动会的参与率，增强了广大学生的集体荣誉感和拼搏精神，使得运动赛场上气氛更加精彩、热烈、有趣，充分展示了学校体育运动的独特魅力。

2.厦门大学游泳运动会

由于学校所处的地理位置及厦门市的气候特点，游泳项目一直是厦大群体活动开展中最为普及的项目之一。1978 年改革开放以后，厦大游泳运动会就陆续恢复举办。据《厦门大学学报》上资料记载（截止到 2002 年），1980—1984 年第 8—12 届校游泳运动会在海滨游泳池举行，参加对象主要是学生，且每届都有学生打破校纪录。

2004 年思明校区王清明游泳馆落成后，厦大游泳运动会（含学生、教工游泳运动会）在每年的 5、6 月份举办。此外，漳州校区、翔安校区（2014 年起）也分别举办游泳运动会。其中 2006—2012 年分别在思明校区和漳州校区举办游泳运动会，思明校区为本科生三、四年级及研究生，漳州校区为本科生一、二年级。截止到 2019 年，厦大已经举办了 27 届教工游泳运动会和 28 届学生游泳运动会。见表 16-4。

表 16-4　1980—2019 年厦门大学部分游泳运动会情况表

届数	时间、校区	比赛成绩
8	1980.9.13—14 思明	300 多名男女游泳运动员进行 30 个项目的比赛 有 10 人(队)次打破了八项校纪录：学生男子组 100 米仰泳(两人次)、50 米自由泳；学生女子组 100 米仰泳、50 米仰泳、200 米自由泳(两人次)；经济系、化学系代表队在学生男子组 4×100 米混合接力比赛；化学系代表队在学生女子队 4×100 米自由泳接力赛和 4×50 米混合接力赛打破校纪录 比赛结果：团体总分第一名化学系代表队(176 分)，第二名经济系代表队(129 分)，第三名物理系代表队(78 分)
10	1982.9.18—19 思明	264 名男女运动员共进行 30 个项目竞赛 有 6 人次打破 4 项校纪录：女子 100 米自由泳、200 米自由泳；男子 50 米蛙泳、200 米仰泳 比赛结果：团体总分第一名化学系代表队(168 分)，第二名外文系代表队(71 分)，第三名物理系代表队(53 分) 在团体项目 20×50 米男女混合接力比赛中，获得 1—4 名的单位是：化学系、外文系、海洋系、哲学系
11	1983.9.25 思明	269 名男女游泳健儿参加 24 个项目的比赛 4 人 3 队打破学校 7 项游泳纪录：学生女子组 100 米自由泳、100 米蛙泳；男子组 50 米蛙泳、400 米自由泳；化学系接力队在学生女子组 4×50 米混合接力比赛和 4×100 米自由泳接力比赛中打破校纪录；校中心实验室接力队在教工男子组 4×50 米的混合泳接力比赛中打破校纪录 比赛结果：荣获团体总分 1—6 名的单位是：化学系、物理系、历史系、数学系、财金系、海洋系 在厦大游泳传统项目 20×50 米男女混合接力比赛中，物理系代表队获得第一名，获得 2—6 名为：会计系、海洋系、中文系、外贸系、历史系
12	1984.9.23 思明	260 多位男女游泳健儿参加 19 个项目的比赛 有 3 位运动员和 1 个代表队打破了五项校纪录：女子 100 米自由泳、200 米自由泳；男子 50 米蛙泳、400 米自由泳；化学系代表队打破女子 4×50 米混合泳接力校纪录 比赛结果：化学系代表队荣获男子团体总分和女子团体总分第一名 有 12 个代表队 240 名运动员参加 20×50 米自由泳男女混合接力比赛，化学系获得接力比赛第一名

续表

届数	时间、校区	比赛成绩
15	2004.11.13 思明	教工组前八名：计算机信息、化学化工、后勤集团、艺术学院、图书馆、二总支、经济学院、医院 学生组前八名：法学院、管理学院、海外教育、化学化工、职业技术、计算信息、艺术学院、经济学院、物理机电（并列第八名）
16	2005.10.15—16 思明 2006.11 漳州	教工组前八名：图书馆、化工、信息科学、管理、三总支、人文、经济、物理机电 思明校区学生组前八名：化工、管理、海外、物理机电、信息科学、经济、海洋环境、法学 漳州校区学生组前八名：嘉庚学院、公共事务、经济学院、信息科学、软件学院、医学院、数学科学、人文学院
17	2007.10.20—21 思明	教工组前八名：图书馆、化工、管理、三总支、信息科学、经济、人文、外文 学生组为 3、4 年级及研究生，前八名：化工、嘉庚、海外、经济、信息科学、管理、新闻、物理机电
	2007.10.28 漳州	学生组为 1、2 年级，前八名：嘉庚、公共事务、经济、管理、海洋环境、艺术、医学、新闻
19	2009.6.27—28 思明 6.21 漳州	学生组前八名：嘉庚学院、经济学院、管理学院、公共事务、物理机电、海洋与环境、材料学院、化学化工
20	2010.10.16 思明 10.10 和 10.17 漳州	教工组前八名：图书馆、化工、管理、经济、信息技术、人文、物理机电、医学 思明校区学生组（本科 3、4 年级及研究生）前八名：管理、经济、公共事务、化工、医学、海外教育、海环、物理机电（并列第七）。4 人（队）7 次破纪录：学生男子组 50 米仰泳（2）、蛙泳、蝶泳 4×50 米混合接力；女子组 50 米自由泳、蝶泳 漳州校区学生组前八名：公共事务、管理、经济、物理机电、软件、医学、数学、化学化工。13 人（队）16 次破纪录：学生男子组 50 米仰泳、蛙泳、4×50 米自由泳；女子组有 50 米自由泳、100 米自由泳、100 米蝶泳、100 米蛙泳、4×50 米自由泳
22 （21）	2012.6.24 思明 6.23 漳州	教工组前八名：图书馆、化学化工、人文学院、管理学院、信息技术、经济学院、物理机电、外文学院 学生组前八名：管理学院、公共事务、经济学院、物理机电、建筑工程、人文学院、海环学院、生命科学

续表

届数	时间、校区	比赛成绩
23 (22)	2013.6.22—23 思明	破纪录:8人破纪录、3队破纪录、12人次破纪录、10项破纪录。学生组男4×50米自由泳接力:管理学院、公共事务;学生组女4×50米自由泳接力:管理学院。男子教工甲组200米自由泳,50米仰泳,50米蝶泳。女子教工甲组50米自由泳,100米仰泳,50米蛙泳。女子教工乙组100米自由泳,100米自由泳,100米蛙泳 学生组前八名:管理学院、公共事务、经济学院、物理机电、数学学院、建筑土木、化学化工、信息技术 教工组前八名:图信档、化学化工、信息技术、人文学院、管理学院、外文学院、物理机电、经济学院
24	2014.4.26 (翔安—福建省第十五届运动会游泳比赛选拔赛)	参赛人数:172人 9个项目:50米、100自由泳;50米、100米仰泳;50米、100米蛙泳;50米蝶泳;4×50米自由泳接力;4×50米混合泳接力 比赛成绩:管理学院171分;经济学院125分;国际关系58分;公共事务学院52分;物理机电45分;海洋地球44分;化学化工40分;土木建筑29分
25 (23)	2015.6.27 思明	教工组8人次打破单项纪录:男子教工甲组50米仰泳、100米仰泳、100米蛙泳、50米蝶泳;男子教工乙组50米蛙泳;女子教工甲组50米仰泳、50米蝶泳、50米蝶泳 教工组前八名:图信档、化学学院、信科学院、外文学院、经济学院、物机学院、医学院、管理学院 学生组前八名:管理学院、化学学院、经济学院、法学院、公卫学院、物机学院、材料学院、生科学院
26 (25)	2017.6.24 思明 6.18 翔安	学生组(思明校区)前八名:管理学院、经济学院、法学院、外文学院、艺术学院、人文学院、航空航天学院、教育研究院 学生组(翔安校区)前七名:生命科学学院、公共卫生学院、环境与生态学院、医学院、海洋与地球学院、国际学院、海外教育学院

续表

届数	时间、校区	比赛成绩
27 (26)	2018.6.24 思明 6.23 翔安	教工组8人次打破单项纪录:男子教工甲组的50米自由泳、100米仰泳;男子教工乙组50米仰泳;女子教工甲组50米仰泳、100米仰泳、50米蝶泳;女子教工乙组50米蛙泳、100米蛙泳 教工组前八名:图信档、经济学院、外文学院、医学院、海外学院、国际信息科学与技术学院、化学化工学院、人文学院 学生组(思明校区)前八名:管理学院、法学院、经济学院、化学化工学院、台湾研究院、外文学院、建筑与土木工程学院、人文学院 学生组(翔安校区)前八名:医学院、生命科学学院、公共卫生学院、航空航天学院、海外国际学院、海洋与地球学院、环境与生态学院、能源学院
28 (27)	2019.6.23 思明 6.22 翔安	6人次打破单项纪录、3人次打破团体纪录:男子教工乙组100米仰泳、100米蛙泳;女子教工甲组100米自由泳、100米仰泳;女子教工乙组100米自由泳(两人次);经济学院接力队打破男女教工乙组4×50米自由泳接力纪录,生命科学学院接力队和海外国际学院接力队打破男女混合8×50米自由泳接力纪录 教工组前八名:图信档、经济学院、化学化工学院、医学院、海外学院国际教育学院、人文学院、外文学院、信息学院 学生组(思明校区)前八名:管理学院、化学与化工学院、法学院、艺术学院、信息科学与技术学院、建筑与土木工程学院、经济学院、外文学院 学生组(翔安校区)前八名:海外学院国际教学学院、生命科学学院、医学院、海洋与地球学院、公共卫生学院、环境与生态学院、航空航天学院、能源学院

备注:1.自2012年开始,括号内为教工游泳运动会届数。

2.第18届厦门大学游泳运动会(漳州校区于2008年7月5日举行,思明校区于2008年7月12—13日举行);第21届(思明校区厦门大学游泳运动会于2011年7月2日举行),未查到相关成绩纪录,故未列入表格中。

3.厦门大学环校跑和厦门马拉松赛

(1)厦门大学环校跑

环校跑作为厦大校园一项传统体育赛事,全校师生参与的热情非常高,建校初至今一直持续举办(原来称作越野跑或环城跑)。改革开放以来,厦大环校跑根据时代发展需要,举办意义几经变革,发展成为今日的“校庆杯”环校跑,举办时间也由12月份转至目前的4月份,参与对象由全校师生发展为全校师生加校友，跑程由按不同年龄划分不同路程到统一跑程5000米左右。

改革开放之初，厦大举行环校跑是纪念毛泽东主席诞辰的一项传统活动，同时也是为了促进厦大冬季群众性长跑运动的广泛开展，有效地增强师生员工体质。这一时期环校跑举办时间在12月份，参与对象是全校师生员工，跑程按不同年龄段划分，1978年分为4600米、2900米、1500米三种，1979—1983年分为4300米、2700米和1200米三种。

有些年份举行环校跑是为了纪念某些特殊的日子，如1984年5月纪念五四运动65周年、1985年纪念一二・九运动50周年都举行了大型的火炬接力赛，环校后回上弦场继续进行6×400米火炬接力赛。1999年12月举办了"迎澳门回归"教职工长跑活动。2008年5月，厦大万名学子喜迎奥运圣火校园传递环校跑等。

2010年4月，首届"校庆师生环校长跑"活动分别在思明校区演武田径场和漳州校区田径场鸣枪开跑，万名师生用运动健身的方式来庆祝母校生日，展望学校美好的未来。此后，这项活动就作为每年校庆的一项重要活动延续下来。校庆环校跑一般安排在4月份校庆期间举办，2010—2012年分别在思明校区和漳州校区举办，2013—2015年分别在思明校区和翔安校区举办，2016年至今都集中在思明校区举行。2016年，将厦大传统的校庆师生环校跑与2015—2016年"中国大学生马拉松联赛"两个赛事合二为一，举办了盛大的"2015—2016年中国大学生马拉松联赛厦门大学站暨厦门大学95周年校庆环校跑"活动，这样的联合赛事活动举办了三年。2019年，增加了商业赞助合作，举办了"厦门大学校庆环校跑暨C-RUN工银Visa星座跑"活动。无论形式如何变化，厦大师生参赛的初心不变，广大师生从长跑当中充分体会到运动的快乐，跑出了学校"自强不息、止于至善"的拼搏进取精神。

2016年11月20日，"三走"线上跑——2016全国大学生校园跑步季主题活动暨JOMA全国高校Mini马拉松(CampusRun)赛事首次落地厦门大学。2016校园跑CampusRun由共青团中央学校部、全国学联秘书处、中国青旅集团公司联合主办，全国学校共青团新媒体运营中心、中青创益投资管理有限公司和12所知名高校联合承办，新浪微博、金亚体育GA-sports协办，JOMA独家冠名，PSALTER诗篇服饰等品牌提供赞助支持。"三走"活动虽然注重的是群众性，但是厦门大学站比赛的竞技水平可不低，除了1000多名校园跑步好手外，还邀请了在2012年伦敦奥运会举重69公斤级冠军厦门籍运动员林清峰，射击世界杯总决赛手枪慢射冠军厦大校友林忠仔，以及亚洲田径锦标赛跳高冠军厦大校友郑幸娟为选手领跑。环校跑具体情况见表 16-5。

图 16-11　89 周年校庆环校长跑比赛(2010)

图 16-12　校庆环校跑暨 C-RUN 工银 Visa 星座跑(2019)

表 16-5　改革开放以来厦门大学环校跑举办情况

序号	时间	具体情况
1	1978.12.27	为了纪念伟大领袖毛主席 85 周年诞辰，校体委组织全校师生员工举行环校跑，这次规模比历年都大，共有 2400 多名师生员工参加，其中有 50 多名 50 岁以上的教工参加，校党委书记曾鸣等校、系部分领导同志也参加这项活动。共分 7 个组。分 4600 米、2900 米、1500 米三种路程，跑完全程者及每 5%的领先者发了不同纪念品，同时给男女前 10 名优胜者发了奖品
2	1979.12.26	为纪念毛主席 86 周年诞辰，推动厦大冬季长跑运动的开展，举行了环校赛跑活动。有 10 个系和机关等单位的师生员工和干部，共 1600 多人。比赛分为男女学生组和男女教工青年组、中年组、老年组等八个组进行。跑程按不同年龄分为 4300 米、2700 米和 1200 米三种。男子组取前 10 名，其中前 7 名打破校男子 4300 米的 14 分 34 秒的纪录；女子组取前 5 名，其中前 3 名打破女子 2700 米的 11 分 23 秒 2 的纪录。男子组前 10 名，女子组前 5 名被评为长跑优秀运动员，并颁发奖品
3	1980.5.4	举行了学生男女混合环校接力赛跑，第一名经济系，第二名化学系，第三名数学系，第四名哲学系
	1980.12.26	1600 多人参加了今年的环校跑，分为男女学生组，男女教工青年组、中年组、老年组 8 个组进行，按年龄不同，跑程分别为 4300 米、2700 米和 1200 米
4	1982.12.25	环校跑比赛
5	1983.12.25	为纪念毛泽东同志 90 周年诞辰，举行了传统的环校长跑比赛，男女长跑健儿 1300 多名参加，分为学生男子组、学生女子组、教工男女青年组、教工男女中年组和教工男女老年组，跑程分成 4300 米、2700 米和 1200 米
6	1984.5.7	为纪念五四运动 65 周年，校团委举行大型火炬接力赛。晚上 7:30，开始火炬点火仪式，校长田昭武、校党委副书记司守行、副校长潘懋元等校领导举着火炬，点燃了各系党总支书记的火炬，他们又点燃各系团总支书记的火炬，最后点燃本系参加火炬游园队伍的火炬。500 名团员，身穿运动服，高举火炬，开始象征性环校火炬接力跑。回到上弦场后开始 6×400 米火炬接力赛，108 名运动员代表 18 个团总支，参加了接力赛
7	1985.12.8	为了纪念一二·九运动 50 周年，举行了大型火炬环校跑和火炬接力比赛，24 个代表队 1200 名学生参加，环校跑后举行了 6×400 米火炬接力赛，化学系勇夺第一名

续表

序号	时间	具体情况
8	1999.12.18	校工会举办“迎澳门回归长跑”教职工长跑活动，这是庆祝澳门回归祖国系列活动之一，3000多名教职工参加，校工会主席丁马太出发前讲话，校党委书记王豪杰、纪委书记魏洪沼、副校长潘世墨跑在队伍前头，3000多名教职工以院系或部门工会为单位，高举旗帜和标语紧跟其后进行环校跑，从田径场出发，最后返回田径场
9	2008.5.12	厦大万名学生喜迎奥运圣火校园传递
10	2010.4.18	举办首届“校庆师生环校长跑”活动，4月18日星期日上午9:00在思明校区演武田径场、下午15:30在漳州校区田径场分别举行，参赛师生10612人，其中漳州校区5558人，思明校区5054人
11	2011.4.16	厦门大学90周年“校庆杯”环校长跑，4月16日上午9:00，思明校区演武田径场和漳州校区田径场同时鸣枪开赛。参赛师生3392人，其中思明校区2173人，漳州校区1219人
12	2012.3.24	厦门大学91周年“校庆杯”环校长跑，2012年3月24日上午9:00分别在思明校区演武田径场和漳州校区田径场同时鸣枪开赛。参赛师生3583人，其中思明校区1462人，漳州校区2121人
13	2013.4.20—21	厦门大学92周年“校庆杯”环校长跑。4月20日(周六)下午3:00在翔安校区篮球场、4月21日上午9:00在思明校区演武田径场鸣枪开跑。翔安校区参赛人数1665人
14	2014.4	厦门大学93周年“校庆杯”师生环校跑，4月13日(周日)上午9:00在演武田径场、4月26日(周六)上午9:00在翔安校区一期田径场分别举行。翔安校区参赛师生2145人
15	2015.4.25	举办厦门大学94周年“校庆杯”师生环校跑，4月25日上午9:00在思明校区演武田径场、4月25日下午3:00在翔安校区一期篮球场分别举行，竞赛距离为5公里，总参赛人数为2253人

续表

序号	时间	具体情况
16	2016.4.16	2015—2016 年中国大学生马拉松联赛厦门大学站暨厦门大学 95 周年校庆环校跑，开跑仪式在厦门大学思明校区科学艺术中心前举行，总距离约 3.6 公里，分学生组和教工（校友）组，总参赛人数为 4167 人
	2016.11.20	“三走”线上跑——2016 全国大学生校园跑步季主题活动暨 JOMA 全国高校 Mini 马拉松（CampusRun），1000 多名大学生参加
17	2017.4.22	2016—2017 年中国大学生马拉松联赛厦门大学站暨厦门大学 96 周年校庆环校跑，分为教工组（含校友）和学生组，赛道起终点设置于厦门大学科学艺术中心，在厦门大学思明校区完成 4 公里的迷你马拉松，参赛师生共计达 3349 人
18	2018.4.28	2018 年中国大学生马拉松联赛厦门大学站暨厦门大学 97 周年校庆环校跑，3500 多名厦大师生（包括全校各学部、各学院、各研究院学生，在职教职工和已经毕业校友）在思明校区完成了 5 公里的校园马拉松，起终点为新改建的演武田径场
19	2019.5.25	2019 年厦门大学校庆环校跑暨 C-RUN 工银 Visa 星座跑，3200 多名厦大师生参加，分个人赛和星座战队团体赛，起终点为思明校区演武田径场

（2）厦大师生参加厦门马拉松赛

厦门国际马拉松赛创办于 2003 年，自 2008 年起连续 11 年荣获“国际田联路跑金标赛事”荣誉称号。其中 2003—2017 年使用“厦门国际马拉松赛”名称，2018 年起改为“厦门马拉松”。自 2003 年起，马拉松跑成为厦大群体活动开展的一大亮点。2003 年 3 月，第一届厦门国际马拉松赛暨全国马拉松锦标赛正式拉开了帷幕，厦大组织了 2000 多名师生参加比赛，厦大学生获得男子组 5 公里金牌、男子组 10 公里银牌；体育教学部黄力生老师勇夺男子全程马拉松市民组冠军，法律系本科生刘磊和赵秀涛分获第 4 名和第 7 名，同时，厦大获得首届马拉松高校挑战赛团体总分冠亚军的好成绩，并获得优秀组织奖。此后，每年的厦门国际马拉松赛厦大都积极组织广大师生参加，2008 年 4 月，厦大获得“国际田联路跑金牌赛事”先进集体荣誉称号。在 2003—2015 年期间，厦大师生参加该项赛事总人数达到 31496 人。

2016 年至今，由于赛事组委会改革了参赛方式，取消了团体报名，由参赛者自行网上报名并进行抽签，厦大不再统一组织报名。体育教学部以厦门马拉松为契机于2003年9月份开设了马拉松课程，2009年设置了马拉松特色学分，17年来已有超过10000名学生选修该课程。可以说，厦门大学与厦门马拉松已经结下了不解之缘。具体参赛情况见表16-6。

表16-6　2003—2015年厦大师生参加厦马赛事的人数统计

年份	全程马拉松	半程马拉松	10公里	5公里	合计
2003	300多人	——	——	——	2086
2004	619(9)	371(10)	2150(79)	962(203)	4102
2005	473(10)	248(6)	630(66)	618(69)	1969
2006	1093(9)	274(53)	508(8)	367(61)	2242
2007	1105(17)	407(13)	355(43)	152(24)	2019
2008	1227(15)	515(14)	314(33)	68(16)	2124
2009	1932(2)	751(14)	272(27)	162(0)	3117
2010	1475(16)	605(26)	428(26)	100(9)	2608
2011	1318(12)	708(7)	174(28)	133(11)	2333
2012	1593(6)	424(17)	129(9)	65(4)	2211
2013	1752(8)	498(5)	252(9)	155(2)	2657
2014	1632(8)	560(7)	262(7)	182(0)	2636
2015	1089(13)	303(14)	——	——	1392

注：括号内的数字为厦大教工参赛人数。

图 16-13　厦门马拉松赛掠影

4.排球活动

(1)20 世纪 80—90 年代中国女排精神的鼓舞

20 世纪 80 年代,女排精神是当时国民的兴奋剂和推动力,全国人民都在学习女排精神、歌颂女排精神。厦门大学校体委、团委会、工会和学生会积极为厦大学生创造并提供近距离接触女排的机会,经常邀请在漳州国家排球基地集训的中国女排来学校做报告或进行精彩的表演比赛,这不仅鼓励了厦大学子学习中国女子排球队的顽强战斗、勇敢拼搏的精神,而且有力地促进了当时学校排球运动的广泛开展。如 1982 年 3 月 22 日,正在漳州集训的中国女子排球队员,应厦大体委、团委会、工会和学生会的邀请,到厦大给师生员工作报告。会上,周鹿敏、张洁云、朱玲三位队员分别讲话,生动地介绍了我国女排在日本参加第三届世界杯排球赛的情况和事迹,博得全场极为热烈的掌声。1985 年 3 月 7 日,中国女排第一代老队员、现任中国青年女排领队、国家体委排球处副处长、中国排球协会秘书长公元弟应邀于 3 月 7 日下午为厦大师生作"中国女排拼搏史"的报告,受到师生的热烈欢迎。1994 年 3 月 12—13 日,在明培体育馆举办了八佰伴多国籍明星女排邀请赛，八佰伴超级明星队、哈瓦那金牌队以及正在漳州参加全国甲级女排冬训的福建队、湖北队、云南队应邀莅临比赛。八佰伴明星队以女排名将郎平为主教练，哈瓦那金牌队即古巴女排以路易斯为代表。

图 16-14 获第一次世界冠军的中国女排队员朱玲(左)与厦大团委宣传部长詹心丽合影(1982)

图 16-15 时任国家体委排球处副处长公元弟(左三)到校访问(1985)

图 16-16 郎平率领八佰伴多国籍明星女排队参访厦门大学

（右一体育部教师何德馨，右二郑学檬，右三林祖赓，右四郎平）

（2）前国家女排主教练陈忠和受聘厦大兼职教授

2004 年 9 月 23 日上午 8 时，随着一阵热烈的鞭炮声响起，厦门大学 2004 级新生开学典礼在厦门大学漳州校区隆重举行，前中国女排主教练陈忠和应邀参加了开学典礼。厦大校长朱崇实为陈忠和颁发了厦门大学兼职教授聘书，并亲自为他佩戴厦门大学校徽，为学校群体活动排球项目的开展提供了更好的发展平台。

图 16-17 校长朱崇实为陈忠和佩戴厦大校徽(2004)

(3)厦大首批学生排球裁判员

1980、1981级排球选项班的学生们参加了学生排球联赛临场裁判考核，达到了规定要求，1984年经学校和市体委审核、批准，授予曾建平、黄健、代晓兵、裘峰、宋战平、高鹏、肖祖恩、李志德、陈壮等9名学生为国家排球三级裁判员，这是厦大首批学生通过考试，取得排球裁判员资格。

(4)厦大学生排球联赛

改革开放以后，厦大校园排球联赛一直都开展得轰轰烈烈，学生参与的热情很高涨。早年排球联赛一年举办一次，安排在下半年进行。现在，排球联赛每年举办两次，一般是上半年举办全校排球联赛，下半年举办“新生杯”排球联赛。此外，随着气排球运动在高校的不断推广与发展，给学生参与排球运动创造了更多的机会。从2014年开始，每年上半年增设了学生气排球比赛，至今已举办四届。具体比赛情况见表16-7和16-8。

表16-7 厦大学生排球联赛比赛情况

时间	比赛成绩
1982.12	男排前6名：物理系、化学系、海洋系、计算机系、财金系、外文系； 女排前6名为财金系、海洋系、化学系、外贸系、经济系、物理系
1983.12	化学系男、女排球队获得冠军，海洋系男排和财金系女排分别获得男、女排亚军
2015.5	男子组前8名：管理学院、医学院、物理与机电学院、生命科学学院、经济学院、化学化工学院、人文学院、数学科学学院 女子组前8名：外文学院、法学院、经济学院、医学院、物理与机电工程学院、生命与科学学院、管理学院、国际学院
2016.5	男子组前8名：物理与机电工程学院、医学院、经济学院、管理学院、国际学院、海洋与地球学院、化学化工学院、公共事务学院 女子组：国际学院、医学院、人文学院、化学化工学院、外文学院、经济学院、管理学院、物理与机电工程学院
2017.5	男子组前8名：经济学院、医学院、管理学院、航空航天学院、国际学院、新闻传播学院、海洋与地球学院、建筑与土木工程学院 女子组前8名：医学院、人文学院、国际学院、经济学院、外文学院、管理学院、物理与机电工程学院、化学化工学院
2019.5	男子组前8名：经济学院、药学院、管理学院、海洋与地球学院、医学院、航天航空学院、人文学院、公共事务学院 女子组前8名：管理学院、经济学院、人文学院、外文学院、国际学院、公共卫生学院、海洋与地球学院、医学院

表 16-8　2014—2019 年厦大学生气排球比赛成绩情况

时间、届数	比赛成绩
2014 第一届	男子组前 7 名:医学院、管理学院、物理与机电工程学院、化学化工学院、经济学院、生命科学学院、国际关系学院 女子组前 8 名:经济学院、法学院、管理学院、物理与机电工程学院、化学化工学院、建筑与土木工程学院、国际关系学院、公共事务学院
2015 第二届	男子组前 8 名:医学院、生命科学学院、化学化工学院、物理与机电工程学院、经济学院、信息科学与技术学院、国际关系学院、法学院 女子组前 8 名:经济学院、医学院、生命科学学院、法学院、管理学院、物理与机电工程学院、信息科学与技术学院、公共事务学院
2017 第三届	男子组前 6 名:经济学院、医学院、航天航空学院、公共事务学院、管理学院、生命科学学院 女子组前 7 名:经济学院、医学院、管理学院、生命科学学院、公共事务学院、航空航天学院、新闻传播学院
2018 第四届	男子组前 6 名:医学院、公共卫生学院、公共事务学院、法学院、药学院、生命科学学院 女子组前 5 名:医学院、公共事务学院、管理学院、生命科学学院、航空航天学院

5.足球活动

(1)女子足球队

1982 年 11 月,外文系英专 1979 级和 1980 级先后于 1982—1983 学年第二学期和 1983—1984 学年第一学期成立了女子足球队。1979 级足球队作为福建省最早的女子足球队由 8 人组成,1980 级足球队由 11 人组成。这两个队是当时福建省仅有的女子足球队。队员们对足球有浓厚的兴趣,她们利用课余时间进行基本功训练,进步很快。

(2)厦大学生足球联赛

20 世纪 90 年代,厦门大学学生足球联赛已热烈开展起来,以学院为单位(包括留学生队),每年的参赛队伍有 20 多支。2012 年厦门大学成立新的足球协会,校园足球联赛开展得更加火热,学生参与热情更为高涨。

厦大学生足球联赛是一项传统赛事,每年都如期举行。特别是近几年兴起的三边足球比赛,是厦门大学在国内首创的一个群众性体育赛事。自 2017 年 12 月 17 日,在演武田径场举办了首届三边足球比赛,吸引了全校师生的积极关注和热情参与。2018 年,第二届三边足球比赛吸引了来自全校 20 多个学院和研究院的 280 多位师生参加,他们组成了 76 支队伍。特别值得一提的是,学校的许多女同学也对三边足球兴趣浓厚,积极练习,参加比赛。在第二届比赛中有 20 支女生队伍,共有超过 80 名的女同学参加了比赛。

图 16-18　厦门大学学生足球超级联赛(2013,杨振斌书记为比赛开球)

三边足球有别于一对一赛制的传统足球,它决定比赛胜负的不在于谁进球多,而在于谁失球少。这种设计从根本上颠覆了传统足球的对抗性、侵略性和确定性,带来了极大的灵活性、趣味性和挑战性。三边足球不仅能够锻炼大家的身体素质,还可以通过比赛的形式模拟复杂的社会,同学们在参与比赛的过程中,能体会社会关系的多边性,进而能够更好地培养大家的团队意识和集体主义精神。

为了推进三边足球进课堂,体育教学部在 2017 年首届三边足球挑战赛之后,于 2018 年秋季学期正式开设了三边足球课程,首次五个班共有 170 余名同学选修了这门课程。

此外,2007 年厦大南强机器人足球队进入机器人足球世界杯 16 强,2008 年 7 月 20 日,在机器人足球世界杯大赛中,厦大南强队进入四强。2009 年 7 月,厦门大学南强队获得足球机器人世界杯仿真 3D 组季军。足球联赛情况见表 16-9。

表 16-9　2012—2019 年厦大学生足球(男子)联赛情况

学年	比赛成绩（前三名）
2012—2013	公共事务学院、物理与机电工程学院、软件学院
2013—2014	管理学院、软件学院、经济学院
2014—2015	管理学院、公共事务学院、化学化工学院
2015—2016	生命科学学院、管理学院、物理与机电工程学院
2016—2017	管理学院、信息科学与技术学院、经济学院与材料学院
2017—2018	经济学院、化学化工学院、管理学院
2018—2019	数学科学学院、管理学院、化学化工学院

图 16-19　厦门大学第二届三边足球赛(2018,张荣校长在开幕式上讲话)

6.篮球超级联赛

作为一项传统的、大众化的运动项目,厦大的篮球运动一直开展得风生水起。1983 年,在纪念陈嘉庚先生创办集美学校 70 周年校庆运动会上,厦大代表队一举包揽男子篮球、女子篮球 2 项冠军。1987 年 4 月,校女子篮球队分别与香港女子篮球队和泰国北榄府女子访华团篮球队举行友谊比赛。20 世纪 90 年代以来,校内比赛常年不断。历年来,学校篮球竞赛开展形式多样、内容丰富多彩，气氛十分热烈。

1991年4月5日，学校明培体育馆举行开馆剪彩仪式，同时举办了“明培杯”男子篮球邀请赛。副校长王洛林主持开馆仪式，现场林祖赓、佘明培夫人施淑好女士和吴宣恭教授为开馆剪彩。参加此次男篮邀请赛的有上海、广东、河北、浙江等四个队，河北队捧走“明培”杯冠军，上海队、浙江队、广东队分别为第二名到第四名。此外，以学院为单位的篮球联赛也逐渐开展起来，并成为年度传统赛事。学生篮球联赛裁判工作主要由体育教学部篮球专项老师来承担，同时专门开设了篮球裁判课程及篮球裁判培训班，培养了一批学生裁判参与到篮球联赛的裁判工作当中来。篮球联赛具体开展情况见表16-10和表16-11。

表16-10　厦门大学本科生组篮球联赛情况

学年	男子篮球前三名学院	女子篮球前三名学院
2013—2014	国际学院、公共事务学院、经济学院	物理与机电工程学院、经济学院、管理学院
2014—2015	公共事务学院、管理学院、信息与科学技术学院	信息与科学技术学院、外文学院、国际学院
2015—2016	管理学院、国际学院、公共事务学院	信息与科学技术学院、管理学院、经济学院
2016—2017	新闻传播学院、航空航天学院、海洋与地球学院	管理学院、国际学院、法学院
2017—2018	国际学院、新闻传播学院、航空航天学院	管理学院、经济学院、法学院
2018—2019	航空航天学院、国际学院、经济学院	管理学院、生命科学学院、国际学院

表16-11　近年来厦门大学研究生组(男生)篮球联赛情况

学年	篮球前三名学院
2017—2018	能源学院、航空航天学院、公共事务学院
2018—2019	电子科学与技术学院、经济学院、信息与科学技术学院

（三）学生社团建设

在学校各类体育工作中，与体育教学、运动队建设等工作相比较而言，群众体育工作由于活动的组织、吸引力等方面的因素是工作中的难点，体育社团能够较好地激发学生参与体育活动的积极性、主动性和创造性，能够较好地满足广大同学对于体育运动的兴趣和需求，因此体育社团对于推动群体工作的开展具有极其重要的作用。

厦门大学目前共有体育社团31个，加入社团的学生有3000多人，每年开展的面向全校的各类体育赛事有20多场，每年开展常规体育活动600次以上（面向社团成员），吸引近万名学生参加。在群体活动中，体育社团活力迸发、表现突出，如：攀树协会在2016年台风“莫兰蒂”后，将所学技能用于校园及厦门市的清障工作，体现了高度的社会责任感和爱校精神。登山协会获评全国优秀社团，截至2018年，已经连续17年挑战包括海拔7117米的念青唐古拉中央峰在内的18座次高山，其中超过6000米的就有9座。帆船协会在指导老师的带领下，开国内帆船运动之先河，带动起全国40多所高校开展帆船运动。

过去，学生体育社团主要由校团委、社团联合会等进行指导和监督管理，学生自发地开展一些体育活动，运行中均以各单项体育社团、体育协会为主，在开展活动的过程中缺乏专业技术支撑，运动健身的成效不够显著。针对这些问题，体育教学部主动与校团委联系，把所有与体育相关联的学生社团纳入体育教学部与团委的共同管辖之列，给每个体育社团安排一至两位体育专业教师进行指导，以便更好地组织学生开展日常体育活动，组织体育竞赛。这一举措极大地规范了体育社团的管理，使得学生参加体育社团的积极性空前高涨，体育社团数量快速增加。

2018年12月，厦门大学“十佳体育团队”评选活动启动，全校共有22个体育社团参与此次评选。经过社团自主申报、首轮提名、评审委员会评分等三个评审环节，最终评选出厦门大学“十佳体育社团”，它们是登山协会、帆船协会、舟艇协会、武术协会、高尔夫协会、定向越野协会、体育舞蹈协会、排球协会、轮滑协会、乒乓球协会。

2019年5月，根据学校要求，体育教学部由体育社团指导单位转变为挂靠单位，体育教学部党委行政班子针对体育社团管理问题多次开会研究，决定由党委副书记主抓体育社团工作，分管群体竞赛的副主任予以协助。由此，对社团工作加强了党的领导，使得体育社团的管理更加趋于规范化，学生参与热情也越来越高。近两三年来，体育社团数量猛增，已发展到目前的31个之多，同时各个体育社团积极地开展活动，极大地推进了阳光体育运动的广泛深入发展。体育社团具体情况见表16-12。

表16-12　厦门大学体育社团名称及成立时间表

序号	社团名称	成立时间	序号	社团名称	成立时间
1	武术协会	1981	17	橄榄球协会	2011
2	围棋协会	1982	18	桥牌社	2012
3	体育舞蹈协会	1995	19	健身气功协会	2012
4	乒乓球协会	1996	20	攀树协会	2013
5	羽毛球协会	1997	21	足球协会	2013
6	跆拳道协会	2000	22	定向越野协会	2014
7	街舞协会	2001	23	游泳协会	2015
8	3X-GAME轮滑协会	2001	24	排舞协会	2015
9	网球协会	2001	25	舟艇协会	2016
10	排球协会	2002	26	跳绳协会	2016
11	登山协会	2002	27	台球协会	2016
12	毽球协会	2004	28	FB2跑酷社	2017
13	高尔夫协会	2005	29	健身社	2018
14	棒垒球协会	2008	30	空手道协会	2018
15	帆船协会	2009	31	学院太极武艺	2019
16	瑜伽协会	2010			

备注：截至2019年

1.登山协会

(1)登山队

厦门大学登山协会成立于2002年，首次进藏攀登雪山的登山队队员有11名，他们分别于2002年7月27日和30日先后成功登上海拔6206米的启孜峰。启孜峰位于距拉萨90公里的当雄县羊八井镇境内的念青唐古拉山脉,登山路线平均坡度为50度,是登山爱好者尝试登山探险的理想之地。7月22日,全体队员进驻海拔5300米的前进营地,26日建立海拔5800米的突击营地,27日12时10分,陈小尝第一个到达顶峰,迈出了厦大学生攀登雪山的第一步,当日登上顶峰的还有杨锋伟和冀凌杰等队员。30日,尹涌、李艳华(女)、马慧梅(女)和陈晔(女)等4位队员也成功登顶。厦大登山队11名队员于8月11日安全顺利返回厦门。

图16-20　厦门大学登山队登顶格拉丹东峰(2015)

(2)骑行队

2002年7月18日至8月5日,厦大学生自行车爱好者协会一行7人从厦门出发,骑车远行苏州,途经泉州、福州、温州、台州、宁波、杭州等11个城市,行程1600公里。2015年,南强骑行队一行11人骑车远行甘肃张掖市。

图 16-21　南强骑行队前往甘肃张掖市(2015)

2.围棋协会

20 世纪 90 年代之后,学校围棋协会在航空航天学院朱建共老师的带领下,屡创佳绩,为学校争得了荣誉。围棋协会参加过的赛事有"应氏杯"中国大学生围棋赛、"北邮或南邮一富士通"大学生围棋赛、福建省运会、"人民出版社杯"福建省大学生业余围棋锦标赛、闽台(海峡两岸)大学生围棋赛等等。

在厦大校园里,围棋的氛围也是非常浓厚的。如 1991 年 11 月,在首届"凌云杯"研究生围棋棋王赛中,会计系 1991 级研究生林勇峰获首届"棋王"称号。从 2014 年开始,由厦大工会和体育教学部联合主办、厦大围棋协会承办的"嘉庚杯"围棋赛在每年校庆前后举行,至今已经举办六届。

三、厦门大学体育文化建设

重视体育是厦门大学的优良传统,厦大的体育教学、竞技体育、群众体育与体育社团等各方面工作在全国同类高校中都处于领先地位。但一直以来,厦大体育缺少自己专属的标识和吉祥物,在体育文化氛围的营造方面存在缺憾。体育教学部借鉴世界一流高校的普遍做法,为提升学校体育文化氛围,自 2018 年 11 月起启动了厦大体育标志全校征集工作,并在当年 12 月征集到全校 36 个设计方案。同时,为了提升标志方案的专业水准,还委托多位专业设计师进行了厦大体育标志和吉祥物的设计,共完成标志设计方案 12 个,吉祥物设计方案 5 个。

学校领导对此高度重视，分管副校长邓朝晖亲自指导，校长办公会两次听取体育教学部专题报告，提出许多有益的指导建议。2019 年 8 月 6 日，校长办公会最终审批通过了厦大体育标识及体育吉祥物设计方案，并确定厦门大学体育运动队队名为"厦门大学南强运动队"。2019 年 12 月，厦门大学体育标识和吉祥物方案送交国家知识产权局进行商标注册。

图 16-22　厦门大学体育标识

（一）厦门大学体育标识

厦大体育标识将"厦大"与"体育"元素融合其中，标识由"XMU"组合而成：

1.顶部字母"X" 设计灵感来源于厦门大学凤凰花，凤凰花对厦门大学不仅代表思念，还代表着生生不息的青春活力，同时整个凤凰花设计结合整体标识神似奖杯，表达活力、进取、胜利的美好寓意；

2.内部字母"M" 蓝白组合成勋章形状，象征厦大体育所取得荣耀与辉煌；

3.外围字母"U" 形蓝白弧线组合成体育场跑道，体现厦大体育属性；

4.标识的内部的古城门建筑元素和拉丁文"UNIVERSITAS AMOIENSIS"，提取于厦门大学校徽，寓意传承厦大精神。

（二）厦门大学体育吉祥物

本吉祥物原型为海洋游泳速度最快的鱼类——旗鱼，不仅表现了厦门靠海的地域属性，更表现出厦门大学体育的运动属性。吉祥物动作形态取材于厦门大学体育教学部徽章，旗鱼吉祥物身着运动服，鱼鳍张开，以拟人化跑步姿态向前挺进，表现出厦大体育人奋发向上、勇往直前的精神风貌。

图 16-23　厦门大学体育吉祥物

四、学校自主招生体育测试

为充分发挥高校自主招生对中学教育的引导作用，厦门大学自 2013 年以来坚持在自主招生考核中对所有考生进行体育测试，效果良好，得到社会的充分肯定。

自主招生体育测试任务由体育教学部国家体质健康测试中心具体负责，配合学校考试中心完成每年的测试任务。2013—2017 年 5 年间均称为“自主招生体育测试”，从 2018 年开始，厦大自主招生考核含学科特长考核和体质测试，通过厦大自主招生初审进入考核环节的考生均须参加厦大体质测试。体质测试包含三个项目，每个项目满分为 100 分，三个项目得分总分达到 270 分为优秀。体质测试得分以《国家学生体质健康测试标准(2014 年)》中高三年级组标准为准。体质测试成绩不计入考核总分，考生参加厦大体质测试成绩达到优秀且获得厦大自主招生 B 类资格者，在享受自主招生 B 类优惠政策基础上再给予 3 分优惠。

五、体育经费

改革开放以来，随着经济体制的不断改革与发展，学校体育经费也不断增加，这为学校体育教学与群体活动的开展提供了保障。从 1998 年到 2019 年，体育经费从每年 8 万逐渐增加到 519 万，其中 2002 年增加全民健身与高水平运动队经费 17.5 万，2019 年这部分经费达到了 360 万；综合办学经费从 2007 年开始划拨，为 50 万，2019 年达到 89 万。由此可以看出，学校体育经费中用于全民健身与高水平运动队建设与发展的经费比例增长幅度较大。1998—2019 年学校体育总经费、全民健身与高水平运动队经费、综合办学经费的三方面的变化情况见下图。

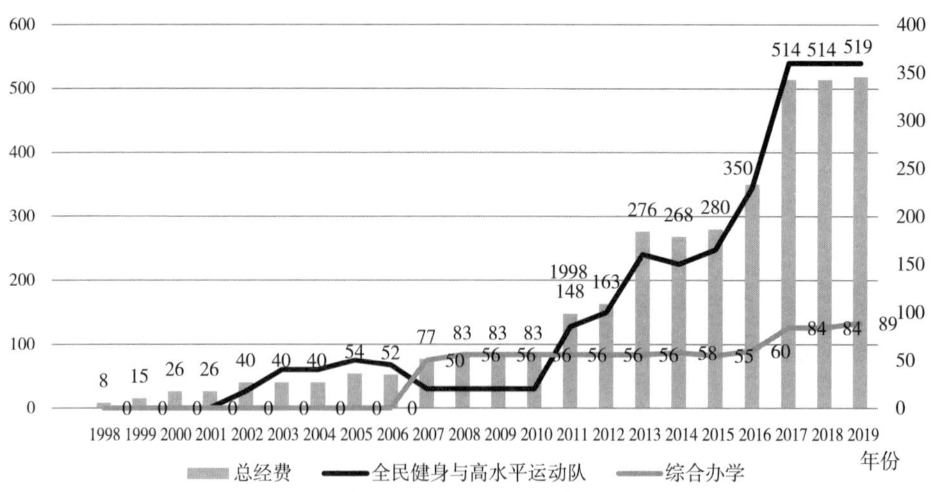

图 16-24　1998—2019 年厦门大学体育经费情况(万元)

第二节　运动队建设与对外竞赛

“一流的学校要有一流的运动队”。高水平运动队是学校对外交流的重要桥梁和窗口，也是宣传学校的重要途径。因此，拥有一支高水平的运动队，不仅能推动整个学校体育运动的开展与提高，还将进一步扩大学校的影响，提高学校的知名度。此外，高水平运动队还可以带动群众体育的蓬勃开展，培养学生的集体荣誉感，增强凝聚力，丰富校园文化。因此，高水平运动队建设是学校群众体育工作中一个非常重要的组成部分。

厦门大学是国家教委 1987 年批准的第一批试办高水平运动队的学校之一，最初是以排球和田径为重点项目，生源主要来自福建省体工队和各地少体校。到 21 世纪初，高水平运动队建设以男子篮球和田径为龙头，努力打造厦大竞技体育品牌。之后，运动队逐渐发展为由高水平运动员组成的 5 支一类运动队和由普通学生组成的若干支二类和三类运动队。以下通过运动队管理制度建设和竞赛交流两大方面，阐述 1978—2019 年厦门大学各运动队的发展轨迹。

一、运动队建设与管理

（一）运动队建设与发展

1979 年，国家体委、教育部发布了《全国学生体育运动竞赛制度》，对大中小学及青少年业余体校的体育竞赛做出了统一规定，按照规定，大学生运动会每四年举行一次，这为各级各类学校体育竞赛的恢复提供了动力。1982 年在北京举办了首届全国大学生运动会，进一步提升了学校对体育竞赛的关注度和参与度。1986 年 10 月 30 日，国家教委和国家体委联合发布了《关于开展学校课余体育训练，努力提高运动技术水平的规划（1986—2000 年）》[（86）教体字 015 号]，对 1986—2000 年我国大中小学课余训练与竞赛须完成的主要任务和目标、措施进行了规划和设计。

1987 年 4 月 9 日，随着国家教委发布的《关于部分普通高等学校试行招收高水平运动员工作的通知》([87]教学字 008 号),我国正式建立了高校招收高水平运动员的基本制度。文件首次确立了 51 所招收高水平运动员学生的试点院校,厦门大学即为首批试办高水平运动队试点院校之一。1987 年,厦门大学可招收的高水平运动项目为田径、篮球、排球。2005 年,根据教育部《关于开展普通高等学校高水平运动队建设评估工作的通知》(教体艺函[2005]5 号)和福建省《关于做好我省普通高等学校高水平运动队建设评估工作的通知》(闽教体[2005]12 号)的文件精神,对厦门大学原已获得批准的田径、篮球项目重新提出申报,同时根据学校竞技体育的发展需要、运动技术水平的不断提高、教练员队伍的不断壮大等条件,特申请增加武术、游泳、足球 3 个项目,至此,厦门大学高水平运动队招生项目增至 5 个。

2010 年,厦门大学申请调整高水平运动队招生项目,增加健美操和棒球两个项目,同时取消游泳、足球两个项目。因此,2011 年的招生项目即调整为田径、篮球、武术、健美操、棒球。为落实《教育部关于进一步加强普通高校高水平运动队建设的实施意见》(教体艺[2017]6 号)和教育部办公厅关于 2018 年高水平运动队建设项目调整有关事项的通知精神,2018 年,厦门大学再次调整高水平运动队招生项目,确定为足球、篮球、武术、健美操、棒球五个项目,其中足球 2018 年开始招生。

在不断加强高水平运动队建设同时,厦门大学也根据学校发展情况、师资队伍、地域优势及场地设施建设等情况,大力发展其他运动项目的校级运动队。这些运动队发展迅速,由最初的 3 支发展到目前的 16 支左右,并于 2018 年之后根据每年参赛计划进行动态调整。在诸多的运动队当中,高水平运动队是由体育特招生组成的运动队,称为“一类运动队”;“二类运动队”和“三类运动队”绝大部分是由普通大学生通过自主报名和选拔而组成的。所有运动队都坚持常年训练,参加国内外各级各类比赛,均取得优异成绩。运动队建设具体情况见表 16-13。

表 16-13 1987 年以来厦门大学运动队建设与发展情况

年份	高水平运动队	其他校级代表队
1987—2004	田径、篮球、排球	武术、足球、啦啦队
2005	田径、篮球、武术、游泳、足球(5 个项目 6 个高水平运动队)	健美操(兼啦啦操队)、舞龙舞狮、排球、乒乓球

续表

年份	高水平运动队	其他校级代表队
2011	田径、篮球、武术、健美操、棒球（2011 年开始招生健美操、棒球）	啦啦操、舞龙舞狮、棒垒球、帆船、龙舟、高尔夫、游泳、排球、跆拳道等
2018	一类运动队：足球、篮球、武术、健美操、棒球（2018 年开始招生足球）	二类运动队：田径、舟艇（龙舟、赛艇、皮划艇）、橄榄球、啦啦操、帆船 三类运动队：羽毛球、定向越野、体育舞蹈、高尔夫、游泳、排球、舞龙舞狮、跳绳、女篮、网球、跆拳道
2019	一类运动队：足球、篮球、武术、健美操、棒球	二类运动队：足球（普通生）、舟艇、橄榄球、啦啦操、帆船、羽毛球 三类运动队：田径、定向越野、高尔夫、游泳、排球、跳绳、女篮、网球、跆拳道

注：自 2018 年之后，二类和三类运动队根据运动队建设需要实行动态调整

（二）运动队管理制度

目前，厦门大学拥有篮球、武术、足球、健美操、棒球 5 个项目 5 支高水平运动队。为了抓好运动队建设，学校专门成立了高水平运动队领导小组，成员包括教务处、学生处、财务处、校纪委和招生办等相关部门的负责人。高水平运动队领导小组每年定期召开会议，及时研究解决高水平运动队伍建设中出现的问题，根据学校发展的总目标和运动队实际情况，制定高水平运动队发展规划，为高水平运动队建设创造良好的条件。经过多年的实践探索，厦门大学已经建立了一套完整的、科学的、合理的高水平运动队管理制度。具体可以从以下几个方面得到体现：

1.成立厦门大学高水平运动队领导小组

根据教育部国家体育总局《关于进一步加强普通高等学校高水平运动队建设的意见》（教体艺[2005]3 号）和教育部《关于开展普通高等学校高水平运动队建设评估工作的通知》（教体艺[2005]5 号）的文件精神，为促进高水平运动队建设发展，保证运动队管理规范，学校于 2005 年 9 月成立了厦门大学高水平运动

队领导小组。截至2019年，随着学校及各相关部门、体育教学部的领导班子调整，高水平运动队领导小组已换届三次。具体情况见表16-14。

表16-14　厦门大学高水平运动队领导小组成员列表

时间	组长	副组长	成员（按姓氏笔画排序）
2005.9	潘世墨	林建华	刘弢、吕俊忠、邬大光、李稻根、何元赞、林建华、黄景东、辜芳昭、曾云声、蔡郑伟、潘世墨
2010.6	邬大光	林致诚	邬大光、齐忠权、何元赞、余自中、张军奎、陈光、林东伟、林致诚、郑婕、曾云声、谭绍滨
2019.5	邓朝晖	陈志伟	计国君、邓朝晖、刘艳杰、苏清伟、李峰、李智勇、吴飞腾、陈志伟、邵鹏飞、林致诚、曾云声

2.规范招生管理

为了招收优秀体育生源，严格把好质量关，学校一开始就专门成立招生领导小组和体育测试小组，制定招生工作管理条例和体育测试工作要求，签订招生人员责任书。

最初，每年招生时，根据高水平运动队发展规划和运动队布局需要，体育教学部向招生办上报招生计划，获得批准后，即组织人员对体育特长生进行摸底测试，然后组织统一测试。近几年，高水平运动员的招生工作基本都通过网络来进行，由体育教学部拟订、经学校招生办审核批准后的高水平运动员招生简章在招生办的网上公布，同时设置报名系统，学生直接在网上注册报名并按照国家统一标准缴费。在此后的现场报名确认及专项测试、统计考生成绩及确定获得录取资格考生名单的过程中，学校纪委、招生办和考试中心的相关负责人全程参与监督，经几个单位共同研究讨论，最后形成预录取名单，经公示后再上报招生办和主管校长审批，从而确保了整个招生工作的透明公开、公平公正。

为了确保招生质量，杜绝弄虚作假，在录取之前，与考生签订协议书，要求考生在入学后三个月之内，必须通过学校组织的新生入学专项测试，如测试成绩与考生之前的测试成绩相比超过浮动范围，学校将予以退学处理。

在这一整套严密、完善的招生程序下，厦大每年的高水平运动员招生工作都能够顺利完成，从未出现过任何差错和舞弊行为，从未接到过考生的投诉。这一严格的招生制度很好地保证了学校高水平运动员的整体专业水平和素质，为运动队建设打下良好的基础。

3.重视文化学习

抓好运动员的文化学习，提高运动员的文化素质是办好高水平运动队的一个重要保证。厦门大学十分重视运动员的文化学习，早期的做法是，首先，根据运动员的文化基础，参考运动员的志愿，将运动员安排在一些比较重视体育工作、就业前景相对较好的专业，为运动员安心学习文化课创造良好的条件；其次，根据运动员文化基础较低、既要学习又要训练的特点，制定高水平运动队学习管理条例。条例规定，对高水平运动员采取学分制管理办法，高水平运动员只需完成学校规定的必修学分当中的70%，另外30%为运动训练学分，根据完成训练和比赛任务予以评定。由于精简了课程，实事求是、合理安排，能很好地调动学生的学习和训练热情，促使他们既能学到基本的专业文化知识，同时又能积极投入运动训练当中，运动技术水平迅速提高；此外，学校对一些运动水平高、但文化基础相当低、国家允许免试的运动员，给予特殊的关照，要求所在院系为运动员制定专门的学习计划，派专人给予补习，同时安排同学结对子帮助辅导，促使他们最后也能完成学习任务，掌握基本的专业知识。

2008年，学校进一步完善了相关的管理制度。由体育教学部牵头，召集教务处及学生所在院系的领导共同进行协商，针对体育特长生的实际情况，制订了新的高水平运动员学籍管理规定。自2009级开始，新入学的高水平运动员统一安排在同一学院的同一专业学习，对他们进行单独编班授课，这样可以因材施教，体教融合，更有利于对学生的培养和教育，较好地解决了学训矛盾。

4.加强教练队伍建设与管理

体育教学部非常重视教练人选的选拔，通过教研室推荐、部务会议讨论通过，选派事业心强、有责任感、业务水平高的教师担任各个运动队的教练。21世纪初，在学校人事处等相关部门的支持下，聘请了篮球、田径等专业队高级教练员来校任教。几位外聘的教练对现代运动训练理论有比较深入的研究，具有丰富的高水平运动训练经验。他们的到来，不但迅速提高了运动训练水平，而且还培训提高了本校教练的业务素质。近几年，我们也引进了几位世界冠军级的教师。自此，运动队教练团队由原来的以外聘为主、本校教师为辅逐步发展为以本校教师为主、外聘教练为辅的模式。

根据运动训练规律和学校的实际情况，体育教学部制定了教练员工作管理办法，明确职责，提出要求，定期进行考核，并有计划地安排教练员外出进修，参加培训，观摩训练比赛，促进教练水平的提高，确保运动训练质量。同时，将运动训练课与体育课程教学同等看待，即在工作量安排上，担任运动训练课与担任体育课程教学是同等待遇的。在评定职称方面，教练员带运动队所取得竞赛成绩与考核积分挂钩，从而能更好地肯定教练员的付出，鼓励教练员的工作热情。

2008 年，体育教学部又修订完善了教练员管理规章制度，对教练的权、责及奖罚制度都进一步细化和明确，同时实行了教练员竞聘上岗的新制度，更好地调动了教练员的工作积极性，确保运动队训练取得更好的成果。

5. 抓好运动训练

为了切实抓好运动训练，体育教学部要求高水平运动员必须与学校签订协议书，明确义务和职责，保证在认真学习的同时，积极参加运动训练，完成学校比赛任务。根据发展规划的目标和任务，体育教学部对各个运动队、运动员制定目标任务和成绩指标，要求运动员积极参加运动训练，迅速提高运动水平，努力完成规定的目标任务和成绩指标。

为了更好地抓好运动训练和比赛，体育教学部陆续对有关的规章制度进行修订和完善。2008 年，体育教学部对运动队各项管理规定做了一次全面的修订和补充，经多次广泛征求意见后，于 2009 年 10 月份基本定稿。此次修订完善的相关文件包括《厦门大学高水平运动队学生综合评价体系评分细则》《运动队训练管理条例》《运动员考勤管理规定》《运动员专项训练课程评分办法》《厦门大学体育代表队外出赛训管理规定》《运动员伤病事宜处理办法》《厦门大学体育代表队十佳队员评选办法》《体育代表队优秀队评选办法》等。随着高水平运动队建设与发展的需要，在原有高水平运动队管理制度的基础上，体育教学部群体竞赛中心于 2019 年制定了《厦门大学运动队管理手册(2019 版)》。此次补充、修订高水平运动队管理规定主要包括：教练员守则、运动员守则、运动队年度工作计划、运动队日常管理、考勤管理规定、赛训管理规定、学籍管理规定、高水平运动员专项训练课程评分参考办法、“陈掌谔奖助学金”评审办法、年度运动队竞赛总成绩、运动队训练补贴、高水平运动队训练考勤表和请假申请单、运动队训练听课纪录表等等，这些文件涵盖了运动队管理的方方面面，严格执行这些规章制度，将使学校的高水平运动队建设更上一层楼。

（三）陈掌谔奖学金

陈掌谔先生1897年出生于福建厦门同安县的嘉禾里，早在厦门同文书院读书期间，他就非常喜爱田径和篮球。1919年他曾代表中国赴菲律宾参加第4届远东运动会。为了改变中国体育落后的面貌，陈掌谔赴美国春田体育大学深造。1934年，他组织厦门竞强体育总会，任该会总干事，曾数次出任厦门市、福建省运动会总裁判、体育代表队总教练，为厦门体育发展做出了重大贡献。

1936—1938年秋，陈掌谔先生担任厦门大学体育部主任，在长汀时期带领学生自力更生修建体育场。陈掌谔1981年去世前曾多次回厦门，拜访厦门大学，把他收集的有关厦大和厦大体育的许多资料赠送给有关部门，并交代后辈要为厦大和祖国多做贡献。

陈掌谔先生的女儿陈卿卿博士于20世纪80年代捐建了厦大“华侨之家”，2007年，以其父亲的名义设立了“陈掌谔奖学金”，资助厦大体育特长生、生物医学学生和侨生及归侨子女，其中资助体育特长生的名额每年为10名。根据《厦门大学“陈掌谔奖学金”评审办法》和《厦门大学高水平运动员专项训练课程评分办法》等相关规定，体育特长生按德育、智育、体育竞赛三部分来进行评分，其中德育占25%、智育占25%、体育竞赛占50%，分别按百分制计入总分，经全面、公平、公正评定，确定每年的获奖学生名单。截至2019年，体育特长生获评“陈掌谔奖学金”已有12年。

图 16-25　陈掌谔女儿陈卿卿博士和体育教学部主任陈志伟
（2018 年拍摄于厦门，中间为陈卿卿女士）

二、对外竞赛

（一）高水平运动队

自 1987 年开始招收高水平运动员以来，厦门大学曾经及现有的高水平运动队包括田径队、篮球队、足球队、排球队、武术队、游泳队、健美操队、棒球队共八支队伍。

1.田径队

田径作为学校传统体育大项，一直以来备受重视。1987 年开始招收高水平运动队时，田径就是其中一项，2017 年，由于项目调整，取消了田径项目的高水平运动队招生。在这 30 年时间当中，厦大田径队运动员在外聘教练和本校教师的带领下，发扬吃苦耐劳、刻苦训练、顽强拼搏、为校争光的精神，涌现了一批身体素质好、专业技术水平精湛的运动员，经常代表福建省及学校参加国内不同级别的田径赛事，取得了辉煌的战绩，为福建省和学校争得了荣誉。如 2000 年在第六届全国大学生运动会上，由于表现突出，成绩优异，厦门大学被教育部授予"贯彻《学校体育工作条例》优秀高等学校"称号。以下从国际田径赛事、全国大学生运动会、省运会、省大运会四个级别比赛来列举厦大田径队所取得的成绩。

(1)国际田径赛事

郑幸娟作为2006级公共事务学院行政管理专业的学生，是学校招收的田径高水平运动员之一。在2006年12月第15届多哈亚运会女子跳高决赛中，她以1.91米的成绩夺得了银牌。随后在2011年5月国际田联世界挑战系列赛韩国大邱站和7月日本神户举办的第19届亚洲田径锦标赛中均获得女子跳高冠军，为国家争得了荣誉，具体见表16-15。

表16-15 厦大学生郑幸娟在国际田径赛事上获奖情况

时间	赛事名称	成绩
2006.12.11	第15届亚运会	以1.91米的成绩夺得女子跳高决赛的亚军
2011.5.12	国际田联世界挑战系列赛韩国大邱站	以1.94米的成绩获得女子跳高冠军，创造了当年世界最好成绩
2011.7.10	第19届亚洲田径锦标赛	以1.92米的成绩获得女子跳高冠军

(2)全国大学生运动会和全国大学生田径锦标赛

全国大学生运动会是在改革开放之后才开始举办的，1982年，第1届全国大运会在北京举行。1986年，在第2届全国大运会上，厦门大学学生雷锐生代表福建省参赛，以7.0米的成绩打破了全国高校公体组男子跳远纪录，获得第三名。尤其引人瞩目的是，2000年，厦门大学共有9名同学入选福建省代表团，参加第6届全国大学生运动会，在竞争十分激烈、水平相当高的田径比赛中，厦门大学是福建省所有参赛高校中奖牌最多、得分最高的学校。其中政治系刘玉良同学在男子甲组110米栏比赛中，勇夺金牌，实现了福建省高校参加历届大运会田径比赛金牌零的突破，并获得个人体育道德风尚奖，意义尤为重大。由于在该届全国大学生运动会比赛中取得的成绩优异，厦门大学授予体育教学部"集体荣誉奖"称号，授予两位教练"优秀教学成果奖"，授予参赛的9位运动员"体育贡献奖"。

厦门大学田径代表队也积极参加全国大学生田径锦标赛。作为目前国内规模最大、时间最长、参赛学校和人数最多的全国性大学生田径赛事，田径锦标赛是检阅全国大学生田径训练成果、选拔田径运动人才的全国性盛会。2016 年 7 月，第 16 届全国大学生田径锦标赛在福建省晋江石狮举办，厦大信息科学与技术学院电子工程系 2013 级硕士研究生曹磊以 15 秒 76 的成绩获得男子乙组 110 米栏冠军。校田径队取得的具体成绩见表 16-16。

图 16-26　厦大田径运动员参加全国第一届大学生运动会(1982，中间为林清江老师)

表 16-16　厦大学生在全国大学生运动会和田径锦标赛上主要获奖情况

时间	赛事名称	比赛成绩及名次
1986.8	第 2 届全国大学生运动会	雷锐以 7.0 米的成绩打破全国高校公体组男子跳远纪录，获得第 3 名
2000.9	第 6 届全国大学生运动会	2 金 1 银 2 铜及多个 4—8 名。刘玉良获得男子甲组 110 米栏冠军；蒋慧琼参加的4×100米女子接力获得冠军
2004.8	第 7 届全国大学生运动会	1 金 2 银 1 铜和多个 4—8 名；林宝华夺得女子乙组三级跳远冠军
2016.7	第 16 届全国大学生田径锦标赛	曹磊以 15 秒 76 的成绩获得男子乙组 110 米栏冠军

(3)福建省运动会田径比赛

厦门大学积极组织参加福建省运动会田径比赛，参赛选手既有学生，也有教师。1982 年 9 月第 8 届福建省运动会在福州举行，厦门大学共有 5 名选手参赛，体育教研室教师柯惠芬获得女子跳高冠军。第 10 届省运会上，体育教学部教师黄力生获得男子 800 米冠军。1998 年 10 月，厦门大学田径队 3 名队员代表高校参加第 11 届福建省运会，取得了 4 金 2 银 2 铜的好成绩，为全省高校得分最多的学校，为福建省高校代表团夺得福建省运会团体总分第一名做出很大的贡献。具体成绩见表 16-17。

表 16-17　厦大师生在福建省运会田径项目主要获奖情况

时间	届数	比赛成绩及名次
1982.9.28—10.3	第 8 届	厦大有 5 名运动员代表省高校参加比赛。体育教研室柯惠芬在成年组跳高比赛中以 1.65 米成绩获得冠军，刷新 1.36 米的校纪录，以 5.44 米的成绩获得女子跳远第 5 名
1985.5	省高校田径“达标”赛	厦大田径队共有 16 人次达到各项目规定的成绩标准。打破男子 3000 米 1 项省高校纪录；打破男子 110 米栏、400 米、三级跳远，女子 200 米、跳高 5 项校纪录
1986.10.12—18	第 9 届	学生卢冬群以 1.75 米成绩获得女子跳高冠军
1992	第 10 届	体育教学部教师黄力生以 1 分 58 秒 4 获男子 800 米冠军
1998.10	第 11 届省田径运动会行业组	3 名田径队学生取得 4 金 4 银 1 铜，祝丽萍女子铅球冠军、马宁宁女子 3000 米和 5000 米冠军、杨莹女子跳远冠军四枚金牌和铁饼、标枪、1500 米、100 米四枚银牌及跳高铜牌，其中三项破省大学生纪录、三项破厦大纪录。运动健儿为我省高校代表团获得行业组金牌总数和团体总分第一名

(4)福建省大学生运动会田径项目

福建省首届大学生运动会于 1961 年 7 月在福州大学举行，截至 2018 年共举办了 16 届，厦门大学积极组织学生参加每一届比赛。在 1980 年举办的第五届福建省大学生运动会中，厦门大学获得 14 项冠军，并打破了 7 项省高校纪录，一举夺得男子甲组、女子甲组、男女团体总分三个第一名的好成绩，这充分说明，在招收田径高水平运动员之前，厦大的田径水平已经位居福建省大学生田径水平的前列。

自 1987 年开始招收高水平运动员以来，田径队的建设与发展稳步提升，成绩卓著。2003 年，福建省第 12 届大学生运动会在厦门大学举行，这是新世纪福建省高校举办的首次最大规模的赛事。厦门大学在这次大运会上夺得 24 枚金牌，打破 6 项省高校纪录，获得团体总分第一名。2018 年的第 16 届省大运会上，厦门大学共派出 12 名运动员参加 11 个单项和 3 个团体项目的比赛，最终共获得 7 枚金牌、2 枚银牌、2 枚铜牌，位居大学生部奖牌榜第一位，其中男子甲组十项全能、4×100 米、4×400 米和女子甲组 4×400 米、400 米栏等重量级项目均获得冠军。具体成绩见表 16-18。

表 16-18 厦大田径队参加历届福建省大学生运动会比赛主要获奖情况

届数	时间	地点	比赛获得总成绩、冠军数、破纪录
5	1980.7. 17—22	厦门 大学	1.获得男子甲组、女子甲组和男女团体总分三个第一名 2.取得 14 项冠军，并打破 7 项省高校纪录：男子甲组 800 米、1500 米、跳高、十项全能、4×100 米接力；女子甲组手榴弹和 4×100 米接力
6	1982.5. 1—4	福州 大学	1.获得女子总分第一名，男子总分第三名，男女团体总分第二名的好成绩 2.获得 8 项冠军：男子 10000 米、男子跳高、女子标枪、女子 800 米和 1500 米、女子 400 米、女子 200 米、女子七项全能；打破两项省高校纪录、创一项新纪录：以 4 分 38 秒 9 的成绩打破女子 4×400 米接力省高校纪录，以 55 秒 1 的成绩打破女子 4×100 米接力的省高校纪录，申勒华以 3071 分成绩创新了女子七项全能省高校纪录
7	1984.7. 16—21	漳州 师范 学院	1.获得男子团体总分、女子团体总分、男女团体总分均为第一名 2.获得 15 项冠军，破 4 项省高校纪录：女子 100 米栏和 400 米栏，男子 4×100 米接力，女子 4×100 米接力 3.四个项目打破厦大最高纪录：男子 100 米、男子跳高、男子三级跳远、女子 400 米
8	1987.7	福州 大学	女子团体总分第二名、男子团体总分第三名
9	1991.7. 25—28	福建农林 大学	未记载
10	1995.7. 19—22	华侨 大学	2 名运动员破纪录
11	1999.8. 3—6	集美 大学	打破 6 项省高校纪录，名列团体总分第一名；获得体育道德风尚奖

续表

届数	时间	地点	比赛获得总成绩、冠军数、破纪录
12	2003.7. 25—28	厦门大学	1.团体总分第一名,并打破了6项省高校纪录:女子甲组800米、3000米、铅球,男子甲组1500米、10000米、标枪 2.获得24枚金牌:男子甲A组铁饼冠军、铅球冠军、跳远冠军、400米栏冠军、110米栏冠军;男子甲B组铅球冠军、铁饼冠军;女子甲B组铅球冠军、铁饼冠军;女子甲A组100米栏冠军、400米栏冠军、跳高冠军、七项全能冠军、跳远冠军;女子4×100米和女子4×400米冠军
13	2006.8. 10—14	福建师范大学	获得10枚金牌,其中破两项省大运会纪录:男子甲A组铁饼冠军(破纪录)、跳高冠军;女子甲A组铅球冠军、铁饼冠军;男子甲B组铁饼冠军、铅球冠军;女子甲B组铅球冠军、铁饼冠军
14	2010.8. 3—7	福建省体育职业技术学院	获得团体总分排名第五,获得3金4银3铜:女子甲B组5000米冠军(破纪录)、跳高冠军、4×400米冠军
15	2014.8—10	漳州市	获得团体总分第二,获得7金:女子甲B组跳远冠军、三级跳远冠军;女子甲A跳高冠军,男子甲A组铅球冠军;男子甲B组400米栏冠军、跳远冠军、跳高冠军
16	2018.10	宁德市	获得7金2银2铜:男子甲组十项全能冠军、100米冠军、4×100米冠军、4×400米冠军;女子甲组4×400米冠军、400米冠军、400米栏冠军

图16-27 福建省第十届大学生运动会(1995年7月)

(后排右一至四分别为何德馨、潘世墨、黄诚宗、林清江)

图 16-28　福建省第 12 届大学生运动会在厦大举办(2003)

2.篮球队

篮球一直是作为学校的传统优势项目来建设的,1983 年,在纪念陈嘉庚先生创办集美学校 70 周年校庆运动会上,厦门大学代表队一举包揽男子篮球、女子篮球 2 项冠军。21 世纪初,学校把男子篮球队作为学校高水平运动队的龙头项目,大力建设与发展。

厦门大学男子篮球高水平运动队组建以来,校领导对这支球队都非常重视,特别是 2004 年以来,每年都划拨专项经费用于篮球队的各项建设,同时专门聘请专业教练来校任教。2004 年,学校聘请美国外教进行短期执教,目的是引进美国篮球培训体系。接着先后聘请何仁义、刘明洋、郭永林等国家高级教练员担任球队主教练,在几任教练的共同努力下,厦门大学男子篮球队逐渐形成了自己的风格,注重攻守转换速度,强调以快、准为特点,重视防守,讲求攻防平衡,进而形成具有自身特色的技战术体系。

男子篮球队 2004 年 9 月参加了首届中国大学生男子篮球超级联赛,获南片区第六名，之后成绩连年进步，在 2007—2008 年度的比赛中夺得了南赛区第一、全国亚军的好成绩，被誉为中国大超联赛的“南区霸主”。从 2015 年开始，厦大男篮参加中国大学生篮球联赛（CUBA），至今已征战 4 届，其中 2016—2017 赛季获得东南赛区亚军、全国第五名，2017—2018 和 2018—2019 连续两个赛季蝉联东南赛区冠军，并在 2018—2019 赛季首次杀入全国四强，获得季军，这也是厦大男篮在 CUBA 赛事中的历史性突破。此外，篮球队还积极与泰国、台湾地区等高校进行交流比赛。男篮具体参赛及成绩见表 16-19。

在球队的发展建设过程中，得到了社会力量的资助，2005 年由晋江信诚集团提供赞助 50 万，2006 年由晋江信诚集团、恒兴公司和紫金矿业集团公司共同赞助 110 万。其中，信诚集团在 2005—2008 年每年赞助 50 万。

表 16-19　2004—2019 年厦大男子篮球队参加全国联赛主要获奖情况

时间	赛事名称	获得成绩
2004—2005	中国大学生篮球超级联赛	南区第六名
2005—2006	中国大学生篮球超级联赛	南区第二名、全国第五名
2006—2007	中国大学生篮球超级联赛	南区第一名、全国第三名
2007—2008	中国大学生篮球超级联赛	南区第一名、全国第二名
2008—2009	中国大学生篮球超级联赛	南区第六名
2009—2010	中国大学生篮球超级联赛	南区第五名
2010—2011	中国大学生篮球超级联赛	南区第六名
2011—2012	中国大学生篮球超级联赛	南区第一名、全国第三名
2012—2013	中国大学生篮球超级联赛	南区第三名、全国第五名
2013—2014	中国大学生篮球超级联赛	南区第二名、全国第五名
2014—2015	中国大学生篮球超级联赛	南区第二名、全国第四名
2015—2016	第十八届中国大学生篮球联赛	福建分区赛冠军
2016—2017	第十九届中国大学生篮球联赛	东南赛区第二名、全国赛第五名
2017—2018	第二十届中国大学生篮球联赛	东南赛区第一名、全国赛第五名
2018—2019	第二十一届中国大学生篮球联赛	东南赛区第一名、全国赛第三名

图 16-29 厦大首届男篮高水平运动队合影
(2004,前排左一为主教练刘明洋、右一为助教何仁义)

图 16-30 第 21 届 CUBA 中国大学生篮球联赛东南赛区冠军、全国季军(2019)

学校女子篮球队虽然近几年成绩平平,但在福建省高校大学生队伍当中也曾是佼佼者。21 世纪初,学校开始组建女子篮球高水平运动队和女子篮球普通生队,2003—2014 年连续参加了 4 届福建省大学生运动会篮球比赛,成绩节节高升,获得了一次冠军、两次亚军、一次季军的好成绩。女篮具体参赛及成绩见表 16-20。

表 16-20 厦大女子篮球队参加福建省大学生运动会主要获奖情况

时间	赛事名称	获得名次
2003	第 12 届福建省大学生运动会	第三名
2006	第 13 届福建省大学生运动会	第二名
2010	第 14 届福建省大学生运动会	冠 军
2014	第 15 届福建省运动会(大学生部)	第二名
	福建省"雪津杯"大学生篮球联赛(厦门赛区)	冠 军

3.排球队

改革开放以后,厦门大学排球队进入了新的发展时期,尤其是 20 世纪 80 年代,是厦大排球发展最迅猛的时期。那时的男子排球队球艺高超,敢拼敢打,创下不少辉煌的战绩,为学校增光添彩,让"南方之强"体育实至名归。

1987 年以前,学校男排队员都是普通生,有的还是硕士生或博士生,都有繁重的学习任务,但他们分秒必争,在有限的时间里提高学习效率,同时加紧训练。厦大男子排球队是八闽排坛劲旅,不仅多次蝉联福建省高校排球赛冠军,而且在全国高校排球赛中硕果累累。

同时,厦大排球队还积极与国内外大学进行友谊赛、交流赛。如 1979 年 12 月学校男排与复旦大学男子排球队举行友谊赛,复旦大学排球队技术全面,打得英勇顽强,传球准确、扣球给力、能攻善守,战术变化多样,配合很默契,特别是快攻战术打得较成功。1985 年 6 月 28 日,厦大男排一行 15 人应校友、亚洲排球协会副主席、港九排球联合会会长石振达的邀请赴香港访问,同香港大学、香港中文大学及香港理工学院的排球队进行了友谊比赛,在香港四角排球赛中,厦大以三战三胜夺得冠军。厦大男排是学校第一次派往海外的体育代表队,通过这次访问比赛,他们不仅与香港排坛交流了球艺,增进了与香港高等院校之间的相互了解和友谊,而且也扩大厦门大学在香港地区的影响力。1987 年 9 月 26 日,厦大男排与来校访问的尼泊尔国家男排进行了一场国际男子排球友谊赛，这场比赛轰动全校和厦门市，也引起了台湾联合报记者的关注，他们拍下了热烈的场面，制作精彩的海报进行宣传。

1994 年之后，学校排球队的建设与发展缓慢下来。直到 21 世纪初，排球队才又慢慢复苏，不断壮大并发展起来。得益于厦门市的地域优势，沙滩排球比赛兴起，厦大也组建了沙滩排球队，从而激发了排球运动发展的新活力。自 2009 年至今，排球队在各级比赛中取得了不俗的成绩。其中尤为值得一提的是，2017 年 5 月 9—17 日，在第四届中国大学生阳光排球锦标赛的比赛当中，厦大男子排球队一举夺得冠军，创造了厦门大学排球在全国赛场上的最好成绩。排球队参赛及成绩见表 16-21 和表 16-22。

表 16-21　厦大男子排球队参加福建省排球比赛的主要获奖情况

时间	赛事名称	成绩
1978	福建省高校排球赛	第二名(女队第一名)
1980	福建省大学生“三好杯”排球赛	冠军(获得参加全国高校比赛的入场券)
1983	福建省甲级排球联赛	亚军(获“体育道德风尚球队”)
	福建省高校排球赛	冠军
1986	第九届福建省运动会排球赛	亚军
1990	福建省高校排球联赛	冠军
2014	福建省首届大学生排球比赛	银奖
2015	福建省大学生排球联赛	第五名

表 16-22　厦大男子排球队参加全国排球比赛的主要获奖情况

时间	赛事名称	成绩
1980	全国高校“三好杯”排球赛	第八名
1984	第二届全国大学生“兴华杯”邀请赛	第七名
1986	全国首届“研究生杯”排球赛	第四名

续表

时间	赛事名称	成绩
1988	第三届全国大学生运动会排球赛	第六名(获全国体育道德风尚奖)
1992	第四届全国大学生运动会排球赛	第六名
1994	全国高校排球赛	第三名
2002	全国高校软式排球赛	第一名(女子第二名)
2017	第四届中国大学生阳光排球锦标赛	冠军
2018	第五届中国大学生阳光排球锦标赛	亚军

图 16-31　全国高校“三好杯”排球赛男子第八名（1980）

图 16-32　参加香港四角排球赛(1985)

图 16-33　全国首届研究生男排赛获第四名(1986)

图 16-34　第四届中国大学生阳光排球锦标赛冠军(2017)

4.足球队

足球作为三大球之一，在 20 世纪 80 年代学校体育中发展较为迅速，厦大男子足球队在厦门市足球赛、福建省大学生运动会、中国大学生足球联赛、中国大学生五人制足球联赛中，均取得不俗的战绩。如曾获得 1989 年厦门市足球乙级联赛亚军、1992 年厦门市足球联赛第三名并晋级甲级联赛。

为提升学校足球队水平，厦门大学 2001 年向福建省报批招收足球高水平运动员，得到福建省教育厅的鼎力支持，并于 2001 年开始进行专科招生，2005 年改为本科招生。2002 年，厦大足球队获得了“飞利浦”中国大学生足球联赛福建赛区亚军，并首次打入中国大学生足球联赛全国总决赛。此后在福建省大学生运动会、中国大学生足球联赛福建赛区以及全国大学生五人制足球联赛、全国青少年校园足球联赛等各项比赛中多次获得冠亚军。值得一提的是，2017 年 9 月 5 日，在厦门金砖会议期间，学校足球队圆满完成了足球表演赛任务，受到学校表彰，足球队和 38 名足球队师生分别被学校授予“先进集体”和“先进个人”的荣誉称号。足球队参加比赛及成绩见表 16-23。

表 16-23　厦大足球队参加福建省和全国比赛主要获奖情况

	时间	赛事名称	成绩
福建省	2010	第 14 届福建省大学生运动会足球赛	冠军
	2014	第 15 届福建省大学生运动会足球赛(男子甲组)	亚军
	2018	第 15 届福建省大学生运动会足球赛(男子甲组)	亚军
全国性	2001—2002	“飞利浦”中国大学生足球联赛(福建赛区)	亚军
	2004—2005	“飞利浦”中国大学生足球联赛(福建赛区)	亚军
	2011	“李宁杯”中国大学生五人制足球联赛(福建赛区)	亚军
	2015	中国大学生足球联赛(福建赛区)	冠军
	2016	“特步”中国大学生足球联赛(福建赛区)	冠军
	2017	“特步”全国大学生五人制足球联赛(福建省)	亚军
	2018—2019	“特步”全国大学生五人制足球联赛(福建省)	亚军
		“阿迪达斯”全国青少年校园足球联赛大学生男子校园组东南区决赛	亚军

图 16-35　2001—2002“飞利浦”中国大学生足球赛

5.武术队

武术队作为厦门大学的传统运动队，发展一直较为平稳。1982年，在厦门市武术观摩选拔赛当中，厦大武术队黄伟明、李德文荣获优秀表演奖，其余参加比赛的四位队员均获得表演奖。这是厦大武术队首次参加校外比赛取得的优异成绩。1983年9月，在福建省首届武术表演赛中，厦大队员黄伟明获得男子乙组全能第一名。随着学校武术运动的快速发展，1998年开始招收武术高水平运动员，此后，武术队在历届省大运会、省高校武术比赛、省少数民族运动会、全国大运会、海峡论坛·海峡两岸传统武术交流大会、国际武术邀请赛等赛事中不断争金夺银，战绩赫赫。武术队具体成绩详见表16-24。

表16-24　厦大武术队参加福建省和全国比赛主要获奖情况

	时间	赛事名称	获得成绩（前三名）
福建省	1982	第8届福建省运动会	武术运动员黄伟明获得大刀第二名
	1983	福建省首届大学生武术表演赛	厦大武术队员黄伟明、黄继业、刘雅林同学，分别取得男子乙组全能第一、第三名和女子乙组全能第二，均获得大会一等奖
	1999	第11届福建省大学生运动会	2金3银1铜
	2003	第12届福建省大学生运动会	7金8银2铜
	2006	第13届福建省大学生运动会	6金1铜
	2010	第14届福建省大学生运动会	团体第一；集体项目冠军；9金5银1铜
	2014	第15届福建省大学生运运会	17金9银4铜
	2018	第16届福建省运动会大学生部	2金
	2005	福建省高校武术比赛	7金8银
	2015	福建省高校武术比赛	9金4银及团体第一名
	2016	福建省高校武术比赛及全国大学生运动会选拔赛	7金1银
	2014	福建省第7届少数民族运动会	2金2银

续表

	时间	赛事名称	获得成绩（前三名）
	2018	福建省第9届少数民族运动会	2金
	2004	第7届全国大学生运动会	1金
	2012	第9届全国大学生运动会	单项第7名
	2017	第13届全国学生运动会武术预赛和决赛	预赛:1金3银1铜 决赛:1金2银1铜
	2010—2018	全国大学生武术锦标赛	17金14银14铜
	2015	全国传统武术比赛	10金2银1铜
	2015	全国少数民族运动会	1金1银
	2018	全国武术运动大会	2金
全国性	2009	海峡论坛·海峡两岸传统武术交流大会	17金5银5铜
	2011	第三届海峡论坛·海峡两岸武林大会	7金
	2008	“迎奥运杯”第六届香港国际武术套路大奖赛	3金2银1铜
		华泰证券杯2008年全国大学生武术锦标赛	1金
	2014—2016	厦门国际武术大赛	15金4银1铜

图16-36 厦大武术队合影(1983)

6.健美操队

厦门大学健美操队正式成立于21世纪初，但早在1997年，校团委就成立了学生健美操社团，并于2001年首次以健美操社团的身份代表厦门大学参加全国首届啦啦操比赛，获得优胜奖。随后在2001年成立了学校健美操队，当时队员都是普通大学生，曾先后多次参加全国健美操比赛、全国啦啦操比赛、省大运会健美操比赛、省啦啦操比赛、厦门市健美操比赛等，并多次取得前三名的好成绩。尤其是在2003年的全国第二届啦啦操比赛中，夺得得甲组第三名的优异成绩，取得历史性突破。

2011年，经教育部批准，厦门大学健美操项目开始招收高水平运动员，健美操队的发展也由此揭开了新篇章，运动技术水平快速提高，在全国健美操联赛、全国健美操锦标赛、全国大学生健美操锦标赛、全国健美操冠军赛、省大运会上都取得了辉煌的战绩。2017年，在国内最大型综合性赛事——第十三届全国学生运动会（大学组）决赛中，福建省以厦门大学健美操队为主组建了代表队（代表队共7人，其中6人为厦门大学队员）参加比赛，厦门大学队员取得了混合双人操亚军，创造了福建代表队在健美操项目上的历史最好成绩，实现了奖牌零的突破。健美操队主要成绩见表16-25。

表16-25　厦大健美操队2000年以来参加福建省和全国比赛主要获奖情况

时间		赛事名称	成绩
2001		首届全国大学生啦啦操总决赛	优胜奖
普通大学生	2002	厦门市健美操比赛	冠军
	2003	福建省啦啦操比赛	亚军
	2004	全国第二届啦啦操比赛	第三名
	2005	全国健美操比赛	二等奖
		中国大学生篮球超级联赛南区啦啦操	冠军
	2006	第13届福建省大学生运动会健美操	第4名
	2009—2010	亚运啦啦操选拔赛华南赛区	亚军
	2010	第14届福建省大学生运动会	自选轻器械第1名 规定动作第2名

续表

时间		赛事名称	成绩
高水平运动员	2011—2015	全国健美操联赛	5 金 5 银 2 铜
	2014—2019	全国健美操锦标赛	5 金 2 银 4 铜
	2013—2019	全国大学生健美操锦标赛	5 金 4 银 3 铜
	2017—2019	全国健美操冠军赛	1 金、1 铜
	2018	第 16 届福建省运动会(大学生部)	单项 3 金及团体第 1 名

图 16-37　陈忠和为厦大健美操获得团体总分第一名颁奖(2011)

7.游泳队

2004 年,王清明游泳馆竣工并投入使用,为游泳训练提供了便利条件。2005 年,厦大游泳队开始招收高水平队员,此后陆续参加全国大学生游泳锦标赛、全国大运会游泳比赛、福建省大运会游泳项目比赛,取得了不错的成绩。其中在 2006 年省大运会游泳比赛中,厦大游泳队夺得团体总分第一名的好成绩,运动员在多项比赛中多次打破省大运会纪录。2011 年,由于发展需要,学校对高水平运动队进行调整,取消了游泳项目高水平运动员的招生。此后,学校游泳队即由普通大学生组成，他们曾多次参加全国大学生游泳比赛，成绩较好。在2013 年第 13 届全国大学生游泳锦标赛中，厦大获得了 1 金 1 银 2 铜及团体总分第三名的好成绩。具体见表 16-26。

表 16-26　厦大游泳队参加福建省和全国比赛主要获奖情况

	时间	赛事名称	成绩
福建省	2006	第 13 届福建省大学生运动会游泳比赛	10 金 8 银 3 铜及团体总分第一名，其中打破了女子4×50米接力和女子 100 米仰泳的纪录
	2014	第 15 届福建省大学生运动会游泳项目	2 银 3 铜及两个第 4 名
	2018	第 16 届福建省大学生运动会游泳项目	2 铜
全国性	2009	第 10 届全国大学生游泳锦标赛	两个第 5 名、一个第 7 名
	2012	第 9 届全国大学生运动会游泳比赛	4×100 米混合泳第 7 名、女子甲组 200 米蛙泳取得第 8 名
	2013	第 13 届全国大学生游泳锦标赛普通高校组比赛	1 金 1 银 2 铜及团体总分第 3 名

图 16-38　第十三届全国大学生游泳锦标赛(2013)

8.棒垒球队

为了适应全国高校棒垒球运动的逐步推广，加强与日本、韩国、菲律宾等高校的交流，特别是与台湾地区高校的交流，厦门大学于2009年4月6日正式成立了棒垒球队。2011年，棒垒球队开始招收高水平运动员，在台籍教练的带领下，球队迅速发展起来，并在一系列全国比赛中取得突出成绩。值得一提的是，女子垒球队在2013年全国高校棒垒球联赛(总决赛)当中夺得冠军；2016年7月24日，厦大棒球队以全胜的骄人战绩夺得了2016年中国大学生棒球联赛总决赛冠军，2017年再次夺得冠军。由此可见，目前厦大棒球队的水平在全国高校当中名列前茅。具体比赛及成绩见表16-27。

2013年5月底，厦门大学棒球队与美国职业棒球大联盟(Major League Baseball，MLB)棒球发展中心举行了隆重的交流合作签约仪式，双方结为战略合作伙伴，签署交流合作备忘录，MLB棒球发展中心成为“厦门大学棒球队后备人才培养基地”。

表16-27　厦大棒垒球队参加福建省和全国比赛主要获奖情况

时间	赛事名称	成绩
2009	第一届“五源杯”慢速垒球邀请赛(非专业组)	团体冠军
	第一届全国慢投锦标赛(非专业组)	团体冠军
2010	第二届“五源杯”慢速垒球邀请赛	棒球队获得活力组亚军、垒球队获得优胜奖
	第6届全国大学生棒垒球联赛	棒球队获得第五名、垒球队获得第三名
2011	第7届中国大学生棒垒球锦标赛	棒球队获得第三名、垒球队获得第二名
2012	中国大学生棒垒球联赛	女子垒球第四名
2013	全国高校棒垒球联赛(总决赛)	女子垒球队获得冠军
2016	中国大学生棒球联赛(总决赛)	棒球队获得冠军
2017	首届CSSBL海峡两岸学生棒球联赛	获得甲组第二名
	第13届中国大学生棒垒球联赛(总决赛)	男子棒球队获得高水平组(甲B组)冠军、女子垒球队获得女子乙组季军
2018	第14届中国大学生棒垒球联赛(棒球总决赛)	获得甲组(高水平组)亚军

图 16-39　厦大与 MLB 棒球发展中心交流合作(2013)

图 16-40　中国大学生棒球联赛总决赛冠军(2016)

(二)校级运动队

1.水上项目

水上项目运动队主要包括帆船队和舟艇队两支队伍,其中舟艇队包含龙舟、赛艇、皮划艇等项目,均为校级二类运动队,队员由少数高水平运动员和普通学生组成。作为新兴的校级代表队,拥有顶级优秀的教练,优势明显、发展迅速,水平提高较快。水上项目运动队参加了国内和国际上的许多大型比赛,战绩赫赫。

帆船队成立于2009年,截至2019年十年间,参加了国际、国内各个级别的大量比赛,均取得好成绩。舟艇队原为皮划艇队,于2012年开始组队参加比赛,2017年将龙舟、赛艇、皮划艇三个运动队合并为舟艇队,在全国各级比赛当中都取得了令人瞩目的成绩。具体成绩见表16-28。

表16-28 水上项目运动队参加国内外各级比赛主要获奖情况

项目	时间	赛事名称	成绩
帆船队	2010	首届"高校杯"帆船赛	亚军
	2011	世界大学生帆船赛	第14名,超过日本
	2016	世界大学生帆船锦标赛	第8名
	2011—2017	首届海峡两岸高校帆船赛、首届泛太平洋高校帆船赛、第五届海峡两岸大学生帆船赛、青岛国际帆船赛	6项冠军、5项亚军
	2012—2016	中国俱乐部杯帆船赛	获得1项亚军、3项第三名
	2015—2018	中国大学生帆船锦标赛	获得2项亚军
	2019	国际名校帆船邀请赛	冠军

续表

项目	时间	赛事名称	成绩
舟艇队	2012	"嘉庚杯"海峡两岸龙舟赛(高校组)	男子组第2名、女子组第2名
		世界名校龙舟赛	500米第三名
		中国高校邀请赛(皮划艇)	200米亚军
		全国大学生皮划艇锦标赛	男子单项和双人冠军、女子皮划艇冠军、小龙舟5×200米接力团体第三名
	2017	第二届全国大学生皮划艇锦标赛	获得阳光组男子单人皮艇200米直道竞速及高水平组女子双人皮艇500米直道竞速两项比赛的冠军,在其他单项比赛中分获4个亚军、6个季军,并夺得了团体总分一等奖
		中国大学生桨板竞速挑战赛	女子500米第一名、1000米第一名、500米第二名、3000米第二名和第三名、1000米第二名
		世界海洋赛艇锦标赛	女子100米第三名
	2018	第三届全国大学生皮划艇锦标赛	桨板单项女子500米第一名和第三名,男子500米第二名
		全国皮划艇锦标赛	男子500米冠军、女子500米冠军
		中国大学生桨板竞速挑战赛	男子500米第三名、女子500米第二名
		国际名校龙舟赛	组合组200米第二名、500米第三名
	2019	青海高原湖全国皮划艇锦标赛	国际组冠军

新加坡泛太平洋大学生帆船赛(2012)

中国俱乐部杯帆船赛厦大女子帆船队(2018)

世界海洋赛艇锦标赛(2017)

第一届全国大学生皮划艇锦标赛(2016)

图 16-41　水上项目运动队参加的国内外比赛

2.操舞类项目

操舞类项目运动队主要包括啦啦操队、体育舞蹈队、跳绳队三支队伍。其中啦啦操队为学校二类运动队，自 2011 年厦门大学健美操项目开始招收高水平运动员以后，啦啦操队便独立出来，作为一个单独的队伍参加比赛，其队员中有一部分为高水平运动员（二级健美操运动员）。2019 年 9 月，在第二届亚洲大学生啦啦操锦标赛中获得双人花球项目的冠军。

体育舞蹈校级代表队成立于 2013 年，跳绳校级代表队成立于 2010 年，两个队伍均为三类运动队。在多位教练的努力指导下，队员们刻苦训练，多次参加国际、国内各类比赛，获得大量的好成绩。具体见表 16-29。

表 16-29　操舞类项目运动队参加国内外比赛主要获奖情况

项目	时间	赛事名称	成绩
啦啦操队	2002	全国高校啦啦队比赛	甲组第 3 名
	2011	全国啦啦队选拔赛	冠军
	2011—2012	全国啦啦操联赛	舞蹈花球三级组第 1 名
	2013—2018	中国大学生篮球啦啦操选拔赛	选拔赛 1 个季军、全国总决赛第 1 名、第 2 名，2 个东南赛区第 1 名
	2013—2018	中国大学生啦啦操联赛、全国啦啦操联赛（厦门站）、全国啦啦操锦标赛、福建省大学生啦啦操联赛、全国啦啦操冠军赛	冠军 13 个、亚军 2 个
	2019	第二届亚洲大学生啦啦操锦标赛	双人花球项目冠军
体育舞蹈队	2014—2018	全国大学生体育舞蹈锦标赛	15 金 1 铜
	2015	首届两岸四地体育舞蹈精英赛	2 金 4 银
	2016	第 11 届华东地区体育舞蹈锦标赛	3 金 5 银 4 铜
		中国大学生体育联赛（南区）	7 金
跳绳队	2010	第 14 届福建省大学生运动会	3 金 2 银 1 铜及团体总分第二名
	2016	福建省全民健身电视总决赛	1 金 2 银 1 铜
	2018	全国跳绳联赛杭州站	8 金 7 银 1 铜
	2019	全国跳绳锦标赛	1 银 2 铜

图 16-42　第二届亚洲大学生啦啦操锦标赛双人花球项目冠军(2019)

3.小球类项目

小球类项目运动队主要包括橄榄球、网球、高尔夫和羽毛球四支队伍，均为新兴项目运动队。其中橄榄球属于二类运动队，其他为三类运动队。橄榄球队成立于2012年，网球队成立于2013年，高尔夫队成立于2014年，羽毛球队成立于2018年。四支小球队参加各级各类赛事及获得的成绩见表16-30。

表 16-30　小球类项目运动队参加比赛主要获奖情况

项目	时间	赛事名称	成绩
橄榄球队	2013	中国大学生七人制橄榄球锦标赛	第八名
	2016	香港高校橄榄球锦标赛	冠军
	2017	中国大学生七人制橄榄球锦标赛	第四名
	2018	香港高校橄榄球锦标赛	第三名
	2019	中国大学生七人制橄榄球锦标赛	第八名
		中国大学生七人制橄榄球锦标赛	第六名
		香港高校橄榄球锦标赛	第四名
		全国沙滩橄榄球冠军赛	季军
		中英橄榄球交流赛	第三名

续表

项目	时间	赛事名称	成绩
网球队	1998	福建省第11届运动会网球比赛	3金1铜，一个第五
	2013	福建省第1届大学生网球比赛	团体三等奖
	2015	福建省大学生网球锦标赛	团体、女单和女双冠军，及男双第3名
	2016	中国大学生网球联赛华南分赛区	女子甲组团体第4名
	2017	福建省大学生网球联赛	团体冠军、男双和女双亚军及男单第3名
	2018	福建省第16届运动会(大学生部)	3金1银1铜
	2019	第24届中国大学生网球联赛华南分区赛	甲组男子团体第4名
高尔夫队	2014	“房山杯”全国大学生高尔夫锦标赛	团体亚军、男子个人总杆冠军
	2015	全国大学生高尔夫锦标赛	校园组团体总杆亚军
	2017	全国大学生高尔夫锦标赛	阳光组男子个人总杆第2名和男子总杆第5名
	2018	全国大学生高尔夫锦标赛	阳光组男子个人总杆第1名、团体总杆第5名
羽毛球队	2015	两岸高校羽毛球邀请赛	第5名
	2016—2017	福建省高校羽毛球比赛	第3名
	2018	全国大学生第七届阳光体育羽毛球比赛	获得男团第2名、男双第2名和女双第5名
	2019	福建省第三届两岸三地高校师生羽毛球邀请赛	本科生组团体第3名
		第二届“嘉庚杯”高校羽毛球联赛总决赛	团体第3名

图 16-43　在英国朴次茅斯举行的中英大学生英式橄榄球友谊赛(2019)

4.户外运动项目

为提升学生的户外运动技能水平,2012 年,厦门大学成立了定向越野和攀树两个运动队,均为校级三类运动队。两支队伍自成立以来积极参加各级各类赛事,均获得较好的成绩。尤其是攀树队,作为国内起步最早的运动队,发挥了自身优势,在 2016 年"莫兰蒂"台风过后,队员们迅速投入到学校和厦门市灾后建设当中,戴上安全头盔,穿上链裤,系上安全绳,攀爬到机器无法到达的位置修剪和清理树木,对大树进行抢救,表现出了专业的清理水准,受到社会各界的赞扬。两个队伍参加比赛及获奖情况见表 16-31。

表 16-31　户外运动队参加各类比赛主要获奖情况

项目	时间	赛事名称	成绩
定向越野队	2014	第 15 届福建省大学生运动会定向越野比赛	获得总分第三名、女子团体第一名及单项比赛 2 银 7 铜
	2018	第 16 届福建省运动会(大学生部)	男子积分赛第一名、男子百米第一名
	2012—2018	福建省定向越野锦标赛、全国学生定向越野锦标赛、海峡两岸暨港澳台地区定向越野公开赛、中国杯定向越野巡回赛	共获得 12 个一等奖、6 个二等奖、10 个三等奖以及 3 金 3 银 3 铜

续表

项目	时间	赛事名称	成绩
攀树队	2012	香港国际攀树赛	女子组第 3 名
	2013—2014	第四届香港攀树锦标赛	1 金 2 银 3 铜

5.跆拳道队

厦门大学跆拳道代表队成立于 2007 年,是依托于跆拳道协会的基础上发展起来的。建队初期,共有男女选手 20 人,他们担负着代表厦门大学参加各级大型跆拳道正规比赛的重任。在教练的带领下,队员们努力训练,运动技术水平提高较快,在各级各类赛事中取得了可喜的成绩,在促进海峡两岸的交流中也做出了重要贡献。2015 年,厦大跆拳道队赴台湾参加第八届"弘光杯"跆拳道锦标赛,鉴于厦门大学在两岸体育交流方面的卓越贡献,被组委会授予"两岸高校体育交流杰出贡献奖"。

时至今日,跆拳道已成为广受欢迎的一项运动,由跆拳道协会承办的校内比赛也成为一年一度的跆拳道盛事,同时,跆拳道校级代表队也在不断地发展壮大,于 2016 年列为校级三类运动队,在全国大赛中不断创造佳绩。跆拳道队具体比赛及成绩见表 16-32。

表 16-32 厦大跆拳道队参加各类比赛及获奖情况

时间	赛事名称	成绩
2007	集美大学举办的跆拳道比赛	获得 3 金 1 银
2008	第四届全国大学生跆拳道锦标赛暨第 25 届世界大学生运动会选拔赛	获得 1 金 1 银 2 铜,并获得该项赛事的"体育道德风尚奖"
2012	应邀赴台湾参加第五届"弘光杯"跆拳道锦标赛	获得 4 金 2 银 3 铜,同时囊括了男子组高阶色带及女子组高阶色带的团体冠军
2015	赴台湾参加第八届"弘光杯"跆拳道锦标赛	获得 10 金 7 银 15 铜,同时获得男子色带组团体竞技第一名、女子色带组团体竞技第三名、男女竞技团体以及品势团体总冠军

续表

时间	赛事名称	成绩
2017	2016—2017 年全国大学生跆拳道(品势)锦标赛	获得旋转击破比赛第一名、品势比赛第五名
2019	2019 年中国大学生跆拳道(品势)锦标赛	获得跆拳舞比赛团体季军

6.射击队

厦大射击队成立于 1996 年 4 月，8 名队员来自 6 个系，分别为化学系谢剑凌、数学系张玉生、电子工程系郑炜、美术系裴伦、周丽彬(女)、外文系唐捷(女)、李璇(女)和新闻系杜娟(女)。成立后，经过三个月的刻苦训练，1996 年 7 月 19—24 日由校党委副书记陈传鸿领队，武装部部长杨良兴担任教练，代表福建省队赴成都参赛首届“大学生军事射击比赛”，与来自全国 20 多个省、市、自治区的 60 多所高校 300 多名大学生同场竞技。比赛项目有五六式半自动步枪 100 米精度射击、五六式半自动步枪 100 米速射。经过角逐，厦大取得了男子精度射击第一名、女子速射第三名及第四、第五名和两个第七名，同时获得男子团体第五名和团体总分第八名的好成绩，为福建省争得了荣誉。

(三)国家等级运动员称号

改革开放之初，厦门大学广大师生积极响应毛泽东主席提出的“发展体育运动，增强人民体质”的伟大号召，注重提高学生的运动技能水平。经过厦门市体委和学校体委审核批准，达到运动员等级标准的学生可获得国家等级运动员称号，这在当时不仅是对学生运动技术水平的一种肯定，而且也大大激发了学生积极投身参与运动锻炼的激情。从表 16-33 中可以看出，20 世纪 80 年代，学生获得的国家等级运动员称号主要以二级和三级运动员为主，集中在排球、田径、体操、乒乓球、游泳等项目上。近 10 年来获得国家健将级运动员称号的运动员有 29 人，获得国家一级运动员称号的运动员有 101 人。

表 16-33 1981—1987、2010—2019 年厦大学生获得国家等级运动员称号列表

时间	人数	国家等级运动员称号具体情况
1981	29	7 名二级运动员称号:李红专、廖谊宏两位同学为田径二级运动员称号,陶烃、郑海涛、余航、洪国湧、陈小刚五位同学为排球二级运动员称号 22 名三级运动员称号:田径 8 名,体操 9 名,游泳 5 名
1982	40	2 名二级运动员称号:胡刚、邵志文排球二级运动员称号 38 名三级运动员称号:田径 12 名,体操 14 名,排球 10 名,足球和举重各 1 名
1984	41	3 名二级运动员称号:刘军(田径)、郑明、秦玫芳(乒乓球队);38 名三级运动员称号:田径队 11 名,体操队 23 名,排球队 2 名,乒乓球队 2 名
	7	校男排于 1983 年参加省排球联赛获得第二名,授予吴自强、林滨、蒋开方、黄端、陈永春、杨书农、李新辰 7 名排球运动员为二级运动员称号
	15	7 月福建省第 7 届大学生运动会上,雷锐生、刘士熙、谢适民三位同学达到国家二级运动员标准;周益评等 12 位同学达到国家三级运动员标准
1987	10	校学生男排和研究生男排,在 1985 年省高校排球赛和 1986 年全国首届"研究生杯"排球赛中分别取得冠军和第四名,经校体委和市体委审核,批准其中 10 名为三级排球运动员:陈俊海、陈瑞明、黄河、刘钊、陈斌、黄恒旭、任明川、刘东、刘向成、张继明
2010	4	一级运动员称号:武术队 1 个、篮球队 3 个
2011	11	国家健将级运动员称号 1 人:健美操队 一级运动员称号 10 人:武术队 3 人、健美操队 5 人、篮球队 2 人
2012	16	国家健将级运动员称号 4 人:健美操队 4 个 一级运动员称号 12 人:棒球队 4 人、武术队 3 人、篮球队 5 人
2013	14	国家健将级运动员称号 4 人:健美操队 3 个、武术队 1 个 一级运动员称号 10 人:棒球队 3 人、武术队 2 人、健美操队 1 人、篮球队 4 人
2014	8	国家健将级运动员称号 2 人:健美操队 2 个 一级运动员称号 6 人:棒球队 4 人、武术队 1 人、篮球队 1 人
2015	13	国家健将级运动员称号 3 人:健美操队 3 个 一级运动员称号 10 人:棒球队 4 人、武术队 3 人、篮球队 3 人
2016	11	国家健将级运动员称号 2 人:健美操队 2 个 一级运动员称号 9 人:棒球队 3 人、武术队 2 人、篮球队 4 人

续表

时间	人数	国家等级运动员称号具体情况
2017	12	国家健将级运动员称号 4 人:健美操队 4 个 一级运动员称号 8 人:棒球队 3 人、武术队 1 人、篮球队 4 人
2018	18	国家健将级运动员称号 4 人:健美操队 4 个 一级运动员称号 14 人:棒球队 1 人、武术队 1 人、健美操队 3 人、篮球队 3 人、足球队 6 人
2019	23	国家健将级运动员称号 5 人:健美操队 5 个 一级运动员称号 18 人:棒球队 5 人、武术队 1 人、健美操队 1 人、篮球队 4 人、足球队 7 人

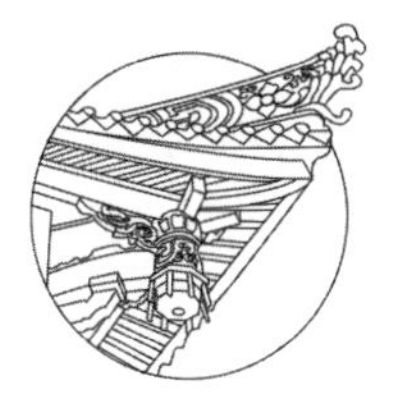

第五篇 图说厦门大学百年体育场馆变迁

运动场(stadium)即为进行现代体育之空间场所,厦门大学在创办之初就秉持要建设世界性的现代大学的理念,故建校初期就已筹划建设现代体育场地设施,以供师生进行体育锻炼。本章在收集资料时,获取了大量珍贵的影像资料。有时图片的视觉冲击、直观感受更能让人联想到当时的历史场景,而体育场馆这一运动空间更是如此。故尝试以影像志的方式来记录厦门大学百年体育场地变迁的历史。

第十七章　秉先辈遗志、承建校初心

——演武运动场之百年变迁

第一节　建校初期的演武运动场

厦门大学演武运动场是在郑成功演武场遗址上建立起来的运动场，故沿用“演武”二字至今。据记载，郑成功演武场遗址位于厦门大学鲁迅纪念馆前的大操场处，属市级文物保护单位。新中国成立后在厦门大学同安楼后面的八角亭花园中发现一块长 120 厘米、宽 48 厘米的“练胆”石刻，现存于鼓浪屿郑成功纪念馆。陈嘉庚先生当年选择演武亭的遗址创办厦门大学，寓意即为秉承先辈遗志，爱国兴邦。当年在演武场东北、西南两边的山岗上，各有一道城墙，城墙里面是一片总面积 5 万多平方米的大校场。大校场旁边，即现今厦门大学群贤楼的地方原有一个演武亭，当年郑成功挥师北伐之前，曾在此选将练兵，每天进行操练、检阅，训练出一支拥有万人的“铁人军”，后来成为收复台湾的主力。

厦门大学 1921 年建校，至今已百年。建校之初，在“兴演武、重体育”的思想主导下，筹划建立了演武运动场，在往后的近百年期间，虽历经翻修与重建，但“演武”二字与空间方位不曾改变，这也是为何单独把演武场的变迁单列一章进行介绍的原因。到 1937 年全面抗战爆发，厦门大学全体师生迁往长汀，学校原址被日军占领。演武运动场图片资料情况如下所示：

图 17-1　1908 年的演武运动场

图 17-2　建校初期的演武运动场

图 17-3　抗日战争时期被日军侵占的演武场

第二节　抗战胜利回迁后的翻修

据 1947 年 2 月 28 日《厦大特刊》记载:“从长汀校区迁回后,本校原有运动场及设备被日寇破坏无余,现仅一片荒草之地,本年度新生计四百三十八名,体育卫生组工作紧张,由吴金声主任推动,积极扩充和修整运动场,调整体育活动场所及设备。如足球场之除草、跑道与跳区路面修整、掷区及各球场修理,拟兴建游泳池、足球场,篮球场四个,排球场三个,网球场一个以及大量补充新式扇面形篮球架、跳高及撑高跳架、无耳木马、石担、钉鞋一打、竹栏架三十架等各种运动器械。需经费壹仟伍佰万左右。后因经费原因,战后修缮后的运动场含经修缮后之球场,共有篮球场四个,排球场三个,足球场一个,四百米跑道一个,及其他田径及健身操齐全设备,网球场在筹建中,共计花费一千三百三十万。另运动器具则选购大批皮球,球网等。同时还利用鼓浪屿体育场及慈勤学校排网球场,及商借海关俱乐部网球场。练习赛跑则利用环院马路,内圈四百米,外圈八百米。”

翻修后的情况如下图所示:

图 17-4　演武运动场、篮排球场等(1948 年 7 月)

图 17-5　抗战后修缮的运动场(1948 年 7 月)

第三节　历经三次修缮的演武田径场

新中国成立后，演武场又经历了一次翻修，尽可能地将原址恢复。下图为在翻修后的演武场进行运动会队列入场式。20 世纪 60 年代，学校开始修建建南楼群，并重新翻修了上弦田径运动场，之后陆续修建了风雨球馆、灯光篮球场等场馆来扩充学校运动场地。这一时期演武运动场一直沿用煤渣跑道，直至2001年改造新建演武塑胶田径场。

图17-6　第二次翻修后演武场的二层楼主席台

(1986，陈金铭之子陈建生提供)

图17-7　20世纪90年代初期的演武田径场(煤渣跑道)

2001年4月6日，厦门大学八十华诞，建校八十周年升国旗仪式暨田径场改造工程竣工典礼，如下图所示：

图 17-8 第三次翻修后演武田径场全景——为东西走向(2001)

第四节 新时代演武运动场的华丽改造

“演武运动场改造及访客中心建造工程”于 2015 年 8 月 8 日正式启动，为省市重点工程，也是厦门大学与社会资本采用 PPP(public-private partnership)合作模式的成功范例。改造后的运动场地按照国际田联要求的标准施工建设，田径场方向转变为南北走向，面积由过去的 2 万平方米增加到 4 万多平方米。

2017 年 8 月 8 日，学校举行演武运动场改造竣工仪式。新的蓝色跑道则让人内心更加开阔与专注，并带有“助跑效应”，舒适宽广的足球场面积近8000平方米，19 个标准篮球场总面积达 1 万多平方米，大大地扩充了思明校区的运动空间，更好地满足了广大师生的运动健身需求。

图 17-9　改造完成后的演武运动场(2017)

第十八章　创办初期的运动场馆变迁

第一节　建校初期的演武综合体育运动场

据尚树梅(1929)调查报告中记载(出自《体育》第五期,梁启超著),厦门大学从创办之初便先后建有网球场9所、田径场1所、足球场2所、篮球场3所、排球场2所、棒球场1所、曲棍球场1所、游泳池1所、器械运动区1处,武术馆及乒乓球室等,器材设备也比较完善。时任厦门大学体育部教授金兆均注:"本校曾于民国十五年(1926),印有厦大运动场图一副,今同附上。运动设备方面今年又新添Cricket Ball(板球)全副设备。运动场所面积约二百五十米正方。建筑内容关于篮球场与网球场两项,均用三合土或水门汀(水泥)做成,约长五十尺宽百尺,建筑费约大洋一百元。跑道分三层建筑,下层用小石块,中层用粗煤屑,上层用细煤屑与黄泥之混合质。"平面示意图如下图所示:

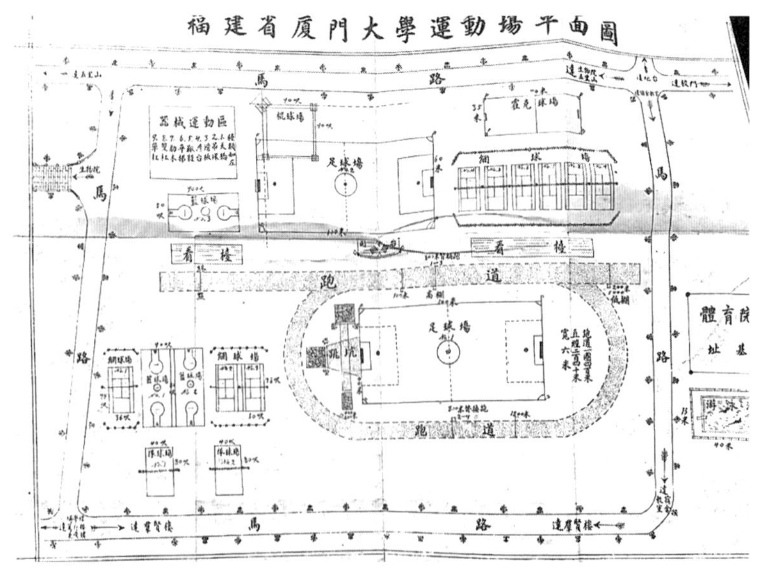

图18-1　福建省厦门大学运动场平面图

图 18-2　建校初期演武体育场地

（足球场、篮球场、器械训练场等）

图 18-3　演武场西南侧网球场(1921)

图 18-4　演武场东侧篮球场(1921)

图 18-5　建校初的篮球场看台

厦门大学是国内少数建立在海边的大学之一，海岸线较长，坡度适中，沿海有数个海滨浴场可供市民游泳。由于地理环境等因素，建校之初，游泳课便是体育课程中的主要内容之一。为方便在校师生安全游泳，建校初期便兴建了现代游泳池。

据1925年6月6日《厦大周刊》记载，秋季学期开学初将建成学生游泳池，位于囊萤楼前。池面长约50米、宽30米左右，底座有坡度，前面深约3.6米、后面深约1.4米。全池用自来水供水。据记载，此泳池直到抗战前还在进行游泳教学和比赛。原景如下图所示：

图18-6　建校初期的游泳池全景

第二节　抗战内迁长汀时期的运动场地

在长汀期间，厦门大学的办学规模由9个系增加到15个系，由196位学生发展到1044位，运动场地改造和建设为长汀办学期间师生体育活动的开展提供了基本条件。

1937年学校西迁长汀，“初迁汀时，仅设一篮球场在同安堂前。体育正课多假借中山公园运动场，县政府球场，南校场等处上课，前学期同学人数加倍，而县府球场又改筑新县府，体育场所更不敷用，母校当局有鉴及此，乃就第二院之广场，扩开篮球场三所，排球网球兼用球场一所，及各项田赛场等，同学之嗜运动者，大有用武之所，非昔日局处一寓所可比。长汀多雨，为避免因雨而碍体育正课计，特将西膳厅一处改建为雨盖操场一座，雨天上课多教授垫上及跳箱等项运动”。

1938年春，提倡劳动体育。由陈掌谔教授利用体育课时间带领学生开辟运动场地，使学校运动场设备很快得到改善，所建运动场共计有400米跑道和100米跑道田径场各一个、足球场一个和篮球排球场各五个，而且连成一片。同时建体育办公室一个、体育器械室一个，器械室室内面积有33平方米，内有平衡双环、木马、跳箱、助跃板、石担、双杠、单杠等。

1939年，体育卫生组主任吴金声博士积极扩充运动场，增置体育用具，体育设备日益完善。学校体育活动的开展克服场地限制，积极利用当地条件，将各种比赛分散在多处进行，如登高比赛在北极阁，越野比赛在环北山，全校运动大会在公共体育场(即南校场)，游泳比赛在马厝桥下等地举行，举重在中山公园，篮球比赛和排球比赛在第一球场，足球比赛在南校场。

1940年4月20日，长汀的体育场在黄县长主持下建成。厦门大学迁汀以后，厦大师生在长汀运动场、街道上开展体育运动，推动了当地社会的文明开发与进步，也促进了长汀体育场馆的建设。

1943年1月30日，重新整理原有篮排球场，将求是斋门口开旷地设为足球场，虽然不符合标准足球场要求，但可用于足球练习。新购置两个垫子，同时修缮增购双环、双杠、木马等设备。江西建设厅厅长杨绰庵平日热心教育，“因公来闽，以母校体育设备虽称完备，缺少游泳池，慨捐国币数万元建设绰庵游泳池”。

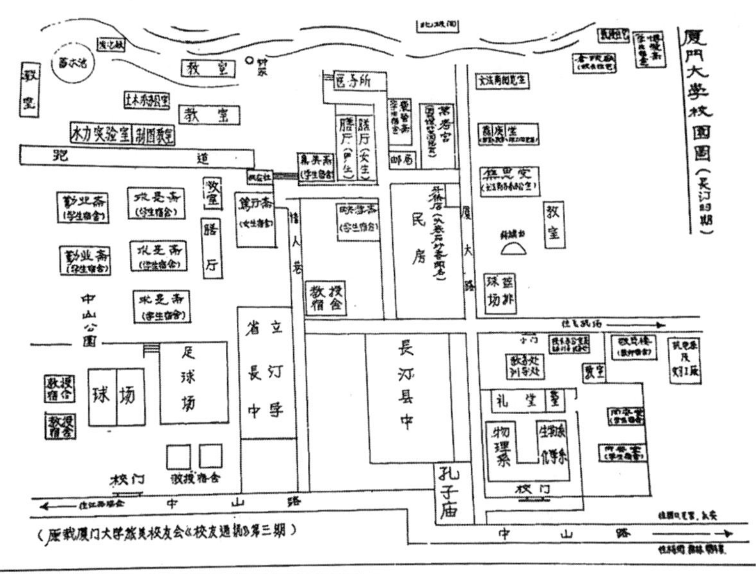

图 18-7　长汀时期厦门大学校园示意图

國立廈門大學開闢長汀分校體育場歌並序

陳掌謌

民國廿六年秋廈大改歸國立由薩博士本棟長校校政一新後以暴日襲擊廈門奉教部令遷移長汀上課授業之暇極力提倡爭作率全體健兒開闢體育場於數日中完成因作長歌百句以誌盛況

濟猷漢族文化昌。學府巍峨海一方。蠶食強鄰最難擬。虎視眈眈性猖狂。樹人應寫百年計。西人長汀仗宜揚。人傑地靈擅八閩。高原大蹊接粵疆。松毛嶺崗連雲翠。俯瞰東西鄞水長。山廻水抱地百畝。莘莘學子荷其傍。我校校長蔣門種。樓船萬里泛水鄉。文章北斗高歐與。拱雲托月幟尤張。山河破碎增僞惕。強國先求民種強。飛錫三下山公裂(校長參加校土體)。千人繼之揮鈎鋸。健兒赳赳華鎮隊。縱橫南北勞歸雷。手揮能令螢花泣。恨未一足蹴扶桑。穎川世胄有大變。強將之中出洵陋。拔茅連茹人爭羨。交鋒陷陣見光芒。成功嬌傳無弱旅(鄭伯鑄)。書生戎馬赤堂皇。闈中白打君擅勝。翁壕起士勝會場。莿江英雄小諸葛(鄔其璟)。滔滔舌劍鋒蘊藏。高蹈運覽習勞慣。角力翻騰過害莊。榕城林子稱健者(林懷海)。百發燈彈手未疆。廈速三軍連克捷。衝鋒摧敵如驅羊。西蜀何嘗無老將。技癢爲戲日且當(黃疇玉能拔石獅重二百餘斤)。若也荷戈戕妖孽。叱咤風雲凌八荒。春風國華妝門鬪。灑然獨立傲冰霜。高標火棒樹青外。好領群英到逸場。九子廉來多猛士(開闢體育場時每隊分九人)。經塔三山輝三王(中多閩侯縣有王華鈺王學洋王寶軒)。者番奮門錦標奪。應情丹青畫金堂。北極樓崗松竹老。梅花村上盡紅裳。桃鎮杏姐何處去。隱娘射姑爲誰忙(劉複嫻諸女同學總動員)。蹴球脫手萬人看。金華虎隊飛銀鈴。陳雲樞絕凱歌奏。黃龍痛飲振宏綱(女籃冠軍)。幽芬紳致自阜華。帶得羊城翰墨香。英姿如虹天爲貫。繞指柔還百鍊剛。百粵榮膺稱衆口。豹首旌旗擾武裝。何人背水賈餘勇。連三穿城更穿楊(足球冠軍)。漢代分明有三傑。陳平體段更軒昂(贊昕富基黎明爲排足籃隊總幹事贊昕籌備最努力)。成竹在胸氣磅礴。運籌帷幄計亦良。黃麻兒女胡笳急。千斤力大鴻孟光(黃天發隊得排球冠軍，陳必智隊彼敗。人稱陳爲日隊)。堆車能毀三島碎。鐵隊留名示不忘。明月去來何倏忽。汀州煙浪更微茫。且喜君豪好身手(許英度等)。博浪沙中效子房。吁嗟河山變色歸無處。鐵蹄踐踏猛於獨。倭刀之下無鳥豫。殺手妻子及幼孺。大海塵揭揭不止。中原鼎沸沸塌傷。國家興亡原有責。管蕩暴寇何時忘。伊誰笑唉胡虜肉。怒斬王頭作酒觴。從戎衛國皆環甲。壯士開風蠶義根。冒雪凌霜身不顧。撼天揭地心原長。漢胄神威不可侮。妖氛未靖氣難揚。廈大健兒世莫敵。聞雞起舞脊胸瘡。戰揚關罷千杯盡。好迷天驕且國防。

图 18-8　国立厦门大学开辟长汀分校体育场歌并序(1938 年 3 月)

简体译文如下：

国立厦门大学开辟长汀分校体育场歌并序

陈掌谔

民国二十六年秋，厦大改归国立，由萨博士本栋长校，校政一新，后以暴日袭击厦门，奉教部令迁移长汀，上课授业之暇极力提倡劳作，率全体健儿开辟体育场，于数日中完成，因作长歌百句以志盛况。

（起）

漪欤汉族文化昌。学府巍峨海一方。蠹食强邻最难餍，虎视眈眈性猖狂。树人应为百年计。西入长汀仗宣扬。人杰地灵拥八闽。高原大壑接粤疆。松毛龙岗连云翠。俯瞰东西鄞水长。山迴水抱地百亩。莘莘学子荟其傍。厦大校长将门种。楼船万里泛水乡。文章北斗高欧美。拱云托月帜尤张。山河破碎增惆怅。强国先求民种强。飞锄三下山为裂（校长参加破土礼）。

千人继以挥钩锃。健儿赳赳华铁队。纵横南北势难当。手挥能令蛮花泣。恨未一足蹴扶桑。颍川世胄有大变。强将之中出洵阳。拔茅连茹人争羡。交锋陷阵见光芒。成功嫡传无弱嫡（郑伯锜）。

书生戎马亦堂皇。围中白打君擅胜。断壕起土胜会飏。芗江英雄小诸葛（郑其琛）。

滔滔舌剑锋难藏。高齋运甓习劳惯。角力翻腾过云庄。榕城林子称健者（林怀海）。

百发烟弹手未疆（僵）。

厦运三军连克捷。冲锋催敌如驱羊。西蜀何尝无老将。拔狮为戏日且常（黄福玉龙拔石狮重二百余斤）。

若使荷戈戕妖孽。叱咤风云凌八荒。春风国华妆门艳。瀧然独立傲冰霜 。高标火棒层霄外。好领群英到边场。九子原来多猛士（开辟体育场时每队分九人）。

罗塔三山辉三王（中多闽侯籍有王华锬王华洋王宝祥）。

者番奋斗锦标夺。应倩丹青画金堂。北极楼前松竹老。梅花村上画红裳。桃姨杏姐何处去。隐娘射姑为谁忙（刘淑娴诸女同学总动员）。

绣球脱手万人看。金华虎队飞银枪。阵云横绝凯歌奏。黄龙痛饮振宏纲

(女篮冠军)。

藕芬神致自卓莹,带得羊城翰墨香。英姿如虹天为贯。绕指柔还百练钢。百粤荣麟称众口。豹首旌旗挂武装。何人背水卖余勇。连三穿城更穿杨(足球冠军)。

汉代分明有三杰。陈平体段更轩昂(赞昕甯基黎明为排足篮队总干事赞昕筹备最努力)。

成竹在胸气磅礴。运筹帷幄计亦良。黄家儿女胡笳急。千斤力大过孟光(黄天发队得排球冠军,陈必智队被败,人称陈为日队)。雄军能撼三岛碎。礼队留名示不忘。明月去来何倏忽。汀州烟浪更徽茫。且喜君辈好身手(许英度等)。

博浪沙中效子房。吁嗟河山变色归无处。

铁蹄践踏猛于狼。倭刀之下无良贱。杀手妻子及幼孀。大海尘扬扬不止。中原鼎沸沸堪伤。国家兴亡原有责。誓歼暴寇何时忘。伊谁笑啖胡虏肉。怒斩王头做酒觞。从戎卫国皆环甲。壮士闻风尽裹粮。冒雪凌霜身不顾。掀天揭地心原长。汉胄神威不可侮。妖氛未靖气难扬。厦大健儿世莫敌。闻鸡起舞誓国殇。战场辟罢千杯盏。好逐天骄出国防。

(末)

第十九章　新中国成立后的运动场馆变迁

第一节　白城滨海游泳池的修建与兴盛

1952年，学校开始规划建造四个游泳池，于1956年8月竣工，位置在现今白城演武大桥下附近，它的前身应为1935年的竞强游泳池。其中比赛池（50米×25米，8道）、练习池、水球池（25米×30米）、儿童池各一个，总面积为6000平方米。这个滨海泳池的设计可以利用海水涨潮倒灌填充，实用性极强，并配有跳水台等设施。当时全省市一级游泳比赛、全校师生的游泳课程均在此地举行，一直使用到90年代初，后因修建演武大桥工程被改造填埋。（图19-1至图19-3）

图19-1　20世纪50年代初修建的滨海标准游泳池

图 19-2　20 世纪 80 年代全校游泳运动会比赛现场

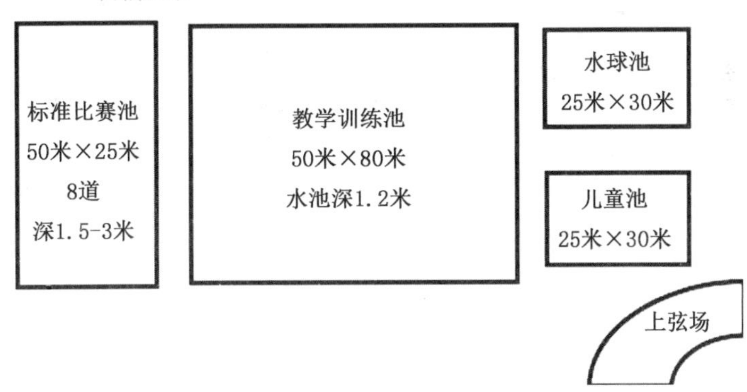

图 19-3　原白城滨海游泳池示意图

第二节　风雨球馆的兴建与改造

20 世纪 50 年代初，学校筹划建设一座风雨球馆供师生在阴雨天气进行体育教学与锻炼。风雨球馆于 1956 年 6 月底左右完工，地点在芙蓉第一后面山坡上。球馆为石墙结构、木屋架、洋灰瓦屋面，占地面积约为717平方米，室内净高7米。馆内可进行健美操、艺术体操、武术、乒乓球、排球、篮球等项目的教学与比赛活动，历时半个多世纪沿用至今。

2001年前后，风雨球馆室内进行翻修重建，由过去水泥地改造成木质地板，主要用于校篮球队训练。由于木屋架的屋顶近些年下雨天经常漏水，2015年暑假，再次对风雨球馆进行整修，将木屋顶改建为铁皮屋顶，木地板也再次重新翻修，主要为羽毛球、气排球课程教学和校武术队、羽毛球队训练所用。（图19-4、图19-5）

图19-4 风雨球馆正面外景

图19-5 风雨球馆室内图(2015)

第三节　上弦运动场的建成与改造

新中国成立后，一场前所未有的大规模建设在厦门大学拉开了帷幕。率先动工的是位于学校东南处的建南楼群和上弦场，于 1952 年开工，首先开始建造建南楼群，而后上弦场也逐渐修建成形，工程于 1954 年竣工。该工程由陈嘉庚先生亲自参与设计、督建，其女婿李光前先生为主，加上其他福建南安华侨共同捐资建设。（图 19-6、图 19-7）

图 19-6　建设中的建南楼群与上弦场

图 19-7　20 世纪 60 年代山水画上弦场样貌

1977 年，全省高校田径运动会在厦门大学举行，故在建南大礼堂前面重新修建 24 副单双杠、2 副肋木架，10 副体操器材。上弦场建有一个可以坐 2 万多名观众的足球场，曾有两次全国性足球、手球比赛在这里举行。2003 年，上弦运动场改造成标准 400 米跑道田径场，有标准绿茵足球场 1 处，迷你足球场 3 处，器械训练区 1 处等。（图 19-8 至图 19-11）

图 19-8　20 世纪 80 年代前后上弦运动场一瞥

图 19-9　翻修前上弦足球场

图 19-10　翻建后的上弦运动场一瞥(2003)

图 19-11　上弦运动场航拍图(2018)

第四节　灯光球场及校内各区域运动场旧址

1977 年,在厦门大学大南校门(南普陀校门)附近,即现今图书馆前建有一灯光球场,可以容纳 2000 名观众,当时多数球类、武术的教学与比赛都在此举行,曾闻名一时。灯光球场一直使用到 1997 年,因修建嘉庚楼群被拆除改造。

图 19-12　灯光球场内景图(1991)

改革开放后,旧演武球场、东苑球场一时间兴起,篮球场、排球场、网球场等处人声鼎沸,在近 30 年的时光里,这些运动场平日里热闹非凡,成为学校体育教学工作、师生业余体育活动的主要场所。2015 年,随着演武运动场的改造,这些场地也进行了拓新重建。(图 19-13 至图 19-16)

图 19-13　旧演武篮球场

图 19-14　改造前演武排球场

图 19-15　改造前演武器械训练场(映雪楼前)

改造前东苑篮球场

改造后的东苑篮球场

2018 年改造后的东苑网球场、排球场、羽毛球场鸟瞰图

图 19-16　改造前后的东苑球场

第五节　明培体育馆的兴建

1986 年 4 月 6 日，在学校 65 周年校庆时，旅菲华侨、海外函授学院 1957 年入学的学生佘明培校友及其夫人施淑好女士，捐献人民币 210 万元用于建造正规化的体育馆——明培体育馆。

明培体育馆建于群贤楼的囊萤楼前方，紧临演武运动场，体育馆于 1988 年开工，1990 年竣工，建筑面积 4768 平方米。馆内拥有一个篮球场地，2000 个座位，设置有电子自动纪录仪。体育馆外观为橘红色的锥形屋面网架结构，连接在 4 条楼梯通道的二楼屋体上，形似永不熄灭的火炬。这是厦门市第一个正规化的现代体育馆。

2004 年，明培体育馆安装中央空调，增设和改造运动员、裁判员、贵宾休息室。2010 年，学校对明培体育馆再次进行了全面的大型整修，对地板、顶棚、门窗、裁判台、灯光等设施都进行了维修和装修，使其面貌焕然一新，能更好地满足运动训练和比赛的要求。

图 19-17　明培体育馆落成典礼(1990 年 4 月)

图 19-18　明培体育馆内场景

第六节　王清明游泳馆的建设

王清明游泳馆于2004年4月建成，位于思明校区校园西南角，由香港校友王少华女士捐资修建，并以其父亲的名字命名。游泳馆共3层，建筑面积8000平方米，有50米标准游泳池、25米练习游泳池、儿童游泳池各一个，顶层有800座位的看台。游泳馆的外形设计别具一格，既秉承了嘉庚楼群风格又富有现代气息，整体造型简洁大方。馆内集游泳池、健身房、动感单车房、乒乓球房、健美操馆、跆拳道馆、办公室、会议室等多功能于一体，是厦门大学现代化的体育设施之一。

游泳馆三楼露天游泳池

游泳馆一楼室内泳池一角

游泳馆一楼室内儿童游泳池

游泳馆二楼健美操馆

游泳馆二楼乒乓球馆

游泳馆二楼跆拳道馆

游泳馆三楼健身房

游泳馆二楼动感单车房

图 19-19　游泳馆内各场地布局

第二十章　新时代厦门大学各校区体育场馆与设施

第一节　思明校区体育场馆

厦门大学思明校区依山傍海，加之厦门的气候条件，为开展多样化的体育活动提供了有利条件。思明校区拥有 2 个标准塑胶田径场、1 个塑胶田径练习场、1 个棒垒球练习场、2 个标准足球场、3 个五人制足球场、1 个高尔夫练习场、1 座体育馆、1 座风雨球馆、1 座 3 层 3 池的游泳馆、1 个户外拓展基地、27 片室外篮球场、4 片室外排球场、10 片室外网球场、2 片单双杠器械区等场馆设施，体育活动场地面积达 14 万平方米，体育用房 0.8 万平方米，师生人均体育用地达 4 平方米。良好的体育场馆与体育设施，为厦门大学体育教学、群众性体育活动、体育竞赛活动的顺利开展提供了保障。

图 20-1　思明校区主运动场馆鸟瞰图(含演武场、上弦场、明培馆、王清明游泳馆)

三边足球场地示意图

高尔夫练习场

水上运动项目的思源谷水库

海韵学生公寓棒垒球练习场

思明校园内攀树课程场地

明培馆旁原攀岩基地

高尔夫练习场旁现攀岩基地

图 20-2　思明校区体育场地

第二节　漳州校区体育场馆

2003 年 9 月至 2012 年 7 月，厦门大学全体大一、大二本科生均在漳州校区学习，漳州校区也配备了完善的体育场馆设施。

漳州校区体育活动场地面积达 20.66 万平方米，师生人均体育用地达 10 平方米以上。拥有田径场 2 片(北区田径场标准 400 米塑胶跑道、南区田径场 300 米塑胶跑道)、足球场 5 片(北区 11 人制足球场 1 片、中区 5 人制足球场 3 片、南区 9 人制足球场 1 片)、室外篮球场 36 片(北区塑胶篮球场 9 片、中区塑胶灯光篮球场 8 片、中区水泥篮球场 16 片、南区塑胶篮球场 3 片)、室外网球场 12 片(中区塑胶灯光网球场 8 片、水泥网球场 4 片)、室外排球场 13 片(北区塑胶排球场 12 片、南区塑胶排球场 1 片)、综合性棒球场 1 片(标准棒球场 1 片、打击笼 2 个、器材室 1 间)、综合性高尔夫练习球场 1 个(有 30 个打击位，迷你球场 4 个三杆洞)、综合性体育馆 1 个(内含羽毛球场、篮球场、健身房、跆拳道馆、搏击馆、乒乓球室、健美操馆、武术室、瑜伽室等)、游泳馆 1 个(含 50 米长 8 泳道标准泳池 2 个，一深一浅)、专用瑜伽教室 1 间。良好的体育场馆与体育设施，为漳州校区体育教学、群众性体育活动、体育竞赛活动的顺利开展提供了保障。

图 20-3　北区田径场、篮球场、排球场

高尔夫练习场

南区田径场、篮球场及五人制足球场

综合性体育馆外景图

室外游泳池

图 20-4　翔安校区体育场地

第三节　翔安校区体育场馆

厦门大学翔安校区一期田径场于 2012 年 9 月投入使用，为校区重要的体育场地设施。总建筑面积 40486 平方米，其中地上 6764 平方米，地下 33722 平方米，地下一层，地上三层。地下部分功能包括设备用房、人防用房、地下停车场等，地上部分功能为健身用房、办公及相关配套用房等。田径运动场面积 20255 平方米，看台面积 2844 平方米，场内设有 400 米标准跑道、足球场、跳远区、铅球区、撑竿跳高区等，四周环形看台可提供观众座位数 5488 个。

图 20-5　一期田径场

游泳馆(佘明培游泳馆)位于翔安校区的北部,于 2013 年 8 月竣工,总建筑面积 10784 平方米,其中地上 9916 平方米,地下室建筑面积 868 平方米,地上二层,地下一层。地下一层为设备用房,地上一层有两个标准游泳池,一个为深 1.5 米,一个为深 1.8 米,二层为观众厅、休闲厅和办公用房等。游泳馆的建成可为校区师生提供一个良好的体育锻炼场所,是校区重要的体育设施。

图 20-6　室内游泳池

2015年7月3日，占地2.1万平方米，拥有30个打位，依山坡地形而建的翔安校区高尔夫练习场建成。2019年，翔安校区室外二期新塑胶篮球场、网球场、排球场改造完成。

综合体育馆于2016年4月27日正式开工建设，2018年5月25日竣工验收。总建筑面积15250平方米，馆内包括篮球场、羽毛球场、排球场、健身房、击剑馆、武术室、瑜伽室、健美操室、乒乓球室、跆拳道馆、射箭馆等，主要功能布局为：一层为健身房、器材室、体育专用教室、比赛场地；二层为服务用房、储藏间、看台。体育馆设有观众席位2609个（其中活动座位1198个，固定座位1411个），室外停车位60个。综合体育馆的建成扩充了翔安校区的运动空间，更好地满足了广大师生体育教学、课外运动健身与群体竞赛的需求。

图20-7　综合体育馆的外景图

第四节　马来西亚分校体育场馆

厦门大学马来西亚分校位于马来西亚首都吉隆坡西南45公里，占地150英亩，是中国首个在海外建设独立校园的大学。校区总建筑面积约为47万平方米，在校生总规模预计将达到1万人，包括本科、硕士、博士三个教育层次。一期建筑面积约 20 万平方米，截至 2019 年，学生规模为 4000 人。

校区一期工程除教学楼、礼堂中心、学生活动中心、学生公寓楼等建筑外，体育场馆更是必不可少的重要设施，截至 2019 年底，已建成田径场、足球场、游泳馆、风雨球馆、篮球场、排球场、网球场、健身房、室外健身区等等，后续随着学生人数的增加，体育场馆设施还将进一步完善。部分现有场馆见下图：

游泳馆

风雨球馆（含篮球场、羽毛球场及观众席）

图 20-8 马来西亚分校体育场地

第二十一章　体育行政办公场所的变化

1921年建校至1933年初，据梁启超（1929年）《体育》第五期《福建省厦门大学运动场平面图》所记，体育院旧址位于学校西侧，现明培体育馆所在，与囊萤楼相对，中间为游泳池旧址（现群贤校门喷泉处）。

又据校刊记载，1933年4月6日，群贤楼设体育部办公室，直到抗战全面爆发全校迁往长汀前一直在此。自长汀迁回后，1947年起，体育部办公场所位于建南大礼堂下，即现鲁迅雕像后。

1977年，体育部办公室搬入映雪二（小白楼），位于现科艺中心前空地处。2004年王清明游泳馆落成，体育教学部办公室搬至游泳馆三楼至今。体育教学部部分办公场所历史照片如下所示：

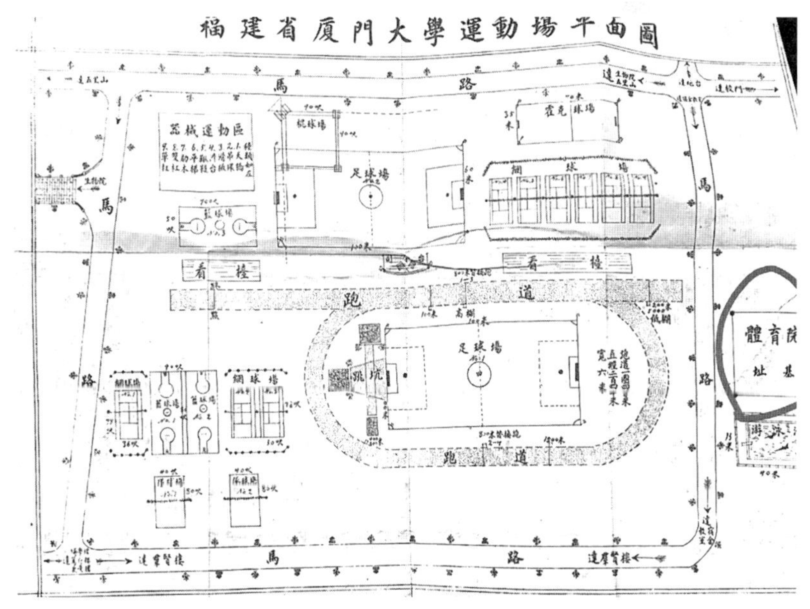

图21-1　1921—1933年体育部地址

图 21-2　1977 年小白楼

第六篇
学科发展

第二十二章　体育教学部科研发展情况

科研工作是体育工作当中必不可少的、非常重要的一部分。但因体育学科发展在厦门大学起步较晚，教师们真正从术科转而关注到科学研究，进而进行论文的写作及教材编写等，大致是从20世纪八九十年代开始。

20多年来，随着对体育科研工作的高度重视及体育教师学历水平的不断提高，许多老师在完成繁重的教学、训练等任务之余，积极探讨钻研，撰写学术论文及各类著作，申报主持各级各类科研项目，取得了较为丰硕的成果。

第一节　著作撰写

体育教学部教师多年来在各自的研究领域颇有建树，编撰了一系列的著作，这些著作的出版，充分显示了教师们深厚的学术功底。具体见表22-1。

表22-1　体育教学部教师撰写著作一览表

时间	作者姓名	著作名称	出版单位
1986	林建华	西域掌	《中华武术》杂志
1988	黄渭铭	健康长寿指南	厦门大学出版社
1988	黄渭铭	休息的艺术	福建科学技术出版社
1989	林建华	世界流行技击术	厦门大学出版社
1990	黄渭铭	东方养生法	中国国际广播出版社
1991	黄渭铭	福建高校体育史	厦门大学出版社
1991	黄渭铭	中老年知识分子保健必读	人民体育出版社
1995	林建华	形意拳(英文版)	Sugawara Martial Arts Institute, Inc

续表

时间	作者姓名	著作名称	出版单位
2001	黄力生	老年人养生保健	厦门大学出版社
2004	郑　婕	健身球体操理论与方法	人民教育出版社
2005	林顺英	中国体育教师教育改革的理论与实践	高等教育出版社
2006	郑　婕	健美操(中学)	高等教育出版社
2008	林建华	形意强身功	人民体育出版社
2010	郑　婕	健身腰鼓	北京体育大学出版社
2010	林建华	八闽武术	人民体育出版社
2012	林顺英	论普通高校体育教育本科专业教学质量保障	北京体育大学出版社
2013	林建华	福建武术史	厦门大学出版社
2015	林建华	福建武术人物志	厦门大学出版社
2016	黄桑波	中国体育赛会志愿服务研究	北京出版社
2017	蔡宝家	区域休闲体育产业发展研究	厦门大学出版社
2018	骆腾昆	户外冒险运动	厦门大学出版社
2019	孟　蒙	资源人类学视域下清水江苗族龙舟竞渡的观光化演变	厦门大学出版社
2019	邹　红	普通高校高水平运动员社会流动研究	厦门大学出版社

第二节　科研项目

在2000年之前，体育教学部在科研课题方面几乎是个空白。近20年来，随着对体育科研工作重视程度的不断提高，在老师们的辛勤努力下，科研项目立项不断有所突破，2008年一年科研经费达到18万元，取得了一个飞跃式的迈进。此后，更是申请到不少的省部级以上科研项目。截至2020年3月，体育教学部教师共主持各类科研项目约84项，经费共约400万元。其中纵向课题29项，经费约 97 万元。具体见 22-2。

此外，在教学改革研究方面也取得了较好的成绩。值得一提的是，2004 年，体育教学部承担的教育部十五重点课题“大学生野外生存生活训练”的子课题“大学生海岛生存生活训练”非常成功，在全国高校反响很大，受到了课题组的高度赞扬。近几年，有几位教师申请到福建省或厦门大学的教改项目，体育教学部在教学改革研究的道路上正在大步迈进。具体见表 22-2。

表 22-2　省级及以上纵向科研项目一览表

项目类型	项目名称	项目负责人	立项时间	立项金额（万元）
国家社科基金一般项目	构建普通高校体育课程内容体系及运动技能评价标准的研究	郑　婕	2011 年	15
国家社科基金一般项目	新型农村社区公共体育服务供给侧制度建设研究	何元春	2016 年	20
教育部人文社科一般项目	对我国民族传统体育传承中的失范与矫治研究	何元春	2011 年	9.0
教育部人文社科一般项目	共享理念下竞技体育资源促进全民健身发展的路径研究	焦芳钱	2019 年	10
教育部人文社科青年基金项目	“体育强国”建设背景下冰雪运动“南展西扩东进”战略的推进模式研究	邹　红	2020 年	8.0
全国教育科学“十五”规划重点课题	关于构建和谐的“体教结合”体系的理论研究	郑　婕	2006 年	2.0
福建省社科重点项目	福建省省属高校体育资源社会共享现状调查及对策研究	林致诚	2011 年	3.0
福建省社科重点项目	国家战略视角下福建新型农村社区体育公共服务制度建设研究	何元春	2015 年	3.0
福建省社科一般项目	村落民俗体育研究的视野、方法与实证分析	郭琼珠	2008 年	1.5
福建省社科一般项目	对农村生活方式变迁中的民俗体育研究	何元春	2009 年	3.0
福建省社科青年项目	社会分层背景下我国优秀运动员退役后的社会流动研究	邹　红	2014 年	1.5

续表

项目类型	项目名称	项目负责人	立项时间	立项金额（万元）
福建省社科一般项目	城市营销视域下城市体育赛事选择、发展理论与实证研究	蔡宝家	2015年	1.5
福建省社科一般项目	闽台“文化记忆”活态存在的意义与时代价值研究——以“狮阵”为例	杨广波	2015年	1.5
福建省社科一般项目	福建省城市马拉松赛道文化建设研究	焦芳钱	2016年	2.0
福建省社科一般项目	学科核心素养视域下高中体育教师专业化发展研究	林顺英	2018年	5.0
福建省社科一般项目	冰球项目优秀运动员专项能力的结构模型及其应用研究	邹　红	2019年	5.0

第三节　科研论文

近三四十年，广大教师在完成教学群体任务之余，积极探讨钻研，撰写了大量的学术论文与教学研究论文。自2000—2019年，体育教学部教师在国内外学术刊物上发表论文共约385篇，其中在核心刊物上发表论文约103篇。具体见表22-3。

表22-3　体育教学部教师在一类核心刊物发表论文一览表

作者（第一或通讯作者）	论文题目	刊物名称	发表时间
黄力生	论道教养生思想产生、发展及其特点与方法	北京体育大学学报	2001
陈志伟	排球发球攻击性主要因素的分析	北京体育大学学报	2001
蔡宝家	我国高校研究生体育教育现状的调查与分析	北京体育大学学报	2002

续表

作者（第一或通讯作者）	论文题目	刊物名称	发表时间
郭琼珠	对大学新生适应期心理健康教育的思考	厦门大学学报（哲社版）	2002
林顺英	我国普通高校体育教育专业本科教学计划执行情况分析	上海体育学院学报	2003
郑 婕	普通高校体育教学改革新创意	北京体育大学学报	2004
翁兴和	高校高职称教师群体体育健身意识的调查研究	北京体育大学学报	2004
郑 婕	普通高校健美操教材的创新与重建	北京体育大学学报	2005
林顺英	我国中学体育教师职后培训的调查与分析	中国体育科技	2005
郭琼珠	普通高校体育课程中民族传统体育内容改革的现状调查研究	北京体育大学学报	2006
郑 婕	关于培养竞技体育运动员的成本问题研究	北京体育大学学报	2006
林建华	论中国武术文化的保护	厦门大学学报（哲社版）	2006
蔡宝家	我国中小体育用品产业集群集聚研究	北京体育大学学报	2006
林建华	论文化传统对我国全民健身进程的影响	北京体育大学学报	2006
焦芳钱	弱势项目“马太效应”现象的训练学分析	北京体育大学学报	2008
郑 婕	“体教结合”高水平培养竞技体育人才新体系构建的研究	北京体育大学学报	2008
郭琼珠	社会转型期村落传统体育的生存、保护与发展	厦门大学学报（哲社版）	2008
刘 婷	海峡两岸义务教育阶段体育教育之比较分析	台湾研究	2008
何元春	乒超联赛主场经营状况调查及其运行机制研究	北京体育大学学报	2009

续表

作者（第一或通讯作者）	论文题目	刊物名称	发表时间
谭红春	对“体育”暴力的人类学解释	北京体育大学学报	2009
焦芳钱	对我国女子马拉松运动员年度训练负荷特征的调查研究	北京体育大学学报	2010
唐文玲	高校校园体育文化亮点——啦啦队运动功能研究	北京体育大学学报	2010
林致诚	体育产业研究方法的不足与突破	北京体育大学学报	2010
林致诚	中国各省区竞技体育发展的效率研究	厦门大学学报（哲社版）	2010
何元春	对文化互动中的中国乒乓运动开展价值认知研究	北京体育大学学报	2011
唐文玲	高低杠“李娅空翻下”运动学分析	北京体育大学学报	2011
郭琼珠	明清时期大陆移民对台湾武术形成与发展的影响研究	北京体育大学学报	2011
何元春	我国农村体育发展的正式制度与非正式制度耦合意义及其实现路径	北京体育大学学报	2012
刘　婷	海峡两岸高校体育教育比较研究	台湾研究	2012
郑　婕	论海洋体育对增强国民海洋意识的作用	北京体育大学学报	2013
邹　红	从伦敦奥运周期女子自由体操的发展态势看我国存在的问题及应对策略	北京体育大学学报	2013
焦芳钱	中国女子马拉松项目特点及训练规律研究	北京体育大学学报	2014
唐文玲	中学学校体育政策执行现状实证研究——以上海市20所中学为例	上海体育学院学报	2014
焦芳钱	我国三大球项目发展的哲学认知研究	北京体育大学学报	2017
何元春	农村公共体育服务供给范式的转换——基于地方性知识理论	体育学刊	2018

续表

作者（第一或通讯作者）	论文题目	刊物名称	发表时间
何元春（通讯作者）	地方性知识视阈下我国农村公共体育服务供给理念的反思及重构	北京体育大学学报	2018
林致诚（通讯作者）	论粤闽华人华侨对近代中国体育的贡献	体育学刊	2019

第四节　科研获奖

1990 年，福建省教委、省高校体育协会和省高校体育研究会联合举行了福建省高等学校 1979—1988 年优秀体育论文评选活动，厦门大学共有 6 人 17 篇优秀体育论文获奖，其中黄渭铭有 5 篇论文获一等奖。1997 年，由国家教委主办、全国高校体育教学指导委员会承办的“首届全国高校体育优秀论文报告会”上，厦大体育教学部黄力生论文《以终身体育为主导，深化学校体育改革》荣获三等奖。随着高校体育教育改革的不断深入和厦大体育教师高学历人员的逐渐增加，老师们的科研成果获奖也越来越多。进入 21 世纪以来，体育教学部教师各项科研成果在各级各类评奖及科报会论文评比中获得约 65 项奖励，其中省级以上奖励 37 项。具体见表 22-4。

表 22-4　主要科研奖励成果一览表

时间	获奖者	获奖成果名称	成果形式	获奖等级	颁奖单位
2004	郑　婕	论专业运动员队伍现代化	论文	二等奖	中华人民共和国第七届大学生运动会科学论文报告会学术委员会及中国体育科学学会
2004	郑　婕	普通高校体育教学改革初探	论文	二等奖	中华人民共和国第七届大学生运动会科学论文报告会学术委员会及中国体育科学学会

续表

时间	获奖者	获奖成果名称	成果形式	获奖等级	颁奖单位
2004	林建华	“闽拳”的主要内容、特点与发展战略研究	论文	一等奖	2004首届世界传统武术节论文报告会
2004	林建华	我国普通高校民族体育课程改革的现状调研	论文	一等奖	全国高校民族传统体育学术论文报告会
2004	黄力生	中国近代学校体育思想演进的研究	论文	三等奖	中华人民共和国第七届大学生运动会科学论文报告会学术委员会及中国体育科学学会
2005	林建华	形意强身功	健身功法（全国优秀健身项目）	一等奖	国家体育总局
2005	林顺英	我国普通高校体育教育专业本科教学计划执行情况分析	论文	三等奖	厦门市社科联
2006	陈志伟	普通高校体育理论课教学模式新探	论文	三等奖	全国高等师范院校学校体育协会
2006	林顺英	我国高校体育教师终身教育体系建立的构想	论文	二等奖	全国高等师范院校学校体育协会
2006	柯惠芬	厦门大学学生体质健康状况测评分析	论文	二等奖	全国高等师范院校学校体育协会
2007	林建华	论文化传统对我国全民健身进程的影响	论文	二等奖	福建省人民政府
2007	林顺英 陈志伟 等	大陆、台湾、香港、澳门大学体育课程设置之比较	论文	一等奖	中华人民共和国第八届大学生运动会组织委员会
2007	郑婕 黄景东 等	“体教结合”培养高水平竞技体育人才新体系的构建	论文	一等奖	中华人民共和国第八届大学生运动会组织委员会

续表

时间	获奖者	获奖成果名称	成果形式	获奖等级	颁奖单位
2007	郭琼珠	社会转型期村落传统体育生存、保护与发展研究	论文	一等奖	教育部直属综合大学体育协会
2007	曾秀端	福建省高校民族传统体育课程开设现状的调查	论文	二等奖	福建省大学生体育协会
2007	焦芳钱	弱势项目“马太效应”现象的训练学分析	论文 专题报告	一等奖	中国体育科学学会
2007	蔡宝家	我国体育主导产业选择	论文	二等奖	中华人民共和国第八届大学生运动会组织委员会
2007	蔡宝家	区域体育产业发展研究	论文 专题报告	一等奖	中国体育科学学会
2008	方福荣	关于厦门足球俱乐部发展思路的探讨	论文	三等奖	教育部直属综合性大学体育协会
2009	林建华	形意强身功	专著	三等奖	福建省人民政府
2010	郭琼珠	村落乡土文化资源中的传统体育研究——兼对一个侨乡村落武馆百年史的考察	论文	三等奖	厦门市社科联
2010	郭琼珠	新制度学视角下村落体育未来发展路径选择的探讨	论文	一等奖	中国高等教育学会体育专业委员会
2010	郑 婕	体育元素的植入与校园文化广场的优化	论文	一等奖	中国高等教育学会体育专业委员会
2010	黄桑波	中国体育志愿者：概念、分类与发展特征	论文	二等奖	中国高等教育学会体育专业委员会
2010	何元春	对制度变迁中的农村体育发展研究	论文	三等奖	中国高等教育学会体育专业委员会

续表

时间	获奖者	获奖成果名称	成果形式	获奖等级	颁奖单位
2011	赵秋爽 林建华	厦门大学《学生体质健康标准》的测试现状与对策研究	论文	二等奖	第 26 届世界大学生夏季运动会学术大会
2012	曾秀端等	从近 3 届世界田径大赛奖牌榜剖析中美两国青少年田径选材网现状	论文	一等奖	中国高等教育学会体育专业委员会
2012	何元春 王丽娟	对资本视角下的研究生体育课程开设价值认知研究	论文	一等奖	中华人民共和国第九届大学生运动会组织委员会、中国高等教育学会体育专业委员会
2012	林顺英等	普通高校体育教育本科专业教学质量影响因素的调查与分析	论文	二等奖	中华人民共和国第九届大学生运动会组织委员会、中国高等教育学会体育专业委员会
2012	林顺英 陈志伟等	大学生体质健康状况与高校体育改革的调查研究	论文	三等奖	中华人民共和国第九届大学生运动会组织委员会、中国高等教育学会体育专业委员会
2012	王丽娟	英国卓越课程教育体制对中国高校体育教育的启示	论文	三等奖	中华人民共和国第九届大学生运动会组织委员会、中国高等教育学会体育专业委员会
2012	黄桑波等	我国体育赛会志愿服务的实践逻辑——基于三类体育赛会的考察	论文	三等奖	中华人民共和国第九届大学生运动会组织委员会、中国高等教育学会体育专业委员会
2016	林建华	福建武术史	专著	三等奖	福建省人民政府

续表

时间	获奖者	获奖成果名称	成果形式	获奖等级	颁奖单位
2017	陈志辉等	英格兰青少年足球运动员能力培养研究——基于理论与实践的分析	论文	三等奖	中华人民共和国第十三届学生运动会组织委员会
2017	陈志辉等	“教体结合”视野下的厦门市校园足球发展路径研究	论文	三等奖	中华人民共和国第十三届学生运动会组织委员会
2017	邹红等	借鉴继承与发展——我国运动员社会流动的研究现状述评	论文	三等奖	中华人民共和国第十三届学生运动会组织委员会
2018	焦芳钱	共享理念下我国城市马拉松赛道文化建设研究	论文	一等奖	中国大学生体育协会田径分会
2018	陈志伟等	我国普通高校高水平运动员职业期望研究与就业指导建议	论文	二等奖	中国大学生体育协会田径分会
2018	陈志伟等	“核心视角”下高校体育课程体系改革研究——以厦门大学为例	论文	二等奖	中国大学生体育协会田径分会
2019	焦芳钱	我国三大球项目发[illegible]学认知研究	论文	三等奖	厦门市社科联

第五节 专利发明

20年来，体育教学部有3位教师专注于体育运动器材、体育竞赛软件的开发研究，并申请到了相应的专利，具体见表22-5。

表 22-5　专利发明统计表

时间	发明人	专利名称	专利号	颁发单位
2010.10	郑 婕	健身腰鼓	ZL 2010 2 0109245.5	中华人民共和国国家知识产权局
2015.08	冯 菲 郑 婕	多功能健身球/棒	ZL 2015 2 0228668.1	中华人民共和国国家知识产权局
2017.05	郭琼珠	武术健身气功竞赛管理信息管理系统	2017SR172658	中华人民共和国国家版权局

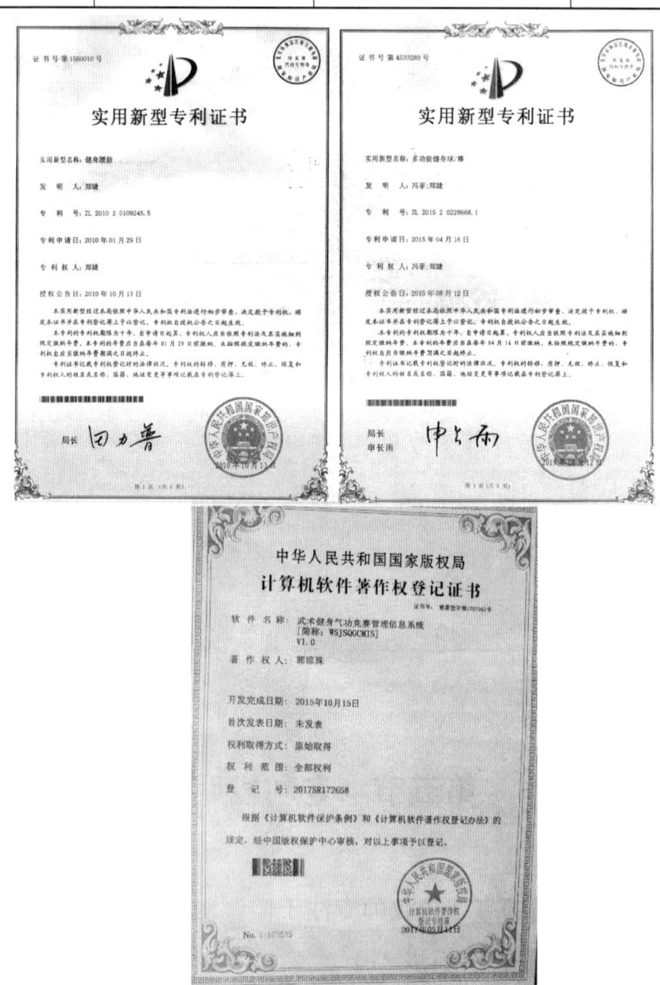

证书号第1560010号

实用新型专利证书

实用新型名称：健身腰鼓

发　明　人：郑婕

专　利　号：ZL 2010 2 0109245.5

专利申请日：2010年01月29日

专利权人：郑婕

授权公告日：2010年10月13日

本实用新型经过本局依照中华人民共和国专利法进行初步审查，决定授予专利权，颁发本证书并在专利登记簿上予以登记。专利权自授权公告之日起生效。

本专利的专利权期限为十年，自申请日起算。专利权人应当依照专利法及其实施细则规定缴纳年费。本专利的年费应当在每年01月29日前缴纳。未按照规定缴纳年费的，专利权自应当缴纳年费期满之日起终止。

专利证书记载专利权登记时的法律状况。专利权的转移、质押、无效、终止、恢复和专利权人的姓名或名称、国籍、地址变更等事项记载在专利登记簿上。

局长　田力普

2010年10月13日

证书号第4533289号

实用新型专利证书

实用新型名称：多功能健身球/棒

发　明　人：冯菲；郑婕

专　利　号：ZL 2015 2 0228668.1

专利申请日：2015年04月16日

专利权人：冯菲；郑婕

授权公告日：2015年08月12日

本实用新型经过本局依照中华人民共和国专利法进行初步审查，决定授予专利权，颁发本证书并在专利登记簿上予以登记。专利权自授权公告之日起生效。

本专利的专利权期限为十年，自申请日起算。专利权人应当依照专利法及其实施细则规定缴纳年费。本专利的年费应当在每年04月16日前缴纳。未按照规定缴纳年费的，专利权自应当缴纳年费期满之日起终止。

专利证书记载专利权登记时的法律状况。专利权的转移、质押、无效、终止、恢复和专利权人的姓名或名称、国籍、地址变更等事项记载在专利登记簿上。

局长　申长雨

中华人民共和国国家版权局

计算机软件著作权登记证书

软件名称：武术健身气功竞赛管理信息系统
[简称：WSJSQGCMIS]
V1.0

著作权人：郭琼珠

开发完成日期：2015年10月15日

首次发表日期：未发表

权利取得方式：原始取得

权利范围：全部权利

登记号：2017SR172658

根据《计算机软件保护条例》和《计算机软件著作权登记办法》的规定，经中国版权保护中心审核，对以上事项予以登记。

计算机软件著作权登记专用章

2017年05月11日

图 22-1　体育部教师获得的相应专利

第二十三章　体育教学部硕士学位点发展情况

在我国，体育学科的建立、建设和发展与其他学科相比，起步较晚、起点较低。随着时代的发展，高校体育重术科轻学科的观念也在逐渐转变，同时，随着体育在人们生活中地位的不断加强，在世界范围内的影响力和作用不断加大，体育学科建设便愈加显示出其重要性和紧迫性。进入21世纪，厦门大学根据全国高校体育快速发展的势态，准确而迅速地把握住了时机和方向，在以公共体育教学为基础的前提下，强调巩固和提高"术"科水平，加快进行学科建设和发展。在2003年抓住时机申报了"体育教育训练学"二级学科硕士点，并于2004年开始招生，这是厦门大学体育学科建设零的突破，也是厦大体育学科发展的里程碑。2006年又申报了"民族传统体育学"二级学科硕士点，2007年开始招生。

第一节　人才培养定位、研究方向、研究内容与特色

一、人才培养定位

两个二级学科硕士学位点培养人才的基本定位：具有自学能力、思辨能力、科研能力，德、智、体全面发展，可从事体育教学、训练、科研及管理工作的智能型人才。

二、研究方向、研究内容与特色

体育教学部两个硕士学位授权点共有6个研究方向，具体方向名称、研究内容等见表23-1。

表 23-1 体育教学部硕士点研究方向、研究内容与特色一览表

专业名称	研究方向	主要研究内容与特色
体育教育训练学	体育教育研究	探究国内外学校体育现状及其发展趋势,从目标设定,内容选择与组织、实施,教学评价等各方面把握体育课教学内在规律,研究学校体育教育中存在的相关问题,进而拓宽学生的知识面,以培养学生的科研及实践教学综合能力
	球类教学训练理论与实践	主要研究篮球、排球、足球、网球、乒乓球、羽毛球、高尔夫等教学训练、竞赛中的相关理论与方法;同时研究体育培训、体育竞赛的相关管理理论与实践,培养学生体育教学、运动训练、竞赛组织和商业化运作、管理等能力
	田径教学训练理论与实践	主要研究田径教学与训练中的相关理论与方法,探究国际田径运动技术发展前沿和趋势,并对体能训练问题进行研究。其特色在于把田径教学、训练与高水平竞技的学习和研究有机地结合起来,培养研究生的综合能力。并能够结合当下较为热点的体能康复,拓展学习和研究视角,提升学科的研究价值。从而培养学生体育教学、运动训练、竞赛组织、健身指导与体育科研能力
	体操教学训练理论与实践	主要研究健美操、啦啦操、街舞、蹦床等项目教学和训练中的相关理论与方法,探究国内外该类项目的发展趋势及对策,同时结合教育学、运动生物力学、运动生理学等多学科进行交叉支撑研究,最终培养学生体育教学、运动训练、竞赛组织与体育科研的综合能力
	武术教学训练理论与实践	主要研究武术教学、训练及竞赛裁判中的相关理论与方法,探究武术发展趋势及对策,培养具有扎实的武术相关领域的理论知识,并具有一定的创新能力,能在体育教育和运动训练领域从事教学、训练、竞赛组织、科学研究的高层次人才
	水上项目教学训练理论与实践	主要研究以海洋体育为主体的各项运动的相关理论与方法,涵盖海面上、海中、海底、海滩、海岛、海礁、海空的海洋竞技运动项目、大众涉海休闲旅游项目和海洋民俗类项目,并对海洋意识、体育文化与经济、海洋运动项目教学与训练、海洋运动赛事组织与推广以及海洋运动对外交流平台构建等领域进行研究

续表

专业名称	研究方向	主要研究内容与特色
民族传统体育学	民族传统体育教学训练理论与实践	主要研究民族传统体育的发展历史、特征、功能、传播与发展，以及与现代体育的相互关系等。根据民族传统体育自身的历史特征进行宏观的、科学的、系统的归纳和总结，并运用比较的方法，从整体上把握、分析、领会其内涵和实质。对弘扬民族体育传统文化，保持民族文化的多样性有重要的现实意义
	民俗民间传统体育理论与实践	主要研究民俗体育理论与方法，探究不同地域民俗体育文化形态、发展现状、发展趋势与对策，包括对海峡两岸民俗体育的比较研究、两岸民俗体育的交流与发展研究。培养学生掌握田野调查的方法和体育科研的方法
	民族传统体育养生健身理论与实践	重点研究传统体育养生的相关理论与方法，包括传统体育养生文化的源流、形式、内容、方法、健身价值、发展现状、发展趋势等。该领域的挖掘和探究，对全民健身工程的深入开展，对国民体质和全民健身水平的提高都有着深远的意义

图 23-1　2019 届体育硕士研究生毕业论文答辩

第二节　课程开设情况

自2004年至今，开设研究生专业课、专业选修课共23门。随着研究生培养方案的不断修订及完善，课程也在不断地增减中，课程名称及内容也有所调整，一些课程的任课教师也有所调整，或者由原来的外聘教师更换为体育教学部教师。研究生开设课程有：教育心理学、运动生理学、计算机应用于多媒体课件制作、体育教育学、体育管理学、体育科学研究方法、运动心理学、运动训练学、中国体育史、体育社会学、体育统计学、体育统计与分析——SPSS应用、运动生物力学、中国体育思想史、传统养生理论与方法、体育经济学、运动专项教学实践（高尔夫、网球等）、中国武术史、体育人类学等。

第三节　学生对外交流、实习实践基地及优秀毕业论文

一、学生对外交流情况

充分利用厦门大学综合性高校的优势，鼓励研究生参加境内外各种交流学习活动。学生中共有10人次赴境外担任汉语教师志愿者或参加交换生、交流项目等活动，时间从1个月到两年不等。具体情况见表23-2。

表23-2　体育教学部研究生对外交流一览表

序号	学生姓名	出国出境时间	国家/地区	交流项目
1	杨　雄	2014.8—2015.1	中国台湾	台港澳校际交换生
2	潘　蕊	2015.2—2015.6	中国台湾	台港澳校际交换生
3	李海山	2015.9—2016.8	马耳他	汉语教师志愿者
4	耿博鑫	2016.2—2016.6	中国台湾	台港澳校际交换生
5	吕闻君	2016.9—2017.7	英国	汉语教师志愿者
6	杨　甲	2017.1—2017.12	新西兰	汉语教师志愿者

续表

序号	学生姓名	出国出境时间	国家/地区	交流项目
7	陈玥莹	2017.7—2017.8	中国台湾	台港澳暑期交流项目
8	吕闻君	2018.2—2018.7	中国台湾	台港澳校际交换生
9	王振东	2018.2—2019.12	瓦努阿图	汉语教师志愿者
10	龚慧敏	2019.2—2019.6	中国台湾	台港澳校际交换生

二、实习实践基地

目前正式挂牌的校外教学实习实践基地有 2 个：厦门市禾山中学和科技中学，具体见表 23-3。厦门市演武小学未正式挂牌，但自 2008 年开始，体育教学部即与演武小学签订了支教协议，每学期由体育教学部选派 1～3 名研究生担任演武小学体育教师，客观上也为研究生提供了一个很好的教学实践平台。

表 23-3　体育教学部硕士点教学实践基地情况列表

序号	单位名称	挂牌时间	实习时间	实习学生人数	指导教师人数
1	厦门市禾山中学	2018.5.31	2017.9—2018.6	10	5
2	厦门市科技中学	2018.11.27	2018.9—2019.1	10	6

三、优秀毕业论文

2015—2019 年间，有 4 名毕业生的学位论文获评福建省优秀毕业论文。具体情况见表 23-4。

表 23-4　体育教学部获福建省优秀学位论文列表

姓　名	毕业时间	获奖论文题目	导　师
王　海	2015.6	我国体育专业院校专利信息分析与思考	林致诚
潘　蕊	2016.6	闽台大学生体质健康（体适能）现状比较研究——以厦门大学和台湾师范大学为例	陈志伟

续表

姓　名	毕业时间	获奖论文题目	导　师
岳　衡	2017.6	帆船运动与沿海城市品质的互动发展关系研究	郑　婕
吕闻君	2019.6	政府购买公共体育服务进程中的社会力量培育——基于典型个案的调研	何元春

第四节　硕士学位点的撤销

2016年上半年，体育教育训练学、民族传统体育学两个二级学科硕士点参加了全国第四轮学科评估，最终结果排名在后30％当中。2016年下半年，按照教育部的要求，两个硕士点又参加了学位点合格评估工作，12月份邀请了8位校外专家进行现场评估，最终的评估结果“体育教育训练学”为合格，“民族传统体育学”为基本合格。2017年，经几个月的准备及撰写材料，体育学申报一级学科硕士学位授权点，但最终未能通过。

按照《国务院学位委员会关于开展2017年博士硕士学位授权审核工作的通知》当中《2017年学位授权审核工作总体要求》规定，“高等学校现有二级学科学位授权点在下次学位授权审核结束后将不再保留，符合相关一级学科申请基本条件的，一般应申请新增一级学科学位授权点”。也就是说，2017年申报体育学一级学科未能成功，两个二级学科在未来几年当中将会被自动取消。考虑到体育教学部目前的师资力量、科研水平及研究生培养成果方面都比较薄弱，与其他同类高校相比存在一定的差距，短期内这一状况无法从根本上改变。在国家对学位点提出更高要求的大环境下，为谋求新的发展道路，经体育教学部党政联席扩大会议充分讨论，于2018年、2019年分别申请撤销了“民族传统体育学”“体育教育训练学”两个二级学科硕士点。

第五节　“体育与社会”目录外二级学科硕士学位点设立

2019年3月份，体育教学部与学校新成立的社会与人类学院积极沟通协商，初步拟定将体育学与社会学研究相融合，在社会学一级学科下面设立一个目录外二级学科，名称确定为“体育与社会”。

4—9 月，体育教学部组织了 6 位教师撰写论证报告，报告经 7 次修改补充，最终通过了学校研究生院的审核。10 月 19—20 日，体育教学部邀请 7 位校外专家对学位点的设立进行了现场论证。专家们一致认为，厦门大学已具备设置“体育与社会”二级学科的条件，这一学科的设立对丰富社会学与人类学学科发展具有重要作用，有利于强化社会学、人类学研究与体育学科发展的实践相结合，使社会学与人类学学科能更好地服务于社会需求，有利于实现社会学、人类学、体育学学科内部力量和资源的整合，使社会学与人类学科结构更加合理，能更好地培养社会发展与体育治理高层次专门人才。11 月 14 日—12 月 14 日，论证报告及相关评议意见等材料进行网上公示，12 月底，经厦门大学学位评定委员会审议通过，在社会学一级学科下设置目录外二级学科“体育与社会”硕士学位授权点，并将于 2021 年开始招生。

设置“体育与社会”二级学科硕士点的目的在于提升体育专业人才的研究水平和理论素养，增强理论联系实际的能力。该硕士点融合了体育学与社会学理论，主要致力于研究体育与人的社会化、体育与社会变迁之间的密切关系，同时对体育自身结构、功能、发展动力等也进行更为深入的探讨和研究。该专业下设“体育教育与社会化”“民俗民间体育”“体质健康与休闲社会”等三个研究方向。这一学位点的设立为厦门大学体育学的发展开启了新的篇章。

第二十四章　国术与健身研究中心建设

第一节　基本概况

2009 年 10 月，“厦门大学国术与健身研究中心”正式挂牌成立，这是学校第一个体育与健身的专门学术研究机构，意义重大。研究中心主任由体育教学部林建华教授担任，中心旨在积极开展国术与传统体育健身、养生的学术研究，依托厦门大学多学科、高水平、研究型综合大学优势，着重研究海峡两岸国术与传统体育健身、养生的历史渊源和发展前景，促进国术与传统健身、养生文化在海内外的学术交流与合作，构筑中华国术与传统体育健身、养生的学术平台，不断提高研究水平；大力宣传和推广国术与健身、养生的科学理论与方法，使国术与传统健身、养生在新的历史条件下为现代社会做出更大的贡献。

国术与健身研究中心的主要研究方向有以下三个方面：

1.国术研究：以海峡两岸国术为重点，研究和梳理闽台国术的历史渊源、技术传承、内容流派，以及两岸国术的交流、合作、推广与可持续性发展的模式；研究国术健身、强身、修身的理论与机制。

2.健身养生研究：着重研究儒、道、释家传统的养生理论与方法；加强对“形意强身功”的健身、养生机制和各项生理指标的测试与研究，为现代人提供科学、简便、健康、实效的健身理论指导与方法实践。

3.民间民俗体育研究：研究民间民俗体育非物质文化遗产的传承、保护与发展。重点对闽台民间民俗传统体育、传统养生的形态、现状进行调查整理，分类编册。探讨民间民俗体育的发展现状、社会价值及发展趋势。

中心的特色是“形意强身功”的研究和推广。

第二节　人员情况

研究中心 2009 年 10 月成立之初共有 10 位教师，名单见表 24-1。十年间，人员进行了多次调整，总的数量都在 10 人左右，截至 2019 年底，机构成员名单如表 24-2。

表 24-1　厦门大学国术与健身中心人员名单(2009 年 10 月)

序号	姓名	职称	职务	专兼职
1	林建华	教授	主任	兼职
2	郭琼珠	教授	副主任	兼职
3	曾秀端	副教授	——	兼职
4	黄惠玲	副教授	秘书	兼职
5	胡立虹	副教授	——	兼职
6	李仁松	副教授	——	兼职
7	杨广波	讲师	——	兼职
8	黄景东	副教授	——	兼职
9	林智英	——	——	兼职
10	骆腾昆	讲师	——	兼职

表 24-2　厦门大学国术与健身中心人员名单(2019 年 12 月)

序号	姓名	职称	学位/学历	研究方向	受聘时间
1	林建华	教授	本科	传统健身养生	2009.10
2	郭琼珠	教授	本科	民间民俗体育	2009.10
3	何元春	教授	博士/研究生	体育人文社会学	2018.01
4	孟 蒙	助理教授	博士/研究生	体育人类学	2018.01
5	曾秀端	副教授	本科/研究生	传统健身养生	2009.10

续表

序号	姓名	职称	学位/学历	研究方向	受聘时间
6	李仁松	副教授	本科/研究生	民族传统体育	2009.10
7	胡立虹	副教授	本科/研究生	民族传统体育	2009.10
8	黄惠玲	副教授	硕士/研究生	民族传统体育	2009.10
9	杨广波	讲师	硕士/研究生	民族传统体育	2009.10
10	林晓群	讲师	硕士/研究生	民族传统体育	2011.10

第三节　研究中心主要工作

厦门大学国术与健身研究中心成立10年来，积极开展国术与传统体育健身相关的推广、培训、竞赛、研究生培养等各方面工作，积极参与对外交流，在体育课程教学中培养了学生终身体育的思想与方法，在传统武术、全民健身养生理论研究与实践推广方面发挥了积极的作用，对促进国术与传统健身、养生文化在国内外的学术交流、合作与推广，构建两岸国术与养生学术交流平台，以及促进民族传统体育学科建设方面都发挥了重要作用。

一、进修及人才培养

国术中心教师多次参加海峡两岸及国内外学术会议，参加国家、省级的武术段位、健身气功段位以及国家社会体育指导员进修培训，提升专业理论与技能，以便更好地为社会服务。如中心副主任郭琼珠教授参加国家武术段位制考评员培训考试，获得了国家级考评员资格；胡立虹、曾秀端、李仁松、黄惠玲副教授和杨广波老师通过培训考试获得国家一级考评员资格。林建华、郭琼珠、李仁松、胡立虹等老师作为硕士生导师，共培养了18名硕士研究生。其中2015级杨甲同学于2017年被国家汉办派往新西兰惠灵顿维多利亚大学孔子学院担任汉语教师，传播中国武术文化。

二、社会服务

国术中心通过多种形式举办培训、讲座、比赛等活动，在推广民族传统武术文化的同时，承担起了服务社会的任务。以下为简要列举：

1. 为了提高厦门大学教职工体质和健康水平，国术中心老师长年坚持为教职员工举办太极拳、健身气功培训，目前已举办25期培训班，约有800人次参加培训，受到教职工的广泛好评。同时还在校内设置了“太极角”，由李仁松、曾秀端等老师常年进行义务辅导。

2. 2011年11月，主办海峡两岸国术与养生学术论坛。

图24-1　海峡两岸国术与养生学术论坛合影(2011年11月)

3. 2014年，中国武术协会授权成立“厦门大学武术段位考评点”，考评点即设立在国术与健身研究中心。

4. 2014年8月、10月国术中心与福建省武术段位管理中心合作，举办全省武术段位培训班与考评工作，得到国家武术协会领导和福建省武术协会领导的高度肯定，为福建省武术段位标准化、规范化的推广工作起到了示范性的作用。

5. 2015年8月，国术中心作为协办单位，参与到由福建省体育局社会指导中心、厦门市体育局主办的第三届厦门国际武术大赛中，积极组织、策划、执行，承担了整个赛事的各项具体工作，受到省局和市局的表扬，产生了较大的社会影响。

6. 2015年，国术中心李仁松、曾秀端、黄惠玲等三位老师担任福建省社会体育中心举办的“全省健身气功下基层”巡回教学老师，为健身气功在福建省的普及与发展做出了贡献。

7. 2016年，国术中心与省体育局、厦门大学体育教学部合作，在厦门大学举办“首届高校健身气功师资培训班”，吸引了福建省近30所高校的90多位教师前来参加培训。

8. 2017年4月，全国第一个“高校大学生体育协会健身气功研究会”在厦门大学成立，厦门大学成为福建省高校健身气功研究会主席单位，国术中心副主任郭琼珠教授被推选为首届主席。同年11月份举办了福建省高校健身气功锦标赛。健身气功已成为厦门大学热门的体育课程及汉语国际推广南方基地的培训课程，曾秀端、黄惠玲、杨广波三位老师共同承担此课程，对健身气功在全国高校及世界各地的普及推广发挥了积极的作用。

9. 郭琼珠、胡立虹、杨广波老师多次在福建省高校、中小学及其他地市举行中国武术段位培训和考评，培训晋升段位者达2000多人，极大地推动了福建省武术段位工作的发展。

10. 全体成员积极参加国际、国内的各种武术比赛、健身气功比赛以及柔道比赛，积极参与大会裁判和组织工作。中心主任、武术国际级裁判林建华教授于2017年在“第十三届全运会武术比赛”中担任仲裁委员会主任，并在全国武术锦标赛、全国传统武术冠军赛、全国太极拳锦标赛、金砖五国运动会武术比赛、邯郸国际太极拳运动会、澳门国际武术节等大型武术比赛中担任总裁判长。中心副主任郭琼珠教授也在各种大型武术比赛中担任编排纪录长，胡立虹、李仁松、曾秀端、黄惠玲、杨广波、林晓群等老师也在各种比赛中担任裁判长、检录长等，为武术、健身气功、柔道等高水平竞赛活动做出了贡献。

三、学术交流

近几年，国术中心积极参与各层次的国术与健身、养生学术交流活动。如2014年，国术中心与中国武术协会、福建省体育局、福建省武术协会以及相关企业合作，在平潭建立了“中国武术培训基地”，多次邀请中国武术协会、福建省体育局、福建省武术协会领导以及台北武术总会主席杨美蓉、台湾永春拳协会理事长杨文旗等有关人士到平潭，共商两岸武术与养生的交流合作与发展。同时，在平潭举办了“海峡两岸国术与养生培训班”“福建省形意强身功培训班”等，推进了海峡两岸国术与健身的学术交流与合作。2014 年 10 月，国术中心与日本中国武术健身协会共同主办了“中国传统养生讲习会”，很好地推广了中国传统养生理论与方法。

中心主任林建华、副主任郭琼珠以及养生研究室主任李仁松等多次出国(出境)参加各种学术交流活动以及培训和裁判工作。林建华教授 2014—2017 年间多次应邀前往日本参加“日中武术国际友好演武大会”和“日中武术交流 30 周年纪念大会”等活动，进行传统武术交流和健身法的讲学。2014 年，林建华教授应美国国家武术总会邀请，前往美国主持全美武术段位制培训及评审工作，并主持全美武术选拔赛。2016 年，应澳门民族传统体育协会邀请，担任“澳门国际武术节武术比赛”总裁判长，2017 年再次应澳门体育总会邀请，担任“澳门国际武术节”嘉宾，并在大会开幕式、闭幕式上进行武术展演。2017 年 11 月，林建华教授作为嘉宾参加中国武术协会主办的大型武术论坛“萧山湘湖论坛”，并在大会上对当前武术的热点问题做重点发言。

郭琼珠教授 2014 年应邀前往日本东京进行传统养生讲学，受到热烈欢迎；2015 年赴台湾真理大学参加两岸运动休闲管理研讨会，并在会上做论文报告。

李仁松副教授于 2015 年由国际柔联派赴科威特、澳门分别担任 2015 亚洲柔道锦标赛、亚柔联青少年柔道比赛裁判；又由国家体育总局健身气功管理中心派赴塞尔维亚、斯洛文尼亚进行健身气功的讲学培训工作；2016 年李仁松老师再赴德国、瑞士、台湾地区进行健身气功讲学，为健身气功在世界的传播做出了贡献。同年，又由国际柔联派往印度担任第十二届南亚运动会柔道比赛的裁判。2017 年，李仁松老师以研究学者身份由国家汉办派往美国孔子学院传播中华武术。

四、学术兼职

国术中心多位教师担任着各种学术兼职，承担了大量的社会工作。

1.林建华教授为中国武术九段、武术国际级裁判，曾兼任教育部全国高校体育教学指导委员会委员、教育部直属综合性大学体育协会理事长、福建省大学生体育协会秘书长、福建体育社会发展研究会副会长、中国武术协会委员。现兼任福建省武术协会副主席、福建省武术中心技术顾问。

2.郭琼珠教授为中国武术八段，兼任中国华人华侨学校体育学会副理事长、中国武术段位国家级考评员、福建省武术协会常务理事、福建省大学生体育协会健身气功研究会会长、厦门市武术协会副秘书长。

3.李仁松副教授担任亚洲柔道联盟信息技术团队成员、中国健身气功协会援外教练员、中国大学生体育协会柔道分会裁判委员会副主任、福建省大学生体育协会武术分会民间传统体育委员会副主任、福建省大学生体育协会健身气功研究会秘书长、厦门市永春白鹤拳文化研究会副会长兼常务理事。

4.胡立虹副教授为武术国家级裁判，兼任中国武术段位制国家一级考评员、福建省大学生体育协会武术分会秘书。

第四节　国术中心科研成果

多年来，国术中心林建华、郭琼珠、李仁松、胡立虹、杨广波等老师共承担了18项科研课题(含福建省社科项目2项)，经费共约62万元。

结合课题研究，中心主任林建华教授出版了《八闽武术》(2010年2月出版，22万字)、《福建武术史》(2013年11月出版，68万字)、《福建武术人物志》(2015年6月出版，80万字)、《永春白鹤拳大观》(与苏瀛汉合作，2016年10月出版，45万字)四部专著(编著)。其中《福建武术史》获得福建省第十一届社科优秀成果三等奖。

近几年来，国术中心教师撰写发表了近20篇科研论文，曾获国家体育总局健身气功管理中心优秀论文三等奖。

第二十五章　军事教研室学科建设

学科建设是关于发展的重大问题，军事教研室成立后，一方面积极配合学校工作，承担本科生与国防生的军事理论课程教学任务，另一方面也全力参与国防教育学科的建设。

2002 年，军事教研室与厦门大学教育研究院合作，在高等教育学下开设了“大学生国防教育”硕士研究生培养方向，并正式招收研究生。2003 年，国务院学位办授权厦门大学（军事教研室）招收在职人员攻读硕士学位，开设高等学校教师（国防教育）硕士学位班，累计培养了 8 期该专业在职硕士生。2013 年，在教育部体卫艺司的牵头下，军事教研室和厦门大学教育研究院进一步深化合作，依据国务院学位办自主设置目录外二级学科的相关规定，军事教研室在一级学科教育学下创建了全国第一个，也是目前全国唯一一个目录外二级学科国防教育学硕士点，面向全国招收全日制国防教育研究生，“国防教育”终于实现了从培养方向升级到学科点的历史性跨越。

研究生教育是为高校国防教育师资队伍培养后备人才的重要举措，也是学科建设研究队伍的主要来源。军事教研室以“会上课、懂科研的双师人才”为研究生培养目标，不仅开设了“军事科学概论和军事教学法”基础课进行军事理论课的教学方法训练，还特别安排研究生参与实践，要求全程跟进学生军训工作、并到相关院校进行军事理论课实习，为培养合格国防教育教师打好基础；同时，军事教研室还开设了“高等学校国防教育”“国防理论与国家安全战略”“国防教育历史”“武器与战争艺术”等课程，完善国防教育研究生的知识结构，指导学生进行相关学术研究、推进国防教育学科建设，结合学科建设和国防教育前沿课题指导学生毕业论文写作。

截止至 2020 年 3 月，军事教研室已招收全日制国防教育学研究生七届，共 30 名学生。前三届研究生已经毕业，其中第一届 1 名研究生被选为国防生，毕业后到部队工作。已经毕业的21名研究生中有2名研究生继续攻读博士,9名投身国防教育领域,教学水平获得用人单位称赞,科研领域也逐步崭露头角,学科建设队伍逐步壮大。

此外,自军事教研室成立以来,曾先后参与了《中华人民共和国国防教育法》的起草咨询工作,国务院办公厅、中央军委办公厅(2001)48号文件的起草工作,教育部、总参谋部、总政治部联合颁发的《教学大纲》的编写工作,所提建议也曾被采纳写入《国防教育法》。

为了在学科建设道路上更进一步,军事教研室集思广益,互通有无。一方面,积极向外,组织教师参加多届全国国防教育科研论文报告会,与全国同行切磋交流,先后有十余篇科研论文获得全国国防教育科研论文报告会一、二、三等奖,扩大了厦门大学在全国国防教育学界的影响。

另一方面,苦修内功。军事教研室老师每周都在办公室举办学术沙龙,交流心得,互相学习,特别是在国防教育理论研究前沿做出了突出贡献。军事教研室现已出版了“国防教育理论研究丛书”,包括《高等学校国防教育》《中国军事思想教程》《中国国防教育史纲》《权利与诉求:大学教师专业自主权实证研究》《学科视野下的国防教育研究方法初探》《军事科学教程》等,这些专著不仅奠定了厦门大学在全国国防教育学界的学科领导地位,而且切实解决了国防教育研究生培养中的教材建设问题。

“十二五”期间,军事教研室科研取得长足进展,在核心刊物发表论文10余篇,其中一类核心刊物6篇,发表了《论国防教育学科的创生》(《高等教育研究》)、《论国防教育学的学科归属》[《厦门大学学报》(哲社版),《高等学校文科学术文摘》全文摘编]、《大力加强高校国防教育》(《光明日报·理论周刊》头条,《新华文摘》论点摘编)等20多篇论文。出版专著5部,主编教材3部,并有2部教材、专著和多篇论文获省部级奖励。承担省部级课题5项,横向课题2项,中央高校业务费课题1项,教育部重点规划课题的子课题1项。在国防教育学学科基础理论研究、国防教育课程与教学论研究、国防教育政策与管理研究以及民防融入国防教育的发展研究中均有所建树。

作为全国第一个国防教育学硕士点,厦门大学体育部军事教研室将继续发挥自身优势,努力发掘厦大血脉中的“红色基因”,为培养爱国主义青年、建设国防教育学科贡献力量。

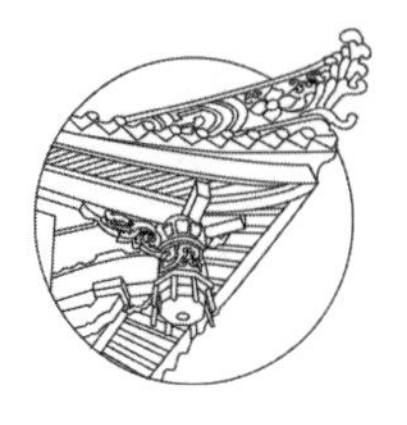

附录
厦大百年体育大事记
（1921—2019年）

1921年

厦门大学设立体育部，由校长直接领导，负责全校体育工作

林文庆校长提出“缺少运动会让精神和身体停滞。走路有助于循环，增长智慧”

1923年

余怀安同学代表中国参加“第六届远东运动会”获跳高冠军

1925年

在囊萤楼前建成学生游泳池，用自来水供水，1937年全面抗战爆发后被损毁

1926年

闽南联合运动大会在厦门大学举行

1927年

张恒任体育部主任

1928年

成立体育会，目的是提倡体育精神，促进大家养成良好的锻炼习惯

1930年

厦门大学将体育规定为必修科

厦门大学网球队获厦门青年会网球公开赛单、双两组冠军

1931年

厦门大学篮球队由黄炳坤先生率领赴上海，与上海交大、大夏、劳动、约翰、沪江、光华等学校校队比赛

1932年

美国康奈尔大学工科硕士丁人鲲任体育部主任

1933年

黄炳坤任体育部主任

聘请咏春著名拳术家苏显忠和苏着煌任国技教师

中央国术馆馆长张之江将军及国术团团员受邀莅校进行各种国术、摔跤和自由车表演

1934年

黄炳坤任思明县代表队总教练，率队参加在福州举行的第四届全省运动会

1935 年

蔡如川任体育部主任兼体育指导员

学校制定并执行“早操规则”和“标准运动规则”

蔡如川作为足球指导员和网球领队代表福建省出席在沪举行的第六届全国运动会

1936 年

校务会议决定，体育课按每星期两小时的标准安排，不及格者不得升学或毕业

1937 年

曾郭棠、陈掌谔相继任体育部主任

1938 年

长汀校区编制了“战时锻炼体格之课程种类——军事化教材”

1939 年

体育部与卫生组合并为体育卫生组，吴金声医学博士任主任

召开全校体育代表会议，成立教职员体育会，组建全校救火队

1940 年

萨本栋校长主持十九周年校庆运动大会升旗仪式

萨本栋校长参加美国高校“鲍德温杯”网球比赛获单、双打冠军

1942 年

陈福清任体育卫生组主任

1943 年

由江西建设厅厅长杨绰庵先生捐资修建了“绰庵游泳池”（长汀）

1947 年

钱一勤任体育卫生组主任，杨炯祺为书记

体育指导员陈聚才女士之父陈承佐设立“承佐体育奖学金”，奖励体育成绩优秀者

1948 年

体育卫生组举办系际篮球锦标赛，汪德耀校长主持开球礼

1951 年

体育教员田春兰代表福建省排球队参加全国篮排球比赛

1952 年

全面推行“准备劳动与卫国体育制度”

体育卫生组改为文娱体育室，归教务处领导，刘焕章任主任

1953 年

制定全校统一的两年制体育课程大纲

举办新中国成立后首届校运会，提出了 13 条明确的口号

成立第一届运动会筹委会（王亚南校长任主任）和学生锻炼标准推行委员会（章振乾任主任）

执行“六节一贯制”作息时间制度，下午 5:00—5:50 为全校文体活动时间

1954 年

上弦场竣工

召开全校体育和群众文化活动代表大会，王亚南校长做报告

1955 年

文娱体育室改为体育教研组

1956 年

风雨球馆建成，白城滨海游泳池竣工

开展国防体育运动，大力发展摩托车、水上运动（游泳）、爬山、行军、露营、射击等运动项目

郑翠琼同学在全国羽毛球比赛中获得女子单打第三名、双打第二名

1958 年

陈金铭老师成为厦门大学第一位国家级田径裁判员

1959 年

陈金铭任体育教研组主任

推行“厦门大学学生体育锻炼标准”

举办厦门大学第一届水上运动会

1960 年

开设“专项运动（田径）选修”试点班

举办建校以来第一届全校教职工体育运动大会

成立学校体育运动委员会，校党委书记陆维特兼任主任

开展四项万人体育活动：万人乒乓球赛、万人射击、万人长跑、万队篮排球赛

1963年

校女子排球队参加福建省高等院校排球赛获冠军

1966年

体育教研组改为“革命领导小组”,李连亭任组长

1971年

陈金铭主持革命领导小组工作

厦门大学教育系体育班招生,学制两年三个月,学生毕业后任大中学校体育教师

1972年

恢复一、二年级开设体育课,并在化学、经济两系进行男子篮球和女子排球专项试点班

1975年

厦门大学代表队参加福建省第一届大学生田径运动会

1978年

恢复建立体育教研室,为直属教研室,学校委托教务处代管,陈金铭任主任

1979年

厦门大学在全国体育卫生工作会议上被评为“先进单位”

外文系英专8人组成了足球队,为福建省最早的女子足球队

1980年

体育课程设置为一、二年级必修课

陈礼贤老师成为福建省首位国际级裁判

1981年

体育课程实行一、二年级普修与选项相结合的方式

1982年

参加第三届世界杯排球赛原中国女排队员应邀到厦大给师生员工做报告

1983年

校长办公室副主任黄渭铭兼任体育教研室主任

厦门大学学生黄伟明获福建省首届武术表演赛男子乙组全能第一名

1984年

何德馨任体育教研室主任

1985 年

中国女排第一代老队员公元弟应邀来厦门大学做《中国女排拼搏史》的报告

陈金铭被原国家体委授予“中华人民共和国荣誉裁判员”称号

陈金铭、陈礼贤、林建华、黄诚宗四位老师被原国家体委评为“全国优秀裁判员”

厦门大学男子排球队应邀赴香港访问，与香港大学、香港中文大学、香港理工学院排球队进行友谊赛，获冠军

1986 年

厦门大学首次实施三学期制(8 月 11 日开始)，开设体育选修课

雷锐同学参加第 2 届全国大学生运动会，以 7 米的成绩打破公体组男子跳远纪录

1987 年

厦门大学获原国家教委批准试办高水平运动队，最初招生项目为田径、篮球、排球

1988 年

厦门大学被评为全国“体育先进学校”

1990 年

明培体育馆竣工，成为厦门市第一个正规的现代体育馆

林建华赴菲律宾马尼拉雅典耀大学交流授课半年，是第一位出国授课的体育教师

1991 年

成立体育教研室直属党支部，庄惠美任党支部书记

1992 年

首次在体育课程教学大纲中增加理论课学时

厦门大学被原国家教委授予“体育教学评估优秀学校”荣誉称号

体育教研室更名为体育教学部，为学校直属教学部门，党支部更名为体育教学部党支部

1993 年

厦门大学被原国家体委授予“全国群众体育先进单位”荣誉称号

1994 年

举办八佰伴多国籍明星女排邀请赛，郎平任八佰伴明星队主教练

1996 年

林建华任体育教学部主任，林清江任党支部书记

召开体育工作会议，常务副校长郑学檬做主题报告

1997 年

厦门大学教工队参加香港回归"香港公开冬泳锦标赛"

1999 年

厦门大学教工队参加全国健美操锦标赛获二等奖

2000 年

厦门大学被教育部授予"贯彻《学校体育工作条例》优秀高等学校"荣誉称号

刘玉良同学参加第6届全国大学生运动会，获男子甲组110米栏金牌

2001 年

演武田径场煤渣跑道改造为塑胶跑道，铺设人工草皮

厦门大学承办"飞利浦全国大学生足球联赛"东区决赛

2002 年

校足球队首次打入中国大学生足球联赛全国总决赛

厦门大学代表队获"全国高校软式排球赛"男子第1名，女子第2名

厦门大学登山队队员首次进藏攀登雪山，成功登上海拔6206米的启孜峰

体育课试行"三自主"（自主选项目、选教师、选时间）选课模式

2003 年

厦门大学漳州校区开始上体育课

厦门大学获批"体育教育训练学"二级学科硕士点，2004年开始招生

在首届厦门国际马拉松赛上，厦门大学获高校挑战赛团体总分冠、亚军，并获得优秀组织奖；体育教学部黄力生老师跑完全程并获得市民组第一名

2004 年

成立体育教学部党总支，刘正淳任书记

王清明游泳馆建成并投入使用

前国家女排主教练陈忠和受聘为厦门大学兼职教授

校党委副书记、副校长潘世墨任新一届福建省高校体育协会主席

恢复三学期制(6中下旬—7月底,为期5周),短学期首开游泳课,成绩合格即可获得1个体育学分

2005年

军事教研室并入体育教学部

成立厦门大学高水平运动队领导小组

央视著名主持人韩乔生来厦门大学与学生座谈,畅谈体育,畅想北京奥运会

聘任美国著名篮球教练查德·马奎斯为厦门大学男篮主教练,带队征战大超联赛

林建华教授创编的"形意强身功"被国家体育总局评为"全国优秀全民健身项目一等奖"

2006

厦门大学获批"民族传统体育学"二级学科硕士点,2007年开始招生

2007年

设立"厦门大学陈掌谔奖学金",由陈掌谔先生之女陈卿卿博士捐资,主要奖励体育特长生、生物医学学生和侨生及归侨子女

2008年

林致诚任体育教学部主任

成立"厦门大学体质健康测试中心"

放开学生选课时间限制,即除大一第一学期外,学生在任一学期均可选修体育课

2009年

设置游泳和马拉松两个特色体育学分

"民族传统体育课程"被评为福建省精品课程

厦门大学获评福建省"国家学生体质健康测试先进单位"

"国术与健身研究中心"成立,为校级科研机构,挂靠体育教学部

2010年

郭琼珠任体育教学部党总支书记

举办首届"校庆师生环校长跑"活动

思明校区高尔夫练习场竣工,2011年2月投入使用

2011 年

游泳自 2011 级开始列为本科生体育必修学分

厦门大学成为福建省大学生体育协会帆船分会主席单位

郑幸娟同学在第 19 届亚洲田径锦标赛上以 1.92 米的成绩获女子跳高冠军

2012 年

翔安校区开始上体育课

帆船队参加在法国举行的第 31 届世界大学生帆船赛

中国射击队总教练王义夫、2012 年伦敦奥运会女子 10 米气步枪冠军易思玲应邀做客“南强有约”

2013 年

翔安校区佘明培游泳馆竣工并投入使用

女子垒球队在中国大学生棒垒球联赛中夺冠

2014 年

厦门大学成为中国大学生体育协会海上运动分会主席单位

2015 年

成立体育教学部党委，郭琼珠任书记

翔安校区高尔夫练习场建成并投入使用

校篮球队受教育部大学生体育协会联合秘书处委派，代表国家参加第 31 届泛波罗的海大学生运动会，中国是唯一受邀参赛的亚洲国家

2016 年

男子棒球队获全国大学生棒垒球联赛总决赛高水平组冠军

厦门大学召开体育工作大会，朱崇实校长做大会主题报告

在第十六届全国大学生田径锦标赛上，曹磊同学以 15 秒 76 的成绩获得男子乙组 110 米栏冠军

健美操队队员文嘉仪入选国家健美操队，代表中国大学生参加 2017 年第十届世界运动会比赛，这是厦大学生第一次入选国家运动队

2017 年

陈志伟任体育教学部主任，林致诚任党委书记

男子排球队获第四届中国大学生阳光排球锦标赛冠军

全国第一个“高校大学生体育协会健身气功研究会”在厦门大学成立

演武运动场改造竣工，由原来的东西方向转为南北方向，面积由原来的2万平方米增加到4万多平方米

2018年

翔安校区综合体育馆竣工

厦门市禾山中学和科技中学正式挂牌成为体育教学部研究生教研基地

2019年

厦门大学承办中国大学生击剑比赛

男子篮球队获第21届中国大学生篮球联赛（CUBA）季军

厦门大学5名学生入选世界大学生夏季运动会中国代表团大名单

体育育人工作座谈会在明培体育馆举行，校党委书记张彦做主题报告

体育教学部由体育社团指导单位转变为挂靠单位，全面指导体育社团工作

厦大体育运动队队名、体育标识和吉祥物经校长办公会确定通过，并注册商标

在社会学一级学科下设置目录外二级学科“体育与社会”硕士学位授权点，2021年开始招生

参考文献

1.吴禹星、李亚林:《夏志清与沪江大学》,学林出版社2015年版。

2.木芹、木霁弘:《云大早朝的历史文化》,云南大学出版社2003年版。

3.陈掌谔:《体育漫谈》,书林书局2015年版。

4.蔡祯雄:《日据时代台湾师范学校体育发展史》,师大书苑有限公司1998年版。

5.叶宏开、韦庆媛、冯茵:《挺起胸来:清华大学百年体育回顾(下)》,清华大学出版社2010年版。

6.娄延旭:《水木清华世纪风——报刊上的清华大学》,清华大学出版社2001年版。

7.陈掌谔:《古代奥林比克运动会史》,中国运动出版社1952年版。

8.杜景强:《论贺龙体育思想及其现实价值》,载《长春师范学院学报(自然科学版)》2014年第1期。

9.洪卜仁:《厦门体坛百年》,厦门大学出版社2008年版。

10 吴叶海、吴剑、钱宏颖:《强体健魄 树我邦国——浙江大学百年体育文化传承与发展》,浙江大学出版社2017年版。

11.郑如赐:《陈嘉庚爱国体育思想》,天马图书有限公司2003年版。

12.叶宏开、韦庆媛、冯茵:《挺起胸来——清华大学百年体育回顾(上)》,清华大学出版社2009年版。

13.金兆均书,尚树梅编:《学校体育设备之调查》,载《体育》(梁启超),1929年第5期。

14.厦门大学体育运动委员会、厦门大学体育教学部:《厦门大学田径运动会秩序册、成绩册》,厦门大学,1953—2019年。

15.林建华:《福建武术史》,厦门大学出版社2013年版。

16.厦门大学校报编辑部:《厦门大学报》,1949—2012年。

17.福建省教育厅:《福建省大学生运动会秩序册、成绩册》,1961—2018年。

18.福建省政府:《福建省运动会秩序册、成绩册》,1952—2018年。

19.《法潮》1927年第1期。

20.《美声》1931年第2期。

21.《厦门大学七周年纪念特刊》,1928年。

22.《厦门大学八周年纪念特刊》,1929年。

23.《厦门大学九周年纪念特刊》,1930年。

24.《厦门大学十周年纪念特刊》,1931年。

25.《厦大特刊》,1947—1948年。

26.《厦大通讯》,1936—1937,1939,1940—1945,1948—1949,1956年。

27.《厦门大学教职员名录》,1947年。

28.《厦门大学民国十年度报告书》,1921年。

29.《厦门大学己巳年刊》,1929年6月。

30.《厦门大学算学会会刊》,1933年第2期。

31.《厦大周刊》,1923—1936年第11期到405期。

32.《唯力》,1938—1939年第一卷、第二卷。

33.《新动力》,1932年。

34.《新厦大校刊》,1946—1948,1949,1956年。

35.《厦门大学》,旬刊1922年。

36.《新厦大》,1951—1960年。

37.《厦大校刊》/《厦门大学报》,1978—1987年,1990—1992年,1994—2002年。

38.《长汀厦大校园示意图》,厦门大学旅美校友会《校友通讯》第3期。

39.《厦门大学院系馆所简史》,第290～298页。

40.《厦门大学第十二周年纪念专号》,1933年。

后 记

《厦门大学百年体育发展史》编委会成员经过两年多的合作与共同努力,将书稿编写完成,即将付印。回顾厦大百年体育发展史的编写历程,感触颇深,特附后记如下。

2021年,厦门大学将迎来百年华诞。百年盛典将至,奋进新时代的厦门大学具有优良传统与历史传承,而体育教学部作为建校之初由校长直接领导的直属部门,同样历经百年洗礼,实践并引领着厦大百年体育发展,并将继续创造明日的辉煌。

为回顾历史,继往开来,体育教学部在陈志伟主任的倡议并亲自领导下,于2017年12月着手组建了"厦门大学体育发展史编委会"。编委会集思广益,对百年体育发展史的编写进行整体构思,商定了工作步骤,具体布置了工作内容,并开始进入资料收集阶段。2019年1月,学校召开了厦门大学百年校庆院系史编写工作布置会,拟定出版百年校庆系列丛书,以此为契机,体育教学部将原定编写计划融入学校整体编写规划当中来,并积极与学校编委会沟通,重新调整确定了百年体育史编写体例及内容。全书通过对厦大体育及体育教学部在各个历史时期的发展、兴盛、演变及成就的细致梳理、历史再现,回顾光辉历程,发掘历史资源,展现了厦门大学百年来的体育盛况,尽览"南方之强"百年体育的风采。

体育发展史编委会历时2年7个月,历经四个阶段最终完成了《厦门大学百年体育发展史》的编撰工作。

第一阶段:编委会成员对发展史的编写原则、编写时限、收编范围、编写方法、编写体例、初编工作任务分工及完成时间等进行了讨论,并初步取得统一。在构架过程中还专门邀请了现档案馆馆长石慧霞女士参与研讨,大家对厦门大学体育百年发展史的初步框架确立、文献资料收集及可实施路径进行了深入的讨论,为后续的编撰工作提供了指导性的依据。

第二阶段:编委会成员分组进行资料收集及整理工作。以查阅厦门大学档案馆、厦门大学图书馆、厦门大学收藏室的馆藏资料为主,同时对相关人员进行田野调查、对退休老教师进行访谈，取得了大量宝贵的原始资料和照片，然后分组进行资料的整理工作。

资料收集和整理过程又分为三个阶段，第一阶段(2017.12—2018.8)是资料收集。5位教师分为报刊收集组和书籍收集组分别收集相关资料。第二阶段(2018.8—2019.1)是资料整理。按照资料年代，6位教师分为1921—1949年和1950—2001年两个组分别整理相关资料。第三阶段(2019.2—2019.3)是资料的补充和完善。6位教师分为两个组分别负责2001年以后的报刊类文献以及相关书籍的文献资料的收集工作。

第三阶段：撰写工作。在陈志伟主任的组织下，编委会成员采取分别撰写、交叉修改、专项负责、统一完善的方式，于2020年6月9日完成初稿，提交学校编委会审定。

第四阶段：修改工作。初稿提交学校审核后，编委会成员即明确分工，开始了同步的补充、核对、修改工作。后又根据学校编委会建议，再进行有针对性的修改，与此同时，进一步核对、修改、完善语言文字及细节，并最终于2020年9月8日再次提交学校编委会审核，进而交付出版社进行出版。

编委会成员研讨中

《厦门大学百年体育发展史》编委会成员共15人。具体分工如下，总负责人：陈志伟；统稿：赵秋爽、陈志伟、林顺英；校稿：罗文霞、孟蒙、林顺英。第一篇：罗文霞；第二篇：赵秋爽、林顺英、刘建敏；第三篇：林顺英、陈惠莹、何锋；第四篇：林顺英、赵秋爽；第五篇：孟蒙、林顺英；第六篇：罗文霞、陈惠莹、何锋；第七篇：焦芳钱、陈志伟、林顺英；后记：赵秋爽。黄桑波、曾祥轩、邹红参与了前期的资料收集整理工作；林致诚、何元春、吴飞腾、翁兴和参与了前期的筹备工作。其中陈惠莹为2018级国防教育专业硕士研究生，何锋为军事教研室教师，曾祥轩为国际关系学院/南洋研究院团委书记，其余均为体育教学部教师和行政人员。

《厦门大学百年体育发展史》编委会部分成员合影

《厦门大学百年体育发展史》编委会仅为“临时组织”，成员均为一线任课教师和行政人员，平时需要承担大量的全校性教学、群体活动及竞赛等工作，缺乏史学的专业背景和必备的时间保障。为保证编撰任务按时完成，编委会成员都是利用节假日、下班时间以及平日里见缝插针挤出的时间进行编写工作，大家发挥实干钻研、团队合作的精神，克服重重困难，最终顺利完成了《厦门大学百年体育发展史》的编撰工作。我们深知这部书中还存在一定的缺漏和有待于完善之处，恳请读者给予批评指正。

在《厦门大学百年体育发展史》编撰工作中，大家经历了艰苦和磨难，但是收获更多的是感动、赞叹与自豪！我们为体育教学部一代代兢兢业业、艰苦奋斗、勇往直前的体育人而感到骄傲！

在本书的编撰过程中，我们得到了体育教学部前辈们及其后代提供的大力支持，他们为百年体育发展史的编写提供了很多翔实的资料和线索，使编委会成员可以追根溯源，发掘出大量宝贵的老照片、纸质版文稿等。访谈的人员包括：陈掌谔女儿陈卿卿女士、陈金铭儿子陈建生先生、何德馨、李连亭、黄渭铭、林建华、黄诚宗、林清江、陈礼贤、黄景东、吴博厚、林惠贞、苏秀兰、郭琼珠等。在资料收集过程中，得到厦门大学图书馆、档案馆等单位的大力支持。在编写过程中，征求了部分有关领导和教师们的意见，收到了大家的积极反馈和建议。“厦门大学百年院系史丛书”主编朱水涌教授及编委会成员对本书的初稿进行了认真的审阅，并提出了宝贵的修改意见。

在此一并致谢！

《厦门大学百年体育发展史》编委会
2020 年 7 月